프레네,
일하는
인간의
본성과
교육

프레네,
일하는 인간의 본성과 교육

초판 1쇄 인쇄 2025년 4월 21일
초판 1쇄 발행 2025년 4월 30일

지은이 셀레스탱 프레네
엮은이 송순재
옮긴이 김병호, 김세희, 정훈, 황성원
펴낸이 김승희
펴낸곳 도서출판 살림터

기획 정광일
편집 이희연·조현주·송승호
북디자인 꼬리별

인쇄·제본 (주)신화프린팅
종이 (주)명동지류

주소 서울시 양천구 목동동로 293, 2215-1호
전화 02-3141-6553
팩스 02-3141-6555
출판등록 2008년 3월 18일 제313-1990-12호
이메일 gwang80@hanmail.net
블로그 http://blog.naver.com/dkffk1020
한국교육연구네트워크 www.kednetwork.or.kr

이 책의 저작권 문제로 한국의 에이전시와 원서 출판사와 교섭을 시도했지만,
저작권 소재가 파악되지 않아 관련 사항을 명시하지 못한 채 출간하게 되었습니다.
추후 저작권 문제가 명확해지면 필요한 조치를 하겠습니다.

ISBN 979-11-5930-321-0 93370

프레네, 일하는 인간의 본성과 교육

셀레스탱 프레네 지음
송순재 엮음
김병호, 김세희, 정훈, 황성원 옮김

살림터

제2판 서문

이 책의 원판原版은 1946년에 나왔는데 절판된 지 이미 오래되었습니다.

그 (책에서 말하고자 한) 교육학pédagogie은 그러는 사이에 어느 때보다도 당면 과제가 되었습니다. 전후 15년의 세월 동안, 스콜라식 교육 la culture scolastique은 실제로 파산에 이르렀으며 그사이 그것이 남긴 혼란에 대해 불안해진 연구자들, 심리학자들, 교육자들, 철학자들, 과학자·테크니션들의 일치된 목소리는 높아져 갔습니다. 이들이 차츰 이론을 정립하게 되면서부터 오늘날에는 이 책의 상식에 맞지 않는다고 여겨졌던 생각들도 이제는 덜 과감하고, 덜 무모한 것이라고 받아들여지게 되었습니다.

그러나 실제로 들여다보면, 학교l'Ecole는 아직도 드물지만 전통적인 장광설을 쏟아내고 있고, 그로부터 빠져나오려는 시도들은 우리를 아주 자주 막다른 골목에 다다르게 했을 뿐입니다. 20세기 초반부터 새로운 교육학une pédagogie nouvelle이 경쟁심, 등급 매기기, 시청각 테크닉, 특활이나 놀이 등을 시도해 왔지만 성공은 거두지 못하고 있습니다. 정신과 의사들만이 작업을 통한 근력운동요법의 창조적 가치를 인정했는데, 그렇다고 그 원칙들이 꼭 높은 수준으로 제고된 것은 아닙니다.

그러나 그렇게 지나간 세월 사이에, 현대학교 l'Ecole moderne는 교육 방법론적으로 '일을 통한 교육' l'éducation du travail의 도구들과 테크닉들을 준비해 왔고, 수천 개의 학교 안에서 교육 l'éducation과 교양 culture의 한 가지 형태를 도입하고 발전시켰는데, 그것은 젊은 세대들이 기술적, 사회적, 인류적 사명에 대해 준비하면서 직면하게 될 정말 시급한 문제들에 대한 미래의 해결방안 그리고 가까운 미래의 해결 방안처럼 보입니다.

20여 년 전에는 이 책 - 『일을 통한 교육』 - 이 한갓 감격스러운 약속의 유망한 아이디어에 불과했다면, 오늘날에는 현실이 되었음을 정당화하고 진작시키려는 것입니다.

C. F. (셀레스탱 프레네)

도입

맑고 시원한 물만 흐르는 샘源泉이 있다.
하지만 그에 가까이 가는 것은 어떤 '복된 은총'bénédiction 같은 것이다.

내 인생의 가장 고통스러웠던 순간, 아마도 우리 세대가 개인적으로
나 사회적으로 엄청난 격변을 겪을 팔자로 태어난 듯(제1, 2차 세계대전
을 뜻함-역자), 파국이 파국으로 이어지면서 마치 지평이 꽉 막힌 듯했
을 때, 내가 마음을 가라앉히고 내적인 희망을 찾도록 했던 것은 내게
언젠가 읽기를 강요했던 철학자의 가르침이 전혀 아니었다.

나는 나의 샘을 떠올려 본다.

마을 입구에서 풍요롭게 흐르는 맑고 시원한 샘물은 수로로 흘러 들
어가 낡은 물레방아의 작은 '통'까지 콸콸 흐른다. 비가 많이 오면 샘물
은 더욱 거세게 콸콸거리며 짙은 안개로 증발하는 듯했고 공공 빨래터
나 광장 주변을 떠다니며 점점 작아지곤 했다.

나는 산꼭대기 회양목[1] 뿌리 밑으로 흐르는 가는 물줄기를 사유(마
음)속에서 새삼 만난다. 오직 양치기와 그의 개만 그 비밀의 길을 알고
있던 물줄기다. 바로 거기에 앉아 우리는, 5월 어느 날 아침, 서둘러 판
모래 웅덩이에서 물이 맑아지는 동안 버터 바른 빵을 먹곤 했다.

그리고 또 다른 샘물들도 있었다. 그때도 있었고 지금도 있는 이 '샘

---

1. buis, 흔히 정원의 울타리로 쓰이는 낮은 크기의 관목으로 황양목(黃楊木)이라고도
한다. 영어 boxwood와 라틴어 학명 *Buxus microphylla*에는 상자를 만드는 나무
라는 뜻이 들어 있다. 도장을 만드는 데 사용되어 도장나무라는 별명도 있다.

물들'이란 고된 농촌 마을 생활을 이겨나가는 법을 알고 있었던 현자들, 즉 현명한 노인들이다. 그들은 약해진 힘을 되살려내고, 삶을 살아가 또 꿈꿀 수 있도록 하는 영원하고 단순한 이유를 되찾게 해 주는 바로 그런 길들을 고집스럽게 걸어갔던 분들이다.

나의 어머니, 어머니의 한창때는 오늘날 본다면 분명 뒤떨어진 전통문화의 끝자락에 속하셨던 분이셨는데, 그래서 사람들은 그 전통문화에 침착한 확신과 직관적인 영감이 있던 것을 보지 않고 도리어 거기에 있을 법한 결점과 부족함을 의도적으로 조롱한다.

마티유Mathieu, 그의 정신은, 마치 원상회복이라도 되는 듯, 토론하지 않고는 믿지 못하는 권리를, 모든 것을 현실 경험에 비추어보아 면밀하게 검토하는 권리를 신비스럽게도 유지해냈다. 그에게는 요란한 겉모습에 끌려가지 않고 소탈하고도 손쉽게 꿰뚫어 볼 수 있는 재능이 있다. 마티유는 차분함과 힘을 끌어내는 침잠沈潛의 철학에 몰두한 채, 나귀 뒤에서 농부의 느린 리듬으로 걷고 있다. 그는 잘못erreur과 비정상anomalie을 알아차리면서 쉬이 길을 찾아내며, 이상을 삶의 수준으로 끌어내리는 신과 같은 능력을 어느 정도 갖추고 있는지 의식하지도 못한 채, 일상을 이상l'idéal의 수준으로 끌어올려 영원한 진리에 닿고자 한다. 마치 역경을 견디며 반쯤 쓰러지기는 했지만 여전히 길을 보여주려고 고집하는 이정표처럼.

나는, 마티유보다는 더 많이, 문화와 교육(교양)culture의 미로에서 모험을 경험하였다. 도사리고 있다가 늘 드러나는 권위의 공격을 감내해야만 했는데, 이것이 나를 더 거만하게 하였고 가끔 길을 잃어버리게도 했다. 나는 진보적 길을 따르고자 했다. 그러나 일부러 버린 단순함, 쓸모없게 된 상식, 샘솟는 물의 맑음을 그리워하는 나 자신을 늘 다시 발견하였다. 그와 동시에 나는 농부의 옥토 같은 내 천성을 '학교'나 '진보'라는 것으로 덧입혀 가지게 된 그 얄팍한 문화적 자만심의 깊이를 헤아려보았다. 기호, 어휘, 시스템 같은 거짓 철학으로 복잡하고 거친 삶을 대체해 버린 사람들이 얼마나 무력한지도 확실히 재볼 수 있었다. 그것은 마치 도시 사람들 실은 위험할 것도 없는 강 물살에 겁을 먹먹고 들이 – 돌, 덩굴, 물고기, 뱀 때문이기도 하겠지만 – , 다리가 있는 곳까지 고생스럽게 강물을 거슬러 올라가는 것과도 같다. 반면 이런 상황에서 똑똑한 농부는 신발을 벗고 진흙투성이 바지를 걷어 올리고 웃으면서 물장구를 튀기며, 보란 듯이 의기양양하며 강 건너편에 닿는다.

그래서 나는 짐짓 용기를 내어 우리 마을의 '슬기로운 노인들의 학교'l'école des sages에 다시 들어가 그들이 말하는 것을 듣고 그들의 리듬에, 삶에 대한 그들의 의미심장함에, 그들의 가르침에 심취하기로 했다. 목표는 철학적인 그리고 교육학적인 보다 나은 개념의 근원적 기초les fondements를 발견하거나, 엄밀하거나, 심장함으로써 기존의 교육 때문에 우리가 다다르게 된 막다른 골목 그 너머에 이르려고 시도하는 것이었다. 그리고 나는 이들 학문(철학과 교육학)의 기초에서 파악하기를 원했다. 혹시 우연이라도 혹시 방법론적으로 제시된 푯대의 도움으로, 우리가 인간과 아이를 앎에 있어서 그리고 그들의 기질과 성향을 교육적 목표들에 맞게 활용함에 있어서 우리를 더 높은 위치에 서고 더 확실해질 수 있지 않을까 바라기도 했다. 또한 우리가 직면해 있는바, 복잡하게 얽혀 있는 많은 문제에 관해 간단하고도 명쾌한 길들을 백일하에 드러나게 할 수는 없겠으나 보다 나은 인간의 본성une meilleure humanité을 겸허하게 탐구하는 이들과도 함께할 수 있지 않겠는가 하는, 그런 목표도 있었다.

나는 들판을 걷는 농부의 걸음을 따라 걷고 싶었고 산속에 있는 양치기가 낸 작은 길을 되찾아보려 했다. 나무 그늘 아래, 저녁 먹거리를 넣은 작은 보따리를 무릎에 놓고 그들과 함께 쉬어보려 했다. 또한 변화무쌍한 자연을 관찰하는 법을 다시 배웠고, 기분 좋게 되찾은 맑은 샘물을 실컷 마셨다.

일러두기

- 주는 본문의 이해를 위해 필요할 경우 비교적 상세하게 달되, 영역본에 있는 것도 옮겼으며 문장 마지막에 '영역자 주'로 표시했다.
- 한글 단어에 한자를 병기한 경우, 한자가 한글과 똑같을 경우 괄호 없이 한글 단어 곁에 두었고, 그와는 달리 한자로 한글 단어에 대한 보충 설명을 한 경우나 다른 한자를 사용한 경우에는 괄호 안에 넣어 표기했다.
- 원문에 강조된 단어나 문장은 고딕으로, 기타 이탤릭체로 표기되거나 대문자로 시작되는 단어는 작은따옴표(' ')로 표기했다
- 이 책에서 자주 번갈아 사용되는 단어인 enseignement, éducation, pédagogie, culture, formation, instruction 등은 어의와 뉘앙스를 고려하여, enseignement은 가르침으로, éducation은 교육으로, pédagogie는 교육학으로, science de l'éducation은 교육과학으로, formation은 형성(또는 양성)으로, instruction은 지식교육으로 각각 구분하여 옮긴다. 이 중 pédagogie와 science de l'éducation에 대해서는 좀 더 상세한 논의가 필요하여 이하에서 (주요 번역어 해설) 따로 다루었다.
- 이 책에서 단수형 '놀이-일', '일-놀이'와 복수형 '놀이들-일들', '일들-놀이들'이 자주 번갈아 사용되고 있으나, 특별한 의미상의 차이가 없어 우리말의 가독성을 고려해 모두 단수형인 '놀이-일', '일-놀이'로 옮겼다.

주요 번역어 해설

　번역 과정에서 용어 선택의 문제를 두고 옮긴이와 옮긴이, 옮긴이와
엮은이 사이에는 각자 나름 견해가 있었고 때로 의견의 일치를 보기
어려운 부분도 존재했다. 그럼에도 옮긴이들과 엮은이는 머리를 맞대고
궁리하면서 의견을 조율해 나갔으며 일정한 수준에서 합의할 만한 용
어를 찾아보고자 했다. 이 책에서 사용된 용어들은, 옮긴이와 옮긴이,
옮긴이와 엮은이들이, 그들 사이의 이견에도 불구하고 공동 작업이라는
뜻에서 각자 일정 부분 자신의 뜻을 내려놓아 이르게 된 잠정적 결과
를 뜻한다.

1) culture는 자기-발현(자기-경작 혹은 자기-형성이라는 뜻에서), 교양, 교육(교양), 교육 등으로 다양하게 옮긴다

　프레네는 교육에 대해 말할 때 éducation(영어로 education)과는 별
도로, 퀼튀르culture라고 쓰기도 했다. 그는 프랑스어에서 퀼튀르culture
가 경작에서부터 문화에 이르기까지 넓은 폭에서 다양한 어의를 가
진다는 점을 배경으로 하여 다음 두 가지를 말하고자 하였다. 교육은
무엇보다도 먼저 자연을 기본 토양으로 삼고 또 이를 토대로 일종의
cultivate(=culture of mind), 즉 한 사람에게 내재된 지적·도덕적·신체
적 힘을 가꾸거나 키워내는 (경작, 확충하고 다듬는) 행위를 뜻한다는

것이다. 이 뜻을 살리자면 퀼튀르culture는 우리말로 자기-경작, 자기-발현, 자기-형성 등을 위한 조력 행위로 옮길 수 있겠다. 퀼튀르culture에 관한 이 어법은 분명 독일어 빌둥Bildung에 상응하는 것이라 할 수 있다. 프레네가 그렇게 쓴 이유는 프랑스어에는 그에 상응하는 별도의 단어가 없었기 때문으로 보인다. 독일어에서 빌둥Bildung은 중세 신비주의 이래 다양한 사조를 거치며 변화를 거듭해 왔지만, 오늘에 와서는 교사의 끌어내는 행위에 좀 더 무게를 둔 Erzieung(게르만어) 또는 라틴어 educare(영어, lead out)와 그 명사형인 educatio에서 유래한 영어의 education과는 달리, 학습자가 자신의 내적 잠재성과 그 본바탕(本性 혹은 個性)을 주체적으로 실현해 나가도록 돕는 행위에 초점을 맞춰 쓰이고 있다. 이 뜻을 새겨볼 때, 빌둥Bildung에 대한 종래 우리 학계의 번역어인 도야陶冶는 맞지 않아 보인다. 왜냐하면, 도야의 도陶는 흙을 빚어 그릇을 빚어내는 옹기장이의 행위, 야冶는 쇠붙이를 달구어 주물을 만드는 대장장이의 행위를 빗댄 말로서, 형성되어야 하는 재료인 흙이나 쇠붙이가 중립적·수동적 상태를 나타내며 교사의 조형적 행위가 강조되어 있어, 퀼튀르culture나 빌둥Bildung에서 보듯 생명체를 자연이라는 토양을 바탕으로 그 개성적이며 주체적인 발현에 초점을 맞추어 키워가는 행위를 나타내기에는 잘 들어맞지 않아 보이기 때문이다.

나아가서 프레네는 이 행위가 폭넓은 의미에서 문화culture라는 환경 안에서 이루어지도록 하여 단편적 지식교육이 아니라 일정한 문화적 형성 작업이 되어야 하리라 생각했는데, 이 뜻을 살리자면 퀼튀르culture는 가르치고 기른다는 '교양敎養'으로 옮기는 것이 대체로 무난할 것으로 보인다. 교양은 일차적으로는 '가르치다'와 '기르다'의 합성어로 '가르침을 통해 기르는' 의미가 있으며, 나아가서는 지식, 학문, 사회생활 등을 통해 길러지고 형성되는 폭넓은 문화적 지식이나 능력 혹은 품위를 뜻하는 말로서, 가르치는 행위에 있어 몸과 마음의 천부적 가능성의 발현 과정을 염두에 두는 동시에, 단편적 지식의 습득 과정이 아니라 문화라는 폭넓은 지평을 지향하여 형성하는 행위를 표현하는 말이기 때문이다.

이상 두 가지 어의에도 불구하고 하나의 번역어를 고정적으로 사용하는 데는 한계가 있음에 유의하였다. 문맥의 다의성 때문이다. 따라서 여러 다른 표현을 써서 새기는 것이 불가피하였다. 어떤 경우에는 자기-발현(을 위한 조력 행위)이라 옮기는 것이 좋을 때도 있고, '교양'이라 표현하는 것이 더 적절해 보이는 경우도 있다. 이때에는 다만 교양의 다른 뜻 즉 예의나 품위를 갖춘 상태나 짐짓 젠체하고 뽐내는 태도 등과 구별하여, '교육에 초점을 맞춘 교양'이라는 뜻을 나타내기 위해 '교육(교양)'이라 표현해 보았다. 하지만 이와는 달리 그냥 '교육'이라고 옮기는 것이 더 자연스러운 때도 있었고, 그렇지 않고 명시적으로 단지 '교양'으로 옮기는 것이 더 적절한 경우도 있었음을 밝혀둔다.

2) pédagogie는 교육학으로, science de l'éducation은 교육과학으로 옮긴다

최근 프레네 연구에서 페다고지pédagogie를 '교육실천이론'이나 '실천교육학' 혹은 '페다고지'로 옮기고자 하는 시도들이 있었다. 이 시도들의 논지를 약술하면 다음과 같다: 뒤르켐Émile Durkheim, 1858-1917은 교육이론을 지칭하는 개념으로 pédagogie와 science de l'éducation의 두 가지를 제안한 바 있으니, 그 취지를 간략히 풀어보면, 뒤의 것이 엄밀한 학문적 체계를 갖춘 이론이라면, 앞의 것은 실천성을 토대로 한 이론을 뜻하며, 이는 전술 이론이나 의학 이론이 전투에서의 행동과 의료 행위를 이끄는 실천 이론인 바와 같으며, 프레네의 pédagogie는 앞의 것에 해당한다는 것이다. 프레네는 pédagogie를 "교사의 교육 실천에서 출발하는 학문"이자 "교실과 학교에서의 교육 실천을 안내하는 학문"이라 보았는바, 뒤르켐의 이 구분으로 보자면 프레네의 개념은 앞의 것에 해당한다고 한다.

이 맥락에서 종래의 '교육학'이라는 번역어를 적용할 수 없는 또 하나의 이유로 'science de l'éducation'를 '교육학'으로 옮길 경우, 원어에서 따로 사용되고 있는 두 개념을 제대로 구분하여 표현하기 어렵다는 난점도 드러났다. 이 점을 감안해 볼 때 'science de l'éducation'은 '교육학'으로, 페다고지pédagogie는 '실천교육학' 혹은 '교육실천이론'으로 옮기는 것이 좋겠다는 견해이다. 이 맥락에서 프레네 '교육이론'이라는 용어도 생각해 볼 수 있겠으나, 이 말이 페다고지pédagogie에 담긴 '실천 이론'의 의미를 담아내지 못한다는 점에서 또한 적합하지 않으리라는 견해도 제시되었다.

아울러 Pédagogie Freinet를 '페다고지 프레네'로 하자는 견해 역시 들어볼 만한데, 그 이유는 기존의 교육학이라는 번역어가 교사들의 실천(성)과 그것을 이론화하는 변증법적 과정을 제대로 담아낼 수 없기 때문이라 한다.

이 번역서에서는 다음과 같은 이유로 위 관점과는 견해를 달리하여, 프레네의 페다고지pédagogie를 종래의 번역어인 '교육학'으로 계속 쓰기로 하였다. 여기에 대해서, 그렇다면 science de l'éducation(6, 16, 49장 등에서 쓰인 것과 같이)과는 각각 어떻게 구분하여 옮길 것인가 하는 물음이 제기될 수 있는데, 후자는 '교육과학'으로 옮겨 '교육학'과 구분하고자 했다. 교육학에는 이론적 차원도 있고 실천적 차원도 있다. 실천의 선위성을 중시하는 교육학Friedrich Schleiermacher, 1768-1834도 있고 이론의 선위성을 중시하는 교육학Johann F. Herbart, 1776-1841도 있다. 뒤의 것이, 실천이 가능하기 위해서는 먼저 이론을 정립해야 한다는 논리를 내세우는 데 비해 – 이론이 이론을 위한 이론으로 끝나는 경우도 있지만 – 앞의 것은, 이론이 있기 전에 실천이 선행된다는 논리를 취한다. 프레네의 경우 교사 생활의 경험이 선행한다는 점에서 앞의 것에 해당할 것이다. 하지만 그러한 교사 생활로 이끈 것은 그의 생각일 터이니 이 생각이 그의 실천의 (그다음 단계에서는 이론의) 단초를 이루고 있음을 간과할 수 없다. 좌우간 실천은 이론의 앞에 서거나 뒤에 서거나 상관없이 모두, 이론과 함께 변증법적으로 교육학의 두 차원을 형성하는 것이 보통이다. 실천적 성격이 아무리 강하다 해도 이를 떼어내어 "이것은 실천교육학이다."라고 할 만한 이유는 없다는 것이다.

이 맥락에서 프레네의 이 책이 일종의 '이야기로 된 학문이론'으로서, 전체 구조는 물론 각자의 발언 자체가 이야기로 되어 있다는 점을 고려하면 그의 페다고지pédagogie는 '이야기로 구성된 교육학', 즉 '이야기 교육학'으로도 볼 수 있음을 일러둔다. 이 이야기 구조를 사용하여 프레네는 교육에 관한 심오한 철학을 전개하고 있다. 이것은 그의 강한 실천성의 면모와는 또 다른 축에서, 교육학의 이론적 차원을 보여주고 있으며, 따라서 우리는 이 점에 유의할 필요가 있다. 이상의 반대 논지는 또 다른 용어인 '페다고지 프레네'(번역하지 않고 원어 그대로 쓴 경우)에도 그대로 적용할 수 있을 것이다.

마지막으로 프레네의 교육학이 비록 강한 실천성을 담보하고 있기는 하나, 그렇다고 프레네처럼 강한 실천적 성격을 띠고 있는 마리아 몬테소리Maria Montessori의 교육학이나 루돌프 슈타이너Rudolf Steiner의 발도르프 교육학Waldorfpädagogik 혹은 게오르크 케르쉔슈타이너Georg Kerschensteiner의 교육학을 학계에서 실천교육학이라 칭하지는 않고 있음과, 또 이와는 다른 맥락에서 강한 실천성을 담고 있는 정치학이나 의학 역시 학계에서 실천정치학이나 실천의학으로 칭해지지 않는다는 점도 역시 지적해 둔다.

차례

1
두 문화의 만남

> 만일 우리에게 판에 박힌 과학의 저편 너머,
> 삶의 다른 길technique이 있다면 어떨까?

- 마티유 씨, 어디에서 오시는 길이세요?
- 콜롱그 씨Collongues 댁에서요… 다리 하나가 부러진 …
- 그럼 필요한 조처를 하셨나요?
- 왜 안 했겠어요?

얌탕나귀(암컷 당나귀)에 걸터앉아 그 남자는 마을에 들어서고 있었다. 두 다리는 축 늘어뜨려 거의 땅에 닿을 듯 부드럽게 균형을 유지한 채 몸은 암탕나귀 걸음에 맞춰 좌우로 흔들리고 있었다.

그날은 여느 일요일 같은 일요일이었다. 태곳적부터 흐르던 그 물, 영겁부터 해왔던 그대로 녹음이 지고 꽃을 피우고 열매를 맺는 무성한 나뭇가지들, 기울었지만 세월에 저항하며 무너지지 않고 버텨 온 오래된 집들, 마치 우리보다 더 길고 더 느리게 삶의 리듬을 가지는 존재들이 견디기라도 하듯, 그 늙으막(老年)은 아직도 수 세기를 이어갈 것 같다.

밝은색 옷을 입은 어린 여자아이들이 나무 사이로 지나가며 천진난만하게 부르는 노래가 찬송가처럼 하늘로 올라간다. 시끌벅적 재잘거리는 아이들은 길 따라 흐르는 물길에 묵직한 돌을 던지면서 물장구치는 놀이를 즐기고 있다. 마을 광장에는 셔츠 차림의 어른들이 진지하게 나무공 던지기 놀이 한 판에 빠져있고, 노인들은 파이프를 입에 문 채 의장대儀仗隊처럼 줄지어 서 있다.

암탕나귀는 이내 골목길로 들어섰다. 암탕나귀는 혼자 멈춰 섰는데 목적지를 알고 있었기 때문이다. 암탕나귀에 타고 있던 이는 왼쪽으로 몸을 굽혀 발을 땅에 딛고, 다정하게 당나귀를 토닥여 마구간으로 들여보냈다.

마티유의 아내가, 바로 그때, 문 밖으로 나왔다. 부인은 먹을 것을 달라고 꿀꿀거리는 돼지가 먹을 사료가 가득 찬 양동이를 들고 있었다.

― 가스통Gaston이 당신을 만나고 싶어 해요…

― 뭐라고요? 또요?

― 양 한 마리 다리가 부러졌다는군요.

― 그러면 양을 이리 데리고 왔으면 해요.

주물 냄비 속에 수프가 끓고 있다. 마티유는 찬장에서 커다란 질그릇을 꺼내 빵을 썰어 넣고 냄비 뚜껑을 열어 익어가는 햄 냄새를 맡아본다. 그릇 옆에 걸린 국자로 수프를 잘 휘젓고, 한 국자를 떠서 빵 위에 부었다.

(가스통이 문으로 들어오면서) 빛을 가로막아 마티유가 몸을 돌렸고, 가스통이 문턱에 세 발로 비틀거리며 걷는 양 한 마리를 내려놓았다.

― 기다려요. 서두르지 맙시다. 부목 두 개와 끈을 좀 가져와요.

마티유는 투박한 식탁에 앉아 저녁 식사를 허겁지겁 해치우고 마지막 한 입을 넣은 후, 다리를 다친 양에게 다가갔다. 섬세한 손가락 놀림으로 흔들거리는 다리를 유심히 살펴보며 관절을 움직여 보고, 헐렁하게 가죽으로만 버티는 약한 골절 부분을 만져보았다. 그리고 마티유는 입안의 마지막 음식을 씹으면서 치료를 시작했다.

정신을 집중하여 손가락으로 더욱 정확한 부위를 찾아가며 검사를 한 다음, 아픈 다리의 정확한 두 곳을 짚어냈다. 그러자 그의 얼굴이 환해지며, 말하기를:

― 여기예요! 잘 봐요. 부러진 양쪽 뼈가 서로 맞물려서 모든 게 제자리로 돌아갔네요.

오른손의 섬세한 움직임으로 피부 아랫부분이 약간 흔들리면서 뼈가 맞추어졌다.

— 부목을 여기에! 묶어 주세요!

양은 세 발로 절뚝거리며 멀어져 갔다. 그리고 마티유는 아주 자연스럽고 친숙한 일상적 습관으로 다시 돌아와, 말없이 생각에 잠긴 채 저녁 식사를 계속했다.

*　　*　　*

— 롱Long 부인, 제가 뭐 해드릴 일이 있을까요?

문을 통해 크고 낮은 주방을 비추는 햇살이 다시 어두워진다. 이번에는 무거운 촌스러운 시골 사람의 실루엣이 아니라, 유행에 따라 옷을 차려입은 발랄한 모습이었고, 볼에 바른 파우더와 입술 화장은 한 듯 안 한 듯 살짝 엿보였다.

롱 부인은 주저하기라도 한 듯 다가와 고백하기를:

— 아시다시피, 몰래 왔어요. 보시다시피 제가 다리를 절잖아요… 제가 할 수 있는 건 다 해봤지만… 의사 선생님은 연고와 압박 붕대만 처방해 주셨는데요. 하지만 나아지는 느낌은 전혀 없어요.

— 확실히 뭔가 어긋난 것일 텐데요…

— 의사는 별일 아니라고 하시던데요… 압박 붕대하고 휴식을 취하라고! 남편은요, 의사에게 신뢰감을 느끼고 있어요. 의사는 자기가 한 말을 잘 알고 있고 제가 좀 더 끈기를 갖고 의사의 처방을 따르지 않는 게 잘못이라고 반복해서 말해요. 사람들은 모두 제게 "그렇다면 마티유 선생님을 찾아가 보라!"고 해요. 하지만 잘 아시다시피 사람들은 접골사들을 나쁘게들 말하잖아요, 보통 접골사들 말이에요… 아! 물론 당신은 말고요! 접골사들이 하는 일을 경계하라고 가르치고들 있어서요!

하지만 마티유는 이 모든 말에 조금도 개의치 않은 듯 다만 이렇게 주문했다.

- 발 좀 보여주세요! 레오니Léonie, 뜨거운 물을 담은 그릇을 가져와 줘요! 거기에 발을 담가 보세요.

바로 앞서 다리를 다친 양에게 해준 것처럼 마티유는 자연스러운 몸 짓으로 롱 부인의 발을 어루만져준다. 전혀 서두르지 않는다. 불은 부 드럽고 낮게 노래 부르고, 냄비는 끓으면서 가볍게 휘파람을 불고 수증 기는 헐떡헐떡 숨소리를 내는 것 같다. 닭들은 문턱에서 먹이를 쪼아대 고, 늘 한 줌의 먹이를 기다리면서 '말하고' 있다. 어린이들은 거리에서 막판 놀이에 열심이다.

마티유는 평온한 마을 분위기와 완벽한 조화를 이루고 있다. 그는 이 를 부지불식간에 느끼고 있다. 그 스스로 거기에 참여하고 있고, 자신 이 '알고 있는' 것에 대해 놀라우리만큼 높은 확신이 있다.

그 손가락들은 이제 어느 정도 압력을 가하기 시작하나 그럼에도 부 드럽고 자연스럽고 친절하게 움직인다. 이어서 양손을 써서 하니: 왼손 으로 발뒤꿈치, 발, 아픈 발가락을 움직이도록 하고, 오른손으로는 신경 을 따라간다. 그는 집중하면서도 지나침이 없고 편안하면서도 자신감 이 있다. 그는 확실하게 하고 있다고 느낀다. 그러면서도 침착하고 평온 하고 잔잔하다. 그가 암탕나귀를 타고 있었던 때처럼…

- 아 여기군요! 걱정하지 마세요… 예. 됐어요. 다리에 힘을 실을 수 있습니다. 한번 해보세요!

롱 부인은 서 보려고 했다. 마치 접골사에 대해 그녀가 갖는 불신감 에서 지난 며칠간 지속된 고통을 찾기라도 하듯 발에 엉거주춤 힘을 실고 조심스럽게 디뎌 섰다. 그런데 아프지 않았다!

- 이제 찌를 듯이 아프던 통증이 사라졌어요. 그냥 뻐근할 정도로 아플 뿐입니다. 정말 기적 같네요!

- 제자리를 잡을 수 있도록 작은 붕대로 감아드릴게요… 이틀 정도 쉬시면 거의 나을 겁니다. 그렇게 되실 거예요.

– 의사는 뭐라고 할까요?

– 의사들에게는 그들 나름대로 하는 능력과 방법이 있어요. 그들은 우리 인체 기능의 모든 부분의 이름에 관해 오랫동안 공부했지요. 몸의 내부를 들여다보는 훌륭한 기구들도 갖고 있어요. 하지만 손으로 몸이 살아있는 걸 느끼지는 못해요. 그 사람들은 인체가 뼈, 근육, 신경들을 그냥 모아 놓은 것에 불과하다는 듯 환자를 처치하고 돌봅니다. 우리 몸 기관들의 이름과 그 구성, 그 형태를 아는 것이 진정 본질적인 것일까요? 그리 믿으시나요? 이는 마치 연주자가 바이올린의 구조에 꼭 입문해야만 초인적인 완벽한 멜로디를 그 바이올린으로부터 끌어낼 수 있다는 것과 같지 않을까요? 천상의 멜로디란 말로 표현할 수 없는 것을 표현하고 알지 못하는 것을 느낄 수 있어 우리들의 가련한 언어보다는 한 수 위이지요.

제 손가락들이 산책하듯 당신의 살과 몸이 살아있는 걸 느낍니다. 저도 당신과 함께 아픔을 느끼고, 또한 이렇게 기능이 조화로움을 되찾아 건강 상태를 회복하게 되시니 제 마음이 편합니다.

저는 많이 배우지 못한 한갓 농부에 지나지 않지만, 인간과 삶에 대해 깊이 성찰해 왔습니다. 아픈 사람을 돕기 위해 제 아버지가 제게 물려주신 재능과 비법을 존경의 마음과 베푸는 마음으로 최대한 활용하고 있습니다. 다른 이들은 지식과 과학의 길로 아마도 저보다 더 잘 나아가고 있을 겁니다. "내 아버지의 집에는 있을 곳이 많이 있다."[신약성서 요한복음 14: 2]

그 말을 하고 스스럼없이 치즈 없은 빵 조각을 다시 먹기 시작하였다. 그의 얼굴은 순간 환해졌고 냉정함과 차분함을 되찾는다. 철학적으로는 "시간과 삶이 하도록 내버려두자"라는 뜻일 것이다.

2
맑은 샘(源泉)들을 다시 찾다

삶은 단순하지 않다.
과학이 그 비밀을 발견하기에는 아직 갈 길이 멀다.
맑은 샘을 다시 찾아야 한다.

롱 부인이 바로 전에 마티유를 방문한 것을 남편에게 설명하고 동시에 이것을 자연스럽게 정당화하려 한 이유는 그녀의 가족들이 위기 상황에 내몰렸기 때문이었다.

당시에는 초등학교 선생님들les instituteurs이 마을에서 '이성'la Raison, '과학'la Science, '진보'le Progrès를 대표하는 사람들이었다. 그들은 이른바 문명의 잇단 승리에 광신적으로 존경하는 마음을 가지도록 교육받았다. 그들의 스승들les maîtres은, 마치 부식토와 두엄으로 자라난 튼튼한 관목처럼, 진보가 과거의 불가피한 시행착오를 거치지 않은 듯, 진보를 반대하는 모든 사람을 낙인찍을 정도로 모진 말을 하지는 않았다. 그들은, 과학의 이름으로 부정해 버린 실천les pratiques 안에서, 사리에 맞는 것과 인간적인 것, 따라서 현실에 뿌리내리는 것이 기름진 결과를 내는 그런 진리를 더는 알아차리지 못하게 되었다. 그 진리란 그(실천) 안에서 생겨날 수 있고 또 수 세기를 거치며 그(실천) 안에서 그 영속성이 보장되는 그런 것이었다.

아마도 그 과거로 인해 이런 스승과 지금 초등교사가 된 제자가 불편한 마음이 되었을지도 모르겠다. 그래서 그들은 의도적으로 과거를 어둡게 하고, 그렇게 함으로써 비록 미미하긴 해도 어둠 속에 빛나는 한 줄기의 깜박이는 진보의 빛이 돋보이게 할 수 있었을 것이다. 물론, 지금에 와서는 그 빛이 눈부시다 못해 너무도 강렬하고도 노골적이어서 이제는 그 세세한 측면이나 그 위험성, 또 그 아름다운 점들과 의기양양한 발견으로 이끄는 길조차도 볼 수 없게 된 지경에 이르렀지만 말이다.

롱 부부도 이런 교육과정을 통해 훈련받은 다른 많은 교육자처럼, 여러모로 '초등' 교육 수준에 고착되도록 만들어진 왜곡된 교육의 희생자, 아니 성실한 희생자였다. 그들이 단지 초등 수준의 교육을 받았다는 게 문제가 아니라, 지나치게 단순화된 지적·도덕적 교육 때문에 인간적인 이해심과 활발한 유연성이 결여하게 되었기 때문이다. 어쩌면 그것은 필요악의 한 단계였을지도 모르겠다. 이 단계는 많은 교사들에게서처럼 열광적이며 성상聖像파괴적인 용기와 과감성도 가지게 할 만도 하겠다. 그러나 말에게 제 발걸음의 리듬과 균형을 찾게 해주는 채찍질과는 달리, 고려해야 할 만한 위험도 내포하기 마련이다.

게다가 다른 편견으로 인해 교육자 생활에 문제가 생기게 되었다. 롱 부인이 일개 접골사를 찾아가 치료받고 나은 것이었다! 이제 롱 부인은 편두통이라도 생기면 그 '열을 내리게 하는' 노파에게 왜 가지 않겠는가? 그리고 또 그다음 날에는 액厄을 막거나 미래를 점치는 점쟁이 트와네트Toinette네 집에도 왜 가지 않겠는가?

– "자 이제, 학생들을 어떻게 대하겠어?"라고 롱 씨는 항의하듯 말했다. 또 다 큰 사람들에게는 어찌 권위 있게, 이성에 기초한 윤리, 사건에 당면해서도 우리가 취하는 합리적 행동, 유익한 발견과 과학의 강력한 가르침[2] 속에서 완벽하고 흔들림 없는 우리의 신념을 정당화할 수 있겠는가 하고 추궁했다.

– 네 그래요, 롱부인이 답했다. 그분은 거짓이나, 기도나, 마술을 사용하지 않고, 나를 낫게 해주었어요. 자기 힘으로 터득한 기술의 효과로

---

2. les puissants enseignements de la science.

만 나를 치료해 주었답니다. 그 기술은 매우 직관적이고 소박하며 자연스러운 과학에서 나오는 것 같았어요. 그가 기적이 아니라 의사들도 흔히 치료에 실패한 것을 고쳤다면, 그건 우연의 결과도 아니고 신비스러운 마법의 결과도 분명 아닐 거예요. 그 실천(치료)les pratiques 활동에서 합리적이고 감동적이면서도 실험적인 관찰로 정상적이고도 인간적인 기초를 발견할 수도 있을지, 누가 알겠어요?

나는 당신이 마티유 씨, 그분과 이 문제를 놓고 한번 이야기를 나눠보았으면 해요. 당신은 과학을 이해하며, 그 어려운 논리도 알고 있잖아요. 당신도 알다시피, 삶이란 우리가 가르쳐 주었으면 하고 사람들이 바라는 것처럼 그렇게 단순하지 않아요. 과학도 모든 세세한 톱니바퀴들을 발견하고 이해할 수는 없어요. 무시되어 온 전통들에도 양식良識과 양식에 기초한 실천(치료)pratiques은 있을 것이고, 삶의 관점에서 보자면, 우리 식자들이 잘난 체하는 발견들보다 더한 가치가 있을 거예요.

— 당신 지금, 위험천만한 생각을 하고 있구려. 여자들의 나약함이란! 당신은 스스로 여느 사람들과 어울리고 있는 거요. 조심해요. 그 사람들을 당신 수준으로 끌어올려야 하는 것이 당신의 의무인데 그렇게 하지는 않고 당신이 그 수준으로 내려가고 있단 말이오.

— 그래서요? 사실 우리가 뽐내는 교육에도 불구하고 나는 여성으로서의 기질, 직관적이고 감각적으로 예민한 기질을 지키고 있다고 단언해요. 우리 스승들의 가르침, 그들의 확신, 그들의 윤리는 나의 본성에 깊은 영향을 주지 못했어요. 단지 겉칠을 한 정도에 불과해요. 그 스승들에게는 인간의 본질을 보여주는 삶의 의미가 결여되었어요. 미묘한 상황에서 내가 도움을 청한 것은 바로 이러한 삶의 의미요 나의 마음이요 나의 감수성이지, 사람들이 내게 강요했지만 이제 우리 차례가 되어 전수해 주어야 하는 임무를 가진 어휘나 이론들이 아니란 말이에요.

— 늘 독창적이셔! 여성과 이성理性은 결코 함께 가지 않는다고들 합니다. 모두 당신같이 생각한다면, 진보는 어디에 있겠어요?

— 진보요? 실로 이제는 진보를 논할 때죠. 전 세계가 진보류類의 사람들로 깔려있기 때문이니 말이죠. 인간의 어리석음의 장관을 보니 이제는, 우리의 철학적·도덕적·교육학적 개념들을 되돌아보게 되고 우리의 실수를 찾아 솔직히 고백하게 되고 또 아직도 도달할 수 있는 그런 맑은 샘에서 물을 긷도록 하네요. 우리가 더욱 인간적이고 더욱 확실한 삶의 맥들(뒤의 수액樹液을 암시-역자)을 다시 찾을 수 있도록 말이죠.

— 이건, 우리, 우리 아이들, 우리 나라, 나아가서 우리 문명으로서는 삶과 죽음의 문제라고 믿어요.

3
맑고 씩씩한 자의식

> 가장 훌륭한 행동, 가장 너그러운 몸짓이라도
> 삶의 나아갈 길들을 밝혀주는 빛을 찾지 못하는 것이라면
> 잘못과 화禍를 키울 위험이 있다.

　- 부인께서는, 우리(접골사들)의 치료법이 사악하지도 마술적이지도 또한 비합리적이지도 않은데 왜 그렇게 무시당하고 평가 절하되고 비난을 받는지, 그리고 또 과학의 발전으로 침식당함에도 불구하고 왜 그 영향력이 계속 파급되는지 그 이유를 물어보시는군요.

　롱 부인은 발을 다친 후 첫 외출을 하였다. 조심스럽고 뻣뻣했지만 행복한 외출이었다. 지팡이 없이 걸을 수 있었고 아프지 않았기 때문이다. 옆에 있는 롱 씨도 부인과의 성공적인 외출을 자랑스러워하는 듯했다.

　어느 화창한 봄날 오후였다. 태양은 날마다 조금씩 언덕 위로 더 높이 떠올라 골짜기에 아직도 남아있는 눈 덮인 비탈의 그늘진 응달을 밀어 올리고 있었다. 마티유는 헛간 문 앞에서, 가축들에게 줄 저녁 '섞음' 여물을 준비하고 있었다. 그는 다친 양의 부러진 다리를 고쳐주던 그날과 다름없이 서두르지 않고 평온한 모습으로 그 일에 열중하고 있었다. 그의 일들 가운데 어느 하나도 더 중요하거나 덜 귀하지 않은, 자연스러운 일이었다.

　그는 여물을 주던 쇠스랑을 내려놓고, 열린 문에 괴어 놓은 옹이진 나뭇더미에 편안히 걸터앉았다. 그리고는 마치 길고 속 깊은 익숙한 독백을 계속하듯, 혹은 마치 그 표현이 맘에 들지 않는 듯, 생각하고 또 생각하며 간결하고 느린 말로 이야기를 풀어갔다.

— 왜 우리 가난한 농부밖에 다른 사람들은 우리의 비법을 쓰지 않을까요? 왜 당신들의 과학은 우리를 무색하게 하는 걸까요? 우리의 대중성을 손상하거나 거의 해치지도 못하면서…

마치 마약중독자가 악의 구렁텅이에 빠져있듯이 우리는 이미 잘못의 굴에 갇혀있다고 말씀드립니다. 우리는 잘못함에 순진하게 이용당하고 있고 잘못함의 승리를 위해 희생되고 있습니다. 이제 우리는 더는 뒤로 후퇴할 수도 없습니다. 모든 정신적·생리적·경제적·사회적 장치가 여기에 물들어 있습니다.

강 위에 한쪽에서 다른 쪽 강가로 연결하는 좁은 인도교를 보셨지요. 물이 맑고 잔잔할 때, 이 다리의 널빤지를 건너뛰는 놀이가 있어요. 또는 이걸 피해서 돌에서 돌로 건너뛰며 징검다리를 건너가는 놀이를 할 수도 있어요. 이런 이미지를 우리 문명에 적용해 봅시다. 말하자면 평화의 정상적인 시기에는 모든 길이 가능해 보입니다. 적어도 중대한 위험은 없어 보여요. 하지만 무언가 일이 잘 안 풀리면, 커다란 역사적인, 생사를 거는 문제가 없이 수용할 수 있는 해결책을 늘 찾게 되지요.

하지만 폭풍우가 몰려와 강 물살이 거세져 흙탕물 파도가 징검다리 돌을 덮치게 되면, 이 다리 위로 접근하기 위해선 그래야만 하는 어떤 정당한 이유가 꼭 있어야 합니다. 필요할 경우 우리는 그렇게 해야만 합니다. 앞에 장애물이 있다고 마냥 포기할 수만은 없기 때문이죠. 강을 건너기로 했고 그래서 마음 단단히 먹고 다리를 건너는데 처음 몇 발을 떼니 거센 물살에 널빤지가 휘어서 흔들거려요. 이제 우리는 다리 한가운데까지 왔어요. 가장 어려운 지점이지요. 어떻게 하면 좋을까요? 다시 돌아가요? 그건 불가능하고요… 그렇다면 우리는 눈을 질끈 감고 반대쪽으로 돌진할 수밖에 없어요. 왜냐하면 그것만이 정말 유일한 이성적인 방안이니까요.

하지만 만약 우리가 길을 잘못 들어섰다면요? 바람직한 길이 실은 이미 우리가 택하지 않은 강 저쪽에 있다면요? 재수 없는 노릇이지요!

우리에게는 위험을 다시 한번 새롭게 직면할 용기가 없어요. 잘못 속에 머물게 되지요. 날마다 더욱더 잘못 속으로 빠져들게 되지요. 결국 우리는 마지막 남은 모든 에너지, 어쩔 수 없는 노력, 우리의 지적인 잔머리까지 거기에만 쓰게 됩니다. 만약 무엇인가 근원적인 것이, 우리가 생각 없이 버리고 떠나온 강 저편이, 사실은 바른길이라고 우리에게 보여 주더라도, 우리는 우리의 문화적·종교적 무기를 총동원하여 그게 틀린 것이라고 주장할 거예요.

우리는 바로 이런 위기의 시점에 와 있습니다. 우리는 아직 강을 건너지 않은 사람들 가운데 있습니다. 우리는 교사도 책임자도 없는 탐험선探險船에, 그들의 뜻과는 달리 이미 승선해 있는 여행자들, 그들을 이쪽으로 데려오려고 하는 그런 사람들인 것입니다.

그래도 이쪽에 논리적이고 양식이 있는 사람 몇 명이 아직 남아 있다는 것은 좋은 일이며 또 필요하기도 합니다. 언젠가 그들 중 다수의 눈이 혹독한 경험을 겪어 느리게나마 열리게 되어 잠재적 증인이 될 사람이 그들입니다.

*　　*　　*

─ 만약 단 한 명의 상인 ─마티유가 이어서 말하기를─, 단 한 명의 화학자, 단 한 명의 아버지, 단 한 명의 아이가 후회할 만한 행동을 저질렀고, 모든 다른 사람이 저지른 행동이 그들 자신에게 그리고 사회에 행한 잘못을 알았다고 한다면, 그렇다면 이에 대한 대응은 손쉽습니다. 하지만 모든 사람이 악에 빠져서 즐기기라도 한다면, 그것이 나쁘다는 것을 감안도 하지 못한 채 때로는 그것이 좋은 것이라고 믿기까지 하면서, 큰 소리를 내어 위험을 알려야 한다고 주장하는 사람들을 괴짜요 웃기는 사람이라고 매도한다면, 그러면 우리는 이 집단적 타락의 심각성을 짐작하게 됩니다.

자기도 모른 채 죄를 저지르는 사람들에 대해 제가 신랄하게 말하더라도, 제가 특별히 이러저러한 어떤 특정한 사람을 염두에 두고 말하려는 것이라고는 전혀 생각하지 않으셨으면 해요. 고립된 한 상인이 그의 (사업의) 내리막길을 거슬러 올라간다는 일이 정말 어려우리라는 것을 저는 잘 아는데요, 왜냐하면 거기서 망하거나 큰 희생을 치러야만 실패를 깨닫기 때문입니다. 또 어느 한 화학자가 자기 발명품의 위험성을 스스로 고발한다는 게 정말 어려우리라는 것도 저는 잘 아는데요, 왜냐하면 그럴 경우, 곧바로 실직할 것이기 때문입니다. 그런가 하면 어느 한 의사가 다른 치료 방법으로 옮겨간다는 것도 정말 어려우리라는 것을 저는 잘 아는데요, 왜냐하면 그의 환자들로부터 버림받고 동료 의사들에게 시달릴 것이기 때문입니다. 또 어느 아버지와 어느 아이가 본성이나 논리가 마다하는 것을 몽땅 그만둔다는 것도 정말 어려우리라는 것을 저는 잘 아는데요, 왜냐하면 그런 삶은 더는 가능하지 않기 때문입니다.

― 그래서 어쨌다는 건가요? 마티유의 말에 빠져들었던 롱 씨가 반박하고 나섰다.

― 당신 같은 초등학교 교사들이 전반적인 잘못을 인식하고 그것에 과감히 맞서는 것은 어려운 일이겠지요. 왜냐하면 학부모로부터 비판받고 매도되고 어쩌면 쫓겨날지도 모르고, 급기야는 당신이 되살리고 싶은 가르침이었겠지만, 교육당국으로부터 위험한 것으로 기피될 수도 있겠지요… 잘못에 정면 도전하는 것을 두려워하지 않는 영웅이 되지 않는 한, 심지어 모든 사람에 대항하는… 그리고 또한!…

내게는 어느 행정기관이나 어느 구성체의 혹평이나 벼락같은 분노도 두려워하지 않고 자유롭게 말할, 그런 자격이 있습니다. 나로서는 이 시대에 나와 같이 사는 사람들의 이러저러한 행동들을 해롭다고 생각하거나 죄스러운 일이라고 볼 수도 있습니다. 그렇다고 해서 자신의 일에 의무감을 갖고 헌신하며 일하는 모든 훌륭한 사람들에 대한 존경심을 잃지는 않아요. 그들의 노력이 무용하거나 위험하다고 확신할 때조차도 그렇답니다.

이것으로 충분치 않다는 것은 압니다. 악은 선의 모습을 하고 곳곳에 은근히 스며드는 악마의 모습을 띠고 있어요. 악의 절대적 힘을 강요하면서 사람들에게 그것을 옹호해야만 한다는 확신을 주지요. 현인들, 시인들, 선지자들은 시간의 흐름 속에 이제나저제나 밝음을 보고, 그로써 밝아져 그 밝음을 계시하고, 그 밝음을 노래하고, 그 밝음을 설명하게 될 때, 격분한 노예들은 이들 위험한 선견자先見者들을 순교시킵니다.

큰 진리들les grands vérités, 모든 사람이 다 이해할 수 있을 만큼 단순한 것이라서 누구도 감히 이를 단언하거나 자기 것으로 주장하지 못합니다. 잘못은 탐심 있는 자들을 너무도 잘 섬기고, 향락과 이익·특전이나 지배를 향한 목마름도 또한 이러저러한 사람들을 잘 섬깁니다. 그러니 잘못을 피하거나 아니면 잘못을 범할 위험이 다분한 사람은 누구나, 이기주의자들의 이해가 얽힌 복합적이고 위선적인 연합에 직면하게 될 것입니다. 맹세코, 모든 인간이 모두 다 그 어느 때라도 영웅이 아니라는 것이죠… 그들은 사회적·역사적 필연성이라고 스스로에게 확신시키면서 늑대와 함께 울부짖기를 오히려 더 좋아합니다.

의사는 그들의 직무를 수행하지요. 그들은 결코 건강을 지키려고 연구하는 것이 아닙니다. 이런 태도는 환자보다 더 철두철미하다[3]고 말씀하실 수도 있겠네요. 왜냐하면 환자가 건강을 지키고 다시 회복하기 위해서는 - 진료비를 내는 것은 차치하고서라도 - 다른 어떤 희생도 감내하지 않을 것이기에 말이죠. 의사들은 할 수 있는 한 환자들을 돌보고 치료하는 데 만족하지요. 그런데 그것만으로는 충분하지는 않습니다. 마치 입법자가 왜 이 청소년이 강도짓이나 다른 무슨 죄를 지어 오

---

3. 프랑스어 관용구 Ce serait être plus royaliste que roi로 직역하면 "왕보다도 더 왕당파겠다."가 된다.

늘날 법정 앞에 서게 되었는지 그 이유를 알려고 하지 않는 것과 똑같습니다. 그는 청소년의 죄를 '낮게 한답시고' 교도矯導하는 데에 만족해할 뿐 이러한 실추를 미리 막거나 미리 바로잡으려고 권한을 행사하려 애쓰지 않습니다. 고통은 이미 왔고, 마약은 이미 먹었고, 환자와 비행 청소년은 이미 버림받았어요. 의사 앞에 또는 판사 앞에 이미 벌어졌던 똑같은 잘못함 속에 빠진 것, 그뿐이지 그 이상은 아니죠. 최소한의 물리적 또는 도덕적 면책만이 있을 뿐, 같은 일이 반복해서 일어난다는 사실에 놀랄 겁니다.

판사들도 그들의 직무를 수행하며 살고, 의사, 제과제빵사, 상인 그리고 초등학교 교사도 매한가지입니다. 일에 짜증나지 않도록 또 일에 치이지 않도록 그들 나름대로의 행동반경 속에 틀어박히게 됩니다. 거듭 말씀드리지만 이것이 바로 인간의 태도입니다. 이 말 안에, 우리의 본성이 되어버린 모든 나약함과 모든 체념이나 포기를 포함한다면 말이에요.

우리가 그렇게도 자랑스러워하는 문명이 맑고도 밝고 씩씩한 자의식 쪽으로 사람들의 숫자를 늘리지 못한다는 점은 참 아쉽네요, 그렇지 않은가요? 주관적인 인간 개개인의 제반 상황의 한계를 뛰어넘어 원대한 인류의 빛나는 운명을 위해 영웅적으로 봉사할 수 있는 능력을 지닌 그런 사람들의 숫자 말입니다.

4
인간의 영속성

현명한 사람들은 거짓 교육의 진흙 속에서도
풍요로운 인간성장의 빛을 다시 찾아낼 수 있음을 안다.

혼자 남게 되자, 마티유는 헛간으로 다시 돌아와 여물 섞는 일을 마쳤다. 그의 섬세한 쇠스랑질은 앞으로 더욱더 근본적으로 나아가려는 내적인 필요에 답하려는 듯, 마치 그의 머릿속에서 뒤집고 또 뒤집는 그의 사색을 보여주는 듯하다. 그는 보다 분명히 보고, 보다 올바르게 생각하고, 보다 관대하면서도 냉정하게 판단하려고 생각에 생각을 거듭했다.

한편, 그가 골몰해 있는 것들을 인정해 주고, 최소한 이해할 수 있는 몇 안 되는 사람들과의 만남도 마티유의 기대에는 어긋났다. 그들은 너나 할 것 없이, 앵무새의 기억으로, 신문의 최신호나 유행하는 책에서 펴내온 피상적이고 억지스러운 이유를 반복한다. 그들은 다른 사람보다 더 많이 아는 것처럼 비밀스러운 전문 용어를 당신에게 쓴다. 게다가 '진보', '문명', '발견'les découvertes, '학문'les sciences을 말한다! 마치 지금이야말로 그런 용어들을 찬양해야 하는 순간인 것처럼! 진흙이 골짜기의 비옥한 들판을 뒤덮는 것처럼, 긴 줄을 따라 심긴 오리나무와 버드나무들이 뿌리 뽑히고, 눕히고 묻혀서 버려지는 것처럼. 그러면 사람들은 진흙의 잔물결 주름과 석양에 어슴푸레 보이는 그 청록색에 감탄할 뿐이다. 그러나 매몰되어버린 풍요로움과 아름다움은 모든 시대에 있었던 풍요로움과 아름다움과 모든 면에서 비슷해 보이지만, 한때 유일하게 화평을 가져다주고 유일하게 생산해 내는 대지를 '치장'했건만, 이제 이런 모습들을 알아차릴 수 없다. 엉망이 된 들판은 저주받은 곳 같다. 어떤 노인들은 당신에게, 불모의 진흙탕 대신 옛날에는 푸른 초원, 무성하고 울창한 숲이 있었다고, 그 숲은 거친 나무껍질 사이로 헤집고 다녀야만 발길이 닿았던 곳이었다고 말할 것이다. 그러나 아무도 이 말에 더는 귀를 기울이지 않고 그저 웃어넘길 뿐이다. 홍수는 땅을 휩쓸고 종잡을 수 없는 그 물길은 계속 몰아쳐 온다. 고난을 겪은 세대들은 세상이 이와는 다른 모습을 가진 적이 없었다고 믿기에 이 세상에서 살기 위해서는 거기에 적응하면 된다고 믿게끔 될 것이다. 그들이, 시시각각의 고통을 보다 근본적으로 느끼면서 진흙에 반쯤 매몰된 위대한 사상들을 삶의 한가운데에 되돌려놓기를 원하며, 또 알게 되길 원하는 이들이 격렬히 아니라고 하는 말과 번민에 찬 호소를 언젠가는 경청하게 될까? 언젠가는 이해하게 될까? 그 사상들은 삶의 심오한 의미에 갈피를 잡을 수 없게 하는 사상가들에게는 공통의 보물이었고 지금도 여전히 보물이다.

마티유에게는 이런 현실에 대한 왕성한 직관력 같은 것이 있다. 장부들 틈에, 선반 위에 뒤죽박죽 섞여 잠자고 있는 빛바랜 책들 몇 권을 뒤적이면서 그는 요즘 사람들이 아무것도 발견하지 못했다고, 아니 그보다는 모든 것을 잊어버린 것 같다고 생각한다. 그는 사람들이 의식적이든 아니든 다소 온전하고 비옥한 진흙과 같은 것으로 일관성 없음과 약점들을 감추고 있으며, 또 그들이 아래로 파고 들어가 거기서 살아있는 수액樹液을, 미래를 기약하는 식물들의 왕성한 수액을 감히 찾으러 가지 않는 것과 같다고 생각한다.

바로 이러한 직관과 확증으로 마티유는 지도자와 구원자의 한 줄기 빛을 밝혀주는 철학자와 예언자에 대한 놀라운 확신을 가지게 되었다.

롱 부부는 반대 의견을 말하려는 사람들에 속했다.

학교의 지식교육을 많이 받은 사람들, 책에서 얻은 지식과 학자들이 각인해 준 사상과 틀에 박힌 형식적인 가르침으로 자기만의 성찰을 다소간 전적으로 대체해 버린 사람들은, 그들이 받은 교육의 우수성을 지나치게 믿은 나머지 자기 주변에 있는 인간의 영속성의 위대한 덕목들을 늘 과소평가하게 된다. 이런 현상은 현대 과학이 인간에게 애써 심어준 거드름을 피우는 빗나감의 일부분이다. 그것은 마치 자전거를 분해하고 다시 조립해 타고 다닐 줄 아는 어린아이가 전통과 사상으로 가득 찬 고독하지만 사려 깊은 사람을 불쌍히 여기는 꼴이라고 할 수 있다.

롱 부부는 그들이 가르치는 학생들의 학부모인 농부들을 대하면서 약간 무시하거나, 이와 똑같은 오만한 태도를 보이곤 했다. 지금 그들(롱 부부)은 이 세련되지 못한 사람들 가운데에서, 그들에게 어쩔 수 없이 경외의 마음을 가지게 하고, 그들에게 당당하게 마주하기로 결심이라도 한 듯 보이는, 흔들림 없는 논리, 명백한 설명과 함께 설득력 있는 답변과 그들 자신도 아득하게 그 느낌을 잊고 살아왔던 그런 확신에 근거하여 논쟁을 마다하지 않는, 새로운 부류의 사람을 발견한 것이다.

분명, 마티유는 우리와는 같지 않은 이런 양식을 가진 사람들 가운데, 그들 안에서나 그들의 주변에서, 사는 이유와 희망을 품는 이유를 찾아낼 줄 알았던, 그런 양식을 가진 사람들 중 한 사람이라는 게 틀림없다. 이 전통적 휴머니즘은 인류의 길을 밝혀주는 횃불과 같다. 그러나 교활하고 사람들을 잘 꼬드기는 나쁜 안내자들, 그들 또한 이런 슬기로움의 가면을 쓰고 있지만 그들은 빛과 진리에 반하여 사탄을 섬길 뿐인 그런 안내자들이지 않을까? 양자의 극단 사이에서, 우유부단한 군중은 힘들게 자기 길을 찾아 나선다. 그들 가운데 이상적 순교자들은, 이따금 비추는 불빛을 희미하게 보지만 산꼭대기에 올라가서 빛의 세례[4]를 받는 데에만 만족하지 않고 그 (낮은) 곳에서 형제자매들을 단련시켜 종국에는 이 형제자매들이 지혜로운 자들의 위대한 꿈을 지상에서 실현하도록 끈질기게 그들을 도울 것이다.

모든 좋은 의도들을 위해 해야 할 일이 있듯이, 마티유와 같은 사람들과 롱 부부와 같은 사람들 그리고 또 다른 유類의 사람들에게도 해야 할 일들이 있다.

그러나 적어도 그들은 빛을 희미하게 보며 지혜로운 자를 알아볼 수 있거나, 양식良識의 활용을 회복할 수 있어야 한다. 양식이란 인간의 위대하고 확실한 덕목들의 통속적인 이름이다.

---

4. baigner동사는 '물에 담그다', '빛이 감싸다'라는 뜻을 모두 가져, 예수가 요단강에 세례를 받는 것과 동시에 변화산에 올라 빛에 감싸이는 것을 모두 상징할 수 있으나, "그곳에서 형제를 단련시키려 한다"는 것으로 연결되어, "낮은 곳에 임하여 세례를 받는 데에만 만족하지 않고"로 새길 수도 있으나 영역본은 '빛의 세례'를 택했음을 참고하였다.

5
샘(源泉)은 개울,
시냇물 그리고 강이 되어야 한다

오직 어린아이들과 젊은이들만이
용감하게 정상을 향해 올라갈 수 있다.
그들은 방해받지 않아야 한다.

우연한 만남과 생각의 교류로 두 명의 교사와 순박하고 지혜로운 농부 사이에 흥미진진한 우정이 맺어졌고, 이것은 그들에게 행복한 발견이 되었다. 롱 부부는 그 겨울 끝자락 어느 날 저녁 마티유네 집에 가서 밤늦도록 함께 지내게 되었다.

그런 아름다운 저녁 시간을 함께 보내는 시절도 이제 곧 끝나가고 있었다. 들에는 벌써 할 일이 많아졌다. 시냇가 둑을 따라 무성하게 자라는 관목들을 잘라내고 무너진 돌담을 다시 쌓고 - 그곳에는 숯불에 구우면 맛있는, 달팽이가 많이 있다 - 또 목장에 거름을 주고 텃밭에 흙도 갈아엎고 무엇보다도 한때는 유순했지만 자라면서 밀밭에서 나는 새싹 향기를 견디지 못해 점점 다루기 어려워지는 양들을 따라다니는 일들이었다.

그래서 함께하는 저녁 시간은 자연스레 단축되었지만 마티유네는 결코 서두르지 않았으며 그곳에서는 늘 손님으로 환영받는다.

세심하고 겸손한 마티유 부인은 돼지고기로 만든 요리 냄비가 끓고 있는 것을 지켜보고 있다. 큰 돼지를 잡았기에 이제는 선홍빛을 띤, 날씬한 어린 돼지 두 마리만 우리에게 남아 있다. 아들은 버드나무 가지로 바구니를 엮어 만들고 어린 딸은 뜨개질을 하고 있다. 마티유는 식탁에 혼자 앉아 낡은 책을 뒤적이고 있다.

－ 당신, 의학책에 푹 빠지셨군요, 그렇죠?

－ 전혀 그렇지 않아요!… 제가 발견한 건, 형태와 단순함으로 빛나는 위대한 진리들이 담긴 한 복음서랍니다. 그 진리들이 늘 새롭게 느껴지는데, 그 까닭은 늘 무시되었고 왜곡되었고 버려졌기 때문이에요. 2천여 년 전 예수는 인간들에게 확실한 가르침을 주셨지만 큰 성공을 거두지는 못했어요. 설교가 이처럼 무용하다는 것은, 그 설교가 관대한 행위와 희생하는 삶으로 표현되더라도 아쉽게도 현세대의 눈에 보이는 신체적·인지적·도덕적인 면을 바로 세우려고 하면 들게 되는 회의감만 더 확인해 줄 뿐입니다. 사람들은 아주 많은 괴로움을 겪어 왔고 지금까지 투쟁해 왔어요. 하지만 이 세대는 즐기고, 살고, (그들이 말하기를) 또 가능하다면 고통 없이 죽고도 싶어 합니다. 그들은 더 멀리 보지도, 더 높이 보지도 못하므로, 당신은 거기서 아무것도 바꾸질 못할 겁니다. 그들의 생각은 그들의 습관과 함께했습니다. 그들의 삶에 대한 개념은 가족적·사회적 행동에 새겨져서, 이런 가족적·사회적 행동은 이성적 추론에 무덤덤해지고, 경험에도 폐쇄적으로 되어버렸지요. 그것은 마치 구부러져 버려서 바로 세우거나 더는 어찌 달리해 볼 도리가 없는 나무 같아요.

오직 어린아이와 젊은이에게만 유일하게 살아있고, 위를 향해 올라가고, 어떤 노력과 고통을 치르더라도 정복하려는 자연적이고 강렬한 욕구가 있어요. 그들에게만 세상을 지배하려고 강해지고 불굴의 투지를 가지는 특권이 있지요. 이런 용감한 재능과 소질은 여러 번의 실패와 실망에도 불구하고 새로운 세대들이 정상을 향하도록 밀어 올리지요.

다만, 우리는 샘이 개울이 되는 것을, 더 나아가 시냇물과 강물이 되는 것을 막지 말아야 합니다. 또 물살이 급류가 되어 소나무 사이를 휘감아 폭포에 물보라를 내거나 엄청나게 불어난 물이 바위 사이로 흘러넘치더라도 놀라지 말아야 합니다.

－ 그래도 젊은이들에게는 뭔가 부족하고, 자연은 늘 순하고 착하지

않아요… 우리에게 분명히

　― 과학은…[5] 거만하고 잘난 체하며 과시하려는 의도로 그런 신비한 계획·구상을 과학의 질서·법칙으로 대체하려고 하지요. 조그만 힘이라도 가지게 되면, 그 순간부터 인간은 스스로 창조의 주인이라고 믿어요. 자연을 노예로 부리고, 지휘하고diriger, (자연의) 걸작을 그들의 이론과 그들이 발견한 것에 더욱 잘 들어맞는 규범에 따라 다시 고치려 repétir 듭니다. 어린애같이 유치한, 우리 지성인다운 위엄에는 걸맞지 않은 거드름이란! 그들은 "모든 것은 조물주의 손에서 나온다."라는 것을 증명하려 드는 그런 교육자의 천진난만한 믿음을 합리적으로 비판하나, 이는 반대를 위한 반대죠. 그들은 다음과 같이 말합니다: "자연이 만들어낸 모든 것은 불완전하다. 인간은 인간이 만들어낸 기술들의 완벽함 덕분에 훨씬 더 잘할 수 있다… 인간이 이룬 경이로움을 이미 보고 있다…"라고.

　― 그렇지만 과학이 정말로 이루어낸 엄청난 것들을 당신이 부정할 수는 없잖아요…

　― 저는 아무것도 부정하지 않습니다. 하지만 영화, 라디오, 어둠을 꿰뚫는 빛의 조명, 공간을 먹어 치우는 속도의 마술 앞에서 저는 더는 깜짝 놀라지도 않지요. 전 계속해서 똑같이, 아니 더 놀라운 것들을 찾아내요. 풍성한 다양성 안의 생명의 신비, 막 터져 나오는 꽃망울… 그래요. 전 인간의 영재성에 감탄해요. 하지만 자연이 우리에게 주는 감동적인 광경들 안에서 날마다 새로워지는 기적들에 더욱 감탄하지요. 그리고 저는 당신들이 말하는 기술이 지닌 허상의 힘에 대해 전적으로 회의적이지요.

　우리가 어렸을 적에는 새집 짓기 놀이하는 것을 좋아했지요. 마른풀로 조심조심 모양을 만들고, 잔가지를 모아 엮고, 안에는 보드라운 이

---

5. 말을 끊고 들어가고 있다.

끼나 작년에 만든 새집에서 꺼낸 솜털 같은 걸 깔아서 폭신하게 해줬지요. 그런 다음 우리는 새들의 본능을 동일하게 느낄 수 있도록 우리의 상상의 보금자리를 과학적인 방법으로 숨겼답니다. 하지만 마법은 거기서 멈췄어요. 따뜻하고 반짝이는 알은 생명을 부화하고, 아기 새들의 지저귐, 분홍빛 살을 덮어줄 깃털, 맛있는 먹이를 기다리며 입을 벌린 새들의 큰 부리와 흥분된 첫 날갯짓의 감동, 이것들을 상상할 수는 있었지만 그것을 모방하거나 만들어낼 수는 없었지요. 과학으로는 매년 봄에 그리고 생명의 광경에 열광하는 것을 막지는 못하죠. 둥지 깊숙이 태어나는 생명이 움직이고, 지저귀고, 하나의 삶의 순환이 완성되는 그 광경에 열광하는 것을 막지는 못해요.

우리는 인간이 실제 자신의 능력과 자신의 실행 가능성의 한계를 겸허하게 인식하고, 우리를 넘어서 존재하는 것들 앞에서 창조적이고 활동적인 생명의 풍성한 박동에 어린아이들처럼 감격할 줄 알아야 합니다.

6
과학에서 인간이 저지르는 잘못

과학은 그 노력한 것을 재는 것에 완벽하지 못했고
확실한 해결책 대신에 위험한 임시방편의 길을 택하고 있어
과학이 인류를 퇴화시키고 있다는 사실을 깨닫지 못하고 있다.

마티유는 잠시 말을 멈추었다. 그의 아들이 잘 익은 포도주 한 병을
저장고에서 꺼내왔다. 그 포도주는 가을 햇빛에 반쯤 건조된 포도로
만들어 과즙처럼 달고 향이 진했다.

포도주는 수정처럼 맑게 콸콸 소리를 내며 잔을 채웠고, 색깔은 야
생 열매처럼 검붉게 빛났고…

– 한번 맛 좀 보세요… 정말 순전히 과일로 만들어진 술이에요… 사
람들이 태양을 마신다고 말할 정도예요. 그렇지요?

이제 거리는 조용해졌다. 냄비 안의 음식도 바로 전 김을 뿜어내기를
마쳤으며, 감자와 순무, 호박의 은은한 향기가 방을 가득 채웠다. 가득
채워진 냄비에서 나지막이 지글거리는 소리가 들려올 뿐이었다.

관솔로 불을 되살리며, 마티유는 이제 자신의 생각 실타래를 다시
잡았다.

– 롱 씨, 당신은 과학에 대해 말하고 있었습니다. 이 '새로운 신'이
인간들에게 존재 이유와 운명을 실현하는 방법을 줘야 합니다. 그들이
오늘날까지 상상이나 희망만을 바란 그 운명 말입니다.

저 역시 과학이 인간의 놀라운 업적임을 인정하고 있고, 기꺼이 존경
할 마음입니다. 단, 과학이 확실한 경험과 완벽한 자료조사에 근거하고
편견 없이 공정하게 연구를 수행할 경우에는 말입니다. 다시 말해서, 연

구 결과가 2 더하기 2는 4처럼 명확해야 하고, 단지 이곳에서만이 아니라 어떤 시간과 어떤 장소에서도 엄밀하고, '신'적인 영속성을 가지는, 그런 과학을, 저로서도 위대한 인류의 쟁취라고 여기고, 경의를 표하고, 드러내어 부르겠습니다.

그러나 아쉽게도 우리가 좇고 있는 것은 아직도 이상일 뿐, 집요하게 추구하긴 하지만 포착할 수 없는 명확성입니다. 마치 손으로 잡아서 가지고 있다고 생각하는데 끊임없이 빠져나가 날아가 버리는 파랑새 같다고나 할까요. 항상 "과학은 인간이 하는 것이다."la science humaine라고 말하겠죠, 과학도 틀릴 수 있다는 점誤謬, 가능성, faillibilité과 그 상대적 무능력을 짚고 가려는 것이죠.

실제로 확인되나요?

우리는 수행된 연구의 과학적 엄밀성과 이를 통해 얻는 연구 결과의 완전한 공정성을 확신하고 있지 않습니까? 사실 불행하게도 정치학에서처럼 의학에서도 너무 자주 그렇지 않습니까? 의학을 예로 들어 말씀드리는 것은, 의학이 그렇다면 다른 사이비 과학들 – 예를 들면 교육과학la science pédagogique –에서도 그렇다고 말씀드리려는 겁니다. 높게 평가받는 치료 방법들이나 사람들(의사들)은 환자 대중의 신뢰를 얻는 데에 필요한 모든 과학적 효용성을 공개적으로 공식적으로 인정하게 마련입니다. 우상의 완벽성을 믿게 하려는 겁니다. 그래서 우상에 대한 존경심을 자아내려는 것이지요. 하지만 곧 유행이 바뀌면서… 뱃전의 갑판 위에 큰 기를 올리듯 다른 우상들을 올리기 위해, 예전에 전적으로 신뢰했던 과학의 미명 아래 저지른 잘못들과 때로는 범죄적인 잘못들을 드러냅니다. 논리적으로 따져서 과연 오늘날 '과학적'이라고 선보인 것이, 어제는 온통 '과학적'이라고 말들을 해댔지만 이내 잘못된 것으로 매도되는 것보다 더 나을 것이라는 보장이 있을까요?

– 물론 "인간의 취약점은 늘 있는 것 아닙니까?" 롱 씨는 그런 혹독한 비판에 좀 놀라 반박했다. "그럼에도 의학의 전 분야를 통틀어 – 의

학 분야만을 언급하자면 ― 지금까지 이루어낸 중요한 발견들이 실제 치료들을 점점 더 인정할 만큼 치료의 효율성을 진전시키도록 이끌지 않았습니까?"

― 이론의 여지가 없죠… 그러나 지식인, 아니 그들을 따르는 무리는 사물을 보는 시야가 좁고 얕기가 그지없어서, 생명의 신비 앞에서 자신들이 얼마나 미약한 존재인지 깨닫지 못하지요… 그들은 마치 시골 사람들에게 농사를 가르치려고 귀농하겠다는 도시 사람 같은 꼴입니다. 그들은 학교에서 또는 책에서 농사나 목축을 배워서 개념도 알고 그 용어들도 잘 알고 있습니다. 처음엔 그들의 농사나 목축방식이 우리를 압도하는 것처럼 느껴지기도 합니다. 그래서 그 방법을 쓰다 보면 그들의 지식이란 실로 자연이라는 메커니즘의 아주 작은 부분일 뿐, 그 메커니즘이 어떻게 작동하는지에 관한, 즉 그 내면의 비밀은 결코 꿰뚫어 알아낼 수 있는 그런 정도는 아니라는 점을 우리는 알게 됩니다. 그들 자신도 그 점을 알 수밖에 없게 됩니다. 그들은 그들 주위의 자연을 꿰뚫어 보아 왔지만, 그 자연을 움직이고 변화시키는 신비로운 역동성에는 친숙해지지 못합니다. 그런데도 그들은 굳이 자신들의 원리를 적용하려고 자신들이 알고 있다고 여기는 메커니즘을 작동시키려고 합니다. 그렇게 잘못에 잘못을 거듭하다가 마침내 그들도 식물의 수액이 올라오는 걸 느껴야 한다는 것을, 또 자연이 웅변하는 목소리에 귀 기울일 줄 알아야 한다는 것을 스스로 깨닫게 됩니다. 그래야만, 새싹이 돋고 꽃들이 제 나름의 상태와 생명력에 따라 저마다 다른 빛을 띠며 피고 지는 미세한 소리를 들을 수 있게 됩니다. 그들은 자신들이 받아 왔던 지식교육instruction이나 지능intelligence, 지식connaissances뿐만 아니라 그들의 마음으로, 그들의 감성과 감각으로, 각자 다른 모든 미묘한 잠재성을 통해서, 삶에 한목소리로 참여할 필요성을 느끼게 됩니다. 그때가 되어서야 비로소 제대로 보고 깨닫게 되지요.

그렇습니다. 우리네 의사들이나 교사들pédagogues도 이 어설픈 농부들과 같은 짓을 합니다. 다만 다른 점이 있다면, 이 농부들은 자신들의 잘못과 어설픈 점들을 경험에 비추어 알아차린다는 겁니다. 왜냐하면 자연은 그런 점들을 용서하지 않기 때문이죠. 의사나 교사들은 그러지 못합니다. 그들은 실패하거나 부족한 점에 대해 책임지는 것을 거부합니다. 그들이 늘 옳다는 것이죠.

당신은 진보에 대해 말할 때면 꼭 최신 약품들과 주사제, 혈청제들을 거론하시는군요. 이것들은 결함이 있는 장기를 자극하거나 대체할 수 있는, 또는 이러저러한 감염 과정에서 발견된 세균의 활동을 멈추게 할 수 있는 것들이라고 합니다. 그러나 저는 그리 믿음이 가지 않습니다. 어떤 것들은 완벽한 과학적인 임상 절차를 거쳐 보장된다고들 합니다 다만 잘못될 위험성을 배제하기에는 아직 갈 길이 멉니다. 왜냐하면 생명이 걸린 까다롭고 복잡한 경우에 이 약들이 투여되지는 않았기 때문입니다.

의사는 당신에게 알약이나 주사를 처방해 줍니다. 그러면 당신이 느끼던 통증이 덜해지고 또 가시기도 하지요. 심장도 더 힘차게 뛰고, 열이 내리고, 여간해서 낫지 않던 기침도 멈춥니다. 이제 당신은 완전히 만족하겠지요. 왜냐하면, 당신에게는 자기중심적인 사고가 도사리고 있어서 눈앞의 위험을 최소화하여 살려는 데에만 급급했고, 자연의 자비로운 손길에 당신의 목숨을 맡길 운명을 걱정하지는 않았기 때문입니다. 그것은 어설픈 농부가 그저 올 한 해 충분한 수확만을 위해 비료와 성장촉진제를 마구 쏟아붓고, 앞으로의 수확에 미칠 나쁜 영향은 걱정하지 않는 것과도 같지요. 또 살충제도 마구 살포해 해충은 확실히 죽이겠지만, 그 독성이 심어놓은 것들에 파고들어, 농작물에 위태로운 영향을 끼치고, 새싹에도, 꽃에도 퍼져서, 이 독성으로 인해 이로운 벌레들과 새들도 파괴된다는 것은 생각하지 못하는 것과도 같습니다.

코앞에 닥친 단계에, 그날그날에는, 과학자들이 백 퍼센트 옳을 수 있겠으나, 자연과 인류humanité의 전 단계에서 볼 때 그들이 저지르는 잘못들은 우리 인류의 퇴보와 쇠퇴에 직접적인 영향을 미치지 않을 수 없지요. 일상의 사태들이 바로 그 결과입니다. 과학자들은 종종 언덕을 오르지 못하고 그만 서버린 자동차 운전사처럼 행동합니다. 그대로 언덕에 서 있을 수는 없겠지요. 평평한 곳에 차를 세우고 그가 할 수 있는 수리를 오랫동안 세밀하게 합니다. 가속 페달도 밟아 보고, 초크도 잡아당겨 보고, 피스톤에 윤활유도 넣어봅니다. 그러다가 우연히 마치 누군가 그 자동차에 새 생명이라도 불어넣은 것처럼 모터가 다시 작동합니다. 단, 이 운전사는 의사와는 다르게, 자신에게나 함께 타고 가는 사람들에게나 작은 성공을 과장하는 속임수를 쓰지는 않습니다. 운전사는 자기가 거둔 성공을 놓고 소리치지 않습니다. 다만 언덕에 무사히 올라간 다음 이내 내려가 근본적이고 필수적인 수리를 확실히 받을 수 있는 가까운 정비소에까지 이르게 되면 차를 완전히 멈추어 서게 합니다.

당신이 말하는 과학은 모든 분야에 있어서 아직은 임시방편 단계에 지나지 않아요. 과학이 스스로 그것이 근본적인 해결책이라고 여기고 또 사람들이 그렇게 여기도록 만들긴 하지만, 사실은 그렇죠. 그로부터 영원히 혼란스러운 상태로 남아있게 되는데 그 결과를 강하게 부정하지도 못한 채 말입니다.

어쨌거나 의사가 약을 처방하거나 교사가 교육 방법을 적용할 때 그들은 너무 자주 당장의 결과에만 만족하는 것 아닌가요? 그런 결과는 그들에게 중요할 뿐만 아니라 그런 결과들을 받아들일 수밖에 없는 이들에게도 중요한 문제이기는 합니다. 그런 혈청제, 그런 백신, 그런 알약은 질병을 당장은 완화하는 효과를 보이고 원기를 회복하도록 도와주기는 합니다. 그런데 놀랍습니다만 그 약이 간에, 신장에, 전반적인 체력에, 뇌에 또한 신경계에, 간단히 뭉뚱그려 우리가 간과해서는 안 될 우리의 지적·정서적·도덕적·심리적 행동거지le comportement에 널리 끼치는 결과들에 관해 심각하게 연구해 본 사람들이 과연 있을까요?

아마도 당신은 제가 너무 많은 것을 요구하고 있고, 그러한 기준을 따른다는 건 불가능하진 않더라도 매우 어려운 일이라고 말씀하시겠지요. 하지만 저는 그렇게 생각하지 않습니다. 어떤 경우든, 저는 아이들 얼굴을 보고서 그애들에게 콜리바씰로시스collibacilloses[6]나 요즈음 날로 종류가 늘어나는 고약한 열병들에 잘 든다고 발명한 혈청제 종류 하나를 처방했는지를 아주 빨리 가려낼 수 있다고 자신 있게 말할 수 있습니다. 물론 이제는 오히려 약 반응이 그렇게 즉각적이지도 뚜렷하지도 않습니다. 그래서 사람들이 잘 속고 잘 알아차리지도 못합니다.

우리가 좀 전에 말한 그 운전사는 그가 위급 상황에서 써먹었던 방법이 사태를 더 심각하게 만들 수 있으며, 제대로 수리하는 데에 오히려 지장을 줄 수도 있다는 것을 알고 있습니다. 그래서 그는 그런 방법을 엄격하게 최소한으로만 쓰지요. 그런데 과학은 바로 그런 실용적인 지혜가 없습니다. 그 결과 오늘날 사용되는 치료법은 환자들의 근본적인 체력을 현저히 낮추고 모든 질병에 점점 더 취약해지도록 만들고 있습니다. 이 모든 것들은 인류의 전반적인 건강 수준의 저하를 알려주는 임상적 징표들입니다. 마치 죽어가는 한 사회가 근본적인 혁명을 모르듯이 우리는 격심한 병에 걸리지 않더라도 치명적으로 무력해지고 죽음을 향해 나아가게 됩니다.

— 정말로 위험이 그런 정도라면 당신이 거기에 맞서는 맨 첫 사람이라고 생각하십니까? 그 많은 뛰어난 사람들은…

— 뛰어난 사람들이라고 해서 모든 것들에서 늘 뛰어난 것은 아니죠… 그들은 자신들이 태어나고, 자라나고, 일해 온, 그들에게는 너무나 익숙하고 자연스러운 그 환경에 젖어 있어서 말이지요. 그들은 일종의 암묵적인 계획의 일부이기 때문에 거기에서 벗어나는 것이 늘 가능하지 않고… 더욱이 현대 사회에서는 집단으로 사는 군서群棲 순응을

---

6. collibacilloses, colibacillosis, Escherichia coli: 흔히 E-콜리박테리아로 감염되는 질병.

위해 개인 차원의 사고의 독창성이 희생될 정도입니다! 다수의 다른 사람들과 같이 또 함께 생각하지 않고 새로운 길로 스스로 모험하려 들면 큰 대가를 감수해야 합니다. 무엇보다도 우리들의 도덕적 평안을 위해서 – 왜냐하면 대중, 그리고 심지어 엘리트들조차 자기가 올바른 길에 들어섰는지 전혀 확신할 수 없으므로 – 그 길에서 등을 돌리는 것을 보게 되면, 그 대세에 따르는 편이 훨씬 편하고 용기도 얻게 합니다. 당신에게 자연스럽고도 늘 든든한 동행자가 되어 주는 무리의 경탄도 함께하죠. 게다가 우리의 현실적인 평안도 문제가 될 수 있습니다. 우리가 여행자라 치고 우리들 가운데 누군가 다른 사람들은 받아들이기 어려운 이유로 경보장치를 작동했다고 합시다. 이것은 그 때문에 다른 사람들이 가령 뜨거운 수프 식사(저녁 식사) 시간이라든지 영화관 시간을 놓치게 되어 결국 비난과 잔소리만 듣게 되는 것과 같습니다.

그렇지만 아이디어라는 것은 그 나름의 길을 가는 것이며, 그 자체로도 충분합니다. 열정으로 고집스럽게 여기저기에 표현되기도 합니다. 혹시 모르죠. 그것들이 점점 반향을 얻어, 같은 고민을 해온 다른 불안한 연구자들이 이를 인정하고, 어렴풋한 빛에 마음이 편치 않고 의식이 깨어있는 사람들이 그 빛이 마침내 우리가 모두 찾아 헤매던 진실을 밝혀주는 것임을 인정하게 되는 그런 날이 올지도. 그러니 용기를 잃지는 맙시다. 마치 영웅적인 과업을 수행하였지만 알려지지 않아, 자신을 희생하고도 아무도 그의 이름도 헌신도 알려지지 않은 병사처럼 말입니다. 그의 입장에서 보면, 그 사람(카렐Dr. Carrel이 쓴 『알려지지 않은 사람』L'homme cet inconnu에 나오는 의사[7])처럼 싸우고 목숨을 바친 노력이 없이는 있을 수 없었을 승리를 직접 일구어낸 장인인 것입니다.

제가 이렇게 말씀드린다고 해서, 제가 희생자들에게 어떠한 반대의견

---

7. 이 의사는 인간적 고통의 합을 덜기보다는 오히려 일반적으로 늘리는 것으로 믿어진다. 사람들은 전염병으로 죽기보다는 훨씬 더 퇴행성 질병으로 죽으며, 이 퇴행성 질병은 훨씬 더 오래가고 훨씬 더 위험하다.

을 말씀드리려는 것은 아닙니다. 저는 분명 의학에 대해 겉으로만 참조할 뿐입니다. 우리를 자연스럽게 열광시키는 특별한 주제는 우리가 믿는 것보다 더 가까이에 있는 바로 **교육**l'ÉDUCATION입니다.

당신도 그리고 다른 분들도, 자주 만나는 주치의가 있을 겁니다. 그들은 아이의 깊은 본성과는 겉도는 처방들을 권하는 것에는 별 차이가 없고, 어떤 결점을 낫게 하고, 식욕 감퇴를 극복하고, 늘 잘되지 않는 노력을 인위적으로라도 불러일으키고자 특별히 조절된 처방을 합니다. 그것은 언덕의 꼭대기에 어떤 희생을 치르더라도 자동차를 올려놓아야 하는 기계설비 기사와 같습니다만… 그러나 이런 과정들을, 아직 더듬거리는 단계에 있는 과학에 있어서는 지나치게 과장하며 후원합니다. 과학은 개개인과 인류를 점점 더 쇠퇴시키는 단계에 있을 뿐인데 애석하게도 그 초보적인 결과들을 자랑스럽게 찬양하고 있습니다.

지금이라도 뭔가 반응을 보여야 할 때가 아니겠습니까?

7
퇴보의 위험

선로 조정aiguillage 잘못으로 인해
의학과 농업, 영양학이 우리를 퇴보의 길로 이끈다는 사실을
증명하는 예들이 여기에 있다.

— 제가 하는 말은, 마티유가 의학적 치료 – 이에 연계시켜 교육학 – 에 관해 말을 이어가기를, 당신에겐 편견이나 혹은 과장처럼 느껴질 수 있을 겁니다. 그렇다면 당신의 이해를 돕기 위해 과일나무를 돌보는 현대적인 방법에 관해 예를 들어 볼까요?

나무들은, 롱 부인이 세심하게 관찰하며 말하기를, 환자보다 더 참을성이 있고 아이들보다 더 순합니다. 그 아이들보다 불평이나 요구도 적을 수 있겠지요.

— 아마 그렇지 않을 수도 있겠죠. 어쨌든, 거기에서 지금 시대의 사람들에겐 천천히 가는 것을 알아차린 그 과정을, 말하자면, 가속화하는 것을 우리는 볼 수 있습니다.

예전에는 나무들이 보통 건강하고 튼튼했지요. 왜냐하면 그땐 우리 인간들이 자연을 거스르면서까지 나무들이 자라고 열매 맺을 수 없는 환경에 굳이 나무를 심으려 하지 않았으니까요. 나무들은 가지치기나 약을 뿌려대지 않아도 자연스럽게 스스로 알아서 열매를 맺었습니다. 해마다 충분하게 수확할 수 있을 만큼. 우리는 크고 튼실한 호두를 한 부대씩 거둬서 이제는 더는 쓰지 않는 착유기로 기름을 짤 수 있었는가 하면 해마다 아기들 볼처럼 붉고 싱싱한 사과를 창고에 가득 채울 수 있었지요. 그때는 우리네 사과나무들이 지금 당신이 보고 있는 아

무 쓸모도 없는 저 플라타너스들처럼 컸었고요… 복숭아나무들도! 그리고 포도밭도 언덕 꼭대기까지 이어져 있었는데, 이젠 겨우 포도나무 몇 그루만 남았을 뿐이죠… 당신도 우리 저장고 밑에 버려진 거대한 포도주 통을 보시지 않았나요?

문명la civilisation은, 우리가 아무런 탈 없이 자연조차도 우리가 원하는 대로 길들일 수 있을 거라고 여기게끔 했지요. 마치 수익을 예상하는 농부가 이렇게 말하기만 하면 될 것처럼 말입니다: "여기에다 과일나무를 좀 심으면… 나무 한 그루당 평균 얼마만큼의 열매가 열리고… 그걸 어디 어디에 얼마만큼 투자하고…"

하지만 땅, 기후, 햇볕 노출은 그리 좋게 활용되지 않았죠… 결과는 그저 그렇거나 자주 영拳이 되었지요.

과학자들이 그 문제에 파고들었지요. 그러나 그들은 자기들이 아는 지식과 기술에 대해 너무나 절대적인 확신을 가진 나머지, 자연에 조금이라도 귀를 기울이면서, 자연이 요구하는 것들, 자연이 반응하는 것들 그리고 자연이 가르치는 것들을 고려하는 것이 더 좋을지도 모르겠다는 생각은 꿈도 꾸지 못했죠. 그리고 그들이 고용한 노동자들에게 그런 여유를 허용하지도 않았어요. 인간의 탐욕이 요구하는 대로 생산을 해야 했고, 이 점이 정말 여러 여건을 바꾸어버렸지요. 그렇지 않습니까?

과학은 맹목적으로 상인들과 투기꾼들이 바라는 것에만 대응했지요. 다양한 재료를 써서 배합한 비료로, 과학으로 인한 파멸적인 기후의 부조不調를 피할 수 있도록 식물의 성장을 조절했지요. 그래서 비정상적인 습도로 인해 곰팡이가 자라나며, 병균과 작물을 망치는 해충들이 번지곤 했죠… 그래도 걱정할 것 없었습니다! 사람들은 연구했고, 실험했고, 곰팡이며 병균들을 모조리 없앨 수 있는 강력한 살충제를 사용했죠. 사람에 있어서는 과학으로 알아낸 병원균들을 죽이는 예방접종 백신이나 주사들 같은 거지요. 그게 우리 현실입니다.

그러나 그런 행위들이 가져올 불행한 결과들을 지금 당장 눈에 보이지는 않더라도 고려에 넣어야만 합니다. 나무에 뿌린 비소나 구리, 황화물은 필연적으로 나무의 수액을 거쳐 열매에까지 영향을 미치게 마련이에요. 농약을 친 나무는 비정상적으로 고통 받고, 빨리 늙지요. 예전에는 여러 세대에 걸쳐 생존하던 우리들의 그 복숭아나무가 이제는 새로운 식생 가운데 몇 년 안에 그 수명을 다하고 있어요.

꽃들은 그 안에 기생충을 죽일 수 있는 독을 품고 있어서, 기생충들뿐만 아니라 이른 아침 꽃잎에 맺힌 이슬 몇 모금(이제 더는 깨끗하고 순수하지 않은)으로 목을 축이는 새들까지 서서히 죽어가게 하지요. 그런데도 우리는 유난히 농약을 더 많이 사용한 지역들 주변에 새들이 왜 이렇게 없어졌냐고 불평들을 해요! 예전에 벌레와 유충들을 잡아먹던 새들이 사라진 곳에서 해충들은 파국으로 치닫는 정도로 번식하게 되고, 우리는 또 더욱더 많은 양의 농약을 뿌려야 하고, 예전에는 정상적이었던 자연 그대로의 생산을 자의적으로 지킨다고 약을 치는 화학 과정을 강화해야만 합니다. 자연법칙의 균형을 깨뜨리는 그런 생산인 셈이죠.

그 나무에 열리는 과일 그것들 자체에도 독이 스며들고 그 과일을 먹는 우리 자신과 우리 아이들도, 그 새들처럼, 영문도 모른 채 그로 인해 고통을 받고 죽게 됩니다.

제가 과장한다고 생각하시나요?… 그랬더라면 저도 좋겠습니다! 당신은 그건 아주 미세한 양이라 아무런 해도 끼치지 않는다고 말씀하시겠지요. 하지만 우선 그게 정말 해가 되지 않을 만큼 극도로 작다는 걸 도대체 누가 확신할 수 있겠습니까? 우선 정말 극도로 작다는 걸 알 수조차도 없습니다. 살충제의 제조와 사용에 대한 통제만큼이나 피상적이고 이론뿐인 통제밖에는 없기 때문이죠. 마음만 먹으면 당신은 아무 농약이라도 과일나무에 뿌릴 수 있지요. 아무 때나 당신이 내킬 때 뿌리면 되고, 당신이 수확한 과일을 사 먹게 될 마을 사람들에게 아무런 책임감도 느낄 필요가 없지요. 중요한 건 그저 그 과일이 최대한 먹음직스럽게 보이고, 냄새도 좋고, 벌레도 없고, 힘겨운 운반 과정 후에도 끄떡 없이 견딜 만큼 오래 저장할 수 있으면 되는 거지요. 과일 장사는 즐겁기만 합니다. 그럼 어때요.

두통, 설사, 간 독성(간 충혈), 끈질기고 견디기 힘든 불면증, 그리고 과학을 에둘러 피해서가는 알 수 없는 현대의 질병들이 농약의 독이 고도로 축적된 결과인지에 대해 고민하는 사람은 아무도 없습니다. '의과 대학'은 그저 겉으로 드러나는 질병의 증상들만을 치료하고자 할 뿐, 진정한 회복을 위해서 반드시 제거해야 할 근본적인 원인에 대해서는 관심을 기울이지 않습니다.

바로 거기에, 이견의 여지가 없이, 인류와 문명에 치명적인 부주의와 잘못이 있고, 지금 대중들이 슬프게도(!) 받아들이는 느린 자살의 요소들이 도사리고 있습니다. 지금, 한편으로는 혜택의 증가를 위해 그리고 다른 한편으로는 빗나간 욕망désires deaxés과 과대망상적인 욕구besoins hypertrophiés의 병적인 만족을 위해 내맡기는 거죠.

─ 하지만, 그럼에도 불구하고, 우리 문명의 플러스 성장, 즉 경작이 어려운 계곡에 심긴 과일나무들에서 생산된 탐스럽고 크고 비길 데 없는 특종 배와 복숭아들이 있지 않나요?

─ 단지 그 부분에 대해서만 말하자면 탄복할 만한 결과가 틀림없지요. 마치 전투 비행기의 놀라운 비약이나 대포와 어뢰의 수학적 정확성, 탱크의 기동성 같은 군사기술의 경이적인 발전에 대해 감탄하듯이 말이죠…

─ 그렇게 비교하는기는 어렵죠. 생명과 영양에 관련된 본질적인 성취를 오늘날의 사악한 파괴의 증강에 비교하다니요.

─ 유감스럽게도 그 두 가지는 정도만 다를 뿐 같은 과학이 낳은 위험과 해악이지요. 똑같이 눈먼 퇴보를 불러올 힘과 우리는 마주하고 있거든요…

─ 증거들[8]이 또 있나요?…

- 내 친구 중에 수목을 재배하는 사람이 있는데 그 친구가 내게 말하더군요. "자네가 만약 우리가 어떻게 과일을 재배하는지 안다면 앞으로 절대 큰 복숭아 같은 건 사 먹지 않을 걸세!" 과일이 충분히 익어 제 색깔을 낼 때쯤 되면 그들은 나무 둘레에 빙 둘러 골을 파고 거기에다 어떤 화학비료를 부어 넣는데, 묽은 액체 형태의 그 비료는 나무에 병적인 갈증을 일으킨다고 합니다. 묽은 액체는 곧바로 나무에 흡수되어 과일에까지 전달되고, 며칠 안에 과일은 두 배가량 크기가 커진다는군요. 그리고 그 탐스러운 복숭아를 사 먹게 되면 그 사람 또한 자연히 논란의 여지가 없이 해로운 화학물질을 섭취하게 되는 셈입니다.

과학이 나무와 과일에게 한 일이 바로 그런 것이죠… 과학이 동물들은 또 어떻게 다루는지 아십니까?

우리가 산에서 방목하는 젖소들은 병치레 없이 아주 오래 살아요. 왜냐하면 들판의 가장 맛있는 풀들을 골라서 뜯어 먹으니까요. 하지만 이 소들은 이른바 합리적인 방식으로 사육되는 젖소들만큼 늘 거대한 들통을 가득 채울 수 있는 우유를 늘 만들어내진 못하지요. 그리고 화학자들의 말을 빌자면, 그 소들의 우유는 늘 지방질이 충분치도 못하다더군요.

그들의 이론에 따르면, 좋은 우유가 생산되는 곳은, 이 말은 절대 과장된 것이 아닌데요, 도시 인근의 현대적인 축사畜舍랍니다. 그곳에서 젖소들은 마치 병원의 병동처럼 깨끗하고 환한 각자의 구역 안에 갇혀서 사육되고, 사람의 손이 아니라 기계로 짜내는 그 우유는 결코 어떠한 접촉으로도 오염되지 않는다고 합니다.

그런데 이 소들은 풀을 먹는 것이 아니라 화학물을 먹는답니다. 그 소들이 먹는 건초는 기름을 짜고 남은 찌꺼기로 만든 깻묵에다가 우유

---

8. preuves: "증명들이 있나요?"라는 물음에 대해 마티유는 나무, 젖소, 양계장 닭의 예를 들고, 현대 과학의 미흡한 점을 갈파한 다음 "증명할 수 있다(prouver)"는 동사와 연계시키고 있다.

를 부드럽게 만들고 젖의 양도 많게 하는 여러 가지 산물들을 섞어서 영양을 두 배로 만들고 가미해서 완성한 사료라는군요! 그렇게 키워진 젖소들은 우리네 소들보다 흔히 두 배나 되고, 우유도 값을 비싸게 쳐준다고 해요. 한 가지 문제가 있다면, 이렇게 집약적으로 착취를 당한 소들은 2, 3년 만에 결핵으로 죽는다는 거지요!

도대체 누가 감히 그런 우유를 좋은 우유라고 한단 말인가요? 그건 결코 젖소가 자연적으로 생산한 우유가 아니지요. 오히려, 현대 화학이 만들어낸 무질서로 인한 괴물 같은 분비물이라 해야 마땅하지요. 그들이 이 우유의 순수함과 풍부한 유지방을 우리에게 확신시키기 위해 아무리 여러 가지 분석 자료를 제시한다고 해도, 이 우유는 결코 아이의 자연스러운 성장과 건강한 발달을 도울 수 없을 겁니다. 그런 우유는 지방 재료일 뿐이지요!…

그리고 현대식 양계장의 닭들은 최고로 빨리, 그침 없이 알을 낳는 화학적인 생산물로 전락합니다. 그렇게 해서 생산된 창백한 노란색의 달걀들은 잘 팔리지요. 현대적인 방식으로 사육된 우유 생산용 젖소들처럼, 이 양계장의 닭들도 일찌감치 미리 예방 차원에서 죽이지 않는 한, 2~3년 안에 모두 기진맥진해서 죽게 되지요. 이렇게 이른바 합리적 농장에서 사육되는 지쳐 빠진 동물들로부터 생산된 그 망할[9] 먹거리들이 우리 인간에게 영양의 균형과 삶의 질, 그리고 건강에 좋을 거라고 진지하게 믿는 사람이 과연 있을까요?

바로 이 부분을 과학의 잘못, 말하자면 사회적인 잘못으로 지적하시는데요, 과학은 과학적인 해석들의 명확한 엄격성을 밀어붙입니다. 우스꽝스러울 정도로 그들 자신이 확실하다고 여기는 관찰된 것들을 연구하고 토론하고 이를 적용합니다만, 그 관찰들이란 실험실이라는 인위적인 환경 속에서 본 것들이거나 또는 상업적 이익에만 초점을 맞춘,

---

9. 종(種)의 특질을 잃거나 퇴화하는 것.

왜곡된 눈으로 본 것들입니다. 그러면서 과학은 모든 인간 존재들의 놀랍고도, 생동적이며, 활발하고, 현대 과학의 단편적인 발견들과는 다르지만, 그에 못지않게 경이롭고 역동적인 통합체임을 망각합니다. 그리고 삶과 건강에 관한 문제들이 현대 과학의 단편적인 발견들과는 사뭇 다른 폭과 깊이 그리고 영속성을 가지고 있다는 점을 망각합니다.

제 느낌으로는 입증한prouver 것 같은데, 그렇게 느끼셨기를 바랍니다. 누군가는 기차의 선로 조정의 실수라고 말하는 것에서 인간의 지적인 노력과 연관된 잘못된 개념을 발견할 수 있어요. 누군가는 사람들이 좋고 옳다고 믿는 것, 사람들이 탄복해 마지않는 위업들이라고 생각했던 것들이 결국에는 우리를 무질서와 파국으로 몰아넣는 결과를 가져오게 된다는 거죠.

그리고 이것이 다만 의학과 농업, 영양학의 영역에 국한된 문제가 아니라, 똑같은 잘못이 교양과 교육la culture et l'éducation에까지 스며든 것이라는 점, 이 점을 특히 더 강조하고 싶군요.

8
반짝이 장식-금과 은

과거 속에 현재를 통합시키는 것, 창조와 생명 앞에서의 겸손,
진보의 왕도王道에 대한 영원한 탐구는 우리가 집요하게 정상을 향해
오르는 데에 있어야 할 주요 조건들conditions majeurs이다.

밤이 깊어가고 있었다. 난로의 불도 서서히 꺼져가고, 아이는 식탁에
머리를 기대고 어느새 잠이 들었다. 마티유 부인은 졸리도록 지루해하
며 꾸벅꾸벅 졸고 있었다. 남편이 풀어놓은 두 개의 긴 이야기의 틈을
타서 그녀가 얼른 자기 의견을 말했다.

– 자, 내일도 있잖아요! 당신이 하고 싶은 말 다 하려면 오늘 밤을
지새워도 모자라요… 세상은 지금까지 계속 잘 굴려왔으니 당신이 몇
시간쯤 돌보지 않는다 해도 알아서 잘 돌아갈 거예요… (롱 부부를 향
해) 남편은 아마 이런 문제들 이야기로 당신들을 밤새 잡아둘 거예요…
다른 사람들은 염소가 아프다고 하거나 밀밭이 들쭉날쭉 자란다고 걱
정들 하는데, 이 사람은 세상을 움직이는 – 이 사람은 그렇게 표현합니
다만 – 그런 거창한 생각들에 관해 토론하는 걸 좋아해요. 마치 하늘
에 계신 하느님만으로는 부족한 듯, 우리도 우리의 '작은 신들'nos petits
dieux이 되어야 한다고 생각하나 봅니다.

롱 부인이 미안하다며 끼어들었고 마티유는 괜찮다고 했다:

– 뭘요, 부인, 남들 흉이나 보는 사람들보단 낫지요… 당신 남편 말
씀이 옳아요. 관찰과 경험 그리고 양식良識에 기초한 고유한 생각은 이
젠 정말 찾아보기 어려운데, 그런 생각을 할 줄 아는 분이 있다는 건
충분히 칭찬과 격려를 받을 만한 일이지요. 남들의 의견을 그대로 따라

말하는 앵무새 같은 사람들이 많지만, 자기 스스로 논리적으로 생각할 수 있는 사람들은 점점 천연기념물 같아지죠… 그러니 저희가 이렇게 늦게까지 오히려 폐를 끼치고 있는 걸 너그러이 이해해 주시기 바랍니다. 또 죄송하기도 하군요…

   ─ 잠깐만요. 오늘 밤은 거의 다 끝나갑니다. 마티유가 말을 끊고 이야기를 이어갔다.

   … 우리의 잘못과 참담한 미래에 관한 커다란 비밀의 말씀을 듣길 원하시는지요? 사람들은 자연에 대한 겸손을 모두 잊은 채, 스스로 자연의 진정한 신비를 꿰뚫어 보지도 못한 채, 자연을 충분히 압도하고 개선할 수 있을 만큼 강하다고 여기게 되었어요. 우리가 오늘 계속해서 공격해 마지않았던 '과학'이라는 위대한 낱말로 자신의 전부를 또 다른 거창한 개념인 진보와 연결하지요. 진보를 말하는 사람은 앞으로 나아간다는 것을 말하고, 다소 부당하게 다소 위험스럽게 과거의 사상이나 기술들을 조롱합니다. 마치 '진보'le Progrès라는 것이 그 과거가 작용해 이루어지는 것이 아닌 것처럼, 그리고 우리보다 앞서 살았던 훌륭한 일꾼들ouvries의 시행착오, 경험, 실험, 모색, 집요한 투쟁이 일구어낸 오랜 그리고 인간적인 결과물이 아닌 것처럼 말합니다.

   우리는 자신들의 초라하고 소박하기 그지없는 시골 마을을 처음으로 떠나 번지르르하고 화려한 도시로 떠나간 아이와 비슷하지요. 그들이 떠난 시골 마을에는 아무런 장식도 없는 가축우리, 소박한 현관문, 간판도 없고, 꾸밈없이 그저 철 따라 색깔이 바뀌는 정원과 목장 그리고 봄이면 새싹이 돋고 관목과 꽃들이 화사하게 피어나는 언덕 같은 것들밖에 없지요.

   그 아이는 감각을 만족시키는 도시의 화려한 겉모습에 매혹되고, 마음을 빼앗기고, 거기에 빠져들지요. 환한 불빛, 화려한 색깔의 진열장, 유혹적인 영화, 상상도 못 했던 수천 가지의 깜짝선물들, 번쩍이는 자동차, 깔끔하고 세련된 차림의 보행자들에게 빠져들지요.

이제 그 아이는 자신의 시골 마을과 그곳의 친척들, 친구들을 불쌍하게 여기기 시작해요. 그들에게 단 하루만이라도 이 멋진 화려함을 맛보게 해주고 싶다고 생각하기도 하지요. 진보! 얼마나 멋진가! 진보를 즐길 수 있는 이들은 얼마나 행복한가!

그런데 차츰, 실은 너무나도 빨리, 그들은 숨겨진 동전의 다른 면의 현실을 깨닫고 실망하게 되지요. 햇볕이 들지 않는 집, 교통체증, 무관심하고 비인간적이기까지 한 스쳐 가는 사람들… 이제 아이들은 들판의 평화, 노래하는 조용한 고향 마을, 편하고 순박한 마을 사람들 그리고 자신들이 존경하던 슬기로운 어른들이 그리워져요… 그리고 고향마을과 평화로운 시골 생활로 다시 돌아가고 싶어 하게 되죠. 하지만 그 아이가 다시 돌아올 수 있을까요? 아니면 돌아올 수 없는 톱니바퀴 속에 박혀 버려서, 마치 단테의 『신곡神曲』 지옥편infernel처럼, 인위적인 현대 문명이 결코 대신해 줄 수 없는 예전의 삶과 환경으로부터 단절된 사람들이 느끼는 그런 유형의 그리움에 익숙해지는 수밖에 없는 것일까요?

과학과 진보를 숭상하는 당신들은 정말 이런 아이들 같습니다. 경제의 계단에서 꽤 높이 올라서서 – 경제적 계층은 사회적 계층이나 인간적 수준과는 좀 다른 분야지요 – 좋은 옷을 입고, 깨끗하고 멋진 집에 살면서, 자동차도 굴리게 되니 그 부모 세대 사람들이 여전히 가난하고 소박하게 사는 걸 가엾게 여기거나 아니면 경멸하지요. 하지만 이 젊은 세대가 가진 모든 좋은 것들 즉 성공했다는 걸 보여주기 위한 겉치레들은 빼고 곧 환상이 될 것들, 그들의 용기, 열정, 삶에 대한 조상 때부터의 자신감, 그들에게 남아있는 올바른 정신, 건전한 상식 같은 것들은… 모두 그들의 부모와 조부모, 그리고 그들의 가까운 이들로부터 전해 내려온 것들이 아니겠습니까?

당신네들은 생각 없이 젠체합니다. 문명의 옷을 입고 – 당신네들은 '문명'이라고 부릅니다만 – 금처럼 눈부신 것, 아니 반짝이는 것이라고 하는 것이 좋겠습니다만 그런 것들로 치장하고, 과거를 알아볼 수 없게 회색칠을 하고, 스스로 개선 영웅인 척 "빛과 진보가 어디에서 오는지 보시오!"라고 합니다.

그러나 그것은 놀이가 아니에요… 반짝이 장식, 좋지요. 사실, 그들이 말하는 진보가 이것을 독차지하죠… 하지만 진짜 금과 은은 여전히 소박하게 사는 곳에 숨겨져 있습니다.

지치지 않고 줄기차게 반복되는 메를렝 메를로Merlin Merlot[10] 이야기입니다. 그들은 과거가 무수한 잘못들에도 불구하고, 여전히 위대함에 그 몫을 하고 있음을 잊고 있습니다. 저는 그들이, 특히 오늘날의 기계문명 시대에 믿고 있는 진보라는 것이 오늘날 몇몇 눈에 띄는 기술들에서는 실제 진전을 보이지만, 그 '진보'가 있기 이전에 이미 여러 시대에서도 그와 비슷한 것들이 나타났다가 확대될 수 있었고, 우리가 흔히 잃어버리곤 하던 그 비밀의 길[11]로, 인류가 더는 도달하지 못하였던 꼭대기頂上들로 인류를 이끌어 줄 수도 있었다는 것을 밝혀내는 건 그리 어렵지 않은 일이지요.

거대한 돌의 배치들들(巨石유적), 육중한 기둥 위柱上에 올려진 돌[12]들, 웅장한 피라미드, 고대 그리스의 미술, 이탈리아의 위대한 화가들의 누구도 견줄 수 없는 솜씨, 우리네 성당들의 신성한 자유분방함, 보편적인 조화의 탁월한 의미로 빛을 받았지만 신들과 자신을 동등시하기도 했던 예언자들의 지고한 지혜, 늘 다시 일어나는 야만에 대항하

---

10. 폴 포쉐(Paul Faucher, 1898-1967)가 Père Castor라는 익명으로 편수에 편수를 거듭하며 이어가는 이야기 시리즈. 포쉐는 신교육(l'Education Nouvelle)의 진보적인 옹호자이기도 하다.

11. 2장의 맑은 샘물을 찾아가던 그 비밀의 길을 떠올린다.
12. 선사시대의 돌멘(Dolmen) 스톤헨지(Stone Henge) 따위.

여 어느 때에도 인간의 권리와 존엄을 지키며 용감하게 희생했던 순교자들… 이러한 정상들을 바라볼 때, 그리고 그 안에 담긴 이상을 향한 인간의 부단한 노력을 생각해 볼 때, 우리는 비로소 진정한 의미의 진보가 무엇인지 그리고 과거가 우리에게 베푼 은혜가 무엇인지를 제대로 깨달을 수 있을 겁니다. 그런 다음, 우리가 들어선 그 길이 진정 고상하고, 유일하며, 삶을 살리는 구원의 길인지 스스로 물어보아야겠지요. 우리는 어쩌면 깨달음과 완전함을 찾아 남들이 가지 않은 길을 가고자 하는 사람들을 새롭게 이해하고 공감하게 될 것이고, 더 높이 더 멀리 성공으로 우리를 이끄는 다른 방법들도 있음을 받아들일 수 있게 되겠지요. 지금 우리가 처한 혼란은 바로 그런 새로운 건설에 집요한 '일꾼들'ouvriers을 부르고 있습니다.

9

삶의 맥脈들을 되찾다

자연에 대한 믿음을 새롭게 해야 한다.
그리고 새 믿음 안에서 삶의 맥들을 재발견해야 한다.
그 맥들을 벗어나서는 어떤 것도 유용하게 세워질 수 없을 것이다.

(마티유가 제기한) 이 모든 비판이 너무도 자연스럽고 지당하여 과학의 아들 '진보'에 대한 롱 씨의 존경심을 흔들어 놓은 듯했다. 그러나 이 두 사람은 같은 언어로 말을 하지도, 같은 시선으로 세상을 바라보지도 않았었다. 한 사람(롱 씨)은 물질적으로 개선되는 것들, 기술의 발전이 가져다준 성취들, 그리고 인간의 자연에 대한 지배력의 명백한 성장에 그때까지도 열광하곤 했었다.[13] 이 모든 것이 인간의 행복과 확실히 무관하지는 않겠지만, 그러나 그렇다고 해서 행복의 필수적인 조건들은 아니다. 왜냐하면 그것들은 극단적인 불행, 해체하고 죽이는 무질서, 살아가는 존재 이유조차도 말살시키는 불균형, 이런 것들 하고만 가까이할 수 있기 때문이다. 다만 그는 나약함과 잘못이 이런 무질서와 이런 불균형의 원인이 된다는 것을 의식하지 못했던 것이다.

다른 한 사람, 마티유는, 롱 씨보다 훨씬 낫다. 성취들을 오만하게 펼쳐놓는 과학의 가능성을 과대평가하지도 않았고, 기술에 걸맞은 가치가 삶의 진정한 가치에 아무것도 더해주지 못한다고 평가했고, 놀랍게도 정신적이면서도 물질적이기도 한 것 둘 사이의 긴밀한 연관성을 —

---

13. 이 문장들에서 사용된 시제를 볼 때, 마티유의 주장에 흔들리는 롱 씨의 모습은 "하곤 했었다"든지 "못했다"라는 반과거 시제로 표현되어 있고, 마티유의 입장은 "않다" "아니다" "있다"와 같은 현재 시제로 표현되어 있는 식으로, 두 사람의 입장이 섞여서 나타나고 있음에 유의할 필요가 있다.

그것도 익숙한 과거(의 전통)도 함께 지키면서 – 유지했고, 여러 사건을 놀라운 선견지명으로 판단했다. 이는 그에게 뿌리 깊고 생생한 낙관론의 토대 같은 것이 되곤 했다.

– 마티유 씨, 난 당신이 하신 비판들의 엄밀성에 존경심을 표하지만, 이제 긴 서론은 각설하고 우리들이 흔히 '질문의 건설적인 측면'이라고 부르는 것(본론)으로 들어가 주셨으면, 그리고 삶의 맥에 길잡이가 될 수 있는 것들을 명확히 밝혀주셨으면 합니다. 어떤 방향으로, 즉 그 모든 것에도 불구하고, 진정한 진보에 헌신하려는 이들이 그들이 노력해야 할 것들의 방향을 어디로 정해야 할지 밝혀 주시기 바랍니다.

– 정말 많은 것을 요구하시는데요, 저는 예언자 역할을 하려고 한 적도 없고, 기대하시는 것에 부응해서 답할 수 있다고도 생각하지 않습니다. 저도 당신처럼 찾고 있는 중입니다. 저는 토론하면서 흔히 혼란스럽다고 느낀 것들을 저 자신에게 스스로 보다 명확히 해 볼 뿐입니다. 저는 제 생각들을 뒤집고 또 뒤집으면서 제가 생각하기에 올바르고 생산적인 삶의 개념에다 제 생각을 맞추어 봅니다. 저는 우리가 걸어가야 할 방향에 대해 정확한 느낌이 있습니다만 제 갈 길을 찾아가면서 그만큼 나아갑니다. 당신은 저와 늘 동행하실 수 있으십니다. 단, 우회하는 것을 걱정하지 않고, 구덩이 앞에서는 멈추어 쉬고, 잘못된 길로는 가지 않으며, 스스로 확신을 가질 수 있도록 그 반대 방향으로 되돌아가는 것도 걱정하지 않으신다면 말입니다. 저는 논리적 합리성에 이렇게 단순히 충실한 것, 그리고 상식 말고는 어떤 다른 재주도 없습니다. 그리고 저는 성실과 상식 안에서 자연과 삶에서 저 스스로 유리되지 않을 수 있습니다. 바로 이런 것들에서 제가 지고至高의 명쾌성과 결정적 가르침을 기대하는 것입니다.

의학 – 교육학도 마찬가지지만 – 은 인간 존재를 타성적이고 수동적인 것처럼 다룹니다. 의학이나 교육학의 큰 스승이라는 이들은 보기 드문 자기도취에 빠져 자신이 치료하는 재주나 학생들을 형성하는 재주가 있다고 믿어 의심치 않습니다.

각각의 존재 안에 내재한, 스스로 커지고, 스스로 지키고, 스스로 높아지려는 역동성을 조건으로 하는 실천實踐으로 되돌아가야 합니다.

우리의 존재는, 육체적이건 정신적이건 끊임없이 그 존재에 본질적인 조화를 자연스럽게 회복하려는 경향이 있는, 실로 경이로운 존재입니다. 그 안에는 방어할 뿐 아니라 대체 보완하고, 게다가 새로 만들어내기도 하는, 신비로운 체계가 있지요. 과학은 이런 신비를 아직은 꿰뚫어 볼 수 없으므로 그것이 존재하지 않는다고 치며 실험으로 자의적으로 짜맞춘 현실에 기반을 두기 때문에, 명백히 확실한 (과학적) 발견들만을 써먹는 것을 선호합니다. 마치 아이가 난생처음으로 마을을 굽어보는 높은 곳에 올라가 계곡에서는 보지 못했던 것을 발견하고는 전체 지구는 어떻다며 거창한 판단을 하는 것과도 같습니다. 의학은 인간의 몸 안에 있는 장기들을 알게 되었고, 그것들에다가 다소 차이는 있겠지만 현학적인 이름들을 붙입니다. 의학은 이들 장기를 돌보고 작동이 안되는 고장 난 부분들을 바로잡기는 하는데, 그에 따른 여러 부작용과 그 메커니즘 자체에 대해서는 전혀 마음을 쓰지 않죠…

— 하지만 병에 걸린 장기, 세균이 침투한 폐, 감염된 세포, 궤양이 있는 위, 비대해진 간은 당연히 치료해야 하겠죠…

— (마티유가 말을 끊고) 제 생각에는, 거기에 바로 의사들과 교사들의 실제 행동에서의 심각한 잘못이 있습니다. 그것은 이 삶의 약속들에 대한 잘못된 해석 – 스콜라식 교육forme scolastique – 에서 오는 잘못입니다. 자연에 대한 신뢰, 자연이 하는 일, 자연의 반작용과 창조의 능력에 대한 신뢰가 전적으로 결여된 것으로부터 오는 잘못이지요.

몸은, 몸을 대체하려 하기보다는 효과적으로 몸을 도와주어야만, 폐를 다시 소생시킬 수 있고, 그렇지 못하면, 회복할 수 없는 제약을 받아들이면서도 그 나름대로 적응합니다. 늑막에 찬 물을 빨아들이고, 위궤양을 아물게 하고, 간에 기능할 수 있는 힘을 주거나 적어도 인간 존재가 그 기능을 다시 할 수 있도록 허용합니다. 이런 의미에서 이루어진 임상경험들이 있습니다. 제대로 된 과학이 이것을 잘 고려하는 날이 오게 되면 과학이 처한 난관에서 빠져나올 수 있을 것입니다.

여기서 중요한 것은, 보시다시피, 요술의 주문이나, 점성학이나 심령술 같은 어떤 힘 – 주문과 기도로 충분히 효험이 있게 하는 힘 – 에 대한 맹목적인 믿음이 아닙니다. 또한 수 세기 동안 인내와 방법론적인 연구들로 쌓아온 그 모든 지식을 야만으로 폄하하는 것도 아니고, 인간의 지적 능력이 개발해 낸 도구나 기술을 하찮게 여기는 것도 아닙니다. 다만 이러한 지식과 기술의 사용, 복잡하기 짝이 없는 인간의 문제, 비단 생리학적인 것뿐 아니라 정신적이고 생명이 걸린 문제에 직면하여 과학이 취하고 있는 태도가 문제라 할 것입니다. 이런 것들이 바뀌어야 한다는 것입니다. 그건 아주 단순해 보이지만 실로 엄청난 것입니다. 왜냐하면 그것은 우리 행동의 전환과 삶에 대한 개념 자체의 전환을 뜻하는 것이기 때문이고 진정한 혁명이기 때문입니다. 이것이 얼마나 중요한 것인지 말씀드리겠습니다. 그리고 바로 이것만이 우리를 퇴보와 몰락으로부터 구해낼 수 있는 진정한, 그래서 너무나 중요한 혁명입니다.

결국 문제는 분명합니다. 무질서에서 오는 위기들, 전례가 없는 싸움, 그리고 파괴, 우리가 그 희생자이자 증인인 셈입니다. 사람들을 비난하자니 그들은 아무런 힘이 없는 놀림감일 뿐이고…, 제도를 비난하자니 이미 그 기반은 흔들거리고 벌레가 파먹은 상태라 그 위에다 다른 질서를 새로 쌓을 수도 없는 꼴입니다. 그래서 보다 깊이 들어가야 한다는 것을 깨닫습니다. 그런데 어찌해야 할까요? 진보의 허상을 비난하고 과거로 돌아가야 할까요? 그래 보았자 그 과거란 더는 우리 삶의 잣대로는 들어맞지 않습니다. 물질주의로부터 도망쳐, 지고의 이상주의적 정신으로 회귀해야 하나요? 그래 보았자 우리는 이내 후회하게 될 것입니다. 우리 부모들 세대의 엄격한 규칙에 호소해야 하나요? 그래 보았자… 불빛 하나 없는 깊은 숲속에서 길을 잃은 이가 길을 찾아가다 그의 발걸음으로 되돌아오고, 나무에 기어올라 지평선을 찾아보지만 헛된 일이어서, 결국 이런 것들은 어둠을 향해 끊임없이 외쳐대는 것처럼 절박한 상황에서의 임시방편이 될 뿐입니다.

제가 확신하건대, 분명 그보다 더 낫게 하는 것이 있습니다. 우리가 쉽게 가 닿을 수 있는 곳에 구원의 길들이 있습니다. 그 길은 의학과 교육학 그리고 철학에도 있습니다. 제가 과학들에 대해 말할 때 이 세 분야를 자꾸 언급하는 것은 그 나름대로 의도가 있습니다. 단지 당신이 교사라서 그런 것이 아니라, 제 생각에는 의학이 질병과 죽음 앞에 무력하듯이, 또한 끔찍한 재앙이 닥쳤을 때 철학이 그 아둔함과 미약함을 드러내듯이, 교육도 고통받고 비틀거리고 있기 때문입니다. 그러니 의학에도, 교육에도 새로운 개념들이 나타나야 합니다. 그 새 개념들의 바탕이 될 만한 것은 이미 존재합니다. 그 바탕은, 비록 겉보기에는 초라할지라도 지금까지 시도된 그 어떤 것보다 더 과학적이고 합리적인 기반입니다. 그러므로 이 새로운 개념은 현대 과학의 몇몇 유용한 발견을 수용할 뿐만 아니라, 우리의 낡고 지친 사회를 재생시키기에도 충분한 활력을 지닌, 삶의 힘에 의지하여 그 논리와 겸손 그리고 인간미를 잃지 않는 그런 개념이 될 겁니다.

– 과학은 확신과 논리에 근거한 방법과 진보를 논하지만 실망스러운 도박일 뿐이라고 판명된 마당에, 도대체 어떤 새로운 개념이 우리에게 투쟁과 생존의 기회를 가져다줄 수 있단 말인가요? 제가 보기에 당신의 신념은 근심 어린 동물의 불안감이 애써 짜낸 에너지보다 나을 게 없군요…

– 저로서는 그리 이해할 수 있죠… 당신은 추락하고 좌절하여 다시 하늘로 올라갈 의지조차 잃어버린 천사의 심정이겠지요. 나는 줄곧 단순하고 평범한 사람일 뿐이니, 당신은 제가 늘 삶에 대해 – 까탈스럽지 않고 – 똑같은 신뢰를 가지고 있음을 보시는 것입니다. 당신도 진정으로 성취하는 삶으로 돌아갈 수 있고 또 그래야만 하지요. 그런데, 무엇

보다도, 먼저 근원으로 가서, 잘못한 것들과 진리의 서광에 대해 근본적으로 이해하려 시도하고, 개인적·사회적 행위들로 '이끄는 끈'들을 찾아내야만 합니다. 바로 그 근원에서 바르게 생각할 줄 아는 사람이라면 누구라도, 유치하고 공허한 말들과 이론들이 만들어낸 환상을 깨고, 사람들이 생각했던 것보다 훨씬 단순하고 간소한, 장황한 말장난으로는 닿을 수 없는 인간의 행동을 이끌어줄 만한 위대한 사상을 다시 만날 수 있게 될 겁니다. 그걸 깨달은 사람이라면 어떤 학문 분야라도 망설임 없이 용기 있게 나아갈 수 있을 겁니다. 당신은 그 비밀을 안다는 것을 자기만족이랄까 그렇게 부를 수도 있겠지만, 우리에게 – 사소한 일에서 있을 수 있는 잘못들에도 불구하고 – 그것은 여전히 우리가 삶의 본질적인 바른길들에 다시 들어서 있다는 확신을 줍니다. 그 밖에는 아무것도 이룰 수 없습니다.

삶의 길脈, liens de vie이란 – 마티유가 말을 이어간다 – 제 경우에 있어서는 결코 주지주의라는 범주 안에 드는 것이 아닙니다. 지성이나 능력으로 '자연 그 자체'에 군림할 수 없는 인간에게 자연이 스스로 얼마나 못된 '계모' 역할을 하는지를 사람들은 그 누구보다도 잘 압니다.

저는 농부로서 저 자신의 양식良識에 따라 행동합니다. 저는 오랜 시간 동안 이루어져 온 논리적 실험과 방법론의 모색으로 증명된 기술이나 과학 그 자체에 반발하는 것이 아니라, 그것들이 현재 우리가 살아갈 수밖에 없는 사회환경을 뒤틀리게 한 것(歪曲)에 반발하는 것입니다. 언젠가 노동자들이 과학을, 그 본연의 목적에서 벗어나게 하는 이 거짓되고 착취적인 시스템을 극복하고 바로잡는 날이 온다면… 바로 그날 저의 양식과 과학적 경험이 함께할 수 있겠죠…

하지만 그날이 오기를 기다리면서 사람들이 이런 현실에 희생된 사람들의 눈을 뜨게 하려는 것은 나쁘지 않겠지요.

10
지식과 지혜

무엇보다도 먼저 거짓 교양의 겉치레 아래 감춰진
풍성하고 역동적인 진리들을 재발견하라.
그 진리들만이 오직 미래의 견고한 구조물들을 허용할 것이다.

광장의 어두운 그늘을 벗어나 자신들의 중산층 가정의 부엌 농부의 보잘것없는 부엌의 무질서와는 대조적으로 깔끔하게 정리된 부엌 으로 돌아온 롱 부부는 마티유의 가르침들을 계속 생각하지 않을 수 없었다.

그 말에서 비친 약간의 '밝음'이 가져온 의문이 그들에게 생겼다. 롱 부부는 지금까지 한 번도 그렇게 고요히 가라앉히는 확신 안에서 편한 느낌을 경험할 수 없었는데, 그 까닭은 아무도 그들에게 바닥 깊이를 파고들도록 가르쳐 주지 않았고, 그래서 지금까지 실은 그저 수박 겉핥기식으로 뒤적였을 뿐 여러 사상과 시스템들의 변화 바람에 따라 이리저리 휘둘리기만 해왔기 때문이다. 그들은 그저 동굴의 어귀에서만 놀았을 뿐 결코 희미한 등불이라도 들고 동굴 안으로 들어가 과거의 비밀들과 현재의 까닭들을 캐보려고 어렵고 깊은 구석 안으로 들어가려는 시도 같은 걸 해본 적이 없었다.

마티유는, 자기 확신에 차, 오두막집chalet(나무로 지은 스위스식 오두막집)을 살피러 온 전문가가 그 기본 구조를 확인하기 위해 화분도 들춰 보고, 견고성에 대한 엄격한 검사는 말할 것도 없이 근본적인 허술함을 숨기기 위해 만들어낸 가장 교묘한 가짜조차 가차 없이 밝혀내는 것 같은, 그런 전문가적 집요함으로 가장 현학적인 구조물들의 겉모습을 파헤쳤다. 그는 마치 옆 교실에 들어가더라도 이내 부자연스러운 것, 우발적인 것, 다소간 인간에게 있는 요란함을 가려낼 수 있고, 인격과 성품의 미묘한 움직임을 감지해 낼 수 있는 그런 교사 같았다…

깊이 파고드는 이러한 능력을 갖추기 위해서는 억지로 지식을 늘리거나 형식적인 스콜라식 학습la formelle acquisition scolastique으로 얻는 것이 필요한 것은 아니라는 점을 이제 두 사람 모두 깨닫게 되었다. 오히려 하나가 다른 하나에 합쳐져 더 강력하고 더 분명해지므로 서로 떼어놓지 않고 하나로 있어야 하지만 두 갈래로 나뉘어 있는 길과 비슷한 꼴이다. 아마도 이 둘의 분리가, 다시 말해서 지식이 지혜에는 못 이르는 무능함이, 거창한 인간 드라마의 원인일지도 모른다. 지식은 질적으로 떨어져 환상을 낳고, 원래 주어야 할 자양분을 주지 못한다.

그래서 과거에는 예언자들이나 메시아들이 – 오늘날에는 왜 그런 사람이 드물게 되었단 말인가? – 그 시대의 모든 기술에 입문할 수 없었다. 소목장小木匠은 가구 만드는 기술에서 지금보다 더 능숙했고 나무에 대해서도 더 잘 알았다. 뱃사공은 파도에 부딪히고 암초를 피하는 방법을 더 잘 알고 있었다. 점성가는 별의 이름을 더 잘 알고 있었고 공전 주기를 예언하는 데에서 더 전문가 수준이었다. 서기書記는 유일하게 볼품없는 문장을 미사여구로 장식하는 재주를 완벽하게 구사할 줄 알았다. 그러나 지혜로운 사람들은 그와는 달리 훨씬 더 값진 무엇인가를 – 우선은 직관적인 지식을 그리고 나서는 삶의 주요 법칙으로부터 추론된 지식을 – 가진 사람들이었다. 그들 지혜로운 이들은 장인匠人, 노동자, 학자들 가운데로 가서 차분하고 온화하게 복잡하게 얽힌 상황들을 풀어가며 가구 만드는 소목小木에게 조언해 주거나, 뱃사공을 안심시키고, 점성가를 격려하고 지도하거나, 서기에게는 유용한 가르침을 주곤 하였다. 다른 사람들은 나름대로 그 겉면에 윤을 내고 색칠도 했지만, 그들의 학문la science이 늘 지니고 있는 불완전함의 자국을 따라 겉치레(糊塗)를 하곤 하였다. 그 지혜로운 이들은 근본을 살아 움직이게 하고 삶 자체의 이유와 원동력을 재발견하여 인간의 신체와 영혼 그리고 그것들을 둘러싸고 있는 자연으로부터 신비로운 지식을 그들에게 주어, 그들을 위대한 건축가, 영원 추구의 건축가로 만들어주었다. 왜냐하면 백 년, 천 년, 오천 년 전에 드러난 진리들은 그제나 이제나 똑같이 풍성하고 완전한 진리들로 남아있고 영원히 충족되지 않는 배고픔 그것만을 달래주는 양식이기 때문이다. 시대와 유행의 변덕에 따라 바뀐 것은 겉면과 광택뿐이다. 그리고 겉칠장이들은 공허하고 헛된 작업을 아직도 끝내지 않았다.

아! 교사들이 그들의 가르침에서 이 잘못된 문화의 겉치레를 꿰뚫어 걷어내고 본질적인 진리의 밑바닥에 닿을 수만 있다면! 강력한 뜸씨(酵母)[14]가 부풀어 오르게 놔두고, 과학이 겸손하게 그들(현자들)의 계시에 시중을 들게 된다면!

예수께서 말씀하셨다. "만일 너희가 이 아이들을 닮지 않는다면…"[신약 성서 누가복음 18: 16]

---

14. 뜸씨(酵母): 아래 11장의 빵 굽는 이야기로 이끄는 열쇠 낱말이다.

11
사라진 리듬

마을 공용 화덕에서 빵을 굽는 것, 조상 대대로 내려오는
행동거지를 회복하는 것, 이것은 잊힌 리듬, 현대 세계에 그것을 다시
적응시키기 위해 접합시켜야 하는 리듬으로 되돌아옴을 뜻한다.

─ 잔가지 묶음을 화덕으로 가져오시겠어요? 당신이 어제 가져온
'솔방울'도 화덕에 집어넣으시지요… 밀가루 반죽이 막 부풀어 오르고
있죠…

마티유네 집에서는 엄청 큰일이 있는 날!… (마을) 사람들이 빵을 만
든다!…

사람들이 다소 마지못해하며 사라진 전통을 되살렸다. 직접 반죽을
해서 빵을 굽는 '진짜 일'이기 때문이다. 전쟁 전에는 이웃 마을 제빵사
에게 밀가루를 건네주는 것이 훨씬 더 편리하다고 사람들이 생각하곤
했다. 제빵사는 그 대가로 밀가루가 들어간 양만큼 빵을 가져오곤 했
다. 보잘것없어 부끄럽게 여기는 (마을) 공용 화덕에서 구워낸 다소 둥
글넓적한 큰 빵에 비하면 적당히 희고 잘 부풀고 바삭바삭한 빵, 마치
나들이옷을 입은 빵처럼 보였다.

지금 제빵사는 수감 중이라 그의 조수가 빵을 만들었는데 제대로 구
워지지 않아 그을리고 거칠었으며 게다가 빵을 마을에 가지고 올 때도
시간이 들쭉날쭉하였다. 그래서 사람들은 '반죽 통'을 깨끗이 청소하고
화덕에 불을 지피기에 나섰고 이따금 예전처럼 짙은 연기가 바위산을
향해 피어오르는 것이었다. 그리고 몇 시간이 지나자 갓 구워낸 빵 냄
새가 마을 곳곳을 파고드는데 들꽃의 은은한 향기처럼 따뜻하고 오묘

한 느낌을 주며 퍼져나가 쾌청한 아침처럼 밝고 풍요롭다.

그리고 오늘은 마티유네 차례, 그렇다.

새벽부터 사람들은 마티유의 아내가 빵 반죽을 치대는 소리를 듣는다. 그리고 나서 반죽을 실은 무거운 판들이 옮겨지고…

마티유는 소매를 걷어 올린 채 하얗게 달궈진 화덕 앞에서 헐떡거린다. 이제 화덕에 비질부터 해야 한다… 저기 화덕 어귀 안에 숯 더미가 아직 남아있다. 재들이 재받이 안에서 피어오르고 있고, 소나무 빗자루는 물에 충분히 적셨는데도 (열에) 오그라든다.

그리고 나서 마티유는 아내가 잘라내어 빵 삽 위에 올려놓은 빵 반죽을 화덕에 넣는다… (화덕) 중앙에 자리가 있다… 거기는 푸가스[15]를 위한 자리일 것이다. 절단용 칼로 납작하게 떼어 낸 그 반죽 조각은 자신을 위해 마련된 것 같다… 몇 개는 아이들을 위해 플루트 모양으로 만들어 놓는다. 이제는 끝… 마지막으로 전통적인 호박 그라탱과 아주 맛있는 잼 파이, 이웃이 접시에 담아온 음식을 위한 자리만 남았다. 화덕 문이 다시 닫히고…

마티유는 물뿌리개에서 한 움큼 물을 떠 얼굴을 닦고 물 한 모금으로 목을 적셨다. 그리고 계곡에서 불어오는 시원한 바람을 들이마시기 위해 문턱을 넘어 밖으로 나갔다. 화덕이 빵 반죽을 빨아들였다. 신비로운 일이 벌어지고 있다… 밀가루가 빵이 되고 있다니!…

게다가 사람들은 오래 기다리지 않아도 된다. 납작하고 얇은 푸가스는 벌써 노릇노릇해졌다. 잠시 후 마티유는 신의 은총과도 같은, 갓 구워낸 첫 번째 빵을 문간으로 가져온다.

첫 번째 푸가스를 허물없이 나누는 것은 흡사 최후의 만찬과 거기서 빵을 나누어 먹는 장면을 떠올리게 한다. 하지만 그것은 사람들이 더는 상징적인 (그리스도의) 희생을 이해하려 들지 않는 그러한 신비스러운

---

15. 푸가스(fougasses): 올리브유, 허브, 안초비(멸치류)와 양파 등이 들어간 껍질이 두꺼운 빵.

성체의 빵보다 훨씬 더 낫다.

    – 당신도 알다시피, 별난 방법은 없죠!… 그냥 한 '조각' 잡아 뜯으면 됩니다… 여기 있는 사람들 모두가 다 먹을 만큼 충분하니까요… 사람들이 푸가스에 여러 개의 팔 모양을 달아 놓은 것은 사람들이 쉽게 떼어먹도록 하기 위한 겁니다. 그리고 그 냄새 좀 맡아보세요! 마치 건초 창고에서 풍기는 훈기 같지요! 그것을 맛보세요!… 자, 이건 예사로운 음식이 아니에요… 음식 그 이상이죠. 당신이 먹고 있는 건 대지의 열매입니다. 그것은 동시에 봄의 푸르른 싱싱함이자 매미 울음소리와 귀뚜라미 울음소리로 지글거리는 여름다운 여름이죠!… 당신에게 말합니다. 그것은 신의 은총이라고요!…

    롱 부부도 그 축제일에 있었다. 그리도 영양가가 풍부한 것은 처음이었고, 특별한 맛으로 여겼다. 그들의 감동 속에는 조금이나마 그러한 마음을 사로잡는 인식의 현상, 그러니까 신부님의 손에서 축성된 밀떡(麵餠)을 집는 첫영성체 의례에서 그들이 깨달았던 신에 대한 경건한 마음 같은 것이 있었다. 그들은 불쑥 그것을 떠올렸다. 그러나 그 감정은 지금 더 인간적이고 더 깊은 느낌을 준다.

    이렇게 갓 구워 나온 푸가스 '조각'은 그 이유를 설명할 수는 없지만 이처럼 만족스럽게 완성되었다. 어느 누구도 이 빵을 '다른 무엇인가'와 함께 먹는다고 생각하지 않을 것이다. 그것이 잘 익은 호두처럼 좋아하는 것이라 해도 말이다! 그것은 완전무결해 보였고, 풍부하고 조상 대대로 내려오는 대지와 인간의 결합을 상징하는 징표 같았다.

    – 보시다시피 당신은 우리의 문화가 어디에 닿아있는지 아십니다.

    빵이 구워지는 동안 마티유는 논쟁을 시작했다. 그 문화는, 우리가 진정한 가치들을 과소평가하거나 멸시하도록 부추겨왔습니다. 빵을 나누는 의식의 상징적 의미도 더는 느끼지 못하도록 부추겼지요. 그리고 축성祝聖을 위한 모든 말씀의 힘도, 다음과 같은 예수님의 말씀조차도 더는 이해하지 못하게 부추겨왔습니다. "네 이마에 땀을 흘려야 양식을

먹게 되리라." ^{구약성서 창세기 3: 19}

　- 불행에 직면했을 때 다음과 같이 말하면서 이웃을 비난하는 건 언제나 아주 쉽지요. "내가 그럴 거라고 말했잖아요!" 혹시라도 당신의 빵이 제대로 발효되지 않았다면 그건 바로 마티유 부인의 잘못 때문이라 할 것이 분명하죠!… 프랑스가 지금 처해 있는 불행 속에서 직접적으로든 간접적으로든 우리가 무슨 책임을 질 수 있을까요? 더군다나 우리는 지금까지 늘 최선을 다해 우리 일을 해 왔는데 말이죠. 게다가 반세기 전에 누가 뭐라 해도 부정할 수 없이 진보적인 모습을 보여주었던 공립학교 체제에 어떤 책임을 느낄 수 있을까요?

　- 중유로 달구는 현대식 화덕에서 반죽 기계를 가지고 제빵사가 "빵을 제조하는 것"은 집에서 하는 빵 굽는 일이 무척 힘들고 언제나 완벽하지도 않다는 점과 비교해 보면 명백히 어떤 진보를 나타냅니다. 그러나 그런 진보가 희한하게도 방향을 제시했고 그것은 우리를 아주 멀리 데려갔습니다. 우리는 백년이 넘은 우리의 반죽 통과 화덕 앞으로 되돌아왔습니다. 저는 선조들이 만들어낸 구조와 우리에게 물려 준 생활의 모범에 의지할 수 있게 되어 무척 행복합니다.

　당신은 제가 기꺼이 과거의 사람으로 남아있으려 하고, 너무 선입관을 가진 눈으로 현재를 바라보고, 따라서 당신이 '진보'라고 부르는 것에 제가 어쨌든 편파적이고 불공정할 우려가 있다고 말할지도 모르겠습니다만, 그 말에도 일리는 있습니다. 우리는 우리 자신의 행동에 대해서는 어머니 같은 호의로 판단하지만, 다른 사람들의 행동에 대해서는 언제나 계모처럼 호되게 판단합니다. 그리고 우리의 자비(나 동정)도 언제나 다소 일방통행적이죠… 그런 일반 법칙에서 저도 확실히 벗어날 순 없습니다. 그러나 우리의 운명이 걸려있을 때 어떤 확고한 엄격함이 - 혹 그것이 불공정한 것이라 해도 - 모든 잘못과 가장 가공할 만한 결함을 무기력하게 받아들이는 것보다 오히려 더 낫지 않을까요?

　개인적으로, 저는요, 오늘날의 권력 앞에 비굴하게 굴복하는 데에는 어떤 관심도 없습니다. 법과 치안 기능을 하는 공권력만 말하는 건 아니죠… 저는 말, 의례, 믿음을 – 단지 종교적인 것만이 아니라! – 수단으로 삼아 통제를 지속하는 사람들을 수월하게 해주는 그런 공권력 뒤에 은폐된 권력에 대해 오히려 초점을 맞추어 말하고 싶습니다. 당신도 가끔 미사에 참석하시지요. 아니면 어쨌든 가 보신 적은 있으시겠죠… 당신도 알다시피 거양성체擧揚聖體[16] 동안에 신부님이 성체의 빵을 나누기 위해 앞으로 나서는 동작을 취하면, 제단 일을 맡은 아이는 자기가 든 종을 (흔들어) 울리고, 모든 신자는 벌어지는 그 엄숙한 광경을 보지 않으려는 것처럼 다들 고개를 숙입니다. 저는 미사에 참석할 때 – 그다지 참석하지 않았으니, 자주는 아니지요 – 고개를 숙일 수가 없었습니다. 고개를 숙이는 건 제 인간적 존엄성을 박탈하는 것이라 생각했습니다. 그 상태로 경건함을 불러일으키는 듯 미사를 집례하는 신부님과 무분별하게 종을 흔드는 제단의 아이 그리고 참기 힘든 미사로부터 해방되어 고개를 다시 들기 위해 소극적으로 마지막 종소리가 울리기를 기다리는 한 무리의 남녀들에게 저는 일종의 연민을 느꼈습니다.

… 그래요, 저는 (고개를) 숙이지 않습니다… 저는 제가 발휘할 수 있는 최대한의 양식으로 정세와 사태를 판단합니다. 제가 감히 혼자서 한다고 할지라도 말입니다.

– 그러니까 당신은 우리가 더는 숙고하지도 판단하지도 행동하지도 못할 정도로 예속되었다고 생각하시는 겁니까?

– 물론 당신들에게 의지가 부족한 게 어쩌면 아닐 수 있습니다. 그러나 어쩔 수 없이 그런 문화를 받아들였던 당신들 모두는 그것이 당신들을 이를테면 무의식적으로 얼마나 지배했는지를 더는 깨닫지 못하는 경향이 있습니다. 게다가 현대 사회에서 모든 것들은 사람들이 마치 악령 주술의 지배를 받아 생각하지 못하도록 함께 작용하는 것 같습니다.

---

16. l'élévation(라틴어 Elevation): 성체로 변화된 밀떡(麵餠)의 형상을 높이 들어 올림(擧揚).

저는 나귀에 올라타 길을 떠날 때, 짐작하시겠지만, 제 생각을 따져 묻고, 다듬고, 검토하고, 끈기 있게 제 철학을 확립할 시간을 갖습니다. 제 나귀가 저를 안내합니다. 저는 가끔씩 흔들거리는 제 발로 약간 힘차게 차면서 그 녀석을 격려합니다. 제게는 도중에 들판과 나무를 바라보고 경작하고 수확하는 모습을 비교해 볼 여유가 충분히 있죠… 저런, 저긴 아직 두엄을 옮겨오지 않았네. 이제 곧 파종할 시기인데. 저기에 좋은 퇴비가 있지만 그루터기가 있는 밭 위에 그냥 건조되게 내버려뒀네… 저 담들은 다시 세우지 않았네… 길에서 온종일 어슬렁거리는 것보다 이런 것들에 몰두하는 편이 더 바람직하죠!… 그리고 이렇게 길과 들판과 경작지를 관찰하면서 저는 인간을 판단하는 법을 배우고 마을 사람들의 동향을 살핍니다.

우리의 계곡을 떠나 더 멀리 가게 되면 풍광이 바뀌어 나타납니다. 산등선들이 시계視界를 변모시키죠. 갖가지 소리가 농장에서 들려옵니다. 목동은 암소들을 다시 불러들이죠. 흔들거리는 짐수레가 저를 쫓아옵니다.

우리의 외딴 마을과 농촌에 사는 믿음직스러운 농부들 사이에는 오늘날 사라져 버린 리듬이 남아있습니다. 당신은 집으로 돌아올 때, 최신의 환각 상태 같은 상념에 빠져들게 하는 라디오 방송을 들으며 자동차를 모는 데에 당연히 익숙해져 있겠지요. 당신은 그렇게 오랜 시간 동안 자신하고만 단둘이 남아있는 건 틀림없이 매우 지루한 일이라 생각할 것입니다. 그런데 그 시간이라는 게 그토록 무거운 짐이라서, 당신의 유일한 목표란 흘러가버린 삶을 추적하려 헛되이 달려간 끝에 "녹초가 되어버리는" 것처럼 보일까요? 개인적으로, 저는 저 자신과 편안합니다. 저는 하루 매시간이 흥미롭고 중요한 역할을 한다는 걸 압니다. 각각의 풍경과 개인들 각자의 모습도 나름대로 매력이 있습니다. 그리고 마을 여기저기를 돌아보고 와서는 나귀를 돌려보내려고 나귀 등에서 내립니다. 제 마음은 충족되고, 게다가 처음보다 다소 더 풍요로워졌다고 느낍니다.

　…그런데 제 빵에 무슨 일이 일어나고 있나요? … 아직 충분히 데워지지 않은 화덕에서 마르게 하지 않고, 과도한 온도 때문에 '당황하지' 않고, 빛깔이 희멀건하지도 너무 노릇노릇하지도 않게, 적당한 온도로 빵을 굽는 것은 예술가의 일이죠…

　죄송하지만… 그것이 철학자의 일보다 더 긴급하죠! …

12
진보

우리는 교육(교양)이라는 문제를 물질적·사회적 진보와 관련지어,
또 쉽게 변하지만 늘 되풀이되는 우둔함의 원인과 관련지어 논의한다.

길지 않은 동안이라… 빵이 아직 완전히 다 구워지지는 않았다. 마
티유는 정말이지 몇 분 따위는 대수롭지 않게 여기는 사람답게 서둘지
않고 다시 앉았다. 그리고 자기 생각의 실타래를 이어갈 뿐이었다.

　－ 우리는 작년에 조카딸인 로제트를 데리고 있었어요… 당신도 그
애를 아시죠? 그 아이는 15살로 도시에서 자라났어요. 로제트는 라디
오조차 없는 우리 시골집에서 지내는 게 죽을 만큼 따분하리라고 지레
짐작했던지 잡지와 소설책을 잔뜩 싸가지고 왔습니다. 그 아이는 침대
에서 아침저녁으로 읽을 책들이 필요했나 봅니다. 그 아이가 그라네
레Graneirée로 우리를 따라갈 때면 책을 들고 가곤 했습니다. 그날은 감
미롭고 새소리가 가득했죠… 여러 마리의 '산'비둘기들이 계곡을 위풍당
당하게 가로질러 날아가곤 했습니다. 어치[17]들은 서로를 부르고 숲 한가
운데 서 있는 낡은 오두막 주위로 떼를 지어 모여들었고요. 티티새[18]들
은 가시덤불 아래서나 황금빛으로 물드는 강낭콩 덤불 속에서 장난을
쳤죠. 타임[19]과 라벤더[20]의 작은 언덕에서는 강렬한 내음이 풍겨왔고요.

---

17. 까마귓과의 새.
18. 지빠귓과의 새.
19. 내음이 백리(百里)나 멀리 가는 꿀풀이라는 백리향 속(屬) 식물.
20. 라벤더: 향기로운 꿀풀과의 식물.

웃옷을 베개 삼아 등을 펴고 누운 채 저는 마비되는 듯 묘한 행복감을 느꼈습니다. 제게 영원성의 일부가 파고들어 온 것처럼 말이죠… 말로 이루 다 표현할 수 없는 이 풍요로움에 귀를 틀어막고, 마음을 거기서 떼어놓는 것은 '신성 모독'과 같다고 저는 생각했죠…

로제트는 책만 읽었고요…

그 아이는 그 모든 것을 전혀 보려고 하지 않고; 그 아이는 그 (자연의) 경이를 전혀 느끼지도 않아요! 그저 환상(꿈)과 허상(기만)의 책 속에 빠져있네요. 제가 로제트에게 "저 산비둘기 좀 봐!"라고 하거나 "강낭콩 꼬투리들이 햇볕을 받아 터지는 둔탁한 소리를 좀 들어봐라!"라고 말하면… 그 아이는 못 견디겠다는 듯 알 수 없는 몸짓과 놀라고 이해할 수 없다는 표정을 지으며 마지못해 일어섰습니다. 마치 잠에서 깨어나 꿈과는 너무나 다른 현실에 눈을 뜨기 위해 그리고 의식(감각)이 돌아오게 한껏 기지개를 켜야 하는 어린아이들처럼 말입니다.

제가 시험 삼아 로제트를 이해시키려고 하거나 제 느낌과 감동을 함께 나누려고 할라치면, 그 아이는 곧장 책을 계속 읽으려고 정중하지만 냉담한 단음절로 답할 뿐이었죠. 집으로 돌아오는 동안에도, 그 울퉁불퉁한 길을, 도시에서처럼 종종걸음으로 걸으며 성가실 정도로 주변을 살필 필요가 없을 때면, 책에서 눈을 떼지 않곤 했습니다.

그리고 이것이 '학교'가, 역겨운 사이비 교육(교육 대체품)이, 이 어린 여자아이에게 한 짓입니다. 그 아이는 더는 생기발랄함도 없고, 감수성이 예민한 한창때인 여자아이도 아닙니다. 이해심도 없습니다. 그 아이는 우리가 가장 중요하다고 당연히 동의하는 그러한 인간적 품성을 전혀 간직하고 있지 않았죠. 그 아이에게는 상식bon sens조차도 없었던 것이죠! … 아! 물론 그 아이는 영화배우들의 이름은 꿰고 있었죠. 통속적인 소설들의 제목들도요. 그 아이는 책이나 영화에 나오는 장면처럼 삶이 흥미진진하고 환상을 품게 만드는 색깔들로 가득할 거라고 믿는 거죠. 그러나 그 환상에서 깨어나긴 하겠죠. 슬프게도 너무 늦게 말입니다!

- 영화와 관련해선 당신 말이 옳습니다. 그러나 좋은 책들은 실제로 있고, 사람들이 읽은 책들이 형편없다고 해서 그게 우리 잘못인 건 아닙니다.

- 그 아이 혼자만의 책임이 아니라고 한다면, 당신이 생각하는 학교는 당신이 믿고 주장하고 싶어 하는 것처럼 그렇게 책임이 없지 않습니다. 저는 이제 그 구체적인 결과를 검토하고 당신에게 이 점에 대해 진솔하게 말씀드리겠습니다. 8월이면 제 곁에, 이런 아이 – 읽거나 쓰지도 못하고 결코 영화를 본 적도 라디오를 들어 본 적도 없지만 자신의 감식안과 집요하고도 호기심 많은 마음 그리고 망가지지 않은 지성과 양식을 지니고 이 자리에 있을, 무엇보다 먼저 삶을 느끼고 즐기는 어린 여자아이 – 가 왔으면 합니다.

그때 그 아이는 제 말에 귀를 기울이고 질문도 하겠고 또 자연을 살펴보겠죠. 새로운 이해력을 단련시키면서 자신의 미적 감각을 개발하고 자극하면서 말입니다. 그 아이는 독창성과 재치라고는 한 구석도 없는 앵무새가 되지 않을 것이고 또 규격화된 인형이 되지도 않겠죠. 사람들이 그 조잡한 장신구와 매만진 속눈썹, 붉은색 볼 화장에 감탄하지만 인간다운 구석도, 예민한 지성도 찾아볼 수 없는 그런 인형으로 말입니다.

로제트도 언젠가 (환상에서) 깨어나겠지만 가혹할지도 모르겠습니다. 복잡한 가정생활, 키우기 너무 힘든 아이들, 빈궁과 비참에 짓눌린 살림은 그녀를 잠에서 깨어나 현실로 돌아가도록 하여 모든 문제를 재검토하고 뿌리 깊은 잘못을 뉘우치게 할 것입니다. 그 아이는 갈림길에 선 것처럼 여전히 망설이면서 우선 멈춰 설 것입니다. 그리고는 부적절하게 선로를 변경한 자신의 삶을 근본적으로 바꾸기 위해 제로※부터 다시 시작할 것입니다.

그러나 이 무슨 시간 낭비요 (환상에서의) 깨어남입니까! 사람들이 소설 속 낙원의 문 입구에 다다랐다고 생각할 바로 그때, 오던 길로 되돌아오지 않으면 안 된다니 얼마나 애석한 일일까요! 불균형, 적응성의 상실, 언짢은 기분, 병폐, 삶에 대한 혐오, 그리고 아 이런 참담함이란! 바로 여기에 당신이 아이들에게 준비시킨 선물들이 있는 것입니다!

– 당신이 당연히 속상해할 이러한 비정상 l'anomalie으로도 용케 더 많은 천연 과일을 생산해 내는 경작행위를 비난하기에는 충분하지 않을 것입니다. 마찬가지로 누가 뭐라 해도 진보의 안식처로 남아있는 우리 학교도 그러합니다.

– 여기에 못지않게 엉성하고도 거창한 단어 '진보' – 마치 우리 세대들에게 있던 특권처럼 제멋대로 만들어진 진보 – 가 있습니다. 그 '진보'는 역시 과거에도 있었고, 아마도 그럴 때 – 우리에게도 가치가 있는 성취에 누군가 영감을 받게 될 그럴 때 – 가 있지 않을까 싶습니다.

주목할 점은, 어쩌면 제가 무지를 찬양하거나 확실한 진보를 부정할 가능성이 절대로 없다는 것입니다. 지식은 매우 중요합니다! 그래요, 제가 당신에게 말했었죠. 제가 읽지도 쓰지도 못하는 로제트를 더 좋아하리라고 말입니다. 다만 그 아이가 삶을 챙기는 데 아주 기본적이고 나름대로의 능력을 간직하고 있다는 것을 전제로 한 것입니다. 그건 로제트가 무지하다는 것을 뜻하는 게 전혀 아니라, 오히려 그 반대죠!

개개인을 더 나아지게 한다며, 지식교육을 실제로 폐지하는 건 충분하지 않을 겁니다. 저는 민중의 아이들이 기역(a), 니은(b)도 몰랐던 시절에 모든 것이 더 잘 되었다고 믿지도 주장하지도 않겠습니다. 영화, 라디오, 책이 개개인으로 하여금 이상을 향해 올라가는 왕도로부터 일탈하게 할 위험이 있다고 한다면, 과거에는 더 해로운 우둔화의 다른 원인들이 있었음을 잊는 것이고, 보다 더 인간적인 경제적·사회적 조건에 도움이 되는 현재의 과학이 그런 원인들을 거의 완전히 사라지게 했었음을 잊는 것입니다. 살아있는 사람들이 당장의 호구지책을 찾는 데에만 걱정했던, 그런 비참(함)이 있었죠. 말하자면, 짐승 같았던 거죠!

그러나 그렇게 말하면 짐승들을 모독하는 것이겠지요. 푸르른 목초나 자극적인 자주개자리 속 알팔파alfalfa 식물 냄새에 홀려버린 굶주린 짐승 같다고나 말합시다.

추잡함, 천박함, 비정함, 불안이 횡행했습니다. 또 다음과 같은 종류의 정신적 예속이 있었습니다. 가장 일상적인 자연적인 사실에 대한 무지, 영靈과 유령에 대한 공포, '교회'가 조장해 왔던 지옥과 악마에 대한 두려움, 자신의 손아귀에 생사여탈권을 쥔 세상 지배자, 세속 군주의 지배 등에 그들이 매여 있던 저주가 바로 그러한 것들입니다.

현재의 과학이, 진보가, 학교가 이런 우둔화愚鈍化의 원인들을 약화시키거나 사라지게 했다고 우리는 단지 찬양할 수 있을는지도 모르겠습니다. 그 원인들이 정확히 같은 결과를 자아내는 다른 원인들로 단지 바뀌지만 않았었더라면요, 아!, 진정 진보가 있었을는지도 모르겠습니다. 그리고 사람들은 바뀜(변화)으로 얻는 것이 얼마나 있을지 자주 스스로 묻게 됩니다.

그러나 저는 갓 구워낸 빵에서 풍기는 좋은 냄새를 느끼죠… 노릇노릇한 저 보기 좋은 빛깔을 보세요!… 그러니 이 냄새를 좀 맡아보세요! 예, 이 빵, 그것은 신의 은총입니다. 그것을 가진 사람이라면 누구든 삶의 안심 같은 것을 느낄 수 있게 되고, 그로 인해 마음이 평안해지고 침착해지고 인간답게 생각하게 됩니다.

인간이란 제가 당신에게 말씀드렸던 것처럼 짐승이나 매한가지 입니다. 그 위胃가 때맞추어 충족될 때, 주변의 들판이 비옥하고 풍요로울 때, 인간은 이웃과 싸우지 않고 평화롭게 식사를 하고, 곧바로 이어서는 저녁과 그다음 날의 기약으로 남겨둔 풀내음 나는 들판 사이에서 햇살을 맞으며 눕고 싶어 합니다. 그리고 그렇게 안심하며, 그는 하늘을 바라보고, 대지를 찬찬히 살펴보고, 인간들을 관찰하고 탐구하죠… 이것이 사색하는 것입니다!

그러나 그의 위가 극심한 배고픔을 느끼고, 주변에 먹을거리가 별로 없음을 느끼게 된다면, 그리고 그의 굶주림을 때맞추어 달래지도 못하고, 따뜻한 잠자리를 위한 안식처나 뜻밖의 행운이 주는 안전과 마주하지 못한 채 몇 시간, 몇 날을 보내게 된다면, 그러면 그는 봄날에 굶주려 게걸스러운 짐승들처럼 행동할 것입니다. 담장 밑에 난 초록 풀덤불밖에는 거들떠보지도 않을 것입니다. 그의 온 마음을 파고드는 욕구를 충족시켜야 할 필요성이 그의 생각 전체를 붙들고 놓아주지 않습니다. 있을 수 있는 경쟁자들을 비정하게 떼밀면서 미치광이처럼 움직일 것입니다. 그가 잘못을 저지르고 날뛰고 이리저리 뛰어다니고 서로 싸우는 것을 보게 됩니다. 이 인간에게서 인류애의 깊이 있는 행동이란 기대할 수 없을지도 모르겠습니다.

이렇게 숙고한 것들이 교육학의 첫 1, 2, 3과가 되어야 할 것입니다. 이 숙고들이, 우리가 학교와 교양 혹은 진보에 대해 논할 때 편견을 갖지 않고 곰곰이 따져 보도록 가르칠 것이고…

지금 막 화덕 안으로 집어넣으려고 하는, 가득 차 있는 우리의 빵판, 우리의 부요함이 여기에 있습니다. 제가 그것들에 충분히 감탄하고, 우리의 오래된 주방을 채우는 그 풍성한 냄새를 맡았을 때, 저는 제 논증들을 계속하기 위한 채비가 더 잘 되어 있을 것입니다.

13
뿌리가 뽑힌 아이들

현대의 교육(교양)은 삶과 사고 사이에서 위험한 괴리를,
개인적이며 사회적인 유기체의 진화 과정 속에서 틈새hiatus를 자아냈다.

문 앞 계단 앞에 앉아 자기 분야의 일가에 다다른 현자처럼 마티유
는 자신의 힘들었던 하루에서 휴식을 취한다.

평온한 석양빛의 조용한 저녁나절이었는데, 더는 겨울 끝자락의 살을
에는 추위의 매서움도 없고, 무더운 여름의 석양이 끊임없이 괴롭히는
숨 막힘도 없었다. 광장의 보리수나무들은 개화가 임박했음을 알리는
은은한 향기를 풍겼다. 한 아이가 완전히 만개한 복숭아나무 가지 하
나를 들고서 염소의 뒤를 쫓으면서 그 '아기' 염소와 함께 집으로 돌아
왔다. 티티새들이 그들의 바위산으로 되돌아오고, 사람들은 수풀과 털
가시나무 사이에서 층층을 이루는 바위의 턱을 연달아 날아오르는 티
티새의 지저귐 소리에 귀를 기울였다.

마티유는 그날 그의 생각들에 이어지는 사색을 하는 걸까? 그렇다고
말할 수는 없겠다. 그건 그 자신조차도 그리 말하지 못할 듯하니까. 평
소에 마티유는 시간이 흘러가도록 내버려두고 사태의 추이에 따라 편
하게 반응하는 데에 만족해하곤 하지, 자기 삶의 전체와의 조화를 흐
뜨리게 하는 요소들에 비정상적으로 주의를 집중하진 않는다. 그는 항
목 마디마디를 따로 떼어 내 생각하지 않는다. 그 많은 옛 풋내기들이
그들의 자의적인 분류로 진정한 이치를 소멸시켰던 것처럼 하지 않고.
그는 온 존재 - 함양하고 단련하는 그의 정신이 나아가는 길에 참여하

는 바로 그런 온 존재 - 로 생각한다. 그는 자신이 성찰한 것을 밖으로 드러낼 때만 그 사유의 맥락에서 떼어낸 낱말들을 어쩔 수 없이 사용할 뿐이다. 그 낱말들을 쓰면서부터 이미 잘못이 시작될 위험을 안고 있지만, 그것은 그에게 테두리(輪廓)를 주기도 하고, 때로는 절대적이고 결정적인 가치가 있기도 한다. 어떤 사람도 그보다 더 낱말들을 불신하지는 않을 것이다.

롱 부부에게는 이 생각이 그들 삶의 중심축처럼 줄곧 자신에게 부과되는 것 같았고 그들을 끊임없이 괴롭히고 지배했다. 대개 이러한 생각은 겉보기에 그들을 충족시킬 것 같은 철학의 익숙한 틀 속에서 논의된다. 그런데 갑자기 마티유가 맹렬한 공격을 반복하며 학교와 그 교양에 의해 건설된 정신적 구조물을 흔들어 놓고 있다. 롱 부부는 확실한 낱말들부터 회의하기 시작하고, 주요 개념을 재검토하고, '진보'를 토론 주제로 삼기 시작하고… 그러나 당분간은 우위에 있는 사람들에 찬동하는 이유가 여전히 있을는지… 그들이 의심하기 시작하는 어귀에 마티유가 자신의 양식良識의 쐐기를 새삼 찔러 넣을 때까지 말이다.

- 마티유 씨, 당신이 복된 하루의 저녁에 그토록 평온하신 것을 바라볼 때, 저는 앞서 당신의 아버지께서 막 반죽을 끝내고 빵을 굽고 나서는 그런 식으로 틀림없이 앉아 계시곤 했을 거라고 생각합니다.

- 분명한 것은 적어도 우리 마을에서는 진보가 이상하게도 제자리걸음을 했다는 점입니다. 존재해 온 지 백 년 후에도 실제로 변한 건 아무것도 없어 보이니 말이죠! 도시에 대해서는 말할 것도 없습니다. 저는 현재의 대량 학살과 비참한 광경에, 과연 퇴보란 없었던 것인지 스스로 물을 수도 있었을 것이기 때문에 말이지요…

음, 그래요! 백 년에 걸쳐서 사람들이 우리에게 학교를 세워주었습니다. 저는 그게 대단하다는 건 인정하나 별것 아니기도 하지요. 왜냐하면 학교는, 새로운 사상들에 적응하며 서서히 발전해 가는 대신에, 그 형태 속에 고착되는 요소들이 합쳐진 끝에 그렇게 망가져서, 이어지는 세대들의 삶과 행동에 아주 심오한 영향력을 가질 수는 없기 때문입니다.

─ 글쎄요(결코 모를 일이지요). 진보가 반드시 물질적인 것은 아니죠. 사상 속에도, 사회적 유기체의 움직임 속에도, 도덕심의 발달 속에서도 진보는 있지요.

─ 저도 알죠… 진보는 우리 로슈루Rocheroux의 맑은 샘에서 흘러내리는 물과 같습니다. 그것은 산의 버드나무와 딸기 사이를 졸졸 흐르는 시냇물일 수 있습니다. 또는 시골의 소박한 수로들로 강낭콩밭과 과수원, 풀밭과 채소밭에 물을 대주며 콸콸 폭포수처럼 내려가는 도랑물일 수도 있습니다. 게다가 어느 날에는, 높은 곳으로부터 급하게 내려가는 거친─바위와 나무줄기와 토양을 휩쓸어 가면서 또 그 지나가는 길에 모든 것을 뿌리째 뽑아 버리고 들판의 저지대 전부를 오염시켜 버리는─급류일 수도 있습니다. 그러나 그렇게 버려진 산에 나무를 다시 심은 이래로 우리가 겪었던 급류의 사나움은 덜 빈번해지고 덜 끔찍해집니다. 우리의 **진보**라는 용어의 사용에서도 비슷하게 얌전해지는 그런 날을 우리가 보게 되는지요!

그렇지만 저는, 산이 급류를 낳고 방향을 정하고 그래서 계곡을 지배하려 한다고 제멋대로 선포하는 사람들에게 유감이 있습니다. 또한 산 정상들을 알아냈다고 생각하지만 그 정상들이 그것을 하늘 쪽으로 들어 올리는 계곡의 사면斜面 없이는, 그리고 척박하고 결핍된 경사지를 개척하는 비옥한 저지低地 없이는 존재할 수 없을 것이라는 점을 망각하는 사람들에게도 유감입니다. 그리고 자신들이 명령했던 인위적인 이동에 복종해야 할 세계가 그들의 발걸음이 닿는 곳에 가 있지 않은 것에 때때로 놀라는 사람들에게도 유감이 있습니다.

─ 진정한 산은, 마티유 씨, 그와는 달리 겸손하지요. 저는 이 대목에서 당신께 명성이 높은 과학자 같은 이의 암시적인 글들을 소개할 수 있겠고, 당신은 그가 모든 오만과 우쭐거림과는 얼마나 거리가 먼지를

볼 수 있을 겁니다.

– 딱 그렇죠… 누군가[21] 말했죠 – 저도 동감입니다만 – 어설픈 과학은 양식良識과 진리에서 멀어지게 하지만, 제대로 된 과학은 양식과 진리로 돌아오게 한다고 말입니다. 예, 과학자는 탁월한 의식을 가진 진정한 식자들의 반열에 드는 이입니다. 그의 전문성으로도 자신을 둘러싼 세계가 여전히 신비에 싸인 복잡성을 띠고 있다는 그 느낌은 해소되지 않았습니다. 따라서 과학자는 자신이 지닌 능력의 한계를 따져볼 수 있었고, 자신의 역할에 대한 정확한 이해, 그리고 현자들의 정신을 지배하는 삶 앞에서의 겸손이라는 득을 본 것입니다.

그런데 이렇게 드문 인물들 곁에, 얼마나 많은 거짓 식자識者가 있을는지요. 그들은, 삶을 자신이 시험한 좁은 지평선에 국한시키며, 자신들이 쓴 책에서 눈을 돌릴 줄도 모르며, 작든 크든 자신이 발견한 것들을 성급하게 일반화하며, 필수적인 보편적 조화로부터 자신을 동떨어지게 하는 생각, 학문, 철학을 경멸하는 이들과 지지하는 이들을 서로서로 축성祝聖하는 그런 거짓 학자들입니다. 이들은 진리의 한 단편을 드러냈습니다. 그 단편들 위에 그들은, 우리가 모두 어쩔 수 없이 받아들여야 하는 다소 일관된 체계를 성급하게 세웁니다. 그리고 그들은 자신들이 가르치지 않은 자기 동시대인들을 업신여기는 우월감에 젖어 있고, 완고하게 폐쇄적인 가르침만을 고집하는 식으로 오래된 과거에 빠져있습니다.

기계론적이고 관료주의적 영역에서 과학이 성취한 것들, 우리 시대 전체를 그릇된 관점으로 비추는 그런 진보에 대한 환영幻影, 이런 것들이 계몽의 시대에 태어난 것을 멍청하게 기뻐하는 무지몽매한 사람들의 자만심을 부추깁니다. 그러한 새로운 믿음에 도사리고 있는 악용 가

---

21. 알렉산더 팝(Alexander Pope)의 『비판에 대한 에세이』에서 "설익은 배움은 위험하다(A little learning is a dangerous thing)", 더 거슬러 올라가 로마 시절 노예였던 푸블리우스 시루스(Publilius Syrus)의 격언(Maxim 865) "어설피 아느니보다는 모르는 것이 낫다."이다. (영역자 주)

능성을 노리는 교활한 정치인들은 늘 널려있습니다.

롱 씨, 당신의 학교는 이러한 환영을 다루는 도구 중 하나입니다. 예속과 억압의 과거를 지우기 위해서는 - 보시다시피 저는 적어도 구구하게 변명하는 국민의회 의원들[22]처럼 말하고 있네요 - 현재에 색칠을 잘하고 미래를 서광의 불빛으로 비춰야 합니다. 사람들은 학교가 그 작업을 떠맡아주기를 바랐고, 철학자들, 작가들, 과학자들이 삶에 대한 새로운 개념을 구축하는 데에 가담했습니다. 그 개념은 실재해 오던 것을 고려하지 않고, 뿌리 깊고도 확실한 그 나름대로의 토대를 가져 언제나 나쁘지만은 않았던 것도 고려하지 않은 채, - 위로부터 부과된 잘못, 조상 대대로 내려온 씨실인 문명 위에 좁은 시야로 왜곡시킨 세계관과 비정상적인 리듬, 이해타산과 이념들을 덧붙였던 잘못만 - 이야기하고 있을 뿐입니다.

그래서 가정생활, 식사, 일, 놀이의 뿌리 깊은 관습들 사이에, 또한 심리적인, 대개의 경우 잠재의식 그대로 심층적인 그 모든 복합적인 것 사이에 위험한 괴리가 나타납니다. 당신의 뜻에 반하여 어떤 땅에, 집에 - 누추한 집일지라도 - , 계곡에, 나무 그늘에, 공기에, 오솔길에 그리고 그 땅과 오솔길을 넘어서 과거와 후손에 집착합니다. 그래서 사람들이 제거할 수 있다고 생각했었던 그러한 모든 기본적인 요소들 사이에 위험한 괴리가 그리고 어떤 과학과 사유 방식의 무모한 시도들이 나타납니다. 그 과학과 사유 방식에 있어서 모든 것이 거짓은 아닙니다. 그러나 그 시도들은 균형의 파괴 같은 것, 독자적인 움직임의 시도 같은 것, 일부 과학자들이 달에 보내기 위해 기획했던 초기 시동의 놀라운 힘으로 발진하는 로켓 같은 것을 만듭니다. 그 로켓은 땅에서 멀어짐에 따라 기능을 잃고, 지금 저기서, 기진맥진해 땅으로 떨어지려고 하여, 더 나은 목표에 어울리는 대담한 시도를 잠시라도 가능케 한 바로 그 생

---

22. les grands conventionnels: 프랑스혁명 시기 1792~1795년 국민의회의 의원들.

각조차도 무無로 돌리게 할 것입니다.

그들은, 당신들 쪽의 과학자들, 철학자들, 교사들은, 물질 원료를 이용하는 것처럼, 인간 존재들도 그리하는 것이 가능하다고 믿었죠. 마치 그들이 합금을 만들어내는 것처럼, 실험실에서 인간 존재를 반죽하여 전혀 다른 삶을 형성해 내려고 그들을 조합할 수 있다고 생각하면서 말입니다. 신新경제의 상징인 산업은, 물질적 차원에서 작동을 추구하곤 했고, 그들은 지적·도덕적으로 돌보았던 것입니다. 그들은 이성적사유思惟로, 이를테면 논리적인 증명으로, 즉 지성의 지렛대를 사용하면서 사람들을 문화culture로부터 뿌리째 뽑는 게 가능하다고 생각했고, 그들에게 당신은 설득되었죠. 사람들에게 배어들었던 경험적인 문화로부터 수액을 만들어주는 토양 – 개인적 삶에서의 기억과 마찬가지로 사회적 삶 속에 있는 그러한 결정적이고 영속적인 과거 – 에서 전체를 뿌리째 뽑아내는 것이 가능하다고 당신들은 생각했던 것이죠. 그 과거는, 나무가 쓰러지는 순간 바로 뽑히겠지만, 여전히 다소 생명을 이어가도록 위태로워진 나무줄기에 영양분을 보내려고 자양분이 있는 토양에 이내 다시 그 뿌리를 완강하게 내리게 됩니다.

이런 끔찍한 잘못으로 지금 우리는 치명적이기도 한 위험을 겪고, 진정한 진보에 불안해하는 일부 소심한 사람들, 위축된 사람들, 정치인들의 거친 반응을 자아냅니다. 그리고 그들은 우리가 미리 알아낼 수 없었던 황금기가 우리의 뒤에 존재했다는 점을 우리에게 믿게 하려고 합니다. 그리고 진보와 과학이 파산선고를 해서, 다른 규범을 – 그것도 새삼 어긋남만 되겠지만 – 세우기 위해서는 과거에 관심을 쏟아야 한다는 점을 우리에게 믿게 하려고 합니다.

인간은 원컨대 한 방향으로 맹목적으로 달려 선두로 돌진하지만 곧 낭떠러지 끝에 다다르고 놀라서 멈칫하다가는 반대 방향으로 똑같이 맹목적으로 내달려 훨씬 더 위험한 낭떠러지와 결국 맞부딪치게 되는 짐승들과는 다르게 행동할 수 있기를 바랍니다. 전통 또는 진보를 몽땅 내던질 것이 아니라, 우리 행동을 우리 시대의 요구에 영리하게 적응시키는 것만으로도 충분합니다. 우리는 곧 닥쳐올 미래le proche avenir를 위해서 가까운 과거le passé recent의 후손이자 계승자인 현실le présent réel에 의지한 해결책을 찾아내야만 합니다. 그리고 우리의 땅을 기름지게 했고, 우리의 집을 지었고, 우리의 언어와 정신을 이상화했던 세대들이 먼 데로부터 가져온 것의 후손이자 계승자인 현실le présent réel에 의지한 해결책을 찾아내야만 합니다. 진보란, 말하자면, 과거가 작동하는 가운데 이루어져야 합니다. 우리가 위험성을 따져 보았던 그 괴리나 우리의 수액과 노력을 앗아가며 우리를 고립시켰던 당신네 과학의 그 단절을 피하면서 말입니다.

'학교'는 이를 위해 많은 것을 할 수 있습니다. 그러나 맨 먼저 할 것은, 그 현재와 과거를 그에 걸맞게 인식하고 평가하여 그것들(현재와 과거-역자)에 담겨있는 역동적이고 건설적인 것을 발견해 내는 것이고, 또 삶의 굵은 맥(수액선樹液線)들, - 스스로 드러나는 창조적인 것들에 필수적인 지렛대가 될, 숨겨진 본질적인 힘들-이 불쑥불쑥 나타나도록 해야 합니다. 똑같이 긴급한 이 두 과업은 방법도 방법이지만, 또한 우리의 겸손한 태도, 우리의 연약한 점들과 우리의 위대한 점들에 대한 정확한 개념을 가지고 추진되어야 할 것입니다.

14
과거의 가르침

예전에 민중의 문화la culture populaire는 사고의 양식과
인간 지성의 독창적 작용에 좌우되어 왔고, 이 둘은
그 나름대로의 미덕과 가치를 지녀 왔다. 우리는 무관심으로
그 둘을 희생시키기보다는 그 공헌을 높이 사야 한다.

밤이 찾아왔다.

기억을 느리게 되살리면서 자신의 내면을 쉽게 들여다보도록 하늘이
당신에게 눈을 감게 하는 것 같다.

– 과거 말인가요? 마티유가 말을 이어갔다… 영혼의 몽매함, 끊임없
는 불안이나 삶 가운데 모든 것이 아직도 신비로만 남아있는 존재들의
깨지기 쉬운 안전이 끼치는 폐해를 제가 당신보다는 더 잘 알지요. 혼
령들, 사탄, 잡신들이나 천사들이 군림하는 것의 폐해, 아니면 우리가
'행운' 또는 '우연'이라고 부르는데, 우리들의 공유 지식을 부정하는 듯
어리둥절하게 하는 행위들을 수반하는 그런 현대적 주술의 폐해, 이런
폐해들을 말이죠. 그리고 저 또한 깨달음의 빛이 지배하기를 열망합니
다만, 진정한 깨달음의 빛이 지배하는 것이라야 합니다. 케케묵은 이야
기 속에 우리 아이들로 하여금 자칫 잘못 빠져들게 하는 그런 거짓된
희미한 빛, 그런 인위적이고 기만적이고 간사한 빛이 아니고요.

저는 과거의 단점들을 잘 압니다. 그러나 저는 우리가 과거를 가끔
아쉬워하는 그 장점들도 역시 압니다. 저는 예전에 민중 속에 무엇이
있었는지를 압니다. 저는 그것을, 저와 이야기하는 걸 좋아하셨던 제
아버지와 어르신들을 통해 배웠습니다. 백 년 전, 그보다 더 오래전 마
을의 진정한 삶 – 우리가 통상 관대하게 보지 않는 그런 결함들도 있지

만, 물질적 가치에 대해서 정신적 가치를 위에 놓았으며 인간미가 있었던, 독창적이고 뿌리 깊은 '문화'를 가진, 그러한 진정한 삶 – 이 어떠했는지에 대해서 배웠죠.

– 아, 슬프네요! 그러한 위대한 자취를 우리 주변에서 볼 수 없으니 말이죠… 과거가 참으로 사라져 버렸네요!

– 사실 그렇고, 또 그게 결과죠!… 정치적, 경제적, 사회적, 철학적 세력들이 모두 다 한 세기 전부터 단결하여 우리 마을들을 개성 없게 만들었고, 우리들 사이에서 가장 뛰어난 창조적인 끼를 웃음거리로 만들었으며, 지방 특유의 모든 시도들을 위한 의욕을 꺾어버렸죠. 너무도 일반적이어서 그 특수성을 잃어버린 그런 광역 사업에 희생시키면서 말입니다.

우리 자신은 이런 싸움으로 요동치는 최근의 모습을 목격했습니다. 우리는 그 생활 수준이 아직 바로 직전의 전쟁(제2차 세계대전) 전야에 있었던 수준에 겨우 필적할 만한 한 마을을 알게 되었습니다. 공통된 것이 매우 적은 마을이기 때문에 그렇습니다. 우리가 특히 집착하고 있는 몇몇 재화와 특혜는 아직 존재하지 않았거나 (있었더라도) 일부 특별히 선택된 사람들 몫이었지만, 반면에 민중들은 우리가 상실해 버린 기쁨과 만족함을 지니곤 했습니다. 확실한 건 그 마을이 모든 것을 고려해 보았을 때 대체로 활기가 전혀 없지도 죽은 것 같지도 않았다는 것입니다. 그러던 것이 너무나 편협한 당신들의 스콜라적인 앎과 삶의 원칙이 족히 합리적이지 않아 보임에도 불구하고 맹위를 떨친 후에 활기를 잃게 된 것입니다.

오늘날 젊은이들이 모일 때 자동 블롯[23] 카드놀이를 위해 카페에 있는 게 아니라면 젊은 여성들을 빼곤 잘 모이지 않아요. 그들은 시끄러

---

23. Belot: 32개 카드로 France, Armenia, Bulgaria, Croatia, Cyprus, Georgia, Greece, Luxembourg, Moldova, 북(北)Macedonia, Bosnia and Herzegovina 등 유럽 국가들에서 하는 카드놀이.

운 노래가 흘러나오는 라디오나 기계식 자동피아노가 없으면 어떤 방법으로 '시간을 보낼지'를 알지 못합니다. 나이 든 여성들도, 자신의 청춘 시절에 정신을 함양했던 전래동화, 놀이, 전통들이 오늘날에는 가치가 없고, 그 가치가 몹시 머리를 어지럽게 하는 잡지의 지면이나 미스터리 영화들의 화면에 있다는 데에 스스로 설득되었습니다.

그런데 옛적에는 저녁 식사 후 몇몇 모임들은 실로 레크리에이션을 즐기는 밤이었다고 할 만합니다. 놀이를 이끄는 놀이꾼들이 있었는데, 그들은 익살(극), 수수께끼 놀이, 이야기(說話), 전설, 애가哀歌 같은 다양한 활동으로, 초대받아 둘러앉은 사람들 모두를 열광시킬 수 있었는가 하면 정신을 넉넉하게 하고 마음을 사로잡았으며, 거기에 저녁 모임에 온 사람들 모두가 참여하곤 했습니다.

무엇보다 이야기꾼들이 있었습니다. 어린이와 어른들을 위해, 말하자면 기본적인 전래동화 – 모든 시대와 모든 나라에 있지만 지역색色을 입은 판타지와 전래동화 –를 전하고 또 되풀이하는 것은 단지 엄마들만이 아니었습니다. "엄지동자", "가르강튀아", "파랑새", "장화 신은 고양이" 같은 것들도 민중의 금박金箔을 입힌 진정한 '전설'이죠. 나이 든 어르신들은 예전에 들었던 이야기들을 우리에게 들려주기 위해 재창조했는데 이야기의 하찮은 부분조차도 잊지 않으셨죠. 젊은 사람들도 역시 전래동화풍으로 청중을 매료시키는 독창적인 이야기들을 대담하게 꾸며냈습니다.

그들은 어떻게 이야기를 꾸며냈을까요? 아마도 그들은 겨울의 태양 아래 겨드랑이에 노끈을 끼고 잎이 달린 채로 잘라낸 가지들로 된 나뭇단을 구하러 떠났던, 아니면 그 어느 때보다도 더 얌전하고 우수에 잠긴 듯한 당나귀를 뒤따라갔던, 어느 하루 동안 이야기를 꾸며내기 위해 한참 돌이켜 생각해 보았을 듯합니다.

자신들을 위해 메모를 할 필요는 전혀 없더랬죠. 기역(a), 니은(b)도 모르는 까막눈이었기 때문입니다. 그러나 그들은 당신이 오늘날 놀랍다고 여길 만큼 풍부하고 정확한 기억력으로 도움을 받았었죠. 그들은 이야기를 해나가면서 그 흐름에 따라 적극적으로 꾸며댔죠. 청중들 자신이 보이는 반응들 - 빛나거나 거친 시선, 큰 불안이나 두려움이 드러나는 얼굴, 운을 떼기도 전에 터지는 고함들, 눈물이나 웃음의 카타르시스 -에 따라 자신이 하는 이야기의 미스터리나 찬란함에 대해 판단하면서 말이죠. 그들은 자신들의 몸매나 목소리를 꾸며 효과를 노리는 태도를 신중하게 구사하는 기술, 교묘하게 불러일으킨 호기심을 찔끔찔끔 충족시키는 기술, 극적인 상황을 되풀이하고 재미를 더하는 기술을 터득하고 있었댔죠. 그들의 이야기들은 게다가 반복할 때마다 바뀌고, 각색되고, 개선되고, 상황에 따라 늘어나거나 간소해지며 진행되곤 했습니다.

이야기란 당신들 책의 겨우 한두 쪽만을 차지하거나 당신들 신문의 귀퉁이에나 끼워놓았을 법한 자잘한 진짜 이야기들을 실제로 염두에 둔 것입니다. 그들의 이야기는 그들에게는 때로는 실화 소설이곤 했죠. 푸짐한 땔나무 장작과 그 비축분이 있는 동안에는 때로는 두세 시간 이어지기도 하고 때로는 다음 날 저녁으로 계속 이어지곤 했습니다.

- 그러니 음유시인들 같았네요! 그 주제들 자체는 의심할 바 없이 프랑스 전역에 떠도는 큰 사조의 울림 바로 그것이었던 거죠. 그것들은 오늘날의 '허튼 소식'처럼 놀랍게도 동시에 떠돌았으며 그 바탕은 비슷비슷하나 그 형태는 지역에 따라 각양각색이었죠.

- 사람들은 결코 정확하게 알고 있지 않았던 거죠. 이야기꾼의 재능과 독창성, 이 레크리에이션을 지배하는 조건들과 상황들에 따라 그 깊이가 달라지는 상호침투가 의심할 바 없이 일어나곤 했던 거죠. 분명 어떤 경우라도, 어쨌든 우리 고장에 별난 그리고 우리네 사람들에게 별난 이야기들의 길이(分量)가 분명히 있었던 것인데, 제가 그것을 입증할 증거를 어떻든지 가지고 있지 못한 것이 아쉽습니다.

- 그 이야기꾼들은 남달리 참으로 재능이 있고 머리가 좋은 개인들

이었을 것입니다. 다른 시대였다면 그들은 엘리트의 일원이었겠죠…

− 우리 눈에는 그들이 무척 특별한 가치를 지닌 사람들로 보이는데, 그 이유는 나날의 삶 속에서 그들이 자신들과 같은 시대의 사람들과 전혀 구분되지 않았다는 점 때문입니다. 만약 당신이, 그들이 굳은살 박인 손가락으로 땅을 갈고 괭이질하고 또 다지는 모습을 보았다면, 그리고 거추장스럽게 힘에 부치는 짚 더미의 무게에 눌려 애처롭게 구부정하게 걷는 그들과 마주친다면, 당신은 그들 중에 그처럼 명석한 눈의 이야기꾼들 − 저녁 모임에 온 사람들 모두의 마음을 사로잡고 매혹시킬 수 있었던 이야기꾼들 − 이 있었으리라고는 꿈에도 생각하지 못했을 것입니다.

이 시대의 − 민중들에게는 당신들의 형식적인 교육적 시도들에 선행했던 그 시대를 뜻하는 − 특징은, 전통을 토대로 삼은 개개인들의 창조적인 능력과 그들의 엄청난 기억력이었던 거죠.

창조적인 능력! 그들은 제가 앞서 당신에게 이야기했던 제 조카딸과 정반대였던 것입니다. 그 아이는 그러한 신통한 능력의 불씨가 자신에게서 사라졌기 때문에 오직 따라서 하고 흉내 낼 수밖에는 없었습니다. 정말로 그들은 삶을 살면서 창조했더랬지요. 과일나무가 과일을 맺듯 말이죠. 매년 가을마다 전년도의 과일과 확실히 비슷해 보이지만 그 개별성 속에서 독특한 열매를 맺었죠. 우리를 위해 매년 가을이면 새로 과일을 맺어 풍요의 신비를 되풀이하여 나타내면서 말입니다.

제가 확언합니다만 바로 그것이 가지고 간직해야 할 좋은 습관입니다. 저 또한 이야기들을 꾸며대는 데에 사로잡혔던 어릴 적 기억이 납니다. 일종의 도취 같았던 거죠. 어린양들을 보살피면서 제 생각으로 제 일화의 줄거리를 구성해 보곤 했는데, 처음에는 아마도 진부했겠지만, 제가 숨 쉬는 공기와 다리의 아치 밑에서 정적을 깨는 물의 노랫소리와 어린 염소들의 생기발랄한 울음소리가 필연적으로 그 일화의 형식 속에 배어들었던 거죠. 저녁이면 제게 간청했던 친구들 앞에서, 저는 제게 대담함과 능란한 언변(能辯)을 주는 희열감에 고무되는 것을 느끼곤 했습니다. 매사에, 아시다시피, 가져야 하는 습관이 있는 거죠. 제가 그런 방향으로 계속할 수 있었더라면, 저 또한 아마 이야기꾼이 되었을지도 모르죠…

기억력!

당신 같은 교사들을 위해 교육학에서는 이 주제에 관해 많은 논리를 세웠고 길게 써 왔던 것 같습니다. 또 제가 알기로는 당신들 모두는 학생들의 기억력이 나쁘다고 불평하고, 그래서 기억력을 불러일으키고, 붙들어 매고, 발달시키기 위한 기발한 훈련들을 고안해 냅니다. 큰 성과도 없이 말이죠!…

제 생각을 말씀드리자면, 우리 시대 인간의 기억력이 감퇴된 것은 그 기억력을 배가시키려고, 보충하려고, 도우려고 우리 문명이 사용했던 모든 그리고 다양한 수단들 때문에 그렇게 된 것이라 생각합니다. 당신은 연필을 가지고, 생각이나 짧은 메모 거리나 기억을 (써서) 종이에 기록해 놓는데, 머릿속에서 확실하고도 믿을 수 있는 피난저장소를 잘 찾아낸 셈이죠. 그리고 그것이 지금 기억력의 감퇴요 배반이 된 셈입니다. 문필가는 지면 위에 자신의 변화무쌍하고 미묘한 아이디어들을 투사합니다. 그러나 그것들이 기호들로 구체화되자마자, 그 아이디어들은 표출되고 고착하면서 그에게서 분리되는 인간의 일부처럼 됩니다. 그리고 실제로 문필가는 (출판 등) 전파를 위해서가 아니라면 더는 거기에 신경을 쓰지 않습니다. 그의 기억력은 이렇게 방출되지만, 그의 정신 또한 그것으로 풍요로워지는 것을 그만두는 것입니다. 문필가가 불변하는 기호들의 중개로 다른 사람들에게 제공하는 것, 그것은 그 개성으로서는 상실인 것입니다.

그 이야기꾼에게는, 그 지표들이 여전히 그에게 남아 있으니 창조력은 겨우 선잠에 들어있지만 깨어날 수 있고, 새로운 이해력으로 옮겨갈 수 있게 살아있습니다. 새로워진 상상(력)의 불씨들을 꽃피어 오르게 할 수 있고, 변형되었지만 아마도 완벽에 가깝게 된 것(이야기)이 새 청중들에게 제공되도록 말입니다.

바로 거기에 기억력의 정상적인 형태a forme normale de la mémoire가 있고, 그것이 바로 경이로운 인간 유기체의 아주 정교한 한 단면입니다.

- 그렇지만 문자 기록은 이론의 여지 없이 문명의 본질적인 동력이었습니다. 그 증거는 잘 아시다시피 다음과 같습니다. 일자무식 이야기꾼들의 천재적인 능변 가운데 오늘날 우리에게 남아있는 건 없습니다. 모든 것이 세대와 세대를 넘어 끊임없이 재건되어야 했고, 진정한 인간 과학des vraies sciences humaines은, 그 세대들을 뛰어넘는 메아리(의 되울림)처럼 인간의 매우 제한된 기억력을 연장할 수 없었습니다.

- 저는 누구보다도 먼저, 제가 묘사했던 이 시대에 우리 이야기꾼들의 실연實演들을 양피지나 종이에 옮겨놓을 수 있는 필경사가 없었던 점을 아쉬워합니다. 그러나 그 필경사의 일과 예술적이고 창조적이며 복잡한 창작자 자신의 임무는 여전히 구별해야 합니다. 왜냐하면 우리가 그 이후로 유감스럽게도 게다가 불가피하게도, 두 기능 – 읽기lecture와 글쓰기 – 이 뒤섞이는 것을 목격했기 때문입니다. 이 둘은 우리가 앞서 지적 산물이라고 부를 수 있을 만한 것을 확실히 용이하게 했습니다만, 그러나 그것은 집중력을 희생시키고, 지속적인 갈고닦음(切磋琢磨)을 희생시키고, 또한 인간다움의 풍성한 숨결처럼 남아있는 걸작의 모든 생기 있는 활력을 희생시키면서였죠.

어느 현자는 세치 혀(舌)가 가장 좋은 것이면서도 가장 나쁜 것이라고 말했습니다.[24] 이 의견은, 아이디어와 앎을 붙들어두고, 보관하고, 전달하는 현대 기술들, 즉, 책, 잡지, 영화, 라디오와 관련되기에 훨씬 더 적절하며, 여기에 대해서는 당신에게 말씀드릴 기회가 훨씬 자주 있을 것입니다. 잘 아시다시피 저는 새로운 것들에 반대하여 그 편을 드는

---

24. 탈무드에는 "혀가 좋으면 그보다 더 좋은 것이 없고, 또 나쁘면 그보다 더 나쁜 것이 없다"라는 말이 나온다.

것이 아니며, 단지 사람들이 그것들을 잘못 쓰는 것에 반대합니다. 요컨대 그런 기술들은 인간 손의 완성이 아니고 오히려 그 연장이 아닐까요? 모든 선한 것과 (불행을) 자초하고 겪는 사람들에게 위안을 가져오는 그런 축복받은 손들이 있고, 또 그리스도의 잠언에 의하면 사람들이 손목을 자르게 되는 저주받은 손들이 있습니다.[25]

만약 어린이가, 만약 청소년이, 만약 어른이 앎과 정신의 진보를 위해 그 수단들을 인간적으로 바람직하게 활용하는 데에 습관을 들이지 않고 단련시키지 않는다면, 만약 그들이 자기 손의 그러한 기계적인 연장에 맞서 경계하지 않는다면, 그리고 만약 악화惡貨가 양화良貨를 구축驅逐한다면(최악이 최선을 멸하게 된다면), 우리는 과학이 우리에게 그 활용법을 가르쳐 주지 않은 채 쓸 준비만 되어 있는 그런 가능성을 엄청 경계해야만 하지 않을까요? 마치 필수불가결한 사용 설명서 없이 사람들이 쓰게 되는 다루기가 까다롭고 위험한 그러한 기계들처럼 말입니다.

－ 당신 말이 전적으로 옳습니다. 따라서 우리는 우리 학교에서 양식에 기초해 우리 아이들을 지도하려고 애를 씁니다. 그러나 우리는 그들 일생의 운명에 유일한 선생도 결정적인 선생도 결코 아닙니다.

－ 그건 당신만 잘못을 범한 유일한 사람이 아니라는 핑계를 대며 스스로 무죄를 변호하는 너무 순진한 수법인 것 같습니다.

제가 아마 잘못했을 순 있겠지만, 제가 소홀히 돌보는 습관이 있다거나 제 행동들로부터 있을 수 있는 그 어떤 결과들로부터 손을 위선적으로 씻는 습관이 들어있지는 않습니다.

돈만 보고 일하는 삯일꾼은 － 모든 양심을 상실하고, 자신의 행동으로 우주의 위대한 변화 질서를 깨뜨린다면 － 그가 뿌린 씨가 어떻게 될 것인지는 걱정도 않고 씨를 뿌릴 수 있겠지요. 그러나 우리들 농부들은요, 그러한 씨를 땅에 내맡길 때, 그 씨가 쓸모없이 허비되는 것을, 나

---

25. 신약성서 마태복음 18: 8, 마가복음 9: 43.

쁜 잡초들에 뒤덮이는 것을, 그리고 익기도 전에 과일을 빼앗아 가는 것을 용납할 수는 없을 것입니다. 그건 자연에 반하는 짓입니다. 마치 우리 자신의 신체가 실제로 타박상을 입은 데에 고통을 주는 것처럼 말입니다.

뭐가 생길지도 모르면서 씨를 뿌릴 권리가 당신 같은 교사들에게는 더는 없습니다. 그 손들, 동시에 모든 손을 연장하는 기술들의 근원에 있는 손들, 그리고 그 기술들을 이상화하는 정신을 부질없이 사용하고 이따금씩 불건전하거나 부도덕하게 사용하는 것에 익숙하도록 할 권리가 당신네들에게는 없습니다. 당신이 책임을 맡은 존재인 아이들의 감수성이 극히 예민하기 때문에 학교에서의 모든 몸짓, 모든 행동, 모든 인도는 이례적으로 중요해집니다. 정말 중요한 것은, 유행과 이론의 입맛에 따라 무분별하게 나아가는 것, 그리고 나서는 당신의 개입 결과에 핑계를 대거나 무익한 설교와 필요 이상의 제재로 그 결과들을 고치려 시도하는 것, 그런 것들이 아닙니다. 가을에 너무 이르게 싹트기 시작한 그 이삭들이 겨울 추위로 필연적으로 시들어 죽게 될 것을 걱정하지 않고, 8월에 밀을 파종한 사람에게 우리는 뭐라고 말해야 하나요? 아니면 땅이 이미 그 생기를 다 써버린 5월에야 파종한 사람에게는 뭐라고 말해야 하나요? 계곡의 습기가 필요한 나무와 뿌리를 얕게 내리는 종자들을 건조한 곳에 심은 사람에게, 그리고 서리조차도 적이 되는 크고 곧은 나무를 강 가까이에 심은 사람에게는 뭐라고 말해야 하나요? 그러고 나서 그가 '신'을, 자연환경의 여러 요소를, 종자나 묘목들을, 그것들을 땅에 심은 사람들을, 심을 때 아무 말 없이 그냥 지켜보기만 했던 사람들을 원망하기만 한다면 그것을 당신은 '됐다'라고 하시겠습니까?

사람들은 그에게 오직 어떤 더 큰 논리, 자연의 일반 법칙에 더 겸손한 고분고분한 태도, 삶의 기본 방향을 조언하겠지요.

— 아! 안타깝게도, 마티유 씨, 당신의 엄정한 논리의 정당성이 증명

되네요. 다만 우리 가르침에 대한 반응들은, 당신이 말씀하신 잘못이나 잘못된 운영에 대한 자연의 반응들보다 확실히 더 복잡하여, 세상에서 가장 훌륭한 신념을 가진다 해도 우리들은 잘 알아차리기가 어렵습니다. 시들어버리는 그런 묘목의 운명에 대해, 무분별하게 자라는 또 다른 것들에 대해, 아니면 여물기도 전에 말라붙고 너무 일찍 떨어지는 그런 과일들에 대해 우리가 성찰하게 하려면, 우리를 길가에서 멈춰 세우는 현자 한 사람만 있었어도 아마 충분했겠지요. 그러면 우리는 행동의 결과들을 더 맑은 정신으로 판단하는 법을 배우게 되겠지요… 또 진정한 사유들이 빛을 발하여, 맑은 날 참으로 환한 그 빛으로, 밤을 그리고 잘못에 익숙해졌던 사람들을 개선하듯 비추어주겠지요…

그래서 우리가 그렇게 높이 존경을 표하며 마티유 씨, 당신의 말을 경청하는 것이지요. 그 말이 우리를 힐책하고, 상처를 줄 때조차도 말이죠… 의심 없이 그래야지요…

15
농부-시인

> 과거의 목소리에 귀를 기울이고, 그것이 주는 가르침에 깊이 젖어들라.
> 그리고 환영과 환상을 경계하면서 신중하게 나아가라.

마티유는 집으로 막 되돌아가려는 듯 일어서서 광장 쪽으로 몇 걸음을 떼기 시작했다.

– 당신은 우리에게 이야기들에 대해 잘 말씀해 주셨죠.

롱 씨가 마티유를 불러 세웠다.

– 그러나 삶 속에는 이야기들만 있는 건 아니지요…

– 그러면 시 작품을 들어 볼까요?

저는 한 농부 시인을 알고 있죠… 그는 영감을 받은 척도 하지 않고, 그에게는 사색에 적절한 거창한 서재도 전혀 없었습니다. 그는 그 시절에 이미 나이가 꽤 들어 있었지만, 늘 눈에는 불꽃이 이글거리고, 그토록 맛깔스럽고 그토록 호소력이 있는 사투리로, 그가 50년 전에 창작했던 시를 낭송하는 것을 당신도 들어봤어야 했죠… 그가 그 시를 우리에게 낭송하면서 그것을 되살아나게 했다고 저는 장담할 수 있습니다. 그는 마치 그 시들을 재창작하기라도 한 것처럼 다시 살아나게 했습니다. 그 당시 수척한 그의 푹 꺼진 눈에, 우리에게는 어떤 감동적인 웅변 같은 불빛을 준, 향수 어린 순박한 분위기로, 그 시 속에서 젊음의 분위기를 갑절로 하면서 말입니다.

그는 자신이 어떻게 시를 창작했었는지 우리에게 말하는 걸 좋아했습니다.

그가 아침에 팔에 바구니를 들고 집을 나섰을 때, 태양이 산꼭대기를 후광처럼 비추다가 이내 알아차리지 못하게 계곡의 나무들을 사로잡았습니다. 공기는 상쾌했고 촉촉했으며… 새들은 지저귀고 있었고, 그 시인은 그것들과 똑같이 하고 싶은 어쩔 수 없는 욕구에 사로잡히는 것을 느끼곤 했습니다. 그는 그 뜨거운 우정, 그 친밀한 귀속감을 휘파람으로 불어댔는데, 그의 안에 있는 가장 좋은 것을 내쉬는 것 같았고, 그리고는 좀 머뭇거리는 듯했지만, 이내 요란하게 말문을 터뜨렸지요. 태어나는 청아한 음악에 천천히 스스로를 맞추어가면서… 그건 마치 길에서 위로 올라오는 습한 향내, 그의 황소를 깨우는 농부의 외침, 불에 탄 가시덤불에서 퍼져나가는 냄새, 그 앞에서 규칙적으로 몸을 흔드는 나귀, 이것들 모두가 자신의 정신 속에서 서로 결합되고, 조화를 이루게 되는 것 같았습니다. 지금 보석 같은 시에 그 형식과 그 마지막을 완결하기 위해서, 그것도 영원히 말이죠!

그는 바로 그런 시인이었죠…

다른 사람들은 노래꾼이었고 그들의 노래를 창작했습니다.

오늘날 사람들은 파리에서 건너온 노래들과 기계적인 유행처럼 부과된 후렴구만을 여기서 되읊을 뿐입니다. 당신은 그게 한 시대의 징표라고 제게 말합니다. 거리를 단축하고, 장벽을 낮추고, 국민을 가깝게 하는 과학의 영향력 아래 모든 것이 개성을 잃은 시대의 징표라고 말이죠. 이론상으로는 그렇죠. 실제로는요, 거기서 저는, 무엇보다도 더는 생각하지 않고, 반복하고, 모방하고, 다른 사람과 비슷해지려는 경향이, 그리고 어떤 초인적인 존엄의 번득임 같은 그러한 숭고한 창조력을 점점 더 무시하는 경향이 위험스럽게 일반화되는 것을 봅니다.

당신은 우리 마을의 다른 시대(이 글이 쓰인 20세기가 아닌 19세기) 사람들이 작곡했던 그런 노래들(샹송)chansons 가운데 어느 것이라도 결코 들어 보지 못하셨죠? 그것은 지방을 노래하듯이 알리는 것, 즉 신문과 같았던 거죠. 노래의 매 절마다 그 고장에 친숙한 리듬이 들어있고 때로는 꾸밈없고 감동적으로 고양된 가사로 감상적인 것도 있고요. 그렇지 않으면 전쟁터에 여러 해 동안 남아있어서 자신이 살던 집으로 되돌아오는 길조차 더는 기억하지 못하는 병사들의 향수를 이야기하는 노래들도 있습니다.

우리는 그렇게 지나가 버린 것에 대해서도 눈물을 흘릴 수 있지요.

그러면 놀이는요?

그에 대한 추억조차 현대의 기분 전환용 오락들 앞에서 자취를 감춰버린, 그런 모든 전통적인 놀이가 있었더랬죠. 그러나 다행히도 독실한 과거의 애호가들이 몇몇 책들에 모아두고 기록해 두었습니다. 이 분야에서도 이야기와 노래처럼 창조가 그 몫을 하곤 했지요. 특히 속담과 수수께끼가 세대에서 세대로 전해져왔는데, 그렇게 전해져오면서 민중들 가운데 가장 뛰어난 이들의 정신적 영향에 젖어들었던 거죠.

– 당신이 감격스럽게 상기시키는 것처럼, 이러한 창작자나 과거의 활력에 관한 것들이 실재했었다는 그런 점을 저는 의심하지 않습니다. 그렇지만 그것으로 한 시대의 낙인烙印이기도 한 비참, 잘못, (반계몽주의적) 무지몽매를 지워버릴 순 없겠지요.

– 다시 한번 말하지만, 저는 과거를 광신적이고 편파적으로 옹호하려 드는 게 전혀 아닙니다. 저는 모든 것을 고려해 볼 때, 그때가 심지어 우리 시절보다 삶이 더 능률적이었고 더 용납될 만했다고 주장하려는 것도 아닙니다. 비참과 무지몽매에 관한 한 모든 것은 상대적이죠. 그래서 우리는 족히 창피한 부분을 참아내며 우리 조상들의 사회적이고, 인간적인 노력을 덜 엄격하게 판단하게 됩니다. 저는 그러한 과거 속에서 모든 것이 다 나쁘지는 않았다는 점과, 행복과 이상을 집요하게 추구한 나머지 초래되는 갖가지 투쟁의 후유증으로 모든 것을 등한시하거나 내버리지는 말아야 한다는 점을 단지 강조하고 싶은 것입니다. 그리고 과학, 철학, 교육으로부터 그 강력하고 결정적인 밑동과 뿌리를 끊어내고자 한다면 길을 잘못 들어서게 할 위험이 매우 크다는 점도

강조하고 싶습니다. 마치 우화 속 토끼[26]처럼, 부모의 가르침을 무시하면서 맹목적인 무모함으로 삶에 뛰어들고 퇴짜 맞거나 기진맥진하게 되는 그런 어린애들처럼 말입니다.

진보 - 개인적·도덕적·사회적인 진정한 진보로, 단지 물질적이고 기술적인 피상적 진보가 아닌 진정한 진보 - 는 오늘날에도 유행에 뒤지지 않습니다. 사람들은 우리에 앞서 우리 못지않은 혹은 아마도 더 많은 충실, 헌신, 공평, 천재성을 가지고 그것을 찾아 나섰습니다. 그들은 누구도, 한참 더 낮은 데에서 시작하여 우리 시대에 도달했다고 우쭐대며 내세우는 앎의 광채光彩에까지 늘 오를 수는 없었죠. 그렇다고 해서 그들의 공이 보잘것없다는 말은 아닙니다. 그들은 확실히 우리가 오늘날 체험하고 있는 몇몇 진리의 실마리들을 발견했고, 미래의 길을 위한 정지 작업을 시작했던 것입니다. 그들이 거기에 적용했던 과정이 완전히 효율성이 없었던 건 아니라고 믿어야 합니다. 그들에게도 나름대로 불충분한 것들과 위험한 것들이 있었을 것입니다. 그렇다면 우리 시대의 과학에도 나름대로 그런 것들이 없을 것이라 누가 주장할 수 있겠습니까?

과거의 목소리를 들어야 합니다. 다가올 과제들을 위해 과거의 가르침들에 깊이 젖어들고, 환영과 환상을 경계하면서 신중히 나아가야 합니다. 제가 보기에 거기에 탐구자들과 우리 자신을 위한 합리적인 행동 노선이 있습니다.

여전히 정신 나간 기준이 있겠죠. 급할 건 아무것도 없습니다. 그렇지 않습니까? 우리는 머지않아 우리의 성찰을 계속할 것입니다.

---

26. "고양이, 족제비, 그리고 작은 토끼"(Ⅶ권, xv) Le Chat, la Balette et le Petit Lapin(Livre VII, 15). 이솝 이야기의 토끼가 아닌 것은 확실하나, 라퐁텐La Fontaine 의 토끼 이야기 중 어느 것을 말하고 있는지는 확실치가 않다. 아마도 토끼가 어리석 게 집을 떠나 족제비에게 집을 빼앗기게 되는 이야기로 보인다. (영역자 주)

16
스콜라식 형식주의 교육의 위험들

어떤 것도 스콜라식 형식주의 교육[27]만큼
교사들을 꾀는 것도 없고, 그것만큼 역시 위험한 것도 없다.
그것은 나무를 그 뿌리들로부터 잘라버리고, 그 기르는 땅으로부터
떼어놓는다. 우리는 그 수액樹液을 되찾아야만 한다.

눈부신 오월의 오후였다. 계곡과 마을 어귀에는 사과나무와 배나무가 거대한 축제의 꽃다발처럼 서 있었고, 초원의 풀잎은 온통 반짝이는 별들로 얼룩졌으며, 화려한 백합 몇 송이가 정원 울타리 너머로 원추꼴 고개를 쏙 내밀었다.

짙푸른 평야에 놓인 바위는 덥수룩한 황금빛 털로 옷을 입고 있었다. 털가시나무의 청록빛을 더 짙푸르게 만드는 것은 금작화가 만들어낸 사치스러운 장관이었다.

열광의 시기이다! 하지만 안타깝게도 언제나 그들의 감동에는 이해타산과 삶에서 근심의 잿빛 그림자가 섞여버린다. 진실되고 소박한 아름다움을 더는 누릴 줄 모르는 어른들 때문에 말이다. 오직 아이들만이 봄의 이런 기적에 전적으로 동참한다. 아이들은 비옥한 풀숲 한쪽에서 무성하게 자라나는 히아신스와 수선화를 찾아 흠뻑 젖어 있는 숲속의 빈터를 뛰어다니느라 신발은 진창이 된 채로 학교에 다다른다. 어떤 여학생은 바람에 꺾인 복숭아 나뭇가지를 통째로 들고 와서 살려놓는다. 남학생들은 불룩한 호주머니를 조심스레 받치고 있는데, 거기에는

---

27. la scolastique: 스콜라식 형식주의 교육 형태는 학습자를 수동적 존재로 간주하며, 엄격한 통제하에 이루어지는 지식 주입 및 훈련을 특징으로 한다. 그에 대한 반발은 19세기 말엽부터 20세기 초엽에 걸쳐 활발하게 전개된 개혁교육운동과 또 이후 그 맥을 타고 전개된 다양한 교육운동들의 공통점이다.

수다쟁이 여학생들의 헤벌린 입을 막기 위해 색종이 조각 대신 그들이 머리에 쓰는 금작화가 담겨 있고…

그렇다고 롱 부부는 이 열광에 무감각하지 않았다. 그들은 낭랑하게 풍겨오는 봄기운을 가르며 걷고 싶은 욕구를, 새로운 잡초들이 조금씩 영토를 침범하고 있는 오솔길과 마지막 바이올렛이 숨어 있는 뒤덮인 덤불 옆 오솔길을 따라가고 싶은 욕구를, 동틀 무렵의 꿀벌처럼 분주하고 활력이 넘치는 사람들과 온통 섞여버리고 싶은 욕구를 느꼈다. 자연은 그들에게 눈부신 마술 꽃다발 – 계절의 변화에서 인위적으로 떨어져 삶을 지속하고 있는 존재 그 자체에는 아무런 영향을 미치지 않으면서도 그들의 주방과 거실을 잠시 채워 즐겁게 해주는 그런 마술 꽃다발 – 같았다.

마티유에게, 또한 흙과 함께 사는 모든 사람에게도 이것은 보다 은밀하고, 보다 심오한 어떤 것이었다. 남정네들은 바이올렛 꽃다발을 만들거나 희귀한 꽃을 손에 넣으려고 발걸음을 멈추지는 않겠지만, 봄을 몸으로 겪는다. 수액이 차오르는 것을 느낀다. 터지는 꽃망울, 어린나무에서 돋아나는 새순, 오두막에서 뛰어내리는 새끼 고양이들, 이런 것들이 그의 삶에 섞이고, 그의 사유 과정의 일부가 된다. 이것들은 그를 만들어내는 생성 요소들이다. 그저 지나가는 도시 사람이라면 마티유가 봄의 마술에 무감각하다고 생각할 것이다. 왜냐하면 그는 이 풍요로움의 어떤 한 부분도 집으로 가져가지 않기 때문이다. 그는 다만 그 자리에서 강렬하게 향유할 뿐이다.

게다가 모든 것은 일 때문에 날이 갈수록 커져가는 근심과, 감수성과 향유의 기쁨을 감소시키는 과도한 피로와 뒤섞여버린다.

마티유는 봄을 느낀다. 롱 부부는 그를 보면서 그를 이해하고, 롱 부부 역시 조금씩 자투리나마 그것을 향유하고자 한다. 바로 그런 까닭에 퇴비를 나르는 마티유와 동행하면서 메종-비에유Maisons-Vieilles로 올라가는 길을 따라 자주 감탄사를 터뜨리며 똥거름 여행길에 나선 것이다. 짐을 실은 나귀는 초원의 호사스러움과 금작화의 자극적인 강렬함에 아쉬움을 느끼며 그저 터벅터벅 걷고 있다.

– 자 보세요, 롱 씨! 이 모든 자연을. 어제는 거칠고 거슬렸지만 오늘은 찬란한 이 자연은 우리에게 돌이킬 수 없는 흔적을 남기지요. 우리 감정과 생각들조차, 우리 가축들의 이 느린 리듬에, 생명의 이 영원히 되풀이되는 새로운 시작에, 나고 자라서 꽃을 피우고 열매를 맺고는 말라버리는 식물들이 보여주는 광경에, 머리 위에 우리가 이고 사는 하늘의 그 무한함에 젖어 그 영향을 받게 됩니다.

다른 사람들은 다른 영향들을 받는데, 그것들은 좀처럼 우호적이지 않지만 그럼에도 흔적을 남기지 않는 것은 아닙니다. 우리는 엄연히 어떤 환경 속에서 태어납니다. 그리고 아주 어린 시절에 습관을 형성하게 되는데 그렇게 각인된 것들은 결코 지워지지 않지요. 우리를 형성한 물질적, 지적, 도덕적, 기술적인 삶의 양태들, 가정과 마을에서 – 도시 변두리의 밝은 집에서, 서민들의 오두막이나 사방으로 뻗친 광부들의 연립주택에서 형성한 – 이 삶의 방식들은, 앞으로 우리가 나아갈 길의 방향에 매우 결정적인 것이 되어버려 거기로부터 빠져나오기란 거의 불가능할 정도입니다. 이런 현실은, 자기들이 원하는 대로 육체와 영혼을 반죽하려 드는 사람들에게는 거북한 것입니다. 그것은 의심의 여지가 없습니다. 이 점에서 그들은, 자신의 쇠를 달구고 다시 달구고 두드리면서 제련하는 대장장이가 그 엄청난 숙련도와 과학과 노력에도 불구하고 화로에서 꺼낼 때 쇠붙이에 비치는 붉고 밝은 아름다운 색채 – 하지만 전혀 본래가 아닌 색채 –를 금속에 담기게 할 수 없다는 사실에 놀라는 것과 매한가지입니다.

더 빨리 새로운 것을 만들려는 바람으로, 거만하고 자의적인 도식에 따라 더 많은 행동의 자유를 얻고자 하는 바람으로, 교사들은 나무를 그 뿌리로부터 무턱대고 잘라내고자 했습니다. 정치인들의 입맛에 맞게 이파리의 색깔이나 모양, 꽃의 화려함과 그 과실을 바꾸려는 요량으로 말입니다. 하지만 그 결과 나무는 쇠약해지고, 사람들을 도취시켰던 모든 황홀한 약속도 더불어 시들어가며, 열매는 맛이 없거나 쪼글쪼글하고 괴상하게 일그러져 발육부전이 될 뿐입니다. 어머니의 젖과 같이 아래로부터 생기를 공급하는 수액이 부족하다면, 겉모양을 보살피는 것만으로는 균형을 되찾아줄 수 없는 법입니다.

이것이 바로 오늘날 학교가 실현하려 했던 정신 나간 짓거리입니다. 사람들은, 별 탈 없고 또 득이 된다며 아이를 자신의 가정과 환경에서, 그를 둘러싸고 있는 전통과 그가 딛고 있는 고향에서, 그에게 자양분을 준 생각과 사랑에서, 그의 소중한 경험이 되었던 일이나 놀이에서 떼어놓을 수 있다고 믿었습니다. 그 아이를 학교에, 즉 합리적이고 형식적이며 냉정한, 과학이 신전으로 삼으려 드는 그 학교라는 매우 다른 환경에 억지로 밀어 넣으려고 말입니다.

가장 큰 파국이 아마도 여기에 있을텐데, 당신은 의심조차 않죠! 근본적인 잘못으로서, 당신들에게만 고유한 실천들을 자극하고 또 필요하다고 믿게 만드는데, 그것이 제대로 작동하지 않는 위험한 것들임을 나중에서야 깨닫고 놀라게 됩니다.

당신의 학생들은 어둡고 더럽지만 따뜻하고 생기 있는 부엌을 이제막 벗어났습니다. 주름이 깊게 패고 딱딱해진 그들의 신발은 마을 자갈길의 작품입니다. 거기에는 아침에 송아지에게 우유를 주었던 외양간 냄새가 배어 있죠. 옷에서는 지푸라기와 곰팡이 슬은 장작 냄새가 납니다. 우물 앞을 지나가면서 충동적이고 변덕스러운 새끼 나귀를 살포시 끌어안았기 때문이에요. 그 새끼 나귀는 물 마실 곳을 찾아 다른 짐승들을 따라왔죠. 교실 문턱을 넘기 직전에 아이들은 들판으로 떠나는 양 떼를 향해 부러움과 아쉬움이 가득한 마지막 눈길을 보냅니다. 점심 끼니가 든 바랑을 둘러매고 지팡이를 짚고 걷는 목동을 따라갔더라면 하는 마음이 엄청 간절했을 거예요.

교실 문이 닫히고, 지도와 도표들로 둘러싸인 박식한 벽 안에서 당신은 그 아이들에게 낯선 아니, 무관심한 도덕을 설교합니다. 또한, 아이들이 열광하는 것과는 십 리나 될 만큼 한참 거리가 먼 읽을거리를 주고 읽으라고 강요하지요. 그들에게 교훈을 주려고 하지만, 당신도 잘 느끼다시피 이 교훈들은 기억하기도 어렵고 감동이나 영향을 주지도 못합니다.

혹시 학생들을 산만하게 하는 주제들이 뭔지 알아보셨는지요? 그리도 많은 것들의 근본적인 의미를 파악해 보고자 하신 적 있나요? 수탉의 울음소리, 자갈길을 터벅터벅 걸어가는 나귀의 발자국, 우물가 쇠막대에 걸려있는 바가지의 마찰음, 또는 그저 단순하게 태양을 지나가며 갑작스레 교실을 어두컴컴하게 하는 구름 한 조각, 이것들은 당신이 꾸며내고자 하는 어색한 매력을 망치기에 충분하죠… 학교에 더 이상 수액이 돌지 않는다면 당신이 애쓴다고 해도 당신이 얻을 수 있는 것은 발육장애로 오그라든 열매들뿐이죠… 당신은 이야기들을 아름답게 꾸밀 수 있겠죠. 포장을 해서 가장 달콤하고 감미로운 목소리로 그 이야기들을 들려주고, 장난감이나 이미지(그림 따위의), 노래, 영화로 아이들의 흥미를 독점하려고 하겠지만, 만약 수액을 되찾지 못한다면 그런 수고는 쓸데없겠죠! 수액은 교육과학la science pédagogique에서 나오지 않습니다. 수액은 어둡고 낡은 부엌에서, 자갈투성이의 길에서, 새로 태어난 망아지의 반들거리는 머리에서, 외양간을 나오면서 깡충거리는 양떼에게서 나와 순환합니다.

– 마티유 씨, 당신은 정말 너무 과격하고 너무 엄격하세요… 장담컨대, 우리 아이들은 기쁜 마음으로 학교에 오고 또 즐겁게 공부하고…

– 겉보기에는 그렇죠! 주목해야 할 점은, 제가 당신들의 능력이나 헌신도, 당신들의 노력 – 때로는 당신들 뜻에 거슬려 당신들에게 강요된 교육제도와 규칙을 교정하려는, 그리고 스콜라식 형식주의 교육의 관습들과 책들이 강요하는 것을 교정하려는 노력 – 도 과소평가하지 않는다는 점입니다. 그렇다고 이런 식으로 착각을 일으키는 것은 당신

들이나 우리 모두를 만족시키지 못합니다. 그러니까 볼멘소리와 상호 몰이해로 쓸데없이 서로를 소진하지 말고 생명의 본질적인 맥들에 닿을 때까지 더 깊이 파고들고자 노력해야 합니다. 그 맥들에 합류하게 되면 학교도 자연히 되살아나게 될 것입니다.

당신도 저처럼 이런 정도로 느끼시나요? 지금의 가장 좋은 상황에도 불구하고 학생들은 뿌리가 뽑히고, 최상의 수액을 빼앗긴 관목에게, 오직 자연만이 그 비밀을 쥐고 있는 역동성과 생명력을 밖에서 제공하려고 당신이 얼마나 소진해 있는지 느끼시나요?

하지만 우리는 그 수액을 되찾을 수 있습니다.

저는 이미 당신께 제 관점에서 오늘날의 학문을 과거의 전통과 현재의 교과수업들과 연결해야 할 필요성에 대해서 말씀드렸습니다. 제가 보기에 교과들은 그렇게 해야만 논리성을 갖게 되고, 합리적이고, 생동감 있게 살아나게 될 겁니다. 마찬가지로 학교의 교수방법론적 교육도 이 보편적인 문화와 결합해야 합니다. 이 문화를 통해서 환경은 육체와 영혼에 영원히 각인되지요. 이 결합은 인위적으로 되는 것이 아니라, 아주 긴밀히 그리고 아주 자연스럽게 이루어져서 하나가 다른 하나의 정상적인 연속이자 보완이 되어야 합니다.

주권적인 삶을 고려하지 않고 동떨어진 채 세우려고 하지 마세요. 삶과 함께, 삶 속에서 세워야죠…

들판에서 돌아오면서 학교 아랫길을 따라 올라갈 때면 정원이나 외양간, 길가에서 소란스럽고도 조화로운 소리가 들려오는데, 그건 들으려 하지 않아도 그냥 그대로 들립니다. 기운찬 젊은이 하나가 아버지 도움을 받아 나귀에 짐을 싣고, 한 사내아이는 문지방 위에 서서 여자애들과 말다툼을 벌이고, 두 늙은 아낙네는 양지바른 곳에 앉아 수다를 떠는데 진지할뿐더러 체념한 듯 보이고, 한 어린 여자아이는 염소와 그 새끼들을 몰고 지나갑니다. 이 소리들 가운데 그 어떤 것도 어울리지 않는 것이 없습니다. 그 소리 모두가 평화와 일의 한결같은 분위기에 그들이 동참하고 있음을 느끼게 해줍니다.

오직 당신네 학교만이 이런 평화와 조화를 난폭하게 깨뜨리는데, 제게는 이것이 신성모독un sacrilège처럼 고통스럽죠… 한 아이가 책을 읽습니다. 그런데 문자에 담긴 것을 알기 위해서가 아니라 당신네가 감시하고 판단하는 시험에 복종하기 위해서 읽고 있어요. 이어 교실은 쭈뼛쭈뼛 주저하고 생기 없는 중얼거림으로 채워지는데, 교회의 기도 소리처럼 단조롭게 울리고, 때로 교탁 위를 내리치는 회초리 소리에 중단되기도 하죠…

갑자기, 이 중얼거림의 음색이 바뀌고 활기차고 뒤엉키더니 점차 커집니다. 새로운 피로 물들고 있다고 말해야 할지 모르겠습니다만, 교사가 막 교실을 나갔다고 짐작합니다. 아마도 주방을 둘러보러 갔든지 아니면 시장님과 잠깐 얘기를 나누려 했든지… 바로 그 순간, 학교는 예의 그 학교이길 멈춥니다. 학교는 다시 자신의 리듬과 습관, 소리가 있는 생명의 공간이 되죠… 그러다가 당신이 나타나면 교실의 색깔은 다시 급작스레 바뀌는데, 마치 극장에서 인공조명으로 기쁨이나 슬픔, 삶이나 고뇌, 봄이나 추위 등의 분위기를 마음대로 연출하는 것처럼 말입니다.

압니다, 당신들에게도 변명거리가 부족하지 않고, 때로는 훌륭한 변명거리라는 걸요. 과수 재배자들, 아름답지만 해로운 복숭아를 생산하는 과수 재배자에게도 변명거리는 있습니다, 인간적인 핑계이지요. 건전하고 가치 있는 진보는 인간의 나약함을 기반으로 해서는 결코 이루어질 수 없습니다. 먼저 삶을 보다 잘 이해하기 위한 길을 발견하고, 나아가 그 삶이 활짝 피어나도록 돕기 위한 새로운 이유들을 발견하고 또 자극해야 합니다.

자신의 철학과 가르침을 합리화하면서 '학교'는 언젠가 '교회'를 대체하기 위해 '교회'를 넘어선 척합니다. 하지만 당신들은 당신들이 '교회'처럼 나아가고 있다는 것을 고려하지 않고 있습니다. 아이들이 '학교'를 면전에 두고 교회에 들어갈 때와 똑같이 반응한다는 것, 그리고 당신네 (학교)에서 당신들의 목소리가 일요일 예배당에서처럼 울리고 웅얼댄다는 것은 전혀 우연이 아닙니다.

이렇게 확인된 사실은 보시다시피 당신이 생각하는 것보다 훨씬 심각합니다. 진짜 이유를 찾아내는 것, 잘못을 고치기 위해 그 잘못을 헤아리는 것은 여러분의 몫입니다.

– 직업적인 습관!… 그건 움직이지 않고 항상 유순하지도 않은 아이들 앞에서 말하는 습관, 심지어 아이들이 열정을 느끼지 못하는 교과목을 가르쳐야 할 필요입니다!

– 마치 신부의 설교하는 습관처럼 말이죠… 동의할 수밖에 없네요…

만약 집안의 아버지가 자기 아이들에게 소에 쟁기를 어떻게 매는지 혹은 손잡이를 잡고 있는 손끝을 어떻게 섬세하게 움직여야 고랑을 똑바로 깊게 팔 수 있는지 말로만 설명한다면, 천편일률적인 목소리로 설교하는 것과 매한가지일 겁니다. 하지만 그 아버지는 본능적으로 이러한 설교의 공허함을 알죠. 그래서 그는 밭으로 간 다음 거기서 바로 일에 착수하면서, 명쾌하고도 말없이 감동적인 수업을 합니다. 어린 소치기가 자기 앞에 펼쳐진 밭고랑에 완전히 몰두하여 소를 자극해야 한다는 것조차 잊어버릴 정도로… 그리고 아버지는 그 자리에서 밭을 갈기 시작하는 아들을 경건하게 바라봅니다. 마치 하나의 상징처럼…

– 학교 수업과 교회 설교에 대한 그런 비판들은 새롭지 않죠… 이미 몇 세기 전에 그렇게 지적한 사람들도 있었으니까요…

– "그리고 그 비판들이 별 소용이 없었다…" 이렇게 말씀하고 싶으신 거죠?

– 그것들을 사람들이 체계적으로 경시하거나 배척했기 때문이 아니죠. 그냥 아주 단순히 말해서 이론과 실천 사이의 거리가 너무 멀기 때문이고 때로는 우리가 거둔 성공이 조금밖에 되지 않더라도 스스로 만족할 줄 알아야 하니까요…

– 그 이유는 바로, 너무나 많은 사람들이 그렇게 우연이나 악한 천재들이 이끄는 대로 세상이 굴러가는 것에 만족했기 때문이기도 합니다. 무엇보다도 교육자들은 다른 사람들보다 더 바로 보는 것에 전념해야 하고, 그다음에는 진리의 어슴푸레한 빛일지라도 그것이 솟아나도록 힘써야만 합니다. 그들의 눈이 이 어슴푸레한 빛에 의해 이끌리게 된다면, 그들이 완전히 성공했다고 할 수는 없어도, 해야 할 일을 훌륭하게 수행하는 것입니다.

– 네, 하지만 실제로 그 빛을 발견했다손 치더라도, 그것을 따라가고 그것을 사용하고 그것을 강화하기란 참 어렵습니다. 그래서 그냥 두고 눈을 돌려버리지요. 다른 사람들처럼 말이죠!…

아, 그거 아시죠, "담의 정초定礎를 보면 석공을 알아본다."[28]고.

– 바로 그겁니다. 하지만 그 석공이 요구되는 능력과 지식을 불완전한 상태로 가지고 있다면, 그의 작업이 진행되는 것을 바라보는 사람들은 때로 그에게 충고하고 비판해 줘야 할 필요가 있습니다.

저는 석공이 아니지만, 당신께 그 벽이 지금 수직과 수평을 잘 잡고 좋은 재료로 세워졌는지, 그것이 골조를 지탱할 수 있는지 아닌지는 말씀드릴 수 있습니다. 훌륭한 석공들이 곧이어 그들의 일을 할 테니까요.

---

28. 프랑스 속담 c'est au pied du mur qu'on voit le maçon. 직역하면 "우리가 석공(石工)을 알아볼 수 있는 곳은 담벼락 아래다."

17
심오한 교육(교양)

현실과 환경의 산물인 심오한 교육(교양)[29]을 찾아서.
과학과 문화가 우리의 인간성을 저버린 진정한 이유들은 무엇일까?

– 자, 여기 이 들판에 퇴비 더미를 내려놓고 나귀를 돌려보내면 혼
자서도 잘 돌아갈 겁니다. 우리는 메종-비에유Maisons-Vieilles 고원으로
올라갑시다…

올라갈수록 산골짜기는 늘 더 넓게 펼쳐졌고 강물의 맑은 띠 주변은
온통 푸르렀다. 마치 방문객들에게 자신의 땅을 자랑하는 주인처럼 바
로 이곳에 아주 먼 옛날 우리 마을이 지어졌지요. 어떤 천재지변이나
어떤 변화로 이 건물들이 버려졌고 면도날로 벤 듯 없어졌는지 모르겠
지만, 오늘날 마을의 그 누구도 그 이유를 설명해줄 수 있는 사람은 없
습니다.

마티유는 모든 것을 살펴보고 주목하고 감탄한다.

– 이 벽면을 보세요! 훌륭한 건축물이었겠지요? 그리고 여전히 벌
어져 있는 이 틈새들은 바위 한가운데에 있는 비밀스러운 지하 감옥으
로 열려있는 것 같지요? 얼마나 훌륭한 감시 장소입니까? 계곡이나 벌
판에 불쑥 나타날 수 있는 적들을 감시하기에 좋은 위치에 자리 잡은
게지요… 시간은, 우리 마을의 이 영웅적인 과거에 대한 기억까지도 지

---

29. 프레네가 여기서 쓰는 culture라는 말은 '땅을 깊이 파는 경작(深耕, culture
profonde)'으로부터 시작해서 학교 교육 등을 포괄하는 현대의 교육과 문화 전반으
로까지 확장되어 있다.

워버렸습니다.

하지만 당신과 당신의 학생들은, 집안의 오래된 몇몇 기록물들에서 적어도 이 과거의 흔적을 되찾고자 애써보지 않았겠어요? 당신은 이곳이, 거만한 도시들을 보다 더 치밀하게 제거하며 역사의 흔적으로 폐허만을 남겨놓는 - 더 끔찍하고 더 흉포하고 더 회복할 수 없는 단계로 계속 나아가고 있는 - 인간들 간의 싸움의, 역사의 축소판 같은 곳이라고 생각하지 않나요?… 세상은 진보한다고들 말합니다만, 이는 굽이굽이 우회한 후 결국 매한가지로 실망스러운 무無에 이르는 것과 같지 않을까요?

- 맞아요, 롱 씨가 인정했다. 우리 교사들이 우리 마을의 과거 삶에 대해 더 잘 알았더라면, 우리 학생들을 위해 그들의 선조先祖 전사, 양치기, 농부, 건축가, 모험가 세대들을 오늘에 되살려놓을 수 있었더라면, 많은 사물들이 밝혀지고 당신이 권하는 환경과의 연결고리들은 틀림없이 근본으로부터 강화되었겠지요.

그러나 그렇지 못하므로 우리는 할 수 있는 한 최대한의 이해력과 지성으로 책들을-그중 몇몇은 진정 걸작이라는 것은 인정해야죠-이용해서 가르칩니다.

- "우리들은 '가르칩니다'!"라고 하시네요, 그거죠!…

모든 것은 지식교육instruction이 무엇을 의미하는지에 달려있습니다. 만약 그것이 형식적이고 차가운 원칙을 주입하는 과학, 정치적이고 당파적인 목적만을 위한 역사의 기초, 장마당의 마술 속임수 같은 추상적인 계산 같은 학문을 흉내 내는 것이라면, 저는 학교가 실제로 그 방법을 완벽하게 할 줄 안다고 인정합니다. 하지만 죄송하게도 제가 정말 알고 싶은 것은, 학교에서 습득한 것이 아이가 사회에 진출할 때 얼마나 도움이 되는지, 사건을 더 잘 이해하여 더 잘 대처하고, 발생하는 어려움에 활기차고 건강하게 대응하고, 일을 더 즐거워하고, 삶 자체에서 노력에 빛을 밝혀줄 수 있는 교육(교양)과 철학을 스스로 형성하는 데 얼마나 도움이 되는가 하는 것입니다.

저는 불행히도 이 부분에서 당신네 학교가 아직 기억, 니은, 디귿 (ABC)에도 이르지 못했다고 생각해요… 학교는, 파종에 늦은 농부가 간신히 땅을 긁어 씨앗을 심고는 이웃의 밭처럼 자신의 농지가 수확을 약속하는 촉촉하고 기름진 빛깔을 띠게 하려는 거만한 농부와도 같았습니다. 그러나 자연을 속일 수는 없습니다. '성숙'은 순간적인 환상에 불과한, 이 성급하고 피상적인 경작을 뒤죽박죽으로 만들고 처벌할 겁니다. 안타깝게도 화禍가 없지 않죠!

부모들에게는, 학교가 생기기 전, 아예 학교가 없었을 때, 적어도 경험을 통해 자식들에게 직접 삶을 위한 기초적인 준비를 챙겨주곤 했던 '학교'가 삶을 위한 준비를 맡고 있고, 아이들을 보다 풍부하고 강하게 하며, 고결하게 씨 뿌리는 일을 맡고 있다고 믿도록 애썼습니다. 여러분이 애쓰는 것들에 제가 전혀 만족하지 못하는 몇몇 이유가 있습니다.

"뭐든 주니 아무려면 없는 것보다는 낫죠!"라고 말씀하시겠죠. 민중을 위한 학교l'école populaire가 생기기 전에는 마치 삶에 이르는 입문도, 훈련도, 준비도 없었거나 했던 것처럼 말이죠.

물론, 단지 들판의 땅껍질만 긁어놓고, 돌보는 일을 후딱 해치우니 임무는 재빠르게 끝난 듯 보입니다. 하지만 우리에게 익숙한 것은요, 우리 방식은요, 고랑을 제대로 파는 것이죠. 우리가 바라기는, 우리 아이들을 위해서도 또한, 겉으로는 덜 번쩍거리겠지만 조금 더 이렇게 '깊이 가는 것(深耕)'이고, 그것이야말로 통통하고 알찬 생명력이 넘쳐흐르는 밀로 곳간을 가득 채워주게 되는 것입니다.

지난 세대 사람들은 여러분이 양성하는 사람들보다 분명 덜 배웠지만, 그들은 그들 주변을 살펴보는 데에, 나날과 계절에 따른 자연과 그 변화를 관찰하는 데에, 정상적이거나 우연한 사건들을 반추하는 데에 논란의 여지 없이 더 익숙해 있었습니다. 제가 말씀드리려는 것은 단지 학교가 사라져야 한다거나 전통의 경험주의로 돌아가자는 말이 결코 아닙니다. 우리는 보다 잘 고안된 도구들, 토지에 대한 세심하고 지적인 조사, 그리고 열 배나 증가한 힘, 이런 것들을 가지고 우리의 밭에서 '깊이 가는 것'뿐 아니라 파종도 실속 있고 넓게 하는 식의 작업을 신속하게 한꺼번에 할 수가 있습니다. 이것이 진정한 진보이고, 늘 보다 효율적이길 원했던 인간의 노력이 취해야 할 필연적인 행동 노선입니다.

봄에 우리네 '나이 드신 분'들 중 한 분을 따라 수액이 차오르는 들판을 가로질러 가 보세요. 당신은 그분이 막 움트는 싹 앞에서 발걸음을 멈추고 경건하게 서 있는 모습을 보실 텐데요, 색깔이 우러나는 싹에서 연하고 얇은 껍질 밖에는 아무것도 분간하지 못하는 그곳에서 말입니다. 그분은 당신에게 "여기에 사과가 열릴 것이고! … 이 배나무는 올해 열매를 맺지 않을 것이고! … 만약 날씨가 호되게 굴지 않는다면, 우린 이 체리들을 먹게 될 것이고!"라고 말씀하실 겁니다.

당신은 금작화와 회양목 사이로 난 꼬불꼬불한 오솔길로 들어서는데, 길을 내는 수고를 좀 하셔야 하는 곳이지요. 하지만 여러분들에게 거추장스러운 이 얽히고설킨 오솔길의 모양새 너머로 그분은요, 대지의 신비로운 생명력에 동참하시며 "저기 토끼 한 마리가 가네! 이 구석을 잘 살펴보면 토끼 굴을 발견할 수 있을 거요. 여기 오소리가 땅을 긁어 놓았네! 여우의 배설물들이 있네!"라고 하시겠죠…

그분은 하늘로 눈을 들어들어 새들의 비행을 좇다가, 공기를 들이마시고는 말씀하십니다. "당분간 날이 좋을 거요. 서둘러 씨를 뿌려야 한다오!"

그때야 당신은 이분이 놀라운 (과학적) 지식science을 가지고 있음을 이해하게 될 것입니다. 그가 하는 일의 본질적인 요소들뿐 아니라 그 자신을 둘러싸고 있는 환경의 복잡하고 묵직한, 삶의 모든 것에 대한 지식도 말입니다. 심오한 교육(교양)이지요!

헌데 이것은 직관적·주관적·감각적이며 살아있는 앎인데, 그것은 형식적인 학문들의 배아가 퍼질수록 사라져가는 것으로, 그 형식적인 학문들은 정신에 아첨하고 정신에 힘의 환상을 주기는 하지만, 삶에 그리고 일에 필요한 것들과 조화를 이루며 거기에 통합될 줄은 모르죠. 사람들은 광활한 대지의 공간을 그 표면만 긁어 씨 뿌린 것을 덮을 뿐이지요…

— "그런 편견을 가지고 보면, 일리가 있죠, 의심할 바 없이"라는 마티유의 조리 있는 말에 흔들려, 롱 씨는 인정했다. 우리가 어쩌면 틀리기도 하겠지만, 우리는 당신보다 더 고차원에서 문제를 고려하지요. 우리는, 당신이 이른바 '물질적' 환경이라고 말하는 것에 국한하여 – 농부를 과실수와 밀밭 사이에 두고, 노동자를 작업실이나 공장 안에 두고서 – 인간을 사유하지 않습니다. 이 모든 것은 도제 제도의 문제로 이건 다음에 다루지요. 지금으로서, '학교'는 그 아이가 그를 맞이하는 사회 안에서, 인간으로서 그리고 시민으로서 자신이 하도록 운명 지워진 것을 당당하게 보다 훌륭하게 다 할 수 있도록, 우선 아이의 정신을 튼튼하게 갖추고, 그의 가슴을 따뜻하게 해주어야 할 것입니다.

— 아주 잘 알았습니다. 바로 이 결정에 제가 이의를 제기하는 것이죠… 자, 이렇습니다. 여러분은 아이들을 가정에서, 들판에서, 그들이 젖어 있는 친밀한 곳으로부터 떼어 내어 데리고 와서는, 차가운 방(교실) 안에 가두지요. 그곳에서 당신네는 철학적이고 추상적인 개념들을 아마도 완전하게 다룰 수 있다는 교사들의 가르침les enseignements에 따라 그들을 양성하는 척합니다만, 분명 잘못된 길로 들어선 것이죠. 아이의 형성이란 정신(des esprits, 머리)만이 아니라 근육(muscle, 몸)과 심장(cœur, 가슴)도 포함하는 것이어야하기 때문이죠. 이 구축자構築者, constructeur의 역할, 우리가 헤아리기 어려운, 그 불가막측한 상상력은 차치하고라도 말이죠.

이것은 마치 잘 꾸민 새장으로 옮겨놓기 위해 어린 새를 너무 일찍 그 둥지에서 꺼내는 것과 같습니다. 새들은 이 새장 안에서 풍족하지만 너무 농축된 모이를 먹게 됩니다만, 완전히 삼킬 수도, 소화할 수도 없죠… 또한 어린 새들이 이미 흉내 내기 시작했던 어미의 익숙한 지저귐도 더는 들을 수 없고, 마음을 판단력에, 몸을 대담성에 신비스럽게 열어주는 (어미새의) 그 끊임없는 배려도 더는 얻지 못합니다.

더욱 확신컨대 사람들이 새를 둥지에서 떼어놓는 것은 이상주의 때문도 박애주의 때문도 아니죠. 또 새를 새장에 넣는 것은 새들의 유익을 위해서가 아니라 그것을 빼앗은 자들의 물질적 이익이나 정신적 안정을 위해서입니다.

저는 통치자들이 '인간적'인 척하는 조치들initiatives로 밀어붙이는 진정한 이유에 대해 매우 회의적입니다. 아이가 가정에서 충분히 교육받지 못했다거나, 사람으로서 하도록 운명 지워져 있는 것에 충분히 준비되지 않았다고 가정들을 하기 때문에, 그래서 학교를 짓고 교사에게 옷을 입히고 월급을 주는 것이 아닙니다. 우리가 이 따위 설명들을 해야 한다면, 그것은 순진한 이상주의자들의 몫이지요. 진실, 일의 기술들des techniques de travail이 갈수록 복잡해져서 대중la masse du peuple에게 특별(직업)교육과 최소한의 입문교육initiation과 지식교육instruction이 필요하게 되었다는 거죠. 사람들에게 전혀 자연스럽지 않은 삶의 행동거지actes나 삶의 방식modes에 맞도록 사람을 순응시키는 데에 필수 불가결한 '형성'《formation》과 길들이기dressage의 측면은 차치하고라도 말이죠. 새들이 둥지에서 지저귀고요… 이 지저귐들이 중요합니다! 운명적으로 정해진 것이 힘들게 굴고 못된 계모같이 굴죠… 사회는 새로운 지식들을 구하고 강요하며, 오랜 습관들을 고통스럽게 바꾸고 희생하기를 요구하고 강요하죠…

하지만 모리배나 장사치들 부류의 인간들은 어디서나 언제나 똑같습니다. 만약 말馬에 대해서 이야기한다면, 그들은 솔직하게 말합니다. "말은 초원에서 뛰어다니게 습관이 되어 있소. 지금 보시오, 날쌔고 튼튼하죠. 이놈은 우리에게 뭔가를 가져다주어야만 하오. 나는 말들의 변덕대로 먹이지는 않을 거요… 자, 길들입시다… 녀석에게 말굴레(재갈과 고삐)를 씌우고 녀석이 안장과 박차를 받아들이도록 가능하면 일찍 훈련합시다!"라고.

그 말馬은 협박이 효과가 있을 때만 그것을 알아차립니다. 말들로는 말馬이 보이는 반응들을 진정시키거나 누그러뜨리는 데에 소용이 없습니다. 거기에는 힘 못지않게 신중함, 부드러움, 능숙함이 있어야 합니다. 조련사는 그것을 잘 알지요…

하지만 사람이라면, 얘기는 달라집니다. 사람들이 재갈·고삐, 안장과 박차를 수용해야만 한다고 설득하는 꾼들을 설득할 수는 있습니다. 제가 수용한다고 했나요? 만약 그렇게 할 수 있다는 것을 안다면, 사람들은 그 짐과 그 제한과 그 수모를 마치 의무나 보상이라도 되는 듯 스스로 청할 것입니다. 그들에게 이렇게들 말하겠죠, 이것은 그들 개개인의 복지를 위한 것이고, 그들을 고양할 것이고, 그들을 지적으로 해방시킬 것이고, 그들의 존엄과 그 가족의 존엄을 위한 것이라고, 또 최악의 상황에서는 그들이 지은 죄들을 속량하고 영생 안에서 누릴 지복의 평안을 위한 것이라고.

이 설득 - 뭔가 마키아벨리적인 설득 - 의 수고를 위해서 사람들은, 기껏해야 본래 협잡꾼의 사기일 뿐인 것을 철학적으로 그럴듯하게 포장해 줄 능력이 있는 인물들과 권력 잡은 자들을 신중하게 동원합니다. 먼저 마술사에게, 점쟁이들에게, 그리고는 종교와 그 사제들에게 호소하고, 나중에는 현학자, 도덕주의자, 철학자들에게도 호소하지요. 어떤 은밀한 협력이, 의식적이든 아니든, 이루어집니다. 가진 자들, 우두머리들, 대가들은 환상을 분배하는 자들에게 자기들 나름대로 듬뿍 지불하는데, 그 분배자들은 노동자들에게 운명을 수용해야만 하는, 복종과 희생의 길로 언제나 먼저 걸어 들어가야 하는 사회적 혹은 종교적 필연성에 대해 - 원하신다면 '논리적으로'란 말을 덧붙이지요 - 설명할 수 있는 능력을 가졌습니다. 심지어 자신들이 만들어낸 은총으로 왕과 신들을 찬양하기도 하지요!

냉혹한 성상파괴iconoclaste이기도 한 설명에 롱 씨는 불편함을 느꼈고 이를 받아들일 수 없었다.

– 아, 아니지요! 과학sciences에, 철학에 그리고 학교에 그 탓을 돌리겠다는 것인데, 다소 의식적으로 속이는 역할의 초보les rudiments만 베푼 것인데도 말이죠. 그 기초 요소들을 학교가 해주고 있는데도 말이죠. 자신의 지적·정신적인 독립을 소중히 여기는 진지한 연구자들이나 현자들, 사상가들 – 교양을 착취하는 이들과 이익을 추구하는 이들의 비인간적인 주장들에 대항해서 기회가 될 때면 스스로 일어설 줄 아는 사람들 – 이 마치 존재하지 않았었고, 아직도 존재하지 않는 것처럼 당신은 말씀하시는군요.

– 하지만 말馬 또한 지금은 자신의 번쩍이는 마구와 주인의 보살핌을 자랑스러워합니다! 그럴 기회가 되면 그놈도 잘 차려진 자신의 여물통을 보호할 줄 알고, 고집스럽게 달리기만 하는, 두렵고, 굶주린 야생 말들을 초원에서 구출해 내는 데에 맞추어 실현된 진보를, 그렇게 할 수만 있었다면 의심할 바 없이 찬양했을 겁니다.

사제司祭는 아마도 완벽하게 진지할 수 있고, 과학자는 자신이 힘들여 성취한 발견들로 인류에 봉사한다고 믿고, 철학자는 인간에 대한 지식을 향하여 늘 보다 더 근본적인 데로 깊이 파고들어가고, 교육자는 인간적이며 사회적인 고양高揚에 근본적으로 유익한 그런 높은 수준의 교육(교양)을 받았고, 그렇게 학습했고, 그에 따라 그 내용(결과)을 나눠주고 있습니다. 그러면서도 그들 서로서로가 속아 넘어갈 수 있으니, 사소한 것에서가 아니라, 말하자면 그들 임무의 초보적 형태에서가 아니라 그 교육의 개념 자체에서, 그 교육의 기원과 지고한 방향에서 그럴 수 있습니다. 그들 스스로 창시자들이자 대가들이라고 믿고 있지만, 그들은 단정적으로 말해서 너무도 자주 국가와 민족을 좌지우지하는 악한 세력에 봉사하는 착취 기계une machine d'exploitation일 뿐입니다.

그래서 말인데요, 만약 말 잘 듣고 복종하던 우매한 대중(愚衆)이 오래된 혹은 새로운 신전들의 문턱에서 결정을 못 내린 채 자주 자문하더라도 놀랄 일은 아닙니다. 희생자(말)들이, 마구가 채워진 말처럼 멀리 떨어진 곳에서 바람에 갈퀴를 날리며 광활한 들판을 가로질러 달려가는 그들의 동족(야생말들)에 대해 무의식적인 향수를 갖는다고 할지라도 놀랄 일은 아닙니다. 사람들이 언제나 자신을 옭아매려고 하는 문화와 문명[30]을 불신할지라도, 그리고 그들이 때로 엘리트들의 힐책에도 불구하고 새로운 길들로의, 아니면 좋았던 옛 시절의 관행들로의 단순한 회귀 가능성들을 알아내려고 애쓴다 할지라도 놀랄 일은 아닙니다.

　－ 바로 거기에서 당신은 우리가 감당할 수 없는 무언가를 시작하시는군요…

　－ 저는 그와는 반대로 지극히 단순한 것에 대해 말하고 있습니다. 그리고 제 생각에 이것들은 이해하려고 하는 사람들에게 잘 이해될 만한 것들입니다. 모든 유익들도 분명히 있겠지만, 그러나 순응주의의 위험을 내포한 하나의 사고방식만을 고집스럽게 집착하지 않는 사람들에게라면 말입니다. 우리들은, 그리고 특히 당신 같은 교육자들은, 낱말들과 개념들 그리고 제도들의 환상 아래 숨겨지고 왜곡된 사물들의 진면목을 되찾아내야만 합니다. 세상을 움직이는 것은 이것들(낱말, 개념, 제도)이 아닙니다. 진보를 이끌고 북돋는 것은 학교도 아니고 대학이나 아카데미조차도 아닙니다. 그것들은 진보를 위해 일하지만, 좋은 만큼 나쁘게도 합니다. 아니, 오히려 진보를 추종하지요. 인간의 저속한 본능에 아첨하면서, 과학자들도 사상가들도 더는 이를 제어할 수 없다고 했었던 모든 사회적인, 때로는 정신적인 움직임의 길을 터놓았던 사악한 천재들도 있었습니다. 이런저런 방향으로 사람들을 움직이게 할 수 있

---

30. civilisation은 인류가 이룩한 물질적·기술적·사회 구조적인 발전된 세련된 삶의 양태를 뜻하며, 물질적 측면에 강조점이 놓이는 데에 비해, culture는 일반적으로 한 사회의 주요한 행동 양식이나 상징 체계를 말하며 정신적 측면을 강조한다.

는 천재적인 직관 같은 것을 가지고 있는 위대한 정치인들의 영향력을 특히 분명히 알아야만 합니다. 이들 정치인들의 영향력은 커질 것입니다. 그들은 (과학적) 학문la science과 교육(교양)la culture을 자신들의 임무에 써먹는 법을 알고 있었습니다.

이 모든 일에서 당신은 책임자라기보다는 희생자라는 것을 저는 알고 있습니다. 하지만 이것이 아무것도, 말하자면 자애로운 사상의, 사심 없는 연구의, 자신의 성공과 어렴풋이 느끼는 희망을 매우 자랑스러워하는 합리적인 이성의, 그 잔인한 운명을 바꾸지는 못합니다. 그뿐만 아니라 개개인이 그들 속에 담고 있는 자애로운 인간성을 찬양하는 종교 – 하지만 사람들이 더는 선도 악도 구별하지 못하도록 매우 잘 위장한 나쁜 권력에 의해 길들여 복종하도록 그 목적이 바뀌어 버린 종교 – 의 그 잔인한 운명도 바꾸지 못합니다. 가장 진심 어린 선善의 몸짓까지도 무색해지는 현기증 나는 혼돈에 사람들은 놀라게 될 것입니다.

이것을 제 방식으로 당신께 설명해 드립니다. 저는 거창하게 과장된 말들les grands mots과 힘든 논쟁을 하고 있는 중인데요, 여러분이 추상적이라고 하는 그 사유들이 제게는 전혀 익숙하지 않아서죠…

헌데 괜찮으시다면 이제 돌아가십시다. 가축들에게 먹이를 줘야 하거든요. 게다가 돌아가는 길은 모든 게 아주 고요해서 오래된 벽들의 깊은 구석들에 관해서 가는 길에 토론하기 편할 정도일 테니까요.

18
기술적 진보가 꼭 인간다운 진보일까?

왜 교육(교양)은 늘 진정한 인간성에 등을 돌릴 수 있는
사회적 진보의 사후*a posteriori* 정당화에 늘 그치는 걸까?
몇몇 드문 천재는 예외로 하고, 그 누가 감히
이 흐름을 거스르며 구원의 길을 보여줄 수 있을까?

– 이쪽 산에 올라가 보신 적이 없으신가요?
– 소풍 갈 때 그런 적이 있죠!
– 언젠가 우리 연로하신 양치기와 함께 그곳에 가 보셨으면 합니다.
날마다 수백 마리의 양들이 허구한 날 끊임없이 지나다녀서 흔적이
난 그 '꼬불꼬불한 길들'을 따라 그 양치기가 때때로 덤불숲 가운데로
자주 빠져들어 가면서도 자신감에 차 있는 것을 보고 놀라실 겁니다.
당신에게는 빠져나올 수 없을 것처럼 보이는 데도 말이죠. 그러나 양치
기는 이 꼬불꼬불한 길들이 어떤 살아있는 것生命 같은 것임을 알고 있
고, 하나의 기원과 하나의 목적지를 가진 그리고 그것이 우리가 가고자
하는 곳으로 인도할 것이라는 확신을 가지고 따라가도 된다는 것도 알
고 있습니다.

그렇지만 때에 따라 양치기와 나무꾼 그리고 라벤더 채집자들은 지
팡이로 치거나, 발로 혹은 가지치기 낫도끼로 헤쳐 가며, 가장 자주 다
니는 꼬불꼬불한 길들을 뒤덮은 가지를 치기도 하고 길을 넓히기도 바
로잡기도 하는 경우도 있죠. 이 길들은 샘물이나 임시로 피할 곳 그리
고 계곡 전체를 굽어볼 수 있도록 툭 튀어나온 곳으로 이끌어 주죠…
이것은 그만해도 일종의 '진보'라는 셈이라고 말씀하시는 거죠. 즉, 낭
떠러지가 있는 곳에 작은 돌담들, 비탈길을 완만히 해주는 엉성한 계단

들이 그것입니다. 그건 사실 우리가 보다 편하게 길을 갈 수 있도록 해줍니다. 예전에는 그 꼬불꼬불한 길들에서는 개들조차 주인의 뒤꿈치만 졸졸 따라갈 수밖에 없었는데, 지금은 쿵쿵대고 주위를 둘러보려고 잠시 멈춰 서거나, 주인을 앞질러 먼저 골짜기로 갈 필요가 있음을 확인하고는 배나 빠르게 앞서 가지요.

그리고 빌라르Villard나 파울Faoul에서 금작화 짐이나 나뭇짐을 나르려고 당나귀를 끌고 가야 했을 때, 사람들은 오솔길을 더욱 넓히고 돌담을 확장해야만 했기 때문에 거추장스러운 잔가지들을 손으로 꺾거나 나뭇짐을 가로막는 나무를 통째로 뽑아내기도 했습니다. 어쨌든 이러한 작업은 여유가 될 때나 필요에 따라 점진적으로progressivement 이루어졌습니다. 예를 들어 한 사람이 잠시 나귀를 세우고 돌담을 다듬어 놓으면, 때마침 연장을 어깨에 메고 가던 다른 사람이 무거운 돌을 옮겨놓아 경사에 굴러가는 것입니다.

자주 이용하여 이 오솔길들이 왕래가 빈번한 길이 되었을 때, 하천이 비로 불어났어도 사람들이 이 길들을 이용할 수 있어야 한다고 느끼게 되었을 때, 냇물을 걸어서 건너가는 것에 사람들이 더는 만족하지 않는다고 판단했을 때, 그들은 이쪽 언덕과 저쪽 언덕 사이에 처음에는 나무로 된 구름다리를, 나중에는 돌로 된 영구적인 다리를 건설했습니다.

수백 년 그리고 수천 년 동안 이 길들은 사람들에게 충분했는데, 기술적 진보le progrès techniques가 마을 간의 관계를 촉진해서, 운송수단에 마차가 사용되었을 때, 그때까지는 말입니다.

왜냐면, 사실, 생활에 꼭 필요한 최소한의 특산품을 운반하는 것은 하찮은 일이 아니었습니다. 그 운송 대열은 한밤중에 떠났는데, 이를테면 젊은이들은 나귀에 건조시킨 제비콩, 렌즈콩이나 호두를 싣고, 여인네들은 팔에 광주리를 들고 아니면 적잖게 머릿짐을 이고 한밤중에 길을 나섰습니다. 해 질 녘에 도회지에 도착하기 위해서 그들은 열다섯 시간 동안 산을 넘어 바위투성이의 오솔길로 계곡을 가로질러 걸어야만 했습니다. 그리고 지금은 상점들로 가득 차 있는 플라스 오 제르 광장Place aux Aires에서 마구간에 나귀를 메어놓고 숙박을 합니다. 다음 날 아침 그들은 자신들이 가져온 물건을 팔고, 몇백 그램의 설탕, 양념, 포도주 두어 병 등 필요한 물품을 구입하는 심부름을 합니다. 그리고 정오가 되면 다시 방향을 거꾸로 돌려 똑같이 험난한 길로 되돌아가는 대열이 다시 발걸음을 뗍니다.

    ─ 실로 상당한 거리였겠네요!

    ─ 우리가 주목해야 할 본질적인 문제는 그게 전혀 아닙니다. 그리고 이 길손들의 운명에 우리가 불쌍한 마음을 가진다는 것은 더더욱 잘못이고요. 그들은 열다섯 시간을 걷고 그리고는 또다시 열다섯 시간을 걸었는데, 도시인의 방전된 몸, 자동차와 기차에 익숙해져 그렇게 애쓸 필요가 없는 다리를 가진 당신에게는 그것이 고통스러운 체험처럼 보일 것입니다. 하지만 산토끼는 달아나기 위해서 아니면 그냥 놀기 위해서 자연스럽고 조화로운 몸의 움직임을 즐기기 위해서 산을 넘어 몇 시간이고 몇 시간이고 뛰어다닙니다. 우리가 이야기하고 있는 길손들도 똑같이 길을 떠나곤 했는데, 발은 민첩하고 몸은 유연해서 차분하게 마을에 도착하자마자 몇 시간 만에 같은 길로 다시 떠날 준비가 되고, 돌아오는 길에는 자랑스러워하고 기뻐하죠.

    ─ 하지만 오늘날의 운송수단 속도와 비교했을 때, 낭비되는 시간은 어쩌지요?

    ─ 왜 시간 낭비라 하시는 거죠?… 만약 그렇게 절약된 시간을 더 나은 일에 쓰기 위해서 수송 시간을 단축하는 것이라면 그렇겠죠!… 하지만 사람들이 정말 그런 의미에서 무언가를 하기는 했던가요?…

    여정 그 자체는 괴로움도 희생도 아니었죠. 사람들은 노래하고 웃고 새로운 나라들을 구경하곤 했죠. 길을 걸으면서 수다를 떨곤 했고, 언제든 농가에 멈춰 서서 낯선 사람들과 이야기를 나눴고, 그들은 새로운 소식을 들려주곤 했습니다. 다른 농장에, 모르던 문화에 익숙해지곤 했

습니다. 그리고 그들이 보았던 것의 아우라에 둘러싸여 마을로 돌아오
곤 했습니다.

아니지요, 이런 방식의 운송 대열들이 억눌려 사라진 것은 당연히
진정한 진보가 아닙니다. 기술적 진보가 꼭 인간다운 진보le progrès
humain는 아닙니다. 하지만 그것은 인간적 진보가 될 수 있고 또 그렇
게 되어야만 합니다. 그런데 왜 늘 그렇게 되지 못했을까요? 이게 바로
제가 설명하려는 것입니다.

그러한 운송방식은, 문명이 요구하는 것들이 다 이루어진 것이라고
사람들이 생각하기에는 못미치는 것이었죠. 그래서 기차가 철길을 곱절
로 달렸고, 전후[31]에는 비행기가 실제로 하늘길을 만들어주기도 했지요.

― 그런데 그건 우리의 주제에서 좀 떨어진 이야기인 것 같아 보이는
데요, 제게는…

― 만약 당신이 튼튼하고 제대로 된 담을 쌓고자 한다면, 당신은 기
초를 놓기 위해 넓게 흙을 파고, 때때로 마주치는 암석을 피하려고 엄
청나게 긴 구덩이를 파거나 혹은 덮어버리거나 없애는 것을 두려워해서
는 안 될 것입니다. 참을성이 없는 아이들은 종종 "요점이 뭐냐!"고 소
리칩니다. 그들은 강아지를 파묻기에나 충분할 것 같은 작은 구덩이를
서둘러 파고, 몇 개의 벽돌을 던진 후 돌담을 쌓았다고 하면서 자랑스
럽게 "봐라!"고 외칩니다.

토대들을 휩쓸어 가는 비가 쏟아져 내리거나, 배고픈 소가 풀덤불을
듬뿍 물려고 뒷다리로 가장자리를 밟을 때… 비참하게 무너져버리는
벽들도 있습니다. 그런 담을 쌓은 노동자들은, 급박한 사회 속에서 모든
부를 독차지하려고 사람들이 서두르듯이, 얄팍하게 담을 쌓은 것이지
요. 우리로 말할 것 같으면, 우리는 영원토록 버티는 건축에 익숙해져
있습니다. 천 년이 지난 지금도 사람들은 처음보다 더욱 견고해진 그런

---

31. 프레네의 이 책이 1942~1943년에 쓰였으니 제1차 세계대전을 뜻한다.

담들을 발견합니다. 포도 농사를 짓고 밀밭을 일구려고 농부들이 만들어 놓았던 그런 담들이지요.

제 자신도 마찬가지로 견실하고 확고한 토대를 찾고 있습니다. 비록 제가 그것을 발견하기 위해서 그리고 그것들이 유용한 것이 되도록 하기 위해서 먼 우회로를 가야 할지라도 말입니다. 우리는 급하지 않습니다. 그렇지 않나요? 우리가 오늘 다 말하지 못한 것은 내일이나 그다음 날을 위해서 남겨둘 수 있습니다.

그래서 저는 우리가 몰두하고 있는 문제에 대해, 제가 평가하기에는 본질적인 숙고들을 심화시켜줄 만한 그런 비교를 감히 하나 해보았습니다.

자, 우리는 기술적 진보에 대해 말하고 있었지요.

실제로, 자동차, 기차, 비행기 같은 오늘날의 운송수단 그리고 전화, 전보 혹은 라디오같이 장거리를 즉석에 연결해 주는 통신수단은 진보입니다. 그것은 사람들의 개인적, 사회적 삶에 이론의 여지가 없이 확실한 영향을 미치는 진보des progrès입니다.

따라서 생각해 봅시다: 제가 말씀드리는 그 당시에는, 도시에서 떠나온 우편배달부가 몇 주일 내내 지역 전체를 돌아다녔는데요… 그가 가져온 편지들은 정말 드물었죠! 그렇지만 그 우편배달부는 좁고 고립된 우리 마을 밖의 분위기가 어떤지 그 소식을 그만의 생생한 목소리로 전해주곤 했습니다. 그에 비해 오늘날에는 수백, 수천 킬로미터 떨어진 곳에서 일어나는 일의 소식이 우리에게 즉각 닿지요.

인간의 삶에 매우 결정적인 결과들과 같은 그런 사실들을 과소 평가하거나 또는 적어도 무시할 수는 없습니다. 그것들이 전반적인 행동에 끼친 영향이 경우에 따라 긍정적이든 부정적이든 간에, 아무튼 이것들은 비록 일시적인 것일지라도 우리가 고려해야만 하는 현실인 것은 틀림없습니다.

우리가 담벼락의 기초를 놓으려 땅을 팔 때에는 먼저 – 가을 빗물이 땅을 새로 파 놓았거나 뭉쳐놓았던 - 경작 가능한 토양을 잘 골라주어야 합니다. 만약 어떤 급한 상황 때문에 땅이 벌거벗고 죽어있는 시기인 겨울이 아니라 신록의 계절인 봄에 이 담벼락을 세울 수밖에 없다면, 풀과 꽃을 짓밟거나 심지어는 형언할 수 없는 약속인 아름다운 밀 작물을 뿌리째 뽑아야 한다는 것에 우리는 양심의 가책 같은 것을 느끼게 될 것입니다. 그래도 우리는 여전히 견고한 것, 확실한 것, 불멸할 것을 추구해야 합니다. 왜냐하면 우리가 생각하는 것은 '당장의 다음 날뿐만 아니라 미래의 무한'이기 때문입니다. 오직 과거의 단단함(=단단한 땅) 위에 의지하고서야, 용마루 쪽에 그리고 발뿌리 쪽에 조심스럽게 흙을 쌓아 올립니다. 그리고 흙과 함께 뿌리째 뽑혔던 밀이나 귀리 다발을 거기에 옮겨 심습니다. 우리가 쌓은 담과 (땅을 판) 작업이 아름다운 들판에 궤양 같은 검은 얼룩 자국을 만들어내지 않도록, 가능한 한 정도껏 생명을 제자리에 돌려놓고자 합니다.

이와 같이 우리는 형성과 정신의 영역에서, 이미 존재하는 것을 소홀히 하지 않되, 사는 데 꼭 필요한 것이라고 보는 전체적인 조화에 대한 시각을 잃지 않아야 합니다.

저는 근대 과학도, 사이비 진보도, 집요하고 음산한 자국들도 잊지 않고 있습니다. 이것들이 우리 세대에 이미 남긴 흔적들이죠. 하지만 우리는 현재 있는 것들을 출발점으로 삼아 꾸준히 이루려고 시도해야만 합니다. 저는 일부 지식인들처럼 교육(교양)이나 사고, 도덕적 진보 등을 모든 엄청난 물질적·기술적 진보와 별개로 놓고 생각할 수는 없습니다. '학교'는, 삶의 방식은 물론 심지어 인간 반응의 리듬조차도 뒤엎고 있는 이 분명히 어찌할 수 없는 흐름으로부터 피난처가 될 수 없습니다.

오솔길을 넓히고 그다음에는 마찻길을 만든 후 결국에는 자동차가 다닐 수 있도록 도로를 건설해야 했던 것과 마찬가지로, 사람들은 아이의 기술적 지식들을 늘려야 할 이른바 물질적인 필요성을 느꼈습니다.

우리가 홀로였고 이 계곡 안에서 겨우 먹고살았던 동안에는, 전통적이며 경험적인 교육은 시행착오를 겪으면서도 좋든 싫든 우리를 만족시켰고, 우리는 읽기나 쓰기를 배워야 할 필요성조차 느끼지 못했습니다. 하지만 그 관계들이 빈번해지고 모든 것이 그전과는 같지 않게 되었습니다. 학교에 운명 지워진 진보도 물질적, 기술적 진보에 필히 상응했습니다. 점차 보편적이고 공식적인 언어가 되어가고 있었던 프랑스어를 배워야 했고, 읽기와 쓰기를 알아야 했습니다. 새로운 시장들에서 자신의 명예를 지키기 위해서는 빠르고 정확하게 계산하는 법을 알 필요가 있게 되었습니다. 그로부터 한참 후에 사람들은 정치적 단일화의 명목으로 획일적이며 중앙집권화된 프랑스의 관점에서는 너무나 유별났던 우리 마을을 흡수하려고 했습니다. 그들은 우리에게 이 통합을 공고히 하도록 특별히 고안된 '하나의' 역사와 '하나의' 지리를 가르쳤습니다. 그리고 오늘날 인간의 천재성으로부터 나온 새로운 기계와 장치들을 만들고 감시하고 작동시키기 위해 '학교'에서 과학과 물리학 그리고 기계학의 본질적인 개념들의 기초를 아이들에게 가르쳐 주는 것을 기대하게 되었습니다.

이제 우리에게 이렇게들 말합니다: "학교를 창조했고, 읽기·쓰기와 셈하기를 개발했다. 우리는 인간이 더는 무지하지 않고 더 나은 사람이 되도록 하기 위하여 지식교육을 일반화시켰다." 이것은 마치 다음과 같이 말했던 것과 비슷합니다. "우리는 예전에 작은 오솔길이었던 곳을 널찍한 포장도로로 바꾸었다. 그래서 자연과 숲이 더욱 유쾌하고 아름다워졌다." 하지만 이것은 단지 속된 물질적 계산이나 지배에 대한 갈증을 이상주의나 인문주의로 색칠하는 것이 이로운 사람들에 의해 만들어진 부질없는 이유들일 뿐입니다.

― 그렇지만 저는 그렇게까지 멀게 유추할 수 있는 것인지 잘 모르겠습니다. 학교란 모든 사회기관과 마찬가지로 환경의 변화하는 요구에 모름지기 적응해야 합니다. 이러한 적응은 삶의 조건들의 하나로, 심

지어 철학의 영역에서도 관찰되는바, 그것은 테크닉의 일종의 끊임없는 인간화와 삶의 인간화une humanisation de la vie를 우리에게서 바라고 있습니다. 그 진보는 사상가들 가운데에서 그리고 가장 훌륭한 사상가들에 의해서 끊임없이 재조정되어 왔습니다. 그리고 그들 덕분에 물질적인 진전은 어느 정도 지적인 진전이자 도덕적인 진전이며 인간적인 진전이 될 수 있었습니다.

  – 그렇습니다. 다만 제 생각에는 조금 성급하게 진보인 것처럼 치부하시는 것 같은 이러한 물들기의 결과[32]들을 빼고는요. 그렇죠.

  물질적 진전l'évolution matérielle은 사상가들이 무관심하게만은 있을 수 없는 실제 상황들을 만들어냅니다. 따라서 그들로서 취할 수 있는 것은 다음 두 가지 입장뿐입니다. (먼저 첫 번째 입장은) 이러한 변형들의 잘못들과 취약점들이나 위험들을 부단히 고발하며 반응하고, 행동에 옮겨야 할 가장 논리적이고 현실적인 삶의 길을 밝혀주고자 애쓰면서 그 흐름을 거슬러 헤엄쳐 올라가는 것입니다. 그러나 이런 불순응주의 입장은 사람들이 보통은 접할 수 없는 열정과 영웅주의를 요구합니다. 이런 드문 천재적인 개개인들은 천하태평한 현인들(의 마음)을 집요하게 흩뜨려놓고 오만한 자존심에 상처를 주기 때문에 결국 비방당하고 물어뜯기거나 때로는 공공의 적으로 공격받게 됩니다. 그리고 잠시 흔들렸던 대다수 대중은 비굴하게 물 흐르는 대로 되돌아가지요.

  아니면 (두 번째 입장은) 이 사상가들은 미리, 거짓 현실주의자로서, 현실과 편을 들고, 대세가 흘러가는 대로 내버려두면서, 사람들에게 그 방향으로 가는 것이 우리 모두가 가려고 원하는 방향이라고 말합니다. 또한 그 방향은 사람들이 자유롭게 그리고 참된 진보의 노선이라고 모든 지식을 다하여 선택한 것이라고 설명하는 데에 전력을 기울이게 됩니다. 그렇게 해서 언뜻 자유로워 보이고 모든 선험론apriorisme과는 독

---

32. 위에서 색칠한(teinter) 결과로 물든 것을 뜻한다.

립적으로 형성된 듯 보이는 하나의 철학이 탄생하는 것입니다. 하지만 대체로 보아서 그것은 엄청나게 이해타산에 물든 잘못투성이의 기만적인 정당화일 뿐입니다. 권력을 잡은 자들은, 이 철학자들이 그들의 수고스러운 일들을 잘 하도록 그들에게 모든 편의를 제공하는 데에, 그리고 가장 저질스러운 장사꾼의 타산을 관용이라는 옷으로 덧입히는 데에 빈틈이 없습니다.

이런 논법은, 아마도 단순논법이지만, 적어도 왜 제가 짐짓 공식적인 철학적 사유이거나 적어도 현명하다고 '합리적인 것'이라고 간주되고 전수되는 그런 철학적 사유를 전적으로 불신하는지를 설명해 줍니다.

어떤 경우라도 더는 이 교활한 낱말들의 – 이것들은 능란한 담론가들의 필치 아래에서 구사되는, 찬성도 반대도 일률적으로 증명할 수 있다는 속임수지요 – 장난에 저는 말려들지 않을 것입니다. 체제들의 – 그것이 철학적이든 스콜라 형식이든 – 껍질 아래 있는 사물의 살아있는 단순한 진리를 꿰뚫어 보는 데에 서투른 한, 당신들로서는 그저 '따라 하기'만 할 수 있겠지요. 당신 스스로 사고하고 제정신으로 판단할 수는 없을 거고요.

… 이제 마을에 도착했으니 오늘 우리 토론은 여기에서 멈추어야 할 것 같습니다. 다른 날 다시 이야기 나누시지요. 그때까지 오늘 제 허튼소리에 대해서 되새김질하는(反芻) 시간도 가져보시고요. 저로 말하자면, 전 생각이 머리에 떠오르는 대로 그것을 말씀드리는 것을 좋아합니다. 단순하게요. 물론 자주 같은 생각을 되풀이하곤 합니다. 당신이 기대하는 것은 무엇인가요? 수 세기에 걸친 진보에도 불구하고 본질적인 사상들의 수는 우리에게 믿게 했던 것처럼 늘어나지 않았습니다. 우리를 즐겁게 해주고 우리를 길들이고 우리를 써먹으려는 시스템들은, 예, 그렇습니다. 늘어났죠. 매주 새롭게 태어나고 도서관들은 넘쳐흐르고요. 하지만 사유의 참된 원리들과 인간다운 진보progrès humain의 참된 원리들은 오늘날에도 그렇습니다만 두꺼운 책 한 권도 못 이룹니다. 공

자, 붓다, 예수, 모하메드도 그리 해보려고 시도했는데요, 아직도 주석자들은 스승들의 본질적인 가르침들을 본원적 단순함 속에 두지는 못하고 있습니다. 어쨌든 사람들은 그것들을 읽고 그것들을 묵상하면서 오늘날에도 여전히 마음을 평온케 하는 충만감을 느낍니다.

철학적 사유의 무분별하고 혼란스러운 뒤얽힘은 게다가 경제학과 생리학의 깊은 격변과 혼란 중에 일어납니다. 이 뒤얽힘은 큰 잣대로 봤을 때 그 격변과 혼란의 결과입니다. 당신도 아시다시피, 현자들은 신체의 순결함과 삶의 단순함이 건전한 사유의 본원적 요소 같은 것이라고 판단하곤 했습니다.

오늘날 다소 차이는 있겠지만, 엊그제까지도 배들은 희소한 물품들을 나르기 위해 세계의 대양들을 가로질러 다니고, 기차, 자동차, 상업은 우리의 취향에 아부하고, 우리의 배腹를 넘치게 채우고, 우리의 욕구를 타락시킬 정도로 그 서비스를 널리 미치게 했습니다. 그리고 인간답게 살기 위해서 적어도 기계와 상품이 그렇게 과도하게 있어야만 한다고 생각하는 사람들은 많고, 산업화된 생산품의 홍수 속에서 자신에게 본질적인 것이 어떤 것들인지를 더는 분별하지 못하는 사람들도 많습니다. 그들은, 감각이 자연스러운 음식 섭취를 하도록 하는 본능 - 가축화되지 않은 짐승들이 너무도 잘 취사선택[33] 본능 - 을 상실했습니다. 이는 당신이 책과 이론들과 제도들의 홍수에 빠져 자신을 잃어버리는 것과 같습니다. 그것들은 다소간 유해할 수도 있고 어떤 경우에도 단지 부차적인 것들 즉 우리가 필요로 하는 특정 영양을 공급하지 않는 그런 부차적인 것들에 불과하죠.

들판에 나가 제비꽃[34], 참미나리아재비[35], 꽃핀 회양목과 건초더미가

---

33. 감각(le sens)과 본능(l'instinct) 이 둘 사이의 선택작용을 뜻한다.
34. violettes: 보라색, 노란색, 흰색, 파란색, 하늘색, 분홍색의 여러 색깔로 8백여 종의 다양한 여러해살이 풀꽃.
35. clémtatites: 미나리아재빗과에 속하는 갈잎떨기나무. 으아리는 관상용으로 어린잎은 나물, 뿌리는 약(威靈仙)으로 쓰인다.

묘한 향기를 내뿜는 작은 '냇둑'의 언저리에 앉아서, 저는 '바랑'에서 한 덩어리의 빵과 - 당신은 전에 공동화로에서 빵 굽는 저를 본 적이 있으시죠 - 창문 밖에 매어놓고 건조한 염소치즈 한 조각을 꺼냅니다. 그리고 그때 저는 (격식을 차려) 이를테면 주님께, 저에게 눈부신 환경 속에서 제게 필요하고 넉넉한 먹거리를 마련해 주셔서, 수많은 인간의 발명품들이 얼마나 공허한 것인지에 대해 제가 마지못해, 하는 수 없이, 철학적인 사색을 할 수 있게 해주심에 감사를 드립니다.

네, 모든 것이 서로 얽혀 있어서요, 삶의 순결함과 단순함으로 회귀하지 않고서는 사유에서 단순함과 순수함에 이를 수는 없을 겁니다. 당신이 저와 전적으로 같은 의견이기 어렵다는 것을 잘 알고 있습니다. 왜냐하면 당신은 우리의 문명을 반영하는 삶의 한 가지 방식으로부터 당신 자신을 떼어 낼 수 없기 때문입니다. 그 문명은 실제로 그 안에 많은 훌륭한 것들을 내포하고 있지만, 그 끝은 무질서와 예속과 파국인 잘못된 길로 들어섰습니다.

이 상황에 대응하기에 너무 늦은 것은 아마도 아닐 겁니다!

19

지식교육이 늘 사람을
더 좋게 하는 것은 아니다

근대의 마술인 학교 교육과 지식은
까다롭고도 형식화된 입문교육[36]을 전제로 하는데,
정작 인간 형성이나 진정한 교육(교양)과는 별 관련이 없다.

그날은 롱 씨(가 마티유를 방문할) 차례로 몇 달 전 비밀리에 처음 이곳을 방문했던 부인이 그와 동반하였다.

롱 씨는 계단에서 넘어져 손목을 삐었다. 그리고 자연스럽게 마티유와 이제 매우 꾸준히 살갑게 맺어진 사이가 되었기 때문에, 의사를 찾아갈 생각조차도 하지 않았다. 그들 둘 다, 그러기는커녕, 마음을 가라앉히는 깊은 확신으로 서로에게 말하고 있었다.

– "마티유 씨가 해결해 줄 텐데요!"

마티유는 그의 평소 투박한 단순함으로 자신의 친구들을 맞이했는데, 우리가 짐작한 대로 자연스럽고 매우 겸손한 모습 그대로였다.

때마침 그는 등을 문 쪽으로 한 채 자신의 보잘것없는 서고를 채우고 있는 책들을 뒤적이고 있었다. 독서를 하는 것이 아니라 마치 신중하고 사려 깊은 친구에게 말을 나누기라도 하는 듯 자신에게 익숙한 몇몇 구절들을 찾아보는 데 몰두하고 있었다. 거기에는 '복음서들', '성경' 한 권, 공자孔子의 사상들, 붓다의 말씀들, 『그리스도를 본받아』 *Initiation de Jésus-Christ*[37], 그가 매우 높게 평가하는 라므네의 『한 성도

---

36. 프랑스어로는 Initiation, 프레네는 일반인의 접근이 어려웠던 중세 교회 주도의 교육, 근대 시험 위주 교육이 교육의 본질을 왜곡하고 있음을 지적하면서, 교육(éducation), 지식교육(instruction), 견습(apprentissage)과는 구분하여 이 단어를 사용하는데, '입문교육'으로 옮긴다.

의 말씀』les paroles d'un croyant[38], 데카르트, 라블레, 몽테뉴, 특히 감동을 받았던 빅토르 위고의 책 몇 권, 그리고 어떤 방식으로 선택되었는지는 모르지만 어쨌든 마티유의 놀랄 만큼 어느 하나에 얽매이지 않는 취사선택으로 된 몇 권 안 되는 현대 서적들이 들어있었다.

- 아, 오셨군요… 책 속에 코를 박고 있는 저를 놀래주려고 슬그머니 들어오시네요. 이 책들을 보셨으니 이제 제 사상이 과연 독창성이 있는지를, 그리고 교육에 대한 제 혹평의 진지함을 짐작해 보실 수 있는 기회를 얻으셨겠는데요…

그런데 어디 아프세요? 아, 팔이요!… 그래 무슨 일이세요?

그리고 우리가 그에게서 보았던 그 침착함과 그 확신을 가지고 롱 씨의 다친 팔목을 잡고 뼈와 근육을 이리저리 돌려보며 그의 크고 까칠한 손가락으로 오랫동안 만져보면서 말한다…

- 별것 아니군요… 모든 걸 제자리에 되돌려 놓읍시다…

멍든 부위를 부드럽게 해줄 물을 끓이는 동안, 마티유는 책이 산적한 거무튀튀한 선반 위에 자기가 보던 책들을 조용히 정리했다.

- 몇몇 사람들이 정신 속에 간직하고 있는 지혜를 만약 책 속에 담는다면 그 지혜는 책 안에서 잘 살아있을 수 있습니다. 그렇게 담고 있는 책들이 분명히 존재합니다. 모든 지혜라고는 말할 수 없지만, 적어도 지혜의 어렴풋한 빛들이라고 할 수 있습니다. 중요한 것은 그런 책들을 분별하는 방법을 알고, 고르고, 그리고는 읽는 것입니다. 시간을 보내기 위한 심심풀이로, 마음을 즐겁게 하려는 것이 아니라 그 책들을 쓴 사람과 함께 깊이 공감하면서 대화하듯 읽는 것입니다.

저는 물론 자연의 아름다운 열매, 떨어지기 직전 탱글탱글하다 못해

---

37. 토마스 아 켐피스(Thomas à Kempis, 1380~1471, 독일 가톨릭 수도사이며 신비주의자)의 책『그리스도를 본받아』. 유재덕이 라틴어에서 옮긴 역서(브니엘, 2018)가 있다.

38. 라므네(Hughes Felicité Robert de Lamennais, 1782~1854). 1848 혁명에 동정적이었던 정치이론가로 자유사회주의적 가톨릭의 창시자로, 이 책은 교황 Gregory XVI세의 금서 목록에 들어있다. (영역자 주)

쪼글쪼글해진 잘 익은 탐스러운 버찌[39], 그래서 참새도 쪼아 먹고 싶어 하는 그런 과일을 좋아합니다. 하지만 저는 또한 이미 말씀드렸듯이 갓 구운 빵과 반쯤 건조한 치즈도 즐깁니다. 사실 그것들은 이미 산업 생산품이 되었지만, 아직은 착취와 이윤의 퇴폐를 겪지 않고 있습니다. 책의 경우도 마찬가지입니다. 작가들 가운데 – 주로 잘 알려지지 않은 작가들이 – 깊은 단순함 속에 자신의 경험과 자신의 사색의 결실을 담아 놓은 책들이 있습니다. 그것들은 어쨌든 약간 때깔 있고 연마도 했고 실제 말하는 것보다는 덜 직설적입니다. 그런 책들은 인간적입니다. 약간 의심스러운 부분이 있지만 솔직함과 진솔함을 적잖이 담고 있습니다.

그런데 책은 말보다 더 사람을 도취시키는 유혹입니다. 말을 거의 하지 않고 또 자신과 이웃에게 가치 있는 아이디어만을 주도면밀하게 지키며 표현하기는 매우 어렵습니다. 책에서 간결함이란 더욱 미묘한 문제지요. 자, 글을 쓰기 시작하는데요, 처음에는 절박한 요구 없이 자신의 생각을 가다듬기 위해 글을 씁니다. 그러다가 인정받으려고, 남 위에 서려고, 문체의 현란함에 현혹된 사람들을 대가로 자신의 역량을 넘어서 스스로를 추켜올리려고 글을 쓰게 됩니다.

저 스스로 자책하는 것은 아닌지라고 말씀하시겠죠!… 이런 이유로, 제가 말씀드린 것에 대해 오래 숙고해 보지 않고서는 또 제 생각들을 비판하지 않고서는, 제 말을 믿지 마시라고 그리고 무엇보다도 당신 스스로 가실 지름길을 당신 스스로 찾는 일에 몰두하시라고 제가 자극하는 말씀을 드리려고 합니다.

이제 물이 따뜻해졌네요… 여기 손을 담그세요!

그리고 마티유는 먼저 아픈 부위를 쓰다듬고 좀 더 깊이 만지면서 근육과 힘줄을 부드럽게 하기를 다시 시작했다. 그리고 그의 몸짓, 지압, 손목에 주는 움직임 그리고 마지막에는 그의 모든 존재, 그 모든 것

---

39. baie: 다육질의 버찌, 포도, 방울토마토같이 작은 장과(漿果).

이, 놀랄 만큼 정확하게 통증 부위에 점점 더 집중되어가는 것 같았다.

　- 좀 아프실 겁니다만… 잠깐이면 됩니다!…

　마티유가 보다 정밀한 처치를 하자, 롱 씨 얼굴이 고통으로 일그러졌고…

　- 됐습니다… 붕대 좀 감고요… 이틀 후면 말끔해질 겁니다…

　- 감사합니다…

　당신을 방문한 결과로 저로서는 상당히 큰 영향을 받게 되었음을 알아주셨으면 합니다. 이 방문은, 당신이 이미 저를 부분적으로 개종시켰다는 것을 보여주는 증거랍니다! 불과 얼마 전 제 집사람이 치료를 받기 위해 당신을 방문하기 전까지는 - 그 방문은 우리 우정의 출발점이 되었습니다만 - 접골사[40]에게 제 몸을 맡기는 걸 수치스럽게 여겼습니다. 저는 당신의 시술에서 단지 섣부른 경험주의와 주술 같은 것 밖에는 볼 수가 없었던 거죠. 이 분야에서는 오직 과학만이 무언가를 할 수 있다고 생각했었거든요. 그러나 이제는 당신을 이해하게 되었죠. 적어도 이 점에서는 말입니다. 저는 근대적 발견들이라는 것들에 사람들이 부여하는 정확한 신용점수를 보다 현명하게 매길 수 있게 되었고요… 당신이 제게 보여주시는 위험들을 들여다보게 되었죠… 마치 어떤 빛들의 미광微光을 보는 것 같습니다.

　그렇지만 당연히 저의 주요한 관심사인 교육과 관련해서는 당신의 관점 몇 가지는 제가 받아들이기 어렵습니다. 아마도 사실 그렇죠. 당신이 확신하시는 것들과 판단하시는 것들이 제게 있어서는 저 자신의 일부와도 같이 작용하는 참 많은 생각들, 참 많은 습관들, 참 많은 관행들을 뒤틀어놓기 때문일 것입니다. 비록 논리적으로는 저로서도 이것들과 그런 결별의 필요성은 인정하지만서도, 이러한 것들과 결별하자니 아쉬운 것은 어쩔 수 없거든요. 마치 오랫동안 걸쳐왔던 낡은 옷과도

---

40. 의사면허증을 갖지 않은 접골치료사를 뜻한다.

같아서 이 옷과 결별하는 것이 마음에 내키지 않는 것처럼요. 처음에는 나들이옷이었고요, 특별한 이벤트에 대한 생생한 기억들이 배어 있죠. 그 기억이 우리를 끊임없이 감동시키죠. 결국 그 옷은 얼룩 하나하나, 헤진 데 하나하나, 헝겊 조각 하나하나 나름대로의 역사와 결부되어 있는 작업복이 되어버립니다.

— 당신은 스스로에 대해 진지하시고 충실하시네요. 좋습니다. 그것도 덜 본질적인 것은 아니죠. 당신은 틀림없이 제가 느끼고 당신도 누렸으면 하고 바라는 빛의 비춤을 향해서 진지한 진보des progrès serieux를 보이실 것입니다.

— 그러니까 당신은, 우리가 뜻밖의 사건들이나 우연으로 생겨난 그 경제적·기술적 진전l'évolution économique et technique에 우리가 그저 '따라가고 있다'라고 믿고 계신 거죠. 그것이 다 이루어진 후에 우리가 우리 자신과 다음 세대를 설득하려고, 우리들의 아이디어들과 논리들이 세상을 움직이고 이끄는 거대한 흐름에서 비롯된 것이라고, 이 진전을 정당화한다고 믿고 계신 거죠.

다른 이들은 그 빛 혹은 우리가 그 빛이라고 믿는 것을 만들어내고, 우리는 단지 그것을 부추기고 키우고 튼튼하게 할 뿐입니다. 당신은 정신의 운명에 대해 관대하지도, 낙관적이지도 않으시고…

— 이것은 관대하냐, 낙관적이냐의 문제가 아니죠. 있는 그대로 사물을 보는 것이 중요합니다. 한 선지자는 "우리는 천사도 악마도 아니다."[41]라고 말했죠… 그런데 우리는 우리 자신을 천사의 후광으로 둘러싸려고 하는 잘못을 저지릅니다. 그래서 우리를 시험하는 자들은 우리가 억지로 빼앗은 것에서 본능적으로 그 가면을 벗겨내고 우리로부터 멀어집니다. 실망해서 말이죠.

— 하지만, 논란의 여지가 없이 지성知性의 자산에 해당하는 쟁취[42]가

---

41. Pascal Pensées diverses III Fragment no. 31 85. (영역자 주)
42. conquêtes: 쟁취한 것들로 쓰기, 읽기를 들지만 그 밖에도 많다는 것을 시사한다.

있습니다. 예를 들자면, 쓰기와 읽기는 우리가 온 세상에 제공한 최상의 선물로 여전히 남아있지 않습니까?

– 그럴 수 있겠고 그래야만 하겠지요… 하지만 갈 길은 아직 멀지요!

이런, 제가 계속 말을 걸었네요. 통증 때문에 아마도 아니 전혀 이런 토론을 계속하실 생각이 없으셨을 텐데요…

– 그 반대죠!… 왜냐하면 제게는 휴식이 필요한데 여기서 당신 얘기를 듣는 것보다 더 좋은 휴식이 어디 있겠어요?

– 그러시다면야…

…때마침 저는 책들을 뒤적이다가, 아이디어를 짜내고, 시를 쓰고, 멋진 문장을 가다듬는 것을 하는 일[43]로 삼고 있기 때문에, 그들의 책이 세상을 변화시킬 것이라고 짐짓 믿었던 사람들의 자만에 찬 견해들을 조금 전에 접했습니다. 이것이 충분히 자연스러운 감정이란 것은 저도 인정합니다. 칠월의 햇살 아래 황금빛으로 물든 자신의 밀밭을 바라보는 농부도 마찬가지로 자신의 너그러운 일(業)이 인류에 빼어나게 유익한 것이라고 생각합니다. 검은 탄광 갱에서 기진맥진해 올라온 광부는 피로도 크지만, 사회가 정상적으로 돌아가는 데에 자신이 때때로 결정적인 방식으로 돕고 있다는 자연스러운 자부심도 함께 가지고 땅속에서 나옵니다. 그리고 아이들에게 읽기와 쓰기를 가르치고 아이들이 생각을 표현하느라고 고군분투하는 모습을 바라보는 교사는 자신의 사명에 대한 높은 의식을 지키고 있습니다. 우리에게는 이들 중 누구에게든 그 기대를 저버리게 할 권리가 없습니다. 왜냐하면 그들이 모든 것에도 불구하고 자부심을 가질 그럴만한 까닭을 가지고 있기 때문이며, 자연에서 그 보물들과 그 비밀들을 캐내려는 열의에 찬 노동자의 이마에 자리 잡은 이 인류애의 불꽃보다 그렇게 용기를 주고 그렇게 역동케 하는 것은 없기 때문입니다.

---

43. fonction: 기능 외에 업(業). 직무, 직분으로도 새겨진다.

그러나 읽기와 쓰기는 그 자체 원래 결함들이 있어서 이것들이 교육(교양)의 매개자이자 문명의 요소라는 점에 대해서는 의심하게 되는 것이죠… 아! 아시다시피, 어떤 거짓된 신神도 제가 양식良識이라고 생각하는 것의 분명함에 맞설 수 없다는 것을요.

읽기와 쓰기는 수 세기 동안 신神들, 전승의 신들, '유일신', 그때그때의 스승들에 전적으로 봉사해 왔습니다. 보통 사람들에게, 이 기술들은 오랫동안 입문한 자들에게만 허락되었던 주문이나 기도의 경이로운 영역을 여는 신비한 열쇠였던 것입니다. 그 입문 과정initiation이 길면 길수록 보다 더 많은 노력, 고통, 희생을 치러야 했습니다. 읽기와 쓰기는 그 입문의 혜택을 보는 사람뿐 아니라 그 입문의 은총을 받는 척하지 못하고 그 입문을 의심하는 사람과 존경하는 사람들 모두에게 보다 더 가치 있는 것이 되었습니다. 따라서 이 입문을 용이하게 하는 방법을 찾거나 시험해 보는 것은 전혀 문제가 되지 않았습니다. 오히려 문제 삼는다면 난센스입니다. 그리고 착각하시지 말아야 할 점은, 당신의 학교가 해야 할 일이 많다는 점입니다. 이 입문의 어려움에 대한 이러한 믿음에서 벗어나기 위해서, 그리고 교육과 지식교육이 반드시 시련이 아님을 이해하기 위해서 말이죠. 그 시련은 자연스럽게 해야 할 일이고 또 그래야만 합니다. 마치 봄날 아침의 울려 퍼지는 공기를 몸이 기쁘게 들이마시는 것처럼, 또는 어느 산에 오르는 것처럼 말이죠. 그리고 특히 그 산이 가파르고 위험할지라도, 우리는 그 높은 곳에서, 넓고 깊은 장관을 발견하려는 끈질긴 소망을 간직하기 때문에, 그 넓고 깊음에서 우리는 우리 운명을 점치는 잣대를 얻게 되지요. 그리고 인간은 결국 그곳에 오르고, 스스로를 고양하고, 어려움들을 용감하게 이기도록 만들어졌기 때문입니다.

'교회'는 한편 지식교육이나 교육을 시련des épreuves으로 간주하는 경향을 강조하기만 했죠. 고난, 고통과 근심은, 교회에 의하면, 모든 학습과 모든 스콜라식 형성에 있어서는 필요조건들입니다.

우리에게 매우 가까운 시대까지, 즉 제1·2차 세계대전으로 이어지는 사회·문화적 격변으로 끝난 그 시대까지, 그 지식교육은 지식과 지성과 소유와 권력의 문을 여는 열쇠로 남아있었습니다. 그 입문과정 initiation을 성공적으로 따른 사람들이 전반적으로 상위의 사회적 계단 위에 있게 된다는 것은 이론의 여지가 없습니다. 그들이 사회적 위계질서 안에서 자신의 지위나 자신의 출생의 사실에서 특정 권리를 가지게 된 것이건, 그들이 나름의 고유한 가치를 통해서 스스로 모든 면에서 탁월해서 효과적으로 상위에 도달한 것이건, 또는 그들 자신이 가진 지식을 부와 권력을 얻는 데에 능숙하게 사용할 줄 아는 것이건 모두 마찬가지입니다.

늘 그렇듯이, 지식교육을 늘 잘 구사하거나 이용하는 사람이 그 덕택에 모두가 원하는 자리에 오르는 대단한 경우를 보면서, 사람들(民衆)은 다소 차이는 있겠지만 직관적으로 지식교육이 그 자체로 사람을 훌륭하게 만들어주는 것un enrichissement이라는 결론을 내렸습니다. 하지만 그렇지 않죠: 제 생각에 사람들(民)le peuple은 결코 완전히 속지는 않았습니다. 왜냐하면 그러기에는 그들은 현실에 빠져있고, 또 그들의 판단이 결코 전적으로 지적이거나 도덕적이지는 않기 때문입니다. 저는 오히려 가정의 아버지들이 오늘날에도 그러는 것처럼 자기 아이들에게 말했던 것을 생각합니다. 그 말은 "공부해라, 더 나은 사람이 될 테니, 너는 보다 사랑스러운 아들이자 더 충실한 시민이 될 테니."가 아닙니다. 그보다는 있는 그대로 말하자면 "공부해라, 아들아, 너를 '출세한 사람un Monsieur'으로 만들어줄 이 학문 정보로 네 자신을 꽉꽉 채워라. 그게 빵을 벌기 위해 하수구 파는 막노동자로 일하는 것보다 덜 힘들단다."입니다.

오늘날 상황은 더 단순합니다. 그 지식교육은 기술적이며 사회적 필수로 부모들에게 소개됩니다. 하지만 그러면 지식교육이 하는 일이 너무 밋밋한 것이 됩니다. 스콜라식 교육자들, 현실적인 혹은 거짓된 학자들, 몇 주면 들통나는 사상가들은, 지식교육의 형성적 덕목을 부풀려 이것이 진보에 결정적이고 유일한 결정요소라고 믿도록, 이것이 학교가 이루어지는, 그리고 만인이 고양되고 세상이 탈바꿈(變貌)하는 유일한 덕목이라고 사람들이 믿도록 할 지경에 이르게 되었습니다. 마치 자신들의 일을 돋보이게 하려고 기술자들이 "우리는 도로를 건설하고 터널을 뚫고 강 위에 다리를 놓았습니다. 우리는 그렇게 최상의 방식으로 인류애la fraternité와 진보에 봉사하고 있습니다."라고 주장하는 것처럼 말이죠…

이것이 실제 그럴 수 있었는지 살펴봅시다. 지식교육은, 통신망의 지속적인 개선처럼, 이상의 정복을 향한 인간의 의기양양한 전진의 항구적인 요소들이 되어야만 했습니다. 그런데 슬픈 사실은, 그렇지 않았거나 혹은 매우 드물게만 그래왔다는 것이지요. 지식교육이나 기술의 본질 그 자체는 인간의 개선이 아닙니다. 지식교육은 통신망처럼, 전화와 라디오처럼, 그리고 공장을 움직이는 새로운 기계들처럼, 단지 하나의 수단이요, 하나의 도구일 뿐입니다. 모든 것은 그 사용을 주재하는 정신에 달려있고, 그것이 사용되는 목적에 달려 있는 것이지요.

— 어쨌든, 전체적으로 보았을 때 지식교육의 일반화가 인류의 화합을 — 결정적으로 이상화해 보면 — 촉진시키지 않았습니까?

— 그 또한 환상입니다. 하지만 너무 심하게 단언하고 싶지는 않네요. 분명 사회화로의 진전은 있어 왔고, 개인 위에 집단의 지배력 증대 그리고 때때로 모든 개인적인 반응을 무력화시키는 경향을 가진 집단의 맹목적인 횡포조차 또한 있어 왔죠. 이는 시민들citadins이 싫은 내색도 하지 않고 지하철이나 버스에 수동적으로 모여들기 때문이 아닙니다. 그들이 "필경 진보가 있다…"고 '보도지침을 받는' ('지도를 받는') dirigée 신문이 그들에게 제공하는 것을 그들이 수동적으로 읽기 때문이죠… 저는 그 반대로 생각하려는 경향이 있죠.

아니지요, 더 훌륭한 사람이라는 것은 그 사람이 많이 알고 있기 때문은 아닙니다. 그들의 기품 있는 말, 그들의 능숙한 추론, 그들의 능란한 글쓰기, 그들의 현란한 박식博識을 너무나 잘 사용하고 또 남용할 줄 아는 그 사람들을 경계하느라고 우리는 비용을 많이 지불하거나 - 아니 그보다는 강탈당했지요 - 우리는 늘 이런 것들의 피해자였고, 아직도 여전히 피해자입니다.

당신이 원하시는 것이 무엇이든, 어쩌면 제가 틀릴 수 있겠습니다만, 저는요 이 거드름 피우는 지식의 근원보다는, 평생 똑같은 길을 다니면서 똑같은 돌과 부딪치고 똑같은 나뭇가지를 걷어 젖히던 늙은 목동이 한 곳에만 집중하는 것을 선호합니다. 그는 자신이 몰고 가는 짐승에게 말을 거는 것 말고는 거의 말을 하진 않지만, 자신의 본성을 흠 없이 간직하고 있으며 자신의 양식을 명석하게 유지하고 있습니다.

아니지요. 학교 교육l'instruction과 배운 것들(知識)[44]이 더 훌륭하게 만드는 것은 아니죠…

그 지식들이 개개인들 간의 관계에 있어서 어느 정도 겉치레, 우아함을 주긴 하지만 이건 또 다른 문제입니다. 만나고 함께 작업하고 같은 언어로 말하고 같은 노래와 같은 이야기를 안다는 것, 그런 습관은, 말하자면 모서리를 둥글게 하고, 우리가 싫든 좋든 새로운 유형의 인류를 준비시키는 것이고, 이에 대해서는 의심의 여지가 없습니다. 이러한 상호침투로 언젠가는 인간의 운명에 걸맞은 철학을 탄생시킬 수 있으려면, 우리는 삶에 대해 충분히 신뢰해야만 하며, 내내 그렇게 믿어야 하죠, 하지만 우리를 이 바람직한 목적지로 인도하는 길은 멀고도 험하며, 그 길을 벗어나게 하는 위험 요소들은 너무도 분명합니다.

우리의 그 연로하신 목동은 예나 지금이나 그대로죠: 그에게는 자신의 본성을 감추는 습관은 없고 그의 태도에서, 그은 얼굴의 주름에서, 간결하고 무뚝뚝한 그의 동작에서 늘 드러납니다. 만약 무언가에 기분

---

44. connaissances: 20장 제목으로 나오며, '지식'으로 새긴다.

이 상하면 그는 겸손하게 반대 의사를 표현하는데 그것은 오직 침묵을 통해서입니다. 자신의 열정을 제어하지요. 거의 눈에 띄지 않게요. 자신의 개에게 보다 기쁘게 짧은 휘파람을 분다든지, 채찍을 경쾌하게 휘두른다든지, 해가 뜨면서 비치는 첫 햇살에 조금 수선스레 숨을 들이마시는 것 따위지요. 그리고 그는 다른 사람들이 자신을 어떻게 생각할까에 대해서는 개의치 않죠…

당신은 당신 앞에 한 인간, 도덕성, 단순하고 자연스러운 인격, 산전수전을 다 겪은 한 인간을 대면하고 있습니다. 겉치레의 광택은 없죠… 사악한 자는 위선적인 모습 아래 위장의 위험을 마다하지 않습니다.

옛적에 배(梨)를 수확할 때엔, 그것을 보고 만지고 냄새를 맡는 것만으로도 그것이 좋은지 나쁜지, 맛이 별로인지 맛있는지 느꼈습니다. 버릇없이 안쪽으로 파고든 벌레는 먹음직스러운 껍질 위에 '고발자의 눈'un œil accusateur같이 그가 파고들어간 자국을 감출 수 없었습니다. 오늘날 '화학 처리된' 나무에서 해로운 것은 교묘하게 감춰집니다. 당신의 배는 보기에는 흠이 없고 깔끔해 보이지만, 유해하고 미세한 독성을 감추고 있는 것은 그 본성 자체의 안(內部)입니다.

어느 날엔가, 진보가 더는 이런 상업적 위장偽裝에 만족하지 않기를 희망해 봅시다. 그렇게 된다면 지식은 인류를 진정으로 풍요롭게 하는 데에 기여할 것입니다. 완벽해진 통신수단들, 과학적 발명품들, 영화와 라디오가 인류에 기여할 수 있게 될 것처럼 말입니다. 하지만 이 재적응(재조정)은 근본적인 혁명이 되며, 아직도 길고도 어려운 과정이 될 것입니다. 당장은 그런 것에는 아예 등을 돌리는 것이 좋겠다고 생각하게 될 것입니다. 현재 실제로 일어나고 있는 사건들에서 이 사회 발전 과정 안에 심각하게 잘못된 것을 결론짓느라고 대단한 전문가가 될 필요는 없습니다. 무엇이 잘못인지를 정의하고 그 해결 방안들을 찾아야만 합니다.

제가 짐짓 거드름을 피운다고 판단하실 수도 있겠습니다만, 제가 그것이 독창적인 것이라고 보장하지는 않더라도 – 이는 제겐 별로 중요하지 않은데요 – 적어도 되새김(反芻)해 볼 필요가 있는 견해를 낼 수는 있을 것 같습니다. 그리고 모를 일이지요: 생각은 신비스러운 오솔길을 따라 진전하다가 때때로 능동적이고 역동적으로 다시 나타나면서 결정적인 행위에 영향을 미치게 됩니다. 우리는 우리 계몽illumination의 수고스러운 일을 꾸준히 추구해야 하죠…

그렇지만 오늘은 이것으로 충분한 것 같네요. 좀 쉬셔야죠. 우리 다시 만나지요.

– 꼭 그래야지요. 제게 불현듯 일어나지만 유보해 둔 생각들을 다 말씀드리지 못해 아쉬운 채 헤어집니다. 저는 여전히, 학교와 지식교육에 대해, 또 그것을 보유하고 그것을 시행하는 이들에 대한 당신의 비판이 부당하고 편파적이라는 판단을 견지하고 있으므로 그렇죠…

아니지요, 여기서 멈출 순 없지요!…

20
교육과 지식

학교 교육과 지식은 도구일 뿐-다만 우리가 소홀히 할 수 없는 도구다.
하지만 그 사용에 있어서는 심오한 교육(교양)을 전제로 하는
사려 깊은 방향감각을 필요로 한다.

― 자 가십시다, 롱 씨, 특별히 하실 일도 없으시니 팔[45]을 자유롭게 흔들며 저와 함께 제가 신선한 풀 한 아름을 채취하려는 그곳까지 가시지요… 그렇게 하시면 기분도 좋아지실 거구요.

그리고 쾌차하시고요, 제가 바라는 바이죠…

― 거의 다 나았어요… 아직 좀 뻣뻣한 감은 있지만 괜찮아요. 이번 주말이면 그것도 없어지겠죠.

그리고요, 아시다시피 지난번 저녁때 다 이야기하지 못했던 것이 있어서 당신 말씀에 바로 이어 보려고요.

― 저로서는 괜찮을 것 같습니다… 자, 말씀하시지요!

― 학교의 지식교육이 주제였는데, 그리 정확하지는 않은 비교로 게다가 과장까지 하시며 너무 앞서가셨죠…

― 아, 그런데 오늘은 공격적이시네요… 해보시죠!

― 그러니까 정말 지식교육이 우리 인간다운 진보notre progrès humain 에 전적으로 쓸모없다고 믿으시나요? 제가 뭐 특히 저 자신을 변명하려는 것은 아니지만, 저는 교수, 과학자, 학자, 평교사들을 알고 있습니다. 제가 보기에 그들은 당신의 확언과는 반대로 ― 지식이란 마치 끊임없이

---

45. bras: 뒤의 une brassé에 상응.

요구해 오는 종교와도 같아서 - 대중이 거기에 도달할 특권이 없었던 그런 직업적·도덕적·사회적 차원에서의 높은 전문적 수준에 이르렀다고 생각됩니다.

  - 저 역시 당신이 그런 사람들의 성실함과 의식을 높이 평가하는 것은 일리가 있다고 생각합니다만, 그들의 도덕적 가치는 그들이 얻은 지식교육의 결과는 결코 아닙니다. 그들은 거의 늘 일종의 엘리트, 그러니까 지적인 엘리트일 뿐만 아니라 도덕적인 엘리트입니다. 그들 대부분이 그 지식을 탐구하고 쟁취함에 있어서 발휘할 줄 알았던 열성과 무사무욕無私無慾 그리고 이상주의 등은 그들 본성의 탁월함이나 그들의 미덕의 진가를 드러내 줍니다. 보다 좋은 상황이었다면 그들은 일자무식이었을지라도 아마 성자聖者, des saints가 될 수도 있었을 겁니다. 그들은 당면한 갖가지 어려움으로 인해 몇몇은 잘못된 길로 갔을 수도 있고, 다른 이들은 자신의 이상을 위해 정직하게 빈틈없는 양심을 가지고 (어려운 현실에) 타협을 했건 안 했건 간에 그들의 수고스러운 일을 수행했을 겁니다. 하지만 적극적인 요소는 지식교육도, 그 가정적 형성의 미덕도 아닙니다. 적어도 학교가 전제로 하는 교과목만 고려해 보더라도, 여기에는 모든 시련과 마찬가지로 그 이점뿐 아니라 그 위험 요소들도 있습니다.

  - 그럴 수도 있겠죠!… 그러면 좀 더 명백한 다른 증거를 찾아보겠습니다.

  그럼 우리 학교를 거쳐 갔던 수많은 아이 무리를 생각해 봅시다. 그 아이들은 논란의 여지 없이 문맹인 아이들보다 도덕적으로나 사회적으로 우위의 수준에 있지 않나요? 실제 학교로 향하는 길을 전혀 알지 못했던 이 하층민들만이 거의 전적으로 결핍과 범죄의 비참한 큰 무리를 이루고 있다는 사실을 - 통계가 그것을 증명해주는데 - 사람들이 실제로 잘 알아차리지 않나요? 빅토르 위고[46]가 이 유명한 싯귀[47]를 쓸

---

46. Victor Hugo(1802~1885), 프랑스 로만틱 시대의 작가(시인 수필가, 극작가)이자 정치인.

때 일리가 있었다고 당신도 내심 생각하지 않으시나요?

> *우리가 가르치는 모든 아이들은 우리가 얻은 사람이다!…*
> *감옥에 있는 백 명 중 구십 명은*
> *단 한 번도 학교에 가 보지 못했고,*
> *전혀 읽을 줄도, 한 글자도 쓸 줄 모른다…*

― 여기서 문제가 눈에 띄게 치우친 편견으로 다루어지네요. 사태는 그와는 달리 복합적이죠. 당신이 말씀하신 사회의 낙오자들 대다수가 전혀 학교에 다니지 않았다는 것은 확실히 분명합니다. 때로 시도는 했지만 어쩔 수 없이 학교 규율을 지키지 않았다거나, 그들의 체질적·정신적 기질과 그들이 받은 초기 교육의 결함 등으로 거의 비사회적인 사람이 되었는데, '학교'는 그들에게 흥미를 주는 법도, 그들을 어루만지는 법도, 그들을 붙잡아놓는 법도, 그들을 지키는 법도 몰랐습니다. 때로 학교는 솔직히 그들을 퇴짜 놓았고, '나쁜 애들'을 미리 배제한 지식 교육의 장점을 떠벌이려고 이 슬픈 현실들을 이용해 먹는 잘못된 길로 갔습니다.

'가능성 있는' 아이들des enfants《possibles》의 주목할 만한 비율을 위해, 실제 학교는 모든 점에도 불구하고 (어쨌든 거친 파도에 비교하면 안전한) 항구라는 것인데, 여기에 저는 기꺼이 동의합니다. "걔들은 더 나빠질 수 있었을 텐데"라고들 말하는데, 이는 꼭 학교에 대한 찬사는 아닙니다. 그러나 모든 것을 따져보면 결국, 아이들이 규칙적으로 학교에 가는 것은, 너무 이른 나이에 광부촌의 뒷골목이나 길거리에서 도둑질이나 나쁜 짓을 하도록 일찍부터 훈련을 받는 것보다는 낫습니다. 하지만 이는 부득이한 임시방편일 뿐이지요.

---

47. 위고의 시집 *Les Quatre Vents de l'Esprit*(1881)에서 인용된 싯귀.

저는 좀 다른 시각에서 그 문제에 질문을 던져봅니다: 형성과 도덕적 관점에서, 또 아이의 삶의 의미le sens vital와 잠재적 역동성le dynamisme latent과도 연관 지어 생각해볼 때, 어떤 것이 학생을 위해 더 나은 걸까요? 아이들이 지식교육 외에 학교에서 얻는 것이 거의 없다면, 현재의 지식교육을 감내하는 것이 나은 걸까요? 아니면 철학자 양치기를 따라가 장엄한 덤불 속으로 가서 대지가 수확하는 것을 배우고 이해심 많은 친절한 소치는 농부와 함께 떠난다든지 아이들 속에 있는 최상의 것들이 만개하는 것을 느낄 수 있는 산의 정상으로 가는 것이 나을까요? 침울한 작업장 같은 학교보다는 삶의 학교les écoles de vie를 닮은 특별한 시설 안에서 현대 사회의 대세에 그들 자신을 통합시키고 성장시키고 풍성하게 할 수 있는 작업 방식들에 익숙해지도록 하는 게 낫지 않을까요?

만약 우리가 정직하게 이 둘을 비교해 볼 수 있다면, 우리는 지식교육의 형성적 가치들을 진정으로 판단할 수 있을 겁니다.

위험에 처한 아이들을 위해 피난처를, 그들이 거기에 머문다는 조건으로, 마련하는 것은 아무것도 하지 않는 것보다 낫습니다. 하지만 누군가에게 피난처를 제공한다는 것은, 그를 교육적으로 형성하는 것former도 아니고, 그를 교육하는 것éduquer도 아니고, 그를 구원하는 것sauver도 아닙니다.

그 잘못은 어쨌든 전적으로 학교에만 있는 것은 아니지요. 다시 한번 말씀 드리지만 우리 교사들의 진실성, 충실, 양심, 헌신이라는 것들이 잘못의 원인이 될 수는 없습니다. 다만 그들은 - 학교 안에 존재하는 심각한 결핍 때문에 - 불확실하며 또 도달하고자 꿈꾸는 것과는 늘 동떨어져 있는 결과만을 위해서 헌신합니다. 그리고 그로 인해 고통을 받는데, 그 까닭은 교사들 또한 그들 나름의 노력에도 불구하고 학교가 사회 세력들에 맹종하도록 하는 복잡한 상황의 희생자이기 때문입니다. 이 사회 세력들은 자주 현학적인 전문 용어들로 - 누구도 그에 휘둘리지 않습니다만 - 쌓아 올린 것 밑에 그들의 무능력을 숨긴 채, 학교를 지배하고 좌지우지하는 척하는 그런 사회 세력들입니다.

만약 누군가 우리에게 말하기를: "현재의 경제적 삶, 기계 산업의 발전, 그리고 사회적 관계의 강화로 대다수의 사람이 어느 정도의 지식 꾸러미를 가질 필요가 있게 되었습니다. 우리들은 학교를 만들었고, 그 지식 꾸러미를 얻으려고 학교에 들어갑니다. 다른 의도는 없죠!…"라고 한다면, 좋습니다! 당신은 우리가 당신으로부터 기대하는 것이 무엇인지 잘 아실 것이고, 우리 부모들은 우리 아이들에게 내놓거나 떠맡겨진 상품의 질에 대해 더는 속지 않을 겁니다.

자동차운전학교(운전교습소)의 강사가 교육l'éducation을 한다고 주장하나요? 그의 목표는 그가 할 수 있는 한 최선으로 당신을 훈련시켜서 최대한 빨리 당신이나 당신 같은 다른 사람들이 위험하지 않게 차를 몰도록 하는 것입니다. 그것조차도 아니라면, 그의 목표는 당신이 운전면허증을 따도록 하는 것이지요. 그러면 그는 자신의 임무를 완수한 것이고 계약은 이행된 것입니다. 그런 후 당신은 좋건 싫건 당신이 원하는 대로 자동차를 몰게 됩니다. 그는 도덕적으로도 사회적으로도 자신이 개입되어 있다고 전혀 느끼지 않을 것입니다. 그리고 당신 역시 그렇게 규정되어 있는 그의 기능 밖의 어떤 문제 때문에 추후라도 그와 싸움을 걸 생각조차도 하지 않을 것입니다.

학교의 임무 중 하나도 분명 이런 성격을 띠고 있겠지요. 즉, 별난 주장, 쓸모없이 거창한 말이나 그릇된 이데올로기적인 항의도 없이 지식 교육을 하는 것입니다. 그렇지만 교수방법과 도달해야 할 목표들을 정말 잘 안다는 조건에서죠. 비록 그 목표들이 특별히 물질적이고 타산적인 것일지라도 말입니다.

저는, 아시다시피, '현재의 상태'를 기계적으로 공격하는 그런 사람이 아닙니다. 그와는 반대로 저는 학교 교육에 관한 한, 우리 조부모님 세대에서는 그것 없이도 매우 잘 지냈지만, 오늘날에 와서는 필수적인 것이 되어버린 기초지식들이 있다고 평가합니다. 왜냐하면 그 지식들을 소유하지 못한 사람은 자신의 사회적 기능을 효과적으로 다 할 수 없고 생존 경쟁에서 너무도 철저히 장애를 겪기 때문이지요. 이러한 지식의 요소들을 가르치는 것은 당신 학생들을 더 잘 무장시키는 것이고, 일을 위해 보다 더 많은 기회들을 주는 것입니다. 마치 자동차운전학교의 강사가 그리하듯이 말입니다. 더도 덜도 아닙니다. 저는 오늘날의 교육학이 그 행위의 다양한 관점들을 뒤죽박죽 섞어 버린 나머지 본질적인 목표 그 자체가 그에 합당한 모든 현실적인 적용 문제를 결코 고려하지 않았음을 탓하는 것입니다. 이러한 지식의 획득 자체가 형성적이냐 아니냐를 놓고 이 계제에 하릴없이 토론하자는 것이 아닙니다. 이는 부차적인 문제지요. 사회는 어느 정도 양이 되는 지식들과 최소한의 학습과 입문과정을 요구합니다. 학교란 최대한 효율적인 방법으로 학생들에게 무장을 시켜주어야 하지만 생존권과 인권은 보호하면서 해야 합니다. 이 문제는 앞으로 살펴보겠습니다.

왜냐하면 바로 이것이 당신에게도 본질적인 걱정거리가 되어야 하기 때문입니다. 당신은, 이 점에서 자신의 사회적 기능의 일부만을 수행하고 있는 현대의 운전학교 강사를 너무 모방해서는 안 됩니다. 만약 그가 완벽한 교사라면 그는 자기 학생에게 정통하도록 한 그 새로운 가능성들이 어떻게 사용될지에 대해 무관심할 수 없습니다. 그는 자신의 학생에게 삶과 이웃의 권리를 존중하는 것을 가르쳐야 하고, 사회적 의무를 수행하는 것을 가르쳐야 하고, 단지 무의식적인 운전자 즉 기계의 로봇이 되는 것이 아니라, 자신의 감정을 가지고, 자신의 가슴을 가지고, 또 자신의 연대 개념을 가지고, 자신의 행위를 조화롭게 할 줄 아는 사람이 되는 것을 가르쳐야 합니다.

이러한 인간적인 고려를 생략한 채 단순히 지식과 기술적인 지식교육만을 제공해 준다면 학교의 모든 전통을 어기는 것이 될 것입니다. 반대로 이러한 입문과정을 무시하면서 추상적인 형성에만 집착하는 것은, 사람들이 오늘날의 학교 그리고 미래의 학교에 심어놓은 소망들을 저버리는 일이 될 것입니다. 우선해야 할 것은 좋아하는 것만 고르고, 해결책 사이에서 머뭇거리며 '현대적인 것'을 최소화하고 '고전적인 것'을 내세운다면, 제가 방금 제기한 문제를 왜곡해 버릴 위험이 있습니다. 마치 이전 세기들에서는 어느 정도까지는 그들의 사회적 구조와 경제적 발전에 부합하는 학교가 있었던 데 비해, 20세기의 사회의 요구사항들에 조화롭게 대응할 해결책을 찾는 것은 불가능한 것처럼 말입니다.

- 운전학교 강사에 대한 당신의 비유는 그것이 기계적 (기능) 학습에 관련되었을 때는 분명 그럴듯해 보이지만, 학문의 방대한 지식을 고려했을 때는 설득력이 떨어집니다. 이 지식은 단지 근육을 까딱거린다든지 반사행동들의 특별한 연계만을 필요로 하는 것이 아니라, 지적인 작업, 즉 우리 안에 있는 모든 고상한 역량의 최대한의 발현을 필요로 하기 때문입니다.

- 기술자l'ingénieur 역시 도로를 닦고 다리를 건설하기 위해서, 신문, 영화, 라디오에 못지않은 경이로운 도구들을 사용하기 위해서 자신들의 '고상한' 능력에 호소해야만 합니다. 하지만 그렇다고 해서 이러한 발명품들이 모두 상대화되어 버리는 것을 막지는 못합니다. 도로는 평화로운 교류를 보다 빈번하게 하고, 그 교류가 보다 원활하게 이루어지도록 해주었습니다. 도로가 뚫린 곳에 사는 사람들의 삶은 편리해졌지요. 하지만 모리배의 트럭이나 대포, 탱크의 통행에 길을 내주면서, 좋았던 옛 시절과 단절된 상태에서 우리를 후회하게 만드는 못된 도로들도 있습니다. 라디오는 참으로 가히 신神적이라 할 만한 발명품이지만, 분명 그렇게 남을 수만은 없습니다. 라디오가 사람들이 과거와 현재를 보다 잘 탐색하도록 하고 그래서 가까운 미래에 보다 잘 행동하도록 해준다면, 그것은 책이나 영화의 이상적인 보완책이 될 수 있었을 겁니다만…

안타깝네요! 그렇지 못하고요, 그 라디오를 사용하는 지식교육과 기술들은 단지 도구이고 매개체이며 수단일 뿐입니다. 이것들은 인간의 진보에 기여할 수도 있지만 그 반대일 수도 있습니다. 따라서 이 도구들을 길들이고, 그 가능성을 능력으로 이끌고, 불길한 추세의 방향을 바꾸는 것은 우리들의 몫입니다.

― 그렇지만 그 지식이나 그 지식교육은 개개인에 내재되어 있는 욕구에 매우 잘 부응하고, 점차 삶에 대해 훨씬 더 합리적으로 이해할 수 있게 하는 요소들을 주지 않나요? 우리는 자연의 신비로 생성된 입을 크게 벌린 구렁텅이 위에 다리를 놓습니다. 그 결과 잘못이나 마술 혹은 종교의 세력을 물리치면서 인간의 왕국을 확장하며 나아가는 것이지요.

― 하지만 결국 신비를 물리치는 듯하겠지만, 인간은 똑같은 두려움으로 입을 크게 벌린 다른 구덩이들을 걱정스럽게 바라보면서 그 구덩이의 다른 쪽 끝에 서 있는 자신을 보게 됩니다. 당신들은 특정 잘못이나 마술 혹은 종교를 후퇴시키지만, 또 다른 잘못들, 보다 교묘한 독을 품고 있는 근대의 마술들에 봉착할 뿐이고요… 이 모든 것은 신기루죠!

아니지요, 보세요. 교육적 문제는 사회적 문제와 마찬가지로 거짓된 이기심 없이 편견 없이 진정한 역량을 발견하고 권력의 위계질서에 맞추려 끊임없이 염려하며 검토해야 마땅합니다.

저는 지식의 도구를 무시해야 한다는 뜻이 아닙니다. 제 생각은 ― 이미 말씀드렸다시피 ― 형성과 교육(교양)의 과정에서 우리가 어쨌거나 지식교육과 지식에 마땅히 중요한 자리를 부여하지 못했지만, 지식교육 instruction과 지식connaisance이 개인이나 집단의 보다 높은 욕구들에 방향을 잡아야 할 필요가 있다는 것입니다. 이를 위해 중요한 것은 오늘날에도 예전과 마찬가지로 이 방향성을 강화하고, 개성을 강조하며, 그 안에서 삶과 균형의 의미를 되찾고 또 생기를 띠게 해주는 것입니다.

원하신다면, 지식교육이나 지식의 축적은 다른 인류의 발명들과 마찬가지로 진정한 진보의 결정적인 요소가 될 수 있을 거라고 말할 수 있겠지요… 혀(舌)[48]처럼 말이죠. 가장 훌륭하면서 가장 나쁜 것이기도 하지요!…

– 우리는 그것을 가장 훌륭한 것으로 만들어야겠지요!

– 도구는 대개 일꾼을 능가하지 않습니다. 당신은, 사람들이 이 말을 뒤집을 수 있고 그래서 도구의 완벽함이 일꾼을 완벽하게 만든다고 생각하셨겠지요. 하지만 너무도 흔히 사람들은 완벽한 일꾼이 아니라 도구의 노예가 되어버립니다. 우리 자본주의 문명의 거대한 드라마가 거기에 자리 잡습니다.

지식des connissances이 끊임없이 커가는 이 흐름 아래에서 인간은 쇠약해지고 있는데, 인간을 둘러싸고 있는 모든 것이 인간을 그 자신으로부터 떼어놓고 그 자신의 내밀한 생각들로부터 분리하는 데 기여하고 있기 때문입니다. 마치 세상의 중심이 지식과 그 지식이 자아내는 것들을 실현시키는 것이 되는 것처럼 말입니다. 자신 안을 바라보거나, 자기 행동의 성격이나 미래를 성찰하거나, 자신이 참여하고 있는 운명에 대해 개인적인 생각의 무게를 싣거나, 자신의 고유한 삶을 이끌어가는 것, 그런 것을 점점 더 시도하지 않게 되지요.

그리고 학교는 이 인간 본성의 '피상화'superficialisation에 무거운 책임을 지고 있습니다. 만약 학교가 – 그러는 척하고 있는 대로 – 진리와 빛을 향해 진정 나아가고자 한다면, 주위 실상들의 틀 안에서 이루어내야 할 그 나름의 혁명이 있는 것입니다.

– 그런 비난은 부당합니다, 마티유 씨. 우리는 그 누구보다도 이 피상적인 것으로 인해 고통을 받고 있고 – 이를 믿어주시기 바라는데 – 그 때문에 이것을 고치고자, 할 수 있는 모든 것을 하고 있기 때문이죠. 학교는 어쩔 수 없이 지식교육에 중요성을 부여한다고 해도 그 때문에 모든 능력들의 규칙적인 연습을 소홀히 하지는 않죠… 기억력 배양이

---

48. "가장 좋기도 하고 가장 나쁘기도 한 것"이라고 하여, 탈무드에 나오는 '혀'를 연상시킨다.

라든지 논리적 이해의 개발, 사실들의 합리적 해석의 개발, 미적 감각의 제고 그리고 마침내 영성의 고양 같은 능력들 말입니다.

－ 실로… 이것들은 교육학에 관한 책과 도덕책의 장과 절을 위한 훌륭한 제목들이 되겠네요. 거창한 낱말들입니다. 오늘날 실제로 일어나고 있는 것들은 현세대들의 형성에 의미 있는 영향을 미칠 만한 내용을 부여하는 데에 이르지 못하고 있음을 잘 말해주고 있습니다.

이내 위의 것에 관한 제 의견을 말씀드리죠…

21
기억력

학교는 기억력을 기르지 않고, 오히려 그것에 짐이 된다.
어떻게 대처해야 할까?

– 깊이 있는 교양의 가능성들에 대해 제가 왜 이리도 회의적인지 자문하시겠죠?

당신은 규칙적인 기억력 훈련에 관해 예를 들어 말씀하셨습니다.

저는 '학교'가 이 능력을 파국적으로 약화시키는 데에 기여하는 것처럼 보인다고 당신께 이미 말씀드렸습니다.

아시다시피 겨울에 나귀나 소에게 양식을 주는 요령이 하나 있습니다. (사료) 비축분이 너무 줄어들어서 성 요셉 축제일(3월 19일-역자)에 이미 헛간의 아래 둥근 천정에 닿아있는 건초 덩어리까지 건드려야 하는 땅 주인들을 말하는 것이 아니라, 형편이 훨씬 나아서 케이크를 자르듯 낫으로 자르기만 하면 되는 건초더미가 마음껏 널려있는 땅 주인들에 대해 이야기하는 것입니다. 그들은 단 한 번도 비워진 적이 없는 여물통에 먹이를 끊임없이 던져줍니다. 하지만 가축들은 그러한 풍족함에 길들여 시장기를 느끼지 못합니다. 왜냐하면 결코 밖에 나가지도 않고 일도 하지 않기 때문입니다. 풍족한 식량은 그들을 쉬이 물리게 하고 싫증 나게 하고 피곤하게 합니다. 가축들은 성의 없이 씹어 먹거나 자기가 뭘 찾는지도 모르는 채 까닭도 없이 탐욕스러운 코를 대고 킁킁댑니다. 그리고 건초를 질질 끌고 다니거나 더럽히기도 하고 뒤집어 버려 쓸모없는 잠자리인 짚더미로 사라지게 됩니다.

이와 반대로 그들의 몸의 욕구besoins가 꼭 필요로 하는 것, 그들의 식욕이 탐하는 것désirer, 바로 그것을 줘 보세요. 동물에게 기다리는 법, 바라는 법, 그런 후 낭비하지 않고 먹는 법을 가르쳐 보세요. 보다 건강 상태가 좋은 가축들이 될 것입니다.

당신들은 너무나도 흔히 풍요로운 곳간을 자랑스러워하는 이들 주인들과도 같습니다. 그들은 가축 한 마리 한 마리가 최상의 돌봄을 받길 원하지요. 그들은 낭비라든지 이미 포식했다든지 하는 문제는 생각지도 않고, 들창을 통해 던져지는 건초 아름들의 크기를 자랑스러워합니다. 헛간은 가득 차 있으며, 다음 추수를 위해 당신은 8월 전에 그것을 비워야만 합니다. 당신들은 똑같이 학생들의 식욕이 부족하다고 기억력이 약하다고 불평하는데요, 사실은 당신들이 학생들을 과도한 연습으로 녹초로 만들어버리고 결함 덩어리가 되는 상황에 빠뜨린 것입니다.

저는, 많은 교사들이 이 문제에 몰두해 있다는 것을 모르지 않지요. 그들은 단지 기억력을 강요하려고만 하는데, 실상 이것은 (물이) 가득 채워지는 꽃병처럼 잘못 다룬 유기체의 방어 반응에 불과한 피로를 야기하는 셈이죠. 여기서 아이들은 자신의 근본적인 욕구에 부응하는 모양으로 다가오는 것에만 흥미를 느끼는데 그때 이 피로는 그 흥미를 사라지게 합니다.

하지만 학교는 이 명백한 사실을 겨우 따르고, 그렇지 않으면 오히려 전혀 받아들이지 않습니다. 이 식욕부진이나 피로에도 불구하고, 이 세기(20세기)의 아이들은 분명히 백 년, 이백 년 전 아이들이 알았던 것보다 훨씬 더 많은 사실을 알고 있기 때문에, 사람들은 어쨌든 학교가 기억력을 개발했으며, 그들이 입증했던 기술들을 학교가 외면하지 않은 것이 옳았다고 결론짓습니다.

아니, 저 스스로 물어보는데요, 저로서는 기억력이 과연 적어도 습관이나 직접적인 수단으로 완벽해지거나 향상될 수 있는 능력인지 의문입니다. 기억력은 개인적인 가능성으로 나타나는데요, 그건 마치 우리가 우리 자신 안에 담고 있는 육체적·정신적 조건들에 의해 미리 결정되어 있는 기능과 같습니다. 만약 그 조건들이 불리하다거나 유기체가 조화롭게 기능하는 것에 장애가 일어난다면, 거의 언제나 기억력의 감퇴가 있게 됩니다. 따라서 그와는 반대로 삶과 일의 세련된 방식에 따른 굳건한 건강은 인류의 미래라는 의미에서 스스로 발전하면서 '기억력'이 고분고분하고 충실하게 기능하는 것을 촉진하게 됩니다. 그러므로 우리는 삶의 방식에, 건강에, 개인의 본질적인 기능에, 주변 환경과 그들의 조화의 논리에 – 그 안에서든 그 밖에서든 – 영향을 주면서 이 기억력을 향상하고 강화할 수 있습니다.

하지만 어느 한 개인을 놓고, 그의 기억력을 높이고 완벽하게 하려는 희망에서 그의 기억력이 잘 가능하도록 하는 데 몰두하는 것은, 제 생각에는 하나의 위험한 '환상'une dangeruese illusion에 불과합니다. 그것은 마치 우리가 열심히 자주 사용하면 그만큼 오솔길이 더 좋아진다고 주장하는 것과 같습니다. 처음에는 정확히 그렇죠: 자주 다니면 길이 넓어지고, 돌도 하나씩 제거되고, 풀조차도 가장자리로 밀려나게 됩니다. 하지만 어느 순간부터 길을 밟고 가는 발이 너무 많아지고, 묵직한 짐승들이 그 길로 들어서게 되면, 길바닥들은 무너지고 구멍은 커질 것이며, 결국 담벼락 보수도 해야 하고 성토를 견고하게 해야 하고, 도로 포장 돌을 깔아야 하고, 혹사시켜 망가진 길의 기초를 다져야 합니다.

'환상'illusion이라고 제가 말씀드립니다. 당신이 발달시킬 수 있다는 것은 – 그리고 그로부터 오해가 나옵니다만 – 일종의 정신 훈련, 다소의 기억력 기술입니다. 통신이나 환기(회상)를 위한 표시들을 – 그것이 손수건에 매듭 장식을 하는 것이든, 눈금을 새긴 막대기든, 필기의 원시적인 글자들이든, 보다 발달하고 복잡한 현대적인 공식들이든 상관없이 – 합리적이고 세련되게 사용하는 것은, 기억의 몇 단계를 고정하는 것으로 말하자면 구체화하는 것입니다. 이것은 기억의 부족한 부분들을 메꿔주거나 그것이 힘들게 기능하는 것을 도와주는 또 다른 방법입니다. 즉, 이 방법은 간접적인 기억력의 강화인데, 당신이 그 기억력에 제공하는 외적인 지원에 의존하게 되면 그 기능은 점점 덜 활용되어 그 자체 게을러지거나 감퇴l'atrophie로 치닫게 될 위험이 있습니다.

이론의 여지 없이 기억력을 발달시키는 것은, 다시 말해서 적어도 우리에게 수많은 사실과 개념을 정돈하여 정확하게 집어넣을 수 있도록 하는 것은, 사람들이 발견한 인과관계를, 또한 지식의 요소들을, 곳간에 채워 넣는 논리를 그들의 우주의 개념 안에 집어넣으려고 애쓰는 그런 엄밀성의 증대입니다. 하지만 그것은, 우리가 앞으로 보게 되겠지만 스콜라식 기억력 훈련, 이해하지도 않고 암기하도록 하는 교리문답 요약본에 따른 공부법, 근본적인 중요성이나 관계성에 대한 파악 없이 무턱대고 삼켜야 하는 단어들이나 개념들의 목록 등과는 거리가 멉니다.

당신들은 이 방면에서 많이들 하고 계시지 않나요?

우선 당신들은 자신의 취약점들과 일관성 없는 점들을 살펴서 경험 위주나 편의로 유지되는 관행들을 마침내 그만두어야 합니다. 설명하기가 어려울 때, 교리 문답이나 윤리, 역사 몇 과를 암기하라고 던져주면 참 간단하지요! 더욱이 이는 더 나아가, 낱말들을 반복하기만 하면 그 지식이 확실해지는 듯 착각하게 하며, 급기야 진정한 지적인 작용들이 내밀한, 무엇인가 외재화하기 매우 어렵고 때로 불가능하기까지 한 것으로 남게 될 정도가 되어, 아마도 이것은 보다 확실하고 긍정적인 관점의 섬광 − 쫓기듯 사라지는 빛 같은 것 − 을 통해서만 드러나게 됩니다.

이것은 시급히 바로잡아야 합니다.

평화롭고 느긋하게 흐르는 강물과도 같이 삶이 잔잔하게 흘렀을 때는, 기억력을 자동적으로 사용하는 데에 있어서 어느 정도의 불합리한 호사가 허용되었습니다. 하지만 삶과 기술의 진행 속도가 현기증 나게 가속되는 오늘날 우리에게 부과된 기억 능력의 끊임없는 요청은, 개개인에게 새로운 경제(절약)를 요구합니다. 그것 없이 기억은 소진되고 과부하되면서 깨진 화병처럼 될 것입니다. 그것은 마치 우리가, 우리의 얼을 빼는 영화 필름 – 뚜렷한 상호관계나 그 장면들을 움직이는 심리적 일치감도 없는 영화 필름 – 의 지배를 받도록 하는 것과 같습니다. 이 영화가 장면들의 일관성이나 전개에 조화도 없이 장면들의 수와 종류, 리듬을 또다시 무분별하게 증가시키는 것은 터무니없는 짓이 아닐까요? 이제는 일의 순서, 폭넓은 시각 그리고 하나의 요소가 자동으로 다른 하나를 상기시키고, 하나의 이미지가 또 다른 이미지를 연상시키는 기능적인 관계를 강조해야 할 때가 아닐까요? 이것이 바로 우리의 기억력에 힘과 정밀성의 무한한 가능성들을 부여하는 것이 아닐까요?

제 비유는 단지 현실에 대한 번민에 찬 해석일 뿐입니다. 현세대의 기억이 혼돈되고 고갈되었다는 것은 사실입니다. 제 아버지께서 보르도Bordaux에서 군軍 생활을 하신 지 60년도 더 지났습니다. 아버지께서는 돌아가시기 바로 얼마 전까지도 당신이 사셨던 곳이라든지 당신이 건넜던 다리들의 아치 수를 구석구석까지도 여전히 기억하고 계셨습니다. 그런데 우리로 말할 것 같으면, 우리는 세계대전 동안 우리가 싸우고 고통받았던 그곳의 광경을 정확한 면모는커녕 마을들의 이름조차도 기억하지 못합니다.

아니, 아니지요! 당신들의 현행 지식교육의 방법들은 기억력을 키우지 못합니다. 그것들은 기억력을 저하시킵니다.l'abâtardir 사실 당신은 잘 알고 있습니다. 치료법은 스콜라식 교과목을 강화un reforcement de la discipline scolastique하는 데에서도 찾을 수 없고, 학습의 잠재적 가능성들에 남아있는 것을 뜻밖에 요행으로 차지하려는 기발한 과정 안에서도 찾을 수 없습니다. 당신은 호되게 바로잡아야 할 필요성을 잘 느끼십니다. '학교'가 만약 다가올 경쟁에서 빛과 역동성의 몫을 감당하자한다면, 학교는 이것을 실현해야만 합니다.

22
노력, 즐거움, 놀이

고생스러운 노력, 의무, 고통의 필요성에 대한 집요한 선입견들이 있다.
반면에, 즐거움과 놀이의 교육적 미덕들을
여러분에게 권勸하려는 사람들은 별로 없다.
다행히도 보다 효과적이고 보다 인도주의적인 (행동의) 노선들이 있다.

마티유는 낫을 내려놓고 길가에 앉았다. 그가 자신의 비판을 계속하
려고 좀 더 집중하고 평정을 유지해야 할 필요가 있을 때면 해왔듯이.

– 롱 씨, 당신은 사실들에 대한 논리적인 이해와 비판적 사고를 키
우는 것에 대해 말씀하였습니다.

그 점에 대해 새삼 단언하는데, 당신들이 하고 있는 교수방법들은 완
전히 잘못되어가고 있습니다.

당신들은, 이러저러한 것을 배워야 한다고 아이들을 설득하는데, 아
이들은 그 효용성을 전혀 가려내지 못합니다. 당신들은 아이들에게 요
약을 암기하도록, 그리고 논리적인 문제들, 즉 다소 애매하고 매우 자주
– 늘 그런다고는 않겠습니다만 – 특별히 스콜라적인 문제들을 풀도록
아이들을 다그칩니다. 당신들은 스스로마저 그 내밀한 관계를 잘 모르
는 낱말들과 개념들로 아이들에게 억지로 먹이지만, 아이들에게 그것들
은 제멋대로 서로 관련 없이 나란히 놓아둔 것 같습니다. 당신들은 아
이들이 성찰하고, 판단하고, 선택하고, 결정할 가능성을 결코 허락하지
않지요… 그러기에는 당신들은 늘 너무도 서두르지요. 모든 프로그램을
'다루어 보려고!' 그런 식으로 해서 당신들은 학생들이 이해하고, 성찰
하고, 선택하고, 판단하도록 더 잘 무장되어 있는 척하지요!… 수 세기
전에 교육자들이 이러한 – 당신들이 떨쳐버리지 못하고 있는 – 교수방

법들을 고안했을 때 그들은 그런 환상들을 갖지 않았습니다. 그들에게는 그것이 이해하고, 성찰하고, 판단하는 문제가 아니라, 단지 몇 가지 실습 활동들에 입문하고, 기술을 습득하고, 낱말들과 주문·주술들을 배우는 것이 문제였습니다.

'학교'라는 것도, 그것이 탄생할 때 지배적이었던 이런 마술의 정신이나 이 지적 작동 방식을 여전히 떨쳐버리지 못한 상태에 있습니다. 그리고는 우리들이 진보를 말하고 있는 거지요!…

제 생각이기도 하지만, 교육과 관련된 거의 모든 현행의 기법들이 전반적으로 이 새로운 세대들의 이해력과 판단력 그리고 비판력을 점진적으로 전멸시키려고 악다구니 경쟁을 하고 있다고 생각하는 분들이 있습니다. 사회와 사회에 헌신하는 학교는 개개인들을 점점 더 노예로 만들고, 개인들을 – 미리부터 개성이 없게 하거나 무방비 상태로 만드는 점이 없지 않은데 – 빨아들입니다. 마치 정확한 자리에 침 한 방으로 자기가 좋아하는 먹이를 꼼짝하지도 못하고 저항하지도 못하게 만드는 곤충처럼 말이죠.

제가 과장하고 있나요?… 봅시다. 당신은 학생들이 언제든지 자신을 둘러싼 삶의 조건들이나 돌발 사건들 – 이것들이 최고 수준에서 그리고 매우 적절하게 그들에게 열정을 부여하는 유일한 것 – 에 대해 애쓰고 성찰하도록 만드는 법을 알고 계시죠? 그렇지 않습니까? 그렇죠, 당신들은 일단 학생들이 책을, 그들에게 성인과 예언자와도 같은 책을, 읽어야 한다고 생각합니다. 하지만 그 책들은 학생들의 개성을 해체하고, 그들이 당신들 교과서들의 절대적인 권위 앞에서 자기 자신의 고유한 잠재력을 과소평가하도록 이끕니다. 당신들은 학생들에게 그들의 눈에서 사라져 신화의 몽롱한 안개 속으로 자취를 감춰버린 먼 과거 민족들의 역사를 가르칩니다. 그러면서 그들에게 우선시 되고 기본적인 역사서가 되어야만 하는, 그런 가깝거나 먼 과거가 바로 그들의 코앞에 있다는 사실을 잊고 있습니다. 들판에서, 수로를 따라, 샘에서 그리고 다리의 난간 위에서 끊임없이 경험하고 비교하는 아이에게 당신들의 과학 교과서들은 이미 다 만들어진 법칙들과 아이들로서는 통제 불가능한 단정적 결과들을 강요합니다. 그것들은 그 근원에서부터 진정한 인간 과학des vraies sciences humaines에서 나온 원칙들 그 자체를 – 유일하게 가치 있는 것들을 – 왜곡하는 것들입니다.

온종일, 거의 모든 학교들에서 이루어지고 있는 형식적인 지식교육과 학습은 이 논리적인 형성 – 지식교육이면서도 지식교육 이상의 것 – 을 따돌리고 질식시킵니다. 이슬에 젖어 있는 연약한 꽃봉오리, 잎사귀를 사각거리게 하며 거기서 물방울을 떨어뜨리는 산들바람, 꽃을 활짝 피우게 하는 햇빛으로서 이 모든 것들이 그들 안의 풍성함에 대한 약속을 담고 있는데도 말입니다.

그리고 불행히도 이 논리적으로 합당하지 않고 비합리적이며 혼란에 빠진 '(자본 축적처럼 지식을 축적하는)' "자본주의적" 학습acquisition 《capitaliste》의 광기는 단지 학교에서만 폐해를 자아내는 것이 아닙니다.

당신은 적어도 때때로 반응하려 시도한다는 것을 저는 압니다. 하지만 사회에서 한번 잡힌 주름은 영구적으로 남습니다. 개개인들에게 외부에서 부과하는 학습은 오늘날 여왕인 셈이며, 너무나 교활하게 사로잡는 형태를 취하고 있음으로, 엄청나게 큰 인류 대중의 문화를 위로부터 지배하지요. 신문이나 잡지를 통한 학습에서, 그리고 읽을 것들뿐 아니라 영화나 라디오에서도 역시 그러한 백과사전식 학습은 이어집니다. 특히 도시에서 청소년과 성인들은 서로 마주하여 이야기하는데 그들 자신의 이해력이나 의식을 한순간도 쓰지 않습니다. 그들은 더는 반추할 시간도 없고, 단지 녹취하고, 보고, 듣기만 하죠…

이 개탄스러운 세태는 지배적인 사회적 개념들이 낳은 결과로, 바로 이것이 우리가 그 잘못된 것들에 대해 행동하는 것을 더욱 어렵게 만들고 있습니다. 이 추세는 우리 역사의 한 세기를 장식했던 "부자 되세요"라는 유명한 슬로건[49]의 필연적 결과, 즉 원료와 생산수단의 광적인 축적이며, 마침내는 혼돈과 파국에 이르러야 끝나게 되어 있는 자본주의적 이론과 실천의 필연적인 반영입니다. 물론 이렇게 될 수밖에는 없다는 식으로 역사적인 정당성을 주장한다면 당신들 책임은 덜겠죠. 그렇지만 죽음의 위험을 미리 보는 사람이라면 너무 늦기 전에 다른 사람들에게 그것을 피하도록 해야 하는 것이, 또한 화들짝 놀라 피해 갈 마지막 길들을 양식良識과 인류애로 터주어야 하는 것이 의무 아닐까요?

그 위험이 뻔하기 때문입니다. 기계가 삶을 대체하는 이런 반反자연적 기술들의 일반화는 지각력의 약화 또는 개개인의 추리력과 창의력에 교묘한 '전파 방해' - 유행하는 낱말을 사용하고 이미지화를 하자면 - 일 뿐입니다. 최소한 당분간만이라도 이 방해를 벗어날 수 있어 보이는 유일한 사람들은 - 하지만 바로 그 사실 때문에 이들은 위험한 교란분자로 간주되기도 하죠 - 진정으로 교양을 갖춘 사람들les homme vraiement cultivés, 말하자면 사물을 모든 측면에서 보는 주도면밀한 사람들, 그릇된 지식의 공허함과 불행히도 깊이는 잃고 귀가 멍멍하도록 얄팍한 피상적인 전파에만 매달리는 교육(교양)의 잘못을 헤아려 본 사람들입니다.

이 현자들은ces sages, 골똘히 사고된 그리고 동기를 가진 비타협주의 안에서 점점 더 희귀해지고 있는 사람들, 즉 이 교육(교양)의 '혜택을 아직 받지 못한' 사람들과 만납니다. 이들은 아직 문명화에 의해 정복되지 않은 어떤 골짜기의 시대착오적인 평화 안에서 자연과 전통과의 접촉을 통해 자신이 빈약하게 학교에서 배워 얻은 것을 잊어버린 사람들, 현대적 발명품들의 그릇된 장관壯觀에 회의적인 사람들, 신문 읽기를 거부하고 라디오의 윙윙거리는 수다에 피곤과 권태 외에는 아무것도 느끼지 않는 사람들, 영상 마술의 필요성을 아직 덜 느끼는 사람들입니다.

---

49. 프랑스 정치가 기조(François Guizot, 1787~1874)의 1843년 연설에 나오는 '시대정신(Zeitgeist)'.(영역자 주)

그들의 직관적인 논리 전개에 귀를 기울여 보시고, 그들의 고집스럽고도 거만한 독창성을 꿰뚫어 보려고 시도해 보세요. 그러면 당신은 과학기술이 조종하고 타락시킨, 모습도 뚜렷하지 않은 이들 대중과 그들 사이에 놓여 있는 구렁의 깊음을 느낄 수 있을 것입니다.

- 하지만 당신은 당신 스스로 "거기서 우리가 무엇을 할 수 있을까?"라고 말하셨지요.

- 모두 바보 만들기를 수용하고 거기에 합류할 것이 아니라, 방향을 잡아주고orienter, 이끌어주고diriger, 길을 밝혀주어야éclairer 하죠… 그것이 바로 당신들이 늘 하는 역할이 아닐까요? 비록 대가를 치른다고 하더라도 당신들은 그것을 해야 하지 않을까요?

- 우리는 나름의 방법으로 대응합니다. 눈에 띄는 성과가 없고 이를 인정하지만요. 우리 가르침의 개념 안에는 당신이 아예 고려하지 않은 연습EXERCICE이라는 큰 부분이 있습니다.

우리의 선생님들 - 심리학자, 철학자, 교육자들 - 은 인간의 모든 능력이 향상 가능한 것이며, 연습보다 그것을 더 효과적으로 계발할 수 있는 것은 아무것도 없다고 증언하였습니다. 기억력, 상상력, 추리력, 도덕의식, 사회의식, 선의, 자비심, 이타주의 등 모든 것은 규칙적이고 지적인 노력으로 설명되고, 이해되고, 계발됨으로써 얻어질 수 있습니다.

- 만약 그 노력이 단지 규칙적인 것만이 아니라 지적인 것이라면…

그래도 말이죠!… 이 문제들에 대한 검토와 연구에서, 당신의 선생님들 그리고 그들의 제자인 당신들도 마찬가지로 일종의 직업적 왜곡에 희생된 사람들입니다. 왜냐하면 당신들 역시 다소간 추상적 사유와 스콜라주의식 추론의 토대 위에서만 전적으로 작업하도록 훈련받았기 때문에, 이런 편견에 의해서가 아닌 다양한 문화적·인류적 문제들을 더는 제대로 바라보지 못합니다. 솔직히 말씀드리자면 당신들의 관점은 매우 협소하며 항상 논리적이지도 않습니다. 당신들은 지적인 연구l'étude intellectuelle를 통해 이러한 능력들을 잘 훈련(연습)시킬 수 있다는 결론을 끌어내고 있습니다. 그리고 기억력, 상상력, 추리력, 사회적 미덕들의 교육(교양)과 훈련(연습)의 다른 형태들이 있을 수 있다는 생각조차도 이르지 못합니다. 거기에 바로 당신들의 실패가 자리 잡고 있습니다. 끊임없이 늘어나 당신들의 임무 틀의 한도를 넘어 범람하는 삶의 요구사항들에 직면하게 된 당신들의 노력이 무기력한 이유가 바로 그 때문입니다.

저는 이미 기억력에 대한 제 관점을 말씀드렸습니다. 그 문제는 다른 능력들의 경우에 있어서도 똑같이 재고하게 됩니다.

상상력l'imagination의 경우요?

현재의 기술들, 만담漫談의 증가, 그에 이어 모험영화의 유행으로 상상력은 완전한 '공상Folle du logis'[50]이 되어버렸습니다. 학교가 상상력을 기르는 데에 온 힘을 다해야 했던 때는 지나갔습니다! 이제는 마치 봇물이 터진 급류와도 같습니다. 지금 문제는, 그 급류로부터 방어하고, 그것을 길들이고, 지배하고, 규범을 세우려고 시도하여 삶 속에서 상상력이 가져야만 하는 그 중요한 - 그러나 압도적인 것은 아닌 - 자리를 되돌려주는 것입니다. 당신들의 학교는 비록 시도하려고는 했지만, 실제 그 목표에 도달할 능력은 없었다고 저는 봅니다. 이 경향이 거세지는 것에 직·간접적으로 참여하고 있는 사회 모든 기관의 협력이 요구됩니다. 지나치게 부풀려지고 제어되지 않은 상상력은 개개인에게, 표면상으로는 행복인 것 같지만 깊이 들여다보면 (내적) 균형과 조화의 모든 요소들을 파괴하는 그런 도취 상태를 자아냅니다. 이 때문에 우리는 지체할 시간이 없습니다. 개인들을 지배하고 노예화하는 마취제를 그토록 필요로 하는 사회와, 같은 목적에서 결코 충족되지 않는 상상력이라는

---

50. 니콜라스 말브랑슈(Nicolas Malebranche)의 『진실을 찾아서, 인간 정신의 본질을 다루는 곳 그리고 학문에서 잘못을 피하기 위해 해야 관습』De la recherche de la verité. Où l'on traite de la Nature de l'Esprit de l'homme, et de l'usage qui'il en doit faire pour éviter l'erreur dans les Sciences, 1674-1675에서 나온 표현. 직역하면 "여관집 어릿광대".

기만적인 도취를 사용하는 사회의 광경을 보고 우리는 절망해야 하는 걸까요? 이해利害, 이익과 손해가 걸린 이 왜곡 안에서, 지식의 나무[51]를 너무 일찍 발견했던 사람들이 왜 퇴화했는지 그 원인들을 찾아내야 하지 않을까요?

언젠가 당신께 영화에 대해 다시 이야기하면서 또 그에 대한 제 생각을 다시 말씀드리려고 합니다. 오늘날 사람들이 많이 즐기는 것들을 실현해 주는 것들을 비판한다는 것은, 마치 술꾼 앞에서 포도주를 욕하는 것이나 폭식가에게 식탁 요리의 위험성을 주장하는 것처럼 민감한 문제라는 것을 저는 압니다. 사람들에게 그들 발밑에 입을 딱 벌린 나락의 심연을 너무 친절하게 보여주는 것은 부질없는 짓입니다. 그들은 삶에 떠밀려서 그리고 자신이 더는 자기 운명의 주인이 아니기 때문에 눈을 감아버립니다. 한편으로는 그들로 하여금 과거와 전통을 붙잡으라고, 다른 한편으로는 왕성한 현실[52]을 붙잡으라고 꾀하는 것이, 아울러 그들에게 성찰하게끔 하며 그 습관을 기르도록 하고 그들에게 보다 역동적이고 보다 평화롭고 보다 풍성한 삶의 형태들에 대한 감성을 주려고 꾀하는 것이 보다 나을 것입니다.

도덕적·사회적 미덕들의 장절章節은 건드리지 말고, 종교들이 삶의 규칙들로 만들고자 하는 다른 권고, 선의, 자비, 이타심 등의 장절도 건드리지 맙시다. 교실 안에서 당신들이 이론적인 설명이나, 정의, 규범, 권고를 갖다 대는 것 말고는 이것에 대해 무엇을 가르칠 수 있을까요? 점점 더 가혹하고 비인간적으로 되어가는 삶의 절체절명의 가르침들과 실제로 늘 모순되는 이것들에 대해서요?

수천 년 동안 사람들은 약속의 말들을 해왔고, 교회와 학교에서 그

---

51. 구약성서 창세기(2~3장)의 선악과를 연상시키는 대목이다. l'arbre de science: 선과 악을 아는 나무(l'arbre de la connaissance du bien et du mal)에 빗댄 지식의 나무(l'arbr de science).
52. réalités fécondes: 번식력이 있는 현실들, 풍부한 수확이나 풍성한 소출이나 성과를 내는, 왕성한 현실들.

리도 많은 설교를 해 왔으며, 대학들과 책 속에서 그리도 장황하게 철학을 논했지만 헛된 일이 되었지요. 미망迷妄에서 깨어난 사람들이 깨닫기 시작합니다. 이론과 제도를 시험하는 데에는 대大이변만 한 것은 없습니다. 인간 존재의 본질 그 자체 안에 힘을 퍼주고 뿌리를 내릴 줄 몰랐던 관념들은, 대이변이 일어나면 그 무게에 못 이겨 발아래에서 무너져 내리고 아무것도 남게 되지 않지요.

사회와 개인들 그리고 이것들을 이끌어가는 사건들이 현재 이루어내고 있는 진전 과정에서 우리가 올바르게 끌어내야 할 유일하게 좋은 점이란 교양에 대한 이런 재고再考라 할 수 있겠습니다. 교양이란, 온갖 광택의 대가大家연 하는 사람들암에도 불구하고, 말하자면 기저로부터 이루어지는 것입니다. 가치들은 사라지고 있으며, 다른 것들은 일순간 다시 표면에 떠오르는데, 거기에 나약하고 우유부단한 사람들이 매달리려고 합니다. 우리로서는 배가 난파하게 되면 사방에서 물이 차오르는 구멍 뗏목은 피해야 하고, 우리를 안전하게 인도해 줄 만큼 족히 훌륭하고 튼튼하다고 판명된 그런 피난처들로 향해 가야 합니다.

– 감을 잘 잡았습니다. 그런 과업tâche의 필요성을 잘 알겠습니다. 그런 자리에 초대해 주셔서 감사합니다. 우리에게 대담함과 도약이 결여되어 있다는 것은 의심할 바 없습니다만, 우리들의 우려와 걱정 그 자체는 인간적인 것이 아니겠습니까? 우리 스스로 만들었고, 살았고, 일했던 집은, 제아무리 누군가가, 그 집을 제대로 돌보지 않았다고 우리를 설득하더라도 결코 제 손으로 버리지는 않지요. 마치 배가 진짜 파도 속으로 가라앉는 것을 보아야만 마지못해 난파 위기의 배를 버리는 것처럼 말이죠. 왜 모험을 감수하겠습니까? 헛된 미래인 줄 알지만, 지푸라기를 붙잡고 있는 것을 포기하겠습니까?

– 마찬가지로, 자신이 알고 있고 내다보고 있다고 믿는 사람들의 건설자로의 노력은, 견고함이나 구원을 가져다줄 (다리의) 아치에 못 미치는 것은 말할 것도 없고, 신기루에서 벗어나도록 설교하는 것에도 못

미치죠… 우리는 웃통을 벗어젖히고 짓는 일bâtir을 하거나… 아니면 철학을 하고 죽거나 또 그리해야겠지요… 그렇게 한 번 지어봅시다bâtir, 원하신다면요.

– 마티유 씨, 아는 것만으로는 어떤 목표가 바람직한 것인지 구별하는 것만으로는 늘 충분치 않지요. 역시 의지를 가져야만 합니다. 현 사회의 위기는 의지의 위기라고들 하는데, 조리가 있는 말이라고 저는 생각합니다. 그것을 잊었다고 우리를 비난할 수는 없습니다. 사회가 편리함을 지향하며 서서히 진전하고 있을 때, '학교'는 의지의 창조적인 힘[53]을 끊임없이 찬양했습니다. 우리 스승들은 놀이와 흥미에 근거해서 개인의 노력을 – 이 노력이야말로 모든 성공들의 기본이라는 사실에는 우리 모두 동의하지요 – 과소평가하는 교육학의 경향들과 정말 자주 대립각을 세웠습니다.

우리는, 아이들이 자기들 주변의 삶에 또한 자연과 인간의 일에서 일어나는 변화무쌍함에 흥미를 느끼며, 우선 그들 자신에게 와 닿는 것을 배우고 싶어 한다는 것을 잘 알고 있습니다. 당신은, 우리가 아이들을 엄격한 교실 – 그곳에 들어오면 필경 울부짖고 이를 갈게 되는 곳[54] – 로 들어오게 한 후 금욕을 하도록 가두어놓아 그들을 그런 성향들로부터 억지로 떼어놓고 있다고 우리를 비난합니다. 관점의 문제이겠지요. 만약 '학교'가 할 수 있었는데도 그만큼 늘 흥미진진하지 않았다면, 그것은 많은 부분 학교가 그것을 전혀 원하지 않아서 그런 것이지, 결실 없는 즐거움과 수동성을 향한 가치를 떨어뜨리는 이 노선과 싸워보지도 않고 양보한 것은 아닙니다. 학교는 단지 어렵기 때문에, 그리고 의지의 노력이 불러일으켜진다면 그것 자체로 보상과 이익을 가져다주기 때문에, 공부만 하도록 일찍부터 학생들의 욕구를 억제하는 것이고, 학

---

53. la puissance créatrice de la volonté, 베르그손(Henri Bergson)의 '창조적 진화'(L'évolution créatrice)와 루소(Rousseau)의 '일반의지'(volonté générale)나 니체(Friedrich Nietzsche)의 '권력에의 의지'(Wille zur Macht)를 연상시키는 표현.
54. 신약성경 마태복음과 누가복음에 "거기서 울며 이를 갈리라"라는 표현이 있다.

교가 가치를 부여한 본질적인 문제들에 낯선 모든 생각들을 억누르는 것입니다. 이것만으로 되는 게 아닙니다. 거기에는 반드시 끊임없는 비난, 협박, 약속, 처벌, 뒤흔들고 찌르는 영원한 가시[55], 누구도 학교를 없애지 못하게 하는 모든 방어벽과 자극제라는 장치가 있어야만 합니다. 사람들은 항상 우리에게 몽테뉴의 말[56]을 던져놓지요. "포로가 된 젊음의 감옥!"… 하지만 고통 없이 우리가 도달하거나 이룰 수 있는 대단한 것들이 뭐가 있나요? 소는 근육을 움직이고 머리를 앞으로 내밀면서 밭고랑을 갈지 않나요? 우리는 아이들이 용감하고 이성적인 행동으로 스스로 고양할 수 있도록 스스로 에너지를 갖추라고, 자신의 감정을 억누르라고, "의지를 가지라!"vouloir고 가르칩니다.

우리가 이 지고한 희생을 해야만 한다고요? 그 많은 진부한 경향들에 우리의 운명을 던지라고요? 우리 또한 그 물 흐름을 따르며 가겠다고 허용해야만 한다고요?

― 축하드립니다. 우리가 토론을 지속한 이래 당신이 이렇게 분명한 공격의 의지를 표현하시고, 학교의 취약점들에 대해 용서를 구하지 않고, 학교 개념들의 논리가 통용되도록 시도하시는 것은 처음이니 말입니다.

거기에다가 당신은 흥미, 의무, 노력 그리고 특히 주지주의자들 가운데서 모질게 지속되고 있는 역설적 의지의 양성la culture de la volonté des paradoxes에 대해서도 의견을 표명해 주셨습니다. 하지만 용서하세요. 저는 당신의 의견에 동의하지 않습니다.

---

55. '영원한 가시'(l'aiguillon permanent)라는 표현은 사도 바울의 '육체의 가시'(신약성서 고린도후서 12: 7)를 연상시킨다.
56. 몽테뉴(Michel de Montaigne, 1553-1592)는 체벌교육과 훈련교육을 반대하면서 이러한 교육을 담당하는 학교를 감옥으로, 학생들을 죄수로 비유한다. "수업 시간에 들어가 보라. 당신은 고문당하는 학생들의 울부짖음과 술에 취한 채 격노한 선생님들의 외침밖에 들을 수 없을 것이다. 부드럽고 유약한 어린 영혼들을 인도하기 위해 공포의 찌푸린 얼굴과 회초리를 들고 수업하는 것을 생각해 보라! 사악하고 유해한 체계!." 김창환, "몽테뉴", 연세대교육철학연구회 편, 『위대한 교육사상가들 2』(서울: 교육과학사, 1998), 14.

첫 번째 잘못은 당연히 당신들 교육의 지나치게 장황한 말과 분석에서 비롯됩니다. 당신들 쪽의 심리학 분야의 스승들은 그들의 연구에서 가치가 아주 없는 것은 아니지만 인간 개개인의 특정 기능들과 특정 성향들을 구분할 필요를 알게 되었고, 그 다양한 요소들을 자의적으로 자신들의 저서들 속에서 따로따로 떼어 놓았지요. 그들은 당연히 '의지 la Volonté'라는 것에 대해 사례 한 가지, 혹은 한 장章을 할애했습니다. 그들이 늘 바보는 아닌지라 그들의 엄격한 분류에도 불구하고 그들이 잘 느낄 수 있었던 것은, 자신들이 간명히 밝혀주는 관념[57]에 이르기에는 거리가 멀다는 것, 그리고 자연은 적잖이 그 신비스러운 복잡성을 지키고 있다는 것이었습니다. 그러나 그들의 제자들은 – 아니 학생들 혹은 독자들이라는 편이 낫겠네요 – 그러한 분류가 몇몇 경우에 구현하는 단어와 추상적 개념을 무엇보다도 맨 먼저 보았던 것입니다. 그래서 그들은 우리 안에는 – 어느 정도의 자율성을 가진 – 하나의 힘 즉 사람들이 '의지'라고 부르는 힘이 있으며, 그것이 우리의 생각을 이끌고, 우리의 정신을 훈련하고, 우리의 육체에 명령을 내릴 수 있는 권한을 우리에게 부여한다고 믿게 되었습니다. 만약 그렇다면 분명히 이 우월한 능력을 특별히 기르고 단련시키는 것만으로 충분할 것입니다. 그래서 인간이 자신의 육체와 정신을 지배할 수 있도록, 또 이를 통해서 그리고 육체와 정신을 통해서 운명의 요소들조차도 지배할 수 있도록 말입니다.

이런 초보적인 사유를 하면, "할 수 있기 위해서는 원해야(의지가 있어야) 한다vouloir pouvoir"면 충분합니다. 인도의 한 현자가 "원하기 위해서는 할 수 있어야pouvoir pour vouloire 한다."라고 그토록 많은 양식 良識과 인류애로써 주장했던 것은 잊은 채 말입니다. 따라서 당연히 학교에서는, 당신들이 믿기에 당신들의 학생들이 원하도록 훈련시키는 것

---

57. idées, idée: 사물에 대해서 정신이 가지는 관념(觀念), 생각, 의견, 사상으로 새길 수 있다. concept는 주로 논리학의 전문 용어로, 사물에 대해서 정신이 가지는 추상적인 관념이다.

이 됩니다.

당신 말을 따르자면, 아이들이 자신의 본성을 자제하도록, 그들에게 전혀 본성적이지 않은 규칙이나 사상에 그 본성을 굽히도록 아이들을 훈련하는 것이 중요하다고 볼 수 있겠습니다. 이런 관점에서 보자면, 사실 공부가 고생스러울수록 개개인의 즉각적인 욕구에 덜 부응하는 것이고, 그 공부가 더 많은 노력을 요할수록 보다 유익하다는 것입니다. 왜냐하면 그러한 공부가 오로지 의지의 긴장(불굴의 의지)을 통해서만 실현될 수 있는 활동들에 습관을 붙여주기 때문이라는 것입니다.

저는, 역사 속에는 그 의지만 가지고 비상의 상황에서 놀라운 경지에 도달한 인물들이 있다는 것을 압니다. 오직 의지만이 그들에게 비범한 행위를 할 수 있는 영감을 준 것 같아 보이지요. 우선, 저는 이런 예외적인 상황으로 논리를 펴는 것을 별로 좋아하지 않습니다. 이것은 마치 사람들에게 음악을 하도록 격려하려고 모차르트나 베토벤을 예로 드는 것과 같으며, 데생이나 유화를 해 보라고 하면서 레오나르도 다빈치 같은 이의 삶과 작품들을 보여주는 것과 같습니다. 이러한 천재들은 대중들의 평균적인 가능성과는 너무도 거리가 먼 사람들이어서, 대중은 오히려 그들을 도저히 흉내낼 수 없는, 반은 신(半-神)같은 존재들로 여깁니다. 만약 사람들이 저에게 소크라테스 같은 사람이 떨지 않고 독을 마셨다거나 혹은 그보다는 더 가까운 시대의 어떤 영웅이 "너는 떨고 있구나, 카르카스야!"[58]라고 말하면서 꿋꿋한 걸음걸이로 죽으러 갔다고 말한다면, 저는 그 말의 해석이 충분하지 않다고 반박하거나 혹은, 그들을 지탱해 준 것은 의지가 아니라 생명보다 더 소중한 품격 높은 하나의 이념이며, 그것을 위해서 자신을 희생하는 것은 우리가 생각하는

---

58. "Tu trembles carcasse!", 루이 14세 때 야전 사령관이었던 투렌느의 자작 앙리 (Henri de La Tour d'Auvergne, vicomte de Turenne, 1611~1675)가 그의 마지막 전투인 1675년의 전투에서 그의 말(馬) 카르카스에게 한 말: "너는 떨고 있구나, 카르가스, 그러나 내가 너를 데려갈 곳을 만약 네가 안다면 더 심하게 떨었을 것"(Tu trembles, carcasse, mais tu tremblerais bien davantage si tu savais où je vais te mener!)에서 따온 인용. (영역자 주)

것보다 아마도 덜 어려운 일이었을 거라고 반박할 겁니다.

아니지요. 인간의 행위는 결코 의지의 노력만으로는 실현되지 않습니다. 왜냐하면 그것들은 결과, 즉 모든 행동의 성과이기 때문입니다. 격렬하게 산을 타고 내려오는 급류가 흘러가는 길에 돌이나 나무를 뽑아 버린다면 그것은 그 물살 안에서 장애물들을 쳐내려는 악마의 천재성과 같은 의지나 능력이 있기 때문이 아닙니다. 이 파괴력은, 자의적으로 떼놓지 않는 한 따로 떼어 낼 수 없는 유량, 경사도, 낙차, 환경적인 조건들, 그리고 돌발 요소가 - 심지어는 바위나 요새로나 쓰일 얽힌 그루터기가 급류에 휘말리는 단순한 우연 등 - 그 안에서 작용하는 복합물에 불과합니다.

우리들 인간에게 있어서도 마찬가지죠: 소크라테스가 침착하게 독을 마셨다면, 그것은 그 행위로 그를 이끌어 준 사건들의 총체가 그러한 태도를 꼭 필요하도록 만들었기 때문입니다. 그의 철학이나 가르침에서 나온 고귀한 가치에 대한 신념, 인간의 존엄성에 대한 고양된 개념, 모범을 보이려는, 그것도 끝까지 모범을 보이고자 하는 습관, 자긍심 혹은 어쩌면 그를 고양하고 예찬하도록 하는 그 대의大義 때문에 고통받는다는 내적 즐거움조차도 있을 수 있었겠지요. 자, 이것들이 바로 소크라테스가, 권위를 잃지 않고 그 밖의 다른 태도를 취할 수 없도록 만들었던 이유들입니다. 망설이거나 불평하는 것은 자신의 삶 전체를 부정하는 것이었을 테고, 용기는 그 모든 것의 결말이었을 겁니다.

사람들이 소크라테스에게 들어맞는다고 말할 수 있는 것은, 평범한 사람들에게는 이른바 의지의 표명이라는 것에 더 잘 들어맞습니다. 당신이 당신 자신을 돌아본다면, 오직 당신이 그것을 원했기 때문에 어떤 배타적인 행동을 하기에 이른 경우가 흔히 있는지 알 수 있을 겁니다. 표면상으로는 아마도 그럴 겁니다만, 내면 더 깊숙이 진솔하게 들여가 보도록, 이 행위의 실제 결정적인 것으로 여겨지는 것들, 명백하게 드러난 혹은 감춰진 이유들을 가려내 보도록 스스로 애써 보세요.

흥미, 자존심[59], 자만, 가족적·사회적 필요성, 지적 관념들, 심리적 성향들, 굳이 삶과 다른 존재들을 지배하기 위해 스스로 빼어나야만 하는 너무도 일반적인 필요성을 헤아리지 않더라도 말입니다. 그리고 당신은 완전히 발가벗겨진 의지 ─ 전적으로 정신이나 뇌의 명령 아래에서 행동하게 하는 독립적인 것이라고 말할 수 있는 힘 ─가 우리 행동의 한쪽 구석에 들어박혀, 전적으로 '의지'意志에 의한 바에 따라 행동하게 되는데, 실상 그런 힘은 겉으로 드러난 것처럼 존재하지 않는다는 것을 알게 될 겁니다.

따라서 의지의 이 스콜라적이고 철학적인 형태가 단지 연구자들 편의의 창조물이라면, 우리는 훈련으로 그것을 직접 기를 수 있다는 주장을 거의 할 수 없을 것입니다. 그리고 개탄스럽게도 이것이 당신들이 전반적으로 패착을 두었다는 것을 설명해 줍니다.

그래서 이 영역에 있어서는 기억력의 경우에서보다 완전 패착입니다. 전체적으로 당신들에게는 독창적인 행위의 특정 가능성들을 효과적으로 고양하는 스파르타식 다루기가 있습니다. 학생들이 전혀 내켜 하지 않는 무미건조한 작업을 참고, 견디고, 그에 대처하는 데 익숙해지지 않도록 주의하세요. 그들의 의지를 강화하지 않는 것은 물론이거니와, 그들을 수동성과 그들의 인격을 이중성 쪽으로 몰아붙이지 않도록, 그래서 결국 행동하는 것이 두려운 무능력한 상태가 되지 않도록 주의하세요.

그렇다고 제가 사람들이 특징적으로 견지해 왔던 능동적인 성향의 존재를 부인한다고 믿지는 마세요. 이 능동적인 성향은 우리의 존엄성의 감정과 적어도 우리의 자유로운 운명에 대한 환상을 가장 잘 부여하고 있기 때문이지요. 하지만 우리는 이 힘의 근원과 본질을 개개인

---

59. amour-propre: 자존심으로 새겨지며, 사회 안에서 남과의 비교로 생기는 것으로 루소(Jean-Jacque Rousseau, 1712~1778)는 amour de soi(자애(自愛), 자신의 생명을 지속적으로 보존하려는 자연스러운 충동)와 구분하고 있다.

의 내면 깊숙한 곳에서 - 사람들의 심리적인 기질 안에서, 평범한 태도는 물론 잠재의식 속에서 - 찾아야만 합니다. 제가 말씀드렸다시피 그것은 결과물입니다. 마치 열과 빛 그리고 전력이 집의 각 층마다 아늑함과 생기를 불어넣는 것처럼 말이죠. 그것들은 구조물을 올리거나 끝맺음하여 집을 살 만하게 만드는 것이 아닙니다. 그것들의 유용성과 그것들의 부드러움과 빛남은, 무엇보다도 두껍고 곧게 벽돌을 쌓았던 벽돌공의 기교, 지붕을 놓았던 목수의 능란함, 문과 창문을 달았던 소목小木 장인의 붙이고 다는 솜씨 등이 작용한 결과입니다. 과거와 현재에 이 걸작을 완수하는 데 협력했던 모든 무명의 노동자들을 언급하지 않더라도 말입니다.

무엇보다도 먼저 공감하는, 교육적인 환경의 틀 안에서 참을성 있게 건축물을 세우는 그런 성실한 작업을 가르치세요. 아이들에게 너무 의지를 요구하지 마세요. 그보다는 일상생활의 규칙을 따르라고, 지혜롭게 자신의 집을 건설하는 데에 집중하라고 요구하세요. 그런 후 그 집에 불을 밝히는 것은 매우 단순한 일이 될 겁니다.

좋은 조언을 하나 드리자면, 학교에서 또 (학교 밖의) 삶의 현장에서도 물론, 너무 많이 의지에 대해 말하지 마세요. 결정적으로 소모적이고, 사람들이 가치를 부여했던 희망들을 속이는 것은 바로 이 말입니다.

- 하지만 인간이 동물들보다 뛰어난 것은 바로 이 의지를 통해서가 아닌가요?

- 거기에는 말과 신조의 잔재들이 있습니다. 확신을 위해서라면 어떠한 대가라도 치르겠다는 사람들에게 철학자들이 꼴(가축의 사료)로 던져놓았던 그 교리문답 같은 그 신조들 말이죠…

언젠가 저는, 약간 불가피한 회의주의에도 불구하고 사람들이 여전히 그 이름을 인용하고 있는 한 사람을 만났습니다. 평생 살면서 많은 고뇌를 덜어내었는데, 제가 보기에 이것은 영광의 타이틀로 충분하다고 봅니다. 젊은 시절에 그는 초월적인 공부에 몰두하지 못했습니다. 단지 더 나은 삶을 살도록 사람들을 가르칠 수 있는 몇 가지 초보적인 사실들을 확신했습니다. 아니, 그는 의지와 상상력 사이에 충돌이 있을 때면 언제나 의지가 패배한다고 확신하였고 예를 들어 이것을 증명하곤 했습니다. 당신이 자전거 타는 법을 배우는데… 돌 하나를 보게 되었다고 합시다… "안 돼, 저걸 피해야 해!"라고 하면서 당신은 근육과 정신과 장애물을 피하려는 의지를 집중시키죠… 그러나 당신은 그 돌 위로 굴러갑니다. 틀림없어요… 혹은 당신이 어떤 단어를 잊어서 그것을 기억해 내려고 애를 쓴다고 합시다. 당신이 강렬하게 '바라면'VOULER 바랄수록, 기억은 그 비밀을 당신에게 넘겨주지 않으려고 고집을 부립니다. 당신이 바라기vouloir를 멈추면, 그 단어는 잠시 후 별다른 노력 없이 저절로 떠오릅니다. 신비롭지요!

저는, 그와 같은 이론의 지고至高의 미덕들을 믿으라고 당신에게 강요하지 않겠습니다. 그 이론은 아마도 꽤 단순하고, 특히 그 치유적이며 인간적인 가치를 지능에서, 신념에서, 고결함에서, 선의에서 끌어온 것으로, 그 옹호자가 그 이론을 발전시켰던 것들입니다. 그에 대해서 제가 말씀드렸던 것은 적어도 의지의 문제, 다시 말해서 의지의 계발에 대한 문제는 모조리 재검토해야 한다는 것을 당신께 보여주고 있습니다.

개인의 행복을 지향하는 성향들을 비인간적으로 억압하지 않고서는 의지를 강력하게 교육할 수 없다고 생각하는 것도 똑같이 심각한 잘못입니다. 마치 의무는 어디에서나 그리고 늘 폭력적인 강요 그리고 고통의 박탈이라는 검은 가면을 쓰고 있다는 것처럼 말입니다.

거기에는 원죄에 대한 기독교의 케케묵은 관념으로부터 물려받은 것들이 있습니다. 만약 정말로 인간이 타락하고 부패했다면, 인간의 본성조차도 거슬러 끊임없이 싸우게 하고, 그 성향들과 그 열정들과 욕망들을 억누르며, 단지 그에게 대가를 치르도록 강요하는 것이 이치에 맞습니다. 왜냐하면 고통과 희생만이 유일한 속죄일 테니까요. 하지만 이렇게 해서 실제로 우리가 더 높은 도덕성에 이르게 될까요? 또 사람들은 성스러운 계시와 영원한 복(하느님의 은총의 복)에 대한 소망을 보상으로 제공하면서, 이러한 희생들을 완화하고 정당화해야만 하지 않았나요? 뭐랄까, 확실히 이러한 고통과 희생들은 실제로 이루어지기에는 별로 관심거리가 되지 못한다는 것입니다.

보다 진솔하고 보다 품격 있는 겸손으로 행동해야 할 때입니다. 우리의 성향, 우리의 충동, 우리의 행동들은 모두 너무도 악마적인 영감을 받은 것들이어서, 우리가 다짜고짜 그것들을 억제해야만 한다고 끈질기게 믿는 것, 그것은 우리 자신을 비방하는 것입니다. 만약 겉으로만 본다면 그럴 수도 있겠지만, 사람들이 타오르는 '불꽃'을 주시한다면 - 모든 어른이라고는 말하지 않겠습니다. 왜냐하면 그들 속에 있는 불꽃은 흔히 불쌍하게도 꺼져있기 때문이죠. 그러나 모든 아이들 속에는 불꽃이 있죠 - 그럼에도 불구하고 다른 희망들을 간직할 수 있습니다. 제가 불꽃이라고 부르는 것을 어느 하나의 종교나 어느 하나의 신앙을 전제하는 초자연적인 어떤 계시라고 생각하지 마세요. 단지 제가 말씀드리려는 것은, 생명이란 본래 모든 개개인 안에서 스스로 힘차게 드러낸다는 것, 그리고 우리는 개개인 안에서 앞으로 나아가고자 할 때 우리를 지탱해 줄 수 있게 해주는 그런 힘 있는 본성적 성향을 구분해 낼 수 있다는 것이죠… 어디를 향해 나아가느냐고 물으시겠죠?

저는 빅토르 위고의 시로 대답하겠습니다.

당신이 말씀하시기를: 어디로 가느냐? 저는 그걸 모르죠, 그리고 그리로 갑니다.
길이 곧으면, 결코 나쁘지 않은 길입니다.
제 앞에는 낮이 있고 제 뒤에는 밤이 있으니,
이거로 제겐 충분하죠…(저는 장애를 허뭅니다)[60]

우리들 농부들은요, "이런 땅은 소출을 내지 않죠, 왜냐하면 엄청 나쁜 땅이고 악마가 살고 있기 때문입니다. 씨를 뿌리기 전에 악귀를 쫓아내고 그 성질을 바꾸어야만 한다."라고 단언하지 않습니다. 아니지요, 우리는 경험으로 모든 토지는, 불모의 땅처럼 보일지라도 생명의 놀라운 요소들을 적잖이 그 안에 가지고 있다는 것을 압니다. 단지, 우선 그 요소들을 드러내고, 이어서 그 작용을 거스르거나 막는 대신 합리적으로 이용하면서, 그 잠재성과 그 가능성의 의미에서 결실을 보도록 도와주어야만 합니다.

이 바위산은 분명히 가냘픈 뿌리를 가진 밀이나 물에 목말라하는 복숭아나무를 키울 수는 없을 것입니다. 하지만, 자 보세요, 그것이 황금빛 망토의 금작화로 뒤덮이는 것을 방해하지는 못합니다. 갈라진 틈 사이로, 거친 떡갈나무 사이로, 몇몇 화려한 무화과나무가 자라나 가을에는 무화과로 뒤덮여 새들한테 좋은 먹이가 되고 있습니다. 포도나무조차도 착 들러붙어 열매를 맺기도 하는데, 포도나무들은 돌 사이의 갈라진 틈에서 충분한 자양분을 의심 없이 찾아냅니다.

자연은 우리에게 '못된 계모'marâtre인 적이 없습니다. 개개인은 누구든, 혜택을 받았든 못 받았든, 마찬가지로 생명과 진리에 대한 그들의 몫을 똑같이 생산할 수 있습니다. 단지, 우리는 단단한 돌이 섬세한 식물을 받아들이라고 요구해서는 안 되며, 서둘러 그 불모성을 결론 내려도 안 됩니다.

예, 바로 이것이 교육에 있어서 본질적인 것이 되어야 하는 것입니다. 모든 인간, 특히 모든 아이들은 그 안에 생명의, 적응의, 그리고 행동의 믿기 어려운 잠재성을 가지고 있습니다. 오늘날까지 우리는 이것들을 알아차리지 못하고 있습니다. 그래서 교육학의 전통이라는, 형이상학적 신념이라는, 혹은 합리적이고 과학적인 발견이라는 미명하에 그것들을

---

60. 빅토르 위고의 "1846년 필기"(Écrit en 1846), Les Contemplations에 수록 "Vous dites: Où vas-tu?/Je l'ignore; et j'y vais./Quand le chemin est droit,/jamais il n'est mauvais./J'ai devant moi le jour/et j'ai la nuit derrière; /Et cela me suffit; je brise la barrière." 가운데 맨 끝 je brise la barrière가 생략된 채 인용되었다.

억제해 왔습니다. 우리는 그것들을 재발견하고 싹트게 해야만 합니다. 그래서 우리의 모든 교육적 관여가 이 역동적인 잠재력들에 바탕을 두 도록 말입니다.

즐거움이나 고통은 이차적인 문제입니다. 즐거움을 자아낸다고 해서 그것이 꼭 나쁜 것은 아니며, 경험이 증명해 주듯이 우리들 삶이 걸린 대세를 충족시키려면, 우리는 그만큼 용감하게 고통과 희생을 감수하 고, 용감히 맞서고, 심지어 그것들을 추구할 수 있어야 합니다. 하지만 외부에서 부추긴 흥미를 자극한 즐거움이 개개인들의 개성을 망가뜨릴 위험이 있는 것과 마찬가지로, 외부로부터 강요된 고통은 저주나 불공 정처럼 늘 억누르는 역할을 하며 그런 이유에서 정상적인 교육에 반합 니다.

주요 본능들의 충족은 개개인들의 행동을 이끌며 유기적인 기쁨을 늘 동반하는데, 이는 개개인에게 실속이 있는 것입니다. 그리고 종교인 들조차도, 만약 그들의 신비로운 신앙생활에서 묘하고도 격렬한 기쁨을 마치 천국의 행복을 미리 맛보는 것처럼 끌어내지 않는다면, 덜 열광적 일 것입니다.

빅토르 위고는 "새벽은 노래하면서 오지, 포효하며 오지 않는다"라고 했습니다.[61]

그런데 보십시오. 당신들은 당신들의 피상적인 실행과 개념들로 모든 것을 왜곡했습니다. '학교'란 기쁨을 체계적으로 탐구해서도 안 되며, 더더욱 고통을 배양해서도 안 됩니다. 기쁨과 고통은 결코 심오한 힘이 아닙니다. 그것들은 단지 조화로운 엔진의 매끈한 기름칠한 놀림이거나 그게 아니라면 비정상적인 작동과 위험한 파손이 있음을 알려주는 삐 걱거리는 소리나 먹먹한 제동장치가 내는 것 같은 표현들이거나 표시 들입니다.

---

61. Victor Hugo(1802~1885)의 À propo d'Horace(1831년 5월)의 구절.

교육이 가진 중대한 문제들을, 엄하고 반反자연적인 학교를, 오늘날 사람들이 '웃음 학교l'École riante'나 '즐거운 학교l'École joyeuse'라고 부르는 학교들로 제멋대로 대체하는 것으로 해결할 수 있다고는 생각하지 마십시오. 그것은 쉬이 사라지지 않는 현실을 덮는 속임수 가면을 단지 그려 넣는 것이며, 그 현실은 기껏해야 아마도 조금 왜곡될 뿐입니다. 그리고 당신들은 아이들이 즐거움을 위한 즐거움을 찾는 데에 습관을 들이게 할, 고통을 - 이것은 단지 즐거움의 반명제에 불과한데 - 피하는 습관을 들이게 할 위험이 있습니다.

- 당신은, 하지만 아이들이 생각하고 행동하도록 밀어붙일 수 있는 모든 경향을 사용해야 한다고 말씀하지 않으셨나요? 아니, 즐거움, 유쾌함에 대한 욕구 그리고 특히 놀이의 추구는 분명 자연적인 성향들이며, 아마도 가장 강력한 성향들의 범주에 들 것입니다. 왜냐하면 아이들은 어디에서나 그리고 늘 놀지요. 놀이에 온통 재주가 있기 때문입니다.

- 놀이를 즐거움과 고통에 연결하는 것은 잘못입니다, 롱 씨.

아이들은 때로는 굉장히 심각하게 놀이를 합니다. 그리고 그래서 위험과 고통을 직면할 수 있지요. 즐거움과 고통은, 그것이 어떻게 보이든 깊은 내면의 표현은 아닙니다. 아니 차라리 그것들은 그냥 표현들일 뿐입니다. 그리고 우리들이 만약 그것이 기능하는 것에 결정적인 방식으로 영향을 끼치기를 원한다면, 우리들은 그 본질적인 메커니즘에 도달해야만 합니다.

이 신비로운 수액樹液을, 토양을 비옥하게 하는 그러나 가장 메마른 암석이 묘하게, 하지만 탁월하게 역동적으로 걸러내는 그런 신비로운 수액을 되찾아야 합니다. 매년 봄에 신생의 기적을 만들어내고, 매년 가을에 또 다른 결실의 풍성함의 신비를 만들어내는 이 생명의 작은 부분을 되찾아야 합니다.

제가 이 모든 것들을 약간 우기고 있고 또 어설프게 중언부언하는 점이 없지 않다는 것을 압니다. 이것은, 당신들 쪽의 교수들과 당신네

학자들의 복잡한 사고체계에 – 이 체계들이 권위를 세우는데요 – 제가 전혀 친숙하지 않기 때문입니다. 저를 분발시키는 사유들이 있긴 하지만, 그것들을 충분하고 정확하게 설명하기란 저로서는 매우 어렵습니다. 하지만 제가 이해하는 것은, 그럼에도 불구하고, '학교'란 늘 진정한 문제들의 변죽만 울리고 지성은 치켜 세우지만 삶 자체는 속이는, 비합리적인 전통을 결국 따른다는 것입니다.

자기가 이해 못 한 행동들, 아무런 매력도 느끼지 않는 그런 행동들을 하라고 아이들을 강요한다고 해서 아이들이 강하고도 결정력 있는 의지를 가지게끔 습관을 들일 수 있는 것은 아닙니다. 무엇을 무엇 때문에 원해야 하나요? "의지를 가져야만 한다!"라고 하는 것만으로는 충분치 않습니다. 또 어떤 방향으로 그 의지를 실천해야 하는지 분간할 필요가 있습니다. 당신도 아시다시피, 선善 못지않게 악惡을 위해 자신의 의지를 사용하는 사람들도 있지요. 심지어 악 가운데서도 놀랄 만한 참을성과 의지를 보여주는 사람들도 있습니다. 의지의 작용은 신비한 생명의 작용과 뗄 수 없고, 어느 하나를 기르면 다른 하나도 기르게 마련입니다.

필요한 것은, 의지를 가지는 법을 배우는 것이 아니라 사는 법을 배우는 것이고, 이것은 숙제를 내거나 단원을 암기하는 것보다 훨씬 더 까다로운 기술art입니다. 게다가 당신은 세 가지의 주요 구성 요소들을 결합해야만 성공할 수 있을 것입니다. 먼저 위험에도 불구하고 살고자 하는, 성장하고자 하는, 그리고 모든 노고와 고난을 극복하고자 하는 그런 불굴의 의지가 보이는 지속성입니다. 이 의지는 가장 하찮은 존재도 움직이게 하며, 어린아이에게서 이것은 끈질긴 힘을 발휘합니다. 두 번째는 주변 환경에 대한 교육적 참여와 호의적인 협력입니다. 그리고 마지막으로 직관과 교육자들의 지적이며 공감적이고 활동적인 이해력입니다.

이 모든 점에 대해서 다시 이야기를 나누기로 합시다. 원하신다면요.

23
철학을 찾아서[62]

우리는 인간의 본성에 무지하여, 교육은 겉으로는 분명
과학적이고 객관적인 것처럼 보이지만 단지 가짜 미끼에 불과하다.
우리가 우리 활동의 기초와 방향을 찾아가야 하는 것은
바로 개개인 안에서다.

– 이곳은 우리의 직성에 맞는 곳이네요. 롱 씨가 손을 비비며 말했다.

– 이미 풍성한 수확이 짐작되는 푸르름 속에서 맞이하는 이 같은 아침은, 이해관계를 떠난 공평한 모든 행위에 없어서는 안 될 이런 낙관주의를 조금이나마 되돌려주기에 제격입니다. 여기서는 인간과 그들의 광기를 잊기 시작하고, 모든 새출발의 원천에 있으며 또 있게 될 힘과 정신적으로 훌륭하게 소통하게 되지요.

– 그래요, 하지만 어떻게 우리네 학교에서 이러한 환경의 영감을 받을 수 있으며, 이 힘에 호소할 수 있을까요? 참 마음을 아프게 하는 문제입니다!

– 저는 지식교육 즉 우리들 현대적 교육(교양)의 정상적 산출물이라 할 수 있는 "빈 그릇 채우기"식 주입교육의 심각한 잘못에 대해 말씀드렸습니다. 또한 지식과 기술technique로부터 시작해서 세계를 이상으로 끌어올려야 할 철학, 그것이 어떻게 세계를 발버둥 치는 비극적인 막다른 곳으로 몰고 갔는지에 대해 말씀드렸습니다. 우리는 필연적으로 그것이 아닌 다른 것을 찾아야만 합니다.

학교에 대한, 분명 합리적인 것처럼 보이는 개념이 있습니다. 제가 말

---

62. À la recherche d'une philosophie: 프루스트(Marcel Proust, 1871~1922)의 『잃어버린 시간을 찾아서』À la recherche du temps perdu를 연상시킨다.

씀드렸던 그 운전학교 강사의 학교가 그 예가 되겠지요. 이 경우에 있어서 우리는 이 학교의 성격, 목적, 기능 안에서 각각 일종의 이중성을 마주치게 됩니다. 즉, 어떤 기술적 훈련 과정에 있어서는 형성, 교육(교양), 윤리를 자처하는 모든 것들을 포기하게 될 것이고, 결국 오직 기술적이고 직업 전 준비와 세부 전문적인 준비의 역할에만 만족하게 될 것입니다. 그리하여 교사들은 이 훈련 과정에서 학생들이 자신의 특수 분야에서 능숙하고 유능해지도록 훈련시키는 것에 만족하게 됩니다. 마치 운전학교 강사들이 기록을 세우며 운전자들이 단기간에 시험을 통과할 수 있도록 훈련해 줌으로써 일정한 유명세를 얻기에 충분한 것처럼 말이죠.

그러한 기능에 대해서는 어떤 환상도 스스로 만들어내지 않지만, 그 기능은 개개인들의 행동거지, 경제적 발전 그리고 사회적 관계의 조화에 적잖은 반향을 일으킵니다.

그와 나란히 하나의 형성적인 훈련 과정도 있지요. 인간 형성에 없어서는 안 될 준비 과정에만 따로 매달리는 교사들과 함께 말입니다. 왜냐하면 능숙하고 유능한 일꾼이 되는 것만으로는 충분하지 않기 때문이고, 효율적으로 일하는 것 - 마치 거대한 산업 기계의 중립적이고 무차별적인 톱니바퀴처럼 - 만으로는 충분하지 않기 때문입니다. 우리의 몸 안에서도 각 기관은 우선 그 임무를 다합니다만, 동시에 기관들이 서로서로 기능적으로 의존하면서 작용하도록 하는 전체적인 조화도 있는데, 이것은 그들 특정 작용의 동인이자 조절체이고 존재 이유입니다.

마찬가지로 지식과 기술적 자격은 복잡한 사회기능의 한 요소에 불과합니다. 지적으로 일하고 최대의 효율로 일하는 것은 꼭 필요합니다. 사회적으로 다양한 수고로운 일에 책임감과 열정을 가지고 매진한다는 것, 자신을 공동체의 정상적인 톱니바퀴로 느끼는 것은 똑같은 삶의 조건들의 하나로서 모두 없어서는 안 될 것이고, 이것 없이는 어느 것이 우선이고, 어느 것이 상위인지를 미리 보는 것(豫見)도 불가능할 것 같습니다.

양자는 서로를 필요로 하고 서로서로 보완적입니다. 이것들을 동시에 준비해야 할까요, 아니면 개개인이 경쟁하듯 준비해야 할까요? 같은 학교 안에서 아니면 다른 교육기관들에서 (준비해야 할까요)? 어떤 목적으로, 어떤 리듬에 따라서 (준비해야 할까요)?

─ 교육의 두 가지 필요한 목표 사이의 이러한 구분이 갈수록 더 심화되고 있습니다. 왜냐하면 오늘날 사람들은 단지 중등교육 차원에서뿐 아니라 기술훈련formation과 일반교육culture générale에 대해 말하고[63] 있기 때문입니다.

─ 물론 그것들 사이의 상호 작용에 대해 정확히 파악해야 합니다. 하지만 애석하게도 오늘날까지 존재하는 혼동 때문에 중대한 문제가 뒤죽박죽 되어버렸고 학부모 대중은 그로 인해 여전히 갈피를 잡지 못하고 있습니다. 어제저녁에도 노모老母 뜨와네뜨la vielle mère Toinette[64]는 지금 마을에서 가장 멋진 양 떼를 가지고 있는 아들 르네René[65]에 대해 저에게 "그는 셈도 잘하고 고객들에게 배달해야 할 목록을 종잇조각에 쓸 줄도 알아. 알면 늘 쓸모가 있어!La science, ça sert toujours!"라고 말씀하시곤 하지 않으셨던가요?

좋습니다. 사람들은 아는 것(학문)la science이 늘 유용한 것만은 아니라는 것, 그릇된 방향으로 가면 그것은 착취, 도적질, 전쟁 그리고 패배로 이끌 수 있다는 것을 알아야 합니다. 해악을 아는 것이 바로잡는 첫 조건이며, 이것이 바로 이 두 가지 구분을 ─ 대개 사람들은 그 파장을 낮게 잡아보는데요 ─ 장황하게 당신께 설명드렸던 까닭입니다.

허나, 다시 우리 주제로 되돌아 갑시다. 즉, 그렇다면 어떻게, 한편으

---

63. 직업교육과 인문교육의 구분을 말하고 있다.
64. Molière 희곡에 Marc Antoine Charpenter가 음악을 붙인 "La Malade Imaginaire"의 등장인물(하인) Toinette를 연상시키기도 하고, 프랑스 대혁명 때 루이 XIV의 왕후 Antoinette를 연상시키기도 하는 이름이다.
65. 프랑스 철학자 데카르트(René Descartes, 1596~1650)를 연상시키는 이름.

로는 기술적 준비 또 다른 한편으로는 도덕적이고 사회적인 형성(인간적인 가치 교육)이 서로 조화를 이룰까요?

단지, 처음에는 입문하는 기능 안에서만 고안되었고, 뒤에 가서는 무위도식하는 계층들을 위한 교육의 형태로 고안되었던 비의秘儀적인 기원을 가지고 있는 지식교육은, 이 점에서 일의 사회적·형성적 특성을 무시할 수 있었고, 인문적이거나 인도주의적이기까지 한 준비교육을 학부, 대학교, 단과대학, 수도원 같은 인위적인 틀 안에서 구상할 수 있었던 것입니다. 모든 것은 마치 벌들이 여왕벌이 될 운명을 가진 애벌레를 특별히 선택해서 잘 먹이는 것과 같으며, 스콜라식 주석자들은 폐쇄된 곳 안에서 특별한 교육으로 엘리트를 준비시키는데, 이 엘리트는 다른 사람들의 노동을 이용할 줄 알고 자신에게 유리하도록 공동체의 업무를 좌지우지할 줄 알게 됩니다.

솔직히 말해서 거기까지 시대의 사회적 개념이 주어지는 까닭에 그 기획이 꼭 비논리적이지는 않았을 것이라고 저는 믿습니다. 다만 그 영양분이 늘 영리하게 선택된 것도, 능숙하게 관리된 것도 아니었습니다. 결국 실패작 여왕벌만 키워냈을 뿐이라는 것을 제외하면요.

그러나 이런 교육의 그러한 특이한 원칙들을 노동자와 생산자 대중에게 분별없이 확장시키는 것, 지적이며 사회적인 엘리트라고 믿는 이들을 위해 이렇게 저질로 준비된 합성액으로 아이들에게 영양분을 주는 척하는 것, 그리고 일과 노동자들의 기능 그 자체를 무시하는 것, 이런 것들이 진짜 어리석은 짓 아닐까요?

당신은 오늘날의 학교가 조금씩 그 잘못한 것들을 돌이키면서, 이런 일과 노동자들이 받아 마땅할 영광을 부여하고 있다고 말씀하시겠죠. 하지만 문제는 영광의 부여가 아니라 형성입니다. 일의 존엄성을 새삼스럽게 찬양하는 것만으로는 충분하지 않습니다. 노동자이자 인간이라는 이중의 역할 속에서 진정으로 노동자를 형성하는 학문으로서의 교육학 pédagogie을 고안하고 실현해야만 합니다.

이 이중의 존엄성이 이제 막 - 아직 모든 영혼들에게는 아니지만 - 부여되기 시작한 것은 사실입니다. 엘리트 집단이, 농부나 장인 그리고 노동자들에게도 실제 영혼이나 이성이 있는지에 대해 진지하게 자문하게 되었을 때 - 그리 멀지 않은 때입니다마는 - 그들은 오직 인간들의 생산 가능성에만 관심을 두었습니다. 일하고 애쓰는 인간 개개인을 지향하는 그런 교육학을 이제 이루어내야 합니다. 위에 대한 제 견해를 앞으로 말씀드리겠습니다. 제 견해가 자주 당신들의 개념과는 어긋날 것을 저는 압니다. 그 잘못이 전적으로 제게만 있는 것은 아닌데요, 왜냐하면 - 당신들의 양성 과정, 직업준비 과정, 매일같이 행하는 실습을 통해 - 당신들은 (저와는) 너무도 다른, 위험한 환상들로 교묘하게 꾸며놓은 길로 가고 있기 때문입니다.

- 당신이 비판하시는 이 방향이라는 것은 일부러 의도한 것이고, 인간의 양성에 대한 다른 관점의 결과인 것입니다. 사실, 우리 세기의 초에 교사들은 이른바 이상적인 학교의 토대가 될 것들 - 개별적인 환경, 카스트와 계급, 그런 것들을 초월한 것 - 을 찾고 있었는데 그것은 지식인을 위한 학교도, 지배적인 엘리트를 위한 학교도, 노동자를 위한 학교도 아니었습니다. 다양하고 변화무쌍한 사회적 조건들을 넘어서서 그들은 고급 교육학une pédagogie supérieure에 실체를 부여하고자 했지요. 꼭대기에서, 정신과 지성으로, 모든 범주의 시민들을 결합하면서 말입니다. 우리들이 노동자travailleur에 대항하는 것은 전혀 아닙니다. 왜냐하면 우리 자신도 노동자이기 때문이죠. 우리는 그들이 늘 희생자가 되어야 했던 부당한 사례들이 있었음을 인정합니다. 우리는 오직 이 탁월한 인간의 존엄성만을 고려하고, 뜨거운 수증기[66]가 자동으로 방향을 거꾸로 바꾸는 것(逆轉)에 대해 만족하기를 거부합니다. 그래봤자 또 다른 희생자들이나 새로운 부당한 사례들만을 만들어낼 뿐이기 때문입

---

66. 위험을 비유.

니다.

우리 자신을 고양하면서, 우리에게 맡겨진 아이들을 그들 장래의 역할을 위해 고양하면서, 또 그들 안에 고귀한 사상들과 관대한 감정들을 북돋아서, 우리들은 보다 완벽한 확신을 가지고 정의의 도시를 향하여 나아갑니다. 그곳에서는 마침내 각자가 제자리를 찾게 될 것입니다.

- 하지만 당신은 그 정당함이란 게 얼마나 하릴없는 공허한 말이며 위험한 정신 구조에 의한 것인지 꿰뚫어 보지 않으시나요? 이런 것이죠: 지난 세기말 철학자들은 자신들의 일곱 번째 하늘[67] 속에서 자기만족에 빠져 떠다녔고, 자신들의 가설에 근거해서 자의적으로 그들 멋대로 하나의 세계를 건설하면서, 그들 자신의 변덕스러운 추론에 따라 교육의 방향을 설정했습니다. 그러는 동안 그들의 힘이 미치지 않는 곳에서 심지어는 그들의 뜻에 반해서 새로운 과학기술의 세계가 모습을 드러냈지요. 괴물 같은 공장들과 사방으로 퍼져나가는 도시들이 양송이가 퍼지듯 개발되었고, 상업이 시골 마을과 지방마다 더욱더 공격적인 경쟁의 망을 퍼뜨렸고, 다양한 사회 요소들 간에 대립의 증가로 국가 문화의 취약한 균형이 깨어졌는데도 말입니다. 이러한 현실로 인해 우리는 두 차례 전쟁의 대가를 치렀으며, 철학적 이론들은 이 미쳐 날뛰는 현상을 설명할 줄도, 막을 줄도, 적어도 그 파급효과들을 최소화할 줄도 몰랐습니다.

자, 좀 더 분명히 밝혀 보도록 합시다. 그 이론들이란, 가장 너그러운 이론들조차도, 만약 그것들이 현실 위에 충분하고 견고하게 자리 잡지 않은 단지 위험천만한 정신적 구조물이라면, 개개인들에게 그리고 국민들에도 치명적입니다. 현대의 어떤 사상가도 - 교사는 물론이고 - 신탁

---

67. septième ciel: 고대인들은 지구가 세계의 중심이라고 여겼다. 별들과 신들은 천계에서 하늘의 각각의 영역을 대표하는 것으로 상상했다. 각각의 해성에 하나의 하늘로 7개의 하늘이 -세 번째는 사랑의 여신 비너스의 하늘이라고들 했으나, 갈릴레이의 이론에 따라 일곱 번째 하늘이라고 여기게 되는 등 바뀌기도 한다- 있다고 생각했다. 마지막 일곱 번째 하늘은 별들의 하늘인데, 그 뒤에는 신들의 하늘이 숨겨져 있다는 것이다.

이 내리는 상아탑 안으로 더는 피할 수 없습니다. 그들은 그들 자신의 시대와 함께 살아야 하고, 그들 자신의 동료들과 함께 고민하고 견디어내야 하며, 개인적이고 사회적인 상황들을, 있는 그대로 때로는 불가사의한 잔인한 상태 하에서라도 느끼고 이해해야만 하고, 이렇게 실제 주어진 것들 위에서 삶의 기술을 이루어나가는 것, 그것을 보아야 합니다.

이는, 인간 본성에 깔린 기반을 전적으로 몰라보는 것이고, 우리네 모진 존재들의 일상적인 줄거리(徑路)를 적잖이 이루는 근심 걱정들을 – 고상하든 그렇지 않든 간에 – 무시하는 것이고, 오직, 주기적으로 보수를 받는 공무원들만이, 그리고 낮 동안 내내 외부의 빛과 소음으로부터 차단된 사무실에서 한가로이 탁상공론한 후 저녁에 실로 소박한 그러나 별로 부족할 것이 없는 집으로 퇴근하는 이들만이, 스스로 꾸며 낸 그러한 문제들의 정당성을 믿을 수 있을 뿐입니다. 그것은, 대중(民衆)이 생각하는 그 기준에 따른 것도, 그 속도에 맞춘 것도, 바로 그 수준에 맞는 것도 아닙니다. 대중(民衆)에게 (흔히 그들이 가지고 있다고 생각되는) 지성과 관용 그리고 양식良識이 완전히 결여되어서가 아니라, 그들에게는 문제가 똑같은 방식으로 보이지 않기 때문입니다. 결정적인 것은, 광부, 철도기사, 제련업종사자, 가게 판매원, 포도 농사꾼, 양치기, 농부는 무엇보다도 노동자들로 살고 또 사고한다는 바로 그 점입니다. 그들의 삶을 특징짓고 결정하는 것은 그들의 일입니다. 그 행동거지들에 그들의 하루하루의 노고가 깃들어 있으며, 생존의 난관들이나 자연의 변덕스러움에 당면하여서는 공동으로 대응합니다. '못된 계모'같이 득달하는 생존의 어찌할 수 없는 것들에 대해서는 자신들만의 현실적인 방식으로 대응합니다. 모든 것은 좋든 싫든, 이런 것들이 그들 본성의 일부를 이루는 것이고, 오늘날 인류의 이러한 복잡다단한 현실들을 고려하지 않은 채 당신들이 도덕적인 규칙들을 내놓겠다고 주장하지는 않으시리라 생각합니다.

하지만 이것이 바로 당신들이 교실에서 시도했던 것입니다. 당신, 당신네 다른 교사들은 삶과 단절된 수업 형태와 흡사한 그런 학교를 실현하는 것이 가능하다고 믿었습니다. 그런 학교는 당신들이 너무나 저속한 것이라 여기는 이 모든 문제를 무시하면서, 마치 요술 지팡이로 뚝딱 개개인을 순수한 정신이 군림하는 이상향으로 옮겨온 척했습니다. 저는 이와 같은 '순간이동'의 공허함과 위험한 점들을 깨달으셨기를 바랍니다.

어른은 물론, 어른도 더더군다나, 본래 사유하는 존재 또는 철학하는 존재로 간주할 수 없습니다. 아이들이 할 일과 존재 이유는 무엇보다도 사는 것입니다. 그 살 곳이 현재가 아니라면 어디서 살겠습니까? 삶에서 그리고 부모의 직업, 사회 조직에서 생기는 우발적인 사태들에도 불구하고 말입니다. 모든 우발적인 것들은 결정적이며, 그것을 당신이 원했든 그렇지 않든 간에 바로 이런 것들을 출발점으로 삼아 이루어내야 합니다. 아! 이것이 이상理想과 정신의 차원 위에서 논리적으로 움직이는 것보다 더 어렵고 더 복잡할 것임을 잘 압니다. 수많은 걸림돌을 피해야 될 거구요… 하지만 중요한 것은 그게 다는 아니지요. 학교는 실제 아이로부터 그리고 아이의 삶을 결정하는 환경으로부터 출발하여 일을 해야만 한다고 생각하시나요, 아니면 그렇지 않다고 생각하시나요? 아니면, 당신은 학교가, 이 환경의 영향을 최소화하면서, 영향을 주기도 하고 또 이끌어가기에도 미묘한 그런 인간의 본성을, 위로부터 섣불리 바꾸고 변형시켜야 한다고 생각하십니까?

과학은 인간에게 아찔한 속도로 이동할 수 있는, 먼 거리를 소통할 수 있는, 인공적으로 빛과 열을 만들어낼 수 있는, 하늘을 자세히 들여다보고 정복을 시작할 가능성을 제공했습니다. 그러한 결과들에 힘입어 20세기의 연구자들은 그들이 물리적인 힘을 다루고 지배하는 것과 똑같이 효율적인 통찰력으로 인간의 본성을 탐지하고, 가공하고, 지배할 수 있을 것이라 믿었습니다. 하지만 인간은 기계들 가운데에서도 가장 복잡하고 신비스러워서, 그 메커니즘에 익숙해지기까지는 아직도 당신들이 해야 할 일이 엄청 많습니다. 그때까지는 우리는 겸허히 우리의 무지를 고백하고, 적어도 당분간은 절대적으로 논리적인 방법들 - 개개인에 대한 분석과 지식을 전제로 하는 것들 - 로 개개인들에게 뭘 해보려는 것은 포기합시다. 그리고 보다 효과적인 방도로 형성의 활기찬 요소들에 도달하는 것을 임무로 합시다. 제가 보기에 그게 더 나을 것 같습니다.

당신 마음에는 제 주장이 좀 과하다 싶기도 하겠네요. 중요한 점은 우리가 드라마의 얽히는 주요 대목에 있다는 것이고 또 우리가 스콜라적이고 사이비 과학적인 잘못의 근본적인 원인들을 건드리고 있다는 것입니다.

우리는 이 문제를 진솔하게 재검토하게 될 것입니다. 아이들을 우리가 상상하기 좋아하는 대로 가설적이고 이상적인 환경 안에 집어넣지 말고, 있는 그대로, 그들이 젖어온 습관 그대로 바라보면서 또한 그들의 자연스러운 반응들과, 우리가 상상조차 하지 못한 그들의 잠재력 - 우리의 교육과정에 토대로 삼을 그 잠재력 -을 충분히 고려하면서 말이지요.

저는 자주 이 문제를 놓고 성찰했습니다. 저는 제 주변에서 살고, 놀고, 일하는 마을의 아이들을 지켜보았고, 당신들의 학교에서 행해지는 실습, 교수방법, 가르침들 앞에서 반응하는 아이들의 행동거지를 묵묵히 탐구했습니다. 그리고 제가 가지고 있는 책들 여기저기서 몇몇 사유를 발견했고, 이것들은 제 관찰을 더 깊게 해주고 끊임없이 재어보도록 제게 도움을 주었습니다.

— 기쁘게 생각합니다, 마티유 씨. 당신의 개혁자로서의 열의를 제가 좀 경계하기는 했습니다만… 제가 솔직하게 이렇게 말씀드리는 것을 용서하시기 바랍니다: 나무 그늘 속을 배회하면서, 무르익은 밀과 꽃이 만발한 초원의 달콤한 내음을 맡으면서 비판하는 것은 상대적으로 쉽습

니다. 하지만 하루 여섯 시간을 교실에서 보내면서, 우리에게 형성된 습관들을 저버리는 것, 한 세기의 경험을 통해 완벽해진 도구와 같은 교구의 사용법을 바꾸는 것, 어쨌든 그 경험의 정점인 책을 의심하는 것은 훨씬 까다로운 일이라는 점을 당신께 확실히 말씀드리고 싶습니다.

— 저는 이 모든 것을 잊지 않겠습니다. 또한 젊은 세대들을 양성함에 있어 결함의 모든 책임을 의식 있는 교육자들에게 돌리는 잘못을 범하게 되는 것은, 당신도 잘 알다시피, 바로 이 사유라고 생각합니다. 이 사유는 저의 태도를 조건 짓기도 합니다. 저는 그 문제를, 제가 말씀드렸듯이, 있는 그대로 나누면서 점검하게 될 것입니다. 그리고 현실도 무시하지 않은 채 말입니다. 하지만 저 또한 그 교육자들이 어느 지점까지 추구하는 사람들(求道者)로 남게 될지를 압니다. 그들 역시 우리처럼 삶의 한가운데에 빠져 있습니다. 그들은 스콜라적인 것이 성스럽게 나눠놓은 것에 의해 고통을 받고 있습니다. 그리고 결실이 풍성한 아이디어의 빛을 보게 되는 날, 그들은 애도 쓰고 또 그들에게 부과된 희생을 하는 법도 알게 될 것입니다.

그리고 당신도 원하시겠지만, 사람들은 원하는 것을 늘 하지 못합니다. 국민들의 삶 안에서도 개개인의 삶 안에서처럼 모든 것이 통일되고 쉬워 보이고, 이른바 '순풍에 돛대를 단다'고들 하는 순간들이 있지요. 마치 사람들이 상황에 이상적으로 적응할 수 있게 된 것처럼, 또 운명을 열어재끼는 힘과 함께 풍부한 결실을 맺게 되는 것처럼, 당신도 모든 것에서 성공을 거두게 됩니다. 우리는 또 다른 전쟁[68]이 끝난 후 포근한 행복감에 젖은 시대를 살아가고 있습니다.

그리고 바퀴가 돕니다. 사고란 예견했건 아니건, 피할 수 있건 없건 간에 일어납니다. 사람들은 낭떠러지 나락으로 굴러떨어집니다. 그래서 스스로 살아남으려면, 힘줄(筋肉)을 잡아당기고, 신경을 곤두세우고, 엄

---

68. 이 책 1판이 제2차 세계대전 중에 나왔으나 현재 저본(底本)은 1967년 판이라서 2차 대전을 뜻하는 것으로 보인다.

청난 에너지로 고통을 이겨내고, 격변의 시기의 삶의 규범들과 결별하고, 오르막을 오르려 힘써야 합니다. 우리에게 솟아오르는 활력의 모든 움트는 기운으로 말입니다.

내일의 학교는 어제의 학교가 되어서는 안 됩니다. 그러나 옛 학교를 바꾸는 것만으로는 충분하지 않습니다. 우리들에게서 물려받은 끔찍한 의무들에, 힘들지만 효과적으로 그리고 명예롭게 직면해야 하는 그런 미래 세대를 우리가 돕기 위해 '강인하게 떠미는 생명의 힘들'에 연결되고, 그것을 되찾도록 해야 합니다.

아, 미사가 끝나네요… 사제가 인근 마을로 돌아갑니다. 늘 그랬던 것처럼요… 어쩌면 아무것도 바뀌지 않은 것처럼요! 사제의 성사聖事가 점점 더 불필요해지는 것을 사제만 느끼는 것일까요?… 실천적 의무로 되돌아오도록, 더는 가능하지 않은 삶의 리듬을 회복하도록 설교하는 것은 아무 소용이 없습니다. 왜냐하면 그 회심과 회복은, 결정적인 방식으로 발전해 버린 그런 물질적·경제적·사회적 조건들 때문에 더는 가능하지 않으니 말입니다. 그리고 싫건 좋건 우리는 이 발전을 염두에 두어야 합니다.

다시 한번 짚어둡니다. 삶은 있는 그 자체이고, 우리는 삶과 함께 삶을 통해 이루어가야 합니다.

24
일을 통한 교육의 한 형태

흥미롭고, 효율적이고, 인간적인 민중 교육 개념[69]의 실천을 찾아서.[70]
일은 그것에 기반이자 동력이 되리라.

성 요한 축일[71]이 다가왔다. 계곡은 온통 더할 나위 없이 화려한 행복이 넘쳐흘렀다. 어디나 연두색, 진녹색, 밝은 노랑, 파란색 냇물의 반짝이는 띠도 물론 함께 지천이다. 냇물은 이곳저곳 초장草場과 능수버들의 부드러운 경계에 잇대어 흘러가다가 시야에서 사라져 버린다.

달콤하고 상쾌하며 소리로 가득한 아침, 온화한 저녁은 스러지는 밤과 서두르는 여명 사이를 잇는 다리(架橋)처럼 보이나 그리 느껴지지는 않는다. 모든 것들 – 초록 정원에는 감자들과 살구들의 초록 이파리들이 패랭이꽃과 금잔화의 작은 순들로 이루어진 수줍은 가장자리 윤곽을 흩뜨리고, 여기저기 풀을 벤 초장은 휑하니 구멍이 난 채 하양, 금빛, 초록의 너른 공간들에 둘러싸여 있고, 무성한 나무들에 맺기 시작하는 과일들, 숲속의 웅장한 나뭇가지들 – 은 약속으로 가득하다.

마을 안은 소란스러운 움직임들로 야단법석이다:

어제 사람들은 양털을 깎았다. 아침 내내 혼잡한 골목길들은 덥수룩

---

69. conception: 이해력, 착상, 생각, 개념(작용). conception은 어떤 개념을 취하여 이를 다른 관념과 결합하는 개념작용이다. 어떤 사물과 다른 사물과의 연관관계를 재빨리 명확하게 알아차리는 능력에서 다른 이해력과 차이가 난다.
70. 또 다시 À la recherche d'une conception…: 프루스트(Marcel Proust)의 『잃어버린 시간을 찾아서』À la recherche du temps perdu를 연상시키는 표현이다.
71. La Saint-Jean: 6월 24일 성 세례요한의 축제일. 가톨릭 국가에서 하지의 한여름에 열린다.

한 털을 깎는 쇠붙이의 딸그락 소리와 털깎이를 당하는 불안한 양 울음소리로 가득하고, 털이 깎인 양들은 홀쭉해지고 부끄러워하며 그 벗겨진 몸을 벽에 비비거나 우리 안으로 깊숙이 들어간다. 또한 가축들에 표시를 하는 의례적인 행사도 치러지는데, 송진으로 양털 위에 표시를 하고, 쇠로 된 이니셜을 새긴 엄청난 압인기의 도움을 받아 진행하는 이 행사는 오로지 호기심을 자극한다. 그러나 귀에 표시를 하는 것은 남달리 잔인하다. 큰 펀치로 가축의 귀 하나 또는 둘 모두에 그 가축 소유자의 특이한 표시를 한다. 귀를 10분의 1쯤 자르거나 구멍을 뚫거나, 오른쪽 귀나 왼쪽 귀에 아니면 두 쪽 모두에 ⌠ (쐐기) 모양을 파거나 한다. 가축들은 울부짖고 머리를 흔들면서 도망을 가고 피가 우리 안의 잠자리 짚과 벽이나 우리 난간에 흐른다.

오늘 아침 이른 시간에 모든 가축 떼가 산으로 가고, 거기에서 가축은 성 미셸 축일[72]까지 머무르게 된다. 모든 아이들은 일어나 동이 트기도 전, 새벽에 일어나 졸음으로 아직도 눈들이 부어 있다. 아이들은 가축 떼에 뒤섞여 헤매며, 그들이 좋아하는 어린 양들 – 아이들이 그리도 돌보고 쓰다듬었던 어린 양들 – 을 따라간다. 또 그들의 큰 염소들 – 정말 '정든 절친' 염소들 – 을 따라가고, 하양, 깜장 망아지들 – 보통은 깡충거리지만 오늘 아침은 설잠에서 깬 듯, 아마도 앞으로 겪게 될 모험들을 반쯤 의식하는 듯 보이는 망아지들 – 을 따라간다.

가축 떼는 일순간 소용돌이치는 물이 있는 곳에 다다르는데, 거기서부터는 숲속으로 이끄는 길로 휩쓸려 들어가게 된다.

그리고 이제 거기 사람들은 손을 호주머니에 넣은 채, 마치 역 플랫폼에서 철길을 따라 굽어져 사라지는 열차를 물끄러미 바라보는 여행자들처럼 서 있다. 그 이별의 의식에는 하나의 같은 느낌이 뒤따른다. 그리고 한 아이가 (아빠 엄마를) 부르고, 한 어른이(아빠가) 움직이고,

---

72. La Saint-Michael: 9월 29일. 산에 방목한 가축을 산 아래로 몰고 내려오는 날이며, 추수 후 소작료를 지불하는 날이기도 하다.

한 여인이(엄마가) 집으로 향한다. 마술은 풀리고, 거기 모였던 한 떼의 사람들도 자리를 파하고, 각자의 생각들로 되돌아와 함께 나누었던 섭섭한 느낌도 떨군다.

평상시 같지 않은 정적이 이제 마을의 거리 풍경을 바꾸어놓았다. 가축우리들은 비었고 이사 나간 집처럼 휑하게 소리가 울린다. 이윽고 해가 산마루에 모습을 드러내기 시작하고, 새들은 바위틈에서 잠에서 깨고… 저 아래 파울Faoul의 길 너머로 가축 떼들의 띠를 이룬 움직임이 기지개를 켠다. 양치기의 개가 즐겁게 짖어대고, 소 방울의 둔탁한 소리는 오래 남아 아직도 들리는데, 난간에 선 아이들은 하릴없이 좀 섭섭한 마음에 갈피를 못 잡는다.

마티유도 역시 자신의 양 떼를 보내놓고, 다른 사람들처럼 마음 갈피를 정하지 못한 채 빈 광장에 오래도록 서 있다가, 시청 모퉁이에서 롱 씨를 발견하는데 롱 씨는 목요일[73] 늦은 아침에 호기심과 시상詩想으로 광경을 즐기는 참이다.

― 저는 "그라네레Graneirée로 꼴을 베러 가야 하는데요"라고 마티유는 롱 씨에게 말을 건넸다. "함께 가신다면, 참 좋겠습니다. 바구니 가져오시는 것을 잊지 마시길, 그곳에는 잘 익은 체리가 가득한데 어린 새들의 먹잇감이죠… 기회를 활용하셔야죠."

점심 즈음… 제가 당나귀를 끌고 지나가는 소리를 듣게 되실 겁니다…

이렇게 구미가 당기는 초대를 거절할 수는 없죠! 자연은 내밀한 약속으로 너무도 풍성해서, 울창한 숲길을 걷는 동안 롱 부부는 마티유에게 물어볼 생각조차도 거의 하지 못했고, 마티유도 그럴 생각은 더더욱 하지 않았다. 어느 누구보다도 의심의 여지가 없이 덜 생각했을 것이다: 생각하는 것은 그가 할 일이 아니다. 그가 할 일, 그것은 가정, 마을, 자

---

73. 목요일은 주의 한가운데로 전통으로는 학교 휴일.

연의 틀 안에서 사는 것이다. 그가 속한 이 환경에 끊임없이 동화되면서 말이다.

때는 겨우 오전 끝자락이었을 뿐이었다. 마티유가 상당히 넓은 면적의 건초를 베었고 그가 초대한 사람들이(롱 부부) 배불리 체리를 따먹었는데도 말이다. 이제는 이미 더워진 태양은 소란함과 내움을 차분하게 하여 둔화시켰고, 마티유는 다가와 앉았다. 명상의 파도가 새삼스레 그에게 몰려왔다.

– 어쨌든 당신들을 만족하게 하는 무엇이라도 좀 찾으셨는지요?

– 정말 쉬이 만족하지 않고 까다롭다는 것이겠죠…

– 아이들은 거기에 지나가고… 새들과 함께… 자연은 그들에게 속해있고 그들은 그것을 활용하지요… 아이들이 나무에 기어오르는 것을 보시고 나뭇가지 사이를 빠져나가는 것을 보셨더라면! 그 아이들이 재잘거리고 웃는 소리를 들으셨더라면! 당신들 교실에서는 분명 그런 활기를 목격하시지 못했을 겁니다!…

– 그렇게 비교할 수 있는 건 아닌 것 같은데요…

– 왜 그렇죠? 알고 싶은 욕망과 움직이고 싶은 욕망이, 삶의 어떤 순간들에서는 식도락을 만족시키려는 안달과 마찬가지로 역시 절박하고 역시 역동적일 수는 없다고 생각하시나요? 제가 하나가 다른 하나를 대체할 수 있다고, 또 그리 해야 한다고 말하는 것은 분명 아닙니다. 잘 익은 체리가 주렁주렁 매달린 체리나무 앞에서, 그 유혹은 뿌리치기 어렵지요. 하지만 생리적으로 충족된 아이는 그럼에도 자신의 운이 다 채워진 것은 아니라는 점을 의식합니다. 자신의 힘을 증대시키기 위하여 또 자신의 만족하기를 보채는 본성의 강도를 최대한으로 끌어올리기 위하여 그는 희생할 수 있습니다. 단지 우리에게 그 비밀은 이 욕망을 죽이지 않는 것, 이 열정을 식히지 않는 것입니다. 왜냐하면 그 하나(욕망) 하나(열정)가 우리 교육의 결정적인 지렛대들이 되기 때문입니다.

자연을 모방합시다. 물론 제가, 자연이 모두 우리의 용도와 즐거움의 구상에 맞게 쓰이도록 되어있다고 말씀드리는 것은 아닙니다. 그와는 거리가 멀죠. 하지만 자연은, 당신들의 공부와 일에서 그런 것처럼 천편일률적으로 다루기 힘들다거나 엄하지 않습니다. 살 수 있는 땅 어디에서든 자연은 즐거움 – 눈의, 귀의, 맛의 즐거움 –을 주거나, 약속들을 줍니다. 어른도 아이도 그들의 나날에 의미를 주는 이 호의가 꽃피지 않으면 살 수가 없을 것입니다. 이는 당신들이 목마른 학생들에게 당신들의 책으로 주려는, 생기 없는 획일성이 전혀 아니라, 바로 이런 것들에서 나오는 것입니다: 따뜻함, 추위, 빛, 충격, 외침, 노래, 노력… 이것들은 자연이 튕겨내는 선線과도 같습니다. 당신들은 그것이 끊어질까봐 두려워하죠. 그래서 울림들을 축소하고 사물들을 덜 중요시하고 불필요한 중간 과정들을 지나치다 할 만큼 준비해 놓습니다.

우리는 아이들 내면의 기질에 대해 심각하게 잘못 알고 있다고 생각합니다. 그들에게는 진폭振幅, l'amplitude이 필요하죠: 겨울의 눈부신 눈의 순백과 봄의 부드러운 초록, 콕콕 찌르는 듯한 추위와 말라 시들게 하는 듯 작열하는 태양, 우거진 나뭇잎의 육중함과 수정처럼 맑은 물속에 비친 하늘의 짙푸름, 잎이 우거진 가지 끝에 달린 팻빛 체리 다발, 수상쩍게 평화로운 고요함에 뒤따르는 천둥의 울림.

진폭은 이런 것들 안에도 있죠…

어른들은, 연로하거나 이러한 대조들에 성가셔하거나 피곤해져 일찌감치 쇠잔해버려, 눈을 멀리하고, 추위를 피해 틀어박혀, (추위와 더위 같은) 대립들을 누그러뜨리며, 까다로운 자연의 지나침을 완화해 가면서, 침착하게 걷는 것이 슬기롭고 자연스러운 것이라 생각합니다. 그 어른은 거리를 단축하고, 언덕을 깎으며, 뛰거나, 기어오르거나, 나르거나, 근육을 쓰거나, 신경을 곤두서게 하는 것들을 피하려고 도구들을 발명해 냅니다. 그러나 아이들은 그 어른을 이해하지 못합니다. 아이가 산책하는 것을 보십시오. 아이는 얌전히 무리를 따라갈 줄 모르는 변덕스러운 새끼염소처럼 행동합니다. 새끼염소들은 새싹을 뜯어 먹을 것처럼 멈춰 서다가 그루터기를 기어오르고 장난꾸러기처럼 자신의 무리가 모퉁이를 지나 멀리 사라지는 것을 바라보기도 합니다. 그리고 다시 깡충깡충 뛰면서 당신을 지나쳐 파랑돌farandol[74] 춤 행렬 안으로 끼어가지요…

아이도 마찬가지입니다. 천천히 길 주변을 따라가 보세요. 아이에게는 오른쪽으로 왼쪽으로 달려가고, 구덩이에서 미끄러지고, 다리 난간 위를 뛰고, 물웅덩이의 깊이를 시험해 보고, 들판의 꽃이 만발한 곳에서 헤매는 그런 욕구가 있습니다. 아이에게는 이런 진폭이 필요하죠: 노래와 울음, 넘쳐흐르는 즐거움과 깊은 슬픔, 병적인 집착과 강렬한 반발… 이 모든 것은 완벽하게 자연의 잣대를 따르지요. 자연은 인간의 거짓된 지혜를 무시합니다.

우리에게는 이러한 진동과 소동과 무절제한 에너지의 사용을 – 우리의 탐욕스러운 영혼에게는 고통을 주는 – 비정상적이라고 생각하는 경향이 있습니다. 하마터면 우리는 아이들에게 다리를, 목소리를, 힘을, 열기를 아끼라고 강요할 뻔했죠. 경우에 따라서는 놀라운 장삿속商行爲 – 더 쓸수록 더 존재한다 – 이 걸린 것임을 잊은 상인의 근시안적인 계산법이죠! 삶이란 낭비[75]죠… 잘못 이해된 절약, 그것은 죽음입니다.

우리는 늙고 힘없는 독수리, 너른 창공으로도, 멀리 있는 먹이에도, 두려운 경쟁에도 감히 다가갈 엄두를 내지 못한 채 우묵한 바위틈을 슬프게 배회하고 있는 그런 독수리 같습니다. 그 독수리들은 신나게 이 계곡에서 저 계곡을 날아다니고 구름 위를 지나가고 위험도 모른 채 그들의 먹이로 돌진하는 대담한 독수리들을 미쳤다거나 지나치다거나 건방지다고 판단하겠죠.

더는 날 수 없었기 때문에 스콜라식 주석자들은 피해자 학생들의 날

---

74. farandole: 프로방스 지방의 손에 손을 잡고 추는 춤.
75. prodigalité는 허랑방탕의 뜻도 있으며, 누가복음 15장의 탕자(ils prodigue)의 비유를 연상시킨다.

개를 잘라버리려고 시도했던 것입니다. 가장 슬픈 것은 그들이 부분적으로 그것에 성공했다는 것, 활동, 즐거움, 도약[76]에 대해 종종 승리하는 전쟁을 했다는 것, 아이들[77]에게 얌전하고 신중하며 겸손하고 의무에 고분고분해야 한다고 설득했다는 것, 비상할 채비가 된 아이들을 과학적 지식science이라는 미명하에 둥지에 가둬놓는 것, 그리고 그들의 넉넉한 본성 속에 깃들어 있던 신체적 지적 용기를 아이들이 잊게 했다는 것입니다.

또한 여기에 제대로 교육받지 못한 우리 민중들에 반하는 영원한 대죄大罪의 한 국면이, 그들의 퇴보의 원인들 중 하나이자 생명을 무시하고 생명에 반하는 과학적·경제적 타산의 잘못된 종말이 있습니다.

다행히도 몇몇 더 거친 본성들 또는 자신의 운명에 의해 더 견고하게 각인된 본성들을 간직하고 있는 이들, 그리고 (품행을) 얌전하게 하려는 엄청난 기도를 모면한 이들 - 천재들뿐만 아니라, 때로는 당신들 학교의 게으름뱅이들, 당신들이 보기에 무지한 사람들, 버릇없는 이들 -은 아직도 비상할 수 있었고, 그들 스승의 질투 어린 노선에서 빠져나와 앞으로 나아가 출발할 수 있었고, 우리들의 이상의 불멸성에 대한 집요한 증인이 되었던 것입니다.

- 과장이 심하시네요, 마티유 씨, 그리고 몇 가지 불행하고 유감스러운 관찰들을 너무 조급하게 일반화하고 계시네요. 날개를 주려고 하는 우리가, 실제로는 오르거나 움직여야 할 아이들의 도약l'élan을 꺾어버리는 결과에 이를 수밖에는 없다는 것일까요?

- 하지만 그렇단 말입니다, 친구여. 바위 위에 있는 노쇠한 독수리는 여전히 자신의 운명을 자랑스러워합니다. 그 독수리는 경험과 술책을 가지는데, 이것들이 그에게서 떠나버린 젊음의 덕목들을 일정 부분

---

76. l'élan: 베르그손(Henri Bergson)의 '생의 도약(l'élan vital)'을 연상시킨다.
77. 성서에 언급된 사람의 아들들(les fils des hommes)은 인자(人子, le fils de l'homme)의 복수형으로 쓰고 있다.

보충해 줍니다. 각 세대는 할 수 있는 만큼 스스로를 방어하고 자신의 태도를 정당화하지요!

　― 그럼 '학교'란, 당신 말씀을 듣자니, 삶 속에 자리 잡은 세대들의 방어 기관 외에는 아무것도 아니란 말씀인가요?…

　― 저는 제 설명의 정당성을 더 이어가지는 않겠습니다. 왜냐하면 이것은 우리의 관심 주제에 소용이 없기 때문입니다. 저는 단지, '학교'라는 것이 고의든 아니든 아이 속에서 교양과 삶을 향해 나아가는 진정한 힘들을 평가절하하고 무시하고 소홀히 했다고 말씀드렸을 뿐입니다. 뿐만 아니라 학교는 쩨쩨한 사변적 정당화와 함께 다른 행동규범들과 다른 얼차려로 이 힘들을 대체하려고 했습니다.

　'학교'는 완전히 실패했다고 볼 수는 없고, 아니 어쩌면 생각하는 것보다 훨씬 성공했을 수도 있습니다. 우리 젊은 세대는 오늘날 너무도 얌전한, 늙은이들의 발걸음에 너무도 잘 맞춰진, 나이보다 먼저 늙는 세대이며, 자신의 모습으로 다음에 올 세대를 자연스럽게 교육시킬 그런 세대이지요.

　갑작스러운 분발이 있을 것 같지 않은 한, 기대하지 않던 바로잡음이 있을까요? 자존심을 엄청나게 희생시켜 가며 이해해 보려는 노력에 현 기성세대들이 동의하지 않는 한, 편안함 속에서 이기적이고 잘 가꾸어진 그들 부르주아의 정돈된 삶이, 젊은이들 ― 무엇보다도 먼저 삶으로의 도약을, 일에 끌리는 맛을, 그리고 성장과 성공을 향한 꿈들을 실현할 수 있는 기술적 가능성을 또한 되찾고자 하는 젊은이들 ― 에 의해 흩뜨러지게 되는 것을 받아들이지 않는 한 말이지요.

　― 제 생각에, 당신은 끝에서 시작하면서 그리고 권력 있는 사람들을 당신의 관점으로 전환시키면서, 당신의 계획programme을 제시하고 그것을 실현하시려는군요.

　우리에 관한 한, 이상, 진보, 이성, 인류애라는 미명하에 고된 노력, 자존심의 희생, 국가의 미래에 완전한 헌신을 요구당한 것이 이번이 처음은 아닙니다. 우리가 헌신적으로 주었던 것은 별반 유익한 효과를 보지 못했는데, 그 까닭은 우리가 실패에 빠지도록 한 것밖에는 한 것이 없음을 보여주었기 때문이죠. 그러니 이번엔 교육자들이 약간은 환상에서 벗어날 수 있는 차례라는 것을, 그들의 열정이 무뎌지고 그들 안에 체념적 회의주의가 생겨날 차례라는 것을 이해해 주십시오. 이 회의주의는 우리 교사협동조합corporation으로서는 가장 심각한 위험인데요, 이는 우리의 이상주의의 종말과, 무엇보다도 우리가 스스로 부여하고자 했던 성스러운 천직이 관료주의적 기능주의로 변질됨évolution을 전제하기 때문입니다.

이 모든 것은, 마치 이상과 헌신과 아이들에 대한 사랑이, 너그럽고 사리에 맞는 교육을 성취하는 데에 충분한 것처럼, 우리를 앞으로 내몰았기 때문입니다. 사람들은 그들 자신 안에 있는 '아이들과 학교'enfants et école의 문제는 고려하지 않은 채, '교육자들'éducateurs의 문제만을 바라보았습니다. 우리들의 선한 의지와 헌신을 비옥하게 해주었을 물질적·재정적·사회적 희생은 거부한 채 말입니다. 이것은 마치 노동자 하나를 강제로 들판에 데려다 놓고, 그에게 씨 뿌리는 직업의 고귀함에 대해, 황금빛 이삭의 눈부심에 대해 과장된 말을 내뱉으면서도, 정작 그에게 메마른 땅을 기름지게 하고 퇴비도, 잘 갖추어진 쟁기도, 씨 뿌리도록 땅을 갈아엎고 땅이 숨 쉬도록 할 견고한 멍에를 씌울 한 쌍의 소나 말을 주지 않는 것과도 같습니다.

그러니 땅을 일굽시다. 비옥하게 개선합시다. 필요한 도구들부터 실제로 챙깁시다. 아니면 우리에게 그것들을 마련해주도록 가능한 노력을 하라고 다그칩시다. 그래서 결국 적극적으로 아이들에게 관심을 가지라고, 그들의 신체적·도덕적 건강에 관심을 가지라고, 그리고 아이들의 건설적인 욕구들을 충족시키는 데 관심을 가지라고 다그칩시다. 그러면 우리는 효과와 결실을 예감하는 수고로운 일에 확신을 가지고 다시 시작하게 될 것입니다. 첫 번째 성공 후, 즉 우리의 보상이 될 이삭이 패자마자 우리는 열정적인 노력을 배가하게 될 것입니다.

누군가, "성공해야만 끈기 있게 된다, 꼭 그럴 필요는 없다"[78]라고 말했습니다. 틀린 말이죠. 시작이 없는, 적어도 성공에 대한 환상이라는 미끼 없는 끈기란 있을 수 없습니다. 그리고 이는 정상이죠. 왜냐하면 반향 없는 활동을, 예감할 수 있는 어떤 결말도 가져다주지 않는 노력을 어찌 의심하지 않을 수 있겠습니까?

― 제가 양식良識과 단순한 인간성 아래 결코 한 번도 검토하지 않았던 상당한 수의 문제들을 당신이 강하게 제기했다는 걸 인정합니다. 하지만 이제 당신의 논쟁점들로 돌아가 보시죠. "목표를 바꾸고, 교수방법을 개혁하고, 교육 시스템 속에서 아이에게 훨씬 더 탁월한 자리를 마련해주고, 도약을 일깨워주고 환기하면서 역동성을 보여주도록 해야 한다."라고 말하는 것으로는 충분하지 않습니다. 이것은 당신도 잘 느끼시겠지만 말로만, 우리의 하고 싶은 욕망대로만, 우리의 권고들로만 심지어 우리의 사례로만 하는 개혁자의 권력 위에 과도한 기대를 거는 것입니다. 씨 뿌리는 사람이 잘 자란 이삭을 보게 되는 것은 그가 일하면서 휘파람을 불거나 기도를 했기 때문이 아닙니다. 우리들은 우리가 종자를 잘 고를 수 있도록, 땅을 일굴 수 있도록, 문명의 도구들을 개선할 수 있도록 실제로 우리를 누군가 도와주기를 기대합니다. 그때야 비로소 사람들은 우리의 천직天職, notre sacerdoce을 찬양하러 올 수 있을 것입니다. 특히 상황이 위태로울 때 개혁의 계획들을 보여주는 데에 만족하고, 역설적인 대범함만 있을 뿐인 명제들을 정당화하려고 과거를 비방하기는 아주 쉽지요.

― 하지만 너무도 지당하신 비난을 제가 받아 마땅한 건 아니기를 바랄 뿐입니다. 순조로운 해에 자연은 너무도 관대해서, 척박하거나 제

---

78. Charles le Temenaire (Charles the Bold, 1433~1477, 마지막 Burgundy公)의 "il n'est pas besoin d'espérer pour entreprendre ni de réussir pour persévere"에서 따온 것.

대로 경작하지 않은 토양들도 전적인 또는 부분적인 불모不毛 상태가 오히려 풍성한 수확으로 보상을 받게 하지요. 그리고 따라서 - 제가 믿기로는 - 모든 것이 전체적으로는 좋은 것처럼 보이며, 사람들이 이 분명한 균형을 받아들여야 할 이유가 있습니다. 당신 말에 일리가 있습니다만, 위기의 해에는 잘못과 부족한 것들의 심각성을 사람들이 돌연 발견하게 되지요. 그 때에는 자연스레 일꾼과 씨 뿌리는 사람들을 비난하게 됩니다. 이러는 편이 보다 간단하죠. 또 이것은 혼돈으로 고통받는 사람들에게 일시적인 안정과 무언가가 변할 것이라는 환상을 줍니다. 최근 이런 진행 방식을 냉소적으로 요약한 문구가 있죠. "가로 가스등에 불붙이는 직원[79]을 비난하라!" 네, 이 순간에도 사람들은 기꺼이 이 직원을 비난하죠… 그리고 아마도 계속 그러할 것입니다.

  - 인간성 문제와 양식良識의 문제들도 있잖아요, 당신은 믿지 않나요?

  당신은 제게, 이 문제들은 늘 잘 제기해야 하고, 정확한 여건들을 제시해야 하며, 추구하는 목표에 대비한 중요 순서에 따라 그 어려움들을 배열하는 것이 좋겠다고 이 흥미로운 대화 내내 상기시켜 주셨습니다. 저는 당신께 우리의 요구사항들을 말씀드렸듯이, 아이가 우선이고, 교육 기술이 그다음이며, 교육자들과 환경이 마지막입니다.

  - 제가 아는 한 그것들을 배열하거나 그것들을 분류하는 것은 다른 데에 있는 것이 아니며, 우리는 그것들을 같은 차원에 두어야 합니다. 왜냐하면 그것들은 모두 필요하며 그리고 서로가 서로에게 매우 의존하고 있기 때문입니다.

  아이들의 양육, 건강, 활동, 감수성, 책임성의 문제는 어느 정도 우리를 능가하는 문제이고, 거기서 우리의 역할은 사회와 책임 있는 부모들에게 그들의 가장 기본적인 의무를 상기시켜 스스로 문제를 해결할 수 있도록 하는 것입니다. 더구나 이것은 불필요한 것은 아니겠죠!

---

79. 가로 가스등에 불붙이는 직원(點燈夫): 상사 대신 부당하게 책임을 져야 하는 하급 직원을 이른다. 여기서 '가스 라이팅'이라는 말이 유래한다.

그와는 반대로 기술적인 가능성들은 우리들의 진정한 활동 영역에 속합니다.

(교구 등의) 설비le matériel와 교육공간은 객관적 기준에 따라 마련할 것이 아니라, 사용자가 될 아이들에 맞추어 기능적으로 마련해야 합니다. 우리가 바라는 이러이러한 아이들이 아니라 진정 있는 그대로의 아이들을 말하는 것입니다. 밖에서 상상하고 짜 맞춘 특정한 환경 안에 있는 아이들이 아니라, 평범한 실제 환경 안에 있는 진정한 아이들입니다. 현대의 공장들이 들어선 건물들은, 그것들이 받아들이도록 되어 있는 기계들의 기능에 맞게 고안되고 실현되지 않았나요? 그 자재 역시 거기서 계획된 실제적인 목표에 본질적으로 그리고 배타적으로 기능하도록 되어 있지 않나요?

사람들은, 아이들에게 적절한 환경이란, 프랑스 전역에 걸쳐 모든 나이에 획일적으로, 높은 천장, 정사각형이나 장방형의 큰 공간, 서로 맞바꿔 볼 수 있는 몇 권의 책만 있으면 충분하다고 생각했었습니다. 사람들은 교사들에게 물질적인 곤궁과 장소의 불편함에 대해서는 자신의 꾀를 내어 구비하도록 내맡겼고, 환경의 요구사항들이나 작업 도구들의 궁핍함에는 좋든 나쁘든 자신의 기술을 적용하도록 내맡겼습니다. 오직 몇몇 엘리트들만이 특별히 좋은 상황에서 성공을 거둘 수 있었을 뿐입니다. 총체적으로는 실패였죠. 기술자들이라면 당신들에게 "예견된 실패죠. 물질적으로 확실한, 엄청 비상식적인 작업 조건에 대한 뻔한 결과입니다." 이렇게 말했을 것입니다.

비슷한 상황에서 우리가 강조해야 할 점은 교육자들의 개혁이 아닙니다. 학교의 조직, 학교 시설, 기술(테크닉)의 적용 등이 기계가 가장 잘 배치된 현대의 공장들[80]에서처럼 즐겁고 역동적이며 생산적인 활동

---

80. 프레네가 흔히 다루는 '산업적 은유'로 20세기 교육학 테크니션들이 열광했던 기술의 특징이기도 하며, 존 듀이(John Dewey, 1859~1952)의 『The School and Society』 (시카고대학교 출판부 1899년 초판)에서 나오는 논지와 비교된다. (영역자 주)

을 가능하게 하는 날, 당신들의 역할은 눈에 띄게 단순해지고 좀 더 정상적으로 기능할 것입니다. 그때 당신들은 공동으로 하는 일이 잘 돌아가고 있는지 살펴보는 데에 신경 쓰고, 결함들과 잘못들을 눈여겨보았다가 거기에 대비하고, 개별적이고 집단적인 노력들이 조화를 이루는지에 신경을 쓰는 기술자가 될 것입니다. 그렇게 되면 과도한 메커니즘 속에 끌려들어갈까 걱정하실 필요는 없습니다. 당신들이 수고할 일도 역시 충분히 멋진 것일 테고, 그 수고할 일들의 위대함도 전혀 상실되지는 않을 겁니다. 인간이라는 기계란, 미묘한 것들을 결말짓고, 적용할 것들을 많이 예견하거나 실현하고, 새로운 조직에서 잘 순응하면서도 역동적인 메커니즘 안에서 잘 순환하도록 하는, 그런 살아있는 생각하는 사람으로 남아있는 동안은 아주 오랫동안 신비로 남아있을 테니까요.

그러나 학교가 이러한 물질적·기술적인 변모에 착수하게 되는 순간, 당신들은 당신들의 방법들, 당신들의 태도, 그리고 전반적으로 모든 당신들의 행동거지를 새로운 일에 서비스하도록 분명 바꾸어야 합니다.

당신들은 오늘날까지 기획된 일의 진행 과정에서 모든 책임을 떠맡고, 시키는 대로 맡은 일만 하는 사람이었고, 부족하거나 부적절한 재료들과 능력을 못 갖춘 노동자들과 함께 "어려운 고비를 넘기는" 사람이었으며, 맨손으로 그리고 밤샘 일을 하며 모든 것을 정돈하였는가 하면, 기계들과 인원을 일의 긴급성에 따라 배치하고 치우기도 하는 후견인이었고, 바로 이런 점에서 거의 신半—神, le demi-dieu 같은 존재였습니다. 그가 없이는 아무것도 작동하지 않고, 그가 없이는 그 조직의 조건들에 비추어 사실상 무질서와 혼란이 있을 수밖에 없고, 사물들과 재료들과, 동시에 또는 이어지는 작업들에 있는 불가피하고 자연적인 우선순위가 뒤죽박죽되죠.

사람들이 당신들에게 요구하게 될 것은, 당신들 본연의 활동과 달리 방향을 정하는 것이며, 아이들 자신들을 직접적으로 그리고 개별적으로, 마치 오늘날 기술자가 지체하지 않고 모든 기계들을 세밀하게 감독하는 것처럼 지도 감독을 하는 척하지 말라는 것입니다. 당신들은 활동과 일과 삶의 환경을 조직해야만 될 것입니다. 아이들이 그 안에서 자동으로 틀을 잡아가고, 인도받고, 활기를 찾고, 열광하게 되는 그런 환경을 말이죠.

추수철이 되어 황금빛에 곡식 향기가 가득하고, 날씨가 심상치 않으면, 노인이나 젊은이나 모두 일종의 흔치 않은 기쁨 속에 저절로 바빠지게 됩니다. 당신들도 이와 똑같은 물질적·기술적·공동체적·도덕적·사회적 조건들을 실현하게끔 되어야 할 것이고, 이 조건들은 그 자체로 당신들의 교육체계를 이끄는, 드러나지 않지만, 결정적인 원동력이 될 것입니다. 이 준비, 배치, 조정하는 작업을 이제까지 너무도 소홀히 해왔다면, 당신들은 최대한 그 작업에 세심한 주의를 기울여야 합니다.

— 저는 여기서 일종의 미니어처 공장, 컨베이어벨트로 일하는 공장, 기계에 개개인이 얽매인, 조직에 치인 그리고 노예가 되고 가축이 되는 그런 공장을 보죠… 정신의 죽음이 될 기계적인 교육을 봅니다!… 그보다는, 우리의 시대착오적인 철학적인 교육이 – 온통 불완전하고 무질서한 것이겠지만 – 더 낫겠네요…

— 아직도 저를 이해 못 하시는군요… 당신은, 저를 말이죠, 야생의 길들이기 어려운, 얽매이지 않고 자유로운 들판의 일꾼이 되어야 할 우리 아이들을 컨베이어 벨트식 학교에 묶어두는 데에 열을 내는 열혈분자로 보시지는 마세요!… 아, 아니지요. 차라리 오늘부터는 소들이나 양들을 뒤쫓아 뛰어다니도록 아이들을 내보내는 것이 낫겠네요…

만약 현 진행 상황에서 모든 것이 그리 나쁘지 않다면, '학교'라는 것은 그 순조로운 작동을 보다 효율적으로 만드는 그런 성취들로부터 득을 보는 일에 매달리게 되어있습니다. 게다가 만약 모든 조건이 같다면, 제 가축들을 위해 깨끗하고 바람이 잘 통하는 축사를 가지는 것이 낫겠네요. 물도 풍부하다면요. 만약 제게 들판으로 나아가는 데에 넓고 편리한 길들이 있다면, 만약 제게 우리 부모들의 오래된 타작마당보다 더 실한 연장들이 있다면, 저는 일을 보다 더 꼼꼼하게 빠짐없이 하겠고 그러면 더 많은 기쁨과 이득을 볼 수 있겠지요. 이것이 신기루라는 것을 저도 압니다. 분류하기 까다로운 그런 신기루입니다. 그렇지만 우리의 성공 여부에, 우리 민중民衆의 학교école populairer가 – 완고하고 맹목적인 보수반동과 소모적이고 왜곡된 물질주의와 거리를 두면서 – 되살아나느냐 하는 문제가 달려있습니다.

부모들의, 교육자들의 그리고 행정가들의 입김 아래 들지 않는다손 치더라도, 20세기 한가운데에 있는 '학교'가 50~70년 전에 그랬던 것처럼 될 수는 없겠죠. 그 물질적 조직 면에서, 그 작업 방식 면에서, 그 분위기 면에서 말입니다. 환경은 바뀌었습니다. 우리에게는 다른 의무들이 있고, 안타깝게도 쓰라린 경험이 있습니다만, 실질적으로 비교할 수 없는 가능성들도 있습니다. 적응이란 삶의 커다란 법칙들 중의 하나이고, '학교'도 그 고유한 존재 이유를 저버리지 않고는 그 법칙에서 빠져나갈 수 없습니다.

제가 새삼 이 점을 주장하는 이유는, 우리가 교육자들에게 요구하는 면모의 본질적인 변화 중 하나가 거기 도사리고 있기 때문입니다.

당신은 이때까지 꽃이 막 피기 시작하는 때에 이르러서야 자기 화원을 돌보기 시작하는 정원사나 화훼가 같습니다. 그는 이내 올 것들을(꽃망울들-역자) 보고서는 화들짝 놀래서, 조장助長을 하고 (꽃 아닌) 다른 것들은 치우려고 애를 씁니다. 독기로 뫕쓸 토양에 끊임없이 뿌리를 내린 잡초들을 고집스럽게 뽑는다든지, 식물에게 더는 아무런 소용이 안 될 거름을 잔뜩 쏟아붓습니다. 그는 그 때늦은 관여가 허망할 시점에 이르러서야 그렇게 제정신을 차리는 것이지요. 식물을 자라게 하고 풍요롭게 하고 바로 잡아주는 이는 그가 아닙니다. 이제 태양은 그 식물들에 볶아대듯 쏟아지고, 메마름은 식물들을 망치고, 잡초들은 식물들을 숨 못 쉬게 합니다.

다음 해에 현명한 농부는 정성껏 토양을 준비할 것입니다. 그는 농법에 맞춰 시절에 따라 땅에 삽질을 하고 거름을 줄 것입니다. 그는 뿌릴 알곡을 고르고 묘판을 가지런히 할 것인데, 이 단계에서는 식물 그 자체보다는 그 식물이 자라나고 살아나는 요소들을 빨아들이게 될 그 환경에 더 신경을 씁니다. 그는 모든 과정이 끝난 후 결국 어떤 기적으로 화려한 꽃이 거름더미 위로 얼굴을 내미는지 알게 될까요? 그리고 그는 자신이 걱정을 해보았자 아무것도 바뀌지 않는다는 것을 알게 될까요? 그는 이 생명이 꽃을 피우는 것을 거의 도울 수 없으며 그의 세심한 주의로 수액이 보다 알차고 활기찬 줄기 안에서 높이 올라오게 할 수는 없다는 것을 이해하게 될 것입니다. 그로서는 이것이면 충분합니다. 즉, 그는 경험을 통해 식물이란 건강하고, 조화롭게 이루어가고, 적절히 영양을 주고, 통풍이 되고, 바로 잡아주면, 보다 좋은 꽃을 피어낸다는 것, 그러나 늘 그 종의 혈통la lignée의 지속만으로 그 종의 개선된다는 이미지에 전적으로 매달린다는 것을 아는 것만으로 충분합니다.

당신이 저지른 과거의 잘못도 이와 같은 것일 겁니다. 당신도 토양을 준비하고, 묘목이 어쩔 수 없이 갈망하고 추구하는 특정 자양분을 제공하고, 잡초들이나 아무짝에도 쓸모없이 나와 있는 것들과 불필요한 이파리나 가지들을 정성껏 쳐내서, 최대한 빛과 바람과 햇빛이 잘 들도록 합니다. 이제 당신의 묘목들은 살아나 자라서 꽃을 피우게 될 것입니다. 당신의 변덕스러운 의지에 따라서가 아니라, 그 기질의 신비로운 선線을 따라서, 더 좋게는 그들 각자가 지닌 운명의 심오한 호소呼訴를 채워 나가면서 말입니다.

이것은 당신이 정원사jardinier와 화훼가fleuriste로부터 이 자연스러운 조화 속에서 당신 행위(하는 것)를 통합하는 법을 배워야 한다는 것을 뜻하지요. 그리고 무엇보다도 이 생명에 대한 감동적인 확신과 봄과 여름의 풍요로움, 가을의 결실, 겨울의 차분한 평온이 아기자기하게 이뤄지도록 하는 이 느린 자연의 과정processus 앞에서의 모범적인 인내를 말이지요.

　당신들에게 부족한 것이 바로 이 철학이고, 나날이 하는 일상에서 부족한 것도 이것입니다. 당신들은 당신들의 아이들에게 교과서의 일과를 가르치고, 숙제를 내주고, 그리고는 곧장 관료들의 근시안적인 태도로 거기서 나오는 결과를 검사하러 갑니다. 마치 땅에 꺾꽂이하고, 서둘러 물을 주고, 그다음 날 열매가 나오는지를 보러 가는 어린이 시민처럼 말입니다. 당신들은 소리를 지르고, 겁을 주고, 벌을 주는데, 왜냐하면 당신들의 말과 설명이 또한 당신들이 보여준 것들이 당신들의 말을 듣는 아이들의 사고와 행동에 즉각 변화를 일으키지 않기 때문입니다. 삯일꾼은 분마다 자기 작업의 진전을 잴 수 있습니다. 석공은, 돌 하나하나에 담벼락이 끊임없이 올라가는 것을 확인하면서 휘파람을 붑니다. 저는 매 순간 그리고 매일같이 우리의 지적인 노력의 결과에 대한 증인이 된다는 것이 그들처럼 마음을 푸근하게 하고 마음을 북돋는 것임을 잘 압니다. 우리들 중 그 누구도, 즉 당신도 그리고 우리도 이런 삯일꾼은 아니지요. 그러나 우리는 확신의 빛을 보지 못할 때 지레 실망하여 쉬이 내동댕이 칩니다. 하지만 우리의 도움으로 또한 우리의 너그러운 관여로, 느리게 또한 인내로써 꽃들이 피어나고 이삭이 황금빛으로 물들게 되는 것입니다.

　이 말은 이런 뜻이겠지요: 우리는 단지 자연의 겸손한 청지기les humbles servants에 불과하며, 우리의 자존심과 우리의 야망을 만족시키는 것은 자연의 걱정거리가 아니라는 것 말이지요. 자연은 그 리듬에 따라 또 그 법칙에 따라 더듬고, 고르고, 적응하고, 느리게 이끌어갑니다. 아! 저도 압니다만, 우리의 안달에도 이 느린 결실이란 종종 절망스럽죠. 사람들은 겨우 내내 이 가여운 어린 양을 돌보았지만 양은 겨우 다리로 설 정도니 참 안타깝지요… 사람들은 이 나무를 가지 쳐주고, 거름 주고, 잘 지켜보았지만 오그라지고 힘이 없으니 참 이해하기 어렵지요… 하지만 그 어린 양은 무리를 따라 산에 올라간 지 석 달이 지난 후에 당신들이 알아볼 수 없을 정도로 힘이 세진 것입니다. 나무는 2년 아니면 때때로 3년 동안이나 허송세월하듯 자란 뒤 엄청 힘차게 뻗어 오르기 시작하여, 우리가 말하듯 마침내 '이윤을 내기'《profiter》 시작하고, 우리가 한때 절망했었던 바로 그 풍성한 결실들을 생산해 냅니다.

당신들의 수업이 당신들의 아이들에게 곧장 '이윤을 내주기'profiter를 얼마나 바라시겠어요? 당신들이 아이들에게 가져다준 요소들은 인내로 받아들여지고, 소화되고, 서서히 걸러지고, 수액에 녹아들어가야 합니다. 그렇게 해서 나무는 드디어 그 수액으로 윤택하게 되어야만 하는 것입니다. 그리고 그때가 될 때까지 당신은 당신이 관여한 그 특정 부분이 어떻게 크는지 달리 분간할 수 없지요. 그러나 본질적인 것은, 그 자람이 당신의 욕망에 어떻게 호응하느냐가 아니고 그 자람을 만든 익명의 손길들이 아닐까요?

'학교'는 쫓기고 있는데, 너무도 쫓깁니다. 학교는, 사실 그렇습니다만, 공장 안에서 그러는 것과 똑같이 생산의 규범과 노력의 일정한 규칙성을 들들 볶는 공장장들의 엄중 감시를 받고 있습니다. 전기 소비를 미터기로 재려는 엔지니어처럼 말이죠, 헛수고지요. 말하자면 이처럼 인간의 풍요로움을 재는 이 잣대가 없는 가운데, '학교'는 학습을 재는 잣대로 갑자기 바뀌게 되는데, 이는 마치 화병의 물을 재는 것과 같지요… 그러나 이런 학습 그 자체는, 당신에게 그 신호와 표현인 낱말들이 없다면 당신의 의심스러운 통제를 자주 벗어나게 됩니다.

그리고 학교는 이 낱말 – 그 낱말들로 교과서를 가득 채우죠 – 외우기를 억지로 시킵니다. 드디어 요약이라는 방안을 찾아냅니다만, 나이든 스승들이 말씀하시듯이, 요약이란 아는 것의 요약이거나 모르는 것의 요약이지요. 그 중간이란 없고, 그리고 제재가 즉각 뒤따릅니다. 이 과정들에서 안타깝게도 사람들은 철 이른 그리고 저급한 과실밖에는 얻지 못하는데, 그것은 순간의 허상에 불과합니다. 마치 나무를 화학적으로 '압박하는'《pousser》, 말하자면 자연에 거슬러 거짓 과실을 생산하는 - 그렇게 해서 나무를 고갈시켜 버리는 - 화훼가처럼 말입니다. 당신들의 학생들은 당신들이 먹여주는 것을 전혀 소화하지 못했고, 그로 인해 수액도 풍요롭게 되지도 않았습니다. 당신들은 겉치레로 일을 했을 뿐입니다. 그것은 유익하지 않을 뿐 아니라 위험하기조차 합니다. 자연은 꽃피우는 것을 막고 빛나가게 하는, 이렇게 덧붙인 겉딱지는 부서뜨릴 수밖에 없으며, 결국은 당신들의 뜻에 거슬러 정상적이고 건전한 성장의 길을 찾아가게 될 것이기 때문입니다.

저는, 일찍 서둘러 밀어낸 빛깔 좋은 과일들이 시장에서 비싼 값으로 팔린다는 것, 그리고 학교의 교육(교양)이 아무리 거짓되고 피상적이라 해도 적잖이 인정받고, 무게가 나가고, 시험들에서, 행정 처리에서, 언론에서 인가받는다는 것을 잘 압니다. 그러나 그 잘못이 아무런 벌을 받지 않고 반복될 수는 없죠. 나무가 빛을 못 받아 시들고 죽기 때문이죠. 우리가 유일한 구원인 '삶(생명)의 학교la seule salvatrice Ecole de la Vie'로 때에 맞춰 돌아가지 않는다면 말이죠.

- 당신이 생각하는 게 무엇인지 짐작됩니다. 그러나 우리는 양심이 엄중히 걸린 문제에 마주하게 됩니다. 즉, 나무 재배자처럼 정직하게, 자연적인 과정들을 밟아, 맛도 나고 건강한 과일을 생산하느냐 - 이럴 경우 때깔은 늘 제값을 못 받고 맛도 소비자들의 비위를 맞추기에는 충분치 않을 테고요 - , 아니면 소비자들에게 독이 되고 그들의 퇴행적 쇠약을 가속화하는 현대 화학의 이 인위적인 창조물들을 사용하느냐 - 이럴 경우 '한순간만큼'pour l'instant은 적어도 소비자들이 향유享有하고자 하는 바를 만족시켜 줄 테지요 - 하는 문제 말입니다.

우리가 아이들에게 부당하리만큼 참지 못한다는 것, 진정 생사가 걸리고 깊이 영향을 끼치는 수고스러운 일들을 게을리하고 있다는 점을 우리는 잘 감안하고 있습니다. 그러나 또한 부모들도 그 길목에서 눈에 띄고 잴 수 있는 진보의 표지들을 주의 깊게 살펴보고 있습니다. 나라를 대변하는 교육감들도 또한 우리 일의 긍정적인 결과를 뜯어보며 판단하기를 바라고 있지요… 뭔가를 이루어내야 합니다. 그것도 당장!… 잔인한 진퇴양난이죠!

　－ 저도 그걸 잘 알고 있습니다. 저 또한 당신들을 특별히 비난하지 않으려고 조심하고 있습니다. 사정은 어쨌건 바뀔 수 있습니다. 현 격변 상황은 우리들에게 비극적인 가르침을 주고 있으며, 이것은 모두에게 즉 부모들과 교육자들과 감독자들에게 사회적·행정적 메커니즘의 작동에 뭔가 돌이킬 수 없이 잘못된 점이 있다는 것을 느끼게 해줍니다. 제가 납득하기로는, 만약 당신들이 삶에 보다 기반을 둔, 그리고 과학적으로 발견한 것들과 경제적 조건들에 보다 적용된 교육 시스템에 이르게 되면, 만약 당신들이 지적인 차원에서뿐 아니라 일의 광범위하고 복잡다단한 영역에서도 당신들의 학교를 보다 효율적으로 만들어낼 수 있다면, 당신들이 믿는 것보다 훨씬 더 호응과 지지를 받게 될 것이라는 사실입니다. 단지 당신이 그것을 이제 이해하시듯이 형식적으로 변모하는 것들만으로는 부족합니다. 이것은 젊은 세대들의 형성을 위한 심오하고도 효과적인 혁신으로 꼭 실현해야 할 것입니다.

　일반대중le public은 거기에 준비가 되어 있습니다. 대중이 그렇게 된 이유는, 설쳐대고 요구가 많은 일시적인 세력들에 굽실거려 평판이 나빠지면서 점점 더 실추하게 된 교육적 전통 때문입니다. 지식교육을 받은 이들, 저술가들, 현인들은 20세기 초에서처럼 더는 전반적으로 좋은 평가를 받지도, 존경받지도 못합니다. 지식교육 그 자체나 학교에서 하고 있는 지식교육 같은 것은 오늘날 대수롭지 않고 부차적인 것으로 드러났습니다. 요술은 깨졌습니다. 스콜라식 형식주의 교육을 이상화하곤 했던 마술은 유행에 뒤떨어져 버리고, 야하게 번쩍거리는 값싼 옷과 속임수들은 들통이 났고요… 전혀 다른 스타들이 하늘에 떠오르게 되었는데, 그 밝음은 전혀 다른 성질의 것이죠: 아마도 별로 지식은 없을지라도, 상황에 대해 정곡을 찌르는 지성으로 느끼고 표현하는 데에는 비상하게도 재빠른 영화계의 스타나, 원초적인 반응을 보이며 우중愚衆의 욕망을 겉으로 드러내고 끊임없이 수다를 떠는 유명 가수나, 싸움과 승전과 영웅주의적 전통들을 유지하고 갱신하는 스포츠계의 챔피언이나, 온통 직관의 언어로 세상에 말을 걸고 어떤 관점에서는 주지주의에 대해 과장된, 또는 그에 대한 온통 위험한 반명제이기도 한 일반 영화 같은, 전혀 다른 스타들이 떠오르지요.

우리 사회가 세속적인 전통에 집요하게 집착함에도 불구하고 스콜라식 형식주의는 그 지배적 위치가 끝났다고 말할 수 있습니다. 그 (스콜라식 형식주의의) 임종의 고통이 연장될 위험이 없다고 말하려는 것은 아닙니다. 당신들은 지체없이 그것(스콜라식 형식주의)을, 끝내 사람들 안에, 그들의 욕구에, 그들의 삶의 양식에, 그들의 행동과 일과 사고 습관들 안에 파고들어 활기차게 뿌리를 내림으로써 그 수액의 강력함을 보장하게 할 그런 형성으로 대체하시겠지요. 당신들은 동시에 이 형성을, 인류의 위대한 사상에 연결하고, 진보가 우리에게 적극적이고 단정적으로 이루어준 그 모든 것에 연결하고, 문명의 거대한 대세-수 세기를 면면히 종교와 전통의 중개로 우리가 강화하고 이어나가는 것을 임무로 삼아 온 이 운동의 전진을 시작해 온 그 대세-에 연결하고 있습니다.

인류의 사상들을 일으키고 방향을 정하는 것, 인류의 개별적·사회적 행동거지를 정당화 해주는 것, 그것은 바로 오늘날 복잡다단하고 사회적으로 조직된 그 모든 것 안에서 하는 일입니다. 일은 본질적인 동력이자 진보와 존엄의 요소요, 평화와 박애주의의 상징입니다.

다만 주의할 점은, 제가 이 학교를 일에 연결하는 데에 있어 말이나 책의 기만적인 중개에 만족하지는 않을 것이라는 것입니다. 저는 그런 역적질을 새삼 되풀이하지는 않을 것이며, 일을 모든 우리 교육의 기초에 효과적으로 자리 잡게 할 것입니다.

– 누군가 말했죠, "손으로 사고하라"[81]고.

---

81. 《Penser avec les mains》: 스위스 작가 데니스 드 루지몽 Denis de Rougemont (1906~1985)의 『손으로 생각하라』.

– '막일하는 사람'에 너무 초점을 맞추어 제가 일이라는 낱말에 부여하는 뜻을 과장하지는 마십시오. 우리는 처음부터 인간적이고 정상적인 노력으로부터 시작해야 합니다. 주지주의의 섣부른 해석으로부터도 아니고, 본래 조상 적부터 내려온 활동들의 다양한 형태들 – 다소 고상하다거나 다소 유익하다거나 하는 – 사이의 결별을 신성시하는, 분명히 지고한 차원으로 인위적으로 옮겨놓는 것으로부터도 아닙니다.

저는 제 학교가 (나침반의) 눈금판이 되어, 실용적이고, 아이들의 모든 가능성과 사회의 필요성에 – 들판에서의, 공장에서의, 부티크에서의, 그리고 더 자주는 우리 교육의 핵심이 살아있는 세포들이 될 작업장(아틀리에)에서의 가능성과 필요성에 – 동시에 잘 맞추어진 직업에 적합하게 하려고 합니다.

– 그럼 직업학교une école d'apprentissage인가요?

– 잘 들어보세요. 여기서 중요한 것은 직업교육[82]도, 직업교육 전 단계도 아닙니다. 우리가 확인한 것은, 바로 일과 직업이 – 우리가 원하건 원하지 않건 – 우리 아이들 삶의 한가운데에 있다는 것이고, 그것들(즉 일과 직업)은 우리가 우리의 모든 교육과 문화의 구조물을 그 위에 건설해 가야 할 검증된 기반을 이룬다는 것입니다. 제가 이미 말씀드렸듯이, 우선 실제 무엇이 있는지를 보고, 그다음에는 확고한 것과 현실적인 것 위에 건축해야 합니다.

귀족학교l'école aristocratique란 – 우리의 오늘날 대중학교도 그것의 한 못된 왜곡에 불과한데 –, 사람들이 현실적이라 생각하는 것을 무시하지 않았습니다. 귀족학교는 원래 세상일을 맡아 하는 사람과 관리들을 형성하려는 것이었고, 이들에게는 무엇보다도 이런 겉치레와 이런 지적인 사변과 말재주가 중요했던 것이고, 그것들은 그들의 미래의 조건에 없어서는 안 될 요소들이기도 했습니다. 여기서 존재했던 잘못은 다

---

82. apprentissage: 본래는 도제(徒弟) 교육을 뜻하나 눈으로 익힌다는 뜻의 견습(見習)의 직업교육으로 새긴다.

른 필요를 가진, 그런 일과는 무관한 아이들에게 그런 규범들을 적용한 것이었으며, 그들의 삶에 전혀 불필요하고 거추장스러운 옷차림을 덧씌우는 것이었습니다. 관료조직의 관리들 옷에 감성이 젖어 있는 양복장이가 노동자나 농부의 아들들을 위한 옷에 금술이나 주름장식을 달아 그 아이들이 중압감을 느끼도록 하는 것이나 다를 바 없을 것입니다. 그들은 이 장식들을 국가 문장이 딱 들어간 윤이 나지 않는 것들로 눈깜짝할 사이에 바꾸어 버릴 테지만 말이지요.

그렇지만 정반대의 잘못도 피합시다. 그리고 수고하는 노동자의 제복을 따로 재단하지는 않도록 합시다. 마치 편안함이나 아름다움이란 그런 수고스러운 노력을 전혀 알지 못하는 사람들의 명백한 특권이나 되는 것처럼 말이죠. 인간적이고 주관적인 면이 있는 일을 빼앗지는 맙시다. 기계화하고 익숙하게 하는 경향이 있는 그런 노고는 지켜주면서 말입니다.

저는 여기서 우리 자본주의 사회 안에서 행동거지의 선택[83]과 일의 표준화가 오늘날 우리 경제에 어느 정도로 필요한 것인지를 논의하려는 것은 아닙니다. 제가 걱정하는 것은 선별하고 표준화하는 것이 정작 정신에 등을 돌리고, 사고를 마비시키고, 일의 형성적인 개념에 걸림돌이 – 사실 그렇죠 – 되는 것은 아닌가라는 점입니다.

우리는 우선 직업들을 그 원래의 단순함 속에서 실습하고자 합니다. 그 직업들이란 말하자면 인류의 진정한 발전의 토대가 되는 것들입니다. 그리고 우리들은 삶의 정상적인 과정 안에 그 직업들을 통합시키는 방식으로 그 직업들을 실습하고자 합니다. 우리는 현재 기술의 괄목할 만한 기여를 무시하려는 것은 아니며, 다만 아이들이 기계의 마술에 넋을 잃는 그런 일종의 도취를 경계하려는 것입니다.

– 이제는 더는 논리를 과장한 나머지 너무 체계화하지는 말아야 할

---

83. la sélection du geste. la sélection은 자본주의 사회의 선별 또는 선발의 결과 '적자생존', '도태'도 내포된다는 느낌이 든다.

것입니다. 당신은 모든 교육의 중심에 일을 놓겠다고, 마치 아이들의 첫 번째 관심이 '놀이'가 아니고 '일'이라도 되는 듯 말씀하십니다. 우리들에게는 실제로 무엇보다도 우리들의 새내기들을 위해 훌륭한 교수법들과 놀이를 통한 창조적 노력에만 오로지 기반을 둔 창의적인 교구들이 있고, 이것들은 다 증명되었다고 당신께 분명히 말씀드립니다만…

  - 그것들의 증명preuves이라고요?… 안타깝지만 교육 형식의 전적인 실패가 아니라면 어떤 증명 말씀인가요? 그 실패는 젊은이의 품격을 이렇게 떨어뜨리는 것에서, 역동성과 활력의 길을 영영 잊어버린 것처럼 보이는 모든 서민들의 이런 수동성에서 여실히 드러나 있습니다.

  네, 저는 어느 날 이 '일에 의한 교육 방법méthode d'éducation par le travail'이 시도되기를 충심으로 바라며, 사람들은 그것(일에 의한 교육 방법)이 우리 아동기를 보다 잘 형성하지 않을까, 그것이 당신들의 가장 창의적인 … 아니 너무도 창의적(!)인 방법보다 깊이 있게 학생들의 관심을 끌지 않을까, 지켜볼 것입니다. 저는 창의적인 것을 추구하라고 조언하는 것이 아니라, 오히려 정상적인 것 자연스러운 것 단순한 것 – 너무도 정상적이고, 너무도 자연스럽고, 너무도 단순해서 그 아이디어조차 시스템들과 철학적 체계들처럼 서로 상치되고 서로를 파괴하는 그런 시스템들을 만드는 모든 사람들의 머리에는 떠오를 수도 없는 것 –을 추구하시라고 조언하는 것이기 때문입니다.

  여기서 우리는 이번에는 실습을 한 셈입니다. 이제 저는 제가 낫으로 벤 풀들을 널어서 이 좋은 햇빛을 활용해 보겠습니다. 그리고 저처럼 이 심각한 문제 – 우리가 다루었고 제가 제 모든 생각을 말씀드리기에 약간 조바심을 냈던 문제 –에 대해 심사숙고해 주셨으면 합니다.

25
그런데 어떤 일?

그 기반에서는 확실하고 견고하며,
개개인과 사회적 필요들에 적용하는 데에서는 가변적이고 신축적인,
그런 교육은 일 안에서 본질적인 동력을 찾게 될 것이다.

― 일Travail과 놀이Jeu! 양극, 겉으로 보기에는 너무도 대립되는 교육적 형성의 양극이라서, 진정한 의미의 그 하나(일)와 또 다른 것(놀이)이 지나친 권위와 착취로 인해 비틀어져 버렸습니다.

일이란 고통과 수고이자, 보잘것없는 조건이며, 열악한 사회적 상황이라서 (인간의) 존엄성이 가급적 빨리 빠져 나오라고 명령하는 그런 것입니다. 놀이란 굴종적인 노력에 대한 보상, (칠흑 같은) 밤중에 비치는 한 줄기 빛, 궁극적인 목표로 놀이로 얻는 즐거움 말고는 아무것도 볼 수 없는 이들이 교묘한 궁극적인 목표…

제 어머니가 실제 교육에 대한 소질이 없었던 것은 분명 아닙니다. 어머니는 제게 실제 할 일을 아주 어릴 적에 주셨고 저는 지금도 그 일을 하면서 맛보았던 깊은 만족감을 아직도 감동하며 기억해 낼 수 있습니다.

염소새끼들이 태어났을 때, 어머니는 제게 그중 한 마리를 늘 주시곤 하셨습니다. 그건 제 염소새끼죠! 저는 자연스레 그 염소새끼를 돌보고 먹이 주는 '일'을 하게 되었습니다. 어머니가 제 아침 커피에 타 주려고 젖을 내는 염소들에게서 젖 몇 방울을 훔칠 때면, 여기서 바로 제 염소가 빼앗기고 있다는 생각에 저는 일종의 양심의 가책을 느끼곤 했습니다.

봄에 첫 버들강아지들이 나올 때 저는 얼마나 애틋한 정성으로, 아직도 귀가 접혀있는 어린 염소에게 싱싱한 버들가지 다발들을 가져갔는지!

성 요한 축제일[84] 때 가축 떼들이 산으로 갈 때면 그 염소와 헤어지는 것이 참 섭섭했지요. 그래서 그 염소를 수천 번 쓰다듬으면서 그 녀석을 껴안았었지요! 또 여름 내내 그 염소에 대해 캐묻고 알아보려 했지요. 그리고 이어서 성 미카엘 축제일[85]에 가축 떼들이 방목에서 돌아올 때면, 저의 첫 생각은 제 염소였고, 저는 그 염소가 커지고 거칠고 튼튼해져 귀도 길게 자라 쫑긋 세워진 모습을 보곤 했지요. 그 염소는 아기염소 때의 작고, 하얗고 까만, 싱싱하고 번쩍거리던 털은 벗어버리고 엷은 황갈색의 햇빛과 비에 빛바랜 갈색의 긴 털로 갈아 입었죠.

그리고 그 염소가 나를 알아보았을 때, 내 음성을 듣고 염소가 고개를 돌렸을 때, 그 염소가 우리로 가는 길을 기억해 낸 것처럼 보였을 때, 제가 느낀 행복은 이루 말할 수 없는 것이었죠.

보리를 타작할 때 타작마당에서 나오는 보릿짚을 대들보 턱밑까지 채워 넣는 일을 했던 여름도 생각납니다. 기와 밑 쥐처럼 쏘다녀야 했으니, 제가 아직 매우 어렸을 때일 것입니다. 저는 땀을 흘리고 지치고 목은 마르고 눈과 코는 온통 먼지투성이인 채로 나왔는데, 제가 한 일에 자부심을 느꼈고 이튿날 다시 시작하기를 인내심을 가지고 기다리곤 했지요. 제게는 이런 승리감이 그 사회적 그룹의 새로운 권리들을 부여하고, 노동자들과의 식탁에서도 큰 존재감을 주는 듯 보였습니다.

라벤더를 벨 때가 오면 어머니는 제 목덜미에 작은 아마포 주머니를 메어 주셨고, 너무 날카롭지 않은 귀여운 반달 모양의 낫도 챙겨주셨지요. 저는 어른들과 함께 향내 나는 라벤더꽃을 베었는데 처음엔 제가 기억하기에 푸른빛 나는 어린 가지뿐 아니라 그 아래 잎 다발의 줄기도

---

84. 6월 24일 세례요한 축제일, 하지 때.
85. 9월 29일 대천사 성 미카엘 축일. 추분 즈음.

베어버리곤 했지요… 눈속임이었던 거죠. 저를 동정하느라고, 저를 역시 격려하느라고, 라벤더 향을 내리는 제조자는 제가 저울에 올려놓은 것을 받아주셨죠. 2킬로그램에… 20전sous!

그로부터 훨씬 뒤 어느 가을에 저는 감자를 넝쿨째 캐는 일을 했었댔죠. 힘든 일이었죠! 하루 종일 한 일과 아직 해야 할 남아있는 일을 재보고 비교하느라 일은 빨리 진척되지 않았습니다. 이 일을 하느라 제가 한 수고, 제게 요구되었던 인내심을 가지고 견뎌낸 것, 이것을 재보니 그 노력은 만만치 않은 것이었습니다.

이 모든 일들은 제 어린 시절을 비추어 주었던 유별난 해(年)처럼 기억납니다. 당신들의 학교는 냇물의 넓적하고 미끄러운 바위 위를 미끄러져가는 빗방울처럼 저를 곁돌고 가는데 말입니다. 아주 어릴 때부터 삶에 '생기'를 불어넣는 것, 가족과 공동체의 정상적인 틀 안에서 건전하고 역동적인 만족의 가장 좋은 뜸씨(酵素)는 놀이le jeu가 아니라, **일** le TRAVAIL입니다.

─ 하지만 놀이란 아이에게 너무도 자연스러운 것이지요. 놀이는 아이 자신의 재능을, 흥분을, 활기를, 너무도 역동적인 활기라서 과정들과 올바른 방향을 잘 잡아내는, 교육학을 훌륭하게 움직이게 하는 그런 활기를 일깨우지요.

게다가 오늘날의 모든 관찰자들은 이 점에 대해서는 완벽하게 의견 일치를 보고 있지요: 아이들은 본능적인 활동에 대한 조상 적부터의 욕구들에 부응하는 놀이를 할 수 있는 나이가 되면, 의무와 집중(의지력)에 관한 어떤 감각을 ─ 평소에는 전혀 습관이 들어있지 않던 ─ 전제하는 그런 일un travail을 훨씬 더 잘할 수 있다는 것입니다.

─ 아 그러게요. 당신들 같은 교사들은 아무리 저명하더라도 잘못 짚었네요!

─ 오! 오!… 마티유 씨, 당신 편하신 대로 말씀하시는군요. 당신은 그들에게 이러한 확신을 굳게 한 깊은 이유와 관찰과 경험을 분명 무시

하시는군요.

　– 그럴 수도 있겠으나, 제가 당국의 권위 있는 의견에 휘둘리지 않는다는 것을 당신은 잘 아시죠. 당신 같은 교사들은 관찰하고 실험하고 비교하고 선입견으로 판단하는데, 약간은 마치 피의자를 심의하는 재판관들처럼, 그 피의자에 대해 엔지니어가 자기 기계에서 떼어 낸 부품들을 무관심하게 다루듯 그런 비인간적인 무관심한 태도로 말합니다. 그들은 엄숙하게 선언하고, 그들은 분명하고 별난 진리들을 발견했다고 믿는데… 그것들은 흔히 그들 세대에게서나 지속될 뿐, 그다음 날이면 역시 근거가 있고 역시 분명하다는 지론들이 대신 들어서게 되지요… 사람들은 아주 이따금씩 이런 사람들 – 교육(교양)으로 인해 인간성에 대한 감각이 말살되지도 않았고, 객관적인 과학la science objective을 넘어서 개인적·사회적 삶의 깊은 연원에 의지하려는 영원한 욕구가 말살되지도 않았던 그런 사람들 – 이 출현하는 것을 보게 됩니다. 이런 사람들은, 스콜라식 주석자들이 생각한 것들의 영속성에 이르려고 심취해 있는 단어들의 껍질들을 박박 긁어내려 했는데, 이런 대담함으로 그들은 동네북처럼 공격과 힐난과 고문의 대상이 되죠… 하지만 이들은 실상 거짓 사상가들의 보잘것없음을 질책하려 했던 것입니다.

　아니, 한번 살펴봅시다. 있는 그대로를 보려면 인간의 마음을 파악해야 하는데, 우리는 불가피하게 섣부른 판단들과 잘못들 그리고 이기심과 허영심에 대한 집착에 빠지기 쉽습니다. 자신의 잣대로 멋대로 떠올린 신들의 위엄에 스스로 비교하려는 강박감에 사로잡혀서요…

　우리는 게다가 여기에서 빠져나오지 못합니다. 그런 까닭에 우리는 우리가 세운 이론들과 우리가 칭찬하며 권하는 방법들이 완성된 것인 척해서는 안 됩니다. 우리보다 앞서 나온 시스템들을 너무 매도하지도 맙시다. 이것들 또한 (모든 것에도 불구하고) 너그러운 선의가 맺은 열매에 늘 가깝기 때문이고, 우리가 과소평가해서는 안 될 그런 것입니다. 이것들은 무엇보다도 각 시대의 가치를 따랐고, 그것들에 선천적인 덕목들과 약점들도 함께하고 있습니다. 우리의 잘못은, 단지 50년 전에는 좋은 것이었을 수 있었던 교육의 기술techniques d'éducation이 오늘날 급변하는 세계에도 꼭 같이 좋게 적용될 수 있다고 믿는다는 것입니다. 그리고 우리가 우리들의 시대에 맞추어 준비하려고 시도하는 방법들이 우리들이 없어진 후에도 당황스러운 속도로 빠르게 움직이는 그 세계에 변함없이 빠르게 발맞추어 조화를 이루며 살아남을 것이라고 여긴다면, 그것은 마찬가지로 똑같은 잘못을 저지르는 셈이 될 것입니다.

인간이 적잖이 큰 안정감을 가졌던 때가 그리 멀지 않은 과거에 있었습니다. 사회적 진화는 세기에서 세기로 바뀌면서는 잴 수 있겠지만, 세대에서 세대로 바뀌면서는 전혀 느낄 수 없습니다. 그래서 사람들은 차분한 안정감을 가지고 일할 수 있곤 했지요. 담벼락을 쌓는 사람은 그것이 무너질 것을 살아서 보지 않으려 합니다. 그래서 그는 일을 하면서 영원과 불멸에 대한 목마름을 높이는 그런 영원성에 대한 느낌에서 오는 자신감을 가졌습니다. 안타깝게도 오늘날에는 완성하기도 전에 담벼락이 허물어져 내립니다. 젊은이들은 채 늙기도 전에 죽고, 우리는 우리의 삶 한가운데에서도 대지의 모습을 뒤바꾸어 놓는 그런 변화들을 목격합니다. 상대성이 유행이지요. 우리의 교육조차도 그런 상황에 어느 정도 스며들게 마련입니다.

제가 '어느 정도'《quelque peu》라고 말씀드렸는데, 이것은 단지 교육이 시정잡배들이나 위험천만한 정치모리배들의 변덕에 휘둘려 일관성 없는 유행으로 전락하지 않을까 개탄스럽다는 뜻입니다. 튼튼한 기반 위에서 두텁고 훌륭한 담벼락 쌓기를 - 느리게 그리고 애를 써서 파가면서 하는 - 그만둔다는 것은, 그리고 사람들이 겉으로만 그럴싸하게 내보이려 하며 또한 세상이 빨리 바뀐다는 구실 아래 우리가 살아있는 동안만 견디어낼 정도의 그런 엉터리 담벼락들을 쌓는 것에 만족한다는 것은, 개인이나 사회에 치명적인 것이 될 것입니다. 스콜라식 전통의 엄청난 요지부동보다 정반대로 더 위험할 수 있는 상황이 될 것입니다.

만약 우리가, 우리 농부들조차도, 수박 겉핥기식으로만 땅에서 일을 하고, 아마도 잠정적으로만 기름지게 하고, 우리의 토지재산들을 결단코 불모로 만드는 그런 재배와 영농방법으로 논밭을 고갈시킨다면 어떻게 될까요? 만약 우리가 나무 – 어린이보다도 더 빨리 자라지 않고 우리가 전혀 덕을 보지 못할 나무 – 심기를 그만둔다면, 무슨 일이 일어날까요? 그렇게 되면 세대들 사이의 상호의존을 창조해 내고 삶의 연속성을 보장해 주는 신비로운 사슬을 파괴하는 결과를 낳게 될 것입니다. 사람들은 탁월한 자존감을 지키는 한 그들의 운명을 그렇게 망가뜨리기로 결심하지는 않을 것입니다.

'교육'l'Edication이란 모름지기 그 형식에서 끊임없이 변화하고 신축성(유연성)이 있어야 합니다. 교육이란 모름지기 그 기술(테크닉)을 인간의 행동과 삶의 변화무쌍한 필요성에 당연히 맞추어야 합니다. 그러나 그래도 역시 교육은 두 겹(二重)의 역할을 온전히 충족시켜야 합니다. 두 겹의 역할이란, 개개인에 있어서 특별히 인간적인 것 – 사는 이유를 밝혀주는 이상적인 부분 – 을 가장 최악의 상황 가운데에서도 드높이는 것이요, 우리의 기름진 땅이자 우리 미래의 본질적인 하부구조인 앎의 공동적 기반을 풍요롭게 하고 단단하게 하는 것이지요. 나아가서 교육이란 모름지기 학생들을 이 자존의 틀 안에서 기술적으로 준비시켜야, 다시 말해서 개개인이 그의 당면한 과업들에 준비되도록 해야 한다는 것이지요. 이 둘 중 어느 하나도 없어서는 안 됩니다. 건축물들이 없는 기반들과 그 위에 건축이 시행되는 기반들은, 불필요한 것을 없애버리고 죽은 것들을 치우고 덮어버리는 그 냉엄한 시간에 의해 빠르게 원상 회복됩니다. 주의해서 닦은 기반들이 없는 건축물들이란, 시간의 눈썹이 보이는 첫 찌푸림에도 흔적도 없이 사라지게 마련입니다. 나무에게는 뿌리들이 있어야만 하고, 살아 있는 줄기가 없는 나무는 상상할 수 없습니다. 줄기가 나무를 지탱하며 나무의 모진 기능들에 존재이유를 떠받쳐 주지요.

그리고 이것이야말로 제가 이 시점까지 우리가 삶의 커다란 맥脈들, 우리의 기반들을 보장하고 우리로 하여금 대담하고 역동적으로 건축하도록 허용하는 그 맥들을 우선 되찾아야 한다고 주장하는 까닭입니다. 라블레Rableais[86], 몽테뉴Montaigne[87], 루소Rousseau[88] 같은 사상가와 교육학자들이 바로 이 양식良識의 줄기를, 이 영원한 불꽃의 계시를 고안해 냈고, 도달했고, 파헤쳤기에 수 세기를 지나서도 여전히 현실성을 띱니다. 그들의 학교에서 우리가 배우고, 그 불꽃을 되찾고, 그들의 저술들과 삶을 오늘에 되살릴 수 있도록 그것을 가능한 한 증폭하는 것이 바로 우리가 할 일이지요.

---

86. 라블레(François Rableais, ?~1553): *Gargantua et Pantagruel*를 저술한 프랑스 작가.
87. 몽테뉴(Michel de Montainge, 1533~1592), 『수상록(*Essais*)』을 저술한 프랑스 작가.
88. 루소(Jean-Jacques Rousseau, 1712~1778): 『불평등기원론(*Discours surlorigine et les fondements de inegailié parmi les hommes*)』,『민약론(*Du contrat social*)』, 『에밀(*Emile, ou de l'éducation*)』 등을 저술한 프랑스 사상가.

26
일을 하고 싶은 강렬한 욕구

만약 어린이에게 놀이를 하고 싶은 자연적 욕구[89]가 없고
오직 일을 하고 싶은 강렬한 욕구[90]만 있다면,
그로부터 우리 삶의 균형과 조화에 귀결되는 바는 무엇인가?

— 우리는 이제 이 대목에서 우리들의 진정한 문제의 핵심에 들어가고 있네요. 마티유가 말을 이어갔다. 이리 오시지요. 마지막 체리가 한 줌 있어서요, 이걸 드시면 당신께는 길을 되돌아갈 용기가 나겠고, 제게는 제 주장을 계속하도록 침이 나게 하겠네요. 제 일도 진전이 있고, 고담준론高談峻論하는philosopher 호사도 부릴 수 있고요.

앞에서도 말씀드렸지만, 저로서는 아동기가 전적으로 놀이만을 필요로 한다고 믿지 않습니다. 그보다는 놀이의 이러한 개념 자체에 대한 오해가 있다고 생각합니다. 저는 그 개념을 제 방식대로 당신께 분석해드리고 싶습니다. 물론 젠체하지는 않으면서요.

새끼 고양이와 강아지가 배불리 먹고 실컷 놀고 난 뒤 잠을 자는 것을 보면, 아기도 먹거나 자는 것 말고는 삶의 대부분이 놀이에 할애된다는 주장을 받아들이게 됩니다. 참 개탄할 만한 출발점을 이루는 피상적인 추론입니다.

어린이나 어른을 막론하고 개인적 차원과 사회적 차원에서의 욕구라는 의미에서 행해지고 있는, 이른바 '기능적'이라고 할 만한 놀이가 있는데, 그것은 조상 적부터 이뤄온 것의 가장 깊은 곳에 뿌리내린 것입

---

89. un besoin naturel du jeu.
90. un puissant besoin de travail.

니다. 이것은 아마도 간접적으로 삶의 본질적인 준비 놀이이자 신비롭고도 본능적으로 이루어지는 교육으로서, 분석하고 따지는 스콜라적 독단주의 방식에 따라 겉도는 것이 아니죠. 그것은 본성에 딱 맞게 특별한 것처럼 보이는 그런 과정을 따르는 – 그런 정신 안에서 – 그런 논리에 의한, 그런 교육으로 남아있는 바로 그런 놀이입니다.

이 놀이는 어린 짐승이나 어린이에게 본질적이며, 분명 일이기는 하지만 어린이의 일이며, 그 목표가 무엇인지를 우리가 늘 파악하지는 못하는 아이들의 일입니다. 왜냐하면 그것은 우리가 보통 생각하는 것보다 현실성이 떨어지며 우리가 일반적으로 상상하는 것보다 비근한 말로 덜 '공리적'이기 때문입니다. 아이에게 이 일-놀이travai-jeu는 일종의 터져나옴(暴發)이고 해방으로, 오늘날 어른들이 자신에게 활력을 주고 자신을 고양시키는 과업에 몰두할 때 느끼는 것 같은 그런 해방감이기도 합니다.

제가 알기로는 놀이에 관해 온갖 설명 체계를 갖춘 이론들이 있는데, 이것들은 철학 체계들처럼 서로 모순되고 서로 파괴합니다. 게다가 이 이론들은 진정한 문제, 즉 아득한 과거로부터 자극을 받고 어렴풋한 미래의 빛에서 영감을 얻어 아이의 역동적인 모든 발달 과정에 닿아있는 문제에는 도전조차 못 한 채 피상적으로만 검토한 것들이라 하겠습니다.

이러한 연구들은 솔직히 말해서 너무 미세한 부분에 집착하여 제가 보기에는 본질적인 것은 – 너무도 신비로운 – 잊어버리고 놀이-일의 타락한 개념에 게으르게 빠져들어 있습니다. 이 시도들은 이 적응과 해방의 도약을 위한 놀이의 열정은 무시한 채 놀이로 얻는 행복한 쾌감만을 간직하고 있습니다.

이 즐거움과 이 행복감 위에서 바로 교육자들의 이론들을 떠받쳐 온 것입니다. 그런 까닭에 당신이 말씀하시는 현대 교육학은 더는 진정한 놀이가 아니라 **즐거움에**SUR LE PLAISIR 기초를 두고 있다고 말할 수 있겠는데, 실상 이 둘은 완전히 별개의 것입니다.

아이의 전통적인 놀이는 창조적이고 역동적입니다. 아이가 얻는 쾌감이 질적으로 아주 특별하긴 해도, 그렇다고 소화의 즐거움이나 성적인 즐거움 같이 몸이 향락하는 것과 전혀 무관한 것은 아닙니다. 이것은 개개인을 한껏 흔들어 매우 큰 폭으로 올라가는 경향의 떨림, 이를테면 자신의 잠재력과 역량에 대한 감각을 일깨우며 자신을 둘러싼 세상과 힘을 겨룰 수 있도록 해주는 떨림(戰慄)과도 같은 것입니다. 저는 여기서 어른들이 최근에 새로 고안해 낸 도착적인 놀이들은 고려하지 않겠습니다. 도착되었다고 말하는 이유는, 그것들이 인류의 뿌리 깊은 운명들과 단절되어 있으며 또한 그들의 이기적인 착취의 입맛에나 맞을 좌절의 경향들을 과장하고 왜곡시키고 있기에 그렇습니다.

당신은 제가 하려 하는 구분, 즉 이 놀이 문제에 관한 이성적인 연구들에 있어서 (그것이 어떤 것이든) 필요한 불가결한 구분이 무엇인지 아마 충분히 이해하지 못할 것입니다. 당신은 아직 젊으시지만 어느 시골 마을에서 컸다고 말씀하셨으니, 당신은 관습들 가운데 세월의 흐름을 가장 잘 이겨낸 것들 중에는 놀이들이 있다는 것을 아실 테지요. 여기서 저는 한 걸음 더 나아가 그 놀이들이 이렇다 할 변화도 겪지 않고 수백 년 동안 경이롭게 전승되어 온 유일한 것임을 말씀드리고자 합니다.

일전에 저는 책장을 넘기다가 놀고 있던 아이들을 묘사한 중세기의 판화 한 점을 본 적이 있습니다. 놀랍게도 이 놀이들은 이 세기(20세기)가 시작될 무렵 나의 아동기를 열광시킨 바로 그 놀이라는 것을 알아차렸습니다. 그 놀이에는 아무것도 빠지지 않았고 심지어 놀이의 시작이나 규칙 읊어 주기 그리고 점수 매기는 방식까지 똑같은 것이었다고 자신할 수 있습니다.

놀이에 접한 아이의 진정한 반응을 알아차리고 세분하고자 한다면 반드시 고려해야 할 것은 바로 이러한 영속성입니다.

장황한 설명보다는, 교사이건 아니건 간에, 게으름, 건전하지 않은 사랑, 모험심의 못된 취향을 악용하는 것 같이 놀이를 악용하려는 모든 사람이 오늘날 흔히 범하는 잘못이 무엇인지를 깨닫는 데 적잖이 도움이 될 몇 가지를 말씀드리고자 합니다. 결코 따지려 드는 게 아니고요.

저는 제 어린 시절의 놀이들을 즐겨 생각해 봅니다. 그리고 오늘날에도 그 놀이들이 마을광장에서, 당신들의 책에서 가르치는 모든 완벽한 놀이들보다 더 애호를 받으며 여전히 행해지고 있는 것을 보면 약간 감상에 빠지게 되는 것은 어쩔 수 없습니다.

어느 날 저는 당신의 전임자 한 분과 이야기를 나눈 적이 있는데, 그분은 제게 말씀하시기를 놀이란 삶을 위한 준비이자 의식하지는 못하지만 일종의 견습見習이라고 했습니다. 이 말이 제게는 좀 억지 설명으로 들렸습니다. 이 억지 설명은 좋은 것이든 나쁜 것이든 우리의 모든 행동에 대해 필연적인 이유를 대려고 하는 집착적인 욕구에서 생겨나는 것입니다. 제가 믿기에 논다는 것은 잠자기, 마시기, 말하기, 표현하기, 사랑하기만큼이나 아이 삶의 일부를 이룹니다. 흔히들 이렇게 말할지도 모르겠습니다. 즉, 아이들은 자라기 위해… 삶을 견디고 강해지기 위해 먹는데, 아이들이 잔다는 것은 지친 힘을 되찾으려고 한다…는 말입니다. 당신도 느끼시겠지만 이것은 구차한 피상적인 정당화입니다. 아이들은 놀고, 어른들보다 더 많이 놉니다. 왜냐하면 아이들 안에는 삶(생명)의 잠재력이 있고, 그 잠재력이 아이들을 보다 더 큰 폭으로 반응하게끔 만들기 때문입니다. 아이들은 말하는 대신 기꺼이 소리칩니다. 걷는 대신 쉼 없이 달립니다. 그러고선 밥숟가락을 입에 문 채 깊은 잠에 빠져들기도 합니다. 아침이 될 때까지 한 번도 깨지 않습니다. 아이들로서는 어른들과 환경이 허용하거나 용인해 준 활동만으로는 삶(생명)의 잠재력을 모두 쓰기에 부족합니다. 아이는 모든 퍼즐 조각들을 생각해 낼 수 없지만 그것으로부터 파생된 뭔가를 필요로 하고, 어른들의 본을 나름대로 모방하여 만들며 만족해합니다.

일을 마치고 집으로 돌아올 때 우리는 지쳐 있습니다. 우리의 몸과 우리의 정신은 오직 쉼만을 갈망할 뿐입니다. 우리는 조용히 불가에 앉아 석탄 타들어가는 것을 보면서 주전자 끓는 소리를 듣습니다. 가끔씩 우리는 몇몇 습관적인 말을 합니다만 우리처럼 지치고 잠잠한 이들을 위한 것이고, 누굴 피곤하게 하지는 않죠… 우리는 결코 어떠한 놀이도 하고 싶지 않습니다, 결코.

젊은이들은 우리만큼 지쳐 있진 않지만, 그들 역시 이미 철이 좀 든 상태입니다. 저녁이면 문 앞에 나가지요, 동네 여자애들과 잡담을 나누려고요… 그럴 나이고, 사실 그렇습니다.

아이는 한계에 도달할 때까지 돌아가는 강력 모터 같습니다. 아직 쓸 에너지가 남아있으면, 우리들과 함께 가만히 앉아 시간이 흐르는 것을 결코 지켜보질 못합니다. 다시 놀러 나갑니다. 아이가 새로운 활동에 빠져들지 않도록 당신은 여러 번 알려줘야 하죠… 아이는 다시 집에 돌아옵니다. 그게 끝이죠! 아이는 잠에 빠져들죠… 자연스러운 반응입니다.

그리고 만약 광장 공터 희미한 곳에서 또래 아이들의 악귀 들린 듯 지르는 소리가 들려오는데도 저녁 시간에 부모와 함께 얌전하게 앉아 있는 아이를 보신다면 "아이가 아프구나."라고 단정하셔도 좋습니다. 만약 늘 그렇다면, "이 아이는 비정상적입니다! 기력이 쇠했거나, 생동감이 없거나, 나이보다 늙어 조금 움직이는 것만 할 수 있는 어른아이입니다. 달음박질, 고함치기, 치고받기, 두려움, 이런 것들이 아이를 지치게 하고 괴롭게 한 것입니다. 이 아이는 흔히 주장하듯이, 점잖은 아이[91]의 모범이 결코 아닙니다. 오히려 이 아이는 '애늙은이'이고 나면서부터 삶의 내리막 위에 있는 것입니다."

저는 홀로 제 아이들이 노는 모습을 늘 즐겨 보는데요, 아이들이 논다는 것은 그들의 피가 힘차게 흐르고 있고 알찬 삶을 살고 있다는 표시죠… 애들이란 그래야 합니다!

---

91. '슬기로운 아이'의 모범(un modèle d'enfant sage)이지만 점잖은 아이, 얌전한 아이의 뜻이다.

아이답다는 것은, 실제로, 골짜기의 도랑물처럼, 늘 도를 넘는 것입니다. 때론 물이 말라 있기도 하고 때론 넘쳐흘러 콸콸거립니다. 조용하고 일정하게 흐른다면, 그것은 강물이지 더는 골짜기의 도랑물이 아닌 것입니다.

이렇게 말씀드리는 것은, 일과 놀이라는 두 활동의 본질적인 요소들 가운데 우리가 발견할 수 있을 연관성, 그리고 차이가 나는 점들을 당신이 이해하는 데에 도움이 되도록 하려는 것입니다.

만일 제 이론이 – 안타깝지만 달리 많은 노력에도 불구하고 단지 이론으로 그치는 데 만족해야 할 형편이라 – 정확하다면, 즉 만약 놀이가, 표출될 길을 찾지 못한 활동의 배출구에 불과하다면, 사람들은 그 놀이라는 것을 어떤 대체물, 교정 수단, 일의 보완물로 간주하고, 그리고 "일이 그 모든 활동을 다 소진하기에 충분하지 않을 때 아이는 놀이를 한다." 《L'ENFANT JOUE LORSQUE LE TRAVAIL N'A PAS SUFFI A ÉPUISER TOUTE SON ANCTIVITÉ》라는 공식을 제시할 수 있겠죠.

– 당신의 관점대로라면, 보통 피로를 풀어주는 것으로 여겨지는 놀이란 차고도 넘치는 힘(에너지)을 다 써버리기 위해 아이가 발명해 내고 힘을 기울여 찾아낸 일의 특별한 형태의 하나가 되는군요. 하지만 그렇다면 모든 연령대의 모든 사람이 그렇게도 탐욕스럽게 놀이를 추구하고, 학교와 사회에서 흔히 일을 희생시키기까지 하는 이 적敵 같은 것, 즉 우리가 오늘도 달래려고 애쓰는 그 적 같은 것으로부터 우리를 지키려면 어떻게 해야 하는 걸까요? 그 적이 우리에게 봉사하게 만들려면 말입니다.

– 당신은 여기서 어른들의 관점에서, 즉 어느 한 사회의 관점에서 사물을 보시는데, 이 사회는 어린이가 갈망하고 추구하는 것에 대해서는 한 번도 관심을 가져본 적이 없고, 사회 자체에서 그때그때의 필요에 기능하도록 아이들을 너무 이르게 형성하려는 염려에만 사로잡혀 있습니다.

보다 양식良識을 가지고, 우리를 어린이의 관점에 진솔하게 놓고, 할 수 있는 한 너그렇게 우리 논리를 펴도록 시도해 봅시다. 그렇다고 어른들이나 사회 구성원 모두가 머리를 조아리는 식으로 어린이가 새로운 우상이 되어야 한다고 믿게 하려는 것은 아니죠. 사물을 우리가 상상해 내거나 또는 그랬으면 하고 바라는 식으로가 아닌, 있는 그대로 보려는 것입니다.

올바르게 보는 것은 어떠한 경우에도 맨 첫걸음입니다.

우리의 어린 시절을 회상해 봅시다. 혹시 놀이들보다 우리가 열광했던 어떤 다른 일들이 있었는지, 그리고 보다 유혹적인 기분 전환용 오락들을 위해 포기하려 하지 않았던 그런 일이 있었는지 살펴봅시다.

겨울에 눈이 주는 커다란 기쁨. 아침, 눈을 뜨면 평소보다 더 강렬한 빛이 눈 솜옷을 입은 듯한 세상의 신비로운 고요함을 보다 더 즐기도록 우리를 자극하지요. 눈 속에 먹먹해진 발소리, 죽은 듯 잠잠한 샘의 물, 금이 간 둔탁한 쇳소리처럼 울리는 학교 종소리.

샘으로 가는 길의 자취를 찾느라 서두르곤 했지요, 학교에 들어서기 전에 말이죠. 이게 일일까요, 놀이일까요? 늘 제 자리를 누구에게든 내주고 싶지 않았던 것일 거예요. 날씨는 추웠고 눈은 늘 내렸더랬지요. 이게 일을 더디게 했고 어렵게 하긴 했지만, 저는 포기하지 않고 제 할 일을 마치려 했습니다.

저는 겨울철 학교가 쉬는 날이면 아버지와 함께 벽을 고치러 가곤 했습니다. 힘든 일이었죠: 땅은 축축했고 신발에 달라붙습니다. 돌멩이는 얼음같이 차가울 뿐만 아니라, 그걸 들어 옮길 때에 밑에 혹 전갈이 숨어 있을까 걱정도 되었죠. 하지만 또한 그 작업(벽을 쌓는 일)이 체계적으로 진행되는 것을 보며, 그 일을 하기도 전에… 지나가는 사람들이 "와, 정말 멋진 벽이야!"라고 감탄할 것을 생각하면서 절로 기뻐했습니다.

일하러 가고 담도 쌓아갑니다. 시간은 흐르고, 해가 지고 저녁 식사로 쉴 때가 되어서야 일이 중지됩니다. 그리고는 벽 발치에 앉지요. 오랜 포도나무 그루터기의 쉼터에요. 향긋한 모닥불로 약간의 소시지[92]를 굽곤 했지요. 그러고선 수고스러운 일을 다시 하곤 했지요.

아! 만약 나의 아버지께서 불행하게도 그 많은 생각 없는 부모들처럼 벽 쌓는 일을 혼자서 하시고 그 멋진 역할을 당신 혼자서 차지해 버리셨다면 어땠을까요? 제게 시중드는 일만 시키며 "그 돌 가져와!… 그 부서진 조각을 내게 줘… 가서 괭이 가져 와!… 망치 어디 뒀냐?…"라고 하셨다면요! 그러셨더라면 저는 이내 피곤해졌겠고 제게 맡겨지지 않은 일을 서운해하며 제 일도 아닌 벽 한켠에서 이내 싫증을 내고, 아마도 저녁때 석탄불에 소금을 쳐 구워 먹을 요량으로 돌덩이 밑에 '파고 든' 달팽이를 찾는 데에 만족해야 했을 겁니다. 그런 일은 제게 아무런 만족을 주지 못했을 것이고, 그러면 저는 다른 일거리를 갈망했을 테고, 그리고 제게 주어진 것은 놀이였을 거예요.

하지만 제 아버지는 이런 선순환적인 과정에 대해 어렴풋 의식하시고 계셨습니다. 아버지는 제가 당신 곁에서 일하도록 하셨고, 말하자면 "어른처럼"《comme un homme》 똑같은 수고와, 똑같은 책임과, 역시 똑같은 만족감을 가지고 일하도록 하셨습니다. 제게는 벽의 작은 부분만 맡겨졌고 저는 최선을 다했습니다. 의심할 것도 없이 저는 아주 서툴게 마쳤는데, 사실 벽 쌓는 일은 생각만큼 쉽지 않았기 때문이죠. 때로는 벽 한가운데가 튀어나오고 때로는 그 반대가 되기도 했고, 아주 많이 휘기도 했지요. 조심조심 쌓아 올린 돌 하나가 흔들거리며 떨어지면 자칫 발이 멍들어버릴 위험도 있습니다. 돌들 사이에 손가락이 '으스러져' 손톱이 순식간에 시커멓게 변하게 됩니다. 아! 아니죠. 이런 수고스러운 일에 즐거움이라뇨! 하지만 아이들은 노동자처럼 일하는 것에 크나큰 자부심을 가지며, 완성된 벽이 몇 날 그리고 몇 년 동안 자기 힘의상징

---

92. boudin: 돼지 선지·기름 따위로 만든 일종의 소시지. 우유와 송아지·토끼 따위의 여러 짐승 고기로 만든 일종의 순대.

으로 남을 것을 떠올리며⋯ "제가 혼자 만든 것을 보세요!"라고 훗날 뻐기면서, 부러워하는 친구들에게 말했을 테죠⋯

그리고 저녁이 되면 '어른처럼' 재킷을 어깨에 걸치고선 집으로 돌아와 배고파 음식을 먹고 잠을 실컷 잤을 때 느끼는 그런 만족감을 가지곤 합니다. 저는 어른처럼 식사하고, 어른들의 몸짓을 하죠. 그리고 그러다 보니 느끼게 되는데요, "한 번도 놀이 생각을 하지 않았네⋯ 실로 매일 그처럼 신명 나는 일들에만 몰두할 수 있다면!"

건초 만드는 때가 되면, 아마 대여섯 살 무렵 제가 할 일은 낫으로 베어놓은 풀을 말리려고 펼쳐 놓는 것이었습니다. 그런 날들엔 가장 그럴싸한 놀이도 저를 마을 안에 붙들어놓지 못했습니다. 아버지는 날이 밝는 순간부터 풀을 베러 가 계셨습니다. 저는 떠 있는 해와 함께 '아침 참'을 가지고 도착합니다. 베어놓은 풀 위의 이슬이 어느 정도 말라 있기에 제 수고스러운 일을 시작합니다. 제 키는 작았기에 몸을 구부릴 필요도 없었고 제 팔은 마치 기계처럼 축축한 풀을 오른쪽 왼쪽으로 흩트려놓았지요. 풀에서는 흙 내음과 함께 젖은 나뭇잎 냄새가 피어오르고, 거기서 놀던 재빠르지 못한 귀뚜라미들은 획획 하는 낫 소리에 놀란 채 쌓여가는 풀 안에서 피할 수 없이 갇히는 신세가 됩니다.

풀을 베는 아버지를 제가 따라잡을 때면 저는 이따금씩 쉴 수 있었습니다. 그때면 저는 앉아서 호흡을 고르곤 했고, 아버지께서 다음 낫질을 마치실 동안 기다리곤 했습니다. 제가 해낸 작업에 스스로 감탄하곤 했죠. 덕분에 풀이 빨리 마르게 됐네⋯라고요. 길을 걸어가던 사람들은 놀라곤 했죠:

─ "어르신께 그 많은 일을 해드린 것이 저 꼬맹이란 말이죠?"

다른 아이들이 (놀이) 짝을 하자고 제게 청할 수도 있었겠지요! 제게 꼭 맞고 제가 그 모든 유용성을 충분히 느끼곤 했던 그 일을 포기하게 할 것은 세상에 아무것도 없었습니다.

당신이 이미 보셨듯이, 벽 쌓기를 위해서처럼 아이의 활동을 위한 기준을 정할 때 우리가 반드시 고려해야 할 중요한 점들은 명확한 가시적인 목표, 쉽게 잴 수 있는 진척 상황, 어른들의 요구사항을 고려한 실현 속에서의 상대적 자율성, 자기 만족감, 주변 사람들로부터의 승인입니다.

또 그와 비슷한 예들도 제시할 수 있습니다. 추수를 시작하는 날, 교사들pédagogues이나 장사꾼들이 아주 매혹적이라 생각하는 놀이들에 제가 마음을 줄 것이라 생각하십니까?

저는 봄철 내내 밀이 느리게 성장하는 것을, 빽빽한 밀 줄기에 알곡이 영글고 바람에 흔들리며 뜨거운 7월의 태양에, 모르는 사이 노랗게 변해가는 것을 지켜보곤 했습니다. 이제 이삭은 뚜렷한 모양을 이루고 알곡은 단단해졌습니다. 우리들은 해야 할 일의 순서에 대해서만 의논했습니다. 그것은 볕이 제일 잘 드는 밀밭에서 시작하여 보다 서늘한 곳, 즉 추수하기에는 아직 더 기다려야 하는 곳으로 나아가는 것이었습니다.

자, 이제 드디어 위대한 날이 시작되었습니다. 우리는 동 틀 무렵 출발했습니다. 저를 깨우려고 제 이름을 두 번 부를 필요도 없었죠. 저는 제 작은 낫을 가지고 있었는데 안타깝게도 일꾼들을 따라잡을 수 없었습니다. 그래서 저는 구석 쪽 검은 딸기나무의 가시덤불이 금빛 줄기와 함께 어지럽게 엉켜 있는 개울둑이나 메마른 밀이 듬성듬성 심겨 덜 자란 상태로 남아있는 구석진 곳으로 밀려났습니다. 그게 제 몫이었지요. 썩 흡족한 편은 아니었습니다. 그렇다고 해서 덜 행복한 것은 아니었습니다. 태양이 달아오르기 시작하면 우리는 아침 식사를 하려고 앉았고 "내 빵을 내가 벌었다."라는 것을 자랑스러워했습니다! 저녁 무렵 낟가리가 세워지면 – 낟가리를 옮기느라 얼마나 고생했는데요 – 하루 온종일 제가 한 일에 만족하며 집으로 돌아왔습니다. 제가 놀이를 할 생각은 한 순간도 없었습니다. 일의 현장감이 너무도 저를 사로잡았거든요!

그리고 성 미카엘 축일(9월 29일 추분께)엔, 아시다시피, 비가 오고 밤에는 너무 추워서 양치기와 양 떼가 밖에서 별을 보며 잠을 잘 수 없게 되고, 양들은 그들의 마을 우리로 돌아갑니다. 그때 며칠간 새 양치기를 지명할 동안 우리에게 익숙해지도록 각자 자기 양 떼를 돌보러 가는데요, 이렇게 해서 아침에 꼬마 양치기들의 행렬이 가을걷이를 한 밭과 밀짚 사이로 흩어지게 됩니다.

저는 그날을 무슨 축제라도 되는 듯 기다리곤 했습니다. 저는 점심 도시락 쌈지만 가지고 혼자 길을 나섰습니다. 그 속에 무엇이 들었는지는 중요하지 않았지요. 그건 조금도 제 관심거리가 아니었고, 제 관심사와는 거리가 멀었죠! 그런데 저는 대략 서른 마리의 암양과 염소들의 유일한 주인이었던 거죠. 개를 데리고 가곤 했지만, 이 녀석은 양치기용이 아니어서 자기가 뭘 해야 할지도 몰랐고, 그저 제 명령에 따라 짐승의 오금을 우연히 물어뜯을 정도만 알았고, 그리고 양 한 마리가 뒤돌아서면서 위협하기라도 하면 그 개는 꽁무니를 빼곤 했습니다.

어쨌거나 저는 제 가축의 주인이었고, 정말 목자 같았죠. 저는 어디에 맛있는 풀이 많이 있는지 알고 있었고 미리 봐둔 곳으로 가축들을 데려가곤 했습니다. 그리고 저는 앉아서 제 가축과 개에게 말을 건네곤 했습니다. 양들이 슬기롭게도 그늘 속에서 되새김질을 할 때 저도 식사를 하곤 했습니다. 그리고 매우 늦게 집으로 돌아갔는데 너무 늦으면 때때로 어머니께서 참다못해 저를 데리러 제 동생들을 보내시곤 했습니다. 이 모두 제 어린 시절을 회상할 때 더할 나위 없이 풋풋한 만족감을 제게 주었던, 지울 수 없는 나날이었습니다.

그런 나날들이라면 정말이지 저는 할 말이 많습니다!

주목하실 점은, 지금 제가 전적으로 달갑기만 한 일, 일하는 동안 조금이라도 피로하거나 지겹지 않은 - 놀이의 근본적인 특징들인데요 - 어떤 일들, 그 일을 하는 과정에서 웃고, 노래하고, 또 긴장을 풀고, 고통이나 걱정의 그림자라곤 전혀 없는 그런 일들에 대해 말씀드리는 것이 전혀 아니라는 점입니다. 아니죠. 이것은 진정한 인간의 일로, 삶이 필요로 하는 모든 일들과 마찬가지로 꽤나 큰 피곤과 근심 그리고 때때로 고통도 가져다주는 일입니다: 덤불 잔가지에 찔리거나 돌담의 돌멩이 사이에 끼인 손가락, 풀 말리는 일의 단조로움에다가 열기와 기진맥진해 버림, 밀대 줄기 사이에 섞여 있는 가시들, 서투른 낫질에 깊이 벤 손가락 - 피를 흠뻑 흘리기도 하지요 -, 길고도 긴 낮, 밤의 피곤, 개가 양들을 물까 하는 염려, 길 잃고 헤매고 소리쳐 불러 보지만 반응이 없는 양이 혹시 무슨 불상사를 당한 것은 아닌가 해서 어린 양치기를 아프게 찌르는 듯한 책임감… 등이지요.

돌이켜 보니 만족감이라는 것들을 특정하기는 어렵습니다. 그것은 차라리 총체적이어서, 당신을 자극하고 당신 속에서 매우 적극적이고, 매우 담대하고, 또한 매우 너그러운 것을 당신 안에 흔들어 깨우는 분위기입니다. 그것은 맛있는 디저트나 구미를 돋우는 약속 따위의 어린이에게나 맞는 것이라고 믿을만한 즐거움과는 아무런 관계가 없고, 다만 인간으로서 자신의 역할을 훌륭하게 다하는 것에 대한 만족감, '정통한' 일을 하여 우리 자신과 어른들의 행동거지 안에 틀어박힌 타인을 유익하게 하고, 또한 자신과 주변 요소들의 한계를 이겨낸 위대한 성취감, 실현한 것에 대한 만족감입니다. 그런 만족감을 생각할 때, 걱정이나 피로, 심지어 역경이 주는 고통 따위가 문제가 될까요? 이런 것들은 당신을 고양시키고 당신을 이상적인 사람으로 만드는idéaliser 성공의 가치를 더해줄 뿐입니다.

이러한 나날을 보낸 후, 제가 말씀드렸듯이, 저는 놀이를 할 욕구를 전혀 느끼지 않았습니다. 저는 만족스러웠고 또 평온했습니다. 놀이가 더는 피로 풀기가 되지 않았습니다. 왜냐하면 저의 근육은 피로했더라도 저의 마음은 지극히 평온했기 때문입니다.

만약 제가 말씀드린 것들이 옳다면, 일을 한 후에 자연스럽고도 필수적인 피로 풀어주기로 놀이가 있어야 한다고 보는 심리학자들은 심각한 잘못을 범하고 있는 셈입니다.

 – 하지만 기분 풀기 놀이는 아이들에게도 필요하고, 어른들에게도 필요하지요… 우리에게 기분 풀기 오락들이 필요 없을까요?

 – 이것은 – 제 말을 믿으십시오 – 어떤 특정한 형태의 일에 매진하고, 제가 예를 들었던 그런 '기능적인' 활동들을 하지 못하는 사람들에게만 옳을 뿐입니다.

 이제 당신 차례로, 당신의 추억 안에서 찾아보십시오. 당신은 분명 어느 순간, 어느 날, 그때 당신이 전적으로 어떤 일 – 그 자체로 충분하고, 뼛속에 사무치고 끊임없이 괴롭히는 피곤함 그 자체인 그런 수고스러운 의무감의 국면들은 전혀 찾아볼 수 없는 일 – 에 몰입했던 적이 있었음을 찾아낼 수 있을 것입니다. 저는 이 불경한 구절이 성서에 신성한 것으로 나오는 것에 늘 놀라죠: "네 얼굴에 땀이 흘러야 빵을 먹을 것이니"[93]라는, 일의 성스러운 기능에 대한 치욕이자 저주처럼 들리는 이 구절이, 어떤 호의적인 상황에서는 당신의 이마에 흐른 땀으로 얻은 빵은 그렇지 못한 방법으로 얻은 빵보다 품위를 더해주는 맛을 가진다는 점을 우리에게 상기시키지도 않고, 또한 돈독한 공동체 안에서 하는 일은 복된 일일 수 있고 또 복된 일이어야 한다는 것, 그리고 일이 노력에 의미를 주고, 우리의 수고에 빛을 주고, 우리의 힘 – 그 의기양양한 고양高揚이, 우리 모두가 상상하는 경건한 신성의 위대함에 참여하는 우리들의 맑은 영혼을 밝혀주는 그런 힘 – 을 가늠할 수 있는 그런 구원의 기능이라는 점을 우리에게 상기시키지도 않은 채 말입니다.

 – 저는 사실, 위엄과 고양됨의 평온한 느낌을 당신에게 주는 이러한 시간들을 압니다만, 그런 시간들은 제 어린 시절의 우연한 순간에만 있었을 뿐입니다. 그 이후로 안타깝게도 제 시간의 대부분을 차지하는 일

---

93. 구약성서 창세기 3: 19("네가 얼굴에 땀이 흘러야 식물을 먹고…")에서 따온 문장으로, 사람은 일하지 않고는 양식을 얻을 수 없으며 또 일은 반드시 고생을 동반한다는 뜻.

은 성서가 말하는 그런 노력과 고통의 일이 되어버렸습니다. 물론, 이러 저러한 때, 저는 저의 학생들과 연결되어 있음을 느끼고, 삶이 서로서 로 기적적으로 순환되고 있음을 느끼는 때가 있으며, 생각의 나래가 아 침 바람에 춤추는 밀밭처럼 물결치고 요동하는 것을 감지하는 순간도 있습니다. 하지만 이런 순간은 너무도 드물고, 너무도 값진 희생이 뒤따 르나 정작 혜택은 못 받는 - 근본적으로는 아무런 소득도 없는 - 시간 들인데도, 그럼에도 우리는 떠맡게 됩니다. 우리가 재능을 풍부하게 타 고 나지 못한 것은 아니죠. 전혀 그렇지 않습니다. 당신은 오늘 스스로 당신의 일생을 꽤나 시적으로 살펴보고 계십니다만, 당신은 많은 불행 한 농부들에게 일은 여전히 다름 아닌 힘든 저주라는 것을 인정해야만 할 것입니다. 공장 노동자나 광부들은 더 말할 나위도 없습니다!

 - 하지만 그게 아닙니다. 우리들을 가장 고갈시키는 저주는 결코 일 자체에서 오지 않습니다. 오히려 너무 자주 일에 수반되는 가난으로부 터, 무의미하고도 부당한 고통으로부터, 그리고 자신이 번 빵을 도둑맞 아서 그로부터 나오는 슬픔으로 자신의 육신과 영혼 안에서 아픔을 겪 는 남정네, 여인네들과 아이들의 상상하기 어려운 몹시 괴로운 고통으 로부터 옵니다. 사람들은 그런 것에 속지 않습니다. 사람들은 일이 자신 의 유일한 구원이며, 존엄의 최소한을, 자신의 능력과 사회적 유용성에 대한 신뢰의 최소한을 - 그런 것들이 없이는 삶 자체가 받아들여질 수 없겠지요 - 지켜주는 유일한 가능성이라는 것을 느낍니다.

 당신은 마을에서 지치고 힘이 빠진 누더기 상태의 농부들을 보십니 다. 그것은 사실입니다. 당신은 우리들의 집, 오두막을 딱하게 생각하실 것입니다. 그리고 이따금 인간의 존재가 어떻게 그런 삶을 받아들일 수 있을까 자문하시는데, 그럴만한 이유가 없지 않습니다. 그러나 오늘 당 신이 저를 따라왔듯이 그 사람들을 따라 들판으로 나가보십시오. 그러 면 당신은 그들의 변모된 모습을 보시게 될 것입니다. 사실 그들이 대 지에, 농토에, 그리고 가축들에 바치는 것은 최선을 다한 그들 자신입니다. 큰 덩어리의 빵을 먹고 포도 찌꺼기에 물을 탄 시큼한 포도주 몇 모금씩을 한 병으로 돌려 마시고는 일을 다시 시작하기 전에 담배 빨부리에 불을 붙이는데, 그들이 보여주는 평안함에 당신은 놀라실 것입니다. 바로 이거죠… 이 일이 – 그 일이 가져다주는 만족감과 쓸모 있는 자존심도 함께 – 없다면 우리의 농부들은 그 비참한 상황을 이겨낼 수 없을 것입니다.

그러면 노동자들은요?

그들 직업이 비인간적으로 힘듦에도 불구하고, 자신의 일을 좋아하는 사람들이 당신의 생각보다는 많지 않을 것이라고 믿으시나요? 그들 자신이나 그들의 가족에게 득이 된다거나 또한 일을 마친 뒤의 여가 시간 때문만이 아니라, 그 일로부터 얻게 되는 깊은 만족감이 없다면 누가 그 일을 좋아하겠습니까? 저는 선반공들이 능란한 손가락으로 금속을 주무르며 열정 어린 목소리로 이야기하는 것을 들었습니다. 저는 인쇄공들이 활자를 조판하고, 기계를 조작하고, 인쇄하고, 책이나 신문을 제본하는 기계를 나름대로 이해하며 자부심을 지니고 다루는 것을 본 적이 있습니다. 저는 자동차 정비공이 차에 대해 갖는 열정 – 자동차와 혼연일체가 되어 차가 겪는 아픔이나 약점들을 느끼고 자동차의 역량이 그 자신 역량의 연장선상에 있고 또 그 능력이기도 한 그 열정 – 을 압니다.

간혹 사람들이 일의 의미를 어떤 상황에서 왜곡시켰던 경우가 있다손 치더라도, 이것이 우리가 아이들과 함께 그런 길로 – 그 길에서 우리가 천박한 물질주의나 착취 또는 고통밖에는 찾을 수 없었던 그 길로 – 계속 가게 하는 하나의 구실이 될까요? 그리고 당분간은, 장차 아이들에게는 사회가 그들에게 요구하는 일 속에서 삶에 꼭 필요한 것들 가운데 하나인 이 깊은 만족감에 대한 낌새를 뒤늦게라도 알아차리는 이점이 있지 않을 것이라는 문제는 더는 논의하지 맙시다. 장차 아이들이 어른이 되어 신체 유지를 위해 필요한 자양분을 스스로 금하거나 또 이따금씩 몸이 요구하는 회복을 거부하는 경우가 있을 것이라고 우리가 가정하기 때문에, 지금부터 젊은이들이 피로와 영양결핍에 처하도록 하여 망가지게 해야 할까요? 그럴 수도 있다고 말씀하시겠죠. 그렇다고 사회가 그리 떠벌리지는 않을 겁니다. 그 반대로 사회는 심지어 전반적인 혼란 상황에서도 아이와 아동 발달에 대해서는 아주 특별히 고려해야 할 인간적인 필요성을 인정하려 듭니다. 그래서 아이가 모든 것에도 불구하고 건강과 힘을 – 이것들 없이는 뒤에 가서 사람 역할을 할 수 없게 되겠지요 – 획득할 수 있도록 말입니다.

따라서 우리가 일의 즐거움은 정말 본질적으로 필요하며 놀이보다 더 그렇다고 생각한다면, 또 우리가 아이들로 하여금 깊이 흥미를 가지게 하고, 아이들의 마음을 사로잡고, 아이들을 움직이게 하는 그런 활동들을 아이들에게 줄 수 있다고 생각한다면, 우리가 해야 할 방향은 바로 이것입니다.

– 당신은 진정으로 이런 최우선 순위를 일에 되돌려줄 수 있다고 생각하시겠지요! 하지만 당신은 우리 아이들이 노는 것을 보시지 않나요?

– 아이들은 놀지요. 제가 이미 말씀드렸듯이 그들은 일할 수 없을 때만 놉니다. 우리의 존재 자체와 긴밀히 연결되어 있어서, 심지어 피로나 고통도 피치 못할 경우라 할지라도 그 일을 하는 것 자체가 만족인 그런 활동만을 저는 우리의 '일'이라고 부릅니다. 그런데 당신도 잘 아시다시피 피로와 고통이 행복에 대한 불굴의 적은 아닙니다. 오히려 때로는 행복을 향해 가는 길의 선결 조건입니다. 만약 고양이 앞에 도망치거나 숨거나 뛰어오를 수 있는 생쥐가 늘 있다면, 고양이가 의자에 매달린 코르크나 바람에 흔들리는 나뭇잎을 갖고 놀 것이라고 생각하십니까? 생쥐가 없다면 물론 고양이는 그 젊고 기운찬 근육을 그 본성에 맞는 활동이라는 의미에서 쓸 겁니다.

만약 아이가 진정으로 일을 할 수 없다면, 아이는 똑같이 삶(생명)의 잠재력을 새롭고도 신선한 상상력으로 그들이 바라는 일의 모습이나 내용이 비슷한 활동에 소진할 것입니다.

어떻게 이렇게 바뀔 수 있을까요?

고양이는 놀이를 통해 쥐 잡는 몸짓을 흉내 냅니다. 고양이는 강아지가 그러듯 양들의 발목을 조금씩 깨물거나 하지는 않습니다. 고양이는 자기 활동의 목적을 만들어내지는 않습니다. 고양이는 그저 모방할 수 있을 뿐입니다. 마찬가지로 아이도 어른의 행동을 모방합니다. 아이는 말하자면 그 활동의 최종 목표에 있어서는 어른의 행동을 모방합니다. 아이는 어른의 주제를 잡지만 그 실행 기준들은 자기 자신의 가능성에 맞춥니다. 아이들은 그들의 친밀한 환경 안에서 사회라는 틀 안에서는 잘 해낼 수 없는 일을 해내려고 애씁니다. 이렇게 하여 우리는 기능적인 일, 심오한 일에서 확인한 필수적인 특성들을 놀이에 부여하는 연관성을 보게 됩니다.

이것은 흔히 믿는 것과는 반대로 놀이의 주主동력은 일에서와 마찬가지로 즐거움도 기쁨도 아니라는 것을 이미 말해줍니다. 이는 놀이의 통용되는 개념과는 약간 차이가 납니다. 아이들의 놀이, 말하자면 옛날 조상 적부터 내려온 아니, 태곳적부터 인류에 정착되어 온, 고양이에게 생쥐를 떠올리게 하는 움직이는 나뭇잎 놀이와도 같은, 이런 놀이들은 흔히 의미심장하고 진지하며 때로는 향수를 불러일으킵니다. 이것들이 항상 웃음이 터지는 것(爆笑)을 수반하는 것은 아니고 자주 격정과 고통과 고뇌와 심지어는 충격과 승리를 쟁취하려는 극도의 긴장을 수반합니다.

이 놀이들은 무엇보다도 일과 마찬가지로, 생명의 이러한 욕구의 충족, 우리들 힘puissance의 바로미터 같은 활동 욕구의 충족입니다.

제가 제시한, 아이에게는 선천적으로 놀이를 하고 싶은 욕구가 없고IL N'Y A PAS CHEZ L'ENFANT DE BESOIN NATUREL DE JEU, 오직 일을 하고 싶은 욕구만 있다IL N'Y A QUE LE BESOIN DE TRAVAL는 명제가 참인지 심리학적으로 규명해 보는 것은 흥미롭지 않을까요? 말하자면 이 일은, 개인적이면서도 동시에 사회적인 활동에 삶(생명)의 잠재력을 사용하려는 유기체의 필연(성)으로, 폭넓은 반응들 – 피로-휴식, 흥분-평온, 정서-고요, 두려움-안심, 위험-승리 – 을 아이의 가능성들에 맞추어 완벽하게 아우르는 목표를 가집니다. 나아가서 이 일은 가장 시급한 심리적 경향들의 하나인 **힘(勸力)에의 감정**感情, LE SENTIMENT DE PUISSANCE', 특히 그 나이에서는 실력 이상의 힘을 발휘하고, 남들을 능가하고, 크고 작은 승리를 쟁취하고, 어떤 사람이나 사물을 지배하고자 하는 그러한 지속적인 욕구를 지켜냅니다.

저는 그 질문으로 되돌아오고 있습니다. 그 까닭은 우리의 추론에서 본질적인 문제로 제게 보이는 것이 바로 그것이기 때문입니다. '일'*travail*과 '놀이'*jeu*라는 이 두 요소에 관해 당신이 고려하는 바에 따르면, 당신은 아이들에게 보이는 반응들에서는 다르게 처신한다는 것입니다. 당신들이 교과서와 교재와 교수법을 학습현장에서 실행할 때와는 다르게 말입니다.

– 당신이 이 **힘(勸力)에의 의지**VOLONTÉ DE PUISSANCE를 창안한 사람은 아닙니다. 위대한 한 독일의 철학자[94]가 그 지적·사회적 시스템 전체의 토대를 만들었지만, 그가 발견한 통찰들이 늘 북돋는 방향으로 쓰인 것은 아니었습니다.

– 저는 이 철학자가 말한 것을 그저 알 뿐이며, 사람들이 그의 이론들에 달 수 있는 해석은 알지 못합니다. 중요한 것은 오직, 제가 곰곰이 생각한 것들이 정확한가 또 제가 제시한 이 이론이 성립할 수 있는가? 라는 것입니다.

왜냐하면 이 영역에 있어서는, 현재로서는 이론일 뿐 아직 과학적 설명이나 확실한 수학적 측정도 없기 때문입니다. 이는 사람들이 꾀하는

---

94. 니체(Friedrich Nietzsche, 1844~1900)의 권력에의 의지(權力意志, Der Wille zur Macht, La Volonté de puissance)를 말함.

설명의 시도로, 시도 뒤에 시도가 줄을 잇는데, 제가 그것을 부정하는 것은 아닙니다. 만약 그 설명이 우리의 근본적인 본성과 우리의 개인적·사회적 반응들의 이해에 유효하다고 판명되면, 만약 그것이 우리의 공통지식과 우리의 처신에 탁월하게 유용하다면, 우리가 더 나은 설명을 발견하게 되기를 기다리는 동안에는, 이러한 시도는 결코 가치가 없는 것이 아니라 오히려 늘 바람직한 것입니다.

… 이제 저는 나귀에 몸을 실어야 합니다. 당신도 서둘러 집으로 돌아갈 생각을 하셔야 하고요. 조만간 다시 대화를 이어가도록 하시죠…

– 우리가 엄청나게 궁금해하는 것은, 당신이 어떻게 이 힘에의 감정 안에서 인간 행위들에 관한 일반적인 설명을 찾아낼 수 있다고 생각하시는가입니다. 본질은 언제나 매우 복잡한 법이죠!… 인간의 정체성은 늘 우리가 잡았다고 생각하고 잡으려는 순간 이내 손가락 사이로 빠져나가 버리는 물고기와도 같습니다. 아마도 세상일이란 다 그런 것일 테지요. 자연이 우리를 그 은밀한 계획들을 수행하고 있을 때는 차라리 미스터리가 섣불리 아는 것보다는 분명 더 낫겠죠. 우리는 단순한 장난감에 불과하니까요.

– 그럴지도요, 하지만 만약 우리가 섣불리 삶이 걸린 행동을 지배하려 들지 않고, 또 우리의 일시적이고 주제 넘는 개념으로 그 역동적인 목적을 대체하려 들지 않고, 그저 겸허하게 분석하고 이해하고 사고를 정립해 간다면, 아마도 우리는 최소한 베일의 한쪽 구석을 감히 들여다볼 수 있을는지도 모르겠습니다. 자, 오늘 밤 당신은 우리 마을 촌아이들의 삶에서 이정표가 될 즐거운 축제를 보시게 될 겁니다.[95]

– 성 요한 축일 불꽃축제 말씀인가요?

– 잘 보시고… 잘 들어보십시오… 선사 시대의 광경들에 견줄 만한 그러한 열광과 그 함성과 또 그 광경을 분석하려고 시도해 보세요. 저

---

95. 1994년 판에는 이 문장이 마티유의 말로 편집되어 있다.

는요, **힘에의 감정**le SENTIMENT DE PUISSANCE이라는 이 주제어를 가지고 당신에게 제 나름대로 설명해 드리겠습니다.

- 저는 민속 연구에 열광해 온 사람들이 관습에 대해 지금까지 말한 모든 것을 떠올리고 싶습니다. 제가 알고 있는 설명들이란 피상적이고 모순되는 것 같다는 점을 미리 말씀드려야 할 것 같고, 당신이 어떤 독창적인 의견을 제시해 주시리라 믿어 의심치 않습니다.

… 글쎄요, 우리들에게 더 큰 만족을 주는 것이 당신이 주신 체리를 먹는 것일지, 아니면 당신 말씀 가운데 매우 유용한 가르침에서 교훈을 얻는 것일지 정말 모르겠네요…

자, 이제는 정말 집으로 가십시다. 우리가 당신의 시간을 빼앗는 폐를 끼쳤네요…

- 당신은, 제가 여기에 온 것이 기계처럼 또는 기계의 시종 드는 사람처럼 숨 돌릴 틈도 없이 풀을 베기 위해서라고 생각하십니까? 일에 대해 이런 생각을 품는 사람은 바로 아무런 이해도 철학도 없는 도시 사람들입니다. 그들은 일을 조금이라도 빨리 마치려고, 쉬지 않고 자르고, 톱으로 베거나 낫으로 베기 시작합니다. 왜냐하면 그들은 무미건조하고 죽도록 일하는 버릇이 있기 때문에 관장약을 안절부절 단숨에 들이키는 것처럼 되도록 빨리 해치워 버리려 하기 때문입니다. 그것은 잠시 지나가야 하는 모진 순간입니다. 게다가 피곤해져서, 정말이지, 마치 자마자 집에 돌아가서 다른 것에 몰두할 수 있다는 겁니다.

다른 것에 몰두하기! 기분 전환하기·재미로 하기! 이러한 것들이 참으로 우리 문명 안에 있는 특징들이죠. 일과 삶을 이렇게 분리하기, 노력하는 것을 수고스러운 형벌로 여기기, 그 노고를 줄이기 위해 우리가 애써서 해야 할 달갑지 않은 필요성必要惡으로 여기기 같은 것들 말입니다.

…가십시다, 떠납시다! 길이 안 좋지만 나귀가 천천히 걸으니 우리도 이야기를 나눌 여유를 가지게 되네요. 우리를 완전히 사로잡고 있어 다

른 모든 것들을 잊게 하는 어려운 논란들은 포기하면서 말입니다.

예… 도시인들은 당신께 "퇴근하면서 기다려; 이야기 좀 하자…"라고 말하곤 합니다. 농부들은요, 들판으로 데려가서 일하면서 당신과 이야기를 나눌 겁니다.

세상을 살아가는 리듬에는 두 가지 관점이 있습니다.

우리는요, 아직 기계에 노예가 되지는 않았습니다. 우리는 자연의 리듬에 따라 살고 또 일합니다. 자연에 대해 조바심을 가질 이유가 없습니다. 들판의 일은 곧바로 보상이 주어지지는 않고, 성공한 것들이든 실수를 빚어 실패한 것들이든, 우리가 알아챌 수 없는 진화의 몇 달이 지나서야 풀은 서서히 자라고, 밀은 거의 다 익었다고 말하고 벨 때라 생각할 때도 완전히 여물기까지는 몇 주가 더 걸립니다.

어느 날, 들판에서 품삯 일꾼 하나를 떠올려 보면, 그는 고개도 한 번 들지 않고 동물적인 끈질김으로 저돌적으로 땅을 팝니다. 그는 데면데면한 걸음으로 가는 나귀를 따르는 대신 나귀를 과도하게 채근하여 서둘러 움직이도록 하고, 소를 이쪽 고랑에서 저쪽 고랑까지 숨도 못 쉬게 몰고 갑니다. 그런 사람을 본다면, 우리는 이렇게 말할 수 있을 것입니다. "이 일을 처음 해보는 사람이구먼, 도시에서 기계 다루듯이 농촌 일을 하고 좌지우지하려 들다니… 조금 지나면 무리라는 것을 알게 될 거야. 그렇고 말고… 순리대로 해야 할 걸!"

우리 농부들이 어떤 일꾼[96]인지 아닌지 아시겠죠… 그들이 짐을 실은 나귀 뒤에서 따라가는 것을 보십시오. 이따금 좌우로 곡식이 무르익어 열을 지어 있는 것과 일이 진척되어 가는 것을 꼼꼼히 살펴보는 여유를 보세요. 우리가 괭이질할 때는 우리의 숨길 리듬에 맞추어 도구들을 부립니다. 때에 따라 덤불 숲나무 아래에 앉아 가슴을 펴고 멋진 하늘을 감탄하거나, 구름이 뭘 퍼부을까 계산도 해봅니다. 우리는 갑자기

---

96. 추수철이나 어떠한 계기에만 품삯을 받고 일하는 일꾼.

꽃이 눈에 띌 때면, 그것이 마치 불현듯 우리 앞에 나타난 양 눈길을 줍니다. 혹은 지빠귀 소리나 먼 곳에서 들려오는 뻐꾸기 울음소리 그리고 산비둘기의 날갯짓 소리를 따라갑니다. 그러고 나서 우리는 다시 일하러 갑니다. 하지만 그 같은 리듬으로 우리는 12~15시간 동안 계속 일할 수 있습니다. 반면에 조급한 노동자는 반나절도 못 되어 지치고 맙니다.

… 아주 느린 모터는 여러 해가 지나도록 오래 가고 한결같이 (생산물을) 내어줍니다. 그와는 달리 신경질적으로 돌아가는 모터는 종잡을 수가 없습니다.

… 우리가 우리에게 하는 것은 바로 일꾼의 일입니다. 우리는 흔히 일요일이 거추장스럽기조차 합니다. 저녁 식사 뒤에 문지방 위에서 따분하게 무사안일로 지내기보다는 들에 나가 가볍고 쉬운 일 – 나무 가지치기, 살구나무에 물주기, 목초지에서 가축이 풀 뜯어 먹는 것을 따라가기 – 을 하는 편이 더 낫습니다. 우리는 먹고 자는 시간 외에는 거의 일을 멈추지 않습니다. 우리는 심은 화단을 깔끔하게 정리하고, 잔디 가장자리를 다듬고, 배수로를 파고, 벽을 쌓고, 과일을 따거나, 해가 뜨고 지는 것을 걱정하지 않고 자기 밭모퉁이에 멈춰 선 이웃과 오래 이야기를 주고받으면서 시간을 즐깁니다.

그리하여 우리가 그토록 푹신 젖은 자연의 리듬 속에서 우리의 미래에 대해 논의할 때 이것은 바로 계속되는 우리 일인 것 같습니다. 아니 이것은 일하는 우리 삶의 일부를 이루며, 우리의 노력이 인내심 있게 지속되는 것에 절대 반하지 않습니다. 우리에게는, 한편으로 일과 수고로, 다른 한편으로 사유의 즐거움과 향락으로 갈리지 않습니다. 이 모든 것은 하나의 통일된 토대 위에 존재하는데, 사유는 일에서 나오고, 일의 리듬에 따라 사유의 틀이 잡히고 상像을 이루며, 일이 주는 가르침에서 활기가 살아납니다.

여기에 덧붙여 우리는 흔들리지 않으면서도 겸손한 인내심을 갖습니다. 우리의 일은 자연이 생산하는 것을 도울 뿐입니다. 우리에게는 너무 문명화된 사람들이 가지는 환상, 즉 자신의 상품 생산 그 자체가 목표들과 혜택들을 낳는다고 믿는 그런 환상 따위는 없습니다. 우리가 우리의 노력들로부터 얻는 가장 좋은 결실은 자연으로부터 얻는 것입니다. 우리가 때때로 생명의 주인이라고 뻐기며 믿지만, 그 비밀을 자연은 드러내지 않는 법입니다. 우리의 사유는 이 항구적인 운명에 얽히고설켜 있지만, 우리는 자연이 스스로의 신비로운 경로를 밟아, 생명의 고양l'exaltation de la vie, 균형과 조화의 승리le triophe de l'équilibre et de l'harmonie[97]라는 그 목표들을 늘 달성할 수 있도록 내버려두어야 합니다.

　－ 당신에게는 이토록 절망적인 시대에 그런 식으로 사리를 따지는 농부의 낙관주의가 정말 필요합니다!

　－ 우리를 희생시키는 무질서는 우리가 그것을 이해하지 못했던 양식良識에 대해 우리가 보다 잘 평가하고 아쉽게 여기도록 해줄 뿐입니다. 사람들은 사유를 자연과 일로부터 분리하려고 했고, 때때로 '객관적이다'라고 일컫지요! 그들은 앞질러 갔다고 판단하는 그런 리듬을 그들의 규범에 따라 창조해 냈다고 자랑합니다. 그들은 굴대(軸)에서 벗어났으며 일에 대한 잘못된 개념과 즐거움에 대한 잘못된 개념으로 그들의 작업들의 균형을 잃게 했습니다. 이것은 당신들조차도 학교에서 범하는 바로 그런 실수죠… 우리에게는 모두 어느 정도 크고 작은 책임이 있으니까요.

　암癌은 우리 신체를 갉아 먹는데 한 부위에만 국한되어 있더라도 대응하기에는 이미 늦은 게 보통입니다. 우리의 신체기관들은 몇 개월 또는 몇 년 동안 세포조직의 무정부상태에 빠져들어갔고 결국 통증이라는 격렬한 신호를 보내게 됩니다. 만약 우리가 적절하게 대응하고 우리

---

97. 온전한 생명체의 특징으로 프레네가 자주 언급하고 있는 균형과 조화.

삶의 방향을 되찾으려는 최고의 노력을 기울이지 않는다면, 그 환부를 도려내는 것조차 아무런 쓸모가 없을 것입니다.

교회가 자만심을 가장 위험한 죄악들 가운데에 두는 것은 참 옳습니다. 우리가 누구인지, 우리를 둘러싼 자연이 무엇인지를 그에 걸맞게 성찰하며, 우리 운명의 틀 안에서 힘차게 행위할 가능성들을 가늠해 보는 것은, 주눅 드는 것도, 너무 늦은 것도, 무능한 것도 아닙니다.

"우리는 천사도 아닐뿐더러 짐승도 아닙니다. 하지만 누구든 천사가 되고자 하는 이는 짐승이 될 것입니다!"[98] 이 사유가 이 시점에 딱 와 닿는다고 여겨지네요.

… 어느덧 마을에 다 왔네요… 아이들이 불을 지피려고 나무 섶다발들을 이미 마련해 놓았군요. 오늘 밤에 뵙죠!…

---

98. 파스칼(Blaise Pascal, 1623~1662)의 『팡세』*Penseés*에 "사람은 천사도 짐승도 아니다. 그리고 불행히도 천사가 되려는 자는 짐승이 된다."("L'homme n'est ni ange ni bête, et le malheur veut que qui faire l'ange fait la bête.")-diverses III Fragment n° 31/85에서 인용한 것으로 보인다.

27

일-놀이

> 어린 시절, 성 요한 축일의 불놀이 때의 도취로부터 놀이의 기원,
> 특히 놀이가 일에 합치되는 한에 있어서 놀이가 일에 미치는
> 영향에 관한 합리적인 설명까지. 일-놀이le travail-jeu란 이런 것이다.

연중 가장 긴 낮, 마침내 태양이 산을 넘어갔어도 석양을 뒤따르는 여명黎明을 아직 느낀다.

어둠이 골짜기 위에 내려앉았다. 아이들이 참지 못하고 기다렸던 것은 바로 이 순간이다. 일주일 내내 아이들은 불놀이를 생각해 왔다. 아이들은 헛간 앞에 소나무와 참나무 잔가지 단을 산더미처럼 마련해 놓았다. 어린 양치기들은 저녁마다 마른 가지를 한 짐씩 지고 돌아왔고, 그 속에는 삼나무나 노간주나무의 초록색 가지들도 섞어 넣어 화염 속에서 폭죽이 터지는 것처럼 딱딱 소리를 낼 것이다.

− "예전에는…", 마티유는 마을 구석(寓居)을 찾아온 자신의 친구 롱 부부에게, 그 옛날 성 요한 축일이 가톨릭 의식 안으로 말하자면 '뿌리 박혔다'는 것…, 하지만 지금은 사제司祭도 신도단信徒團도 더는 존재하지 않는다는 것, 아이들의 들뜬 고함소리 말고는 다른 의식 없이 그저 단순히 불을 붙일 뿐이라는 것, 하지만 이 의식은 금세기 초까지만 해도 매우 인상적인 것이었다는 것을 설명한다.

− 밤에 중백의中白衣를 입은 사제가 성-팡크라스 채플la chapelle de Saint-Pancrace에서 나오는데, 그 뒤에는 속죄 신도단이 따르고 맨 마지막에 교회지기가 뒤따릅니다. 마치 꼭 여성의 괴상한 슈미즈(制服) 같은 모양새의 긴 흰옷을 차려입은 채였죠. 둘씩 촛불을 붙인 촛대 하나

씩을 들고서 찬송가를 부르며 나아갑니다. 성가대의 한 아이는 십자가를 들고 다른 아이는 성수쟁반聖水盤, le bénitier을 들고 있습니다.

사제le curé는 근엄한 자태로 모닥불 둘레를 돌며 나뭇가지를 축원합니다. 이어서 사제와 그의 성당지기가 동시에 화구火具에 불을 지피죠… 처음엔 잔가지 사이로 짙은 연기가 가득 피어오릅니다. 와, 이 순간이란! 생략된 것은 예비 의식뿐인데 이것이 구경꾼들의 감동이나 유쾌함을 막지는 않습니다.

…이제 불길이 온 장작을 집어삼킵니다. 화염의 붉은 불꽃은 오래된 집들의 세파世波에 시달린 벽을 붉게 물들이며 빛의 울타리를 넘어 어둠의 깊이를 드러내 보입니다. 그리고 이제는 농장들 앞과 저편 언덕 너머에서도 다른 불길들이 오락가락 빛을 발하며 타오르고 불꽃이 피어올랐다가 꺼져가고, 구경꾼들은 모두 한 생각으로 활기차게 참여하지요… 오늘 밤 그것을 느낄 수 있습니다.

이제는 불더미를 뛰어넘을 시간입니다. 춤을 사랑하는 젊은이들의 행렬이 마을의 이 길 저 길로 퍼져 사람들과 함께 문 앞에 지핀 두 번째 불꽃 둘레를 깡충거리며 도는군요.

소란스러움이 느릿느릿 사그라집니다. 어둠은 또다시, 몇몇 마을 사람들이 머물렀던 돌 벤치를 다시 차지합니다.

– "저는 사람들이 말하는 것을 다 알죠." 마티유가 용감히 말한다. 이러한 관습이 특이하게 오래 전승되는 것, 그리고 특히 아이들이 불에 대해 열정을 가지는 것에 대해 말들을 하는 것 말입니다.

– 길어지는 낮의 꽃 피움의 상징과 밤이 천천히 그것을 다시 차지하는 상징을…

– 하지만 성 요한 축일을 이렇게 큰 기쁨으로 맞이하는 것은 상징 때문만은 결코 아닐 것입니다.

– 무의식적으로 그럴 수도요!

– 그 자체로 지극히 자연스러운 행사들에 대해 굳이 주술이나 종교

적 명분을 찾을 필요는 없다고 봅니다. 그와는 반대 상황이지요. 혈기 왕성한 사람들 가운데 그런 행위들이 이처럼 최소한의 의식으로 줄여 시행되는 것은 나무가 점점 희소해지고 있기 때문입니다.

― 아이들에게 하도록 제시하거나 요구하는 일 가운데에서 분명히 밝히고 또 실현하기가 그토록 어려운 가치들은 두 가지 요소를 품고 있습니다. 아이들은 그것들에 큰 매력을 느끼게 되는데 그것은 '물'과 '불'입니다.

강이나 수로로 아이를 데려가 보세요. 어떠한 외적인 동기부여도 필요 없습니다. 더는 놀이가 필요 없습니다. 살아 움직이는, 거부할 수 없이 끌어당기는 존재, 바로 '물'이 있을 뿐!

물은 맑고 투명하여 물에 비친 태양의 센 빛에 눈이 부신 경우가 아니라면 그 속에 비친 당신을 볼 수 있습니다. 물은 부드럽게 콸콸 흐릅니다. 무엇보다도 물은 매우 유순하고 매우 다루기 쉽고 순종적이지만 끊임없이 활동적이고 변화무쌍하죠. 사람들은 물과 접촉하면, 이 변덕스러운 힘의 완벽한 주인이 된 것 같은 인상을 가지게 되고, 그 지배로 당신에게서 힘에의 감정이 고양됩니다. 두 손으로 움켜쥐면 물은 시원한 감촉을 주고선 애써 움켜쥔 손가락 사이로 빠져나갑니다. 물을 치면 물은 물방울을 튀깁니다. 당신은 가장 충실한 개(犬)보다도 손쉽게 물을 다룰 수 있습니다. 그러나 물은 미끄러운 물고기처럼 슬그머니 당신 손아귀를 빠져나갑니다. 물이 흐르는 길에 거슬러 돌멩이를 던지면 갑자기 물은 당신을 향해 출렁이는가 하면 모래톱 사이로 넓어졌다가 좁아집니다. 구멍을 파면 물은 그 속에 채워집니다. 물은 흘러가면서 풀잎이나 지푸라기 끝에 매달립니다. 물이 둑 옆의 작은 돌멩이 속에서 휴식을 취하고 있을 때는 부드럽고 다정해 보이다가도 깊은 심연, 즉 뱀이나 물고기의 삶에 없어서는 안 될 깊은 구멍 속으로 흘러 들어가기 전, 돌 사이에서 거품을 내며 뛰어오를 때면 무섭게 용솟음칩니다.

당신은 이 여러 가능성을 모두 느낍니다. 물은 당신의 것이며 당신에게서 빠져나간 그 위대한 힘을 깨달을수록 그것을 다루는 자부심도 커져갑니다. 게다가 물은 결코 당신이 활기를 잃게 하지 않습니다. 거기엔 어떠한 고착성이나 수동성도 없습니다. 물은 모든 생명이요 움직임이요 행동입니다. 그리하여 이어지는 순간은 지나간 순간과 같은 법이 없습니다. 그것은 한결같은 투쟁 같고, 그 투쟁 속에서 작은 승리들도 아낌없이 주지만 그 투쟁 속에서 모든 장애물이 극복되는 것 또한 아닙니다. 그래서 늘 창의성, 계획하는 능력, 책략, 과학적 지식과 노력이 요구됩니다.

모래와 함께 하는 일은 아이들이 아주 좋아하는 놀이지만, 물이 일으키는 정열적인 활동의 대안일 뿐이라고 할 만합니다. 모래는 줄어들고 약해진 상태에서, 물이 가지는 그 불편한 위험성 없이 물이 지니는 장점들을 거의 다 가지고 있습니다. 모래 또한 움직이고, 바뀌고, 유순하며, 신비롭습니다. 그것은 그것을 지배하는 손에 잘 복종하고 옴폭 팬 곳을 이내 메꾸고, 산처럼 높아지기도 하고, 움직이는 군중처럼 막 파놓은 구멍을 채우기도 하고, 흩어지고, 빨리 흘러가고, 반짝입니다. 모래로 아이의 본질적인 경향들이 모두 충족되죠: 무엇보다 힘에의 감정, 행위 뒤에 즉각 결과를 보려는 조바심도 충족되고, 생명과 역동성 그리고 신비감도 충족됩니다. 아이가 따뜻한 모래로 다리를 덮으면 그것은 어루만지듯 부드럽게 감싸는 듯한 느낌을 주지만, 팔을 움직이는 모래더미 속에 어깨까지 잠긴다면 슬그머니 끼어드는 짐승이 당신의 몸을 움켜쥘 때와 같은 전율을 느끼게 됩니다.

모든 것을 떠나, 아이가 물이나 모래에서 일하기를, 무미건조한 수동적인 과업들 – 활력도 생명도 없고, 깊이도 없고, 신비로움도 없는 일, 아이가 좀처럼 해낼 수 없는 일, 그것들 앞에서는 스스로 주눅 들고 혼란스럽게 느끼며, 우리 어른들은 잘 측정하지 못하는 무의식적인 영향을 끼치는 다소 심각한 실패가 수반되는 일 –에 매달리는 것보다 더 좋아한다고 해서 놀라운가요? 아시다시피 개개인은 무력감 속에서 살 수는 없고 실패에 결코 순응하지 않습니다. 이겨내고 승리해야 합니다. 이를 꼭 잊지 말아야 합니다. 왜냐하면 교육적인 노력의 효율성에 매우 본질적인 이 쟁점들로 우리는 자주 되돌아가야 하기 때문입니다.

— 단지 이 힘에의 감정을 만족시키고 고양하는 것만을 목표로 삼는 효율성이라는 것은, 삶의 제대로 된 견습이라 하기 어려울 것입니다. 다시 말해서 제가 이 목표를 부정한다기보다는, 그것이 우리 학교가 보이는 관심사의 중심에 정말 잘못 자리 잡고 있다는 점에서 그렇습니다. 삶은 자질구레한 실패들과 통렬한 패배들로 (날줄과 씨줄로 삼아) 짜인 것이 아니던가요? 당신 스스로 말씀하셨듯이, 우리는 아이들이 자기 삶을 조건짓고 삶을 좌지우지하는 사건들에 성실하게 스스로를 맞추어 가는 습관을 기르고 우리를 좌지우지하는 힘의 우위 앞에서 현명하게 처신하는 비결을 알려주어야 하지 않을까요?

— 저는 앞으로 어찌될지에 관해 이야기하는 것을 별로 좋아하지 않습니다. 저는 지금 있는 것을 고려하기를, 그리고 늘 현실에 직면하기를, 환상도 선험적 편견도 없이 나아가기를 선호합니다.

당신이 옳다는 것을 절대 확신할 수 없기에 더더욱 그러합니다. 사람들은 남에 대해 이야기할 때 기꺼이 엄격하고 비판적이지요. 하지만 당신 스스로를 잘 관찰해 보시게 되면, 혹시 당신이 당신 주변의 사람들보다 패배나 무기력을 너무 쉽게 받아들이지는 않는지, 하나의 실패를 하나의 성공으로 상쇄하려 하거나 아니면 적어도 승리한 척하려고 노력을 – 거의 늘 무의식적으로, 이 점을 저도 인정합니다만 – 배가하고 있지는 않는지 알게 되실 것입니다. 당신도 확신하시듯이, 우리가 지니고 있거나 만들 수 있는 무기를 사용하여 반대편의 억압과 지배의 힘으로부터 우리 자신을 보호하고, 힘에의 감정을 표출하기 위한 최소한의 배출구를 발견했을 때만 어느 정도 안도감을 느낄 수 있는, 인간 개성의 유별나게 복잡다단한 모든 역사가 있는 것입니다. 마치 늘 흘러가려는 경향이 있는 물, 늪의 정체에 갇혀 괴어 있고 거기서 썩을 때만 불행할 뿐, 나뭇가지와 돌 사이에서 의기양양하게 다시 출발하자마자 빠르게 맑아지고 맛과 대담성을 되찾는 물과도 같이 말입니다.

우리도 또한 그렇죠. 우리 삶의 행동들 대부분, 아니 어쩌면 전부를 자극하고 움직이게 하는 절박한 걱정에 사로잡혀서도 말입니다. 더 높이 오르고, 이기고, 장애를 넘고, 환경적 요소들을 지배하고, 혹은 그렇지 못할 경우라도 기지나 지식으로 그것들을 에둘러 가거나 회피하면서 그것들에 승리를 거두고, 어떤 일이 닥치더라도 앞으로 나아가고자 애씁니다. 나이 때문에 혹은 낙담이나 섣부른 좌절감에 휩싸인 사람들은 자기 길을 더는 계속 갈 수 없으며, 일시적이거나 결정적으로 패배를 받아들이는 사람들은 빠져나갈 곳이 없는 늪 안에 갇힌 물처럼 괴어 썩게 될 것입니다.

그런데 이러다 보니 우리는 분명히 우리의 주제에서 벗어나고 있었군요. 저는 우리 인간 본성에서 너무 무시되어온 이 측면들과 우리들의 정상적인 행동을 보다 효율적으로 검토하게 하는 본래의 가르침들에 관해 여전히 강조하고 싶습니다.

저는 당신께 물과 모래의 매력에 대해 이야기했습니다. 그것에 관해 제가 말씀드린 것을 통해 당신은 불이 끌어당기는 매력의 이유들을 추정해 볼 수 있으실 터이니 제 추론에서 굳건한 논리가 있는지를 보실 수 있을 겁니다.

불은, 물처럼 그리고 물 그 자체보다 당신께 훨씬 더 격한 감정들을 불러일으키는 신비스러운 맹수입니다. 하지만 사람들은 본질적으로 이 맹수를 통제할 수 있으니, 이 맹수는 당신의 손에 그리고 당신의 의지에 복종합니다. 불이라는 일종의 신dieu 앞에서, 당신은 이것보다 훨씬 더 힘센 신神이 되고, 이것은 당신에게 지고至高의 기쁨을 줄 만합니다.

아이가 언덕 위에서 찾아낸 부싯돌 두 개를 호주머니 속에 넣고 갑니다. 그 돌 하나로 다른 돌 모서리를 부딪치면 불똥이 튀고, 순간적으로 눈부신 불빛이 방의 어둠을 뚫는 별똥 하나가 됩니다. 아이가 불을 만들어낸 것입니다! 그 힘의 마법이지요!

아이는 타다 남은 재 속에 숨겨져 있는 나무 막대 끝에 있는 불씨를 입으로 불어, 꺼져가는 불을 되살려냅니다. 마른풀을 대자마자 연기가 피면서 갑자기 불길이 타오르고 커지더니 번져 나갑니다. 이 또한 능란한 솜씨와 힘의 승리지요! 혹은 성냥을 그어대면 아이에게는 가장 경이로운 효과가 만들어집니다. 아이의 행위와 능숙한 기술만으로 마치 마법 지팡이로 그런 것처럼, 무無에서 불꽃이 탄생합니다. 아이는 무에서 열이 나는 불꽃을 만들어내고서는 애지중지하고, 이끌고, 힘을 더하기도 하고, 불이 생명을 다하도록 내버려두기도 하는데, 주의를 잘 기울이지 않고 무턱대고 불을 살려 놓았다간 이것은 재앙에 이를 정도로 위험천만하고 심술궂어집니다.

이 힘에 대한 욕구와 정서적 허기 그리고 그가 쓴 역량과 그가 한 일의 열매가 즉각 나오는 것을 보려는 갈망, 또한 이 창조의 열광이 그 자신 안에서 고양되게 하고 존재를 풍성하게 하는 뜸씨(酵母)인 이 놀라운 불꽃을 느끼려는 갈망을 더 빨리 그리고 더 완전하게 만족시켜줄 수 있을 만한 그 무엇을, 사람들은 과연 자연 안에서 찾아낼 수 있을까요?

물론 위험 요소들도 있습니다. 물의 가장자리에는 위험 요소들이 도사리고 있죠. 그 위험성은 사회적 관계에서의 자기중심주의로부터 생겨난 고려[99]입니다. 그러나 이 위험성이 결코 정상적인 아이가 행동하는 것을 막지는 못합니다. 물은, 늪에서 움직이지 못해 죽는 것보다 폭포에서 소용돌이치고 부서지는 것을 더 선호하지 않을까요? 마찬가지로 사람 특히 어린아이는 생명과 활동을 향한 자신의 노정을 꾸준히 좇습니다. 아이에겐 창조와 승리와 지배가 필요합니다. 위험 요소들은 오직 이러한 욕구를 부추길 뿐입니다. 고통! 죽음!⋯ 이러한 현실들은 겉으로 보면 엄청난 중요성을 띨 수 있는데, 여기에는 우주적 운명의 장엄함에

---

99. une considération née de l'égoïsme sociale.

까지 오르는 것을 더는 알지 못하는, 패배하고 슬기롭게 문명화된 사람의 보잘것없는 견해를 중시하는 규범들이 함께하고 있습니다. 그러나 아이가 고통을 두려워하지 않는다는 건 잘 아시죠? 아이가 두려워하는 것이 있다면, 그것은 무엇보다도 제한이요, 삶 앞에서 가지는 무기력함이고, 개인적인 열등감입니다. 승리하기 위해, 오르기 위해, 앞으로 나아가기 위해, 아이는 어느 것 앞에서도 주저하지 않습니다.

저는 제가 어린 학생이었던 어느 가을날, 우리가 다다른 어리석은 일을 기억합니다. 우리는 성냥에 미쳐 있었는데 학교가 파한 뒤, 땅거미가 돕는 가운데, 목초지 위에 있는 언덕에 올라가 마른 들풀 – 백리향, 라벤더, 금작화 다발들 – 에 불을 지피곤 했습니다. 우리는 불쏘시개가 탁탁 타들어가게 하는, 마술사(火焰)의 주위를 엄숙한 원을 만들어 둘러쌌는데, 그것은 이내 연기를 뿜어내며 횃불로 밝은 빛을 내는 다발 속에서 큰 불로 변해갔습니다. 그런 다음 우리는 마른 천리향 다발로 잔가지에 붙어 있는 불을 다른 다발로 옮겼습니다. 지옥의 불을 돌보는 악마들을 떠올렸습니다.

이것이 놀이였을까요? 망나니 같은 놀이였고, (놀이라 일컫기엔) 너무도 중요했고, 심각했고 또 너무 비극적이었습니다. 이윽고 놀란 땅주인이 고함을 치며 다가오자 슬그머니 자리를 떴습니다. 범죄자처럼 살금살금 도망쳐 집으로 갔습니다. 들킬 위험이 있는 길을 피해 정원 속을 누비며 헤쳐 나갔습니다. 고발이나 체벌의 위험을 감수해야만 했고 그렇게 우리는 거짓말의 세계 속으로 들어갔습니다. 하지만 이 모든 것이 다음 날 밤이면 아무 거리낌 없이 다시 그것을 하는 것을 막지는 못했습니다. 불을 소유하고, 다루고, 명령한다는 것에 이루 말할 수 없이 의기양양한 기분을 맛보았기 때문이었습니다.

제가 보기엔, 인간 본성의 삶의 동인動因, des tendences vitales에 맞추어 축소된 채, 정신les esprits에 영향을 끼치는 물과 불의 조용하고도 기묘한 힘에 의해 실행되는 매력에 신비한 옷을 입힌 어떤 이론들이 있는 것 같습니다.

지금부터는 제가 말씀드린 물과 불로 하는 이러한 놀이들을 제가 어렸을 때 그리도 전적인 만족을 가져다준 일들과 연결 지어봅시다. 그러면 우리는 이들 활동들의 뿌리 깊은 기원을 이해하게 될 것입니다. 그 첫 번째 범주는 사회적 유용성에 대한 이 감각의 결여인데, 이것에 우리가 결코 무관심할 수 없습니다. 그러나 그것은 아이들 잘못이 아닙니다. 이러한 놀이들이 통용되기에는 여전히 명백한 위험이 존재합니다. 어쨌든 아이들의 안전이라는 미명 아래 부모들과 교사들은 이 교묘히 파고들면서도 보기보다는 위험한 환경적 요소들을 다루는 것을 금기시하는 편이죠. 이들은 아이들에게 미리 겁을 줘서 그것들을 멀리하도록 하죠. 많은 마술도 그런 것이고요. 또 우리 옛 문헌과 이야기들을 대부분 써먹어 – 물론 성공적이죠 – 물과 불에 악마의 모습을 부여하는가 하면, 매혹적인 물결과 심연에는 괴물이나 바다마녀들을 작동시키고, 그리고 번쩍거리는 불꽃에는 악마나 도깨비를 작동시킵니다.

하지만 그럼에도 불구하고 만약 당신이 아이들에게 즐거움을 주려 한다면, 아이들이 불을 지피고, 불을 키우고, 부지깽이로 쑤셔 마른풀더미를 태우도록 허락하기만 하면 됩니다. 양 치는 일에는, 그 자체로 불을 지필 수 있는 암묵적인 특권이 주어진다는 그 부분의 매력이 뒤따릅니다. 그리고 이를 틀림없이 하겠죠!

똑같은 완전한 정서적 만족감을, 제가 아직 아주 어릴 때 어머니가 저를 "물길을 찾으라"고 내보냈을 때 – 우리 집 뜰로 애써 흘러 들어오는 좁은 수로를 따라 진흙투성이의 긴 개울물 흐름을 따라갔을 때 – 느꼈던 것을 기억합니다.

이곳저곳에서 어두컴컴한 구멍으로 물이 휩쓸려 들어가는데, 그것을 틀어막을 때 물살의 힘이 얼마나 셌던지 그 빨아들이는 힘이 제 손을 세게 잡아당기는 것이 마치 저를 끌어당겨 삼키려는 들짐승처럼 느껴졌습니다. 그러고 나면 물길은 넝마나 상자 같은 것으로 틀어막은 도랑길로 흐르면서 신비하게 닫혀 있는 정원들을 거쳐 가곤 했죠. 사냥꾼이 잡으려는 짐승의 길목을 지키듯이 저도 그 물길을 지켜보았습니다. 잘 들을 수 없는 미세한 소음, 축축한 기운에 따라 노래하며 흐르는 물길, 마침내 물이 우리 텃밭으로 들어올 때의 그 기쁨이란! 제가 허락을 받아 물웅덩이 속에서 맨발로 진흙탕물 속에서 쩔쩔매던 물길 트기는 얼마나 큰 즐거움이었던지 모릅니다. 그에 비해 집안의 조심쟁이는 그런 물은 피해야 하고 따라서 그런 매력이란 아예 없게 마련입니다.

그리고 낚시! 신나는 바깥나들이죠! 이야기가 끝이 없겠네요…

낚시를 하나의 일로 여기기를 스스로 거부할지라도 – 실제로 그것을 직업으로 삼는 경우조차 – 낚시는 주변 환경의 복잡한 미래를 향한 개개인의 이상적인 참여를 함축하는 것으로, 그것은 우리가 '물'과 '모래' 그리고 '불'을 갖고 하는 놀이들에서 우리에게 알려진 인간의 모든 강력한 욕구들에 전적으로 상응하는 활동입니다. 피로나 노고 따위를 못 느끼는 영원한 활동, 우리의 지배욕, 힘의 과시욕을 충족시키는 만족감, 능수버들의 뿌리까지 낚싯줄을 드리운 뒤의 나른한 고요함과 급하고도 거센 감각의 폭넓은 변화, 눈으로도 느낄 수 있고 잴 수 있는 즉각적인 결과물들, 몸부림치는 먹잇감에 대한 승리의 기쁨, 어망이 물고기로 채워지는 것, 그리고 의기양양해 집으로 돌아가는 것, 이 모든 것들은 추위를 견디고 배고픔에 창자가 찢어지는 듯해도 견디게 합니다. 또한 운수 사납게도 겁에 질릴 만큼 소용돌이치는 결정적인 순간에 낚싯바늘에서 빠져나가려는 송어를 잡기 위해 차가운 물에 허벅지가 빠지면서 얻어낸 무엇과도 견줄 수 없는 만족감. 어떠한 일도 낚시만큼 진지한 것은 없고 어떠한 놀이도 아마 이처럼 완벽하게 사로잡는 놀이는 없을 겁니다.

– 하지만 – 모래, 물, 불, 낚시 그 밖의 다른 흥미진진한 활동들이 없다손 치더라도 – 우리 마을 아이들은 다른 곳 아이들만큼이나 열심히 놉니다.

― 무릇 대부분의 사회란, 여기도 매한가지지만, 아이들을 위해 만들어진 것은 아니기 때문입니다. 어른들은 본래 자기중심적인지라 아이들에게 봉사하려는 생각은 별로 없습니다. 엘리트 정신을 가진 사람이 필요한데, 안타깝게도 아주 드물죠!… 우리가 꼬맹이였을 때 하고 싶었던 것들은 모두 금지되었었죠. 우리들이 어리다는 이유 때문이었습니다. 또한 이런 일들은 대부분의 시간에 우리들에게 금지되었는데, 이것들이 신체적으로나 도덕적으로 위험했기 때문이어서가 아니라 우리들보다 어른을 우선으로 여기는 그들의 심기를 불편하게 했기 때문입니다. 어른들은 우리들의 질문들에 신경질을 내거나 우리들이 기뻐하는 것에 짜증을 냈습니다. 오늘날에도 아직, 그 어느 때보다도 '학교'에서만 삶의 준비를 하도록 하고 호기심과 힘을 추구하는 욕구를 충족해 줄 수 있다고들 여기고 있으니 말이죠. 여기에 바로 오해가 있는 겁니다.

이 오해는 지금까지 제가 말씀드린 것을 확인시켜 줄 뿐입니다. 어른들이 다음 세대들의 교육에 대한 그들의 정상적인 역할을 점점 더 거부하기 때문에 아이들의 자연적·생명적 욕구들이 변하는 것은 아닙니다. 우리가 알지도 못하고, 원하지도 않고 또 그럴 능력도 없고, 아이들에게 본질적인 활동들을 제공하거나, 아니면 적어도 허락하는 것도 할 수 없기 때문에, 본질적인 활동들이라는 것은 없다고 우리가 위선적으로 결론을 내리지 말아야 합니다.

어른들의 이런 무능이나 타성 앞에서, 아이들은, 모든 것에도 불구하고, 그 본성의 절박한 호소들에 응하도록 자신의 활동이 적응해 가야 한다는 것은 옳습니다. 이것은 거친 물줄기가 장애물을 만나 잠시 멈칫하여 혼란에 빠졌다가, 이내 오른쪽으로 그리고 왼쪽으로, 부분적으로나 전면적으로 그 출구를 찾아가거나, 땅속으로 스며드는 것과 같습니다. 땅속으로 스며들다 보면 그것이 기운이 왕성한 물줄기라는 것을 알아보지 못하게 되는 위험에 처해지지요. 우리는 이러한 역류들, 이렇게 스며드는 위장들, 이렇게 빠져나가는 것들을 고려해야 합니다. 흔히들 범하는 겉모습과 실제 사이의 혼동을 피하려면 그리고 본류를 찾아 물의 진정한 맛을 되찾으려면 말입니다.

더 멀리 나아가기 전에, 같은 말을 되풀이하는 면이 없지 않겠으나, 저를 위해서도 그리고 당신을 위해서도, 제 생각에 이론의 여지가 거의 없다고 여겨지는 필수적 요소들의 요점을 정리해 보려 합니다.

'어린 인간'에게만 국한되는 특정 활동들이 있죠. 마치 생쥐를 쫓는 것이 어린 고양이에게 있듯이 말입니다. 이러한 활동들은 우리의 가장 강력한 자연적인 욕구를 정상적으로 충족시켜 주는 것들로, 지능, 본성과의 깊은 통합, 신체적 정신적 가능성들에 대한 적응, 힘에의 감정과 창조 및 지배의 감정, 즉각 확인할 수 있는 기술적 효율성, 가정이나 사회에서의 명백한 유용성 그리고 통증·피로·고통 따위입니다. 여기에 단세포적인 기쁨이나 피상적인 즐거움은 문제가 되지 않지만, 기능적인 과정은 문제가 됩니다. 즉, 이들 욕구의 충족은 그 자체로 가장 복된 향락과 행복감과 충만감을 줍니다. 우리의 다른 기능적인 욕구들이 그렇듯이 말이죠. 이런 만족은 그 자체로 충족입니다. 이것이야말로 이러한 활동이 동시에 놀이이기도 한 까닭입니다. 이들 활동은 놀이의 일반적인 특징을 띠고, 놀이의 자리를 차지하고, 놀이를 대체하기도 합니다.

따라서 만약 – 이상적인 것이겠습니다만 – 우리가 이러한 기능적인 욕구들의 정상적인 만족을 영원히 실현할 수 있다면…

… 아이는 더는 놀이를 하지 않을 터이고… 이것은 생각만 해도 끔찍하죠.

– 낱말이나 뭐라 부르는 용어 따위에 궤변을 늘어놓지 말고 내용을 면밀히 살펴보도록 합시다. 일과 놀이 사이의 이런 자의적이고도 편견에 가득 찬 분리가 초래된 데에는 우리들 잘못이 있습니다. 일 – 말하자면 제한과 수고와 고통 – 은 그것의 반명제인 놀이라는 긴장 완화를 전제로 한다는 견해가 일반적으로 받아들여지고 있음을 저도 잘 알고 있습니다. 마치 고통이 우리가 그토록 절실하게 되찾고자 하는 한

가닥의 행복을 전제로 하듯, 노고가 곧 이어질 휴식을 전제로 하듯 말입니다. 하지만 어떤 수고는 우리에게 기쁨보다 더 소중하며, 간혹 우리는 휴식보다 노고를 더 추구할 때도 있습니다. 그리고 만약 일 속에 놀이의 요소들이 있어서 그것이 우리를 만족시켜 준다면, 그 어디에 그걸 끔찍하게 느낄 이유가 있을까요?

따라서 만약 우리가 인간의 본성에 강력히 재결합하려 한다면, 우리는 일-놀이TRAVAIL-JEU라 부르게 될 이상적인 활동을, 그 정도의 깊이로 실현하는 것을 과제로 삼아야 합니다. 그래야만 이상적인 활동이, 통상적으로 어느 하나는 받아들이면서 다른 하나는 획득하려고 애쓰는 다양한 요구들을 만족시키면서, 한 번에 둘一石二鳥, 즉 일과 놀이가 하나임을 잘 보여주게 됩니다. 이것이 꼭 불가능한 것은 아니죠, 어떤 환경, 어떤 상황 속에서는 저절로 이루어지기 때문입니다. 이상적인 활동을 일반화하고 그 이점을 우리 학교가 할 바를 확장하는 것은 우리 몫입니다.

이런 고려 사항들과 제가 당신들께 제시하는 증거들은, 당신들이 믿으시는 것보다 훨씬 더 중요합니다. 일과 놀이 사이에는 근본적이고도 분명한 대립이 있다거나, 일이란 함께 겪는 참주僭主[100] 같아서 − 사람들은 일을 그렇게 알고 있지요, 안타깝게도! − 어떤 사회적인 활동도 하도록 요구해서는 안 되는 아이들에게는 적합하지 않다거나, 아이들은 그들 본연의 영역인 놀이에 점점 더 많이 노출시켜줘야 한다고들 엄청 믿고 있습니다. 이런 개념이 일반화되는 경향이 있고, 아이들에게 일을 시키는 것을 점점 덜 내켜 하며, 놀이에 점점 더 커지는 관심과 중요성이 부여되고 있음은 논란의 여지가 없습니다. 학교는 이런 면에서 그런 사조를 따라가는 것에 만족하지 않고, 이 (일과 놀이의) 분리를 아무런 거부감 없이 수용함으로써 그 분리를 정당화하는 데에 이바지하였습니

---

100. la commune tyrannie: 참주(僭主: 제멋대로 분에 넘치는 칭호를 붙이는 군주)를 함께 겪는 상황.

다. 당신들 쪽의 심리학자들과 교육자들은 지난 몇 년 동안 놀이 본능의 특별한 능력을 보여주는 데에 능란한 솜씨를 보여주었습니다. 하지만 그들은 결코 친밀한 열의를 품은 적이 없는 일, 그런 일의 개념은 희생시켜 버렸습니다. 놀이는 부끄럽게도 일을 돕는 데에만 쓰였고, 당신들은 자주 부차적인 입맛을 돋우는 실행들을 부추기는 호소를 하는 데 주저하지 않았죠. 일단 잘못된 길로 들어가면 그에 따르는 위험들로부터 자신을 보호하기란 참 어렵습니다.

- 그렇지만 놀이 나름 아니겠어요?

- 글쎄요, 한 번 볼까요. 그것은 양면이 모두 미끄러운, 그리고 그 경계면도 가기 어려운 그런 경사면이지요. 출발부터 미리 마음의 준비를 하는 게 좋겠습니다.

일과 놀이에 관한 우리의 개념들 사이에는 일종의 우선권 문제가 있습니다. 만약 특별한 연출 없이 또 대체도 없이 - 원시적이라고도 말할 수 있겠지만 - 어린이들의 특정한 욕구들에 부응하면서, 본질적이고 자연스러운 기능을 하는 것이 바로 일이라고 - 제가 보여드린 것으로 생각합니다만 - 여긴다면, 놀이는 보조적이며 부차적인 활동에 지나지 않으며, 따라서 교육과정敎育過程의 최일선에 위치할 자격이 없는 것이지요.

반대로, 만약에 본질적인 것이 바로 놀이이며, 만약 일이 아이들의 자연스러운 활동이 아니라는 관점을 받아들인다면, 확실히 놀이에 새로운 중요성이 부여되게 되며, 놀이를 삶의 동력으로 삼게 될 것입니다.

저로서는, 어떤 의심의 여지도 없습니다. 그리고 만약 우리가 마침내 진실의 빛을 힐끗 보게 된다면 우리는 놀이가 본연의 자리를 차지하도록 하는 동시에 - 그 점에 대해서는 곧 말씀드리겠습니다만 - , 우리는 일을 찬양하며 그 정상적인 계보(친연관계)[101]를 재수립할 것이며, 따라서 일은 우리 운명의 핵심, 우리 관심의 정점에 오르게 될 것입니다.

---

101. filiation 부자관계, 가계, 혈통을 뜻하는 계보. 라틴어 filiatio에서 유래하며 친연(親緣)관계로도 새긴다.

일의 계보(친연관계)에 관한 오해, 일과 놀이의 이런 분리가 오늘날 인류에 미친 파급은 그 비극적인 중요성을 잴 수 없을 정도입니다. 이 오해와 이 분리는 인간이 하는 일을 파국적으로 평가절하해온 데서 비롯된 것으로, 우리는 그 광경을 목도하고 그 결과를 어쩔 수 없이 받아들이고 있습니다. 만약 일이 힘든 수고뿐이라면, 만약 일이 우리에게 실속이 있는 것이 아니라면, 만약 새로운 신神 - 그럴싸한 속임수를 약속한 자 - 이 놀이라면, 일은 당연히 기피해야 합니다. 또는 적어도 만약 우리가 일을 필요악un mal nécessaire으로 받아들일 수밖에 없다면, 그것은 오직 일이 어떤 실용적인 욕구들을 만족시켜 주고 또 새로운 즐거움에 이르는 길을 마련해 주기 때문입니다. 저는 이미 앞에서 당신께 제 견해를, 즉 농부로서의 관점을 제시했습니다. 일꾼이 더는 자신의 일을 사랑하지 않게 되는 날, 그가 더는 일이 주는 부수적인 만족감을 위해 일을 하지 않게 되는 날, 그날은 바로 땅도 우리에게 못된 어미(繼母)가 되는 날입니다.

그들은 오늘날 그 어느 때보다도 당신께 이렇게 말하죠: "학생들로 하여금 일을 사랑하게 하라!"

그리고 일을 사랑하게 하려면, 당신이 맨 처음으로 해야 할 것은 일을 왕 노릇을 하는 데서 내려오게 하고, 놀면서도 똑같은 결과에 이를 수 있다고 믿게 하는 것이죠… 당신은 일을 가르칠 것입니다만… 그건 다른 사람들을 위해서 하는 일이죠!… 우리는 이 위선적인 개념이 낳은 결과들을 눈앞에서 보고 있습니다.

— 아이는 훗날 삶에 꼭 필요한 것들을 억지로 하느라 많은 시간을 할애할 것이고요! …

— 그게 문제가 아니죠. 아니면 적어도 당신 스스로 무의식적으로 의문을 품고 있는 것들을 실천하고 있는 것에 대한 사소한 정당화일 뿐입니다. 만약 일이 단지 어쩔 수 없이 해야 하는 것이라면, 당신이 그것을 잘하기야 하겠지만, 그 일하기를 당신이 사랑하게 할 수는 없겠지요. 당

신은 어린아이들과 말하는 것이 거의 다 헛되다는 것을 잘 아십니다. 아이들에게 일의 고귀함이나 존엄에 대해 담론을 편다는 것은 부도덕한 처사일 뿐이죠. 당신 스스로를 깎아내려야만 하는 의무의 엄격함을 완화하려고 이것을 다양한 사탕발림의 절차들로 대체하고자 하려는 바로 그 순간에도 말입니다. 아이들에게 일의 고귀함이나 존엄에 대해 담론을 편다는 것은 부도덕한 처사일 뿐이죠. 아이들이 그걸 믿을 바보는 아니죠… 아이들은 일을 좋아하지 않게 됩니다!

인간 활동이나 인간 변화(되기)의 중심으로 일을 담대하게 되돌려 놓읍시다. 이것은, 제가 보여드렸듯이 가능하죠. 만약 우리가 가정과 사회의 맥락에서 '일-놀이'le travail-jeu에 대해 제대로 방향을 잡게 된다면, 꼭 100% 성공을 거두지는 못하더라도, 일-놀이는 그 자체로 직업교육과 교육(교양)이 됩니다.

저는 알죠… 우리가 여기서 늘 최소한의 저항의 노선을 찾는 보수적인 사람들, 즉 그들의 나이보다 노회老獪하고 겉늙고 아이들의 폭발적인 에너지를 버거워하는 보수적인 사람들의 이기주의와 부딪히게 된다는 것을 말이지요. 우리는 그들의 위선적인 말을, 우리의 양식 안에서 재발견할 수 있는 튼실한 현실의 역동성으로 교체해야 합니다. 그리한다면 우리는 우리의 모든 가르침에 효율적으로 자양분을 줄 진정한 뿌리를 다시 만날 수 있을 것입니다.

– 마티유 씨, 당신 주장의 견고함에 경탄해 마지않습니다. 저는 일이 우선이라는 것에 동의하고자 합니다. 또 놀이가 부차적이며 교정적인 기능에 지나지 않는다는 것도 인정하려 합니다. 하지만 저는 다음과 같이 반론을 제기할 수밖에 없으니, 그렇다면 어떻게 모든 아이들이 모든 때, 모든 곳에서 그처럼 열정적으로 놀이를 하는 걸까요?

– 왜냐하면, 언제나 어디서나 – 참 안타깝게도! – 아이들은 그들을 위해 만들어져 있지 않은 세계로 끼어 들어온 불청객des intrus으로 간주되는가 하면, 그 세계는 아이들의 잣대와 리듬으로 돌아가지는 않기

때문입니다. 이것은 고양이들이나 매한가지죠. 실제 그런 고양이들이 있지요. 아파트라는 곳에 격리되어, 생쥐, 새, 나비, 벌레 같은 것들을 보지 못하는 것과 같습니다. 그럼에도 고양이에게는 발산해야 할 젊은 혈기가 있고, 움직여야 할 근육이 있고, 써먹어야 할 발톱도 있는데, 이 모든 것들은 그들의 본성 안에 있기 때문이죠, 잠자고 먹는 것처럼 말입니다. 그래서 아파트라는 중립적이고 인위적인 환경에 특별히 적응됩니다. 고양이들은 코르크를 갖고 놀거나 신발 가죽을 물어뜯으면서 실타래가 살아 미끄러지는 것처럼 쫓는 행동으로 자기를 발산합니다. 고양이가 하는 이 훈련-놀이exercice-jeu의 목적이 무엇인지 따져보면 잘 알 수 있는데요. 그러니까 거기에는 쥐구멍에서 지켜보다가 드디어 그 구멍에서 나오는 생쥐의 그 따뜻한 몸을 발톱으로 콱 움켜잡는 등, 생쥐로부터 유발되는 노력의 자연스러운 목표가 빠져 있다는 것이죠. 그러나 이런 목표가 결여되어 있다 하더라도, 고양이는 근육과 발톱으로 노는 식으로 자기 몸을 이루는 조직 안에 새겨진 본능적인 동작들을 흉내 내면서 강력한 만족감을 못지않게 체험합니다.

그 점은 아이도 마찬가지이니: 혹시 아이 주변의 삶이, 사회적인 강박이나 어른들의 무관심과 이기심 때문에 아이로 하여금 그 자신에게 본질적인 이 일-놀이에 흠뻑 빠져들지 못하게 할지라도, 아이들은 당장 해야 할 어쩔 수 없는 활동에 – 한순간 억눌릴 수는 있겠지만 – 자기 에너지를 발산할 수밖에 없습니다. 마치 계속 흘러가기 위해 출구를 찾을 때까지 소용돌이치는 물줄기같이 말입니다.

활동의 욕구를 상실해 버린 어른들은 그 진정한 가치를 더는 음미할 줄 모르기 때문에, 놀이의 유기적인 면들을 이해하지 못하고 그 영역들을 전혀 모르는 상태에서 놀이의 기원과 상세한 설명을 헛되이 추구하는 것입니다. 어른들의 노쇠한 근육은 그 유연성을 상실해 버렸고, 반응도 약하고 늦기 때문에, 어리석게도 그들은 도대체 무엇이 아이들을 저토록 쉼 없이 놀이에 열중하게 할까 의문을 품습니다. 하지만 만일 당신이 일주일 내내 아무것도 하지 않고 가만히 누워 있어야 한다면, 당신은 일어나서 무엇을 하거나 어디론가 걸어가고 싶어 하지 않겠습니까? 목적지가 어디든 - 아니 목적지가 없더라도 - 그냥 걸을 수만 있다면 상관이 없지 않겠죠? 아이들도 자기 에너지를 발산할 필요가 있지요, 아무런 목적이 없이도. 아이들도 발산해야 합니다.

그리고, 고양이가 종種과 유전적인 점진적 적응으로 그 특유의 몸짓들로 이끌리듯, 아이도 자발적으로 근육의 정상적인 놀림에 상응하는 움직임과 몸짓들을 - 아이의 자연적인 체질에서 나오는 것 같은 - 하는 경향이 있습니다. 이러한 몸짓을 선택함에 있어서 아이는 어른의 활동들을 본 그대로 영향을 받습니다.

- 이것은 요컨대 비교적 최근 이론일 뿐입니다. 여러 시대의 흐름 속에서 단계별로 느리게 진행되는 인류의 진화를 재생산하는 발전의 틀 안에 아이들의 놀이들을 새겨 넣으려는 이론입니다.

- 이다지도 단순한 것을 정당화하려고 거창한 말과 우쭐대는 이론들을 내세운 셈이네요!

이 아이 - 그 필요성을 느낀 대로 일을 할 수는 없고, 에너지는 발산해야만 하는 아이 -는 실제로 이러저러한 어떤 것을 해야만 합니다만, 그렇다고 자기 활동에 있어 균형을 찾지 못하는 어떤 비정상적인 아이들이 하는 듯한 그런 무질서한 행동에 자신을 내맡기지는 않죠… 아이에게 자기 일의 질서와 규칙들을 몽땅 내놓으라고 요구해서는 안 되겠지요. 스스로 자기 일상의 쳇바퀴에서 빠져나올 수 없고, 또 어떤 새로운 상황들의 요구에 적응하려는 노력에도 신축적이지 못한 어른들에게 하는 것처럼 말입니다. 그러니 말이죠, 아이에게는 정말로 선택이 없습니다. 게다가 아이는 선택에 대해 생각하지도 않죠. 아이에게는 그 몸속에, 그의 근육의 놀림 속에, 그들 잠재의식의 신비스러운 자취들 속에, 하지 않을 수 없는 활동들의 어떤 본능적인 틀(原型) une matrice instinctive 같은 것이 있습니다. 이 근육의 놀림과 그 행동을 촉발한 잠재의식의 궁극적인 목적 그리고 어린이의 습관적이며 자연적인 욕구들을 검토한다면, 당신이 놀이 활동의 얄팍한 가설 위의 현학적인 이론으로 접근할 수 있는 것보다 훨씬 확실하고도 결실이 풍부한 이해에 도달하게 될 것입니다. 여기엔 가설이 문제가 되는 것이 아니라 현실이 문제가 됩니다.

— 그리고 이것은 의심할 여지 없이 — 왜냐하면 우리는 보편적인 인류 운명이나 개개인의 자연스러운 반응들 속에 새겨진, 조상으로부터 물려받은 것(遺傳)이 멀리 미치는 영향들에 동시에 와닿기 때문에 — 사소한 차이만 있을 뿐 똑같은 놀이들이 세계 도처에 나타나며, 수세기가 흘러도 신비스럽게 똑같은 형태들로 세월을 이겨내는 것을 설명해 줄 것입니다.

— 마침내 당신이 저를 이해해 주셔서 만족합니다.

그렇습니다. 바로 그러한 사실 때문에, 한 가지 일-놀이에 푹 빠져보지 못한 아이, 실제로 짓는(建築) 일을 할 수도 없고, 진짜 밀을 수확해 볼 수도 없고, 살아 움직이는 가축을 돌보지도 못한 아이, 콸콸 흐르는 물줄기를 쫓아 보지도, 불의 마법적 압도감에 현혹되지도 못한 아이, 그 아이가 왜 어느 시대나 어느 장소를 막론하고 본능적으로 이런 활동 — 특정한 일들의 본질적인 요소들을 품고 있지만, 그 놀라운 베끼기[102]처럼 아이의 욕구와 정신과 사고 그리고 자기 생명(삶)의 리듬에 적용된 활동 —을 추구하고 찾게 되는지 알 수 있습니다. 또 그 베끼기는 너무도 잘 이루어지고 또 흔히 너무도 온전해서 우리로서도 그것이 우리 본연의 활동을 베낀 것인지 더는 알 수 없지요. 우리는 이렇게 놀랍게 이룬 성공을 '놀이UN JEU'라고 부릅니다!

그러나 여기서 동시에 우리는 아이들이 놀이할 때 보이는 진지함을 아주 간단히 설명할 수 있습니다. 보통 이 놀이들에는 목적이 없다고들

---

102. démarquage: 어른의 행동을 아이들이 표절(剽竊)하듯 베끼는 것.

말합니다만, 놀이들에도 일과 똑같이 무의식적이기는 해도 목적이 있습니다. 바스락거리는 나뭇잎을 갖고 노는 어린 고양이는 나뭇잎이 진짜 생쥐일 때처럼 똑같이 진지하게 필요한 몸짓들을 합니다. 아이도, 너무도 본능적으로 살고 있는 아이도, 자신의 욕구들에 상응하는 일을 할 때 가지는 그런 진지함으로 몸짓을 합니다. 단지 아이에게는 이것이 (부모의 몸짓과) 꼭 같다는 것에 대한 지각이 없을 뿐입니다. 그 허상 l'illusion은 완벽하고, 우리들만이 그 허상의 요소들을 떼어 내어 분석할 요령이 있습니다. 그것은 상상과 꿈의 세계에 사는 일종의 제2의 삶이 되겠지만, 그것이 의식적 활동이나 사회적 유용성과 화합할 가능성들에 대해서는 우리가 이미 지적한 바 있습니다.

실제로 아이들이 노는 것을 눈여겨보시면, 아이들이 자기 일에 푹 빠져 다른 세상에서 그들 자신의 욕구와 자신의 리듬…에 따라 살고 있는 것을 보시게 될 것입니다. 어른들이 끼어들면 그 마법은 깨집니다.

우리의 의문이 어느 정도 정리되는 것 같지 않으신가요? 하지만 우리는 여전히 우리의 논리를 살펴보고 이것을 우리가 알고 있는 다른 놀이들에 적용해 봄으로써, 일-놀이TRAVAIL-JEU의 연관성이 정당화되는지 또 그것으로부터 우리에게 관심거리인 어떤 가르침을 끄집어낼 수 있는지 검증해 봐야 합니다.

28
놀이―일

놀이―일les jeux-travaux은
아이들의 신체적·기능적·사회적 욕구들에 부응한다.
여기에 삶을 보존하는
보편적이고 타고난 욕구를 충족시키는 것들이 있다.

― 아, 마티유 씨, 우리가 푹 빠진 토론의 한복판에서 멈추시면 안 되지요. 날씨는 참 온화하고, 우리들 주변도 참 고요한데 말이죠…

― 아시다시피, 밤이 깊어가고 있습니다. 허나, 뭐, 저는 내일 오후에 좀 더 낮잠sieste을 길게 자면 되겠죠. 한 가지 걸리는 건 누군가가 이웃 마을에서 저를 찾아올 수 있다는 것, 그리고 졸면서 나귀 등에 타고 균형을 잡고 가야 한다는 거죠. 물론 나귀 등에서 떨어지기 전에 깜빡 졸음에서 깨어나면 되고요. 나귀는 자동차가 아니라 지능이 있습니다. 제가 이리저리 태워 가라고 채근할 필요가 없습니다. 그래서 말인데요, 함께 길을 찾아 나서죠, 원하신다면요.

우리는 지금 일―놀이TRAVAIL-JEU의 개념이, 지적 속임수 없이, 아이들의 놀이들les jeux에 들어갈 수 있는 틀인지를 살펴보아야만 합니다.

우선 그 놀이들은 어떤 것인가요?

저는 이 시점에서 완벽한 조사에 임하려는 건 아닙니다. 저는 단지 제 어린 시절의 기억을 더듬어, 즉 제가 관찰한 것들에 따라서 제 의견을 드리려는 것뿐입니다.

게다가 시작점에서는 아이들을 본질적으로 만족시킬 욕구는 어떤 것들인지 스스로 물어야 합니다. 만약 우리가 어린 고양이가 쥐를 잡아야만 하는 것이 운명임을 안다면, 우리는 미리 그 고양이에게 딱 맞는 일거리 대신 어떤 놀이들이 어린 고양이에게 고유한 것들인지를 알게 될 것입니다. 그 점에서 우리는 착오를 일으킬 수 없습니다. 어린 인간들에게도 같은 방식이 될 수 있을지 살펴보기로 합시다.

제 생각에 아이들은 어른들의 일에 해당하는 똑같은 욕구, 똑같은 경향에 따라 나름대로 일-놀이TRAVAIL-JEU에 이끌립니다. 억지로 하는 일이 아니라 우리 농부들이 실제 하고 있는 사람의 일을 말합니다.

이 모든 욕구를 단 하나의 중심 욕구로 귀결시킬 수 있을 것 같아요. 그 주된 욕구는 자연스럽게 복수의 하위 욕구로 가지를 치고 그 가지들이 더 많아지고 다른 모습을 띨수록 줄기에서 떨어질수록 그만큼 덜 알아볼 수 있게 되고, 그리고 우리가 문명civilisation이라 부르는 것에 의해 더 복잡하게 얽히게 되어, 우선은 개개인들 사이에서 그다음에는 그룹들 사이에서 관계들이 복잡하게 얽히게 됩니다. 생명을 보존하고 가능한 한 삶을 강하게 하고 또 그것을 계승하기 위해서 삶을 전수하려는 보편적인 욕구가 바로 그것입니다.

삶을 보존한다는 것은 부분적으로는 스스로 먹거리를 구할 필요(성)을 내포합니다. 그것으로부터 기어오르는 사람, 과일을 따는 사람, 낚시꾼, 가축을 기르는 사람이 하는 몸짓들이 나옵니다. 거기에다가 달리기, 뛰어오르기, 겨루기, 돌과 막대기, 몽둥이, 넝쿨과 밧줄 사용하기; 동물들로부터 스스로를 보호하기 위한 개개인의 몸짓들, 즉 피신의 본능에서 동굴 찾기와 장소 숨기기, 울타리 치기, 구조물 짓기, 다리 만들기 등과 같은 은신처와 연관된 몸짓들이 나옵니다. 그리고 마침내 개개인들 사이에서의 겨루기가 나옵니다. 당신의 음식물을 훔치려는 타인들에 대한, 또 그들로부터 그것을 되찾으려 공격해야만 하는 타인들에 대한 몸짓들 말입니다.

삶을 가능한 한 강하게 하려는 그 욕구는 사회적 그룹 안에서 통합으로 나아갑니다. 사회 그룹 안에서 모이고, 뭉쳐 하나가 되어, 스스로 보호하고, 공격하고, 집단으로 스스로 영속화하고, 또 자주 신비로운 주위 환경으로부터 끊임없이 오는 일상적 위협에 집단으로 대응합니다.

마침내 삶을 전하고, 삶을 이어나가려는 욕구는 모성이라는 강력한 본능, 부성이라는 그보다는 덜 집중된 본능, 삶의 본능, 가족 진화의 근원입니다.

그 씨줄la trame 위에 아이들은 어른들에 의해서 배제된 채 본능적으로 그들만의 세계를 떠받칠 수밖에 없는데, 아이들의 세계는 어른들의 세계보다 더 그 자신의 가능성들과 욕구들에 부응하게 됩니다. 자동차와 비행기의 우리들 시대에, 아이들이 소박하고도 아주 오래된 숨바꼭질 놀이를 고집하는 것에 대해 당신은 놀라시겠고, 만일 당신이, 아이들이 특히 기계들과 다른 모든 새로운 것들에 관심을 가지지 않느냐고 말하신다면, 그럼에도 불구하고 아이들은 아직 현대 과학과 그들 스스로의 기능적 욕구들 사이의 계보(친연관계)를 알지 못한다고 답할 것입니다. 아이들은 그들의 본성에 맞는, 그들의 근육과 본능과 몸짓과 사고에 새겨진 행태들로 돌아갑니다. 필연적으로 그리고 경험을 통해서 말입니다. 인간의 본성은, 매우 오래 걸려야만 비옥해지는 토양과 같습니다. 밭고랑들은 매년 주변 환경 요소들의 영향에 의해 평평해지고 환경 요소들이 그 토양들에게 그것들만의 외관과 개성을 주게 되는 것은, 장기간이 지난 후의 일입니다. 새로운 것이 사람들 삶의 겉에 즉각 영향을 줄 수 있을지도 모르겠지만, 그들의 본성 그 자체를 뚫고 안으로 들어가는 데에는 또다시 오랜 시간이 걸립니다. 많은 진보에도 불구하고 과거는 고집스럽게 우리 안에 살아 있고, 그것이 아이들에게 강력히 살아있다는 것은 놀라운 일이 아닙니다.

이 씨줄을 인식하고 나서야 우리는 놀이가 무엇인지 가려낼 수 있습니다. 놀이는 그 형태와 그 깊이와 그 무의식적인 영감에 의해 사실상 그러한 모든 특징들을 지니고 있는 일과는 다소 뒤쳐진 기억들일 뿐입니다. 그에 따라 우리는 그것들을 **놀이-일**JEU-TRAVAIL이라고 부릅니다

이 **놀이-일**JEU-TRAVAIL은 개개인의 시원적인 욕구를 충족시키며, 자

연스럽게 사용되려고 하는 생리적인 에너지와 심리적 잠재력이 배출되고, 방향을 잡아가도록 합니다. 그것(놀이-일)은 무의식적인 목표를 가집니다. 가능한 한 가장 완전한 삶을 보장하고, 그런 삶을 지키고, 영속적인 것으로 만들어냅니다. 그리하여 그것은 마침내 엄청난 폭의 감각들을 제공하게 됩니다. 그 특징은 실제로 전혀 즐거움이 아니고, 피로감, 걱정들, 두려움, 놀라움, 발견 그리고 귀중한 경험들이 동반되는 노력과 일입니다. 그리고 그것은 그 기원에서부터 늘 항상 집단적인 형태를 띱니다. 무엇보다 그것은 우리가 토론해 왔던 힘을 추구하고 싶은 욕구에 대한 선천적인 이런 분발奮發을 뜻합니다.

젊음이 기능하도록 고안되지도 준비되지도 않은 세계에서, 놀이-일은 어린이 세계의 경험을 조직하는 구성 요소입니다. 그 안에서 발명은 오직 쪼그라든 공간만을 가지지만, 아이들은 - 게다가 어른이 그렇듯이 - 완전히 확실한 것은 아니나, 적어도 검증되고 또 그 활용이 순간의 근본적인 욕구에 딱 들어맞는 거푸집鑄型 안에서 편하게 느낍니다.

그리고 뒤에 가서 - 우리가 놀이의 진화 가능성들에 대해서 언급하게 될 때 - 놀이-일의 이러한 완벽한 적응에 이르는 것이 얼마나 어렵고 미묘한 것인지를 보시게 될 것입니다. 왜냐하면 사람들은 놀이의 개념만 생각했을 뿐이고 놀이의 개념이 얼마나 내밀하게 '일'travail의 개념과 관련이 있는지는 생각하지 않았기 때문입니다. 아무리 당신이 모든 창의성을 발휘한다고 할지라도 아이들은 그들이 좋아하는 놀이들 - 참 단순하고, 명백히 케케묵은 구식의 놀이들 - 로 돌아갑니다. 그 놀이들이 왜 우수한지 놀라시겠지만, 그 이유는 찾아낼 수가 없습니다. 도시로 옮겨 자리 잡게 된 촌사람들은 가장 현대적이고 가장 세련된 기분 전환용 오락들을 도시에서 즐길 수 있었는데, 그들이 시골로 돌아와 시골의 분위기에 다시 사로잡히게 되면, 평화스러운 땅볼 치기 놀이, 프로방스의 파랑돌 춤 같은 것이나 긴 겨울밤 옛날 내기 놀이보다 더 매력 있는 것은 없다는 것을 발견하게 되는 것과 같습니다.

－ 당신의 관찰은 매우 적절하다고 생각합니다. 저 자신도 자주 이런 질문을 스스로 던지곤 했습니다. 가게들이 하나 같이 많은 독창적인 장난감들로 가득 차 있는 이 시대에, 우리가 보기에 우리 아이들에게는 너무도 재미있을 것 같은데, 어린아이들이 이런 새로운 장난감들에 싫증을 내고 그것을 내버리고는 이런 상업적인 풍요가 아직 번성하지 못했을 그 시절에 우리를 확 사로잡았던 그런 옛 놀이들로 돌아가는 것을 봅니다. 왜 모든 교육자들 – 그들의 후원 기관들이나 여러 단체, 학교들에서 아동의 일을 보는 교육자들 – 이 놀이들을 새 놀이들로 바꾸어 보려고 하는 것에 노심초사하지만 늘 실패로 끝나고, 전통적인 놀이의 압도적인 매력을 빼앗지는 못할까요?

당신이 보시기에, 늘 알 듯하면서도 잘 모르는 **놀이-일**JEU-TRAVAIL에 걸맞고 그 이름값을 할 수 있는 본질적인 놀이란 무엇일까요?

－ 우리는 삶(생명)의 보존, 최대한의 힘으로 이룬 삶(생명)의 발달, 삶(생명)의 영속을 조건 짓는 커다란 욕구를 충족시키기에 필요한 행동들에 관해 우리 나름의 목록을 다시 한번 파악해야 합니다. 느리고 필연적인 진화가 놀이의 원래 의미의 진면목을 흔히 숨기고 있음에도 불구하고, 당신은 우리가 실마리fil d'Arinae[103]를 늘 다시 발견할 수 있음을 보시게 될 것입니다.

---

103. 그리스 신화에서 소머리 사람 몸(牛頭人身)의 괴물 미노타우로스(Minotaurus)의 미궁(迷宮, Labyrinth)에서 빠져나오도록 테제(Thesee)에게 실(絲)을 준 미노스(Minos, 제우스와 에우로페의 아들로 크레타섬의 왕)의 딸 아리안네(Ariane)의 실.

29
삶을 지배하는 일반적이고 선천적인 욕구를 충족시키는 놀이들

이 놀이들은 기어오르는 사람, 과일을 따는 사람,
낚시꾼, 가축을 기르는 사람이
삶에 필요한 자양분을 찾기 위한
몸짓들에 부합하는 것들이다.

1. 달리기, 뛰어오르기(와 개구리뜀 같은 다양한 변형들), 겨루기(와 그 밖의 많은 형태들), 돌과 막대기, 몽둥이 사용하기(나라에 따라 다음과 같은 것들이 있다):

굴레/고리 던져 넣기 놀이
땅 볼 치기 놀이[104]와 그 축소판인 볼링
9개 핀 치기 놀이[105]
공이나 공 모양의 것으로 하는 여러 가지 놀이들
크로케(나무공놀이) 놀이나 그 밖의 막대기를 쓰는 다른 놀이들

적을 잡아두거나, 제압하거나 또는 잡아오기 위해 넝쿨들과 밧줄들을 사용하는 것은 준비 없이 즉석에서 이루어지지는 않습니다. 아이들로서는 이 놀이에 필요한 줄 같은 것들을 얻기 어렵기 때문이죠. 실제로 아이들은 줄 대신, 강력한 상상력을 발휘한 인간의 띠, 줄이나 사슬을 이용한 마법의 형상화, 땅바닥에 쭉 이어진 분리의 선, 동그라미 또는 흔히 아이가 술래를 돌아가며 마치 밧줄을 돌돌 마는 듯한 간단한

---

104. le jeu de boules: 꽤 큰 공을 손으로 던져 치는 놀이의 범주.
105. le jeu de quilles: 아홉 개의 핀을 세워놓고 하는 놀이(九柱戱).

몸짓으로 대체합니다.

이 범주의 놀이들은 그 수도 많고 주어진 환경에 따라 놀라울 만한 변형들을 보여줍니다. 제가 이 놀이들을 예시는 하겠지만 결코 다 말씀 드리려는 것은 아니고 사실 그럴 수도 없고, 게다가 제 역할도 아닙니다. 제가 겨우 땅을 다지기는 할 수 있겠지만, 앙케이트 설문자들, 통계 자료 수집가들이 뒤이어 더 명확하게 그들의 전문 연구 방법을 써서 그 일을 할 수 있을 것입니다. 그들이 그렇게 할 수 있도록 갖추어 나가도록 저는 그 틀만 다루겠습니다.

가) 우선, 이 범주 안에는 다양한 범주의 '숨바꼭질'[106]이나 '(술래)잡기'[107] 놀이들의 풍부한 시리즈가 있습니다. 이들 놀이들은 아마도 아이들의 자발적인 행동의 가장 본질적인 형태일 것입니다.

(특히 어린이들이 자주 하는) 간단한 (술래)잡기 놀이*Jeu à attraper simple*: 잡혀야 하는 아이가 잡히자마자 잡는 사람과 잡히는 사람의 역할이 바뀌고 그렇게 이어집니다.

• 간단한 숨바꼭질 놀이*Jeu de cache-cache simple*: 잡힌 아이는 놀이에서 빠집니다.

• 잡힌 아이는 '죽는' 잡기 놀이*Jeu à attraper dans le quel celui qui est pris est tué*: 칼로 찌르는 몸짓·죽는 아이는 울고, 때로는 죽은 척 자고, 또 묻는 몸짓이 흔히 뒤따릅니다.

• 잡힌 아이를 끈으로 묶는 잡기 놀이*Jeu à attraper dans lequel celui qui est pris est ficelé*: 줄이 약해서 그저 묶는 것이 엉성하나, 상상력의 줄 몸짓으로 줄을 대체하여 튼튼한 줄이 있는 것 같이 성공을 거둡니다.

• 잡힌 아이는 감옥에 갇히는 잡기 놀이*Jeu à attraper dans lequel celui qui est pris est enfermé*: 아이가 잡혀서 갇힐 때마다 자물쇠를 잠그는 이의 몸짓에 "철커덕! 철커덕!" 소리를 내곤 합니다.

---

106. jeux de cache-cache: 숨바꼭질의 여러 형태.
107. à attraper: 잡는 행위인데 여기서는 술래를 잡기.

• 잡힌 아이들로 사슬을 만드는 잡기 놀이*Jeu à attraper dans lequel les poursuivants forment la chaîne*: 잡힐 때마다 사슬로 연결합니다. 저녁때 어둠이 떨어진 후에 우리들이 더 하기 좋아했던 놀이들 가운데 하나인 이 놀이의 이름은 '자물쇠 열쇠'였습니다. 잡는 아이에게 잡힌 술래들이 사슬에 들어가는데 문이나 벽에 있는 고리에서 그 사슬은 시작합니다. 만약 누군가 사슬의 마지막에 있는 사람을 만지게 되면, 감옥에 온 죄수들이 자유를 찾아 탈출합니다.

나) 이 놀이들에는 대부분 사실상, 옛 조상으로부터 전해 내려오듯 정복당한 사람들의 탈출 시도에서 그 뿌리를 찾을 수 있는 수감자와 탈출자의 개념이 은연중에 들어가 있습니다. 그 변형들은 더 많습니다:

• 술래잡이가 술래를 만지면, 그 술래는 간단히 말해서 놀이에서 빠지게 되거나, 꼼짝 말아야 하거나, 잡힌 무리나 사슬에 이미 묶여 탈출을 꾀하는 그룹에 합해집니다.

• 그러나 쫓기는 아이들이 마법적인 몸짓으로 또는 숨을 곳이나 동굴같이 '안전한 곳'*le lieu sûr*에 도착하는 몸짓으로 스스로를 보호합니다.

이것이 다양한 '술래 만지기 놀이들'*jeux à toucher*입니다. 간단히 말뚝/기둥이나 문을 만지는 것만으로도 잡힌 아이들은 구해집니다. 때로는 마음대로 정한 몸짓을 하며 두 손가락을 올려 '점수!'*score*라는 소리나 마음대로 정한 단어를 말하면, 술래는 만질 수 없는 오늘날 책에 나오는 '터부'*tabou*가 됩니다.

이 '만지기' 놀이들을 우리 마을의 그 좁고 가파른 오르막이나 내리막 골목에서 해보지 않았습니까! 미친 듯이 뛰고! 술래잡이를 피하려고 얼마나 꾀를 내고 에너지를 썼던지! 늘 보던 그 유명한 문을 만졌을 때의 그 짜릿함! 이렇게 간단한 놀이, 그 몇 해 동안 허구한 날 우리를 사로잡았던 그 매한가지 뻔한 놀이, 그것도 똑같은 곳에서 하던 그 놀이들!

다) 눈 가리고 하는 잡기 놀이들*Les Jeux à attraper la nuit*: 술래잡이의 눈에 띠를 둘러 가리개로 만든 인공적인 밤. 이것은 깜깜이 잡기 놀이들*les jeux de Colin-Maillard*입니다.

라) 줄넘기 놀이*Le saut à la corde*: 보이는 형태는 차이가 날지라도 이 종류의 놀이에 포함됩니다. 여기서 밧줄은, 아이들이 넘어야 할 장애물, 그 탈출에 이르도록 힘과 순발력이 있는지 시험하는 상징의 한 종種입니다.

2. 싸움이나 사람을 쫓는 놀이가 아니라, 쫓고 가두고 넘기는 모습을 한, 짐승이 나오는 놀이들이 있다:

가) 이 놀이를 하는 사람들이 실제로 짐승의 가죽을 뒤집어쓰거나 심지어는 짐승의 발걸음과 습성과 울음소리를 따라 하며 하는 놀이입니다.

• 이 놀이들은 아이들이 스스로 고양이나 개가 되어 식탁 아래를 팔과 다리, 네발로 기거나, 자꾸 깨물거나, 긁거나, 접시에서 바로 음식을 먹거나, 가끔은 틈 사이로 들어갈 정도로 따라하려는 마음을 불러일으키는 놀이들입니다. 이 경우, 우리는 그 안에 형성적인 의미에서 조직사회의 싹(萌芽)을 보기보다는 단지 따라 하는 모방 행위 그 자체를 봐야 합니다.

• 우리 마을에서 하던 두 개의 놀이가 이 범주에 들어갑니다:

서리하는 토끼*Lèbre-lèbre*: 이 놀이는 밤에 밭주인의 보리를 먹으러 오는 토끼입니다. 땅 바닥에 그어진 선은 들판의 경계이고, 밭주인은 그의 밭 위에 들어온 토끼들에게 소리를 지릅니다.

– "토끼야, 토끼야! 이 밭에서 나갈 거지?"

– "냐~냐~냐" 토끼들이 답합니다.

– "너희들이 이 밭에서 나가지 않는다면 너를 죽일 거야!"

그리고 밭주인은 토끼를 현장에서 쫓아다니지만, 다리 한쪽으로 깡충거럽니다. 만약 그의 두 다리가 바닥에 닿게 되면, 토끼는 챙이 달린 모자를 힘껏 내리치고, 밭주인은 자기 집으로 돌아가는데 모자를 내리치는 행위는 그때까지 계속됩니다. 깡총 발로 만진 토끼들은 모두 감옥행입니다.

• 새집 털이*Aux nids*: 아, 얼마나 멋진 놀이인가! 새들은 풀과 지푸라기와 이끼로 진짜 새집을 만듭니다. 그 새집들은 벽의 구멍이나 잔가지 사이에 숨겨져 있습니다. 독수리가 그 새집들을 찾아 그 새끼들을 채가려 합니다. 독수리가 새집에 가까이 올 때마다, 어미 새는 열에 들떠 부산을 떨고; 새집이 발각되고 새끼들이 낚아채어지면 어미 새는 구슬프게 울부짖습니다. 그 울부짖음은 때로는 불행을 당한 어미 새의 울부짖음으로 착각할 정도로 구슬픕니다.

나) 동물들을 쫓는 대부분의 놀이들에서 행동들과 몸짓들은 실행이나 편리하게 정한 상징적인 행동으로 대체됩니다. 놀이의 이름에 그 기원과 진정한 의미를 상기시키는 것이 남아있곤 합니다.

짐승들을 완벽하게 모방하는 것은 사실 늘 가능하지는 않습니다. 아이들은 놀이가 꼼짝없이 한정짓는 틀 안에 있으므로, 동물들이 하는 것처럼 나무 꼭대기로 피할 수도 없고, 나무에 기어오를 수도 없고, 날아갈 수도 없습니다. 이때 정해진 것들이 끼어드는데, 그중 몇몇은 원시인들의 토템들과 일치하는 것도 없지 않습니다만, 이들의 상징적인 행동에서 조금이라도 종교적인 관습을 회상하도록 하면 안 된다는 차이점은 있습니다. 이것은 실제로는 할 수 없는 현실을 대체하는 마법적인 공식적 행동이나 몸짓인 것입니다.

• 나무에 홰를 튼 고양이 따라 하기*A chat-perché*: 마치 고양이가 조그만 나무나 바위 위에서 안전하게 있듯, 나무나 돌 모습을 띤 것은 술래잡이를 피하는 숨을 곳이 됩니다.

• 한 발로 뜀 하는 여러 가지 놀이들*Les divers jeux de cloche-pied* 따위입니다.

이런 놀이들에 더하여 가축이 된 동물들을 인간이 지배하게 된 것을 상징하는 다수의 놀이들도 반드시 고려해야 합니다.

• 아이들 말타기*cavaliers enfants* 놀이: 말타기 놀이를 하는 아이들은 한 아이 등에, 이어서 다른 아이의 등에 차례로 오르는데, 타려는 아이들은 떨어뜨리려고 버티는 아이들을 발이나 주먹으로 치기도 하죠:

• 곰

• 장식용 말

• 개구리 뜀뛰기

• 닭싸움 등

• 이러한 놀이들은 공 던지기와 매우 자주 연관되는데, 이는 옛날 말 사냥 훈련을 떠올리게 합니다.

• 폴로 등

우리는 이제까지 살펴본 여러 놀이들이 아주 자연스러운 설명과 함께 참으로 놀랍게도 마치 한 가족의 아이들처럼 한 범주에 귀속되는 것을 살펴보았습니다. 지금부터는 누구나 이 놀이들이 그 가족에 속하는지를 이 틀에 넣어서 보게 될 것입니다. 그리고 그 놀이들이 프랑스에서 행해지든 중국에서 행해지든, 설사 다양한 환경과 전통을 배경으로 여러 형태를 띠더라도, 같은 부모에게서 나온 듯 유사성을 가지며 또한 일종의 보편성을 띠는 것에 연구자들은 깊은 인상을 받겠지만, 그렇다고 놀랄 일은 아닙니다.

30
그리고 지금 여기에 있는 놀이들

개개인에게 있어서, 삶을 보존시키고 그것을 가능한 한
강하게 만들어 내고픈 욕구에 맞는 그런 놀이들이 있다.

– 삶을 지배(정복)하는 데에서 나오는 것이 있습니다. 이제는 이 삶
을 보존하고 이 삶을 가능한 한 강하게 만들어야 합니다.

달리기로, 꾀로, 힘으로, 기술로 인간은 자신의 먹거리를 소유할 수
있습니다. 우리의 분류가 좀 자의적이긴 하나, 여기서 문제가 되는 것은
이 지배를 지키는 일입니다. 왜냐하면 지배하려는 것을 목표로 삼는 놀
이-일은 개개인의 힘을 지키고 증가시키는 데에 잘 맞아떨어지기 때문
입니다. 여기에서 우리는 놀이의 깊이를 더욱 심화시키는 전반적인 배
경을 보아야지, 세부 설명을 하려고 미리 내다볼 수밖에 없는 다소 편
의적인 틀을 보아서는 안 될 것입니다.

1. 은신처 L'abri
먹고, 쉬고, 밤을 나고, 추위로부터 자신을 보호하기 위해, 인간은 그
것이 동굴이든 헛간이든 집이든 자연스레 은신처를 찾습니다.

이것으로부터 바위들과 동굴들에 신비롭게 이끌리게 되고, 우리 누
구에게나 참으로 뚜렷한 짓는 본능이 나오게 되는데, 이 본능은 새들이
둥지를 짓는 본능과 맥이 통합니다.

세 개의 돌과 몇 개의 널빤지로 작은 오두막을 짓거나 나뭇가지로 헛
간을 세우거나 또는 두꺼운 돌벽과 지붕에 짚 또는 널빤지로 닫을 수

있는 문과 대문을 가진 집처럼 느낄 수 있는 진짜 오두막을 짓는 것, 그런 것이 아이들을 가장 사로잡는 일들 중 하나입니다. 스카우트 활동은 이 욕구를 – 어른들에게도 그 욕구는 역시 강한데 – 잘 이용할 줄 압니다. 본질적으로 인간은 집 짓는 존재이기 때문입니다.

이 경우는 놀이가 아니라 일이라고 말할지 모르나, 이것은 우리가 **일-놀이**TRAVAIL-JEU와 **놀이-일**JEU-TRAVAIL이라고 부르는 것이 얼마나 큰 영향을 끼치는지를 잘 보여주며, 일과 놀이 사이에 효과적으로 존재하는 자연적인 상호관련(성)을 보여줍니다.

게다가 이러한 은신처의 욕구를 활용하는 모든 스카우트 놀이들을 떠올리지 않더라도 우리에게는 그 욕구와 관련된 많은 놀이가 있으니:

• 다양한 '집짓기 놀이들'*Jeux de construction*: 아이들에게서 불러 일으켜야 할 그리고 불러 일으킬 수 흥미의 깊은 속뜻을 잘 이해하는 사람에게 이 놀이들은 매우 교육적입니다.

• 몇몇 '숨기 놀이들'*Jeux de cachette*: 풀 사이로 숨은 아이와 나뭇가지나 널빤지 아래 숨은 아이들은, 동굴이나 오두막집 안의 숨을 곳에 숨어서 스스로 느끼는 그 즐거움의 일부를 잘 경험합니다.

• 땅바닥에 그린 선이 벽과 경계를 대표하면서 '집이 되는'[108] 놀이들은 초보적 단계의 설계 작업과도 같습니다. 철커덕! 철커덕! 그러면 문은 닫힙니다.

은신처 안에서 누리는 안전의 욕구 본능은 매우 자주 그리고 어머니와 아버지 그리고 가족들이 영감을 받은 모든 놀이들에서도 다양한 형태로 나타납니다.

2. 공격과 방어의 겨루기*La lutte d'attaque et de défense*

먹을 것을 구해 오고, 먹을 것을 먹은 다음 몸을 은신처에 두는 것

---

108. *la maison est figuré*: '집의 모습(형상)이 된다.'는 뜻.

으로는 충분치 않습니다. 먹을 것이나 은신처를 빼앗으려는 다른 사람들로부터 자신을 지켜야 합니다. 거꾸로 스스로의 힘을 키우기 위해서 그들의 먹을 것과 은신처를 빼앗으려면 그들을 공격해야 합니다.

어린아이들은 마치 그들이 단지 희생자였을 뿐인 그런 충격들 속에서, 수동적이었던 머나먼 날의 옛 희미한 기억을 간직하고 있는 것처럼, 이러한 투쟁의 불가피함을 인지하지 못하는 것처럼 보입니다. 그것은 8세에 시작하여 10세까지에만 거의 전적으로 행해지는 놀이들입니다.

이러한 놀이들의 또 다른 특징은 혼자 하는 형태가 거의 없다는 것입니다. 이것은 본래 집단들과 가족들 그리고 씨족들이 대립하고 충돌하는 것이었습니다. 이러한 충돌들을 드러내 주는 놀이에서 싸움을 하거나 적어도 경쟁 관계에 들어가는 것은 바로 집단입니다. 이들 놀이에서 드러나는 사회화된 특징은 어느 나이에 도달한 이들에게만 적용되는데, 아동기와 청년기 그리고 나이가 지긋이 드신 분들께도 그런 것들이 흔히 호소력을 가집니다.

'가짜 전쟁놀이'*la petite guerre*는 이러한 욕구의 자연스러운 표현입니다.

이 놀이가 슬프게도 옛 조상들의 관습들에 기초를 두고 있다가 어느 시점에서 늘 – 아쉽게도! – 인기 있고, 그 어느 때보다도 인기 있게 된 것인지, 그 시점을 말할 필요는 없습니다. 다만 그것이 다른 놀이들보다 현대적 투쟁의 제 조건들의 진화 과정에 의해 더 영향을 받아왔다는 사실은 분명합니다.

저는 프티 부르주아(소시민)의 팡파르 울리는 행진을 전쟁놀이라고 부르지 않습니다. 예전에는 그들에게 군복이나 갑옷(甲冑)을 지급했고 오늘날에는 탱크나 자동소총을 지급하고 있습니다. 문제는 이미 개개인의 방어 본능이 위험천만하게 타락해 버렸고, 거기에는 오만과 잘못된 용기와 혐오의 언사들과 위세 떠는 군대의 격식이 지배하고 있으며, 말과 태도에 사악하게 숨어 있는 허세와 허식, 전투의 진정 위험한 것들에 대한 두려움이 깔려있다는 점입니다.

모든 아이들이 자발적으로 그리고 일종의 격정을 가지고 즐기는 전쟁놀이란 실제 (여러) 부족들, (여러) 지역들, (여러 나라) 국민들이 당면했었고 당면하고 있는 그런 실제 전투들을 정말로 패러디한 것입니다.

퍼레이드에 이어 시범 훈련, 열병·분열 행진 그리고 군 통수권에 대한 엄격한 복종이 뒤따릅니다.

하지만 진짜 전투가 다음과 같은 것들과 함께 따라옵니다:

• '무기들'*Armes*: 막대기, 곤봉, 화살, 올가미 밧줄, 나무총, 돌멩이나 그와 같은 것을 상징하는 다른 것들: 사과, 토마토, 토란, 눈싸움 눈덩이들.

• '방어'*La défense*: 작은 보루들, 고옥古屋들 안에서; 작은 언덕 뒤에 숨기, 건초 더미, 풀꽃 다발들; 흔히 긴 구덩이의 참호 안에 풀이나 나뭇가지를 이용한 인디언들의 구미에 맞는 신식 위장술.

• '공격'*L'attaque*: 가면, 위장물로 가리기, 얼굴에 색칠하기, 물이나 심지어는 불을 이용하여 공격하기.

• '죽은 척하기'*Il y des morts simulés*: 팔다리를 축 늘어뜨리거나, 흔히 진짜 상처를 내기도 하고, 수치스러운 포로들은 어디론가 끌려간다.

아마 당신은 제가 우연히 읽은 루이 페르고Louis Pergaud의 『단추 전쟁』*La Guerre des Boutons* 이야기를 아실 것입니다. 여기서 우리는 전쟁놀이의 정말 서사적인 장면들을 보게 됩니다. 전쟁의 승리자는 전쟁에서 진 사람들의 옷에 달려 있는 단추들을 모두 떼어 내고, 진 사람들은 고개를 떨어뜨린 채 마을로 돌아가는데, 비참하게도 짧은 바지가 흘러내리지 않도록 손으로 잡고, 사람들의 조롱과 부모들의 지당한 꾸지람으로 면박을 받으면서 말입니다. 하지만 그들은 다음 번에 보라는 듯 복수를 결심합니다.

이런 가짜 전쟁은 오늘날 도시에서도 시골 못지않게 행해지는데요,

도시에서 아이들은 자신들이 잘 모르는 지형지물에 헤매기 일쑤이지만, 시골에서 아이들은 자신들이 푹 빠질 수 있는 놀이-일의 다른 활동들로 빠져나갈 기회들을 얼마든지 가지고 있습니다.

－ "말씀하신 것을 듣다 보니 참 우스꽝스러운 옛 기억들이 새록새록 생각나네요!"라고 롱 씨가 말했다.

저는 툴롱Toulon에서도 제 어린 시절을 일부 보냈는데요, 제가 그때 좋아했던 놀이가 이제 보니 가짜 전쟁놀이였네요.

우리는 정말 운이 좋게도 제가 살던 지역에서 멀지 않은 곳에 정말로 좋은 전쟁놀이 훈련 터가 있었고, 거기서 우리들은 정말 진지하게 훈련놀이를 할 수 있었습니다. 우리들은 거기에 함정도 파놓고, 정말 진지 같은 것도 만들어 놓았고 또 매복할 곳들도 많았습니다.

우리들은 여러 편으로 나눴고 우두머리를 뒀어요. 우리는 각자 맡은 임무에 따라 그에 맞는 자리를 차지했습니다. 빨리 달리는 아이는 반격을 하고, 적이 헤맬 때나 대열에서 이탈했을 때 쫓는 패에 들어갔습니다. 돌을 던지는 데에 능숙한 아이들도 앞서 말한 아이들 못지않게 뚜렷한 임무를 받곤 했지요.

그리고 우리 편이 늘 승리를 거두곤 했지요…

이 전쟁놀이는 같은 동네에 살지 않는 아이들과 레크리에이션 때 나타나는 돌발적인 의견충돌에서 비롯된 경우가 많았어요. 우리들이 '나폴레옹 진지'Fort-Napoléon라고 부른 작은 숲에서 그 전쟁놀이가 일어나곤 했습니다.

그 숲에서 우리는 마치 집에 있는 것 같이 편안했습니다. 그곳은 우리들의 왕국이었던 셈이죠. 그곳을 지키는 사람은 나이가 지긋한 분이었는데 우리가 하고 싶은 대로 하는 것을 막지는 못했어요. 우리는 그 숲을 참 잘 알았죠! 나무 하나 하나가 우리에게 다 친숙했어요. 우리가 다 기어올라가 본 나무들이니까요. 그리고 나무가 빽빽한 곳에 그곳을 가로지르는 우리의 비밀통로를 내놓았죠.

우리는 돌멩이를 던지고, 맨주먹으로 치며, 그리고 손에 집히는 건 모두 가지고 싸움을 했어요. 그리고 그 전투는 후퇴해 간 아이들의 집 앞까지 자주 이어지곤 했어요.

하지만 이 놀이에서 끔찍한 것은 바로 포로로 잡혀가는 것이지요. 우리는 아마도 정말 그 옛날 페르고의 영웅들les héros de Pergau보다 더 야만적이었을 거예요. 우리는, 힘센 자가 그들이 보기에 불행한 이들을 지배하고, 얕잡아 보고, 조롱하고, 상처를 내고, 파괴하는, 그런 강자의 논리가 통했던 그런 상황에 따라 전형적인 대우들을 받곤 했지요. 저는 이 대목에서, 이것이 아이들이 어른들을 따라 해서 생기는 것인지, 아니면 아이 때 못되게 굴던 것들을 전쟁 때에도 그대로 이어간 그 어른들 때문은 아닌지 자문하게 됩니다.

아니지요, 포로가 되는 것은 정말 기분 좋은 일이 아니지요. 우리는 일단 포로의 따귀를 시원하게 때리는 것으로 포로를 다루기 시작하고, 걔들 주머니 속에 있는 것들은 모두 압수했죠: 구슬, 단추, 펜, 사탕. 그리고 나서 우리는 포로를 나무에 묶는데, 아이는 그 포로의 패거리 중 누군가가 구하러 올 때까지 그렇게 묶여 있곤 했지요. 그런 일이 있기 위해서 우리는 그곳에서 사라져야 합니다. 아니면 우리가 이미 역공당했던 거지요. 또 우리는 자주 포로의 얼굴에 진흙을 묻히고 경우에 따라서는 더 더러운 것을 묻히기도 했죠. 어떤 때엔 땅을 파서 수감자의 허리까지 묻어버릴 때도 있었고, 그리고 나서는 주변에 흙을 쌓고 그 아이를 그곳에 내버려두기도 했죠.

그때 우리가 어떤 상태로 집에 돌아갔는지, 부모들은 어떤 반응을 보였는지는 상상에 맡기겠습니다. 그러나 그렇다고 그것이 우리가 전쟁놀이를 처음 했을 때처럼 다시 시작하는 것을 막지는 못했죠.

— 롱 씨, 지금 하신 추억 얘기만으로도 그때 당신이 그 놀이에 얼마나 열정적이었는지 느껴지기 충분하네요. 그런데 그 활동을 뭐라고 부르시겠습니까? 놀이? 그렇다면, 만일 전쟁이라는 비극적 사태가 꼭 그

렇게 잔인한 것이 아니라면 놀이라고 불러야 하는 것 아닙니까? 제 생각에 당신이 말씀하시는 전쟁에는 즐거움보다는 속상한 감정들과 이를 갖게 하는 점이 더 많았을 것 같아요. 그런데 당신은 정반대로, 내 참… 우리가 **놀이-일**le JEU-TRAVAIL이라고 부르는 것의 결정적이며 신나게 하는 요소들을 몽땅 찾아내셨습니다. 당신이 예를 든 것들은 우리 이론을 완벽하게 드러내 보여주는 예입니다.

이 전투들은 정말입니다만 일반적인 도구를 갖춘 또는 진영을 갖춘 그런 모든 놀이들에서와 마찬가지로, 어느 나이의 아이들 – 보통 10~12살 이상의 아이들 – 사이에서 행해지는 그런 방법과 그런 규칙, 또 없어서는 안 되는 그런 집요함으로 행해지는 것이 아닐까 합니다. 반대로 사춘기의 아이들은 이것을 재미로 받아들이죠. 그 아이들은 가끔 장소와 장소, 동네와 동네를 떠돌며 싸움을 심각하게 변질시키면서 예전부터 전해 내려오는 전통적인 혐오를 한 방에 발산하거나 계속되게 조장합니다.

겨울에는 눈덩이가 늘 반복되는 전투의 구실을 마련해주는 그런 무기가 됩니다만, 일반적으로 그리 큰 해가 되지 않는 선에서 그칩니다.

3. 모의 전투와 방어 Les simulacres de lutte et de défense

전쟁놀이의 폭력성 그 자체는 우리 현대 문명의 제대로 질서가 잡힌 형태들과 잘 맞아떨어지지 않습니다. 위험과 고난에 직면하고 싶지 않은 사람들이 있다는 사실을 고려해야 합니다. 이 점에서 덜 거칠고 더 부드러운 형태를 지닌 전투의 필요를 충족시키는 몇 가지 놀이들을 들 수 있습니다.

• '감옥놀이' Le jeu de barres는 다 큰 소년이나 젊은이가 즐기던 놀이였지만 스포츠가 그 자리를 조금은 대신합니다.

• '퍼레이드' La parade, 유니폼을 입고 나무총을 매고 행군을 하는데 전쟁놀이를 하는 착각을 하게 합니다.

• '납 인형 병정놀이'*Les soldats de plomb*, 이 놀이를 하는 아이는 마치 전쟁의 신 마냥, 명령을 하고, 훈련을 하고, 이기게 하고 개선凱旋하게 하거나, 죽거나, 제멋대로 전쟁을 포기하는데, 어떤 위험도 없이 그렇게 합니다.

• '서양장기, 체스'*Les jeux de dames, d'échec* 등은 전투는 보드 위에서 움직이는 말이 대신하고 그 말을 치우므로 더 평화롭습니다.

• '말뚝 치기 놀이'*Le jeu de quiles*

• '공으로 하는 몇 가지 놀이들'*Certains jeux de balle*은 공을 맞은 아이가 '죽는' 놀이입니다.

4. 현대적 놀이*Un jeu moderne*

우리가 방금 말했던 놀이들은 대부분 공격과 전투의 놀이들로 그 기원과 형성은 아주 먼 과거로 거슬러 올라갑니다. 세계가 엄청난 기계적 변화를 겪었음에도 전혀 영향을 받지 않은 것 같습니다.

반면에 현대적인 삶의 방식에 지속적인 적응이라는, 매우 뻔한 놀이가 있습니다. 제가 말씀드리려는 경찰과 도둑 놀이는 수갑, 모의 추궁, 피신하고 도망가는 것을 추적하고 숨는 것의 전형적인 변형입니다. 이 놀이들은 모든 상황에 놀랍게도 신축적인데, 단 한 명의 경찰(몇 명의 아이들과 함께)이 진짜 전쟁놀이를 실제로 꾸밀 수 있도록 이 놀이를 상승시키기도 합니다. 물론 진영들과 훈련과 팀 정신들을 갖추고서 말입니다.

5. 현대의 운동들*Le sport moderne*

수많은 현대의 팀 놀이들은 단지 전쟁놀이의 변형일 뿐이고 그것들은 유년기와 청년기의 성향들을 만족시키게끔 되어있습니다.

• 축구

• 럭비 따위

제가 보기에 스카우트 활동은 위장, 추적, 근접 그리고 공격 본능을 과장하여 활용한 것으로, 그것은 스카우트가 - 우리가 구축하려 시도 했던 엄청난 (해외) 지부들은 말할 것도 없이 - 그런 활동을 통해 (청소년들에게) 불러일으켜지는 직접적인 관심사에만 초점을 맞추었기 때문입니다.

31
그리고 마지막[109] 놀이들

종種의 영속성을 보장하기 위해 생명을 전수하려는, 너무도 신비스럽게
거역하지 못하게 강렬한 욕구에 부응하는 그런 놀이들이 있다.

   – 우리는 생명을 보존하고 가능한 한 삶을 풍요롭고 강하게 만들려
는 욕구로부터 나오는 놀이들을 주마간산走馬看山 식으로 빠르게 훑어보
았습니다. 이제는, 종의 영속을 보장하기 위해 생명을 전수할 힘이 있는
욕구에 기초한 놀이들을 살펴보겠습니다.

   왜 이 욕구일까요? 우리는 그에 대해 아는 바가 없습니다. 이것은 진
화하는 자연의 헤아릴 수 없이 신비한 것들 가운데 한 부분입니다. 개
개인의 얄팍하고 좁은 틀 안에서뿐 아니라 창조 그 자체의 거대한 구
조물인 이 운명의 역동적인 사이클 안에서 우리는 무한대의 1일 뿐이
고 거대한 해변의 모래톱의 모래알일 뿐입니다. 이 욕구는 우리가 숨
쉬고, 먹는 욕구만큼 우리가 따르지 않을 수 없게 주어진 것이고, 그것
을 충족시키지 못하면 개개인이 죽음을 피하지 못하고 심지어는 종種
이 사라지도록 하는 데까지 영향을 끼칠 그런 엄청난 결과를 가져 올
수 있는 것입니다.

   오해를 피하기 위해서, 우리는 생식 본능과 같은 협의의 논의가 아니

---

109. 프레네는 28장에서 '놀이-일'이 세 가지 중심 욕구에서 비롯된다는 점을 설명했다.
이에 29장에서는 "삶을 지배하는 일반적이고 선천적인 욕구를 충족시키는 놀이"를,
30장에서는 "삶을 보존하고 삶을 가능한 한 강하게 만들고자 하는 욕구를 충족시키
는 놀이"를 소개했다. 31장에서는 '마지막'으로 "종의 영속성 (종족 재생산)을 보장하
기 위해 삶을 전수하려는 욕구를 충족시키는 놀이"를 소개한다.

라, 종의 영속성을 보장하기 위해 삶을 전수하려는 본능에 관해 이야기를 나눠 봅시다. 이런 폭넓은 개념이라야 새들의 경우처럼 암컷·수컷(異性) 사이의 사랑과 생식이 행동뿐 아니라, 둥지 만들기, 알 품기, 새끼 새들을 보살피는 수고들 그리고 생존 교육 – 자연과 종이 요구하는 것 모두를 만족시키는 특정 행동들을 시작하는 것 – 에서부터 날고, 혼자서도 먹이를 찾고, 삶의 욕구들을 충족시키는 것까지를 모두 아우를 수 있습니다.

그리고 이 얼개schéma가 사실 이와 관련된 모든 놀이-일JEUX-TRAVAUX의 확정과 분류를 가능하게 하는 데에 이를 수 있음을 당신은 보시게 될 것입니다.

1. '엄마-아빠 소꿉놀이 그룹 만들기'La constitution du groupe papa-maman는 아빠-엄마 소꿉놀이라는 아이들에게 너무도 보편적으로 익숙한 놀이를 제공합니다. 소꿉놀이 엄마는 집에 머물며 저녁을 준비하고, 소꿉놀이 아빠는 바깥에서 들에서 일하거나 가축을 돌보거나 말이나 트럭을 몹니다. 이 놀이는 놀이 소꿉놀이 아이가 없이도 즐길 수 있지만, 놀이 시간 대부분에 아이들이 포함되고 다음과 같은 순서로 참여하게 됩니다.

2. '아이들의 출산, 양육, 교육'La naissance, les soins et l'éducation des enfants은 어린 여자아이에게 특화된 분야인데, 인형을 중심으로 한 모든 놀이가 출산을 말해줍니다.

가) 출산의 신비를 옮겨놓은 것, 아이를 직관적으로 수태하는 것 같은 놀이를 언급하는 것이 불가능해서는 안 됩니다. 당분간은 제 기억에 두지 않겠습니다.

나) 갓난아이 돌봄: 요람에 누인 갓난아이, 젖먹이, (유모차로 하는) 산책, 그리고 가족의 삶: 저녁밥, 가사일, 손님맞이(리셉션), 이런 것들이 이 놀이 범주 안에서 중요한 자리를 차지합니다.

다) 결혼: 전반적으로 화관花冠[110], 땅에 끌리는 긴 옷[111] 그리고 (들러리의) 행렬.

라) 인형(아기)의 질병들.

마) 장례: 성가대원, 신부님, 조화, 비탄과 눈물, 십자가 그리고 무덤에 뿌려진 꽃들.

바) 마지막으로 학교를 본뜬 놀이들: 남 선생님이나 여 선생님, 읽어야 하는 교과들 암송수업, 벌주기와 체벌.

여기에(엄마-아빠 인형아이 소꿉놀이), 많은 세대, 세대들을 거듭하면서 어린 여자아이들과 남자아이들이 오후 내내 결코 지겨워하지 않고 오래전부터 즐겨왔고 지금도 즐기고 있고 앞으로도 즐길 엄청난 분야가 있습니다. 그리고 이런 지속적인 흥미를 종의 영속 본능으로부터 이끌어 낸다는 증거는 인형 그 자체의 기능과는 아무런 상관이 없습니다. 흔히들 믿었던 것처럼 놀이를 가능케 하는 것은 대상물이 결코 아니라, 생각pensees 안에서, 행동actes 안에서, 그리고 하는 말paroles 안에서, 아이들이 주체할 수 없는 무의식적인 충동을 실현하는 것입니다. 이렇게 말씀드리면 더 좋을 것 같아요: 요사이 아이들에게 점점 더 예쁘고 완벽한 놀이 인형을 주는 경향이 있습니다. 그렇게 되면 놀이를 이끌어 가는 주역인 본능적인 욕구들보다 인형이라는 놀이 대상물에 우선순위를 두는 위험이 있게 됩니다. 그 결과 어긋남un décalage, 정상에서 벗어남une deviation, 이런 것들이 놀이를 더 진부하게 하거나 천박하게 만들고, 덜 상상하게 하고, 개개인으로 하여금 삶의 기본적 요구사항들을 충족시키도록 이끄는 신비한 동력을 덜 작동하게 합니다.

그래서 제가 인형 제조업자들에게 한마디 도움말을 드린다면 저는 이렇게 말할 것입니다: 네, 판매 중인 예쁜 인형들의 눈이 열리고 닫히

---

110. couronne: 화관으로 옮겼으나, 머리에 쓰는 왕관 같은 것을 뜻함.
111. 긴 꼬리의 웨딩드레스 흉내를 내는 긴 옷을 뜻함.

면서 "엄마-아빠"라고 말하고, 고개를 돌리고, 인사하고 걸을 수 있도록 하는 장치를 하세요. 그리고 번쩍거리는 값싼 것들로 풍부하게 장식하세요. 당신 가게의 진열장 앞에서 황홀해지는 아이들의 미적 욕구를 충족시킬 생각을 하시고, 아이들에게 사주는 인형들의 화려한 풍요로움을 그들의 부와 지위를 재는 잣대로 삼는 부모들의 그 허영도 생각하셔야지요. 그런데 말이죠, 이 인형들을 아이들이 실제 노는 놀이를 위해 만들라는 것은 아닙니다. 이 인형들은 참 신통하게도 요람이나 놀이 상자 속에서 잠을 자지요. 마치 정교한 미라처럼 이리저리 끌고 가든, 꼭두각시처럼 움직이게 하든, 하는 대로 누워 있는 미라처럼 말입니다. 이 인형들은 호화판 요리 같은 것입니다. 자연스럽지도 않고 정신 나간 그런 요리 말입니다. 그런데 말이죠, 그 거창한 인형들은 가난한 아이들을 위한답시고 우스꽝스럽게 축소해 만든 것이어서는 안 되고요, 인형의 존재 이유인 쓸모 있는 용도에 전적으로 부응하는 진정한 놀이 인형을 당신들은 생각하셔야 합니다. 사실, 아이들에게는 이런저런 식으로 완벽하게 구비된 부분들이라든지 당신들의 번쩍거리는 치장들은 별 소용이 없습니다. 벌거벗은 아기 인형이라야 소꿉놀이 엄마가 옷을 입힙니다. 인형에 관한 생각과 표현과 말 그 자체를 소리나 특징들을 통해 인공적으로 꼼짝도 못 하게 굳어 버리게 해서는 안 됩니다. 오브제(대상)에 생기를 주고, 살아 움직이게 하는 창조자요 마술가이자 엄마는 바로 아이들입니다.

소꿉놀이 엄마가 친구들에게 말합니다.
- 내 아기 좀 봐요. 검고 큰 눈을 가졌지요. 얼마나 예쁜지!

또 다른 상황에서는:
- 아기가 오늘 창백해 보이네요, 사모님, 이 아기가 소화불량이네요.

이 놀이가 성공을 거두기 위해 관람자와 방문객은 인형이 붉은 용모에 안경을 낀, 볼품없는 눈이나 생기 없고 부드럽지 않은 파란색 눈이 아니라면 더 좋겠네요.

그래서 인형놀이를 일으킨 뿌리 깊은 이유들로 되돌아가게 된다면, 아이들은 보다 호화로운 상품성 있는 인형들보다는, 오래 묵은, 아이들보다 몇 세대 걸쳐 사용해서 구멍도 여기저기 나고, 코도 닳아 버리고 긁힌 자국도 있고, 얼굴색도 바래고 희미해진, 그런 낡은 인형들과 더 잘 논다는 것, 이 모든 것이 역설적이지만은 않다는 것을 아시게 될 것입니다.

게다가 이것은 단순한 직관이거나 증명된 사실입니다. 어떤 유행은 이 욕구가 미치는 영향을 이미 담고 있는 듯합니다. 이제는 플라스틱으로 된 또는 속을 가득 채운 낡은 헝겊으로 된 (눈, 코, 입, 귀, 손가락 등을) 제대로 갖추지 않은 − 더 나은 것은 (팔다리가) 유연한 − , 지나치리만큼 단순한 인형들이 팔리고 있습니다.

그와는 반대로 실물 시장이 아이들에게 효과적으로 제공할 수 있는 것은 인형놀이의 액세서리들입니다: 다채로운 색깔의 가지가지 예쁜 천에서 재단하고 남은 조각들 모음, 이것들을 가지고 아이들 하나하나의 취향대로 인형에 옷을 입히고, 벗기고, 새 옷으로 갈아입히고, 인형을 바꿔가며… 진짜 엄마처럼 작은 침대와 세간 살림 등을 배경으로 해서 놓습니다.

남자아이들은 일반적으로 말해서, 인형과 노는 것을 좋아하지 않습니다. 당연하죠. 왜냐하면 이 놀이에 상응하는 일이 남자아이들의 타고난 천성이나 습관적인 역할에 맞지 않기 때문이죠. 놀라기보다는 측은하게 생각해야 합니다. 하지만 아프다거나, 불구라든가, 사고로 인해 주변의 남성다움에서 벗어난 남자아이들이 여자아이의 정서로 형성되어 있고 이미 그 결과를 과소평가할 수 없는 콤플렉스를 보이는 그런 드문 경우라면, 반대로 걱정해야 합니다.

반면에 남자아이들은 아빠-엄마 놀이에 일반적으로 매우 호의를 보일 태세입니다. 소꿉놀이에서 남자아이들은 일하러 나가고, 먹여 살리고, 집안을 이끈다든지 하는 아빠로, 아니면 학교에서 돌아와 엄마를

화나게 만든다든지 하는 식으로 이미 다 큰 아이로 등장합니다. 이 놀이는 게다가 어느 경우에도 할 수 있습니다. 아주 적은 요소들만 필요하기 때문이죠. 아기들조차도 몇몇 놀이 인형들로 대신하면 됩니다.

이런 놀이들은 흔히 저녁밥 먹는 것과 연관되어 있지요. 왜냐하면 아이들이 저녁밥 먹는 장면을 빼고서는 가족의 삶을 거의 이해할 수 없기 때문이고, 이건 인형만 가지고 노는 놀이 못지않게 아이들이 좋아하는 놀이이기도 하기 때문입니다. 여기에서도 꼭 있어야 할 소품은 아예 없거나, 거의 없습니다. 저녁밥 먹는 놀이를 할 때, 멋진 소꿉놀이용 부엌 소품들이 없다고 해서, 당신들 살림살이 같은 진짜 부엌을 완벽하기는 하지만 작은 크기로 만든 것이라고 해서, 식탁보와 냅킨 등 뭔가 빠진 것이 있다고 해서, 아이들이 아빠-엄마 놀이를 제대로 하지 못할 것이라고 생각하시면 안 되죠. 아무렴요.

도시에서 일하는 사람들의 형편없는 숙소 안에는, 있는 것이라고는 통틀어 낡은 잡지나 괴발개발 써 놓은 노트의 낱장들(노동자 계층의 팸플릿) 밖에는 없다는 것을 어렵지 않게 알 수 있지요. 이런 상황은 정말이지 시상詩想으로도 뭘 낼 게 별로 없겠네요(시인이 시상으로 뭘 내는 것조차도 어려울 것 같다는 상황적인 표현-역자). 그와는 달리 시골에서는 단순합니다. 돌은 냄비이고, 숲의 나뭇조각은 숟가락과 포크입니다. 그것으로 아이들은 상상의 죽을 소란스럽게 소리 내며 먹지요. 잎들은 접시들과 냅킨이죠… 그리고 의자들도 없지 않지요.

흔히들 놀이를 위한 아이들의 흥미는 아이들에게 가용한 재료들이 완벽하게 갖추어졌을 때 기능하는 것이라고들 생각합니다만, 실은 정반대입니다: 재료를 완벽하게 갖추는 것은 아이들의 상상력을 자의적으로 제한하는 것입니다. 아이들의 상상력은 단지 공간과 자연만을 필요로 합니다. 가능하다면 그 공간과 자연이 공짜로 주어지고 - 가능한 한 풍부하게 - , 약간의 평화와 고요함이 있으며, 무엇보다도 "나를 가만히 내버려 두세요"《laissez-moi tranquiller》, 즉 어른들이 멀리 떨어져 있다는 것이 보장될 수 있는 곳이라면, 아이들은 정말 편하게 창조적으로 나름의 세계 속에서 살아갑니다. 나이가 지긋한 사람들이 기능적인 필요성을 잊어버린 것 같은 세계에서 살아가듯 말입니다.

우리는 사실 이것을 좀 조롱하듯 "노는 소일거리"préoccupations ludiques라고 부릅니다. 말하자면 우리가 보기에 그것은 불필요한 활동이고 유년기의 한가한 시간들을 차지해 채우기 마련인 하잘것없는 사치에 불과합니다. 하지만 우리는 이 놀이를 아기를 돌본다든지 집안일에 매어 있는 엄마를 늘 귀찮게 구는 일이라고 평가해 버리지 않습니다. 그렇지만 이것은, 노는 아이들의 놀이 활동을 결정짓는 똑같은 원동력mobiles이고, 똑같은 소일거리préoccupationes고, 똑같은 걱정거리고, 똑같은 즐거움(享樂), jouissances이며 똑같은 심각함입니다sérieux. 단지 두 가지 활동이 다른 환경에서 발생하는데, 그중 하나가 우리에게 유치하게 보인다는 것입니다. 그게 다입니다.

그리고 아이가 그렇게 나름대로 별개의 세상을, 그들이 상상하고 또 그들이 좋아하는 속성들로 창조한다면 - 제가 말씀드렸듯이 - 그것은 아이들이 그렇게 하지 않으면 안 되는 상황에 있기 때문입니다. 아이가 자연스레 돌보고 애지중지 다룰 아기를 가지려 한다면 그것은 생명이 그렇게 하도록 했기 때문으로, 그 부모들이 하는 것을 본 대로 하는 것이고, 또 기억에 간직한 것을 무의식적으로 나타낸 것이라고 저는 생각합니다. 아이는 자기의 방, 자기의 집, 자기의 살림살이를 가지려 할 것입니다. 살림살이를 아이 마음대로 꾸미고, 바라는 대로 풍로風爐에 불을 지필 것이고, 차리고 싶은 대로 식탁을 차릴 것입니다.

이런 욕망désir이, 제가 믿기로는, 꼭 그렇게 비합리적인 것만은 아닙니다. 우리는 그것(욕망)을 사는 동안 내내 간직합니다만, 그것을 만족시킬 수는 없습니다. 우리가 괴팍하리 만큼 이기적이지 않다면 우리는 가끔 아이가 나름대로 살게 될 그 자신의 세상 - 거기에서 아이가 살곤 했죠 - 을 실현하는 것을 허용하도록 노력할 줄도 알아야 합니다. 우리의 삶과 별로 틈도 없고, 보다 관대하고, 더 평화로운 조화가 있는, 보다 나은 세계 말입니다.

이제 제 이론적인 주장이 정말 어디까지 믿을만한 것인지, 그리고 왜 제가 이러한 놀이들을 '놀이-일'JEU-TRVAIL이라고 부르려는지, 그리하여 그 본질적 요소들과 또 그것이 어른들이 일TRAVAIL이라 이름 붙인 것과 어떤 관계에 있는지에 대해 명확히 하려는 이유를 아실 수 있을 겁니다.

이것이 정말 그렇다면 말이죠, 가령 이해심이 많은 가족들은, – 물론 몇몇 어쩔 수 없는 제한들은 있겠지만 – 아이에게 살과 뼈가 있는 살아 있는 아기와 살림살이의 책임을 맡기고, 테이블보를 차리고, 냄비에 불 지피는 책임을 맡기게 될 것입니다. 그러면 그 아이는 인형 놀이를 그만 두게 되고, 또 맡은 일이 그 욕구를 충족시키기는 데에만 급급한 그런 살림살이 놀이도 그만두게 될 것입니다.

놀이-일le JEU-TRAVAI은 이처럼 거역할 수 없는 필요를 충족시키기에 힘이 모자란 아이를 위한 본능적인 임시방편일 뿐입니다. 진정한 일 – '일-놀이' – 대신, 아이들은 놀이-일le JEU-TRAVAI을 조직하는데 이 놀이-일에는 일의 사회적 유용성에 대한 느낌에서 오는 우월감 말고도 개개인이 각자의 탁월한 조건을 존귀하게 여기도록 고양하는 그런 특징들을 포함하고 있습니다.

결국 당신은 학교생활을 조직하려고 할 때 다음과 같은 고려 사항들을 아주 명백히 염두에 두어야 합니다. 즉 아이들의 일-놀이TRAVAIL-JEU의 욕구BESOIN, 그리고 만일 이것이 불가능할 경우 그 대신 어른들이 실행하는 것을 상상하거나 모방하는 속성들을 가진 놀이-일JEU-TRVAIL입니다.

저는 사람들이 이런 면에서 특히 유치원에서 너무도 진지하다는 것도 잘 알고 있습니다만, 제 상세한 설명을 들으셨으니, 왜 제가 놀이가 아동 활동의 보조적인 국면일 뿐이고 따라서 그런 놀이에만 몰두하는 것이 왜 잘못되고 해로운 것이라고 생각하는지 이해하실 겁니다. 저는 이 점을 더는 주장하지는 않겠습니다. 당분간은요.

― 어린 여자아이들에 대해서 많이 말씀하셨는데… 그럼 남자아이들은요?

― 아주 간단하죠. 가정이라는 조직에서 조상 대대로 내려온 남자의 역할이 무엇이었는지를 떠올리시기만 하면 됩니다. 남자아이가 늘 일-놀이의 진실된 활동이 가능하지 않을 경우 그 대신 놀이-일로 자신을 만족시키려 했던 욕구들이 어떤 것들이었는지 파악하려면 말입니다.

남자아이는 집을 짓고, 사냥하고, 낚시하고, 이따금 땅을 파고, 씨 뿌리고, 집에 난방과 조명을 준비합니다. 다른 방면에서 우리는 이런 활동들과 관련 있는 놀이들을 살펴보았습니다.

그러나 가족 본능과 아주 밀접하게 연관되어 있는 인간의 느린 진화 과정에 깊게 뿌리박은 또 다른 일거리가 있습니다.

이는 우리들의:

3. '**가축 키우기와 길들이기**'*Elevage et dressage*, 짐승들을 돌보아 새끼를 낳게 하고, 길들이고, 훈련시키고, 몰아가고, 일 시키기를 해야 합니다.

여자아이가 인형에 열광하는 것처럼 남자아이도 짐승 돌보기에 열광합니다. 우리는 이 두 활동이 양립한다는 것을 보게 될 것입니다.

진짜 가축을 사육하는 대신에 남자아이는 자기 취향에 따라 풍요로운 상상력을 발휘하여 놀이를 함께 조직합니다. 여자아이에게 인형 재료감이 어떤 것이라도 매한가진 듯, 남자아이에게도 재료는 그리 중요하지 않습니다. 자루 달린 걸레는 타고 다닐 만한 훌륭한 도구가 되지요. 나뭇가지 몇 개를 골라 끌고 다니거나, 손을 활용하여 마음대로 끌고 가고 줄로 세우고, 다시 외양간에 되돌려놓습니다. 놀이들을 위한 충분한 재료지요. 이런 것들은 여자아이들의 소꿉살림 놀이들과도 엮일 수 있습니다.

산업계는 오늘날 아이들에게 진짜 가축우리 같은 것들과 기발하게 다양한 종류의 (장난감) 자동차들을 제공합니다. 하지만 이 대상(오브제)들도 인형의 경우와 마찬가지입니다. 엄청나게 큰 애착을 가졌더라도, 엄청난 탄복의 순간은 구매했을 때뿐 과거 일이 되고, 결코 완벽한 것일 수 없습니다. 울음소리를 포함하여 정말 진짜를 뺨치게 닮은 것들은 아이가 자기 생각대로 마음껏 장난감을 사용하는 데에 제약 조건이 됩니다. 불을 피울 때처럼 말이죠. 바로 이것이, 오래 묵은, 코와 주둥이 부분이 헤지고 색도 바랜 상태의, 배에도 구멍이 나서 속에 무얼 집어넣은 것인지도 알아챌 수 있는 그런 낡은 (인형)곰이나, 또는 늘어날 대로 늘어나고 이리저리 잡아당겨져서 살아있는 형태가 전혀 남아있지 않은 고무로 만든 (인형)개에 대한 아이들의 고집스러운 애착에 우리가 놀라곤 하는 까닭입니다.

아이는 긴 시간을 상상의 동물들과 함께 보내는데, 아이는 이 동물들을 움직이게 하고, 일을 시키고, 울게 하고, 또 자기 마음대로 지배하고 끌고 다닙니다. 어른들이 진짜 동물들을 다룰 때 그런 것처럼 그에 못지않게 진지합니다. 왜냐하면 그것은 놀이-일JEU-TRAVAIL로서 아이가 바라나 어른이 허용하지 않는 바로 그 일-놀이TRAVAIL-JEU와 놀라우리만치 충실하게 닮은 이미지이기 때문입니다.

그리고 살아있는 아기를 보살피는 일을 정말 잘해야 할 상황에 처한 여자아이는 인형들과 놀려는 욕구가 약해지거나 때로는 완전히 사라지는 것을 느끼며, 또 그와 마찬가지로 남자아이들의 경우, 살아있는 동물들을 보살피는 일을 할 때는 장난감과 놀고 싶은 욕구가 완전히 사라집니다. 남자아이의 동물에 대한 사랑은 여자아이의 아기에 대한 사랑과 서로 짝을 이루며, 둘 모두 똑같은 무의식적인 근원을 가지고 있습니다. 이것으로부터 고양이, 개, 어린 양, 어린 염소, 새나 매우 작은 동물들 – 달팽이, 매미, 딱정벌레들 – 에 대한 아이들의 열정이 나옵니다.

– 이것이야말로 정말 진정한 열정입니다. 4살이 되면, 우리의 남자

아이는 진짜 달팽이를 기르는 정도에까지 이르게 됩니다. 그 아이는 달팽이를 보살피고, 애지중지 다루고, 달팽이들이 서로 싸우지 않게 말리고, 모든 달팽이 새끼들과 또 그 달팽이들의 엄마와 아빠를 알아보는 척하곤 합니다. 그리고 여기서 당신이 대충 짚어보셨던 문제의 배경이, 즉 이 놀이들은 인형놀이의 변형일 뿐, 더 거슬러 올라가면 가족에 대한 본능적인 사랑이 드러난 것이라는 점이 뚜렷해집니다.

　… 제 학생 중에 꼬마 요셉이라는 아이가 있습니다. 그 아이는 동물들하고만 살았어요. 집안이 너무 불행했던 요셉은 그 동물들과 함께 지내면서 자신에게 결핍된 부드러운 애정을 찾았을 정도였죠… 제가 수업 시간에 말하는 것 – 제가 제시하는 수업, 훌륭한 글들, 엄선한 책들 – 이 모든 것들은 그 아이에게는 소귀에 경 읽기 격이었죠, 실망스럽게도 말입니다. 그 아이의 동물에 대한 사랑은 모든 것을 압도합니다. 그 아이는 심심치 않게 교실 문 앞까지 팔에 고양이를 안고 와서는 거기서 진한 아쉬움으로 이루 말하기 어려운 몸짓을 하면서 그 고양이를 돌려보냈습니다. 만약 광장에서 자기 개가 짖는 소리를 듣게 되면, 그 아이는 그 소리에 빠져 마치 엄마가 부르는 소리를 들었을 때처럼 안절부절못하는 상태가 됩니다. 그 아이의 주머니는 철 따라 달팽이, 매미, 나비, 애벌레로 가득 차 있습니다. 어느 날 그 아이가 과제를 읽고 있었을 때 딱정벌레들이 그 아이의 긴 바지[112]에서 떨어졌습니다. 어떤 일이 일어났을지 상상해 보시죠. 수업은 엉망진창이 되고 그 딱정벌레들을 다시 잡느라고 야단법석이었죠!… 그리고 저는 그 아이가 얼어 죽은 참새의 부리에 자신의 따뜻한 숨을 사랑스럽게 불어넣어 주던 모습을 본 적이 있습니다. 기적을 바라면서 말이죠…

　– 가능성들입니다. 도시 아이들의 장난감들은 진짜 살아있는 동물

---

112. culotte: 하층·노동자·일반인의 긴 바지. 귀족·부자들의 짧은 비단 바지 쌍퀼로트(sans-cullote)와 대조를 이룬다. 쌍퀼로트에 대한 퀼로트(sans—cullote)의 대립과 저항은 프랑스 혁명 시기부터 프랑스에서 자주 쓰이는 표현이다.

들로부터 단절된 아이들을 위한 장난감들입니다.

아이들이 동물들이나 곤충들을 돌볼 때에는 아이들 아버지나 할아버지가 소나 말들을 돌볼 때만큼 진지합니다. 그러므로 우리는 가장 적절한 경우에는 일-놀이에 대면하며, 그렇지 못할 경우에는 그 대신 놀이-일에 대면하는 것입니다.

기존 가족의 태도와 교육적 원칙들은 일, 놀이, 즐거움과 노력에 대한 잘못된 개념에 기초한 것이었습니다. 당신은 이런 생각이, 놀이의 진화와 그것이 일과 인간의 활동에 대하여 가지는 연관성에 대한 직관적인 동시에 논리적인 이해에 심대한 영향을 받은 결과라 보지 않으시나요?

아무튼 저는 놀이의 범주에 대한 이야기는 이것으로 마치려고 합니다. 이제 저는 더 진화된 그리고 이 놀이-일에 있어 더 두드러진 국면에 관해 말씀드려야 할 것 같습니다. 일-놀이의 한도 안에서 말입니다.

4. 삶의 놀이 Le jeu de la vie

저는 일요일이면 가끔 작은 숲속 마을로 떠나서 저 혼자서 온종일, 소와 당나귀와 염소를 돌보던 기억이 나곤 합니다. 그 시골은 당시에는 그 어느 때보다 더 텅 비었고 더 야생적이고 더 고독해 보였고, 그렇게 뚝 떨어져 고립된 저의 상태가 저를 짓눌렀습니다.

저는 하릴없었죠… 저는 뭔가 쓸모 있는 활동에 저 자신을 몰아가고 싶었겠죠. 하지만 무엇에요?… 저는 어느 가을날 아주 작은 화덕을 만든 후 거기에다 사과파이를 성공적으로 요리했습니다. 저는 길 한쪽을 수리하곤 했고, 나무 아랫부분의 잔가지들을 잘라내곤 했습니다. 하지만 어떤 일들은 정말이지 감흥이 너무도 없었고 어떤 일들은 아이인 제게 벅찬 것이었습니다. 아이들은 자신이 다룰 수 있는 재료의 한계를 넘어서서 정신과 상상력을 활짝 펴, 오로지 꿈의 나래를 펴야만 도달할 수 있는 풍부함에 이르러야 했습니다.

이따금, 아주 멀리서 가축을 지키고 있던 작은 여자아이가 가축들이 잔뜩 먹고 있는 버찌나무 그늘 아래서 자고 있을 때 저와 함께하려고 오곤 했습니다. 그래서 우리는 함께 놀았댔죠…삶에의 놀이를요!

저는 소꿉놀이아빠였고 그 아이는 소꿉놀이엄마였지요. 저는 작은 집을 짓곤 했는데 우리 손이 쏙 들어갈 수 있을 만큼 큰 문이 있는 집이었어요. 그 정도면 우리가 그 집 안에 있다고 착각하기에 충분했습니다. 저는 두 갈래 나뭇가지를 구해와 그것으로 바퀴 없는 쟁기를 만들어 밭을 갈았죠. 저는 때로는 검은 귀뚜라미 몇 마리를 포로로 잡았는데 우리의 소들이 되었죠… 다루기는 좀 쉽지 않았지만, 뭐 그렇죠! 일이 끝나면 집에 돌아오곤 했습니다. 저녁때였고 그러다가 밤이 되었고 그러다가 아침이 되곤 했습니다. 우리는 진정한 삶을 살기 위해서, 느린 보폭으로, 보다 폭넓은 감정으로, 오로지 보다 큰 단계로 옮겨가기 위해 필요한 활동을 하면서 시간을 보내곤 했습니다.

놀이요? 말하자면 이것은 뭐라고 받아들여도 엄연히 **놀이-일**JEU-TRAVAIL입니다. 놀이-일은 가정과 사회의 잠재성들에 부응하며 무의식적으로 서서히 베어드는 결과를 낳고, 과거든 현재든 어린아이를 훌륭한 사회적 존재로 만들어주죠… 하지만 그 사회적 존재가 성장과 만족을 가능케 하는 자아를 실현하기 위해서는 상상 이상의 풍토가 필요합니다. 그리고 만약 우리가 위대한 교육적 업적에 논리적이고 효율적으로 다가가고 싶다면 그런 환경을 발견하고, 그것을 이해하고 또 실현해내야 합니다.

32
놀이-일 그리고 본능

놀이-일이란 종합하면, 우리가 무시하고 있는
궁극적인 목적들에 잘 적응하려는 본능 그 자체.
새가 그 둥지를 짓는 데에 있어서 새를 안내하는 것 같은
본능을 내보여주는 것이 아닐까?

- "이렇게 짚어 말씀드리면 매우 이상하겠지만", 마티유가 이야기를
이어갔다: 신들도, 악마들도, 종교도 - 최소한 현시대의 진화된 개념으
로 보았을 때 - 우리 아이들의 놀이-일les JEUX-TRAVAUX에 눈에 띌 만
큼 그렇게 영향을 미치지는 않았죠. 이 점은 한 세대가 다른 세대로 넘
어오면서 기본적 놀이 형태들은 거의 변하지 않고 이어진다는 우리의
이론이 사실임을 확인시켜 줍니다. 사람들은 결국, 장점을 가진 적응의
매력을 마법을 푸는 위험을 감수하기보다는 스스로 입증한 방법과 공
식 - 거기에 내포된 전통주의에 관찰자들도 놀라게 되는 공식 - 에 매
달리게 됩니다.

아이들이 그른지 아니면 일리가 있는지를 묻는 것은 쓸데없는 일입
니다. 왜냐하면 신기하게도 수 세기 동안 지속되어 온 사실들과 활동들
의 완벽한 조화를 바꿀 수는 없기 때문입니다. 이런 것들은 믿기 어려
울 만큼 큰 파급효과를 가진 힘과 영향력 아래 무의식적 동기動機들이
- 어른들은 인간이 진보의 느린 성과들을 통해서 이것들을 지배하기를
염원하면서 끊임없이 물리치지만, 인류의 멀고도 먼 기원들을 다시 경
험하려는 듯 세대마다 되살아나서 개개인을 거기에 연결하기라도 하는
것들 - 이 백일하에 드러난 것일 뿐이라고 우리는 추정해야 합니다. 이
무의식적인 전통은 거의 예외 없이 동물들의 본능과 뭉뚱그려 동일시

할 수 있겠습니다.

꿀벌은 세기와 세기들 거듭하면서 너무도 완벽해진 자기 나름의 기술을 바꾸지 않고, 새는 성공의 경이로움 그 자체인 새집을 짓는 기술을 배울 필요가 없습니다. 과학자들은 그 근원에 '학습'acquisition이라는 것이 있다는 주장을 폅니다만, 그들이 동물들의 본능적인 삶 안에 이렇게 자리 잡고 있는 비밀을 꿰뚫어 보기에는 무력합니다.

아이도 마치 새처럼 그 나름대로 본능에 깃든 전능全能 la toute-puissance에 대한 신뢰와 확신에 자신을 내맡깁니다. 비교적 최근 모든 종교적인 경험들은 아이의 근본적인 삶을 수박 겉핥기식으로 다루고, 아이들에게 깊숙이 배어들어가 있는 점까지 충분히 짚어내지는 못합니다. 그러나 놀이는 그와 반대로 인류의 원시시대들을 강력히 회상하도록 하는 그런 실행들과 마법적인 공식들을 자주 동반하는데, 이런 것들은 나라들과 세대들을 넘어 – 오늘날에도 그렇죠 – 바뀔 수 없는 형태로 전해져 내려오고 있는 것들이니: 소리침, 부호들 – 이런 것을 내다거는 사람들을 성스럽게 보이도록 하는 것들, 그러나 그 힘이 미치지 못하는 곳에서는 아무런 의미를 가지지 못하는 부호들 – 격언들, 아이들이 놀이할 때 부르는 노래 같은 – 여러 변형들이 있지만 마술적인 영감을 주는 것에서는 한결같은 – 것들입니다.

놀이-일le JEU TRAVAIL을 거부할 수 없는 본능의 무의식적인 표현으로 – 이제까지 전해져 왔고, 지금도 전해지고 있고, 앞으로도 전해질 것처럼 보이는 그 활동의 방법들과 그 주술적인 관행들, 그 세계에 대한 견해, 말하자면 그 철학과 함께 – 보는 많은 연구들이 있어 왔습니다.

당신은 그런 연구들이 실행에 옮겨지기를 기다리시면서, 제가 설명하는 이론을 불쑥 내걸고 실제 아무런 입증도 못했다고 말씀하려 하시겠지요! 하지만 이 분야에서 어느 누가 어떤 확실성을 댈 수 있겠습니까? 여기서 중요한 것은, 제 이론이 부분적으로나마 아이들의 놀이들을 좀더 잘 이해할 수 있도록 비밀을 드러내 보이는지 또 그럼으로써 우리가 우리의 관심사인 교육 영역에서 실수를 범할 위험에 덜 노출되게끔 처신하도록 할 수 있겠는지. 그것을 아는 것입니다.

저는 여태 놀이-일JEUX-TRAVAUX과 일-놀이TRAVAUX-JEUX의 상호관계, 놀이 형태들의 영속성과 관련 있다고 제 나름대로 본 본능의 근원, 제가 추적해 온 틀 안에 가장 잘 통용되고 있는 놀이들을 분류하려고 꾀했던 시도, 이런 것들에 대해 말씀드렸습니다. 그런데 그것들이 당신을 위해서나 저를 위해서 보다 더 엄밀히 정의해 두려는 놀이-일JEUX-TRAVAUX의 개념에 특별한 가치를 부여하는 것은 아닌지, 그 점을 잘 주목해 보시죠.

자, 그렇다면, 놀이-일JEU-TRAVAIL은 아이가 특정한 욕구들에 보다 잘 부응하는 형태로 나름대로 삶(생명)의 역동성을 발산하도록 보장해 주는 본능적인 활동의 일종일 것입니다. 만약 이런 욕구들이 가정이나 기성사회의 환경 안에서 충족될 수 있다면, 그 본능은 즉시 해소되고 거기에 안주하게 됩니다. 그렇지 않다면 아이는 이(가정이나 사회) 환경 밖에서, 분위기, 몸짓들, 노력을 실현하려고 찾아 나설 것이고, 이것은 비정상적인 삶(생명)의 잠재력을 요구할 것입니다.

그런 점에서 우리는 본능의 몇몇 특징들에 기초하여 앞으로 우리가 많이 참고하게 될 놀이-일le JEU-TRAVAIL의 본질적인 특징들을 체계적으로 제시할 수 있겠습니다.

• 놀이-일le JEU-TRAVAIL은 타고 태어난 것 같아서 교조적敎條的으로 가르칠 필요가 없습니다. 아이는 이것(놀이-일)을 그냥, 말하자면 자발적으로 행하는가 하면, 그 마법적인 공식들 자체들 – 그에 따르는 의례적인 습관들 – 도 모든 나라에서 시공時空을 뛰어넘고 국경이나 세대를 뛰어넘어 신비롭게 전달됩니다.

• 이 본능은, 방법론적으로든 경험을 통해서든 교육에 거의 반영되어 있지 않으며 않으며, 합리적 추론이나 관찰이나 경험에 있어서도 마찬가지입니다.

• 이것은(놀이-일) 모든 장소에서 불변성을 지닙니다. 모든 새(鳥)가 발견된 땅 어디서든 새집을 짓듯이, 아이도 똑같이 인류(種)의 원초적 욕구들에 상응하는 것처럼 보이는 인류 공통의 보편적 영감에 따라 본능적으로 놀이-일을 하면서 놉니다.

물론 그 주어지는 환경에 어느 정도 적응해 나가지요. 새는 새집의 구조, 형태, 매다는 방법을 새가 쓸 수 있는 재료, 새가 당면하게 될 환경 요소에 따라 바꾸는데, (집 짓는) 본능을 실현할 가능성에 따라 그렇게 합니다. 아이들의 놀이-일도 어떤 외적 필요성들에 똑같이 적응합니다만, 그렇다고 해도 놀이들의 공간의 공통기반의 구조는 바뀌지 않습니다.

• (우리의) 경험은 새가 그 본능을 실현하는 데에 인간의 도움을 우연히 이용할 줄 안다는 사실을 확인시켜 주었습니다. 아이들도 그와 마찬가지로 자신의 본능적인 활동을 위해, 주변 상황, 리듬, 방법, 정신성, **놀이-일**JEU-TRAVAIL의 요구사항들에 부응하는 정도껏 어른들의 일을 채택합니다. 어른들의 환경과 이런 본능적 필수요구사항들 사이에 조화가 잘 이루어질수록, 아이들은 그들에게 본질적인 경험들을 하는 쪽으로 보다 더 잘 이끌리게 됩니다. 그 경우 본능은 현대적 삶의 틀 안에서도 인격(형성)에 전적으로 봉사하게 됩니다. (세대간) 단절도 대립도 없을 것이고, 인류의 가장 진화된 영역 쪽으로 이 무의식적인 생명력의 느린 고양高揚이 있게 될 것입니다.

그 반대의 경우, 아이들은 다소 차이는 있겠지만 그들을 수동적으로 얽매이게 할 그 어른의 환경을 과격하게 버리게 될 것입니다. 모든 것에도 불구하고, 아이의 본능이 자신에게 명하는 것을 실행하기 위해서 말이죠. 그리고 만약 필요하다면, 아이는 그것을 위해서 복종하지 않거나 거짓말을 하기도 할 것입니다. 여기서 여기는 더 이상 조화로운 고양高揚이 문제가 되지 않고 오히려 심각한 이원론적 갈등 – 주변 환경에 대한 적대감, 개인적·사회적 혼란 – 이 문제가 될 것입니다. 본능적인 놀이는 무질서상태에 대항하는 유일한 피난처로 등장하며, 없어서는 안 될 형성적 경험들에 이르려고 완강하게 스스로를 방어하는 삶을 조직하는 유일한 조직적 요소가 될 것입니다.

당신은 우리가 본능적인 '놀이-일'Jeu-Travail에 새로운 고귀함noblesse을 부여하는 것을 보시게 될 것이며, 그것을(놀이-일) 위한 학교에 그리고 그것을(놀이-일) 위한 봉사에 우리를 내맡길 필요성을 마침내 이해하시게 될 것입니다.

인간의 지혜는 "잘 노는 사람이 일도 잘 한다."라는 것을 이미 알아차렸습니다. 왜냐하면 이 놀이-일 분야에서는 원리상 갈등이 없기 때문이며, 이 점은 놀이와 일 사이에서 잘 볼 수 있습니다. 단지 이 놀이는 그 활용에 있어서, 개인적으로나 사회적으로 현저히 위험스러운 형태들로 진화해 갈 정도로 때때로 변질되었기는 합니다. 심리학자들과 교육학자들은 이렇게 변질된 것들을 참작할 줄도 몰랐고, 놀이-일의 이 깊은 특별함을 그 근원으로 돌아가 되찾을 수도 없었습니다. 어느 정도냐 하면, 아이가 일하는 대신 노는 것을 보면서 어른의 심기가 불편하게 될 지경입니다.

하지만 그렇게 심기가 불편한 것은 실상 전혀 도움이 되지 않으며, 단지 본능적인 행위들과 사회적으로 요구되는 사항들 사이의 도랑(성벽, 垓字)을 깊게 팔 뿐입니다. 우리는 우리가 보여 온 반응들을, 제가 놀이와 일 사이의 조화로운 점들과 관련지어 이미 제시한 시사점들에 맞게 고쳐야 하며, 다음과 같은 사항들을 명확히 이해해야 합니다.

1. 아이가 놀이-일에 피난해 왔다면, 이것은 우리가 그 아이의 수준에 맞고, 아이의 본능에 맞는 기능적인 일을 그 아이에게 제공할 줄 몰랐거나, 아이가 즐기고 할 수 있도록 만들어주지도 못했다는 뜻입니다. 또한 이것은 일-놀이의 유기(체)적 요구사항들에 부응하는 활동들을 펼치는 데 필요한 분위기, 리듬, 틀에 대해 우리가 몰랐거나, 아이들에게 마련해줄 줄 몰랐다는 것을 뜻합니다. 우리가 어른들의 이러한 부족

함과 미흡함이 – 가정에서건 학교에서건 – 끼치는 영향의 범위를 잴 수 있다면, 우리는 놀란 아이의 어깨 위에만 그 책임을 지게 하는 대신, 그 책임을 받아들이는 것을 배우게 될 것입니다. 우리는 '어른-아이' 사이의 관계 – 어른의 환경과 아이의 환경 – 를 개선하려고 애쓰게 될 것입니다. 우리가 전적으로 성공을 거두지 못하더라도 놀랍지 않을 것입니다. 우리는 적어도 부분적으로나마 우리에게 책임이 있는 그런 실패들에 의해 아이들을 비난하지 않거나 적어도 덜 비난하는 습관을 익히게 될 것입니다.

2. 그리고 우리는 불현듯, **사회 환경의 부족한 것들이나 잘못된 것들에 대비하기 위해 아이들이 놀이-일에 몰두하도록 해야 한다는 것, 그리고 이것은 필요하다는 것, 이것은 심리적인 균형과 도덕적인 건강으로부터 나온다는 것**[113]을 인정하게 될 것입니다.

– 저는 이런 장르(類)의 놀이에 형성적이고 결정적인 중요성을 부여한 적이 없었다는 것을 깨닫곤 합니다. 그리고 무엇보다도 당신은 그 내용의 유치함을 모두 버리고 일의 본질적인 품위에 참여하도록 하시는 데, 저는 이것을 벗어버리지 못했음을 깨닫곤 합니다. 당신 말씀에 일리가 있습니다. 우리는 흔히 일을 놀이에 반하는 것으로 여기는 경향이 있습니다. 아이들에게 필요한 놀이는 우리에게는 결함처럼, 삶에 당면하여 아이들의 무능함을 보여주는 개탄해야 할 신호처럼, 꼭 해야 할 의무들을 벗어나는 것처럼 보입니다. 또한 우리는 아이들이 놀이로부터 끌어낼 수 있는 이점을 – 놀이하면서 하는 운동을 빼고는 – 제대로 보지 못한 채, 아이들에게 소리 없는 전쟁을 걸고, 가능한 한 못하게 하고, 약은 수작으로 빼앗지요. 아이들은 겉돌고 고집을 피우고. 이 이해할 수 없는 고집이 우리를 짜증 나게 하지요…

---

113. *l'enfant doit se livrer à un jeu-travail pour parer aus insuffisances ou erreurs du milieu social, que cela est une nécessité, qu'il y a va de son équilibre psychique et de la santé morale.*

－ 그리고 이 일선의 전투에서 승리를 거두지 못할 것 같으면, 당신은 원칙적으로는 꼭 그렇게 나쁘지만은 않은 전략을 짜내려고 애썼습니다. 당신들은 학생들에게 소용이 되도록, '머리를 쓰는', 지식교육이 되는 놀이들 － 숨바꼭질이나 '경찰-도둑' 같은 옛적부터 늘 하는 그런 놀이들보다는 덜 단조로운 놀이들 － 을 고안해 내려고 머리를 쥐어짭니다. 당신들은 아이들이 맨날 같은 놀이들을 한다는 것은 다른 것들을 가르쳐 주지 않았기 때문이라는 말을 듣게 되지요: "아이들 좀 보세요. 매한가지 놀이에만 매달리네요. 아이들은 자기 자신들에게 빠져 있네요. 아주 비논리적인 방식으로 셈을 하는 것밖에는 아무것도 없으니 그렇게 해서 모든 수학적인 이해 능력이 망가지네요. 여러 시간 동안 법석만 떠네요."

만약에 당신들이 어느 한쪽에 덜 사로잡혀(덜 편파적으로) 아이들을 관찰해 보셨다면, 필경 아이들이 그들의 활동에 완전히 또 그들만의 독특한 방식으로 몰두하는 것에 놀라셨을 겁니다. 마치 딴 세상 아이들 같죠. 비가 떨어지건, 학교 종이 땡땡 치건, 엄마가 부르건 아무 소용이 없죠. 수프는 다시 덥혀야 하고요… 모든 것을 그만두고 떠나기 전에, 놀이 한 판은 마쳐야 하니까요. 물론 깊은 서운함이 없지는 않지만, 이것을 또다시, 이 놀이를 정말로 가까운 날 다시 하게 되기를 바라는 그 희망으로 달래는 것이지요. 그런데 뭘 제대로 모르는 학자들은 더 잘 아는 체한다니까요! 그들은 놀이를 교육방법론적 시각에서 여러 범주로 분류하고, 이것을 교사용 책에 가득 채워 넣거나, 또는 아이들에게 노는 것을 가르칠 지도교사들에게 채워 넣습니다. 아이들은 이 새로운 놀이의 규칙들을 완벽하게 이해하고 나면, 놀이를 하도록 강요한 교사들의 권위로부터 도망친 다음, 비밀리에 모여서 술래잡기 놀이할 때 부르는 노래를 부르고, 자신을 이상적으로 만족시키는 놀이-일 가운데 어느 하나에 빠져듭니다.

이것은 마치 과학자가 새들에게 어떻게 합리적으로 새의 집을 짓는

지를 보여주려는 것이나 마찬가지인 셈이죠!

그러니까 이것이 실상이자 엄밀한 사실들로, 제 생각에는, 놀이에 관한 이 중요한 물음에 대해 하나의 보다 믿을 만한 믿을만한 견해라 하겠습니다. 당신은 이 모든 것들이 우리가… 발견해야 할 실현적인 활용(법)에 쓸모없는 것이 아님을 보시게 되겠습니다.

그리고 이들 놀이의 형성적 영향력에 대해서는 확신을 가지게 될겁니다. 본능은 아이가 커나가는 데에 도움이 되는 활동들을 궁극적 목적finalisme을 가지고 아주 꼼꼼하게 선택해 놓은 것처럼 보입니다. 우리들은 분명 놀이-일이 두 번째 범주의 놀이 – 그 특징을 밝히는 시도를 하겠습니다만 – 로 빗나가는 일탈들에 대해서는 대비를 해야 합니다. 하지만 이러한 위험 – 피할 수도 있는 위험 – 이 생명의 주요 방향(노선), 우리가 재발견한 너무도 역동적인 그 생명선들을 조금이라도 약하게 만들어서는 안 될 것이며, 개개인의 삶을 꽃피우고 지켜내고 영속적으로 이어가는 방향으로 돌이킬 수 없게 몰고 가는 큰 흐름 – 그런 전반적인 핏줄–에서 벗어나게 해서도 안 됩니다.

… 헌데 더욱 밤이 깊어져 시간이 너무 늦었습니다. 어둑어둑함도 완전히 사라져 버린 새까만 밤인데 밤이 엄청 짧아졌으니, 곧 새벽 동트는 것을 보게 되겠네요. 우리는 우리의 운명에 대해서 좀 반추해 보아야 한다는 게 제 소신입니다. 그렇지 한 인간이 되는 것에 아무런 이바지도 못하겠죠. 그렇다고 제가 다른 사람들에게 결정적으로 쓸모 있는 생각들을 내놓는 척하려는 것은 아닙니다. 저로서는 우선, 이 생각들을 밝혀 보고, 정리해 보고, 하나하나 연결해 보고, 그것들을 매일 매일 조금씩 더 익숙해지는 생각의 길을 따라 모두 정렬시켜 보고, 그에 따라 제가 좀 더 편안하게, 잘못에 빠질 위험은 덜면서, 저 스스로 움직일 수 있도록 기회를 가지게 된다면… 잘 아시다시피, 올바르게 생각하는 것, 그것이 승리를 거두도록 말이죠!…

– 승리를 거둔다는 게 흔한 일은 아니지요, 참으로 그렇습니다. 복

있는 자여, 숲속 좁은 길, 발길도 나지 않고 목적지 표시도 없이 마구 난 길을 정처 없이 헤매다가 어느날 밝음의 길과 마주하게 되는 그 길… 어느 하나를 발견할 수 있는 양식良識 있는 자들이여!

저는 당신과 함께한 시간들을 허비한 건 아니라고 확신합니다. 그리고 저는 당신이 생각하는 교육학적 아이디어가 무엇인지 알아내려고 좀 서두르기도 했습니다.

－ 이 교육학적인 생각이 익어가고 스스로 자리를 잡아가게 둡시다. 오늘 밤 우리는 충분히 애를 썼습니다. 서두를 것은 없지요.

다음에 또 뵙기로 하지요!…

*　　*　　*

모닥불은 완전히 꺼졌다. 그 불 자리에는 아직도 뜨거운 재들이 컴컴하게 원형을 이루며 돌 달구어진 냄새와 불기 스러진 숯 내음을 뿜어내고 있었다. 멀리서는 밤늦게까지 자지 않고 어울려 있는 몇몇 젊은이들의 마지막 웃음이 유월, 이 밤의 잔잔한 정적을 깨울 뿐이었다.

33

기분 전환용 오락이
꼭 필요한 것은 아니다

기분 전환용 오락이란, 필요한 것이기는커녕 비정상적 제약에 대한 개탄할 만한 반응일 뿐이다. 육체적인 긴장 완화와 심리적인 긴장 완화를 위한 놀이들이 있다. 어떻게 이것들을 알아보고 또 분류할 수 있을까?

밀은 누렇게 익어가고 학년도는 그 끝에 다가가고 있다. 아이들은 하나둘, 나이에 따라 그리고 그들에게서 기대되는 할 일에 따라 학교를 떠난다. 마을에서는 긴 낮이 지루하게 지나가고, 저녁이 되어 들판의 일꾼들이 모든 활동을 그만두고 돌아갈 때야 마을은 긴 잠에서 깨어난다.

사람들은 마지막 네모진 풀밭에서 낫질하기를 그쳤고, 때때로 문지방 너머로 칼 가는 둔탁한 소리가 길게 늘여 빼며 울린다.

마티유는 저녁 식사를 마치고 파이프 담배를 피우면서 보리수나무 그늘에 자리를 잡으러 가곤 한다. 칼을 갈 작은 모루를 땅에 박아놓고 낫을 분해하여 연장의 날이 선 부분에 난 큰 흠집을 능숙한 손으로 살펴 가며 갈곤 한다. 낫의 날을 돌보는 일은 서두를 일이 아니다. 오히려 다행히도 이 일은 긴 더운 날 한가운데 잠시의 멈춤 같고, 사람들은 이 멈춤의 꿀맛을 본다.

롱 씨는 집에 딸린 돌 벤치에 앉으러 간다. 마티유가 요즘 매우 바쁘다는 것을 알고 있고, 그래서 그가 사색한 것들을 이어나갈 것을 조바심을 내며 기다리고 있지만 그렇다고 우기지는 않는다.

― 아! 이제는 낮이 길고, 땅은 해달라는 것 많은 마님 같습니다. 일 년 중 땅이 당신을 독차지하고, 당신을 지배하고, 당신을 지치게 하는

때가 있습니다. 그때 사람들은 그 자신이 아니라 단지 톱니바퀴일 뿐이며 신비롭게도 차마 거역할 수 없다고 느껴지는 (땅의) 비옥함의 일부분이 됩니다.

이런 순간들에 우리들은 불평할 수도 없는 그 리듬에 참여하게 됩니다. 인간은 그 자신의 존재, 그 자신의 반응들, 그 자신이 느끼는 것들, 그 자신이 생성되어감에 자주 눈을 돌릴 필요를 느끼더라도, 그렇다고 자신을 돌아보는 것에 빠져있는 건 좋지 않습니다. 또한 우리 스스로 자연에 통합되어야 하는 의무와, 자연 안에서 - 자연의 존재들과 그 움직임 안에서 - 또한 우리를 받아주는 사회의 비극적인 운명 안에서, 살아가야 하는 의무에서 우리를 떼어놓는 것도 좋지 않습니다. 꽃을 활짝 피운다든지 열매를 맺는다든지 하여 인간에게 그 과즙의 소산을 너그럽게 베푸는 나무처럼, 사람도 바깥으로 자신을 드러내는 존재라고 말할 수 있는 그런 순간들이 있습니다. 사실 그렇습니다. 그리고 저는 길을 걸으면서 그들을 둘러싼 풍부한 자연의 장관壯觀은 주의 깊게 보지 못하면서도, 자기 자신을 끊임없이 관찰하고 있다고 믿는 식자들에게는 불만입니다.

— 이런 말씀인 거죠: 열매를 맺으려면 오랜 집중이 필요한 사람들도 있고, 또 세상과 그 세상의 소란 법석에서 떨어져 있어야만 열매를 맺을 수 있는 사람도 있다, 그런 말씀이시죠…

— 삶 밖에도 뭔가 - 뇌에서 분비되는 값지고 특별한 것이 - 있다는 것을, 그들 자신에게 설득되도록 하고 또 다른 사람들도 믿게 하려는 것입니다. 약간의 양식良識이 흔히 그들의 주제 넘는 교만보다 훨씬 더 가치가 있지요…

— 사유思惟하는 것을 업業으로 삼는 분 치고는 거칠군요…

— 문제들을 자주 휘저어놓을 뿐, 간단한 것을 복잡하게 만드는 사람은 이런 단순함에 이르게 하는 자연스러운 조화들을 보지 못하기 때문입니다. 당신의 동료 교사들이 어느 날 이 단순함의 비밀을 되찾게 된

다면, 당신들은 사유와 마음의 문을 열어주는 신비로운 문™지방에 서 있게 될 것입니다.

― 하기야 당신 말에 일리가 있습니다. 단순한 진리와 밝게 비추는 진리를 찾는, 이 까다로운 탐구에서 우리를 도와줄 사람은 학자도 아니고, 철학자도 아니고 문학자는 더욱 아닐 겝니다.

― 그들은 가족의 저녁 놀이에서 문제가 되는 대상對象, objet을 알아 맞히는 놀이를 하는 사람들과 마찬가지인데, 다시 말해서 그들은 이 놀이에서 네 모서리를 헛되이 둘러보지만 정작 바로 옆에 그 대상이 있는데도 너무 가까이 있어 바라볼 생각조차 못 하거든요.[114]

― 바로 가까이 있는 데서 찾아야 하지만, 먼 곳도 역시 찾아보아야 합니다.

― 다만 우리를 주도적으로 이끌어 줄 그 빛은 확실히 여기, 우리네 문지방에 있죠…

― 아 안타깝네요!, 마티유 씨, 인간이란 괴상한 혼합물mélange이고 진리란 정말 알아내기 어렵습니다. 예를 들자면, 당신의 **일-놀이** TRAVAIL-JEU와 **놀이-일**JEU-TRAVAIL에 대한 조리 있는 설명의 실마리를 완벽하게 따라가긴 했지만 제게는 아직도 엄청 많은 질문이 남아있거든요. 이것은 제가 아직 사물들을 당신이 보시는 것과 똑같이 그러한 단순함과 확실함을 가지고 보지 못했기 때문이라는 것에는 의심의 여지가 없습니다. 그 결과 저는 부차적인 것에 불과한 것들을 지나치게 많이 고려했고, 그로 인해 주요한 핵심을 그 절대적인 힘toute-puissance 안에서 보는 데에 어려움을 겪었습니다. 이것은 너무 많은 것들을 우리 안에 쌓아두려고 하는 데서 오는 일종의 병maladie이라고 인정합니다.

― 모양도 없고 형태도 없는 건물 더미만을 엄청 짓기만 하는 사람이, 벽들을 쌓아 올려가는 것과 동시에 자재들이 조화롭게 자리 잡게

---

114. 등잔 밑이 어두운.

함으로써 목적에 맞는 건축물이 되도록 해야 한다는 것을 잊어버렸기 때문이지요.

　－ 당신은 일-놀이와 놀이-일에 공통되는 요소들을 명확히 드러내셨습니다. 그런데 '기분전환'*distraction*은 놀이의 존재 이유 중 하나인데, 아닌가요?

　－ 제가 아주 잊어버린 것은 아니고요, 곧 살펴보시게 될 겁니다.

　'딴 데로 돌린다'[115]는 것은 집중을 흩트리고 어느 일거리나 사로잡고 있는 생각에서 떼어놓으려고 중심에서 벗어나게 하는 것을 뜻하지요.

　사람들은 아직도 낱말들과 잘못된 연역 방식을 통해 (논리)놀이를 해왔고 여기서 그렇습니다. "아이에게는 놀 욕구가 있다"라고 말들을 합니다만, 이것은 전적으로 정확한 말이 아닙니다. 왜냐하면, 이 욕구는 이상적인 것에 가까운 어떤 조건들 안에서는 상당히 약해지고, 심지어 일에 대한 본연의 흥미 앞에서 사라져 버리기까지 하기 때문입니다. 놀이는 기분 전환이라고 하는데, 이것은 틀린 말입니다. 왜냐하면 놀이란, 정상적이고 기능적인 일처럼, 자연적으로 땀[116]이 나는 것 같은… 그런 메커니즘의 자연스러운 과정과는 정반대에 자리하고 있기 때문입니다. "아이에게는 기분 전환을 할 욕구가 있다"… 이 말 또한 틀렸습니다.

　이것은 마치 모터가 잘 기능하기 위해서는 때때로 작동을 멈추고 반대 방향으로 돌려주어야 할 필요가 있는 척하는 것과 같습니다. 모터는 이따금 멈출 필요가 있는데, 그 이유는 과열되거나 힘이 빠지기 때문이고, 그것은 모터가 불완전한 기계일 뿐이기 때문입니다. 그 모터처럼 아이도 쉴 필요가 있습니다만 그건 쉬기 위해서이고 그 아이를 다른 일에 돌리려는 것은 아닙니다. 아이에게 그 나름대로의 맞는 어떤 활동, 여러 근육을 놀이에 쓰고 여러 욕구들을 조화롭게 만족시켜 주는 그런 활동을 제시하면, 그 아이는 (기분을 달래기 위해) 무엇엔가 '딴 데

---

115. distraire: 동사로 앞으로 종종 '기분 전환하다'로도 새긴다.
116. sécrétion 분비물을 뜻하나 쉽게 이해하도록 땀이 나는 것으로 새겼다.

로 돌릴' 필요성, 하던 일에서 빠져나와 다른 일거리들로 관심을 돌릴 필요성을 전혀 느끼지 않습니다. 아이가 뭔가를 하다 보면 정상적으로 피곤해질 것이고 그러면 쉼과 잠에 대한 욕구를 자연스럽게 느끼게 될 것이고, 쉬거나 잔 후에는 같은 일거리를 다시 할 수 있을 정도가 될 것입니다.

- 그러면 늘 똑같아 보이는 수고스러운 일의 단조로움과 아이를 활발하게 하는agiter 변화에 대한 이 어쩔 수 없는 욕망이 아무것도 아니라는 것인가요?

- …이것은 우리들이 자아내고 간직한 그런 무질서의 결과일 뿐이죠…

저는 이상적이라고 말할 만한 일에 대해서는 이미 말씀드렸고, 그러면서 놀이에 온전한 존재성l'être complet을 부여했지요. 저도 이 이상idéal에 다다르기가 매우 드물다는 것을 알고 있습니다. 그렇다고 해서 우리가 그 특성들을 거론하는 것이 시급하지 않다는 것은 아닙니다. 우리가 날마다 그것들에 더 접근해 보려는 시도를 하기 위해서도 그렇고, 우리가 우리의 실수들, 부족한 것들에 대한 본능적이고 경험적인 일 하나하나의 수정에 불과한 그런 반응들, 그리고 진정한 인류의 문제들에 직면한 우리들의 무능력, 이런 것들을 사실들 자체의 태생적인 결함이라도 되는 듯 여기지 않도록 하기 위해서 말입니다.

일이란 집중concentration이고, 이 집중이 우리 (유기체적) 몸organisme의 부분들과 우리 존재의 일부 기능들에 과도한 부담을 주는 경향이 있기 때문에 어떤 긴장 완화를 통해 주기적으로 그 균형을 다시 잡을 필요가 있다고 말들을 합니다. 이 점에 대해서는 끊임없이 잡아당겨서 탄성을 잃어버리는 활 이야기를 즐겨 인용합니다.

이 긴장tension이란 이미 그 자체로 자연에 거슬리는 이상異常 상태이고 비정상이라서, 모든 적절한 수단을 다해 즉 존재의 모든 것을 거슬러 싸워야 하는 그런 것입니다. 비정상이 그렇듯 심장의 긴장은 급격히 숨이 막히게 하고 고통을 일으키는데, 이런 뭔가 잘못됨(誤謬)의 신호들은 "위험!"이라고 외치는 붉은색 경고등 같은 것입니다. 당신이 하고 있는 일이 이런 비정상적인 집중을 요구한다면, 당신의 존재가 모두 긴장 완화의 욕구로 반응하는 것은 자연스러운 일입니다.

생리학자들과 스포츠맨들이 우리에게 가르쳐 주는 바를 경청하자면, 우리들은 스스로 애쓰는 것을 주의 깊게 재가면서 정상 안에 머물도록 해야 한다는 것이고, 그래야만 모든 기관이 불규칙적인 피로 없이 오랫동안 기능할 수 있고, 일은 쉼과 잠을 유발하는 정상적인 피로에 이르기까지만 해야 한다는 것입니다.

― 그렇지만, 그 집중이란 우리 신교육notre éducation nouvelle의 중요한 원칙 가운데 하나고요, 그 가장 효율적인 것 가운데 하나죠…

― 이것은 집중이라는 그 낱말에 부여된 진정한 의미에 달려있습니다. 그 집중이 우리 삶의 선線 안에 있는 어떤 목표를 자연적으로 지향해 가는 정상적인 노력이라면, 그것은 우리 활동의 최적 과정을 표현한 것에 지나지 않습니다!

제가 낫으로 풀을 벨 때, 물론 제 몸짓들, 제 생각, 제 삶의 모든 것은 이 목적 즉 낫으로 풀을 베는 것에 집중되어 있습니다. 그렇다고 해서 제 낫질을 피해 이를 갈며 뛰어오르는 귀뚜라미를 불쌍히 여기지 않겠다는 뜻도 아니고, 최근에 나무에서 뚝 떨어져 웃자란 풀섶에 아직도 신선한 채로 누워 있는 배梨를 정성껏 주워서 막내아들에게 줄 요량을 하지 않겠다는 뜻도 아니고, 하늘의 해를 올려다본다든지, 지평선 위의 구름을 응시한다든지, 아니면 지나가는 사람과 잠시 수다를 떨려고 일하는 것을 멈추지 않겠다는 뜻도 아닙니다.

아! 만약에 누군가 제 낫의 규칙적이고 빡빡한 그 움직임만 몇 시간 내내 생각하도록 나를 강요한다면, 저는 그 하나에만 집중하도록 제약을 받는 셈이고, 이것은 얼마 지나지 않아 이러한 제약으로부터 꼭 풀려나야 할 그런 긴장을 초래하는 집중이 될 것입니다. 하지만 저는 그와는 정반대로 하루 종일 낫으로 풀을 벨 수 있고 그 일로 단조로움을 느끼는 건 전혀 아닙니다. 물론 제 낫이 풀을 잘, 자연스럽게 벨 수 있다면 말입니다.

그러나 제게도 이 일의 리듬이나 조화로움을 잊어버리는 경우가 왕왕 일어납니다. 저녁 식사 때가 되고… 제 아내는 감자 요리가 아직도 미지근한 채 저를 기다리는데, 저는 이 풀밭뙈기만 마저 끝내겠다고 고집합니다. 예, 개탄스러운 집중을 하는 것이지요. 저는 이 풀밭뙈기만 마치겠다는 아주 편협한 목표 이외에는 어떤 것도 보지 못하는 것입니다. 한참 동안, 제 주변에는 저 자신을 빼고는 아무것도 없고, 낫으로 벨 뻔한 그 귀뚜라미도, 제 연장에 잘릴 뻔했던 그 과일도, 산 너머로 몰려가는 그 구름도, 친근하게 말을 걸어올 길 가는 사람도 없습니다. 그런데 역시 제 정신이 피곤해지고, 제 신경은 늘어지고, 제 심장은 두근거리고, 그 과업이 끝났을 때 아이고! 라고 안도의 한숨을 내쉽니다. 그러면 저는 단지 쉴 필요뿐 아니라, 긴장을 풀 욕구, 이 집착을 몰아내 줄 기분 전환의 욕구를 느끼게 됩니다. 다른 것을 생각하게 해줄 수 있는 기분 전환이요.

그와 같이 생리적 차원에서 기분 전환을 할 필요가 있지요, 저는 이 점을 무시하지 않습니다. 우리의 모든 근육들을 거의 다 조화로운 상태에 집어넣는 그런 일들이 있습니다. 들판에서 하는 일들이 대체로 그런 일들이죠. 왜냐하면 그런 일들은 우리를 전적으로 만족시키기에 적절하기 때문입니다. 단조로움을 느끼지도 않죠. 왜냐하면 단조로움이란 요컨대 일부 근육들의 비정상적인 피로감일 뿐이고, 그 피로감이 몸의 다른 부분들도 그에 대응해 기능하도록 하는 절박한 욕구를 유발하기 때문입니다.

허구한 날 겨울 저녁, 가축의 꼴을 절약하려고 "떡갈나뭇가지 껍질 벗기기"《peler la râme》[118]를 할 때면 우리는 큰 부엌에 앉아 있게 됩니다. 피곤해지는 것은 오로지 손가락들뿐이지요. 우리(성인)들의 근육은 어린이들의 근육만큼 주체하기 어려운 과부담을 느끼지는 않으며, 그래서 제 생각입니다만, 우리 어른들은 훨씬 잘 해낼 수 있습니다. 제가 어렸을 때 저는 껍질 벗기기 일이 가장 내키지 않는 일들 가운데 하나였던 것으로 기억합니다. 그래서 늘 늦게 그 일을 마쳤는데, 다리는 후들거리고, 목은 뻣뻣해지면서 팔도 무겁고 잘 놀려지지 않았기 때문이었습니다. 그 일을 마친 뒤에 저는, 휴식 - 제 손가락만 피곤했거든요 - 욕구를 느끼기보다는 기분 전환, 말하자면 제 몸의 다른 근육들에게 정상적인 피로를 마련해주는 기분 전환이 필요했던 것입니다. 이 운동(기분 전환)은 최상의 연계 상태 안에서라면 바로 일-놀이TAVAIL-JEU나 놀이-일JEU-TAVAIL이 될 수 있었을 것입니다. 그것이 없을 경우, 아이는 그보다는 질이 떨어지는 부차적인 놀이들로 '스스로 긴장을 푸는데', 그 점에 대해서는 제 방식대로 말씀드리려고 합니다.

그때 긴장 완화와 기분 전환이 같이 일어나면, 자발적인 것이든 수동적으로 받아들인 것이든, 그 집중도에 못지않게 긴장 완화와 기분 전환도 격렬해야 한다는 것입니다. 그 예를 볼 수 있는 곳으로는 학교보다 더 좋은 곳은 없습니다. 다른 말할 것도 없이 당신들의 학교를 떠나는 아이들의 반응들을 관찰해 보기만 해도, 당신들이 아이들에게 시켰던 일의 질을 짐작할 수 있을 것 같습니다. 만일 당신들이 아이들로 하여금 흥미를 느끼게 할 줄 알았고, 거기에 아이들이 매료되어 그 해야 할 일들besognes에 빠져있었더라면 - 간헐적일 뿐이겠지만, 그것이 적어도 상대적 자유에 대한 환상이었을지라도 - 당신들은 적어도는 아이들이 아쉬움을 가지고 교실을 떠나는 것을 보게 될 것이고, 아이들이 때 아니게 갑자기 중단된 활동을 계속 이어나가기라도 할 듯 분수대 앞에 멈춰 서서 논의하는 것을 보게 될 것입니다. 당신 스스로 착 가라앉히

---

117. "peler la rame 나뭇가지의 껍질 벗기기: 아버지와 내 형제들은 떡갈나뭇가지를 걲어와서 나뭇가지(chêne) 껍질을 벗겨 염소와 암양에게 먹이를 주었다." 『프레네의 아동기』*Célestin Freinets Enfance*, p. 181.

는 영향력을 함께 느끼는 훌륭한 (특활) 모임 ─ 그림 그리기, 노래 부르기, 조각하기, 실험하기 ─ 이 끝난 후, 문이 열리는데, 그것은 마치 진행 중인 해야 할 일들을 누구나 끝까지 마쳤으면 하는 그런 친숙한 공방(아틀리에)의 문이 열리는 듯한 느낌이죠. 그 일을 계속하겠다고 고집부리는 아이들에게 '부드러운 폭력'을 쓰는 상황조차 보시게 됩니다. 당신도 아이들을 대견해하죠. 아이들은 차분하고도 만족해합니다. 이제 아이들이 슬기롭게 마치고 집으로 돌아가면 어른들은 아이들의 가능성을 느끼며 자랑스러워하지요. 그런 날 당신들은 참 좋은 해야 할 일la bonne besogne을 하신 것입니다.

그러나 저는 그런 날이 자주 있는 것은 아니라고 말할 수밖에 없습니다. 당신도 이 점을 잘 아실 겁니다.

우리 닭들이 공간이 충분한 편안한 닭장에서 주변이 충분히 넓고 척박하지도 않은 공간을 누리며 살면서, 본성껏 또 필요한 대로 먹을 것을 긁어모을 수 있다면, 닭들은 당신이 닭장 문을 열 때 마치 아이들이 아쉬워하며 떠나듯 그렇게 천천히 닭장을 나서는 것을 보시게 될 것입니다. 그런데 만약 ─ 실제로 더 흔한 경우겠지만 ─ 닭들이 비좁은 곳에 갇혀있고, 횃대에 겨우 비집고 들어가 앉아 있으면서, 먹이를 긁어 쪼아먹을 공간도 없고, 희미한 빛에, 꼭 죄어진 채, 죽치고 앉아 있도록 유폐되어 있다면, 닭들은 밖에서 나는 소리에 "도축장에 넘겨지나" 하는 생각에 예민하게 반응할 겁니다. 거기서 만일 당신이 쪽문으로라도 들여다보려고 닭장 문 위에 손을 대는 순간, 당신은 닭들이 거칠게 서로 밀치며 싸우는 소리를 듣게 될 것입니다. 먼저 나가는 놈이 잘난 놈이죠. 밖으로 뛰쳐나오는 순간 닭들은 마치 미친 것처럼, 여기저기 긁어대며 옆에 있는 닭들을 밀쳐내고, 신경이 곤두선 상태에서 안절부절못하며 발톱으로 마구 긁어대고, 부리로 마구 쪼아댄 후에야 조금씩 진정하게 됩니다.

당신들의 교실 모습에 꼭 들어맞는 흡사한 모습들이라고 주장한다면 잔인한 비교겠지만, 교실 안에서 당신들의 학생들은 허락 없이는 내려 갈 수 없는 횃대에 앉아 있는 닭 꼴입니다. 학생들은 그들의 뜻(意思)이 가로막힌 채 하늘과 햇빛과 움직임에 대한 억누를 수 없는 욕구를 느끼고 있습니다. 학생들은 잘 이해되지 않는 공부études를 마지못해 따르고 있습니다. 자… 당신 자신의 경우를 돌이켜보십시오. 꼭 닭들처럼 그렇게 하지 않았나요?: 학생들은 거기서(교실 안에서) 끝날 시간이 어서 오기를 기다리면서 외부에서 들려오는 소리에 귀를 쫑긋하였죠. 해의 방향은 끝날 시간을 알려주는 계시이므로 그것에도 민감했지요. 선생님은 계속 말씀을 이어가시고… 우리의 관심을 끌었던 것은 선생님의 말씀이 아니라, 선생님 말씀의 억양 – 선생님의 피곤을 느끼게 해주니까요 – 수업의 진도progrès 그리고 풀려날 때가 가까워 온다는 것을 직감적으로 잴 수 있는 그런 것들뿐이었죠.

그러다가 교실 문이 열리는 순간, 밖으로 우르르 몰려가고, 아우성치고, 팔로 밀치고, 서로 싸우죠. 이 혼잡한 상황은 너무 오래 지속된 긴장을, 그에 상응하는 보상이 꼭 필요한 그런 놀이들로 풀어주어야 할 필요성을 잘 말해줍니다. 바로 이것이, 아이들이 들판이나 길가에서 놀 때보다 학교 운동장에서 레크리에이션을 할 때 늘 더욱 소란스럽게 되는(닭장의 닭처럼) 이유를 설명해 줍니다. 그리고 공휴일보다 등교하는 날 아이들의 놀이들이 더 신경질적이고, 아이들의 유머도 더 발끈해지고, 전투적으로 변하게 되는지를 설명해 줍니다. 이런 몇몇 관찰한 것들로부터 일종의 법칙을 끌어낼 수 있을 것 같습니다.

아이들의 정상적인 활동이 방해받고, 제한받고, 잘못되고 인위적인 집중으로 이끌릴수록, 그만큼 긴장 완화를 위한 놀이들도 비정상적이고, 잔인하고, 폭력적으로 되어버리고, 그만큼 더 아이들은 다툼과 싸움에 쉽게 빠져들게 됩니다.

학교와 교회와 가정과 사회나 일터에서, 그들의 자연적·신체적·생리적·심리적 욕구와 반대되고, 그로부터 오게 되는 비정상적인 긴장 때문에 보상과 해방을 가져다주는 긴장 완화를 꼭 필요하게 만드는 그런 태도들을 마지못해 따라 할 수밖에 없었던 아이들이 하려는 놀이들이란 어떤 것이며, 또 아이들이 자발적으로 우선적으로 몰두하려는 활동들이란 어떤 것인지를 연구하는 것은 흥미로울 것이라고 저는 믿습니다.

우리는 여기서 놀이-일은 거의 찾아낼 수 없지만, 놀이를 위한 한 가지 범주를 – 형태와 기술과 리듬과 분위기에서 다른 – 찾아낼 수 있습니다. 이것을 우리는 **보상적 긴장 완화**DÉTENTE COMPENSATRICE라고 부를 수 있겠습니다.

우리는 **신체적(생리적) 보상의 긴장 완화**DÉTENTE COMPENSATRICE PHYSIOLOGIQUE 놀이들의 별도 그룹을 만들어볼 수 있으니: 밀치기, 전반적으로 무질서 상태의 싸움, 동료나 어른들 사이에서 하는 조롱, 다소 지적인 짓궂은 장난諧謔, 창문이나 가로등에 돌 던지기, 동물 학대 따위입니다. 이 놀이들은, 당신도 알아차리셨겠지만, 모두 거의 비정상적으로 몹시 비뚤어진頹廢的인 것에 가깝고, 이것들은 아이에게 있는 모든 나쁜 것을 고양하는 것들이라고 굳이 말할 수 있습니다. 그리고 이것은 개인들의 삶에 무질서가 뿌리박혀 있기 때문에, 사람들이 개개인을 잔인하게 억눌렀기 때문에, 그리고 보상적 긴장 완화가 필연적으로 정상을 벗어나게 되기 때문에 그렇습니다. 이것은 모두 – 우리가 이미 본대로 – 어느 정도 차분함을 요하고, 적어도 규율의 싹이라도 필요한 그런 놀이-일에 반합니다. 가끔, 끝내 절충점이 되는 기본적인 균형을 되찾기에 앞서 세게 흔들리는 조정기가 필요합니다.

당신은 이 긴장과 그에 뒤따르는 긴장 완화의 위험을 느끼실 것입니다. 그 위험은 실로 학교에도 가정에도 있는데, 아이들에게 가장 절실한 욕구들을 너무 흔히 잘못 알아차린다든지, 우리 애들이 우리(어른)들처럼 얌전하고 몸이 일찍 피곤해지고 움직이지 않는 애늙은이가 되기를 바란다는 겁니다. 그리고 아이들을 옥죄어 실제 삶과는 너무나 동떨어진 추상적인 방식에 따라 역시 심각한 비정상적인 – 적어도 사람들이 그것을 이해한다는 측면에서 – 지적 노력만 하도록 강제하는 그런 위험입니다.

흔히 아이들은 버릇을 잘 들여야 하고 삶의 모진 요구사항들에 대비하도록 해야 한다고 말들 합니다. 마치 활줄을 오랫동안 팽팽하게 당겨놓으면, 활이 활줄의 도움 없이도 휨(彎曲)을 그대로 유지하는 습성을 가지게 된다고 생각하는 것처럼 말입니다! 두 가지 중에서 하나죠: 하나는, 활줄을 힘차게 풀어주었다가 매 놓았던 줄을 더욱더 강하게 당겨주는 것, 또는 그와는 반대로, 활이 반응하지 않도록 멈추는 것, 즉 죽음의 관성입니다. 그리고 스콜라식 주석자들은 활의 그 수동적인 모습을 보고 자축하면서 마치 쉬이 승리를 쟁취한 것처럼 여깁니다.

다행히도 자연에는 직접적으로든 간접적으로든 반응하는 신비스러운 용수철들이 충분히 있습니다. 그 충격이 되돌아올 때 피해가 없지는 않더라도 말입니다. 실수들을 어떠한 식으로든 되갚지 않는다면, 해방을 위한답시고 자행하는 억압을 그냥 내버려둔다면, 너무 물러터진 것이 되겠지요.

자연은 반응합니다. 꼭 활이 하는 방식으로는 아닐지라도 말이죠. 개개인은 구부리면 휘어지고 한 방향으로만 펴지는 그런 막돼먹은 막대기가 아닙니다. 당신이 한쪽으로 휨을 꾀하면, 막대기들은 고분고분 복종합니다만, 갑자기 뜻하지 않은 다른 방향으로 당신 손에서 빠져나가려고 합니다. 당신은 그 아이들을 휘어잡았다고 하는 억압적 방법에 아이들이 익숙해지게 했다고 믿습니다. 아이들은 사실 더는 반응하지 않는 듯 보이고, 당신은 그 일시적인 수동성을 합당한 온순함이라고 여깁니다. 그러다가 돌연히 당신이 목표에 이르렀다고 믿게 되는 순간, 생각지도 못했던 힘이, 당신이 취약하게 짜맞추어 이룬 것을 뒤집어엎어 버립니다.

그리고 이런 비정상적인 긴장 안에서 고통을 받는 것이 몸뿐이라면,

이는 아직 반만 나쁜 상태입니다. 운동은(욕구로서는 격렬한) 당신들이 저지른 잘못들에 대응하여 균형을 잡아주고 또 (그것들에) 대항해 싸울 것입니다. 하지만 우리의 몸은 단순한 기계가 - 그 톱니바퀴는 우리에게는 하등의 비밀도 아니죠 - 아닙니다. 과도한 긴장은, 생리학적 차원에 국한해 볼지라도, 그것이 어떤 것이든 - 개개인의 기능적인 욕구들을 제약한다는 의미에서의 꼼짝 못 하게 하는 강요나 혹은 격심한 의무(때린다든지 벌을 준다든지 하지 않고도 행하는 폭력은 있다) - 신경계 중추의 비정상적인 피곤으로, 심리적인 불균형으로 혹은 온통 잠재의식의 변화로 나타납니다. 잠재의식의 변화는 자연적인 균형에 반하는 상처들에 대한, 다시 말하자면 '은밀한 저항'을 형성하는 어떤 격렬한 용솟음 같은 것입니다. 이것은 단지 어떤 경고성 고통으로 인한 부자연스러운 자세 때문에 어떤 지체肢體나 일련의 근육들에 국한하여 나타나는 긴장(안절부절)에 해당하는 것만은 아닙니다. 그것은 말하자면 정신적인 차원에서 나타날 수도 있지요. 이 안절부절, 이 열에 들뜸은 어떤 숨겨진 신비스러운 과정으로 정신적 과정 전체를 빠르게 엄습할 수 있다는 말입니다.

이 진행이 어떤 것인지, 저는 당신께 말씀드리지는 않을 것입니다. 제 연구는 이런 것들을 거의 확실히 유발시키는 원인들에 한하며, 저로서는 이런 것들이 어떻게 유발되는지 잘 모르기도 합니다.

육체적인 과로에 대한 자연적인 반응은 폭력적 놀이들로, 소리침으로, 혼란으로, 불균형으로 나타나는 것을 보았습니다. 그렇다면 정신적인, 신경증적인 또 심리적인 긴장에 대한 반응은 어떤 것일까요? 그것은, 말이 나온 김에 지나가듯 말씀드리자면, 설명하기 어려운 편집광, 공포, 혐오 그리고 열광 같은 것들의 원인이 되는 정신적 콤플렉스를 일으킬 수 있고, 이 모든 것은 놀이들을 통해 어느 방향으로 물길을 트는 특별한 긴장 완화로, 저는 이것을 **심리적 보상의 긴장 완화**DÉTENTE COMPENSATRICE PSYCHIQUE라고 부릅니다. 이 긴장 완화는 비정상적으로 몰아붙였던 긴장과 억압보다 심각하고 깊은 것입니다.

그런 문제에 직면한 개개인은 억압받고 지배를 받았습니다. 개개인은, 제가 이미 그 파급에 대해서 말씀드린 그 정도로, 강력한 감정 속에 고통받습니다. 개개인은 사람들이 그렇게 위축시킨 그런 열등한 지위로 인해 굴욕을 느낍니다. 개개인은 수면 위로 다시 올라와야 하고, 새로 승리를 거두어야 하고, 자신의 능력을 – 그것이 좋든 나쁘든 – 재확인해야 하고, 겪었던 억압에 대해 복수를 해야 합니다. 필요하다면 다른 사람을 압박하기라도 해서 말입니다.

인간 존재란 살아있기 때문에 결코 패배에 동의하지 않고, 패배를 결코 완전하게 받아들이지 않습니다. 당신이 땅에 심은 살구는 큰 돌이 햇빛을 막는다고 해도 봄에 새싹을 내밀 것입니다. 빛을 바라는 그 싹은 돌에 눌려 자라느라 빛이 바래고 누렇지만 장애물 밑에서 시간을 견디며, 모든 것에도 불구하고 햇빛을 되찾고, 자신의 운명을 채워나가게 되죠… 당신이 구부리려 한 나무는 수년 동안 서서히 똑바른 방향을 잡아갑니다. 단, 당신의 고집 때문에 그 아래 그루터기만은 변형된 채로 말입니다. 만약 당신이 나무의 주된 꼭대기 부분을 난폭하게 (잘라내) 빼앗더라도, 그 나무는 뭇 이파리들을 하늘로 뻗어내는 것을 멈추지 않습니다. 나무는 훼방 받고 거슬리게 된 쭉쭉 자라는 힘을 두 번째 가지로 보내는데, 놀랍게도 그 가지는 주 가지의 자리와 힘을 차지하게 됩니다. 나무들은 여러 상황 가운데 최선의 상태에서 자연의 거스를 수 없는 질서를 실현하는 것입니다.

아이도 살아있는 존재이므로 똑같은 과정을 밟습니다. 아이는 당신의 권위 아래 굽어지는 것같이 보이지만, 땅속에 뿌리를 계속 내리고 있으면서 그러는 것입니다. 마치 돌멩이 아래 있는 살구나무의 싹이 저항이 덜한 틈새를 찾아 땅 위로 싹을 밀어내고 열매를 맺는 것처럼, 아이는, 당신도 모르는 사이에, 당신이 방해했던 주된 노력들을 그 존재의 몇몇 경향들로 – 생명의 몇몇 가지들 – 채워 넣게 되는 것입니다. 생명이 스스로 실현해 가는 것을 당신이 막지는 못합니다. 막으려 한다면, 우선 너무 많은 에너지 낭비와 무의식의 그늘 속에서 아무짝에도 쓸모없고 위험한 암중모색 같은 것들만 있게 될 뿐이고, 무엇보다도 제2의 방향들(부차적인 가지들)만 있게 될 것입니다. 그 제2의 방향은 의도하지 않았던 운명을 떠맡게 됨으로써 숲의 조화에 좋을 수도 있고 나쁠 수도 있는 불필요한 결과를 낳게 될 것이며, 당신이 야기한 기괴한 변형들은 살아남아 당신들이 저지른 잘못들을 꾸짖는 비난처럼 남아있게 될 것입니다.

모든 과장된 긴장에 대한 통상적인 즉 초보적인 반응과, 겉모습과는 달리 덜 위험한 것은 신체적(생리적) 보상의 긴장 완화입니다. 안타깝게도 이것이 늘 가능한 건 아닙니다. 그것이 혹 가능하다 할지라도, 가깝게 연관되어 있는 심리적 반응 전체를 한 방향으로 이끌어 가지는 못한다는 위험이 도사리고 있습니다.

우리는 그래서 당신이 부추겼던 새로운 감정들이 드러나거나, 돌멩이 아래 새싹이 땅속에서 느릿느릿 진전해 가는 그런 경향들을 충족시키는 부차적인 활동들이 고양高揚되는 것을 봅니다. 이런 활동이란 속임수, 빠른 손재주, 거짓말, 조작 능력, 교만 같은 것들로서, 여기서는 정상적인 방법들로는 개개인이 행사할 수 없는 힘을 실현하는 부차적인 모든 방법들이 동원됩니다.

미래가 보장된 사람은, 안정된 일자리를 통해서건, 흔들리지 않는 안전을 보장받는 어느 한 분야에서의 부요함을 통해서건 간에, 평온함과 충만함으로 일에 임합니다. 그런 사람은 이득을 얻겠다고 기를 쓰지 않는데, 그런 것은 노력과 수고의 자연적인 결과로 얻어진다는 것을 잘 알기 때문입니다. 그러나 굶주림과 비참함으로 강박감에 사로잡힌 노동자는 질병, 실업, 노년을 늘 걱정하지 않을 수 없고, 척박한 밭과 늘 텅 빈 광을 가진 농부는 돈을 벌어야 한다는 욕구에 최면이 걸린 듯합니다. 안타깝게도 그들에게는 일의 매력에 사로잡혀 꾸물거릴 여유란 없지요.

빨리 해치우고 가능한 한 많이 생산해서 "양지陽地를 차지해야"[118] 하는 것이 유일한 목표이며, 거기에 도달하려면 고통스럽고 다소 부끄러운 수단을 써야 한다는 것입니다.

놀이-일은 경제적으로 자유로워진 사람들의 평온한 활동과 관련 있습니다. 심리적 긴장 완화 놀이는, 못된 계모 같은 사회의 철칙에 지배받는 노동자와 농부의 모든 활동을 특징짓는 것과 같은 결함들을 그 안에 내포하고 있습니다.

바로 이러한 관찰에 바탕을 두고 우리는 놀이-일과 **심리적 긴장완화 놀이들**JEUX DE DÉTENTE PSYCHIQUE을 구분하는 것입니다.

만약 하나의 놀이나 하나의 일에 있어서, 몇몇 본질적인 욕구들을 충족시키기에 필요한 활동에 개개인의 관심이 자발적으로 쏠린다면, 그 목적 자체 또는 이득은 이러한 활동의 그만큼 – 달리 몰두하지 않을 만큼 – 의 논리적인 결과에 불과하므로, 우리는 하나의 '놀이-일'*jeu-travail* 또는 하나의 '일-놀이'*travail-jeu*와 대면하고 할 것입니다.

그와는 정반대로, 만약 강조점이 이득 그 자체에만, 즉 개개인에 통합이 잘 안 되어 있는 당면 목표 – 일의 유일한 존재 이유가 되는 이득이나 목표 – 에만 놓여 있다면, 이 목표를 추구하는 활동은 대가에 불과하지만 그 목표에 도달하는 데 드는 비용은 (다소 차이는 있겠지만) 비쌀 겁니다. 그것이 외부로부터 우리에게 자의적으로 부과된 일이든, 심리적 보상의 긴장완화라는 반응에 반하는 것이든지 간에, 우리는 이른바 일과 대면하고 있죠…

앞의 것이 외적인 자극이나 어떠한 혜택의 미끼도 필요로 하지 않고, 식물을 바쁘게 한 뿌리 깊은 오랜 일을 통해 도달한 피할 수 없는 결과

---

118. défendre sa place au soleil: 제국주의 시대를 이끌었던 서방 국가들의 식민지 경쟁의 구호. 독일제국의 뷜로(Bernhard von Bülow) 수상이 1897년 12월 6일 제국의회에서 "한마디로, 우리는 누구도 그늘에 두기를 원하지 않는다. 우리도 역시 우리의 양지바른 곳을 요구한다"(wir verlangen auch unseren Platz an der Sonne)라고 발언한 것이 그 대표적인 예이다.

가 꽃과 과일이듯 목표 또한 활동의 자연적인 결과가 됩니다. 반대로 뒤의 것의 활동 범주는, 그것이 일이든 놀이이든 간에, 이득에 따라 좌우됩니다. 어른이나 학교 다니는 아이들이나 모두 수고스러운 일은 피해 갑니다. 놀이를 하는 사람은 "거기엔 흥미 없다."며 – 그 자신의 표현입니다만 – 놀이를 포기하곤 하지요.

아이들은 숨바꼭질 놀이를 합니다. 물론, 잡히지 않아야 하는 것이 아이들의 임무입니다. 그렇다고 해서 아이들에게 중요한 것은 크든 작든 완전한 성공이 아니라 놀이-일 그 자체이자 해소해야 하는 활동이며 직접 체험하는 감정입니다. (술래에게) 잡힌 아이도 우리가 이제 말씀 나누게 될 놀이아이처럼 "잡힐 줄 알았더라면 이 놀이를 하지는 않았을 거야!"라고 말하지는 않습니다. 또 놀이에서 몇 번 이겼는지를 아이들이 꼼꼼하게 셈하는 것을 보실 수 없습니다. 진 아이는 어떠한 모욕도 당하지도 않습니다. 왜냐하면 놀이 그 자체가 만족의 극치이기 때문입니다.

일-놀이에서도 마찬가지입니다.

제가 어렸을 때 저에게는 작은 밭뙈기에서 감자를 넝쿨째 캐는 일이 주어지곤 했습니다. 이것은 제게는 의심할 바 없이 하나의 일이었던 거죠. 저는 그 일에 열을 냈었지만, 제 목표는 땅위에 캐낸 감자가 얼마나 널브러지게 큰지 그 광경에 부자가 된 느낌을 가지는 것도 아니었고, 그 날 저녁 집에 날라 온 자루가 가득한 그 두둑함도 아니었습니다. 그렇게 보이는 것과는 전혀 달리, 역설이겠지만, 일 그 자체가 목표였습니다. 그리고 만약 아침에 일어나 보니, 저는 빠진 채 아빠와 형이 저를 대신해 저를 돕는다고 제가 했어야 할 감자 캐내는 수고스러운 일을 다 마쳐버렸다면, 그 실망과 고통이 얼마나 컸겠습니까. 제가 일터에 도착했을 때 자루는 다 묶여 있었고, 거기에 감자가 다 담겨 있었더라면 말이죠. 저는요, 울어버렸을 겁니다. 왜냐하면 제가 할 훌륭한 일감이 제게 맡겨지지 않았기 때문이지요.

그런가 하면 축구 놀이에서도 선전 광고나 전문가 연연하는 것이 우리가 축구를 놀이-일 가운데 하나로 분류했던 진정한 의미를 적잖이 망쳐놓았습니다. 축구의 진정한 재미는 축구라는 놀이의 자체 활동에 완전히 빠지는 것이고, 골이나 승리 혹은 그에 못지않은 상금 같은 것들은 부차적인 것이 아닐까요?

　자, 이렇게 해서 **심리적 긴장 완화 놀이**JEU DE DÉTENTE PSYCHIQUE 영역이 확실해지는군요. 앞으로 이 틀을 지키도록 합시다. 우리가 그 진가를 판단하는 것은 바로 이 유용성입니다.

34
상징 놀이-일 그리고 내기 놀이들

놀이-일을 중독성 놀이로 끌고가는 단계들을 표시해 두기 위해,
놀이-일을 어떻게 구분하고 어떻게 알아볼 수 있는가?
그 교육적·사회적 반향들.

― 우리는 무엇보다도 우선, **긴장 완화 놀이들**JEUX DE DÉTENTE PSYCHIQUE 가운데 우리가 "내기 놀이들"les jeux à gagner이라고 부르는 것의 모든 범주를 분류해 봅시다.

이 놀이들은 어떤 놀이들일까요?

이 놀이들을 확실히 구분하려면, 내기와 이득을 둘러싼 원초적인 관심에 대한 우리의 기준에 대해 늘 생각하고 있어야 합니다.

우리는 다음과 같이 구분할 수 있습니다.

가) **단순한 내기 놀이들**LES JEUX À GAGNER SIMPLES. 말하자면 원시적인 이 놀이들에서는 고유한 의미에서의 활동성이란 거의 없는 것이나 마찬가지입니다. 거기에 능수능란함이나 속임수는 끼어들지 않고 결과를 좌우하는 건 이길 운과 질 운입니다.

• 두 주먹을 쥡니다. 두 손 안에는 내기 거리가(구슬, 단추, 사탕 등) 숨겨져 있죠, 이것을 맞추면 내기 거리는 당신 차지가 됩니다.

• 동전을 공중으로 던져서 나타난 면으로 승부를 정하는 내기 놀이.

• 카드놀이로 테크닉이나 손재주가 필요 없이 단지 운이 좋아야 이기는 놀이들: 블랙잭, 클럽의 조커가 있는 카드게임 등.

• 몇몇 속성들이 결합한, 따라서 다른 범주들도 포함하는 다양한 (주사위) 놀이들.

나) **내기 놀이들**LES JEUX À GAGNER에서는 '꾀', 빠른 손재주, 교묘한 재주, 테크닉, 심리적 직감 또는 속임수 자체도 운에 도움이 되고 이기는 데 유리하게 작용합니다.

- 고리 던져 넣기.
- 코르크 넘어뜨리기.
- 그리고 '유행이 지나' 관심을 받지 못하고 버려지는 놀이들만큼 끊임없이 늘어나는 거의 모든 종류의 카드놀이들.

이 모든 놀이들에서는 나이와 지위 그리고 놀이를 하는 사람들이 이용할 수 있는 것에 따라 내기가 달라집니다. 저 같은 어린 시골뜨기로서는 새해 설날 5전sous짜리 동전 14~15개를 받았고 주머니 속에서 딸랑거렸는데, 그때 5전짜리 동전 한 닢을 거는 내기는, 수백만 프랑francs을 잃기도 하는 사람이 거는 천 프랑짜리 내기보다도 제 감정은 더 값진 것이었습니다.

이런 내기 광기에 빠져든 욕구를 겪어본 사람들에게는 이런 내기가 좋은 것이라는 말까지도 할 수 있을 것 같습니다.

우리가 어렸을 적에는, 진짜 구슬은 흔치 않았고 비쌌더랬지요. 그래서 우리는 가을에 참나무 잎에 생기는 호두라 할 수 있는 버찌 같은 것도 받아들였댔죠. 우리는 그것을 과녁 맞추기에, 구멍 넣기에, 그것을 조커로 삼는 카드게임으로 가지고 놀았댔죠. 우리 꼬맹이들은 좀 더 큰 아이들이 가지고 있던 예쁜 구슬들, 매끈매끈하고 색이 칠해진 구슬들의 탱탱 울리는 소리에 감탄하였고 그것을 꽤나 부러워했댔죠. 하지만 그것을 고집하지는 않았댔죠.

일 년 중 낡은 못들을 가지고 노는 때도 찾아오곤 했습니다. 당신도 저기 대장간 앞을 지나치면서 아셨지요, 말똥 속에서 그리고 뿔 조각들 속에서 짐승들에게서 새로 바꾼 쇠붙이로부터 떨어져 나간 오래된 못 대가리들이 땅에 떨어져 있는 것을 보셨지요. 그 못들이 값어치가 있으려면 꼭 못대가리가 있어야 했더랬죠. 새 못은 전혀 가치가 없었더랬죠!…

그 더럽고 녹슨 못들의 뾰쪽한 부분들이 우리 주머니에 넘치게 채워졌고 주머니를 삐죽 뚫고 나오곤 했습니다. 이제 우리들의 내기가 시작됩니다. 어느 손 안에 있는지 맞추기, 밤에는 조커 카드게임, 그러나 무엇보다도 고리 던지기. 우리가 못을 가지고 놀 때, 우리에겐 그 어떤 다른 것들도 - 일도 공부도 - 안중에 없었더랬죠. 그리고 학교 종이 울리면 우리는 서둘러 내기 못들을 나누어 챙겼죠. 수업 시간 내내 우리는 온통 못 생각이었고, 우리 주머니들 안에 있는 못들을 몰래 헤아려 보곤 했더랬죠. (주머니 속 못이 많아) 부자처럼 느껴지면 만족하고 개선장군이 된 듯했고, 반대로 잃었다면 불안하고 슬퍼졌더랬죠. 학교가 끝나고 학교 문을 나서자마자 우리는 그 놀이를 다시 시작했더랬고 멈추지 않고 놀았더랬죠.

그리고 단추들은요? 단추로 우리는 패를 나누었지요! 무엇보다도 여기서는요, 내기가 정말 다양해졌고 그 나름대로 값어치를 가진 놀이였더랬죠.

다락방의 낡아빠진 린네르 옷들에서 아이들이 단추들을 찾는 솜씨는 정말 믿기 어려울 정도였습니다. 그리고 적지 않게 - 여기서 실토해야겠습니다만 - 몰래 멀쩡한 옷에서도요! 셔츠에서 나온 작은 유리 단추들이 있었죠, 이것도 단위 '1'UN에 불과합니다. 더 큰, 코로조(상아종려) 상아빛 단추들은 그 크기나 단춧구멍 수에 따라서 '2'DEUX에서 '4'QUATRE로 칩니다. 예쁜 슬리퍼에 달린 단추는 4로 쳤습니다. 그리고 마지막으로, '7'SEPT의 단추를 가지고 있으면 정말 부자였지요. 이 7로 치는 단추들은 병사들 모자나 수병, 경찰, 우체부의 유니폼에 달린 반짝이는 놋쇠 단추였습니다. 우리는 그 단추를 모래로 닦아서 광을 내고 낡은 비단 바지에 오래 문질렀지요. 그러다 보면 그 단추는 정말로 거울처럼 비춰볼 정도로 반짝거렸고 그 위에서는 닻(해군)도 수류탄(육군)도 풀리게 됩니다(무장해제 됩니다).

우리가 갖가지 단추들이 들어있는 주머니 속으로 사랑스럽게 손을 집어넣고서는, '7' 짜리 단추들이 금속성 소리를 내며 부딪치는 소리를 들을 때면, 우리는 기고만장해지곤 합니다. 우리는 단추 셈을 이어가며 끊임없이 우리가 딴 것과 잃은 것을 재곤 했습니다. 마치 구두쇠처럼, 돌 쟁반 위에 우리가 가진 것을 늘어놓으면서 셈하지요. 2 더하기 1, 3 더하기 5, 더하기 7… 더하기 7!

우리들은 못대가리를 얻으려는 것처럼 놀곤 했습니다. 알아맞히기 그리고 무엇보다도 고리 던지기와 카드놀이가 그랬습니다. 그리고 우리는 열심히 교환도 했지요. 일곱 개의 1을 7짜리 하나로… 3짜리 두 개와 하나로 이 멋진 한 개의 경찰 단추로!

내기에서 이길 때면 우리의 마음은 마치 엄청난 승리를 거두기로라도 한 듯 의기양양했습니다. 하지만 질 때면, 우리들 말로는 '털 뽑힌' 신세가 돼버리곤 했습니다. 주머니 속에는 두세 개의 형편없는 단추밖에 없었고, 그 기죽음, 그 고통, 그 내기로 만회해야겠다는 욕망에 미쳐서 가파른 언덕을 오르듯 내기를 올리고 올렸지요.

그리고 적잖이 이런 슬픈 마음이 극단으로 치닫게 되면, 우리 겉저고리나 바지의 '쓸모없는' 마지막 단추들을 떼어 내곤 했고, 아니면 부모님의 옷에 달린 단추를 몰래 넘보기도 했지요… 그리고 알아채지 못한 이방인의 대문도… 오늘날 우체부들이 하듯, 우체부 아저씨는 날이 더우면 마을 어귀 난간에 막대와 겉저고리를 걸쳐놓곤 하죠… 이 겉저고리 위에는 황금빛 왕방울 단추들이 줄지어 달려있는데 그중에 최소한 몇 개는 사실 쓸모없는 것들이거든요. 단추 두세 개면 겉옷 하나를 채우기에 충분했지요. 그리고 소매에 달린 작은 단추들은 정말이지 아무 쓸모도 없는 것이고요… 우체부 아저씨가 돌아와 그 겉저고리를 찾았을 때는 '불필요한' 단추들이 다 없어진 것을 알아차리곤 했지요.

우리는 구슬을 가지고 놀 때보다 단추를 가지고 노는 것에 사로잡혔더랬죠. 그래서 학교 과제를 까마득하게 잊어버리게 하는가 하면 거짓

말을 하게 하기도 하고, 속임수를 쓰게 하고, 훔치게 하기에 이르곤 합니다.

우리가 다 커서 5전짜리 동전 몇 닢은 개인 소유로 하고, 부모의 돈에 관한 잔소리 없이도 5전 동전을 쓸 수 있게 되었을 때, 우리는 나이 많은 형들이 보여주었던 예를 따라 5전 동전을 놓고 내기를 했더랬죠. 고리 던져 넣기를 자주 했고, 특히 동전을 던져 나타나는 면 맞추기, 코르크 넘어뜨리기, 그리고 공으로 목표 맞추기 등을 했습니다. 우리는 '한 닢 또는 두 닢' 정도만 내기에 걸었습니다. 사람들은 공에다 내기를 걸었는데, 거리가 멀수록 내기는 더 중요해졌습니다.

이 표적 맞추기 놀이는 특히 어른들이나 청년들을 위해 만들어진 놀이입니다. 우리들은요, 무엇보다도 코르크 넘어뜨리기 놀이를 비 오는 날 했는데요, 여기 이 마구간 처마 밑에서였습니다. 놀이하던 애들이 자기가 가진 동전을 세고, 후회라도 하듯 내기 돈을 판에 던졌지요. 이긴 아이의 환호, 운이 없어 진 아이의 당혹스런 얼굴이 저는 아직도 생생합니다. 분통과 말다툼은 어떻고요!

가을에는 그보다는 좀 덜 원조 격인 내기 '호두놀이'*les noix*가 있었댔지요.

이 놀이는 가을걷이가 한창일 때 벌어졌습니다. 비가 내린 다음 날이면 밀짚 들판이, 길에는 갓 떨어진 축축한 호두가 널브러져 있고, 쫙 벌어진 호두 껍데기가 지천을 이룰 때 미끈거리는 껍질을 발로 잡고 깠더랬요. 우리는 주머니를 호두로 꽉 채우고 '성' 놀이aux castellets, 그러니까 호두 3개를 밑에 깔아 삼각형을 만들고 그 위에 넷째 호두를 올려 성을 만들며 놀았댔죠. 큰 호두로 던져서 성을 완전히 무너뜨리면 이기는 놀이였습니다. 이 놀이를 하면서 우리는 싱싱하고 맛있는 호두도 먹곤 했는데, 호두를 먹는 건 진 아이들에게는 고마운 위로였던 거죠.

우리가 진짜 카드로 놀게 된 것은 훨씬 뒤의 일이었습니다. 네 명이 한패고 500점을 따도록 되어 있는데, 놀이꾼들의 기술, 직감, 손 솜씨로 거둔 내기 점수에 따라 점수를 잃게 되는 놀이입니다.

다) 물론 놀이들의 종류들 간에 자연히 중첩되는 부분이 있습니다. 어떤 **놀이-일**JEUX-TRAVAUX도 어느덧 **내기 놀이들**JEUX À GAGNER로 변질될 수 있고 그 반대 방향으로 어떤 내기 놀이들이 순식간에 놀이-일로 여겨지기도 합니다.

볼링이나 땅볼 치기 놀이les jeux de bille ou de boules 예를 들어봅시다. 이 놀이들은 개개인이 인생살이의 치열한 경쟁에서 필요한 민첩성과 재주들을 키워나가는 놀이-일입니다. 그리고 개개인의 기능적인 필요성들에서 얻어지는 만족감 그 자체로도 충분히 훌륭한 놀이-일입니다. 최소한의 내기조차도 빼버린다면, 실제로 몇 시간이고 볼링이나 구리 공치기 놀이를 할 수 있습니다. 힘을 재어보는 재미, 재주의 완성도를 높이는 재미, 몸짓의 정확도를 비교하는 재미, 자신을 극복하는 재미, 다른 차분한 파트너와 자신의 평정심을 찾는 재미를 느끼게 됩니다.

그러나 흥분이라는 병적인 욕구로 이런 건전한 활동이 내기로 변질되기도 합니다. 그러면 그 놀이의 매력은 망쳐지니: 이해관계가 다시 방향을 잡고, 우리는 이해관계를 드러내 보입니다. 그래서 이제 더는 놀이의 만족을 위해 놀지 않고, 따기(이득을 취하기)라는 미끼가 지배하고, 탐하는 이득이 기능하는 가운데 계산하고 애를 쓰게 됩니다.

볼링이나 구리 공치기 놀이를 하는 사람들을 관찰하기만 하면, 굳이 대단한 심리학자가 아니더라도, 노는 팀이 정말 '흥미로 놀이를 하는지' 아닌지를 알기에 충분합니다. 놀이를 하는 사람들이 정신을 쓰며, 진지하면서도 차분하고, 사교적이고, 서로 받아들이며, 일하듯 한다면 이것은 **놀이-일**JEU-TRAVAIL입니다. 이에 비해 소리침, 격한 논쟁들, 화내기, 그만두겠다는 협박들, 속임수들이나 속임수에 가까운 것들이 나타난다면, 이것은 **내기 놀이**JEU À GAGNER입니다.

카드놀이들에서도 똑같은 경우가 벌어지겠지만, 그럴싸한 설명이 없다면 그것이 놀이-일 가운데에 드는 놀이인지 알 수 없습니다.

라) 실제 카드놀이들은 딱 부러지게 말하자면 놀이-일이 아닙니다. 카드놀이들은 상징들의 도움을 받아 행해지며 조상 적부터의 기능적인 활동들을 대표하는 것입니다. 그런 까닭에 저는 이런 놀이를 **상징 놀이-일**JEUX-TRAVAUX SYMBOLISÉS이라고 부릅니다.

설명을 드리겠습니다.

카드놀이들에서는, 물론 우리가 검토한 놀이들에서처럼, 자연환경 요소들에 대해서든 자연에 대해서든, 짐승들이나 다른 사람들에 대해서든, '싸움'*lutte*이 있습니다. 부족이 형성되고 서로를 대치합니다. 카드놀이에서는 단지 무기가 형상화된 것일 뿐입니다: 그것은 아마도 그 시원始源에 있어서는 마술적인 것과 많든 적든 관련되는 속성들을 가지며, 그와 함께 기술, 인내, 꾀, 속임수 그리고 전략을 요하는 경쟁들이 조직됩니다. 이 상징 놀이들은 놀이-일과의 상응이 불가능한 곳에서도 행해질 수 있다는 이점이 있습니다.

이제 바야흐로, 당신이 가지는 않았지만, 역사의 시간을 거슬러, 다소 차이가 나게 무장을 한 두 진영이 질서정연한 전투에 몰입하게 되면, 당신은 은폐하고, 속임수를 작전으로 옮겨 기습을 행합니다. 카드놀이는 이런 싸움을 상징적으로 대표합니다. 소음도 없고, 어딘가로 부대를 옮기지도 않고, 그저 탁자 한쪽에서 당신의 자연적인 욕구들을 충족시키는 그런 류의 싸움에 실제 몰두합니다. 저는 이들 놀이하는 사람들을 '교역의 카페'Cafés du Commerce라는 탁상공론놀이의 유명한 전략가들과 비교해 보려 합니다. 작은 깃발들을 가지고 작전 지도 위에서 움직이면서, 그들이 실제 전쟁에 참가한 듯한 느낌으로 그렇게 합니다. 군대를 움직이며, 견제와 기습공격을 하며, 취약점으로 여겨지는 곳을 공격합니다. 그들의 예비 병력을 정확하게 판단하여 오른쪽, 왼쪽 날개를 보강합니다. 이것은 상징적인 전쟁으로, 우리가 보아왔던 상징 놀이들의 분위기에 딱 들어맞는 전쟁입니다.

이 점을 분명히 하려면, 이 두 경우에 어떤 용어들이 쓰이는지 살펴보는 것으로 충분합니다. "공격! … 창으로 막아! … 네 수비에 틈이 있어 (네 수비가 견고하지 못해): 수비로 전환! 너 단독플레이는 안 돼: 파트너를 활용하라!"

놀이-일의 상징들은, 서양장기인 백게몬le jacquet과 특히 모든 점에서 방 안의 전략 작전들과 전적으로 비교할 만한 체스les échecs 같은 다른 놀이들에서도 마찬가지입니다.

이들 놀이들은 상징이므로, 우리를 움직이게 하는 원시시대로부터의 욕구들을 지능적·심리적으로만 만족시킬 수 있습니다. 몸이나 근육들은 놀이를 하지 않습니다. 그 분위기도 놀이-일 안에서는 아무리 자연스럽고 기운을 돋울지라도 온통 가상이니, 놀이하는 사람들의 관계도 가상이고 그 기술도 상상의 산물입니다. 바로 이 점에서 – 그렇게 고안되었지요 –, 이런 상징 놀이들은 그 자체 안에 균형을 깨뜨리는 위험한 싹들(萌芽)을 품고 있습니다. 이런 놀이들은 삶과 괴리된 이런 행동을 지나치게 강조합니다. 정상적으로는 주어지지 않는 그런 문제들을 상징적으로 지어내고 또 품니다. 이 놀이들은 조화로운 유기체적 행동에 강조점을 두지 않고, 아주 특별한 정신적인 성질의 것들만 강조합니다. 이것들은 그 자체로는 매우 훌륭한 것이지만 지적인 도착이며 헛된 환상을 주어 심각한 후회가 될 위험을 무릅쓰게 합니다.

상징 놀이-일JEUX-TRAVAUX SYMBOLISÉS의 가능한 위험성들을 알아보기 위해서는 방안 게임의 전략가들을 꿰뚫어 분석하기만 하면 됩니다. 이 놀이들은 일종의 비인간적인 편집광manie에 빠져들게 하는 개탄할 만한 버릇, 즉 실제로 맞닥뜨릴 장애들을 과소평가하고, 고통을 겪게 내버려두고 혹은 놀이 싸움꾼들의 끝장을 보게 하며, 하나의 상상적인 허구의, 우스꽝스러운 망상에 사로잡혀 살게 되는 그런 버릇habitude을 내포하고 있습니다.

어떤 경우에도 제게 걱정이 되는 것은 이런 점입니다. 만약 제가 우리의 놀이-일이 뜻하는 건전한 피로, 지속적인 자아 만족감, 조화를 상징 놀이-일jeux-travaux symbolisés이 일으키는 뇌의 피곤, 신경이 곤두 섬, 낯섦에 비교해 본다면, 그리고 만약 제가 서양장기판에 열광한 후 에 제가 눈을 감아도 검은 말들과 하얀 말들의 뒤엉킴이 아른거리며 저 를 사로잡는 것을 본다면, 제가 애써 진정한 놀이-일과 내기 놀이들, 이 런 상징 놀이들, 그리고 보다 특별히 카드놀이들을 – 우리들의 정주定 住 생활 방식은 그렇게까지 일반화되었는데 – 따로 떼어놓고 생각하려는 것을 이해하시겠지요.

이러한 놀이들은 너무도 쉽게 내기 놀이들로, 우리를 나약하게 만드 는 기계적인 작동l'automation으로 빠져들게 하여, 우리가 **중독성 놀**이 JEU-HASCHICH라고 부르는 마지막 범주로 자연스럽게 옮겨가게 해줍 니다.

그에 앞서, 저는 잠시 다시 한번, 한편으로 일-놀이와 놀이-일 사이 에, 다른 한편으로 보상적 긴장 완화 놀이들 사이에 존재하는 본질적인 차이에 대해 말씀드리겠습니다.

모든 충격의 반응에는 되짚어 따져물어야 합니다. 우리의 몸과 마음 은 그 기능의 정상 범위 안에 들지 않는 긴장을 버틸 수 있게 만들어지 지는 않았습니다. 모터를 최대한으로 움직이게 하는 것과 모터를 과도 하게 몰아붙이는 것은 다른 문제지요. 이런 긴장은 단지 예외적이거나 지나가는 것일 때에만 가능합니다. 과도한 긴장은 기계 작동의 균형과 생명력을 위태롭게 하기 때문입니다. 모터가 기능함에 있어서 이처럼 부 드럽게 기능하고 피로감이나 닳아 약해지지 않는 힘을 주려면 – 이것 은 놀라운 인간 기계machine humaine의 이미지와도 같은데요 – 피스 톤을 완벽하게 손보고, 연료의 질을 개선하고, 가스의 최적 혼합을 과 학적으로 조절해야 합니다.

그럼 인간 모터le moteur humain를 인위적으로 부추겨야 할 필요가 있 다고 믿는 척하는 사람들은, 균형 잡힌 기능의 논리적 요소들을 갖추 지 못한 그 정도의 사람일 뿐입니다.

교활한 말 장사꾼馬商 같은 차 딜러가 베틀 북 두드리는 소리 나는 낡은 차를 경험 없는 초보자에게 착 달라붙어 팔려고 할 때, 그는 가파르게 오르막길 주행을 보여주겠다고 차를 억지로 몰아붙입니다. 모터를 바닥까지 쥐어짭니다만, 차가 과도하게 과열되고 있다는 것을 아는 것은 그 딜러뿐이죠, 실린더에 부딪히는 피스톤의 거칠게 두드리는 소리를 구분하는 것도, 구동장치가 찍찍거리며 움직이는 것을 아는 것도 그 딜러뿐입니다. 차는 예, 언덕을 올라갔습죠… 고객은 만족하다고 천명하지요… 그 만족감은 오래가지 않으니 차는 곧바로 고장이 나고, 처음에는 별거 아니라 하겠지만 이내 고칠 수 없지요.

19세기에 대한 우리의 흥분은 인간 본성의 신비로운 것들을 귀 기울여 들을 준비가 안 된 관찰자들에게 똑같은 착각을 만들어냅니다. 상징 놀이들이나 내기 놀이들은 거기에 홀딱 빠지게 하고 긴장된 집중과 지나가는 쾌감 등을 끈덕지게 불러일으키기 때문에, 일-놀이, 놀이-일에서 억지로 빼앗은 우월감을 이것들에 부여합니다. 모든 것은 다시 바로 잡는 것이 좋습니다.

─ 놀이-일les JEUX-TRAVAUX은 일반적으로 건전한 피로를 얻게 하는 자연스러운 활동을 전제로 합니다. 바로 이 점 때문에 그것은 몸의 기운을 북돋우는 '연습'exercices을 제공하며 이것은 주변 환경 안에서의 사회활동을 위한 준비가 됩니다. 그래서 놀이-일은 근본적으로 평온하며, 균형으로 그리고 조화로 애초부터 기울게 됩니다.

상징놀이-일les JEUX-TRAVAUX SYMBOLISÉS은 그와는 반대로 앉아서 하는 놀이들로 신경의 피곤을 유발하며 육체적인 활동으로 보상받지 못합니다. 그로 인해 유기체적인 불균형과 주변 환경에 대한 부적응이 일어납니다.

내기 놀이les JEUX À GAGNER에서 기능적인 활동의 개념은 그 유일한 동인이 되는, 손에 넣게 될 이득을 주 관심사에 매몰되고 맙니다. 이런 내기 놀이는 따라서 신경질, 저질 농담 그리고 주변 환경과의 끊임없는 대립을 동반합니다.

놀이-일les JEUX-TRAVAUX은 앞서 살펴본 바대로 사회적 삶에 유리한 감정만을 자극합니다. 이들 놀이-일로 잘 놀아 본 아이는 사람들이 그에게 요구하는 노력이 필요하다는 것에 잘 순응하는 경향이 있습니다. 그리고 이러한 놀이의 범주에 관련이 된 격언이 정확히 들어맞아 보입니다. "잘 노는 사람이 일도 잘한다."

이 놀이-일이 진행되는 과정에서 아이들이 속이거나 꼼수를 부리는 것은 보기 드뭅니다. 말싸움하는 것도 예외적이고요, 승리라는 것들도 심리적인 승리라고 할 수 있겠고, 보다 강하고 보다 손 솜씨가 좋은 아이들에게는 다른 놀이들에서는 그렇게도 뻔뻔스럽고도 무자비하게 나타나는 그런 자기도취가 나타나지 않습니다.

놀이-일은 항상 개인적이며 사회적인 조화의 영향 아래 있습니다.

상징놀이-일JEUX-TRAVAUX SYMBOLISÉS과 **내기 놀이**JEUX À GAGNER는 반면에, 개인들 사이와 팀들 사이에서 발생하는 다소 약한, 격렬한 또는 잔인한 대립으로 진행됩니다.

그 목적과 그 존재이유는 승리를 거두는 것이고, 수단 같은 것들에는 별 관심이 없습니다. 거짓말, 속임수 그리고 도둑질 같은 것에서 말다툼과 싸움으로 이어지는 것이 다소 특징인데, 그것은 내기를 건 것이 중요할수록 그만큼 더 잦아지고 더 격렬해집니다.

모든 못된 감정들-예를 들자면 교만, 허영, 질투 등-은 터뜨리는 이런 행태들이 개개인과 가족 그리고 사회에 미치는 결과들에 대해 새삼 강조를 해보았자 소용이 없습니다. 그렇지 않나요? 이긴다면, 더 잘나고 중요한 사람이 되어 내기에 져서 털린 사람들을 깔보고, 창피와 모욕을 줍니다. 그들은 힘이 있다는 느낌으로 자기 부모와 선생님들을 기꺼이 무례하게 대할 정도로 기고만장해집니다. 놀이에서 진다면, 일종의 절망감이 존재 전체를 파고듭니다. 스스로 과장해서 자신이 불행하다고 믿고요, 온 세상 사람들 모두가 연합하여 당신을 적으로 삼은 것처럼 여깁니다. 그래서 끝장 기회를 시도합니다. 즉, 마지막 5전 동전도 불사하고 마지막 단추까지 떼어 내게 되고… 이것은 파국이지요…

노름에서 진 후 이따금 자살하는 큰손 도박꾼의 스트레스를 흔히들 이야기합니다. 추억하기로는 저도 놀이에서 진후에 – 그것이 돈이건, 버찌건, 단추건, 못이건 – 제게 밀어닥친 절망감은, 제가 인생을 이끌어갈 수 없을 만큼 큰, 정신적·육체적 고통이라 할 만큼 센, 그런 강도强度로 밀어닥쳤습니다. 다른 사람들의 기회나 부에 대한 시기, 노름에서 이긴 자들의 극도의 무례함이 격분시킨 경멸과 혐오, 엄청난 열등감 – 이것은 늘 힘의 긍정인 삶을 죽음으로 해체할 것 같은 자존감의 마비를 가져오는데 – 같은 스트레스들이 축적됩니다. 영혼의 모든 상태들은 안타깝게도 놀이꾼이 언덕길을 다시 기어오르는 것을 허용할 만한 어떤 구원의 가지(실가닥 같은 행운)도 찾을 수가 없어서 다시는 회복할 수 없을 정도로 미끄러져 버립니다.

당신은 파괴적이고 극단적인 폭력의 감정들에 사로잡혀 혼동되고 기죽은 아이에게 사회적 차원에서 또 학교 차원에서 무엇을 줄 수 있기를 바라십니까? 그 아이는 자신을 구해내려고 애를 쓸 것이며, 거기에 자기 자신에게 남아있는 자원을 – 그것이 좋은 것이든 나쁜 것이든 간에 – 동원할 것입니다. 그 노력 앞에 있는 것은 신경질(과민반응), 침착성을 잃은 불균형 상태 그리고 무력감입니다. 저는 놀이가 유발한 이러한 내밀內密한 위기 상황들을 사춘기에서 그런 것처럼 근본적인 것들이 흔들리는 것과 연관 지어 생각해 볼 수 있다고 생각합니다. 이런 근본적인 동요는 개개인을 탈바꿈시키고, 행동을 완전히 뒤바꾸며, 그 여파를 짐작하기 어려울 정도로 일종의 '혁명'*révolution*을 자아냅니다.

그러나 이것은 아직 최악의 상황은 아닙니다!

만약 일-놀이가 아이들에게 이상적인 활동이라면, 이것을 대신하는 것이라 할 수 있는 놀이-일은 삶을 보장하고 삶을 영속시키는 조상 때부터의 몸짓을 재생산하는 것이고, 가정과 사회의 틀 안에서 개개인이 가능한 한 가장 집중적으로 살아가는 데에 필요한 자연적인 욕구의 자연스러운 표현이기도 합니다.

그런데 만약 어린이가 어른들에게 강요된 그런 진전progrès을 요하는 일들에 의해 치였다면, 그 아이는 놀이-일을 도피처로 삼게 되는데, 이때 놀이-일은 인간 노동의 기능적인 본질에 끼치는 사회적인 폐해에 대한 방어 반응 같은 것이며, 일이라는 기능의 조화나 품위를 깨뜨리는 경향이 있는 우리 어른들이 범한 그런 실수들과 일탈들에 대한 반응이기도 합니다.

그렇게 진정한 일을 제대로 배워보지 못한 어른이라면, 아이들이 우리의 일-놀이 중 하나에 몰두하는 모습을 관찰해야만 합니다. 만약 그것이 용이하지 않다면 그 대신 온 마음으로 또한 최대한의 선의를 가지고 그들의 놀이-일에 빠져보아야 합니다. 그러면 극단적으로 차별화된 이 사회 속에서 이 일이라는 기능이 아주 흔히 저주의 낙인이 찍힌 수고에 불과한 것으로 알고 있지만, 이것을 통해 우리는 인간의 삶에서 원래 일이 차지해야 하는 자리에 대한 바람직한 생각une idée을 가지게 됩니다.

그렇게 해서 일-놀이와 놀이-일의 회로가 다시 회복됩니다. 이것이 바로, 특히 시골에서, 어린 시절부터 그런 놀이에 젖어있던 사람들이, 일의 피할 수 없는 품위에 대한 이 더할 나위 없는 느낌을 오래 – 외적 인생의 부침浮沈에도 불구하고 – 간직하고, 또 그들이 활기에 찬 사회 안에서 커가고 자리 잡아가는 과정에서 일에 선택의 자리를 매겨주어야 할 기능적인 필요성에 대한 느낌을 오래 간직하고 있는 까닭도 그런 것입니다. 이것은 마치 우리가 지키고 있는 계보(친연관계)와 같은 것으로, 이 계보(친연관계)는 함께 살아가고 있는 우리 시대 사람들뿐 아니라 지나간 세대들과 장차 올 세대들을 신비스럽게 이어줍니다. 이런 일에 대한 사랑은 결정적으로 사람들 사이의 유일한 끈(紐帶)으로 남아있습니다. 왜냐하면 모든 위대한 것들이 인위적인 향락들jouissance artificielles이라는 헛되고 한 때뿐인 껍데기 같은 것을 뛰어넘어, 지고한 일에 대한 진솔한 목마름 그 자체 안에서 스스로를 되찾은 사람들 사이의 적극적인 연계conjonction를 통해 이루어지기 때문입니다.

일-놀이의 깊은 만족감을 알지 못하는 것은 아이들에게는 불행입니다. 또 놀들-일이, 이익을 위한 일TRAVAIL-PROFIT이라고 우리가 부를 수 있을 그런 비인간적인 것으로 너무 빨리 바뀌어 버린 아이들에게도, 또 안타깝게도 그에 걸맞게 무자비한 짝인 보상적 긴장완화 놀이들의 교묘한 퇴폐로 너무 빨리 바뀌어 버린 아이들에게도, 그리고 말하자면 모든 못된 것으로서 우리를 떠나지 않는 중독성 놀이들에 도취되어 너무 빨리 바뀌어 버린 아이들에게도 불행입니다. 그 아이들은 붉은 설탕 함지박에서 벌통의 벌들 방(蜂房)을 채워 넣을 요소들을 퍼내는 수고만 하면 되는 그런 꿀벌 같은 신세입니다. 그리고 아침의 습기 찬 공중을 날아다니는, 꽃의 향기 나는 심장 안에 몸을 던지는, 또 벌통이 불어나는 데 겸허하지만 탁월하게 참여하는, 그런 유기체적 만족감에 의해 밝혀지는 하나의 과제로서의 방향감과 목표감을 주는, 그런 본능과는 동떨어진 수고만 하는 꿀벌 같은 신세입니다.

사람들은 아주 어린 시절부터 땅, 바람, 새들, 가족, 고향에 매우 강력하게 결부된 모든 것에서 분리된 채 이해할 수도 없고 이해되지도 않는 일을 하도록 강요받습니다. 이것은 개개인을 그들의 본능으로부터 떼어 내고, 그들을 이끌고 키워준 불빛으로부터 떼어내는 것입니다. 이렇게 악마스러운 가면이 씌워진 이 불꽃의 생기 넘치는 화려함을 보상하기 위해서 우리는 사람들이 그들 노동의 비인간성을 잊어버리도록 재미와 기분 전환을 맛볼 수 있는 활동을 제공합니다. 마치 한쪽의 극단에서 다른 쪽의 극단으로 치닫는, 균형이 파괴되어 버린, 조화를 결코 다시 세울 수 없을 듯이: 마치 사람이 한편으로는 끊임없이 강박적이고 저주받은 일에 몰두하게끔 만들어져 있고, 그래서 또 다른 한편으로는 일의 치명적인 지루함을 달래려고 놀이를 하는 것처럼 말입니다.

일이 수고로울수록, 그에 대한 놀이의 보상은 그 수고에 균형을 맞출 만큼 흥분을 일으키는 것이라야 합니다.

개개인에게, 그가 참여하고 있는 사회 안에서, 자연적이고도 본능적인 욕구들이 기능하고 있는 가운데 일을 중심으로 활기찬 일체감이 없다면, 또한 몸과 마음, 즉 존재 전체에 꼭 필요한 요구사항들과 거기에 답하는 활동들 간에 조화가 없다면, 비정상적인 긴장감이 나타나게 되고, 그에 따라 살기를 원하는 유기체의 불가결한 반응인 긴장 완화가 뒤따릅니다. 이 긴장 완화는 모든 생명체가 이런 긴장감에 대응하기 위해서 절대 없어선 안 될 반응입니다. 마치 통증과 열이라는 것이, 병의 침투에 대항하여 몸이 스스로를 지키려고 눈에 띄게 보이는 신호인 것처럼 말입니다. 만약 이러한 반응들이 나타나지 않고 멈춘다면, 이것은 더 심각한 것입니다. 몸이 병에 정복되었고, 그 개인(의 몸)이 투병을 포기하여 몸 전체가 죽는 것이든 몸의 쇠약해짐을 수동적으로 받아들이는 것이든 간에, 사태는 그렇게 진행됩니다. 이것은 생명의 존엄성 전체의 가치하락이며 파괴이자 도덕적 죽음이라 할 수 있는데, 이것은 흔히 몸이 죽는 것보다 더 끔찍하고, 더 비인간적인 것입니다.

그러나 이런 극단적 파국에 이르기 전에, 개개인은 우선은 정상적인 길로, 비상의 길로 스스로를 지킵니다. 이 뒤(후자)의 방도는 문제들－ 정말 알 수 없이 기이하게 비정상적인 행동들 -을 야기합니다. 그런 행동들의 진정한 원인 - 삶과 삶을 이어가는 행동들 사이의 균형 파괴, 삶과 그 활동들의 의미 상실, 또 이와 더불어 자연의 법칙들을 무시한 이에게는 가차 없는 그런 자연과의 연계성 -에는 그 방도로는 이르기 어렵습니다.

제가 말씀드렸듯이, 우리의 생명에 없어선 안 될 균형에 대한 공격이 위협적일수록 그것에 대한 방어 반응의 크기는 더 커집니다. 우리는 불균형 상태를 규율하는 진정한 법칙들을 조목조목 제시할 수 있는데, 안정의 끈을 집요하게 추구하는 정반대되는 힘과의 조화를 통해서 그렇게 할 수 있습니다.

1. 활기차고 잘 기능하는 일, '일-놀이TRAVAIL-JEU'나 또는 - 그렇지 못한 경우 - 놀이-일JEU-TRAVAIL이 있을수록, 기분 전환용 놀이들이나 보상적 긴장 완화 놀이들에 대한 필요성을 덜 느끼게 됩니다. 최적의 상황에서는 이 뒤의 두 범주의 놀이들(기분 전환용 놀이들과 보상적 긴장 완화 놀이들)은 전적으로 무시되거나 포기되어야 하는 것이 마땅합니다.

2. 제대로 기능하지 않는 일은-무자비한 권위에autorité 의해서건 사회적인 분위기에 의해서건, 혹은 심지어 얼핏 비권위적autoritaire 과정에 의해서건-상징 놀이들이나 내기 놀이들을 통한 **보상적 긴장 완화** DÉTENTE COMPENSATRICE를 필요로 합니다.

3. 비싼 값을 치른 일일수록, 그만큼 삶의 자연적인 굵은 선(노선)에서 멀어져 버리고, 그만큼 보상적 긴장 완화의 필요성이 절실해집니다.

4. 달리 말해: 놀이에 대한 열정은 일의 짓누름과 정비례하며 일의 기능적인 재미(흥미)와는 반비례합니다.

5. 일에서 멀어질수록, 여러 형태의 놀이로 쏠리게 됩니다.

6. 기능적이며 흥미롭고 잘 이해되고 필요한 일 위에 굴대(軸)를 삼은 삶(생명)의 굵은 선에 다가갈수록, 개개인은 만족하며 보상적 긴장 완화 활동과는 점점 더 멀어지게 됩니다.

이들 법칙은, 당신도 보시다시피, 그 안에 모든 도덕성을 담고 있습니다. 이것(법칙)들은, 당신에게는 그리 보이지 않으시겠지만, 간단명료 simplicité함에서 나오는 것이며, 우리로 하여금 다양한 교육학의 체계들 systèmes pédagogiques에 대한 비판적 분석을 아주 쉽게 해주며, 아울러 우리 아이들의 조화로운 발달에 보다 유리한 활동들을 요점으로 정리해줍니다.

그러나 이것이 전부는 아닙니다.

이 불균형이 심해지면, 긴장 완화 그 자체도 범죄적인 몰이해의 큰 폐해를 보상해 주는 데에 미흡할 수 있습니다. 비인간성의 정도도 어느 만큼이 되면, 일은 지탱할 수 없는 부담이 됩니다. 그것이 신체적이건 도덕적이건 간에 말입니다. 혹은 흔히 좋은 목표로 여겨져 추구되고 있는 일이 부재할 경우 똑같이 속기 쉬운 결과에 이를 수 있습니다. 순간, 개개인은 굴대에서 벗어난 채 삶의 내밀한 의미를 더는 찾을 수 없게 되는데, 그 모습은 마치 왼쪽, 오른쪽으로 왔다 갔다 하며 넘을 수 없는 울타리 장애물을 앞에서 머리를 부딪치며 고통스러워하는, 풀이 꺾여 비통하게 울부짖다가 이내 맹목적으로 절망에 빠진 채 다시 공격을 시도하는 그런 동물의 모습과도 같습니다. 이때가 되면 너무 늦은 것이니: 보상적 긴장완화 놀이조차도 더는 충분하지 못합니다. 개개인은 스스로 도피할 필요가 있고, 자신의 불쌍한 상태를 완전히 잊어버려야 할 욕구가 있고, 자신의 신체적 고통과 도덕적 고통을 치른 그 대가를 잠재워야 할 필요가 있고, 누그러지지 않는 불균형에 죽을 듯한 감정을 인위적으로라도 누그러뜨릴 필요가 있습니다.

이것이 바로 제가 **중독성 해결방안**la SOLUTION HASCHICH이라고 부르는 것입니다. 이 해결책은 잠시만이라도 비인간적인 노력의 저주에 의해 지배당하는 세상을 잊게 해주고, 이 불균형을 가면으로 가려 만들어낸 인위적인 분위기 속에서 기껏해야 얻을 수 있는 보상의 최대치로서 심리적 또는 감각적 향락을 생산해 주는 해결방안입니다. 이것마저도 없이는 살아가야 할 마지막 이유가 없을 만큼 다 써버린 그런 비정상적인 노력도 더는 이어갈 수 없는 상태입니다.

중독성 해결방안들은solutions HASCHICH 기능적인 일의 그렇게도 필요한 감정을 거의 완전히 상실한 시대가 상상해 낸 것들로, 믿기 어려울 정도로 기발하고 다양한 해결방안이기도 합니다. 우리는 이 해결방안의 가치를 판단하기 위해 불가피하게 이 방안들을 상세히 점검해야 할 것입니다. 우리가 인간적으로 또한 자존감을 가지고 점검해야 될 것들은, 인간으로서의 본질적 활동들과의 근본적인 연관성을 잃어버려 괴로워하는 개개인에게, 정보·지식·긴장완화·향락·과거지사 같은 다양한 수단들인데, 이것들은 진보에 의해 시대착오가 되어버린 것들입니다.

당신은 이 추락이 진행되고 가속화되는 것을 보고 계십니다.

•아이를 위한 자리가 사라져 버린 세계에서 잘못 이해되고 잘못 길러진 아이는, 개인과 사회와 인류종種이 필요로 하는 것들을 대충대충 만족시킬 수 있는 그런 본능에서 야기된 활동들에 자발적으로 몰두합니다.

•아이가 만약 그 아이 나름의 잣대에 맞지 않는, 그리고 아이의 엄청난 장점들에 의해 이루어지는 것이 아닌 그런 활동들을 하도록 직·간접적으로 제약을 받는다면, 아이가 자신의 존재 전체 안에서 충족되지 못한 본질적인 욕구들로 고통을 받게 되면, 다소 차이는 있겠지만 그의 삶은 선천적으로 타고난 균형 상태가 무자비하게 파괴된 나머지 고통을 받게 될 것입니다. 그래서 이 아이는 놀이들 안에서 – 그 위험성은 억압의 비인간성과 정비례하는데 – **보상적 긴장 완화**DÉTENTE COMPENSATRICEDÉTENTE COMPENSATRICE를 추구하게 될 정도로 위축됩니다.

•만약 이것이 마침내 해로울 정도로 과장되어 개개인의 생명력을 해체하는 정도에 이르게 된다면, 아이에게 남는 것은 단 한 가지로: 못된 이 세상을 회피하고 다른 곳에서, 다른 향락들과 다른 분위기 안에서, 그것 없이는 삶이 더는 의미를 가지지 않게 되는 그런 보상을 찾아 나서는 것 딱 한 가지뿐입니다.

사람들이 때때로 의심하지도 못한 채 삶과 조화의 원천에서 얼마나 멀어지게 되는지를, 잘못 풀릴 수밖에 없는 관행들을 논리적이고 바람직한 것으로 여기는 잘못을 얼마나 범하게 되는지를, 그리고 모든 최후의 수단들을 잃어버린 세상 속에서 삶의 본질적이고 굵은 선들을 재발견하는 것이 우리에게 얼마나 필요한지를 보시기 바랍니다.

그런데 해가 지고 있네요… 제 낮을 가느라 너무 늦어져 버렸습니다. 이제 저는 파라la Para로 풀을 베러 가야 하고요… 오늘 밤 당신께 폐를 많이 끼쳤네요.

　- 폐를 끼치셨다뇨? 아니, 전혀 그렇지 않죠!… 정반대로 당신의 생각에 접해서, 저는 그 윤곽이 서서히 잡히고, 처음에는 고통스럽고 혼란스러웠습니다만, 나중에는 우리가 언덕을 다시 올라갈 수 있는 길을 좀 어설프기는 하지만 밝고 희망차게 밝혀주고 있다는 것을 느끼게 되었습니다.

　- 사실, 행동에 나서기 전에 이해해야 합니다. 아니면 적어도 우리가 가야 할 방향의 진실과 논리를 느껴야 합니다. 그저 걸어가는 것만으로는 충분치 않습니다. 목표를 향해 걸어가야 하고, 목표로 이끌어줄 길을 따라 걸어야 합니다!

　며칠 후 수확을 시작해야 합니다. 그리고 라벤더 따오는 일 때문에 잠시도 가만있지 못할 겁니다. 포도를 밟아 으깰 때는 밤조차 바쁠 것입니다. 제게는 늘 되새김질할 시간이 분명히 남아있을 것입니다만, 지금 하는 것처럼 저를 위해서도 또 당신을 위해서도 제 생각을 정밀하게 가다듬으면서 가지런히 정리하기에는 시간이 충분치 않습니다. 제가 때때로 우연히 사색을 하고 대화를 하다가, 지나가는 강연들 가운데 모인 생각들을 제 마음속에 넣게 될 때는, 저는 더 큰 자신감을 느끼고 비정상적인 피로감도 없이 앞으로 나아갈 수 있게 됩니다. 주부가 자기가 원하는 방식대로 집을 정리하면 마음이 후련해지는 것처럼, 농부가 밭을 잘 일구고 목장에 박혀있던 장애물을 다 제거했을 때, 허약해 보였던 나무가 매해 계속 잘 자라 만족감을 주는 것처럼 말이죠… 이제 농부는 깊고 긴 고랑 끝에서 다른 끝으로 밭을 갈아 나갈 수 있을 겁니다.

　마지막 쉼의 날들을 활용합시다. 괜찮으시다면, 오늘 밤은 여기서 이 중독의 슬픈 모험담을 끝내고 싶네요.

35
놀이-중독성 놀이

그리고 마지막으로 놀이-중독성 놀이가 있으며,
다른 종류의 중독에 가까운 부류는 -어떤 조건에서는-
술, 담배, 책, 영화나 라디오 같은 것들이 있다.

명확히 보는 것, 즉 인위적으로 복잡하게 만들어진 현대생활의 인위적인 복잡성으로 잠식된 굵은 선線들의 원래의 단순함을 재발견하는 것, 이것은 아마도 우리 자신을 구원하는 데에 우리에게 남아있는 유일한 방편이구나… 롱 씨는 이렇게 되새김질하듯 생각해 보곤 하였다.

그보다 더 본능적이고 더 민감한 그의 부인에게 있어서 학교 교육은 그녀의 기본적인 행동거지에 그리 영향을 미치지 못했고, 그 점에 있어서 그녀는 남편보다 훨씬 더 유연하게 설득되곤 했다.

- "마티유 씨가 참 옳아요."라고 그녀는 단언했다.

우리는 말예요, 자기들 땅 귀퉁이에 이파리, 성장하는 것, 꽃단장, 열매들같이 신들의… 혹은 문명의 호의인 것 같아 보이는 선물들을 생산해 내는, 그런 온갖 나무들을 쌓아놓는 두서없는 정원사들 같아요. 오직 이 생각 없이 이루어지는 쌓아두기에서는 공기도 햇빛도 통하지 못하게 되고 그 뿌리들은 서로 방해를 받을 뿐이지요. 그렇게도 전도유망한 자연은 그로 인해 아무것도 내지 못해요.

우리 교사들은 어떤 다른 사람들보다 더, 쓸데없는 것을 가지치기하고 골라내고 잘라내면서 삶의 원리들과 다산성多産性의 원리들을 되찾을 필요가 있어요. 우리가 어느 날 우리의 수고 덕분에 그토록 바라던 열매를 수확하려면 말이에요.

– 하지만 그러기에 우리는 거의 도움을 받지 못했어요! 당신은 수 세기 동안 – 여기저기서 – 혼돈을 야기하는 잘못을 범할 줄 모를 만큼 강력한 뇌를 가진 사람들로서 마치 혜성처럼 빛을 발하며 뭔가 뛰어난 사상들을 펼쳐 냈던 그런 지성들 몇 명은 틀림없이 볼 수 있었겠지요. 그 빼끗 열린 길을 따라 평범한 연구자들은 그들의 학문으로서는 흔히 대단해 보이는 나무들을 심으러 옵니다. 그리고 각자는 정말 그들의 전문성을 잘 가꾸어서, 그 전문성 때문에 길은 어느 날 가로에 늘어선 무성함 아래 마치 수의를 입은 듯 어두워지고, 그 전문성으로 빽빽이 채운 그 호사豪奢 아래 사라질 위험에 처하는 것입니다. 우상파괴라는 손도끼hache iconoclaste를 든 두려움 모르는 개척자들이 그 왕도를 재발견하고 터놓으려 오지 않는다면 말이죠…

– 이런 발견을 시도하고 성공하기 위해서 '박식할' 필요는 없어요. 흔히들 말하듯, 완고한 분석적인 정신과 참으로 볼 수 있고 마음속도 꿰뚫어 보는… 위대한 직관 사이에 일종의 이율배반antinome이 있다고나 할까요.

– 마티유 씨처럼 말이지요!

– 저는 그가 가끔 그가 생각하고 아는 것보다 더 추측하여 진리들을 약간 뒤죽박죽으로 만들지는 않았는지, 그래서 노력한 것들과 실현한 것들을 헐뜯지는 않을 거라고 않겠어요…

– 그것들(노력과 실현한 것들)은 우리가 처한 난관에 이르게 한 것이거든요… 양식을 가지고, 우리를 깨우친 것은 바로 그분이예요. 그분과의 만남을 통해 우리는 마침내 우리가 본질적이라 판단했던 어떤 개념들이 그 근본을 보면 부수적인 것에 불과하고, 우리가 수직 상태인지를 검증할 수조차 없는 기둥들이 거짓되게 늘어선 그런 화려함으로 꾸미느라 시간을 낭비하고 있다는 것을 이해합니다. 그 결과 우리의 세계가 어딘가 모르게 흔들리고 있다는 것에 우리가 어찌 놀라지 않을 수 있을까요?

－ 마티유 씨는 분명 우리들의 약점들에 아부하고 봉사하는 그런 절차들과 기술들, 구태의연한 교수방법과 새로운 교수방법들에서 잘못된 겉치장을 벗겨내는 데에 능하죠… 이제 그의 가르침을 가지고 우리들의 스콜라식 학교의 학습 행태를 이롭게 하는 것은 우리 몫이에요.

－ 그건 참 어려운 일이지요!

－ 네, 늘 돌뿌리 같은 것이지요. 우리는 훌륭한 이론으로 시작하지만 이내 어려움들이 산적한 나머지 어느 날 각성하여, 평범한 길을 겸허하게 취하기에 이르게 되지요. 그 길이 막다른 골목이나 낭떠러지로 가는 길이더라도 말이에요.

－ 그렇게 되면 정말 최악의 패배가 되겠네요… 얼른 우리의 철학자를 다시 찾으러 가시죠…

유월 밤의 장관이 평화로운 마을들에 (펼쳐지고)… 가축들의 마지막 대열이 돌아왔다. 사람들은 저녁 수프를 단숨에 해치우고 문지방 위에서 잠시 한숨을 돌리고 있다. 찌르레기들이 낭떠러지 바위 끝을 차지하고, 사람들은 그 새들의 들뜬 울음의 흔적을 쫓고 있다… 부엉이는 부엉부엉 울고… 박쥐들은 집집 사이를 날아다니고, 멀리 떨어진 곳 여우는 걱정과 두려움이 밴, 길게 뺀 울부짖음을 깊은 밤하늘에 던진다.

마티유는 학교 모퉁이의 돌로 된 난간 위에 막 앉아 파이프에 불을 붙이고 이따금 침을 뱉으며 마치 태연한 척한다.

－"담배 중독이에요, 마티유 씨!"

부인을 동반하여 그곳에서 마티유와 막 합류한 롱 씨가 빈정거린다.

－ 아뇨, 담배일 뿐인데요… 헌데 당신 말이 옳으니: 담배도 중독 맞습니다. 이 못된 오랜 버릇을 제가 알게 된 것은 제1차 세계대전 때인데 지금도 여전하네요. 진창과 추위 그리고 폭격의 지옥 같은 콘서트를 버티려면, 어떤 방식으로라도 취醉할 수밖에 없었고, 환각을 일으키는 그 현실에서 인위적으로라도 도피해야 했고, 그런 일상에서는 어떤 즐거움

이라도 – 타락하는 것이라도 – 찾아 나서야 했는데, 버티고 견디기 위해
서였죠.

이것은 제가 오늘 오후에 설명했던 것에 딱 맞는 예시이기도 합니다.
무엇보다 저는 예외적으로 참기 어려운 (전투)구역에 머물렀던 그 기억
을 특히 떠올립니다. 최전선에 도달하기 위해서, 우리는 지척거리는 차
가운 진창으로 채워진 깊은 수로가 된 참호를 헤쳐 나가야만 했습니다.
그다음에 우리는 적의 총안銃眼 앞에서 인내심을 가지고 기다리곤 했으
며, 물에 잠겼던 우리의 옷을 북풍朔風에 말렸지요. 거기에다가 끊임없
이 계속되는 포격, 마사일, 기관총, 습격의 위협들이 더해졌습니다… 완
전히 비인간적이었지요.

버티기 위해서 – 버티거나 아니면 죽을 수밖에 없는데, 죽음은 언제
나 우리가 최후에 맞이하는 방안이지요 – 우리는 그 지옥으로부터 최
소한 생각만으로나마 벗어나기를 바랐지요. 그러나 자는 것, 꿈꾸는 것
조차도 위험했어요. 우리의 육체적 고통과 정신적 고통을 줄이는 합법
적인 수단은 하나밖에 없었어요. 아니 두 개라고 할까요. 싸구려 브랜
디 술과 담배, 두 가지였던 거죠.

저는 차고, 소화가 잘되지 않는 저녁을 먹은 후 에테르 냄새가 나고
목구멍을 태우는 것 같은 혼합주를 제게 허용된 양만큼 들이키곤 했어
요. 그리고 저는 꿀맛 같은 담배에 불을 붙였댔죠… 그러면 저는 그 진
창이나 폭격에도 전혀 아랑곳하지 않았던 것이지요. 그것은 새로운 분
위기, 꿈같은 분위기처럼 느껴졌댔죠. 보통 아주 흐릿해 보였던 태양이
훨씬 밝아 보였고, 전쟁의 소음들은 친숙해지고 그렇게 거슬리지 않게
여겨졌댔죠. 포탄의 휘파람 소리, 귀청 찢는 소리들도 마치 축제일의 불
꽃놀이처럼 약간 웃어넘길 만한 그런 상황이 아니겠어요?

중독은 그 나름대로의 몫을 다했고, 변형시키고, 변신시키고, 이상화
시킴으로써 그 현실은 훨씬 더 인간적으로 견딜만하게 되었던 것이죠.

아픈 사람들은 잠시라도 고통을 줄이려고 모르핀이든 아편이든 진통

제를 요청합니다. 천둥치는 세찬 비바람에 겁먹은 아이들은 그 위협이 주는 충격을 줄이려고 눈을 꼭 감거나 머리를 이불로 숨기고 귀를 틀어막지요. 이것은 그 경우에 통하는 해결 방안들이겠지만 단지 미련퉁이 방안들일 뿐이고, 자연에 의해서든 사건들에 의해서든 우리에게 밀어닥친 걱정에 찬 문젯거리들의 요소들을 절대로 바꾸지는 못합니다. 그러나 그것들은 단지 우리가 우리 안에서 느끼는 고통스럽고 끊임없이 괴롭히는 감정을 좀 약하게 해줄 뿐입니다.

그래서 당신은 이런 중독의 영향력 아래에서, 우리가 우리 안에 가지고 있는 작용과 반작용의 전체 메커니즘이 완전히 망가졌다는 점도 깨닫게 됩니다. 우리는 더는 똑같은 예민함을 느끼지 못하기 때문에, 엄밀한 현실 안에서 사실들을 실제 있는 그대로 볼 수 없습니다. 필연적으로 어떤 틈새가 벌어지고, 그 결과 우리의 행동은 적응력을 상실합니다. 요란한 포탄 소리는, 그 끔찍한 위험 속에서도 더는 느껴지지 않고, 단지 참호 속에 납작 웅크리는 정상적인 반응만을 불러일으킵니다. 울부짖는 총성도 위험의 엄밀한 개념에 꼭 연결되지 않게 되죠… 그리고 죽어도 좋겠다는 것입니다.

중독성 해결방안은 어떤 경우에도 늘, 무능impuissance과 비겁 그리고 영웅적인 삶이 요구하는 것들의 거부인 것입니다. 이 방안은 우리들의 약점을 틈타, 우리의 두 눈을 가리는 것을 알게 된 이들의 처분에 따라, 맹목적이고 수치스럽게 그들에게 굴종하는 행위들이나 무기력passivité으로 우리를 끌고 갑니다. 우리는 대가를 치르지 않고서는 인간의 숙명에 등을 돌릴 수는 없으며, 우리는 당면한 이 숙명에 늘 맞서야 하고, 당면한 현실이 어떤 것이라 할지라도 이것을 극복해 내야 합니다. 그것이 아무리 끔찍한 것이라 하더라도 그렇습니다. 우리는 이 두뇌와 이 지성과 이성에 가능한 최대한 활력을 유지해야 합니다. 그것이 우리의 지고한 고상함입니다. 그리고 어떤 희생을 치르더라도 삶에 대한 우리의 불굴의 의지를 지켜내야 합니다.

- 남용뿐 아니라 주기적인 흡연과 음주가 아이들에게 초래하는 신체적 쇠약과 정신적 타락에 대해 설명하는 방식은 딱 이런 식은 아닙니다. 하지만 근본적으로는 우리가 당신의 의견과 같다는 점은 잘 알고 계시지요? 그들이 애써 얻는 흥분과, 유기체적 필수가 되어버린 흥분에다가 (중독의) 악습들이 더한 결과들을 대수롭지 않게 여기는 것은, 구제 불능의 알코올 중독자나 골초들에게만 해당될 뿐입니다.

　- 예, 당신은 이들 다양한 종류의 중독을 맹렬히 비난하고 금지하십니다만, 당신은 학교에서 더 감지하기 힘들고 더 위험한 것들을 조장하십니다. 그러나 당신들은 그것들을 당신들의 가르침의 취약점들에 대한 효과적인 치료약이라도 되는 것처럼 위선적으로 제시하시고 있지요.

　- 저런, 그럴 리가! … 극단적으로 엄하신 것이 저를 당황케 합니다만, 제가 설령 그런 뜻에서 잘못을 저질렀다 하더라도 이는 제 본의가 아닙니다.

　- 당신께 더는 이론을 말하지 않겠습니다. 저는 당신이 그 심각한 파급효과를 인정하실 수 있도록 바로 그런 사실들을 직언하겠습니다.

　저는 방금 참호 안에서 저희들이 두 가지의 적법한, 말하자면 공식적인 사례들, 즉 우리가 (그 상황에서) 벗어나기 위해 허용되는 술과 담배가 있다고 말씀드렸습니다. 그 두 가지는 - 전쟁 때는 예외로 하고 - 통상적으로는 도덕적으로 비난받는 중독의 아주 흔한 형태들이기 때문에 자연히 머리에 떠올렸던 것입니다. 그 해로운 영향들은 모든 책에 적절히 기술되어 있습니다. 그리고 우리는 다들 정도의 차이는 있겠지만 그 중독을 겪어보았습니다. 그리고 이어서 제 이야기는, 정신에 똑같은 최면작용을 하는 지루한 것을 걸러낸 다른 치유 사례들로 이어져, 보다 더 받아들일 만한 분위기 - 안타깝게도 덧없고 속기 쉬운 신기루에 불과한 - 속으로 갑니다. 적극적인 전이의 가능성이 있는…[119]

---

119. 원문이 쉼표로 끝나는 문장이다.

담배나 술로 얻은 몽롱한 비몽사몽의 상태가 사라지게 되면 우리는 그 불편한 구덩이 속에서 무엇을 하게 될까요? 이해할 수 없는 것을 이해하려고 뇌가 얼빠지게 될까요? 경험상 생각하는 것이 무익하다는 것을 확신해 사람들과의 접촉에서 우리 운명을 반추反芻해보려고 할까요?… 우리는 카드놀이를 했댔지요. 우리는 초에 불을 붙여 그것을 군대용 반합飯盒 위에 올려놓았고, 군용 담요를 펼쳤죠, 그리고는 누군가 때가 덕지덕지한 카드들로 놀이를 벌입니다. 10을 에이스로 하는 마닐라카드놀이manille에서 물주에 돈을 거는 카드놀이banco로… 옮겨가댔죠. 인위적으로 패를 갈라서 하는 싸움에 완전히 푹 빠져서, 판돈 미끼에 열이 붙어, 우리는 놀음과 우연然이 지배하는 딴 세계로 옮겨가곤 합니다. 그리고 마약 주사를 맞은 뒤처럼, 우리는 모든 것을 잊어버리곤 했습니다. 우리를 마비시킨 추위, 우리 목에 들어 찬 포연, 땅에 납작 엎드려 피했던 그 포연, 우리 머리 위로 울리는 포성, 머지않아 내릴지 모를 공격, 임박한 죽음, 부상, 너무도 강력한 끝없는 전쟁이라는 관념을 잊었더랬습니다. 그래서 카드를 치우고, 담요를 원상태로 접고, 끊임없이 괴롭히는 현실에서 우리 마음이 벗어나도록 해준 마력이 중단되는 것을 우리는 참 안타까워했댔습니다.

하지만 카드만 있었던 것은 아니죠… 카드놀이를 전혀 하지 않는 사람도 있었는데, 그들은 당신이 분명 인정하지 않으실 테지만 다른 중독 놀이를 썼어요. 바로 **독서**LECTURE죠!…

– 똑같다고 비교하시지는 않으시겠죠!… 그 일은 적어도 마음을 채우고 고양합니다!

– 아! 예, 바로 그것에 관한 것이곤 했지요!… 누군가 참호에서 책의 페이지 속에서 마음을 가라앉힐 만한 논거나 생산적인 사상을 찾곤 한다면 믿으시겠나요?… 그런데 집요한 철학자들 몇 명에 관한 드문 사례가 – 제1차 세계대전의 프랑스 병사들 대열 가운데서 제가 결코 만나지 못했던 – 예외적으로 있긴 했지요. 그들은 불행한 다수의 병사들이 술

을 마시고, 담배를 피고, 카드놀이를 했던 것처럼, 잠시라도 자신의 정신을 잠들게 하고 살려고 애쓰느라 - 비록 꿈이나 환상만을 통해서만 그럴 수가 있었던 것이지만 - 책을 읽곤 했지요.

게다가 그것은 이 병사들이 왜 닥치는 대로 책을 읽곤 했는지를 설명해줍니다. 그들의 생각을 사로잡을 만한 줄거리만 있다면, 교묘하게 그들의 마음을 조마조마하게만 한다면, 어처구니없는 모험들을 무릅쓰고서라도 병사들을 그런 세계로 이끈다면 - 그 세계는 꿈을 꾸는 것처럼 시간이 흐르고 만사를 잊게 해주는 곳이지요 - 그렇게 책을 읽곤 했습니다. 그리고 그것은 사람들이 책을 읽게끔 이끄는 가장 중요한 요인입니다. 저자가 정신에 이르고, 일깨우고, 관심을 갖게 하려고 애쓴 구절들은 몇 안 되게 드문데 그들은 이 구절들이 군더더기라며 한결같이 안 읽고들 넘어갑니다. 저자들의 가치는, 우리가 꿈속에서 참여할 수 있는 다른 삶들로 데려가기 위해서 우리들 자신의 삶에 비인간적인 광경을 흐릿하게 만들 수 있는 오로지 그런 솜씨의 작용뿐입니다. 좋은 소설에서 기대하는 것은, 좋은 술이나 잘 손질한 (담배) 파이프와 마찬가지로, 정신이 달콤함에 팔려 잠들게 하고 우리에게 다른 지평들을 열어주는 것이죠…

- 그 지평들은 멋진 것일 수도 있겠네요!
- 멋지건 추하건. 본질적인 것은 그것들이 다른 것이라야 하고, 덜 야만적이어야 한다는 점이죠!… 중독! 중독!…

그리고 '노래의 중독'*le haschich des chansons*도 있습니다!…

안타깝죠! 우리의 문명은 오늘날 중독의 절망적인 신호로 가득 차 있죠… 그러나 저는 우선 사실들을 인용하기 위한 것이라는 점을 말씀드렸고, 그것으로부터 도출되는 결론들을 저와 함께 맺는 것은 당신 몫이지요.

제가 말씀드리려 했던 노래라는 중독!…

무덤처럼 어두운 그 구덩이 안에서, 어떤 흘러간 옛 노래를 부르는 동료는 이처럼 기계적으로 어떤 노래라도 부르기 시작하곤 했습니다. 그 노래가 불행한 마음을 미래의 전망이 있는 다른 영역들로 데려가는 불가사의한 힘을 가지고, 뭔가를 연상시키는 이미지를 불러일으키고 신기루를 피우는, 그런 낯익은 감정들을 표현하는 노래라면 말입니다.

다른 동료 병사들도 같은 노래를 웅얼거렸고 이들의 적극적인 참여로 더욱더 환상의 궤도 속으로 몽땅 파들어가곤 합니다. 침묵하던 병사들조차 그들만큼은 아니지만 달콤함에 취하여, 그들의 견딜 수 없는 조건들로부터 먼 곳으로 옮겨갔댔지요. 그들이 그 노래 안에서 찾는 것은, 그 노래를 통한 고양이랄까 그런 우아한 감정도 아니거니와 고상해지는 그런 예술적이며 감동적인 감정도 아니었죠. 그 노래들은 최소한 인간 존엄의 기본적인 감정을 보존할 수 있었던 사람들에게 들어맞는 호사스러운 몰두였던 것입니다. 잠시만이라도, 제1차 세계대전의 병사들은 오직 중독만이 필요했는데, 이런 것이나 혹은 다른 어떤 것으로 그들이 갈망했던 (불안의) 경감과 도피를 가능하게 하는 것이면 되었지요.

그리고 '이 모든 것이 단지 중독에 불과한 것은 아니었나'라는 증거는, 아픈 사람들이 오직 그들이 잠들 수 없을 때만 아편을 요구하는 것처럼, 병사들도 습관성 중독이라는 유감스러운 수반 효과를 제외하고는, 그것이 꼭 필요하다고 느꼈을 때만 그것을 사용했다는 점입니다. 후방에 돌아와 또는 휴가를 얻어, 햇빛과 들판 그리고 최소한의 인간적 환경을 누릴 가능성이 주어졌을 때, 사람들은 술을 멀리하고, 담배를 덜 피고, 오직 밤이 오기 전까지만 카드놀이를 하고, 적어도 조금이라도 노래 곡목들을 바꾸었지요.

대부분의 사람들에게 그러합니다만, 오늘날 세상은 제1차 세계대전의 병사들에게 포격과 진창, 참호보다는 약간 좀 더 자연적인 유혹들을 제공한다고 믿으셔야 합니다. 이것은 오늘날 제가 사람들 모두가 똑같은 중독을 끊임없이 찾는 것을 보기 때문입니다.

노동자는 기진맥진하여 자신의 일을 끝마칩니다. 작업장 문을 나설 때까지는 시간이 좀 지체되는데 그사이 그들은 담뱃불을 붙입니다. 길 건너 카페가 그를 끌어당깁니다. 한 잔의 술은 피를 돌게 하고 울적함을 물리치죠… 누추한 집은 지저분할 뿐 아니라 반갑게 맞아주지도 않습니다. 소음도 많고 고함소리 천지지요!… 우리 같은 사람들은 카페로 발길을 돌려 카드놀이를 하려고 기계적으로 한패가 되고 그러는 동안 모든 것을 잊습니다. 육체적 피로도 가정살림의 곤경도 자신의 실추도요. 그러다가 (현실로 돌아오면) 놀라게 되고 정신적인 균형을 잃어버리는 상태가 됩니다. 자던 사람이 깨어나 꿈에서 바로 현실로 갑자기 – 어떤 중간 단계도 거치지 않고 – 던져지게 되면 그 현실에 정말 자신의 몸과 생각과 감정들을 맞추기 위해 엄청 힘들어하는 것처럼 말이죠. 만약 그 노동자가 저녁 먹을 때에나 돌아온다면, 무엇을 할까요? 그는 결코 정보를 찾거나 교양을 위해서가 아니라 카드놀이에서 그런 것처럼 회피하고, 잊고, '심심풀이로' 신문이나 책을 집어들지요… 그 결과 그가 몇 분, 몇 시간 훑어본 책이나 신문은 소중하지 않습니다. 그는 낮 동안 충분히 피곤해져서 뭘 사색하느라 더 쓸 기운도 없습니다! 그리고 이 요구사항, 그들이 속아 넘어가지도 않을 이런 요구사항을 출판인들은 의식하는 것이죠!…

그에게 라디오가 있다면, 그는 중독된 방송(프로그램)을 찾으려고 채널을 돌립니다. 그 방송(프로그램) 수는 많고요, 공적인 서비스인 라디오도, 출판인들이 도피하려는 욕구들과 매한가지 그 욕구에 맞추어 움직입니다. 그렇지 않나요!… 사색을 하게 한다는 방송(프로그램)들은 '지루한 것'으로 가차 없이 버려집니다. 그리고, 사실, 이것은 언제나 청취자들의 잘못도 아닙니다. 그들의 잘못이 결코 아니며 그들은 희생자일 뿐입니다!

그리고 다음으로 사람들은 가능한 대로 영화관에 가지요… 아! 이것은요, 진보의 허울을 쓴 현대적인, 완벽한 중독이고, 지식과 감각들에 기반을 두고서 혹惑하게 하는 것을 생산해 냅니다. 밖의 하늘은 별이 총총하고, 엄청 고요하고 평온합니다. 그리고 당신은 꿈꾸는 빛으로 요술처럼 밝혀진 영화관의 방으로 비집고 들어갑니다. 때로는 그 눈부심에 매료되기도 하고, 때로는 어느 상쾌한 봄날 저녁처럼 부드럽게 스며들고 흐트러지는 가운데 말입니다. 편안히 자리를 잡고 앉아서 한 사람의 이방인이 되어 환상적으로 펼쳐지는 영상들을 마치 완벽한 현실인 것처럼 수동적으로 보는 겁니다. 그 얼마나 놀라운 현실입니까! 아! 그렇고말고요. 이것은 당신을 끊임없이 괴롭혀온 일상의 단조로움도 아니고, 어느 것도 당신이 논리적으로 성찰하도록 돕지 않는 그런 일상도 아니죠. 그럼요! 이것은 우스꽝스러우면서도 있을 성싶지 않은 상황들로서 당신이 살고 있는 상황들과는 대조를 이룹니다. 그 상황에서는, 당신에게 전혀 새로운 것으로 보이는 풍속들, 당신을 자극하고 흥분시키는 과도한 열정, 전염성 강한 웃음이 터지게 하는 대비對比, 이런 것들이 함께하지요.

상영이 끝나고, 갑자기 불들이 다시 켜지면, 관객들은 비참하게도 두 시간 동안 완전히 잊고 있었던 문제와 걱정과 흉측스러움의 세계로 다시 떨어집니다.

제가 말씀드렸듯이, 영화는 아주 탁월한 중독성 놀이입니다.

당신은 때때로 당신의 꿈을 회상하려고, 깨어 있는 상태에서 꿈에서 본 이미지를 다시 보려고 시도해 보신 적이 있으셨지요? 바로 전 당신의 마음속을 질주했거나 아니면 그 이미지의 모든 면들 아래에서 기어 다녔는데 마치 고문이라도 당한 듯 당신을 시달리게 한 그 놀라운 이미지들을 말입니다. 당신은 바로 저기 당신의 집에 있는데, 동시에 백 리 외lieu(1lieu=약4km) 떨어져 있기도 하고, 당신이 있던 방 안의 벽들이 쓰러지기도 합니다. 집들은 각각 개별적인 특성을 간직하면서 기적적으로 하나가 다른 하나와 서로서로 겹쳐 있습니다. 낭떠러지들이 입을 벌리고 있고, 당신은 겁이 나지만 거인의 뛰어넘기로 이겨냅니다. 그렇지 않으면 독수리처럼 활공滑空을 하는데, 저 아래 끝없이 펼쳐진 들판으로 흥분하며 낙하하죠… 데이지꽃이 만발한 가운데로 말입니다. 당신에게는, 슬픔과 기쁨, 공포와 장엄함, 살해들과 창조들, 사랑과 증오가 엉클어지고 겹쳐 있습니다. 그러나 이것에 관하여 아무리 성찰한다 한들 소용이 없습니다. 이들 이미지들과 생각들 사이에서는 아무런 관련성도 확정지을 수 없습니다. 꿈은 그 자체의 법칙과 논리와 리듬과 화려함에 따라, 우리 자신의 삶을 지배하는 법칙들과 어떤 공통된 점도 없는 다른 영역으로 당신을 옮겨갑니다. 우리 꿈들의 장면과 기억은 잠시일 뿐, 우리가 미래에 어찌 될지 그 방향을 잡도록 하는 데에는 전혀 쓸모없는 것들입니다.

  저는 영화의 큰 매력은 영화가 꿈의 어리둥절한 과정을 그대로 복사해 온 것에서 그대로 나온다는 것, 그리고 꿈처럼 적어도 우리를 완전한 망각으로 데려가는 점에 있다고 믿습니다. 그러나 이런 망각은 당신에게 아무 소용이 없습니다. 그것은 오히려 정신적인 균형을 잃게 하고 심적 혼란을 부추깁니다. 아름답게 꾸며지고, 강렬한 밝기로, 음향이 처리된 그 시각 이미지는 더 설득력 있는 것이 삶인지 영화인지 자주 묻곤 할 정도로 암시하는 힘이 있습니다. 사람들은 그 출연 배우를 모방하고, 자신에게 감명을 준 그 태도들을 재현하거나 이러저러한 등장인물들처럼 생각하고 말하고 행동하려고 시도합니다. 그리고 사람들은 분별력 없이 꿈을 현실이라고 생각했기 때문에, 생각이 비논리적이고, 행동이 비합리적이고, 계획이 좌초되고, 모든 삶이 실패로 돌아가는 것을 보고 나중에 놀라게 되죠… 잘 아시겠죠, 이번에는 그것이 정말 끔찍한 중독이라는 것을 말입니다!

  ― 하지만 당신은 인간성을 기르는 데culture 가장 감동적인 보물들을 간직하고 전수하는 책들과, 그리고 그 모색적 데뷔 이후 지금까지 예술적인 표현에서 그 엄청난 폭과 직관력 있는 깊이 그리고 타의 추종을 불허하는 힘을 가진 예술적 표현의 수단이 되려 하는 영화를 가차없이 매도하지는 않으실 것입니다.

- 긴장 완화의 단순한 놀이들로 그리고 다음에는 중독성 놀이로 타락하는 놀이-일이 있는 것과 마찬가지로, 독서와 라디오와 영화도 도움을 주는 가능성으로 잔뜩 채워져 있습니다. 그러나 절대다수의 사람들이 그것들을 실제로 활용하는 것을 지켜보면서 저는 정말로 오직 중독만을 봅니다. 그래서 저는 인류가 그러한 기술들의 본질을 언제가 되어서야 통제하기에 이르게 될지, 아니면 인류가 속여먹는 다면적인 꿈의 장애를 무시무시한 단테의 족쇄[120]처럼 질질 끌고 다닐 것인지를 자문하게 됩니다. 그 꿈은 죽을 수밖에 없는 존재들이 애정을 가지고 키워오는 것으로, 그 까닭은 사람들이 그 의미를 몰이해했거나 망각했던 현실을 밝혀주는 호사에 능하고 무의식의 신기루를 계속 이어가기 때문입니다.

- 당신 자신이 말씀하셨던 것처럼, 때때로 몇몇 사람들이 선견지명을 가진다면 그것으로 충분하지 않나요?…

- 그러나 다른 사람들이 그들의 가르침을 이해하거나 받아들이기를 원하지 않는다면요!…

우리에게는 지적인 삶으로 남겨진 것을 더욱 잘 파악하도록 우리가 도울 수 있는 유일한 아이라는 존재가 있긴 합니다. 안타깝네요! 당신들은 그들이 중독되지 않도록 하지 않으시니 말이죠…

- 뭐라고요? 우리라고요? 그렇다면 우리 학교가 의식(인식)과 이성이 지배하는 가운데 창설된 것임을 잊고 계신 것 아닐까요?…

- 그러나 아이를 가르치는 것만으로는 충분치 않죠… 중독, 저는 그것을 말씀드리고 있고요…

중독, 당신들의 수업들, 자장가처럼 이어지는 모든 말로 하는(口述) 수업들은… 당신들이 말하는 동안, 아이들은 자신의 꿈속으로 되돌아가고, 당신들의 의도는 전혀 알지 못한 채 당신들이 부여한 그 낱말들

---

120. un boulet dantesque: 단테의 『신곡』의 무시무시한 지옥 장면에서 유래.

을 그들 나름대로 풀어서 받아들입니다. 그러니 어떻게 서로 이해할 수 있겠습니까?

책 읽기요? 당신들의 노력에도 불구하고, 오직 그들의 애독서[121]이자 그들이 중얼거리도록 강요받고 있는 몇몇 교재들 외에는 전혀 읽지 않는 학생들이 있습니다. 이 아이들은 적어도, 정말 역설적으로 보이지만, 일부 독서의 흥분과 그럴싸한 퇴폐를 아직 알지 못하기 때문에 이것을 모면할 수 있을는지도 모르겠네요. 그러나 중독성 책이 병적인 호기심과 흥분과 도피를 모두 만족시킨다는 것을 너무 일찍 감지하게 된 학생들에게는 희망이 없어요. 그때부터 책이란 특히 그들에게는 삶이 그들에게서 앗아간 느낌들의 일부를 구할 수 있는 편리한 수단에 지나지 않는 것입니다. 그들은 손에 들어온 모든 책을 닥치는 대로 – 선택도 분별도 없이, 제가 묘사했던 제1차 세계대전의 병사들처럼 – 집어삼키듯 읽습니다. 단지 책 읽기를 통해서 그들이 기대하던 바로 그것만을 거기서 얻을 수 있다면요. 중독의 기적이죠!… 성찰이란 전혀 없어요, 그것과는 정반대죠, 더는 생각하고 성찰하지 않으려고 책을 찾기 때문이지요. 그들은 무엇보다도 일부나마 사려 깊은 〈교양〉의 풍요를 가져다줄 모든 페이지들을 경멸하듯 건너뛸 것입니다. 그들은 책을 수박 겉핥기식으로 읽는 개탄할 만한 버릇을 붙이게 될 것이며, 책 속의 표현들에서 그들이 그 책에 있을 것으로 여기는 이미지만 – 참된 것이든 거짓된 것이든 – 보면서 말입니다. 그들은 그래서 이런 꾸며낸 분위기 속으로 스스로 걸어 들어가 정말 얼빠진 사람이 되는 것입니다.

저는 교사들이, 책을 많이 읽고 또 책 읽은 것에서 학계의 상투적인 말투에 완벽하게 들어맞는 그런 겉치레를 터득한 아이들을 흔히 칭찬한다는 것을 알고 있습니다. 그러나 더 가까이 살펴본다면, 그 교사들도 저처럼 이런 거짓 모범생들보다는 자연적이고 직관을 가진 개성 있

---

121. bréviaire: 가톨릭의 성무일과서, 늘 보는 책에서 유래.

는 아이들, 즉 중독의 솔깃한 맛을 아직 느껴보지 않았고, 현실에서 동떨어지게 하는 약물보다는 속아본 적이 없는 현실을 선호하는 그런 특권을 가진 – 그들이 그것을 계속 지켜낼 수 있을지는 미지수지만 – 아이들을 높이 평가하게 됩니다. 그들에게는 수선화가 여기저기 흩어져 있는 봄철 초원의 상쾌함이 어떤 시인들이나 할 수 있을 능란한 묘사들보다 더 뛰어나게 완전무결한 듯 보입니다. 그들의(이 책에서 만난) 동물들은, 그들에게 말을 걸어오며, 물론 그들이 분명 표현할 수는 없겠지만, 그들에게는 당신이 그들에게 걸작으로 권하는 다소 도덕적인 우화寓話들만큼 알아들을 수 있는 다른 시어詩語인 것입니다. 이나 저나 모험인 것은 매한가지지요! 그들이 당신들의 책들이 필요한 것은, 그들이 그것들을 상상해 낼 수 있을 때 그리고 그들의 일들 안에서 그리고 그들의 놀이들 안에서 다른 강도이겠지만 그것들을 체험할 수 있을 때입니다.

이것은 그런 아이들이 현실 안에 더 오래 머물러 있기 때문에 그렇습니다. 이 아이들은 어린 시절 교육을 받으면서 교육이 작동시킬 이런 속임의 바꾸기(轉位)transposition(경험에서 시작하지 않고, 순서를 바꿔 교과로부터 시작하는 스콜라식 교육의 진행 순서를 말함-역자)에 시달리지 않았기에, 대체로 더 감수성이 있고, 더 논리적이고, 더 엄격하게 자기성찰 능력을 갖추고 있고, 명백히 가장 열심인 독자들보다 삶의 진정한 전투에 더 잘 무장이 되어 있는 것입니다.

이것은 책 그 자체를 싸잡은 비난이 아닙니다. 분명 자신을 고양하고 교양의 도구처럼 책을 활용하는 방법이 분명 있을 것입니다. 라디오와 영화 그리고 일반적인 모든 가르침에서 얻는 그런 중독의 뒷맛은 없이 말입니다. 그러나 우선은 사용하는 연장(도구)들의 올바른 가치를 알아야 합니다. 그 연장들의 결점을 그 연장의 품질로 여겨서는 안 되겠습니다.

만약 우리 아이들을 어리석게 만드는 중독으로부터 보호해 주기를 바란다면, 역시 마약 성분이 들어 있는 음식물들을 엄밀히 알아야 하고, 또 이것을 제거할 방법들도 알아야 합니다. 그런데 그리 되는 데는 그러한 중독들에서 이익을 얻거나 그것을 통해 살아가는 사람들로부터의 반대가 없지 않을 것입니다. 게다가 이 마약은 너무 악마같이 또 너무 영악하게 유혹을 해서 다들 그에 대해서 모든 관대함을 베풀지요. 그것은 부모들과 교육자들에게 관심을 끌 만한 각별한 서비스를 제공하지 않나요? 그리고 아이들을 열광시키고, 가장 무감각한 사람들조차 흥분하게 만들고, 그들이 동의해서 한 노력들에 대해 보답도 하지 않나요? 이런 것은 학생들 자신의 본성이 정말로 필요로 하는 것을 위해 기울이는 노력보다 더 손쉬운 해결책으로, 노르망디 엄마들은 그 아이들에게 아주 작은 컵의 보드카[122]를 먹인다고들 하지 않나요? 그 술은 아기들을 잠들게 하고, 아이가 잠든 시간 동안 부모들은 평온해집니다.

그리고 저는 학교 안에서조차 마약을 약간씩 가져오는 것을 마치 미덕처럼 여기는 것 같은 수많은 놀이들에 대해서는 말씀드리지 않겠고요… 헌데 적어도 아이들은 기꺼이 수업에 들어와 거기서 즐깁니다. 마약 한 명분은, 이렇게 말씀드려도 될지 모르겠습니다만, 아이들의 즐거움이겠고 교사들뿐 아니라 부모들에게는 평온[123]이겠지요.

그러나 뭐죠? 우리의 목적이, 정말 아이들을 멍청하게 만들고, 그들을 잠들게 하거나 그들이 아이들로서 그리고 인간으로서 그들의 가장 기본적인 의무들을 게을리하도록 하는 행동들에 열광하도록 만드는 것이라는 건가요? 게으름과 재미와 편의성이라는 구실 아래 편리한 환상이 그들의 몸에 배게 해야 하나요? 아니면 그들이 현실을 파악하고 – 현실의 건전한 기쁨과 현실적인 사회활동 그리고 세계의 위대한 법칙들에 의식적으로 복종하는 가운데 – 영웅처럼 살도록 돕고, 그들이 자

---

122. eau-de-vie: 직역하면 '생명수'이나 보드카를 그렇게 부른다.
123. tranqillité: 앞의 tranquille 형용사의 명사형으로 노르망디 엄마들의 경우와 연계시키는 의도가 읽힌다.

신의 운명을 효과적으로 실천에 옮기도록 준비시키고, 느슨하게 공짜로 슬쩍 들어가 자리를 차지하지 않게 해야 하는 것 아닌가요? 용케도 삶에 있어서 오랫동안 속임수를 써 왔고 용케도 아무런 벌도 받지 않았다면, 자신의 본질적인 인간의 의무들에서 벗어나려 했던 아이들에게는 오직 균형을 잃은 정신 이상[124]만이 그에 상응하는 벌이 되지 않을까 합니다.

---

124. déséquilibre: 불균형, 균형을 잃은 정신이상.

36
교육학의 결과

교육학적 관심의 중심에 아이를 두고,
아이 활동의 중심에 일-놀이를 두고, 순전히 사변적인 사고보다
생산성 있는 활동을 우선시하라. 그것이 교육에서
시급히 실행해야 하는 코페르니쿠스적 혁명이다.

마티유는 불씨가 꺼지게 내버려두었던 담뱃대를 털었다.

– 이렇게 해서 이제 놀이에 대해 검토하는 것을 끝마쳤네요. 사실 우리의 목적은 기존의 모든 놀이를 검토하는 것이 아니었습니다. 놀이는 아주 다양할 뿐 아니라 그 수도 무한합니다. 다른 것과 구별되는 놀이의 특징, 말하자면 놀이의 고유한 특성을 명확히 하는 데에 목적이 있었죠. 누구나 특별히 탐구하지 않고, 지나치게 박식하지 않더라도, 그러한 놀이들을 인식하고 높이 평가할 수 있도록 말입니다.

만일 부모와 교육자들이 우리가 끌어내려고 애쓰는 양식良識의 원리에 따라 자기 아이들의 욕구와 활동 그리고 잠재의식의 변화를 잘 알고 있다면 그들이 모든 면에서 최선의 임무를 수행할 걸로 생각하지 않으시나요?

물론 우리는 명료화하려는 우리의 시도로 인해 주변에서 일어날지 모를 파장을 과장해서 착각하지 말아야 합니다. 본의 아니게 왜곡되어 온 사람들의 집요함 – 인간의 균형감이나 우리의 운명이 필연적으로 어떻게 귀결되는지에 대한 의미를 그 사람들에게 거의 회복시켜줄 수 없게 되어버린 –을 고려해야 하기 때문입니다. 그러나 우리가 단지 올바른 눈으로 보고, 계몽되고, 잘못을 판별하는 데에 개인적으로 만족해한다면, 우리는 이미 우리가 한 노력에 대해 보답을 받은 것입니다. 본

질적인 것은 그 불꽃을 다시 찾아내고 불꽃을 지켜내고 불꽃을 키우고 불꽃을 활성화하는 것입니다. 지나던 사람들은 우선은 호기심에 이끌려서, 뒤이어서는 그 불꽃이 북돋우고, 활기를 불어넣는 것에 놀라서 차츰 멈춰 설 것입니다. 그리고 그 반경이 곧 확장될 것입니다.

우리가 몰두했던 모든 재검토의 실질적인 결론으로 이제 이동해 가야 합니다.

일종의 거대한 법칙이 우리의 건설적인 시도를 지배할 것입니다. 교육에 대한 본질적인 관심은 가능한 가정에서, 최소한 아이들의 리듬에 맞춰 진화하고 아동의 필요에 부응하는, 진정으로 아동에게 알맞은 세계인 학교와 학교 주변에서 실현되어야 합니다. 거기서 아이들은 자기 존재의 천부적이면서도 기능적인 열망에 최대한 부응할 수 있는 일-놀이에 몰두할 수 있을 것입니다.

우리에게 부여된 조건들이, 일-놀이에 우호적인 이런 분위기와 이런 조직에 의해 충분히 뒷받침되어 실현될 수 없다면 우리는 대용품이자 파생물인 놀이-일을 통해 그러한 불충분함에 대비해야 합니다.

그리고 만약 무지나 기술적인 한계로 불가능해서 우리가 바람직하고도 완벽하게 복원하는 데에 미처 도달하지 못한다면, 만약 풍경이 눈부시게 아름다운 정상에 이르지 못하고 우리가 산 비탈길에서 계속 버둥대고 있다면. - 거기서 지금 먼 바다에서 불어오는 신선한 공기를 사실 느끼고 있지만서도요 - 우리는 우리 발밑에서 여전히 입을 쩍 벌리고 있고 끊임없이 가슴을 졸이게 할 정도로 그 깊이가 아찔한 낭떠러지를 최소한 조심해야 할 것입니다. 우리는 **보상적 긴장 완화 놀이**JEUX DE DÉTENTE COMPENSATRICE를 불러일으키고 또 그것을 필요하게 만드는 임의로 부과된 활동들에 우리를 끌어들이기 위해 더는 애쓰지 않을 것입니다. 그러한 놀이는 **내기 놀이**À GAGNER JEUX와 **중독성 놀이**JEUX-HASCHIH로 가는 전 단계 같습니다.

저의 모든 교육 프로그램에서 제가 요구할 수 있는 것이 그것입니다.

우리의 눈을 속이는 오늘날 통용되는 새로운 개념과는 아주 확연히 다릅니다.

일부 사람들은 놀이가 아이들에게 천부적인 것이고, 놀이가 아이들의 마음을 사로잡고, 그들의 관심을 불러일으키고, 그들을 열중하게 만든다고 주장할 것입니다. 우리는 너무나 강력하고 너무나 역동적인 그 욕구를 충족시켜야만 하겠죠. 우리는 교육의 목적이 추구하는 방향으로 그러한 놀이의 입맛(口味)을 이끌어 나가야 합니다.

하지만 당신은 이제 그러한 논리가 얼마나 피상적인지를 깨달아야 합니다. 진정한 토대가 없어서 과감하게 고무할 수 있는 행동 노선이 놀이에 없다는 점을 말이죠.

이러한 놀이를 통한 교육은 불행히도 분명 중독이 지배하는 오늘날의 우리 문명의 형상image을 본뜬 오류입니다. 또 우리 문명은 한편으로는 일의 속박에, 다른 한편으로는 도덕적이거나 생명 유지에 필요한 가치 여부와 상관없이 소극적인 쾌락과 즐거움의 추구에 지배됩니다. 오늘날의 우리 문명은, 자신의 식량과 안식처 그리고 종족 보존을 보장하기 위해 조상 대대로 내려온 개인적인 행동과 인위적이고 영혼 없는 – 기발한 기술을 통해 확실히 향상되기는 했지만, 사회적으로 무분별하고 균형을 상실해 버린 – 기계 사이의 갈라섬(결별)divorce을 완수한 것처럼 보입니다.

결국 놀이에 기초를 두고 교육학 전체를 구축하는 것은, 일이 어린 세대의 교육을 보장할 수 없다는 점을 암묵적으로 인정하는 것입니다. 사람들은 말하기를: 아이들이 더는 일하고 싶어 하지 않는 건 논쟁의 여지가 없는 사실이라고요. 여기서 놀이는 아이들을 목적으로 인도하는 가장 효과적이고 가장 해롭지 않은 활력소로 여겨지죠…

그런데, 어떤 목적으로죠?

아주 어린 아이가 수프를 먹고 싶지 않다면 우리는 끈덕지게 강요하기보다는, 음식을 주지 않고 그저 내버려둘 수 있습니다. 그러나 실제로는 영양이 결핍되어 아이의 건강이나 성장을 해칠 것이라고 걱정하기 때문에, 입맛을 더 돋우는 어떤 과자를 아이에게 선물로 줍니다. 그렇지 않으면 우리는 꾸지람과 체벌을 하거나 도깨비가 온다고 겁을 주면서 먹으라고 강요하거나 억지로라도 먹게 꾀어봅니다. 언제나 성공하는 건 아니죠. 그러나 더 인간적이고 더 적합한 다른 방법이 있습니다. 그것은 과자 선물을 주는 것과 폭력적인 권위에 통상적인 반응들 모두를 피할 수 있게 하니: 아이를 즐겁게 하고, 옛날이야기를 들려주면서 수프 한 그릇이 소화되게 하는 것이죠.

그런 해결책에 실제로 이점利點이 상당히 많다는 걸 저는 인정합니다. 하지만 그것이 이상적인 해결책일까요? 저는 확신이 서지 않습니다. 왜냐면, 그리하면 당신이 한 가지를 잊어버릴 수밖에 없기 때문이죠. 당신은 스스로에게 질문을 제기하지 않으니: "이 아이들은 왜 수프를 먹으려 들지 않을까?" 아이들은 배가 고프지도 않고 먹을 필요도 느끼지 않거나 배는 고프지만 수프가 맘에 들지 않을 수 있습니다. 버릇없는 아이였다면 단지 투정을 부리는 것일 수도 있겠죠. 그러나 또한 대개는 본능적인 반감의 결과일 수도 있습니다. 마치 자기에게 맞지 않는 풀이나 사료에 동물들이 본능적으로 반감을 보이는 것처럼 말이죠.

그 두 경우에서, 온화한 방식이나 옛날이야기, 아니면 놀이를 통해서라도 아동에게 어쩔 수 없이 먹도록 강요하는 것은 우리를 잠시 안심시키고, 우리의 이기심을 감추고 우리의 권위를 지키려는 부득이한 임시변통un pis-aller에 불과합니다. 그 아이들이 왜 식욕이 없는지 먼저 궁금해하고 조사하는 것이 훨씬 더 논리적이고 훨씬 더 유익할 것입니다. 아이들이 식욕이 없는 건 정상이 아닙니다. 정상적인 삶에서 당연히 나타나는 먹고 싶어 하는 자연스러운 식욕으로 되돌아가도록 해야 할 것이 바로 그것이라 하겠습니다.

그러나 식욕을 되살리는 건 여전히 문제의 한 면에 불과합니다. 더구나 그 문제는 아이에게, 식욕을 충족시키기 위해, 냄새와 맛, 영양분을 통해 우리 종(인간)이 정상적으로 필요로 하는 것들에 부응하는 간단한 질 좋은 음식을 제공한다는 본질적인 걱정과는 상관없이 별도로 해결될 수 없습니다. 우리가 무엇이든 탈이 나지 않고 먹을 수 있고 어떤 요리든 먹어야 한다고 가정하는 건 심각한 잘못이기 때문이죠.

가을날 숲에서 버섯이 돋아날 때 목동이 할 돌보는 일은 적지 않습니다. 너무 많은 염소와 암양의 입맛이 까다롭기 때문입니다. 그런데 아무 버섯이나 한 바구니를 따서 되는대로 그것을 시험 삼아 염소에게 주려고 해보세요. 염소는 코를 킁킁거리겠지만 그것을 절대 먹으려 들지 않을 겁니다. 만일 염소가 아주 배가 고팠었더라면요!… 그래도 다르지 않을 듯하죠!… 염소는 자기 몸에 해롭다고 느끼는 음식을 건드리기보다는 오히려 굶어 죽을 겁니다. 당신의 염소를 자유롭게 풀어놓아 보세요. 염소는 숲으로 떠나죠. 식탐하는 코로, 염소는 버섯을 찾아내고 버섯 냄새를 맡고 제 체질에 좋다고 오직 자신의 본능이 판단하는 버섯만을 먹습니다.

우리의 때아닌 권위, 우리의 본보기, 우리가 으름장을 놓은 것들, 우리가 약속하는 것들, 우리가 보상하는 것들 그리고 또한 놀이를 통해서, 우리가 아동의 본능을 혼란스럽게 하지 않고 굴대(軸)에서 벗어나지 않게 한다면, 아이도 그렇게 행동할 겁니다. 아이의 본능은 상대적으로 아주 낮은 안전성으로 - 다수의 동물 종種들에 비해 아주 열등한 상태로 내버려져 있기에 - 간섭이나 통제가 없는 채로 스스로 지킬 수밖에 없습니다.

- 아이란 고립된 미개인이 아니기 때문이겠죠. 우리가 아이에게 준비시켜야 하는, 의무적으로 해야할 것은, 아이가 이미 가지고 있고 장차 훨씬 더 많이 갖게 될 것입니다. 그 점에 관하여 사람들은 어떤 먹을 것을 제공하고, 필요하다면 그러한 음식을 강요하라고 우리에게 지시합니다. 우리는 가능한 한 피해를 적게 하면서 아이에게 최선을 다합니다. 놀이는 결국 우리의 목적에 도달하기 위해 우리에게 온 최후의

수단이자 가장 인간적인 수단입니다.

　─ 그렇게 하면 문제가 훨씬 더 잘 제기되는 것 같네요. 당신이 이런 해로움을 의식하고 있다면, 당신이 개입하는 것이 주는 효과를 약화시키는 데 적합한 수단을 찾으려고 애쓰는 것은 좋고 또 인간적입니다. 그리고 저는 당신이 보상적 긴장 완화 놀이에 의존하는 것이 당연하다고 생각합니다. 어른이, 본성에서 벗어난 일이 주는 굴욕을 부차적인 놀이로 잊고 싶어 하는 게 당연하다고 제가 생각하는 것처럼 말이죠. 나쁘거나 보잘것없다는 것을 의식하면서, 그리고 당신에게 부과된 의무를 유감스럽게 여기면서 무언가를 하는 것은 단지 절반만 위험합니다. 진짜 위험은 우리에게 부과된 활동 중에서 부당한 것이 있다는 사실을 모른 척할 때 시작됩니다. 그리고 우리가 그러한 부당한 활동을 곧장 정당한 것으로 간주할 때, 또 그러한 활동을 받아들이도록 사용한 수단이 개인의 본성에 토대를 둔 보편적인 방법으로 구체화할 때 진짜 위험이 시작됩니다.

　자신이 유감스럽게 여기긴 하지만 책임지지 않아도 되는 상황에 처했을 때 교육학자들이 교육적 놀이를 임시변통으로 권장한다면, 우리는 여기에 전적으로 동의할 것이고, 저로서도 교육적 놀이의 적법한 사용을 인정하게 될지도 모르겠습니다. 긴장 완화 놀이거나 어쩌면 내기 놀이가 될 것 같은 그러한 놀이들을 말이죠. 저는 교사들이 자신의 본질적인 가르침을 논리적으로 이해하는 것으로 그 실천이 갖는 일부 결함들에 대비할 것이라고 확신합니다.

　제가 우리의 놀이-일이 모든 상황을 엄청나게 잘 충족시킬 수 있다고 우기는 건 아닙니다. 부당한 의무에 직면했을 때, 우리는 적절한 해결책을 찾아내야 하겠고 그때 놀이는 폭력적인 권위나 처벌보다 확실히 더 낫습니다.

　제가 일부 현대 교육학자들을 비난하는 이유는, 그들이 편리하고 즐겁고 언뜻 보기에 효과가 있어 보이는 자극제의 미덕을 너무 빨리 일반화했다는 점 때문입니다. 그리고 주요한 기능적 활동들의 미덕을 부차적인 과정으로 돌리면서, 고작 놀이만을 맹목적으로 따르고 생각하고 구축해 왔다는 점입니다. 그들은 대체품[125]을 자연산으로 여기면서 거기에 만족해 합니다.

아이는 학교를 매개로 해서 사회가 자신에게 부과하는 임무를 완수하고 싶어 하지 않습니다. 사회가 그것을 적법하고 바람직한 것으로 여겨도 말이죠. 당신은 고통을 일시적인 즐거움으로 변형하고, 쾌락을 통해 긴장을 보상하는 환각제에 의존해 왔습니다. 그리고 아이는 눈물 없이, 고난[126] 없이 자신의 과업을 끝마쳐 왔죠. 그래서 당신은 당신이 아주 단순하게 행동해 왔다는 점을 이해하지 못합니다. 자신의 직무에서 오는 강박에 사로잡힌 노동자처럼 말이죠. 한 잔의 포도주로 그는 소생되고, 어쩌면 두 잔의 포도주만으로도 그는 노래하게 되는 것처럼 말입니다.

그 술잔이 사회의 비인간적인 잘못으로 인해 필요하게 된 것이라면, 우리는 사람들이 우리에게 술의 미덕을 찬양하지 말고, 반대로 단지 거기서 위험을 알아차리라고 요구합니다. 그래서 위기가 발생하고, 유감스러운 고역이 찾아오자마자 우리가 최소한 그것에 대비할 수 있도록 말이죠.

사물을 있는 그대로 보고, 부차적인 것을 본질적인 것으로 여기지 말고, 일관성 있게 행동하기, 여기에 당신이 당신을 찬양하지 않을 수밖에 없는 행동 규칙이 있는 것입니다.

─ 바로 그겁니다. 그러나 그러면 모든 것을 교육에서 재검토하게 되죠. 그 작업은 우리를 '참주'tyrannie처럼 강력히 지배하는 지식교육으로부터 시작해야 할 것 같네요.

---

125. ersatz=독일어 Ersatz에서 나온 낱말.
126. "이를 갈이 없이"라는 표현으로, 성경에 자주 나오는 "슬피 울며 이를 갊"(마태복음 24장 51절)을 연상시킨다.

– 그렇게 하는 게 논리적이고 필요하다고 판단한다면요. 우리는 모든 것을 재검토해야 하지 않을까요?

당신은, 일만이 (지적, 정신적) 부富의 창조자요, 물질적·정신적인 힘의 창조자이자, 개인적·사회적 균형의 창조자라는 것, 요컨대 일이 우리가 행복le bonheur이라고 부르는 너무나 복잡한 상태에 대한 우리의 끈덕진 탐색에서 그것(일)이 압도적인 요소라는 것을 납득했습니다. 그렇지 않은가요? 우리의 문명이 일을 저주로 만들었고 더구나 그 결과 일이 너무 자주 경제적 힘과 계략에 놀아나기 때문에, 오늘날 우리가 가끔 그 점을 의심하는 것이죠.

우리가 조금이라도 그 점에 관해 숙고한다면, 어쨌든 우리가 오늘날 지고의 방편인 일이 지닌 탁월한 위엄과 생산성을 오해할 수 없다는 점은 변함이 없습니다.

그런데 당신은 당신의 아이들을 노동자로 만드시렵니까? 저는 이렇게 묻고 싶습니다: 개인적인 열망과 그들이 구성원인 사회의 필요에 부응하는 힘과 생명의 창조적인 임무에 그들(아이들)이 종사하게 하시나요? 전혀 그렇지 않습니다. 아니, 거의 그렇지 않죠!

당신은 그런 임무에 전념하기 전에, 아이들이 "배워야 한다"apprendre고 주장합니다. 무엇을 배워야 할까요? 일하기를 배워야 할까요? 전혀 아니죠!… 일할 수 있기 위해 배워야 할까요? 전혀 아니죠!… 나중에 더 완전한 실효성을 발휘하며 일할 수 있기 위해 배워야 할까요? 당신이 비정상적인 교육의 절차에 따라 너무나 많은 것을 가르치는 위험을 무릅쓰지만 않는다면, 그것은 사실 아주 나쁜 방식은 아닐지도 모르겠습니다. 너무나 많은 것을 가르치게 되면 마침내 일할 채비가 되어 있어야 할 때 아이들은 그 일을 진작 잊어버리고 일의 진정한 사회적 의미에 담긴 내밀한 뜻까지 잊어버리게 됩니다.

게다가 사람들은 아이들이 열네 살게 (초등)학교를 졸업할 때 알아야 하는 것을 경험에 의거해서 아주 자의적으로 정의해왔습니다. 그리고 사람들은 다음 한 가지를 소홀히 해왔습니다. "아이들이 **행할 수 있어야 하는 것**CE QUI'IL DEVRAIT SAVOIR FAIR에 몰두해야 한다는 점을 말이죠.

사람들은 지나치게 많은 양의 원자재를 가지고, 엔진 전체를 구성하는 부품들을 조립합니다. 초벌 정유(휘발유)를 넣습니다. 하지만 그 기계는 그것을 작동시키는 불꽃(스파크)이 규칙적이면서 충분한 힘을 가지지 않으면 작동하지 않습니다. 당신들은 바로 그러한 본능적인 생명의 불꽃과 변화의 그러한 신비로운 유동체流動體, flux를 깜박거리게 하거나 꺼져버리게 하고는, 기계가 너무 빨리 고장이 나거나 닳아서 쓸모없게 된다는 데 가끔 놀라곤 합니다.

이 모든 것은, 우리가 제대로 이해된 일의 창조적이고 형성적인 힘과 일이 소생시키고, 북돋아주고, 자극하는 활력의 탁월한 생산성을 잊었고, 인식하지 못했고, 과소평가해 왔기 때문이죠. 저는 분명히 '일'travail을 말하고 있지, 흔한 일거리(직업)나 임무를 말하는 게 아닙니다.

당신은 아이들에게 되풀이해서 말하죠. "네 일을 해라!"라거나 "일을 끝마치지 않으면 넌 벌을 받을 거야!"라고 말이죠. 그런데 어떤 일을 말하는 건가요? 한 페이지 베끼기… 한 페이지의 연산 문제 풀기… 어느 한 분석… 그런 것인가요? 그러한 것들은 바라고, 원했던 기능적인 활동과 어떤 연관성을 가질 수 있을까요? 그 자체로 인간 존재의 고양이자 우리가 성취한 힘의 내밀한 표현인 기능적인 활동과 관련해서 말이죠. 더구나 제가 취약하고, 허망하다고 생각하는 하나가 거기에 있다는 사실을 당신이 입증할 수 있다고 저는 알고 있습니다. 확실한 것은 아이들이 그 연관성을 전혀 알아채지 못하고 그것을 감지하지도 못한다는 것입니다. 그 연관성은 아이들에게 실재하지 않습니다. 임무와 과업, 의무라는 말을 솔직하게 쓰셨으면 합니다. 그렇지만 일이라는 아름다운 이름을 더럽히지는 않으셨으면 하네요. 일의 (지적, 정신적) 부富와 인간적인 광채를 빼앗겨 버린 그러한 일을 오늘날의 노예상인들에게 제공하는 위험을 무릅쓰면서 말이죠.

'학교'는 가르치고 배워야apprendre 한다는 걱정에 최면이 걸린 것 같습니다. 태곳적 주술적인 입회식에서부터 학교의 주요 역할이 그러하다는 점은 사실입니다. "삶을 지배하도록 배워라!"라고 우리의 도덕가들은 말합니다. 그러나 배우는 것은 삶의 기술(테크닉)의 한 면에 불과합니다. 꿀벌이 따 모은 꽃꿀은 본래 맛이 좋습니다. 그렇지만 그것이 쉽게 썩고 꿀벌에 쓸모없는 꽃꿀로 남아있다면 꿀벌에게 귀중한 것은 무엇일까요? 꿀벌이 꽃꿀을 자신 안에 간직하면서 그것을 자신의 것으로 만든 다음 거기서 자기 존재의 성질을 갖는 분비물을 우연히 얻게 된다면 그 순간 꽃꿀은 귀중한 것이 됩니다. 그러면 그것은 더는 꽃꿀이 아닙니다. 그것은 바로 벌꿀이죠!

배워야 합니다. 분명하죠. 꿀벌이 꿀을 따 모으는 욕구가 있듯 말이죠. 우리가 우리가 젖어있는 세상을 걱정하고appréhender, 세계가 우리에게 봉사하고, 우리가 세계를 지배하려고 애쓰는 것이 우리의 본성이기 때문입니다. 그러나 그러한 이해는, 우리가 아이들로 하여금 현재의 지식과 과거 지식의 유산 같은 조상 적부터 내려온 경험을 제 것으로 삼도록 해주지 않는다면, 단지 잠재적 부富에 불과합니다. 그것들이 인간을 구성하는 데에 도움이 되는 연속적인 공고함과 내밀한 실효성을 획득하는 자기 본능의 성질을 갖게 될 때까지, 그러한 지식과 경험을 자신의 것이 될 수 있게 하지 않는다면, 그것도 마찬가지겠고요.

– 모든 것을 우리 오성悟性의 "체로 거르는 과정"l'《estamine》에 맡겨봅시다. 마치 교육이론에 관한 한, 태양 아래 새로운 것이 결코 아무것도 없는 것처럼, 늘 몽테뉴에게로 되돌아가야 하기 때문이겠죠.

– 그렇지만 우리는 몽테뉴 이래 몇몇 다소 다행스러운 경험들을 고려해야 합니다. 더구나 그것들의 비판적 검토로 우리를 양식良識의 주권적 지배로 되돌아오게 하죠. 그리고 몽테뉴는 그런 경험에 부족함이 없었습니다.

우리는 특히 지성의 작용에 토대를 둔 자기-발현의 시도un essai de

culture를 경험했습니다. 마치 우리가 인간 기계(몸)의 정상적인 과정과 동떨어져 그 자체로 자족하는 특별히 고귀한 능력을 – 제가 그것을 부정하는 건 아닌데요 – 우리 안에 가지고 있는 것처럼 말이죠. 인간은 언제나 자신이 고정시키는 게 필요한 일시적인 개념에 서둘러 이름을 붙이고 싶어 합니다. 잠시일지라도 단순화시킨, 이를테면 구체적인 형태로 말이죠. 그것은 연구자들이 순간적인 예지의 번득임un éclair de lumier으로, 언뜻 보이는 복잡한 이미지를 아주 진부하게 문자화하는 것입니다. 그리고 그 용어는, 비록 불완전하더라도, 창조로부터 영원히 전개되는 미세한 단계를 떼어놓음으로써 우리의 생각을 점차 화석화합니다.

사람들은 지성intelligence에 관해 말합니다. 그러나 지성이란 무엇일까요? 그것은 축적된 부富도 아니고 그 부의 스콜라식 표현도 아닙니다. 지성은 행동의 잠재력, 생명(삶), 반응의 힘으로서 대개 우리들이 만들어낸 개념의 어떤 것으로도 측정할 수 없습니다. 또 활력과 이상에 너무도 폐쇄적이고 너무도 침투할 수 없는 낱말들로는 더더욱 지성을 포함할 수 없습니다.

저는 모든 것을 "우리 오성悟性의 체로 거르는 과정을 통과하게 해야 한다"라고 말하지 않겠습니다. 우리는 그러한 주장이 우리를 어디로 인도할 수 있을지 지켜봐 왔죠… "모든 것은 삶의 경험을 통과해야만 한다IL FAUT TOUT PASSER PAR L'EXPÉRIENCE DE LA VIE"로 이끕니다. 그러한 경험은 단어들을 통해서가 아니라, 오직 활동을 통해서PAR L'ACTION 할 수 있습니다. 몽테뉴 같이 빈틈없는 천재들이 그 단어들을 조합한 것일지라도 말이죠. 우리 인간 존재의 본질이자, 우리 운명의 원동력인 그러한 활동을 우리는 일LE TRAVAIL이라고 부르는 것입니다.

일이란, 아직까지 혼탁한 지식의 꽃꿀을 벌꿀이 되게 하는 시험을 거친 것이고, 단지 물질적·도덕적·사회적으로 만이 아니라 지적이기도 한 모든 복합성 속에서 삶의 과정에서 얻은 경험을 자신의 것으로 만드는 노력을 말합니다. 그것은 학교가 제1막을 열었던 연극의 제2막이며, 까다로운 건축물을 끝마치는 것과 같습니다.

이날까지도, 당신들은 교실에서 - 유감스럽게도 너무 전적으로 지적이고 언어적인 - 자재들을 축적하는 데에 전념합니다. 그리고 그 자재들과 그것들의 속성을 목록으로 작성하는 데, 그 자재들을 구별하는 데에, 그 자재들을 엄밀히 규정하는 데, 그 자재들의 구성과 겉으로 내보이는 모습을 개선하는 데 전념합니다. 자재들의 순도와 가치 또한 건물의 균형에 결정적이기 때문에, 한편으로 그렇게 하는 것이 쓸데없는 수고besogne는 아닙니다만, 당신들은 이 자재들의 쓸모가 오직 건설될 건물과 관련해서만 실재한다는 점을 망각하면서, 돌과 모래와 석회를 작업대로 가져와 그것들을 이미 넘치도록 많이 가지고 있는 건축가와 석공들에게 제공하고 받아들이도록 강요하는 데에 만족해합니다. 잡다한 적재물로 주변을 방해하고, 대단히 중요한 통행과 건설하는 일조차 어렵게 만들고, 경관을 흉측하게 만들면서 말이죠. 그리고 이처럼 어수선한 상황 앞에서 인부들은 더는 일을 못 하겠다고 아주 유감스러운 인부들은 더는 일을 못 하겠다고 결국 주변을 치우기 위해 본질적인 건설을 중단하고 자신의 비계飛階에서 내려올 수밖에 없습니다.

그리고 선의의 사람들은 그 쌓기가 비합리적이고 주변이 어수선 하다고 생각하면서 그것을 치우는 데에 나섭니다. 그러나 그들에게 중요한 것은 건물의 아름다움이나 조화가 더더욱 아닐 것이며, 다만 그 자재들의 배치와 하수관 따위가 막히지 않게 하는 것입니다. 그들은 그럭저럭 축적한 원자재들을 수용해서 다 써버릴 수 있게 서둘러 건설할 것을 권하고 받아들이도록 강요합니다. 그들은 그 건물이 신속히 건설되고 적어도 완벽하다는 착각을 심어주기 위해, 기발한 구축(쌓기)과 대담한 골조를 고안합니다. 그러나 뒤이어 그곳에서 살아야 하는 사람들은 서두름과 그것이 초래하는 부실함과 필연적인 불완전함 때문에 고통을 겪습니다. 어수선함에서 비롯되는 것이죠. 방의 하자투성이 배치,

무너지기 쉬운 벽, 소소한 바람에 떨리고, 폭풍우에 뒤흔들리고, 비가 새는 허술한 지붕으로 인해서 말이죠. 불편한 계단, 잘 작동하지 않는 상수도와 폐수 서비스, 활용되지 않고 훼손된 자재들이 여전히 가득 쌓인 지하실과 길도 마찬가지겠죠. 요컨대 모든 단계에서 어수선함, 불균형, 위험, 피로, 힘의 상실이 나타나게 됩니다.

이것은, 안타깝게도, 우리가 우리 아이들을 위해 준비해 놓고 있는 무너지기 쉬운 건축물의 이미지입니다. 그 기술은 모조리 재조정되어야 합니다. 주변의 자재들이 적을수록, 공사장에 적재물은 덜 쌓이겠죠. 핵심은, 우리가 필요할 때 시간의 손실이나 힘을 헛되이 낭비하지 않고서 수레든 자동차든 이동할 탈것을 타고, 가장 가까운 창고에서 필수품을 장만할 수 있는 것입니다. 또한 우리가 우리의 리듬에 맞춰, 우리가 할 수 있는 만큼의 높이로 멋을 덜 부린 건축물을 지어 올리는 것입니다. 모조품과 요란한 장식의 도움은 가능한 한 가장 덜 구하면서, 아름다움이 지혜롭게 균형이 잡힌 노력에서 나오는 성과의 건축물, 아니, 여러 자연적 요소들도 견디는, 튼튼하고 안락한, 경우에 따라 우리의 친구들과 친척들이 함께 사용할 수 있는 건축물, 그리고 우리가 직접 건설하여 그 구조를 속속들이 알고 약점까지도 감지하는 건축물, 그것은 우리 존재의 필수적인 일부를 이룰 것입니다.

제가 말씀드리곤 하듯이, 그것이 공사장에 들여놓을 삶(생명)의 완전히 새로운 기술입니다. 그리고 우리의 프로젝트를 어렵게 만드는 것은 - 어떤 편파적인 비판이 영향을 미치는 바와는 달리 - 우리가 지식교육에 등을 돌리고, 학습(습득)을 과소평가하는 데에 만족해하지 않는다든지, 양식良識과 균형과 인간성을 배제하지만 않는다면 무지함을 기꺼이 받아들였던 시절 이래로, 세계는 좋은 방향으로든 나쁜 방향으로든 앞으로 나아가지 못했다든지 하는 것 같은 것입니다. 우리의 교육 개혁은 퇴보나 반발이 아니라 전진이며, 그것은 현 사회의 현실에 - 그것이 때로 너무 실망스럽더라도 - 적응하는 것이어야 합니다.

아이는 깨달아 알고 배워 알고 싶어 하며, 자연의 질서와 신비에 관해 또한 기계장치와 과학의 감탄할 만한 경이로움에 관해 끊임없이 질문을 하지요. 이러한 욕망은 힘에 대한 그리고 성취에 대한 아이들의 영원한 갈증을 닮았습니다. 아이는 꿀벌이 꽃꿀을 찾는 것처럼 앎(지식)[127]을 찾습니다만, 그 앎의 재료가 제가 말씀드린 대로 꽃꿀에 머물러서는 안 됩니다. 그 재료들은 벌꿀로 바꾸는 내적인 구성에 쓰이도록 자동적으로 쓰여야 합니다. 재료들은 노화, 쇠약, 죽음과 같은 정지 상태에서 너무 이르게 고착되지 않을 것이고, 재료들은 안마당에 어수선하게 쌓이는 벽돌 더미가 아니라, 개별적이고 사회적인 삶의 역동적 순환 속으로 곧바로 들어가게 될 것입니다.

당신들의 학교란 한번 생각해 보셨으면 합니다만, 물품을 수령하고, 그 목록을 작성해서 다소 합리적으로 그 물품을 분류해 놓기만 하면 물품의 집산지l'entrepôt였습니다. 그러나 당신이 알다시피, 그 창고들은 터질 듯이 가득 차 있을 지경이겠지만, 세상은 소비할 게 없어 죽을 지경일 수 있습니다. 창고les dépôts와 창고를 지은 기업 사이에 서로서로 효과적인 역할을 하도록 하는 그러한 생생한 순환과 건설적인 요청이 없다면 그렇게 되겠죠.

우리는 기술적으로 사람들이 그곳에서 이루고, 세우는 그런 학교를 준비해 놓을 것입니다. 단지 공부가 아닌 유일한 창조적인 일을 통해서, 그 일이 없다면, 차선책으로 가장 유사하게 일을 대체하는 어떤 놀이들을 통해서, 이루고 세우는 학교를 말입니다. 이제부터는 거기에 교육학의 본질적인 과업이 있으니, 그것은 일의 환경을 창조하고, 동시에 그 일이 아이들에게 접하기 쉽게 하고, 생산적이고 형성적인 것이 되게 하는 기술들을 예견하고 적용하는 과업입니다. 그때 비로소 아이에게 자재들과 지식들이 필요하게 됩니다. 우리는 아이가 그 필요성을 느끼는

---

127. connaître동사의 명사형 connaissance을 옮긴 것인데, 충분한 검토나 연구의 결과로 얻어진 명확한 인식을 뜻한다. 광범위한 지식을 뜻하는 명사형 savoir와 비교된다.

순간, 아이가 찾아갈 수 있는 곳에 합리적으로 정돈된 창고들을 마련해 두어 아이가 마음껏 이용하게 할 것입니다. 그때 당신은 아이가 놀이를 제외하고는 전혀 보지 못했던 기쁨과 열정으로, 놀이가 불러일으키는 삶의 강렬함과 잠재 능력을 초월하는 그런 열정과 기쁨으로, 자신의 수레바퀴를 밀어서 움직이는지를 보시게 될 것입니다. 그리고 아이가 목적을 달성하기 위한 한계의 끝까지 자신의 근육을 혹사시키면서, 수레에 짐을 가득 싣고, 놀라운 양의 짐을 한아름 나르는지 보시게 될 것입니다.

당신들은 문제를 위험하게 뒤집어놓았기 때문에, 오늘날 어쩔 수 없이 "아이들이 기억력이 없네!"라고 말할 수밖에 없게 됩니다. "아이들이 구슬을 간직할 주머니가 없어요!"라고 말하는 것처럼 말이죠. 그러나 기억력이란, 아주 단순한 심리학이 무엇인가를 편리하게 연역해 내려고 상상하는 그런 (수납인의) 기록부가 아닙니다. 우리는 기억(력)이 무엇인지조차 알지 못하지만, 우리가 어렴풋이 느끼는 건 그것이 우리 모든 존재와 신비롭게 뒤섞여있다는 점입니다. 그래서 우리 인간 유기체가 자연스럽고 조화롭게 돌아갈 때, 즉 활력으로 완전히 가득 차서 일할 때, 또 우리 인간 유기체에 의해 요구되고, 갈망되는 어떤 행동, 어떤 생각, 어떤 지식이 기능적인 활동의 순환에 들어설 때, 기억(력)은 기계(장치)의 필수적인 일부처럼 될 것입니다. 기억(력)은 삶의 전 과정과 서로 맞물리고, 그 과정에 맞물려 들어가게 됩니다. 그것들이 결핍되면 어떤 공백, 즉 우리가 이미 그 경로를 알고 있는 그 창고로 되돌아옴으로써 채워지는 그러한 공백이 만들어집니다.

따라서 우리가 가장 잘 추억하는 것들이 흥미롭고 대단히 중요한 일에 쓸모가 있었던 것들이라고 확언하는 것은 과장이 아닙니다. 그것들은 인간유기체의 동력인 일을 통해 인간 유기체에 통합됩니다.

– 그러면 우리는 모든 기억력 훈련을 그만두어야 하나요?

– 오히려 그러한 훈련은 어떤 새로운 형태로 고안될 것입니다. 진정

한 기억력은 우리에게 필요한 앎의 요소들을, 그것들이 우리에게 필요해지는 바로 그 순간에 포착하는 능력입니다. 일의 기능 안에서만 진정한 기억력이 있을 뿐이고, 일은 기억력이 감지할 수 있는 모든 정확성과 폭을 기억력에 제공하는 데에 가장 효과적인 수단으로 여전히 남아있습니다.

당신의 추억들을 충실하게 검토해 보세요. 그러면 당신은 지배적인 추억들이 어떤 열광시키는 일-놀이나 놀이-일과 연결되어 있는지 여부를 이해하게 될 것입니다. 그러니까 이따금 일의 환경에 놓여 있는 것만으로 충분합니다. 또 (추억의) 메커니즘을 작동시키는 데 필요한 행동을 어렴풋이 해보는 것만으로도 충분합니다. 우리 활동에 어느 순간 통합되었던 이미지와 생각을, 아주 오랜 시간 간격을 두고서도 생생하고 선명하게 바로 되살리기 위해서 말이죠.

- 그러면 당신은 일을 찬양하는 교육학 즉, 기능적인 일이나 그러한 일의 직접적인 대체물이 갖는 위엄과 힘과 효력을 전적으로 지배하고 활성화하는 그런 교육학을 세우는 것이 좋다고 권장하시는 건가요?

- 똑바로 보셔야 합니다만, 개인적이고 사회적인 필요에 우리의 교육적 노력을 언제나 잘 적응시키는 것, 그것이 우리의 주된 관심사가 되어야 하는 것입니다. 제가 알기로는 복잡하고 까다로운 삶에 직면해서 형식적인 간소함도 엄격함도 제가 권장하는 것은 결코 아닙니다. 저는 "이것, 아니면 아무것도 아니든지!"라고 말하지 않습니다. 누구나 할 수 있는 것을 합니다. "할 수 있는 것을 하는 것이, 해야 하는 것을 하는 것이다"라고 제 할머니가 즐겨 반복해서 말씀하셨죠. 위험은, 사람들이 환경과 전통과 사건들을 통해 어쩔 수 없이 따라야 하는 어떤 해결책을 받아들이는 데에 있는 것은 아닙니다. 사람들이 그 해결책들의 상대적인 가치와 그것들이 가끔씩 관여하는 잘못을 의식하는 한 말이죠.

개인적이고 사회적인 위험은, 가치의 상대성에 대한 정확한 개념을 상실하는 것, 단지 부차적인 것에 불과한 것을 본질적인 것으로, 이차적인 것에 불과한 것을 가장 중요한 것으로 여기는 것, 인간 되기의 역동적인 힘을 삶의 모습이나 이미지로 대체하는 데서 비롯합니다.

  – 그럼에도 불구하고 저는 여전히 의심스럽네요. 저는 당신이 너무 편협한 건 아닌지 우려스럽습니다. 그리고 체계화하려는 당신의 욕심으로, 끔찍한 나날의 현실에서 당신이 그러한 일의 기능에 그것이 언제나 미덕으로 삼지 않는 것들로 가득 채울 것 같아 우려됩니다. 그리고 저는 드크롤리[128]나 몬테소리[129] 같은 위대한 교육학자들에게 더 많은 영감을 받은 것은 아니었는지가 궁금하네요. 그들은 적어도 장애아동과 발달장애 아동들을 위한 교육적 수단으로 놀이에 더 많은 기대를 걸었습니다.

  – 맞습니다. 그들은 진정한 해결책에 거의 다가갔습니다. 분명한 것은, 아이의 본성상 그들이 선천적으로 걱정하고 반발할 수 있기 때문에, 주변 환경에 적응하지 못하면 못 할수록, 아이의 행동은 우리들에게 정상적이지 않고, 결함을 지니는 것으로 보입니다. 아이에게 자신의 욕구를 충족시키는 활동들을 제안하고, 허용하고, 촉진하는 것은 틀림없이 아이의 재적응과 여러 능력의 향상에 이바지할 것입니다. 그 재적응과 능력 향상은 사용과 훈련을 통해서만 진정으로 촉진됩니다. 그런 경우 논란의 여지 없이 놀이-일에 성공적으로 도달합니다. 그러나 누군가 이 장애아동들을 위해, 그들의 리듬과 그들의 품에 맞는 어떤 진정한 일, 어떤 일-놀이를 찾아낸다면, 당신은 그 결과가 훨씬 더 좋았을 거라는 점을 알게 될 겁니다!

  어떤 관점에서, 스카우트 활동은 조상 적부터 내려오는 어떤 본질적인 활동들의 계보(친연성)를 다시 찾아낼 수 있었기 때문에, 진정한 해

---

128. Ovide Decroly(1871~1932): 외과의사로 장애아를 위한 학교에 관여하면서 1901년 벨기에 우클레에 장애아동교육시설(Institute for Abnormal Children in Uccle)을 세우는 등 신체장애아동 교육의 선구자로 잘 알려져 있다.
129. Maria Tecla Artemisia Montessori(1870~1952): 이탈리아의 아동교육학자이자 아동정신과 의사로 놀이 도구를 쓰는 '몬테소리 방법'으로 잘 알려져 있다.

결책에 훨씬 더 다가간 것으로 보입니다. 그러나 바덴-포웰의 이론[130]은 제가 당신에게 명확히 바로 보여준 (당신이 납득했던) 예시들 못지않게 잘못에서 자유롭지 않습니다.

스카우트 활동의 아버지와 그의 후계자들 역시 부차적인 것을 본 질적인 것으로, 대체물들을 결정적인 요소로 여겼습니다. 그들은 노는 게 아이의 본성이라는 원칙에서 출발합니다. 그들은 선호하는 놀이들이 우리 선조들이 자연에 거슬러, (자연환경의) 요소들에 거슬러, 동물들에 거슬러, 다른 사람들에 거슬러 벌이는 싸움의 필연성에 부응하는 것이라는 점을 잘 알았습니다. 그러나 그들에게는 직관 – 그러한 본능적 모방이 여전히 부득이한 방편에 불과하다는 것, 즉 아이들을 억압하는 못된 계모 같은 사회에서 자신의 역량에 맞는 생의 초기 단계를, 비록 허상이더라도, 실현해 보려 하는 아이들에게 남아있는 유일한 수단에 불과할 수 있다는 것을 보는 그런 직관 – 이 결여되어 있습니다. 그들이 이해하지 못했던 것은, 아이들이 수천 년이나 뒤처진 그런 전통 – 모든 걸 따져보면, 시대에 크게 뒤져 있는, 단순한 승리에 불과한, 그런 전통 – 에 호소한다는 것은 아이들이 적응할 수 없기 때문에 그렇다는 점입니다. 그 창시자와 후계자들은 이해하지 못했습니다. 이렇게 야만과 원시시대 사람이 실천에 옮긴 것들을 끄집어내면서, 스카우트 활동의 지도자들은 천천히 진행되는 인간의 진화에서 그쳐진 점을 그대로 감수할 수밖에 없었습니다. 현재에 적응하고, 현재를 사고하도록 아이들을 돕는 대신에, 그들은 오래전에 이미 시대에 뒤졌다고 판명된 실행들로 회귀하는 식으로 멀리 떨어진 과거로 거꾸로 가는退行 경향이 있습니다. 저물어가는 세대가 이룬 성취들로 젊은 세대들을 근원적이고 체계적으로 젖어들게 만드는 본연의 역할을, 어느 순간 교육이 다 했었더라면 사라졌을 관행들로 말이죠.

---

130. Baden-Powell(1857~1941): 군인이자 작가로 세계 스카우트운동의 창시자이다.

달리 말하면, 바덴-포웰은 놀이-일에만 전적으로 호소했습니다. 우리가 놀이-일이 형성적인 역동적 힘에 관해 말했지만, 그 본질은 역시 대체물이자 인간 유기체의 적응성 상실에 대한 보정제라고 말한 바 있습니다. 놀이-일은 나쁜 점을 바로잡으려는 경향이 있어, 그것은 확실히 평가할 만하나, 근원에 이르지는 못합니다. 그것(놀이-일)은 요컨대 어떤 분리와 오해를 그대로 받아들입니다. 그리고 그것만으로도 언제나 헤아릴 수 없는 결과를 초래하는 잘못입니다.

그리고 바로 그렇다는 증거는, 스카우트 활동이 시골에서는 확장되지 못했다는 점입니다. 시골에서 아이들이 자신이 사회적으로 쓸모가 있다고 높이 평가하는 일-놀이에 몰두할 수 있는 특권을 누린다는 건 이론의 여지가 없으나, 밭일을 돕고, 숲에서 일하고, 짓고, 동물을 돌보고, 사냥하고, 물고기 잡는 그러한 일-놀이에 말이죠. 그 밖의 나머지 전통적인 놀이-일은 아이들에게 충분합니다. 바로 그 때문에 스카우트 활동이 우리 환경에 독창적인 유치함으로 나타납니다.

반대로, 도시 아이들은 일-놀이에 몰두할 가능성이 거의 없고, 가장 형성적인 놀이-일의 본능적인 흔적을 부분적으로 너무 자주 상실하기까지 했습니다. 2류와 3류에 불과한 놀이들에 한층 더 빠져들기 위해서 말이죠. 그런 도시 아이들에게 스카우트 활동은 효과적으로 어떤 활동을, 즉 열광시키는 일-놀이의 위엄에 종종 오르게 하는 '잘 짜인 (조직된) 놀이-일'*des jeux-travaux organisés*을 가져다 줍니다.

이러한 스카우트 활동이 지닌 태생적인 결함을 노동자 계급les classes travailleuses은 그들의 운명과 연관된 본능에 남아있는 예감으로 어렴풋이 느끼고, 스카우트 활동이 소시민층에게나 대단한 놀이일 뿐이라고 비난하죠. 하지만 이 활동이 도시 아이들에게, 집 안에만 틀어박히게 하고 나약하게 만드는 것을 넘어, 안락함과 건강, 남자다움과 과감함을 불러오는 것은 사실입니다. 그럼에도 그것이 일꾼의 형성이 되어야 할텐데, 그와는 아무런 관련이 없습니다.

왜냐하면 바덴-포웰이 스카우트 교육의 목표가 단지 건강, 근육, 도약, 결단력, 심지어 대범함과 의지력을 불러오는 것만이 아니라는 점을 충분히 알지 못했기 때문이죠. 그러한 것들에는 삶(생명)의 요소들이 있지만, 그것들이 결코 다는 아닙니다. 그러한 것들은 도구들로서, 그것을 가능한 한 더 유연하고 더 완벽하게 만드는 것은 실로 바람직합니다. 그러나 여전히 개개인은 개별적이고 사회적인 목적 모두를 위해 그것들을 적절히 이용하는 필요성을 의식해야만 합니다. 그러한 목적에 도달하는 통로는 바로 일입니다.

놀이와 모험에 대한 입맛(口味)을 돋우고, 호기심과 논리적 추론, 관찰 능력, 도덕감을 불러일으키고 키우는 것, 이 모든 것은 잠재적인 것입니다. 그렇지만, 우리가 개인들에게 **일의 유기체적 의미**SENS ORGANIQUE DU TRAVAIL를 느끼게 하는 데까지 이르지 못한다면 그것은 계속해서 잠재적인 상태로만 남아있을 것입니다. 제가 분명히 **유기체적 의미**라고 말한 까닭은, 그 상태를 일에 관한 인간적인 개념의 철학적·도덕적 정당화와 설명에 불과한 상태와 사실상 구별하기 위해서입니다.

만약, 당신의 사례와, 학교 조직과, 행동으로, 당신이 아이들의 형성과정에서 놀고 싶어 하는 욕구를 충족시키는 것이 중요하다는 느낌을 아이들에게 준다면, 아이들은 무의식적으로 그것이 자신의 본성이자 운명이라고 설득될 것입니다. 그리고 당신들이 아이들에게 어떤 노력을 강요할 경우, 어쩌면 사려 깊고, 지적으로 이해되고 받아들여진 일 개념은 그들 존재에 들러붙게 될 것입니다. 그렇지만, 여차하면 어떤 이방인, 필요한 순간에나 맞이해야 하는 그런 이방인처럼 여전히 남아있을 것이고, 결코 가족의 일원이 되지는 못하고, 우리 힘의 요소들 중 하나인 존재와 삶(생명)에 통합되지 못할 것입니다. 이것은 우리가 모든 가능성들이 위축되도록 내버려둔다는 의미와 같습니다.

당신들에게 훌륭한 젊은이들 - 아마도 건실하고, 민첩하고, 결단력도 있고, 똑똑한, 선한 의지도 칭찬할 만한 감성도 부족하지 않은 그런 젊은이들 – 이 있을지 모르겠네요. 그러나 그들에게 일은 여전히 본질적인 것이 아닌 의무로, '기능'이 아닌 '행동'으로, 모든 삶(생명)의 동력이 아닌 부차적인 것으로 남아있습니다.

만약, 반대로, 아주 일찍부터 아이가 일-놀이TRAVAUX-JEUX에 몰두할 수 있다면, 만약 가정과 학교와 사회에서 모든 아이들의 교육, 모든 아이들의 형성, 모든 아이들의 삶(생활)이 이러한 일-놀이의 필요에 중심을 맞춘다면, 만약 아이가 거기에서 가장 세심하고 가장 밝은 자신의 즐거움을 끌어낸다면, 그러면 그 놀이는 아이들에게 대체물(대용품)이나 긴장 완화라는 그것의 예기치 않은 가치를 유지할 것입니다.

삶(생명)을 빛나게 하고, 아이들에게 조화와 균형을 제공하고, 사회적 관계에 대한 새로운 개념을 불러일으키는 것, 더는 인간적인 조건을 지적으로 추상화하지 않는, 일의 위엄과 눈부심光彩에 기반을 둔 새로운 질서의 미묘한 발로와 같은 철학과 도덕을 불러일으키는 것은 바로 일TRVAIL의 기능입니다.

흔히들 교육에서 그 중심이 어른이 아니라 아이들에게 맞춰져야 한다는 점을 이해했을 때, 우리는 코페르니쿠스적 혁명이 실현되었다고 종종 말했습니다. 학생들은 형성의 과정에서 더는 교사나 사회의 손에서 놀아나는 수동적인 요소가 아니고, 교육과정, 교육방법, 기술, 조직과 시설을 따라야 하는 발달에서 본질적인 대상이어야 한다고 말했습니다. 그러나 그런 혁명이 그 실행의 차원으로 옮겨가지 않는 한, 그것은 고작 시작에 그치거나 예고에 불과합니다. 그리고 그것은 또 다른 문제입니다.

'학교'l'École란 아이들을 위해 만들어진 것과는 아직 거리가 멉니다. 이는 이해의 문제라기보다는 우선권과 위신의 문제입니다. 잘난 척 거드름 피우는 어른은 명령하고 존경받기를 너무도 좋아합니다. 사람들은 흔히 현학적인 낱말로 아이란 자기중심적이라고 말하는데, 유감스럽게도 어른들이 아이들보다 아마도 훨씬 더 그럴 겁니다. 분명히 어른들은 말로만, 자신들의 타고난 이기주의에 일정 거리를 두고, 그들의 끊임없는 걱정을 남들에게 투사하는 것을 전제로 하는 그런 너그러운 생각들을 드러냅니다. 우리 종種을 명예롭게 하는 훌륭한 예외는 차치하고, 실제로 어른들 공통의 행동은 여전히 끔찍하게도 자기중심적이고 그로 인해 어른들은 새로운 교사들의 호소를 들으려 하지 않습니다.

― 유감스럽게도 정말 그러네요! 그리고 우리 스스로 "내 탓이로다!"[131]라고 해야 할 것입니다.

그러나 학교가 염두에 두어야할 것들의 중심에 아이들을 두라는 이러한 호소 역시 전적으로 언어중심적이고 이론적인 차원에 머물러 있습니다. 높은 위치에 있는 사람들은 우리들같이 겸손한 교육자들과 지도자들이 아직 명확히 정의조차도 못한 것을 ― 저는 그것이 어떤 기막힌 직관에 의한 것인지를 알지 못합니다만 ― 실현하기를 기대합니다.

사람들은 권위, 의지력, 상상력, 관심… 등을 차례로 내세웠습니다. 그리고 이제 놀이 차례입니다. 어쩌면 사람들은 과소평가된 가능성, 즉 일과 일하고 싶은 욕구를 단지 망각해왔던 것입니다. 사람들은 우리의 시원적인 욕구들에 부응하는 근원적인 활동을 충족시키는 것을 제외한, 모든 가능한 분야들을 시도해 보았습니다.

바로 그렇게 된 것입니다. 일하는 것을 꺼리는 사람들은 능란한 언변으로나 때때로 우리의 마음을 사로잡는 어떤 상징적인 몸짓들로 지레 정당화하려고 애씁니다. 사람들은 그것을 알아차리죠! 아이들 삶의 행동으로 들어가는, 삶의 변화로 들어가는, 삶의 과정으로 들어가는 실천적 경험 없이, 당신이 가르치는 대상들에 관한 통합적인 이해조차 없이, 당신은 아이들에게 당신의 실질적인 방편의 궁핍을 은폐하는 빈말과 이론적인 설명들을 제공할 것입니다. 하지만 그것들은 결코 내밀한 존재를 다루지 않고, 단지 피상적인 지성의 형식에만 영향을 미치는, 마

---

131. "*mea culpa*"("메아 꿀빠")라고 가톨릭교회 예배에서 "내 탓입니다"라고 뇌까리는 것을 뜻한다.

치 어떤 물체 표면의 껍질처럼 물건의 형태와 외관과 색깔을 바꾸기는 하지만 실상 그 본질에도 그 구조에도 깊이 영향을 끼치지는 못할 것입니다.

우리는 훨씬 더 성큼 앞으로 나아가 학교에서 실제로 실현해야 하고, 나중에는 가정과 사회 안에서 본질적인 **일-놀이**les TRAVAUX-JEUX를 할 수 있게 하는 물리적·기술적 조건들을 실현해야 할 것입니다.

우리가 교육에서 인정했던 명예로운 자리에 일을 드높이는 것, 그것은 우리 교육학의 위대한 혁명을 완성하는 것이 될 것입니다. 그리고 그것은 기술의 재조직화를 감행하는 동시에, 전체 평판을 만회하게 할 것입니다.

일에 대한 생각은 일반 민중들 사이에서 여전히 굴종과 사회적 실패라는 딱지를 달고 다니는데, 아주 가까운 과거에 대한 – 그리고 아직 지나가지 않은 시대에 대한 – 잠재의식 속에 남아있는 기억입니다. 오직 가난한 사람들만 일을 했고, 사회적 위계구조에서의 지위 상승이 무엇보다 일의 사슬로부터 개개인을 해방시키는 것으로 간주되었던 그러한 시대에 대한 기억 말이죠. 어른들은 할 수 있는 한 빨리 내려놓을 십자가처럼 일의 사슬을 짊어지는 것입니다. 그리고 이 모든 것을 전복하고, 개개인이 자기 자신에게서 더 나은 것을 고양하는, 즉 자신을 양육하고, 교육하고, 형성하고, 이상화하는 사회적 활동의 장엄한 위엄으로 그러한 치욕을 대체하는 것은 쉬이 할 수 있는 것은 아닐 듯합니다.

그럼에도 다양한 환경에서 고무적인 반응이 그려집니다. 우리가 어수선함의 위험을 경고했던 그 사안들의 상황은 그 무능함을 엄청 보여줬고, 사람들은 새로운 길을 찾아 나서고 있습니다. '학교'l'École도 스스로의 길을 선택하고, 자신의 길을 용감하게 걸어가는 순간이 아마도 온 것 같습니다.

당신들이 당신들의 노력에 있어 결코 인색하지 않은 장황한 설명들 위에, 당신이 복종하는 책들 위에, 너무도 완벽한 축적의 수단들 위에 기반을 두는 대신에, 당신은, 아이들이 그들 관심의 주요 방향에 따라 효과적으로 공부할 수 있을 뿐 아니라 일할 수 있게 하는 매우 정교한 실제적인 조직화에 토대를 둔, 그런 환경과 그런 기술과 그런 방법을 학교에서 실현하기 위한 임무에 진지하게 임해야 할 것입니다.

앞으로 더 나아가기 전에 권장되는 혁신의 이점들을 간략히 다시 검토해 보겠습니다.

- 당신들은 가장 최초의 잠재의식에 있던 것에서부터 가장 진화된 것에 이르기까지 우리들이 할 일들의 기초를 이루는 욕구들 - 삶, 보호, (종족)재생산의 주요 욕구들 - 을 아이들이 적극적으로 충족시킬 수 있게 해야 합니다.

- 그것으로부터 오는 결과는 행복bien-être의 상태로, 이것은 삶을 영위하고, 삶을 향상시키고, 오랜 시간에 걸쳐 삶의 시간을 늘려가기 위한 내적인 욕구의 고양高揚입니다. 저는 여기서 쾌락에 대해서도 심지어 즐거움에 대해서도 말하지 않겠습니다. 그러한 개념은 국한되지도 일반적이지도 않은 기분을 담아내기에 너무 조잡하고 속되기 때문이죠. 그것은 우리 존재의 탁월한 영역에까지 이르고, 초인적인 힘이 우리를 비추는 고차원적인 상황에 우리가 순간 참여하고 있다는 그러한 인상에 필적할 수 있는 기분을 담아내기에는 부족한 말입니다.

- 이러한 고양은, 우리가 거기에 자연스럽고도 영속적인 방법으로 도달할 때는, 본질적인 균형과 조화, 삶 앞에서의 용기와 자신감, 정상을 향한 개개인의 과감한 등정을 가져다줍니다.

- 이 고양은 - 몸과 손으로 하는 활동(手工活動) 활동을 배가시키고 보충하면서 - 자기 힘의 귀중한 요소들로 여겨지는 인간의 고등 능력들을 자연스러운 규범에 따라 훈련하고 함양하는 것을 포함합니다. 학식, 지식, 지성, 기억, 논리, 이성, 영성 같은 능력들을 말이죠. 당신들의 말로만 하는 수업으로는 결코 도달할 수 없는, 오직

일하는 공동체 한복판에서 행해지는 실제 훈련을 통해서만 효과 적으로 발달되는 모든 사회적 미덕들은 말할 필요도 없고요.

• 이 고양은 특별한 자질qualité에 주목하는 것을 전제로 합니다. 그 자질은 더는 비정상적인 노력과 지치게 만드는 정신집중의 결과가 아니고, 힘찬 모터를 작동시키는 잘 정비된 메커니즘의 조화 그 자 체의 결과입니다.

• 의지 그 자체는 새로운 양상을 띨 것이니: 우리는 의지에 대해 생 각하기를 멈출 것입니다. 어떤 힘이 우리 존재와 거의 상관이 없는 지, 또 우리가 예측할 수 없는 단순한 개념에 이끌려서 어떤 힘을 앞으로 밀고 나갈 것인지 모르기 때문이죠. 의지는 재정돈된 우리 삶의 요소가 될 것이고, 그것은 우리의 지칠 줄 모르는 심장의 고 동만큼 유용하고, 영원하고, 간결한, 우리 행동의 지속적이고 생산 성 있는 고동이 될 것입니다.

• 우리 교육과 삶의 중심에 있는 진정한 일에 대한 이러한 새로운 개 념은 본질적으로 도덕적이니, 우리 몸에 아주 잘 맞춰진 장기들의 자연스러운 기능이 우리에게 도덕적인 것으로 보이는 것과 마찬가 지죠. 사회적 조화와 균형에 봉사하는 개인들의 조화와 균형이 도 덕적 선의 최고 개념이라는 바로 그 목표가 아닐까요?

• 끝으로, 이러한 새로운 개념은, 그 자체로, 본성의 변화에 적극적으 로 참여하게 합니다. 그것은 잘못이 끊어놓았던 신비로운 연계들 을 복구합니다. 그것은 오늘까지 고작 낱말 놀이에 불과했었고, 우 리가 솔선수범한 덕분에 우리 삶의 적극적인 실천으로 옮겨가야만 했었던 그러한 철학에 대해 새로운 의미를 담아 사람들에게 젖어 들게 합니다.

이 모든 것은, 우리가 실제 건설을 시도하기에 앞서, 일에 대한 우리 의 새로운 개념을 더욱 더 이상화idéaliser하기 위해서, 학교의 협소한 영역을 일부러 넘어서서 그 새로운 개념 안에 인간다움humanisme, 조화롭고 생산성 있는 교육(교양)culture harmonieuse et féconde의 가능성이 있다는 것을 보여주려는 것입니다. 이렇게 이해된 일, 학교에서부터 그 기원에서부터 쇄신된 일은, 학교에서부터 사실 새로운 휴머니즘의 능동적인 본령l'élément actif처럼 될 수 있지는 않을까요? 그 능동적 요소는 엘리트에게뿐 아니라 여전히 싸우고 존속하고 신뢰할 만한 이유를 가지고 있는 사회단체 전체에도 영향을 미치고 활기를 띠게 할 수 있을 것입니다.

— 마티유 씨, 그 생각은 정말로 흥미를 유발시키지만, 당신은 우리들에게 이론 구축의 가망성을 경계하라고 가르치셨습니다. 결국 모든 것은 실현 가능성에 달려 있습니다. 그리고 저로서는, 제 짧은 경험으로는 그게 아니라면 아마도 그러한 경험 때문에, 당신이 그렇게 대충 구상한 직업에 착수한다는 것을 엿보기가 힘드네요.

— 저는 도중에 멈추지 않고, 그러한 새롭고 결정적인 단계에 대해 매우 자주 생각해 왔습니다. 우리는 이제 작업의 발걸음을 시작합니다. 우리의 용건을 다시 심사숙고해 봅시다. 며칠 후에 저는 당신에게 제 프로젝트에 대한 설명을 끝마치려고 합니다.

그러나 시곗바늘은 돌고 돌아갔겠네요… 다행히도 저는 엄청 짧아질 이 밤잠을 벌충하기 위해 내일 낮잠을 달게 잘 수 있을 것입니다. 원하시는 것이 뭐 있으신가요? 우리 농부들에게는 이제 가장 힘든 시기가 시작됩니다. 우리는 할 일이 많을 때 단 몇 분이라도 시간을 허비하는 것에 가슴 아파합니다. 들켜서는 후회할 비밀처럼 말이죠. 자연 자체도 차가운 맨몸으로 잠드는 때이니 오래 자고 또 불 앞에 앉아 졸면서 휴식을 취하는 건 겨울에 당연하죠… 하지만 여름에는 일이 우선이지요… 그렇죠! 언제나 일이에요!

37
일

그것은 우리가 설명하고 이해하는 것이 아니라
사람들의 삶 속에 새겨져 있는 하나의 현실이다.
우리는 교육의 효과적인 행위로 그것을 현실에 새겨 넣어야 한다.

며칠 후, 해 질 녘에 마티유가 다시 찾아왔다. 롱 부부가 저녁 식사를 막 끝마칠 무렵이었다. 마티유는 큼직한 성 요한 축일용 배 네 개를 가져왔다. 배는 작은 버들광주리 안에 장식된 초록색 나뭇잎 위에 얌전히 담겨있었다. 배는 체리 다음에 맛있게 먹을 수 있는 첫 과일이다.

– 배 좀 드셔보세요. 그것이 당신에게 영적인 봉헌이 될 수 있으면 좋겠네요…

– 정말로 맛있어 보이네요.

– 제가 당신에게 배를 드리면서 생각해 보려는 것은 속된 맛의 만족은 결코 아닙니다. 이런 말씀에 짐짓 놀라실지도 모르겠네요. 당신네들처럼, 과일바구니나 접시에 담긴 과일을 찾는 버릇이 있는 너무도 도시화된 사람들은, 그것들이 우리에게 주는 가장 신비로운 기쁨의 일부를 빼앗긴 것입니다. 그것은 마치 사람들이 당신에게 보여주는 새장 속의 새, 이미 얌전해지고 체념해 버린 새와 같습니다. 반면에 우리는 자유로운 새들이 우거진 수풀에서 콩콩대고 맑게 지저귀는 소리를 즐깁니다.

밀밭 한가운데 있는 배나무에서 햇배가 부풀어 오르고 노랗게 익어가는 것을 보거나, 수확하면서 꿀벌과 무늬말벌이 이미 파먹은 과일을 발견합니다. 그 모두, 미묘한 향기를 풍기고 비교할 수 없는 맛으로 우리에게 강한 인상을 주는 것은 초여름의 풍요로움이죠. 그것은 추억일까요? 아니면 진실된 느낌일까요? 그것은 당신에게 잘 익은 밀, 꽃이 핀 나무, 돋아나는 나뭇잎의 풍미를 느끼게 하죠… 당신에게는 한 개의 배(梨)란 그저 양분이 될 뿐이고 육신을 즐겁게 합니다. 우리에게는요, 그 배는 영혼에까지도 생기를 주며, 그것은 열광하게 하는 어떤 성찬식과 같습니다.

 – 이제 저는, 당신도 그 창조에 내밀히 참여할만큼 황홀한 기쁨의 가능성들을 과장되고 거짓된 문명이 한 것에 의해, 우리가 상실한 것이 얼마나 큰 불행인지를, 이해합니다. 우리 아이들이 그러한 기쁨을 빼앗기지 않았으면 좋겠네요! 하지만 그것은 분명 까다로운 것이니: 교육을 받고s'instruire, 자라나고monter, 남달라지고se differencier, 복잡하고 복합적인 것과 대결해야 하는 문제죠. 그러한 기쁨이 설 자리를 잃지 않게 하고, 여전히 우리 삶(생명)의 기저에 남아있는 본능적인 감각들을, 만물을 풍요롭게 만 드는 토양을 저버리지 않게 하면서 말입니다.

그리고 제가 보기에는 우리가 해야 할 것이 다음과 같은 것이니: 교육(교양)을 자연과 자연의 법칙으로부터 절대 분리하지 말기, 아이들이 처한 여건에서 억지로 떼어놓지 않기, 식물이 그 환경에서 자라고 결실을 맺도록 하기, 심은 것(植物)들이 단단히 뿌리를 내린 땅에서 싹을 내밀고 열매를 맺게 내버려두기, 제철이 아닌 때에 꽃을 피우고 괴물 같은 과일을 비정상적으로 생산해 내려고 그것들을 온실에 가둬 놓고 멋부리며 하는 경작은 피하기가 그것이죠. 정상에서 벗어나 균형을 잃게 하고 식물들을 시들게 하겠죠. 사람들이 어느 식물을 온실에 넣어두면, 한데(露地)에서의 삶에 다시금 새로 익숙하게 하는 것이 너무나 까다롭기 때문입니다.

그렇다고 해서, 제가 당신 말씀을 잘 이해한 거라면, 그것은 사람들이 토양을 개량하고, 비료를 주고 식물이 그 뿌리와 줄기 안에 지니고 있는 운명을 실현하는 데에 필요한 물과 햇빛을 아낌없이 가져다주고,

이런 것을 하지 말아야 한다는 것, 그걸 뜻하는 건 아닌 듯합니다.

   – 당신이 그런 논리로 말씀하시는 것을 들으니 제가 기쁘네요. 아! 만약 교육(교양)의 문제를 다루는 사람들 모두가 재적응을 위해 똑같이 노력을 잘하고, 충실하게 그 문제들을 재검토하고, 잘못들을 바로잡아 고치는 방안을 찾으려 했었더라면 얼마나 좋았을까요! 과학은, 그 경이로운 성취들에도 불구하고, 종종 바람직한 해결책들을 겉돌면서 빗겨날 수 있고, 우리의 현재 가능한 것들이 갖는 한계에는 유의하지 않고, 너무 빨리, 너무 멀리 가버릴 수 있겠다는 점을 겸허하게 생각하면서 말이죠. 사람들이 때로는 너무나 허망한 자신들의 물질적 부富에 덜 우쭐해댔더라면, 우리가 벌써 길을 많이 주파하지 않았을까요!

   "천하를 잃는 것은 바로 오만이다"라고 우리 선조들은 자주 말씀하시곤 하셨죠. 우리는 겸손함에 다시 젖어 들어야 하고, 우리의 약점들을 인정해야 합니다. 그리고 정상에서 그 아래를 얕잡아 내려다보기를 늘 열망하지 않아야 합니다. 오직 일부 유난히 강력한 정신의 소유자만이 도달하고, 그들을 뒤따라가기를 원했지만, 정신력이 강하지 않았던 다른 많은 사람들은 쇠약해지고 질식사하는 그러한 정상에서 말이죠. 나비는 특히 풀밭을 날아다닙니다. 자신의 생명줄인 꿀이 가득 차 있는 꽃들이 있는 풀밭, 막 벌어진 꽃봉오리의 금빛과 자줏빛 꽃들의 색깔 가운데 나비의 선명하고 다채로운 날개 빛이 어우러지는 풀밭, 나비 유충들이 자신의 특별한 먹이를 찾아낼 수 있는 풀밭을 말입니다. 우리의 운명이 다른 곳에 있거나 더 높은 곳에 있다고 늘 믿지는 않아야 합니다. 그리고 바로 여기서 단순하고도 효과적인 탁월함을 모두 발휘해 우리를 풍부하게 할 줄 알아야 합니다.

   그러나 이 모든 것이 여전히 말뿐이라는 것을 저 역시도 알고 있고, 또 그렇게 느끼고도 있습니다. 누군가 당신의 뿌리를 뽑고, 적응성을 잃게 하고, 당신의 운명을 탈취했다면, 그리고 성난 파도에 휩쓸려 당신이 항구(안식처)로 되돌아오지 못한다면, 그것은 당신의 잘못이 아닙니다.

그러나 당신이 이해에 이르게 될 때, 당신과 당신들의 교육자들은 자라나는 세대들이 이와 동일한 위험을 경험하지 않도록 일할 수 있을 겁니다. 그리고 그들이 자신의 뿌리에서 잘려 나가는 것을 피하고 장래의 삶이 더 조화롭고, 더 강력하고, 더 생산성 있게 되도록 일할 수 있을 것입니다. 당신은 설명이나 논증으로는 그렇게 하지 못하며, 다만 당신의 생생한 본보기와 행동을 통해서 이를 해낼 수 있을 것입니다.

우리들이 아이가 무엇을 원하고, 아이가 그 삶(생명)의 노선을 따라가는 데 무엇이 필요한지를 충분히 정확하게 안다면, 우리는 과거 및 현재 세대들의 안타깝게도 너무나 이질적인 자산과, 자신의 장래 변화를 성취하기 시작한 젊은 존재들(청소년들)의 불굴의 의지와 교육적인 대담함 사이의 까다로운 연계 구조를 찾아낼 필요가 있겠습니다. 이것을 잇는 가교架橋가 **바로 일입니다!**c'est le travail!

아이가, 일찍부터 자신의 해야만 할 일들obligations에 익숙해지게 하면서도, 비할 데 없는 만족감을 느끼게 하는 일을 조직하세요. 아이가 점차 자신의 삶을 이런 기능적인 필요성에 집중하도록 말이죠. 문명이 아동에게 제공하게 될 유혹, 타락, 허망한 쾌락에도 불구하고, 아이가 실수를 범한 후에도 자양분이 되고 구원이 되는 유일한 활동인 **일** le TRVAIL로 언제나 되돌아올 정도까지 아이의 본성이 일에 통합되도록 그렇게 일을 조직합시다.

오! 이는 진정한 (지적, 정신적) 부富의 생산자로서 일을 찬양하기 위해 찬가讚歌를 작곡하는 것도, 일이 전제로 하는 행동들을 시적으로 드높이는 것도, 일이 세계의 운명에 통합됨을 철학적으로만 설명하려는 것도 더더욱 아닙니다. 배고픔, 근육을 놀려야 할 필요, 알고 싶다는 욕망, 자신의 힘을 증가시키기 위해 스스로를 완성하려는 욕망을 설명할 수 있을까요? 사랑을 설명할 수 있을까요? 당신은 아마도 "예"라고 대답할지도 모르겠네요. 학자들이 거기에 애써왔고 성공이 없지는 않았다면서… 그 답도 가능하겠죠, 그러나 제가 가보려고 하는 곳은 아직 거기는 아닙니다. 과학적이거나 철학적이거나 도덕적인 설명이 우리의 배고픔을 달래고, 일하거나 놀고 싶어 하는 우리의 욕구를 충족시키고, 사랑을 자극하거나 누그러뜨리게 할 수 있을까요? 그렇지 않습니다. 그것은 피할 수 없는 현실적인 것들이며, 우리 존재의 정상적인 기능의 결과물입니다. 사람들은 외부에서 그것들에 영향을 미칠 수 있다고 확신할 때, 착각에 빠집니다. 댐 상류에 물을 강제로 가둘 때, 사람들이 어떤 목적지를 향해 물을 인도할 가능성이 있는 게 아닙니다. 물이 한 방향으로 물길을 내며 효능과 힘을 발휘하는 것은 바로 물이 콸콸 내리흐르거나, 아니면 우거진 수풀 아래서 듣기 좋은 소리를 내며 흘러내려 갈 때입니다.

리듬과 균형 그리고 개인들 생명의 성향에 의해 움직이기 시작하는 활력에 영향을 미칠 수 있는 것은 마음껏 가동된 활동의 한복판에서이고, 자연스러운 기능들 자체를 실행하는 가운데에서입니다.

일이란 사람들이 설명하고 이해할 수 있는 것이 아닙니다. 그것은 몸 안에 새겨져 있는 어떤 필연성이자, 스스로 만족시키려는 경향이 있는 어떤 기능, 움직이는 근육, 확립되는 긴밀히 일치된 관계, 활기를 되찾고 강화하는 여정입니다.

사람들이 몸에 양분을 제공하는 것은 먹으면서지, 철학하면서 그러는 것이 아니고, 사람들이 근육을 단련하는 것은 운동하면서이지 과학적으로 움직임을 분석하면서 그러는 것이 아니죠. 일의 기능을, 그것의 모든 의미와 그것의 모든 인간적인 가치를 획득할 때까지 올리는 것은 일을 하면서입니다.

그리고 보통 사람들(民衆)le peuple은 그 점을 잘 알죠. 일찍부터 일하는 데에 익숙해진 사람들은 일꾼travailleur으로 남게 되고, 반면에 일을 찾아서 하는 것도 거기에 만족하는 것도 배우지 못한 사람들은 위험한 다른 길들 – 대용품, 보상, 변명 같은 것 – 으로 나아가게 될 것입니다.

- 그러나 당신은, 인습과 전통의 드러나지 않는 저항, 부모들의 어쩔 수 없는 염려, '국가l'Etat'의 경제적·문화적·정치적 요구사항들을 대수롭지 않다고 생각하시나요?

　- 우리가 변화(변동)로의 움직임을 두려워하는 사람들의 의견들에 우리들이 지나치게 오래 늘여 대처하는 것은 절대 필요하지 않습니다. 그보다는 변화와 진보의 힘을 최소한 기본적으로 신뢰하는 것이 더 낫습니다. 그러니까 그 점에서 우리가 감행해야 하는 것은 전위적인 임무 besogne d'avant-garde라기보다는 오히려 어떤 적응의 작업이고, 그리고 바로 거기에 사람들이 길게 검토하고 싶지 않은 하나의 고려 사항이 있습니다.

　일이 전체의 중심을 이루는 교육에 대한 생각, 일을 통한 교육에 대한 생각이 이제 제철을 맞았습니다. 그보다는 오히려 그 생각은 오래전에 이미 실현되었어야 했겠죠. 만약 '학교'l'École가 자신의 역할을 충분히 다해왔다면요. 왜냐하면 우리 주변 삶의 기술에 더는 부응하지 않는 학교 교육의 집요한 실천이 세상을 뒤흔드는 변동에 제동을 걸고, 진정한 인류의 필요를 배반하는 그 순간이 도래했기 때문입니다.

　종교가 사회의 주축이자 동력이요 주관자처럼 여겨졌던 것만큼, 교육은 무엇보다도 주술적이고 의식적儀式的인 입문과정이었습니다. 그것은 당연했더랬죠. 뒤이어 철학자들이 개인적이고 사회적인 행동에서 이성에 득이 되도록 종교를 권좌에서 내리려고 시도했었습니다. 이러한 이성은 지식을 전제로 하고, 지식은 지식교육을 전제로 했었죠. 그래서 '학교'는 지식교육의 전당이자 과학과 이성의 토대였습니다. 그 시점에서는 그것 또한 적어도 당연했더랬죠.

　잘못된 기대, 잘못된 지식교육, 합리적 이성의 부정, 이것들이 오면서 허약한 구조물이 무너지게 됩니다. 과학은 엄청난 속도로 세상을 뒤엎고 변모시켰으며, 과학은 가장 감동적인 비밀들을 발견하려고 하는 것처럼 보였습니다. 그리고 '학교'는 과학을 향한 그러한 지식의 흐름을 따라가느라 헐떡거렸고, 모든 시대의 가장 큰 재앙과 가장 고귀한 노력들을 부정하면서 과학과 함께 침몰합니다. 결국 최소한 무질서하고 비인간적인 형태로 똑같은 잘못들을 답습하면서 말이죠.

그 바람에, 급작스럽게 환상에서 깬 세상은 드디어 세상의 구세주가 될 유일한 생명수 샘(源泉)seules sources vives에서 활력을 퍼내기를 원하는 듯 보입니다. 일은 이 활력forces vives의 가장 본질적인 것으로 여겨집니다. 사람들은 일을 드높이고, 일을 권하고 일을 조직합니다. 사회의 기둥처럼 보였던 그 많은 인위적인 가치들이 무너진다 해도, 인간은 꽃과 과일이 피고 열리도록 매년 봄마다 새로워지는 그러한 영원한 풍요를 위해서 땅을 일구는 '본능적인 욕구'를 되찾는 것처럼 보입니다. 또한 나무를 파내고, 쇠를 벼리고, 자기 주변의 동물들을 보살피고, 사냥과 낚시, 모험에 도취하고자 하는 '조상 적부터 내려오는 욕구'를 되찾는 것처럼 보입니다. 이러한 혼란은 하루아침에 없는 것이 될 수 없고, 전반적으로 퍼진 무질서와 근본적인 불균형이 주는 가혹한 교훈은 칙령과 규칙을 통해 사라질 수도 없습니다. 혼란은 위에서부터가 아니라, 삶을 살고 분투하는 확실한 토대와 대담한 이유 모두를 되찾아야만 하는, 구성원들 자신들로부터 시작되어야 합니다.

만약 학교가 어떤 시대상을 따른 잘못과 경험이 이미 유죄 선고를 내린 정신적·사회적인 개념에서 오는 잘못에 홀로 집착한다면, 학교는 오직 부적응성을 강조할 뿐입니다. 학교가 누구에게도 더는 유익해 보이지 않는 불완전하고 죽은 어떤 언어를 가르치려고 고집부리는 것처럼 말이죠. '학교'란 모름지기 최소한 자신의 시대에 적응해야 하고, 자신의 참모습을 알고자 애쓰는 세상의 막연한 호소에 답해야 합니다.

그리고 거기에는 시급성이 있습니다.

우리는 우리의 회복(재건)의 유일한 요소로서 일 속에 사람들이 두고 있는 그러한 본능적인 희망cet espoir instinctif을 저버리지 않아야 합니다. 상처를 입은 사람들이 예전에 경시되었던 그러한 활동들로 되돌아오는 것을 단지 부득이한 임시방편으로 여기는 데 그치지 않도록 즉각 생각을 바로잡아야 합니다. 모든 공인된 치료법들이 실패로 돌아갔을 때 우리가 도움을 요청했던 할머니들의 민간치료요법들 중 하나처럼 임시방편으로 여기지 않도록 말이죠. 위험을 넘기자마자 사람들은 할머니의 치료를 공개적으로 비웃어버리곤 했죠.

이런 '일에 토대를 둔 교육'은, 그것이 미친 세상에서 여전히 우리에게 남아있는 소박한 가능성들에 걸맞은, 위기의 시대에만 필요한 부차적인 교육이 결코 아니라는 점을 올바르게 이해해야 합니다. 충분히 그 무능을 드러낸 낡아빠지고, 주지주의적이고, 형식적인 모든 개념들보다 '일을 통한 형성'formation이 더 우월하다는 것을 우리는 이론으로보다 좀 더 실천적으로 제시할 줄 알아야 합니다. 그리고 모든 분야에서 우월함이 있다는 것을 보여줄 줄 알아야 합니다. 즉, 개개인들의 균형을 위해서, 개인들의 정신적·신체적 건강을 위해서, 삶에의 그들의 효과적인 준비를 위해서, 당면한 사태들에 맞선 그들의 영웅적인 과감한 대응을 위해서, 그리고 또한 그들의 지적 형성을 위해서뿐 아니라, 인간의 존엄과 사회의 견고한 활기vitalité를 실행하는 모든 능력의 최대한의 그러면서도 조화로운 계발 등을 위해서도 말입니다. 진리와 인간성의 함양 culture을 위해서도 우월함이 있다는 것을 말입니다.

이 모두를 위해, '일을 통한 교육'은 다른 모든 주지주의 교육보다 그 것을 더 잘할 수 있습니다. 우리는 이 일이라는 단어에 담긴 폭넓고 풍부한 모든 의미를 제공하는 것으로 충분할 것이며 – 이러한 의미는 저주와 같이 어쩔 수 없이 감내했던 잘못된 물질만능주의를 제거하면서 수 세기에 걸쳐 획득되었죠 – , 또한 일을 사회 건설에 대한 내밀한 이해로 끌어올리는 것으로 충분할 것입니다.

– 정말 궁극적으로 당신은 이러한 '일을 통한 교육'이 이 시점에서 결실이 풍부하리라고 또 인간적으로 실현 가능하리라고 생각하시나요? 그런 교육이 이미 오래전에 현실이 되었던 것은 아닐까라고 생각하시나

요? 느리게 진행되는, 학교의 적응을 주재했던 많은 교육학자들의 지도 아래 그리고 그들의 충동에 이끌려서 말이죠.

 — 그러한 조심성 때문에 당신이 앞으로 걸음을 내디디려는 것을 방해받는다면 안타까울 듯하네요. 이것은 마치 만능 천재 레오나르도 다 빈치가 자전거에 대해 전혀 생각하지 않았더라면 그런 점을 구실로 우리 현대인들이 자전거를 발명하지도 완성하지도 않았다고 하는 것과 같습니다. 물질적이건 지적이건 간에 모든 진보와 모든 실현 안에는 그것을 어느 순간 돌발적으로 드러내게 하는 상황이 결합해 나타난 결과가 있습니다. 봄에 싹을 틔우는 씨앗들처럼 말이죠. 그 씨앗들은 온기와 수분을 되찾기 때문만 아니라, 그 씨앗들의 결정(유전)인자가 생명을 폭발할 수 있게 결정해주는 모든 환경에 둘러싸여 있기 때문입니다.

우리가 그러한 생각에 이르기 위해서는, 보다 정확히 말해서 이런 '일을 통한 교육'을 실현하기 위해서는, 학교는 종노릇을 강요했던 지도 계급들이 지운 편협한 틀에서 벗어나야 합니다. 노예 같은 일은 우선 그 고귀함의 칭호와 사회·정치적으로 내재된 장점을 성취해야 합니다. 또한 사람들은 보다 절충적으로 보이는 체제에 대해 분명히 실망스러운 경험을 해야 합니다. 왜냐하면 사람들은 그러한 체제가 개인의 탁월한 능력들에 직접 호소하기 때문에 더 효과적이라고 가정하곤 하기 때문이죠. 이것은 마치 모든 것이 빛나고, 조잡한 장신구로 되어 있으며, 편의시설들이 갖추어진 도시로 떠나지만, 어느 날 탈이 나고 패배하여 귀향하는 그러한 젊은 사람들의 모습과도 같습니다. 요란한 거짓으로 그들을 즉시 현혹했던 도시 생활에 환멸을 느끼면서 말입니다.

다른 세기에 다른 세대들이 착수할 수 없었던 것을 우리는 할 수 있게 되었습니다. 우리는 그것을 실현해야만 합니다. 왜냐하면 오늘날의 상황들이 이러한 실현에 호의적이기 때문이고, 우리가 그것을 감행하지 않는 것은 우리의 과업을 저버리는 셈이 될 것이기 때문이죠. 사회적 대격변의 사태들이, 우리의 성공을 보장할 지지와 환대를 우리에게 줄 것이라는 희망을 품어봅시다.

더구나 성공을 위해서는, 선견지명이 있는 몇몇 인물들이, 숨겨진 선의의 사람들을 동원할 수 있는 길을 분명히 추적하는 것만으로도 충분하겠습니다. 나머지는 시간이 해결해 줄 것입니다. 당신도 알다시피 시간을 고려 사항에 넣어야만 합니다.

38
일을 통한 교육

'일을 통한 교육'은 흔히 볼 수 있는 손일手工活動 활동을 통해 이뤄지는 교육 그 이상이자, 조기에 실시되는 예비 직업교육préapprentissage 그 이상이다.
그것(일을 통한 교육)은 전통에 자리 잡고 있기는 하지만 현대 과학과 기계공학에 용의주도하게 젖어있고, 일이 중심인 그런 문화의 출발점이다.

마티유는 그 자신의 설명에 아직도 불만족스러웠다.

― 저는 **일을 통한 교육**ÉDUCATION PAR LE TRAVAIL이라고 말합니다. 누군가 성급히 그것을 '손일手工을 통한 교육ÉDUCATION PAR LE TRAVAIL'으로 이해하지 않았으면 합니다. 마치 그 일이 오직 손으로 하는 활동을 지칭해야 하기라도 하듯 말이죠. '일을 통한 교육'이 애초에는 그러했겠지만, 이 일이라는 활동이 그 활동에 영감을 주는 높은 정신성으로부터 자의적으로 분리되지도 않고, 또한 그 정신성은 하나의 구성요소인 생의 과정processus vital뿐 아니라 그 활동을 조건 짓는 사회적 과정processus social으로부터 떨어지지도 않죠.
'일을 통한 교육'이라는 이 생각은 제가 현 사회에 필요하다고 생각하는 새로운 학교 안에서 사람들이 정원 가꾸기, 동물과 식물 돌보기, 못질하기, 벽돌 쌓기, 쇠 벼르기에 만족하리라는 것을 뜻하는 것은 더욱 아닙니다. 배려라곤 찾을 수 없는, 사회적으로 꼭 필요한 동작들을 오직 수행하기만을 요청받는 기계처럼, 아무런 성과 없이 근육을 쓰는 수고와 손재주의 부담을 특정 사람들이 감내하도록 하는 것은 일에 대한 경멸적인 이해입니다. 사고 위주의 활동을 일부 사람들에게만 고상한 임무로 남겨두려고 말이죠.

일은 총체적입니다. 실험실에서 연구하는 과학자의 머리腦 속만큼 담을 쌓는 이의 머릿속에도 양식良識과 지성, 유용하면서도 철학적인 사색이 있을 수 있죠. 단지 각자가 자신의 성향들과 가능성들에 따라 자신의 기능들을 단련하고, 그리고 잘 조직된 상태에서라면, 그러한 기능들 모두 뛰어난 고상함을 가지게 될 것입니다.

정확히는 이러한 일의 통합에 도달하는 것, 바보로 만드는 메커니즘을 피하는 것, 행동거지를 지도하고 이상적인 것으로 만드는 정신성la spiritualité을 고양하는 것, 그 동작에 담긴 개인적이고 사회적인 영향력은 물론 보편적인 가치를 되살리는 것, 여러 기능들의 상호의존성과 그것들을 작동시키는 원동력, 목표의 근본적인 동일성을 회복하는 것이 중요하죠. 그래서 신체 활동을 한편에 두고, 또 그와 구별하여 개개인의 삶(생명)과 사고思考와 감성을 또 다른 한편에 두는 식으로 현재의 문명이 내몰았던 그런 양자 사이의 깊고 자의적인 깊은 구렁(壕)fossé이 더는 없도록 하기 위해서 말입니다.

우리는 일의 정신화(일에 정신성을 불어넣는 것)와 뇌의 지적 노력의 구체화(지적인 노력을 구체적으로 실현하는 것)가 서로 만나고 상호 보완이 되도록 해야 합니다. 인간적 고려 사항들과 절대 분리되지 않고, 위험하고 균형을 잃게 될 위험이 있는 이런 주지주의적 사변으로까지 결단코 떠밀리지 않는 새로운 방식의 사고 과정에 이르기 위해서 말이죠.

학교에서 조직해야 하는 일은 습득(학습)과 지성 형성, 교육(교양)에 다소 효과가 있는 보조수단이어서는 안 됩니다. 일은 교육적 활동 그 자체의 한 요소여야 하고, 그 활동들에 통합됨과 동시에, 그 영향력은 어떤 자의적인 신체 활동의 형태에 국한되지 않아야 합니다.

일을 전제로 하는 활동이 ─ 육체적이거나 지적인 ─ 개개인의 자연스러운 욕구에 부응하고, 그리고 그 자체로 존재이유가 되는 만족감을 안겨줄 때마다 그 활동에는 일이 있습니다. 반대의 경우에는, 일이 있는 것이 아니라 수고스러운 임무와 사람들이 할 수밖에 없기 때문에 단지 이행해야만 하는 과업이 있는 것이죠. 이 둘은 전혀 비교 대상이 아닙니다.

이 구별에 대해서는 좀 더 시간을 들여 이야기해 보겠습니다. 삶에는 그 의미가 완전히 왜곡된 상당히 많은 용어가 있고, 그 가운데 일이라는 단어가 있는데, 우리가 하는 말뜻이 이해되도록 하고 싶다면 우리는 우선 일의 진정한 의미를 재부여해야 합니다.

제가 땅에서 거추장스러운 것을 치웠고, 우리가 들어서야 하는 길을 터주었다고 해도, 아직은 그 가장 까다로운 부분에 이르지 않은 것도 잘 알고 있습니다. 그 모두를 인정하더라도, 우리는 이제 다양한 연령대의 아이들에게 제공할 일의 본질과 형태를 정의하고, 우리의 프로젝트가 건설적인 현실이 되도록 그 실천 방법과 기술을 정의해야 합니다.

우리의 추론에 따르면, 우리 학교에서의 일은 어떤 경우에서든 반드시 일-놀이TRAVAIL-JEU여야 합니다. 말하자면 그것은 다음과 같은 것이라야 하죠:

- 일-놀이가 필연적으로 유발하는 행동, 그것이 전제로 하는 노력, 그것이 초래하는 피곤, 그것이 실행되는 리듬은 아이에게 걸맞아야 합니다.
- 여러 근육뿐 아니라 감각과 지성이 정상적이고 조화롭게 놀도록 해야 합니다. 그래서 결코 기진맥진이 아니라 단지 욕구를 달래주는 충족인 자연스러운 피로감을 낳도록 말이죠.
- 개개인의 다음과 같은 본질적인 성향들에 부응해야 합니다. 올라가고(향상되고), 신체적·지적·정신적으로 풍요해지고, 삶을 위한 투쟁에서 승리하기 위해 자신의 힘을 끊임없이 증가시키려는 욕구, 스스로 자양분을 취하고, 악천후에서 자신을 보호하려는 욕구, 또한 자연환경의 요소들과 짐승들과 다른 인간들에 맞서 자신을 보호하고자 하는 욕구, 종족 보존을 보장하기 위해 (가족, 부족, 국가 단위로) 무리를 이루고자 하는 욕구에 부응해야 합니다.

일의 사회적 유용성 - 일부 교육학자들이 명백히 필요한 것이라고 종종 지나치게 내세웠던 그 유용성 - 은 제가 방금 당신께 상기해 드린 위의 특성들에 포함되어 있습니다. 그 유용성은 절대적으로도 직접적으로도 필수적이진 않습니다. 아이들은 우리들이 생각하는 것보다는 훨씬 덜 실리를 따지는데, 이해관계가 없는 놀이-일을 좋아하는 성향이 그렇다는 걸 보여줍니다. 일의 사회적 이익을 무분별하게 고집하고, 그것을 필수 조건으로 - 최소한 우선 조건으로 - 삼는 잘못을 하지 말아야 하겠습니다. 그 이익은 눈에 보이거나 즉각적인 것은 아니니: 일하는 사람은 종종 눈에 띄지 않게 장차 아이들이 담당할 사회적 과업을 그들이 더 잘 완수할 수 있게 준비시킬 수 있겠지요. 다년간의 준비 끝에 계획한 실제 제품을 생산하기 위해 많은 비용을 들여 정성이 깃든 넓은 공장 건물을 짓고 거기에 필수적인 공작 기계를 설치하는 기업처럼 말이죠. 그러므로 우리들이 우리 아이들에게 제공하는 일이 미래의 사회적 생산 가능성을 증대시킬 그러한 특성을 매우 자주 띨 수 있다는 점을 인정했으면 합니다. 장기적으로 말이죠. 일이 단지 기술적인 측면에서만이 아니라 신체적·정신적인 측면에서 말 그대로 통합적이고, 개인적이고, 지적인 미래를 생산하기 위한 준비라는 점도 마찬가지로 인정했으면 합니다.

이것에 대한 모든 오해에 대비하기 위해 다음 사항을 명확히 했으면 합니다. 일이 아이의 흥미를 유발한다면, 일이 아이의 본질적인 욕구를 충족시킨다면, 바람직한 **일-놀이**un TRAVAIL-JEU라고 말이죠. 그것이 사회에 즉각 유용한 생산물을 내주지는 않더라도요.

우리는 우리가 학교에서 하는 일-놀이에 대한 이런 또 다른 특성들을 이해해야 합니다:

- 초등(학교) 단계에서 일-놀이는 당장 필요한 기술직업훈련 apprentissage이 전혀 아닙니다. 그러한 직업교육은 생산활동에 나설 시기에 다다른 청소년기 교육에서는 사실일 수 있겠습니다. 그

것은 일종의 견습見習일 수 있겠고 그렇다면 훨씬 좋겠죠. 그러나 어쩌면 당신이 그러리라 여기는 것과는 달리, 저는 그러한 고려 사항이 우리의 일-놀이TRAVAUX-JEUX를 선택하기 위한 고려 대상이 아니라고 말하고 싶습니다. 적극적인 일꾼의 역할을 하는 아이들을 준비시키는 것, 그리고 그 역할에 영원히 젖어들고 인상을 깊이 남기기 위해 일의 필요성과 고귀함을 자신의 신체와 근육과 습관과 사고 안에 새겨 넣는 것이 단지 중요합니다.

• 끝으로 또 다른 편견을 피해야 하죠. 우리의 일을 통한 교육이 선험적à priori으로 학교의 자급자족 목적 차원으로 이해되지 않아야 합니다. 초등 단계에서는, 아이들로 하여금 자신들에게 필요한 것을 최대한 생산하도록 하고, 학교의 운영 경비를 줄이는 것이 우리의 주된 관심일 수 없습니다. 아이들 활동에 공리적인 목적을 곧장 너무 서둘러 제공해서도 안 됩니다. 그러한 활동에서는 일-놀이 TRAVAIL-JEU에 필수적인 특성을 너무나 자주 잃어버리게 될 것입니다.

만약, 이 일-놀이가 유용한 물건들을 생산할 수 있고, 학교와 주변 환경에 물질적으로 도움을 줄 수 있다면 참 좋겠죠. 그러나 저는 그것이 우리의 교육 조직에 있어서 우리에게 영향을 미칠 수 있을 필수 조건이 되어서는 안 된다고 앞에서 강조하였습니다.

어른들이 자라나는 세대에게 행하는 교육은 언제나 너그러운 희생이 필요하고 또 필요할 것입니다. 새는 한배에서 나온 자기 새끼들에게 오랫동안 실컷 먹을 수 있게 부리 한가득 먹이를 물어다 주지 않나요? 인간도 그 자손이 최대한 발달하는 것을 보장하기 위해 똑같은 희생을 할 수 있지 않을까요?

– "잠깐만요!" 롱 씨가 이의를 제기했다.

– 당신은 기존의 기술들 위에 거의 확실해 보이는 어떤 진보가 될 그런 놀이-일을 새로 만들어내려고 합니다. 그러나 저는 당신이 어쩌면

단순하면서도 다소 낡아빠진 방법에 따라 헛짓만 할, 그저 웃어넘길 만한 그런 놀이-일을 도입하려는 위험을 무릅쓰는 것은 아닌지 걱정됩니다. 그리고 그러한 놀이-일은 종종 단조롭고 실망스러운 시대착오가 될 위험이 있거든요.

　- 저는 스카우트 활동의 잘못을 반복하지 않을 겁니다. 아이들이 자신의 놀이-일에서 조상 적부터 내려온 행동들에서 직접 영향을 받은 활동에 몰두한다면, 그것은 취향 때문만이 아니라 그보다는 선천적으로 진보에 적응할 수 없어서 그럴 수 있다고 당신께 설명해 드렸죠. 본능은, 아마도 수천 년에 걸쳐 기술적인 진보에 늘 뒤처져 왔습니다. 그리고 이것은 의심할 바 없이 그렇게 될 필요가 있기도 했죠. 새로운 행동들과 색다른 여러 습관들이 개개인의 잠재의식 속에 새겨지는 데는 몇 세대를 잡아야만 합니다. 자신의 지능과 자신의 창조적 노력 그리고 자신의 사회적 성향을 통해서 인간은 - 이 점에서 인간은 동물보다 뛰어나죠 - 느리게 수정하면서 자신의 본능에서 벗어나고, 좋든 나쁘든 그것을 뛰어넘습니다. 그것이 바로 의심의 여지가 없는 유일한 진정한 진보이니: 인간은 창조적 지성을 통해 그러한 잠재의식과 본능에 젖어드는데요. 그렇게 해서 그것은 세대들에 걸쳐 극히 적기는 해도 지워지지 않고 전수됩니다.

　스스로 내맡겨진 아이는 동물처럼, 게다가 대다수 성인들처럼 - 착각하지 마셨으면 합니다만 - 본능적인 행동거지와 본능적인 과정 안에 여전히 갇혀 지냅니다. 우리는 인류의 시원적인 모습과 같은 그러한 본능을 존중하고 활용해야 합니다. 그러나 또한 우리가 고귀했으면 하는 우리 세대의 족적을 천천히, 세심하고, 끈질기게 그 본능 안에 새겨 넣으려고도 애써야 합니다.

　우리의 일-놀이를 그러한 본능적 활동에만 한정하는 것은 잘못이 될 것입니다. 스카우트 활동이 그러했던 것처럼 말이죠. 그것은 일시적으로 성공공을 거두는 데에는 이르겠지만, 그것은 또한 우리 인간 운명의 고귀함이기도 하고 우리 몫을 다하려는 노력 – 인간의 진정한 성취가 불가사의하게 새겨지는 그러한 본능을, 인간답게 순화하는 데에, 우리의 의식적이고 합리적인 경험이 최대한 기여하도록 하는 노력 – 에서는 제자리 걸음un piétinement이요, 포기une abdication이기도 합니다.

그래서 스스로에게 내맡겨진 아이가 태곳적 암흑 상태의 추억처럼 보이는 활동들에만 몰두하게 된다면, 그 까닭은 특히 좋아해서가 아니라 현시점에서는 그러한 활동에 기능적으로 대등한 것을 찾아낼 수 있는 능력이 없어서입니다. 아이는 어른들의 최근 성취를 통해 풍부해진 일-놀이나 놀이-일을 똑같이 몹시 좋아하며, 우리는 곧 그 이유를 살펴볼 것입니다. 그것을 위해 아이에게 필요한 것은 단지 지적인 적응이라는 새로운 노력입니다. 성공이 여전히 불확실해 보이는 그런 노력 앞에서 아이들은 뒤로 물러서죠. 그럴 때 우리는 그러한 노력이 효과적으로 실현되도록 아이들을 도와야 합니다.

전반적인 방향에서 아마도 불가피해 보이는, 유기체의 불균형 때문에 야기되는 충격에서 오는 잘못들에도 불구하고, 인간의 창조적인 노력은 자신의 개인적·사회적인 힘을 증가시키고, 자연환경의 요소들에 맞선 자신의 분투를 보다 더 효과적으로 만들고, 자신의 생명력을 증가시키고, 종의 계승과 보존을 더욱 안정적으로 제공하는 것을 늘 목표로 삼아왔습니다.

실제로 우리 문명이 낳은 다양한 산물들을 검토해 보죠. 그러면 우리는 그러한 문명이 어느 정도까지 이른나 아이들 모두를 열광시킬 수 있을지를 이해하게 될 것입니다. 인간이 마침내 창조와 생명의 비밀을 손에 쥐어, 하마터면 잠시나마 신들과 자신을 대등하게 놓을 정도로까지 생각하게 할 수 있기에, 몹시 열광하게 만들 수 있을 것이라고 말이죠. 인간은 언제나 더 빨리 움직이고, 땅과 바다와 하늘을 정복합니다. 인간은 공간을 지배하고 시간을 탐색합니다. 인간은 지구 내부에 깊이 파고들고, 상상할 수 없이 날카로운 인공 눈(천체 망원경)으로 우주

곳곳을 뒤집니다. 인간은 우리 선조들이 짐작조차 할 수 없었던 안락한 안식처를 건설하고, 믿을 수 없는 속도로 식료품을 생산합니다. 인간은 쾌락을 퍼트리지만, 또한 그토록 많은 고통도 퍼트리죠!

아이들은 그러한 인간의 능력이 고조되는 것에 특별히 민감합니다. 현대식 기계에 대한 그들의 열광이 특히 이 점을 설명해 줍니다. 엔진에 생명력을 불어넣기 위해서는 버튼을 누르는 것만으로 충분합니다. 그 엔진은 고동치고 진동하면서 우리의 힘을 백배로 증가시키죠. 사람들은 핸들을 돌려 움직임과 작동과 실행을 창조해 내니, 그것은 사람들이 유순한 수천 명의 일손을 거느리고 있는 것 같습니다. 그것은 모두 자전거, 기차, 자동차, 비행기, 엔진, 그리고 일반적으로 현대 기술이 성취한 모든 것이 주는 매혹적인 매력에 대한 이야기입니다.

단지 이러한 성취들은 아직 본능에 새겨들어가 있지는 않습니다. 스스로에만 내버려진 아이는 그 성취들을 이루어 낼 수도, 활용할 수도 없고, 자신의 가능성에만 맞는 확실한 습득(학습)에만 의존하지 않으면 안 되는 처지가 됩니다. 지나치게 진화된 활동들과 극도로 보수적인 정신의 전통적인 표명 사이에 간혹 당황스러운 동시성을 설명해 주는 것이 바로 이것입니다.

우리는, 본능의 삶에의 영향력을 과소평가하지 않으면서 본능을 넘어서죠. 우리는 현대 과학의 활동과 창조를 위한 잠재력 안에 포함되어 있는 교육적 가능성을 소홀히 할 수 없습니다. 한 번 더 말씀드리지만, 우리는 현재와 과거의 미묘한 연계의 현장에 있습니다. 둘 다 모두 똑같이 왕성하고, 복잡한 현실에서 변화의 방법론을 적용하는 일에 직면해 있습니다. 다른 한편 이러한 적용하기에 있어서 모든 적용에서와 마찬가지로, 피해야 할 중대한 위험들이 있습니다.

이러한 위험들은 여기서 우리의 추론 방식에도, 외부 세계에 대한 우리의 이해에도, 요컨대 바로 그러한 우리의 사고 구조에도 도사리고 있습니다. 심각한 점은 바로 이것입니다.

자동차를 소유한 특권을 가진 이에게 그 매력은 가히 요정에 홀린 것 같습니다. 우리가 주차장으로 내려가 엘리베이터를 탈 수도 있죠. 자동차에 시동을 걸고 밟으면 부르릉 신비로운 엔진 소리가 답을 합니다. 또 다른 짧은 동작 후 출발하는데요, 그러면 자동차는 굉장한 속도로 다른 풍경과 다른 세계, 다른 행적, 다른 운명을 향해 나아갑니다. 그것은 옛날 동화 이야기와 매우 비슷하고, 그와 똑같은 매력이 있지 않나요? 꿈과 상상이 놀랄 만한 현실이 되었다는 사실 때문에 더욱더 또렷해지는 그러한 매력 말이죠. 그러나 사람들이 함께 나누는 이러한 경이驚異 또한 자연과 사회의 관계에 대한 개념을 강하게 왜곡할 위험이 있습니다. 요정들이 보이는 초자연적인 힘에 대한 믿음이 우리보다 앞선 세대들의 행동을 왜곡했던 것처럼 말이죠. 우리는 어떤 불가사의한 - 유리하게 만들기에 충분한 - 힘이 개개인의 노력에 부족한 것을 채워 줄 수 있다고, 우연이나 행운이 우리를 위해 일한다고 확신합니다. 그리고 그러한 우연이나 행운을 기다리고, 그것을 꿈꾸며 바라고, 그것을 마법의 실행으로 간청하기만 하면 충분하다고 확신하기에 이릅니다.

칠흑 같은 밤입니다. 우리가 스위치를 켜면, 등불도 성냥도 없는데 즉시 마법적인 불빛, 석양이 우리의 산을 물들이는 빛보다 더 영롱한 빛이 방 안을 가득 채웁니다. 우리가 또 다른 버튼을 누르면, 황혼 녘의 어스름한 빛을 비춥니다.

사람들이 영화관에 가면, 스크린 위에 어쩌면 그들이 알고 있었을 수도 있고, 마술 지팡이의 효과를 받은 것처럼 살아 움직이는 사람들과 풍경들을 봅니다. 그것은 이미지일까요? 아니면 현실일까요?

현대 과학의 성취에는 타고난 이야기꾼들이 아직까지 이용할 수 없었던 경이로운 요소들이 있습니다. 아이들은 원래 경이로운 것만을 보기 때문에, 이러한 (가상)현실들 앞에서 아이들의 정신 상태는 예전 우리 증조부모의 정신 상태와 다소 동일합니다. 그분들이 우리에게 요정이 사는 성의 화려함과 신데렐라의 급작스러운 변신이나 인간의 꿈을 눈에 보일 듯 설명하려고 자연에 거주하는 기묘한 모든 존재들의 초자연적인 힘을 불러왔던 것처럼 말이죠.

더구나 놀이는, 예전에 말馬 놀이나 마차 놀이를 했을 뿐인 아이들이 지금은 상상의 자동차를 작동시키는 그런 새로운 요정극을 느닷없이 이용합니다. 그들은 버튼을 누르고 문을 두드려 소리를 냅니다. 그리고 마지못해 나아가면서 천천히 출발하고는, 곧이어 힘차고 날카로운 경적을 울리며 속력을 내려고 시끄러운 진동 소리를 내고, 연속으로 폭음 소리를 냅니다.

그렇지 않으면 기차놀이를 하죠. 한 줄로 늘어서서 앞 사람의 헐렁한 옷을 붙잡습니다. 선두의 아이는 움직이는 엔진 기관이 됩니다. 칙칙폭폭! 칙칙폭폭! 역장이 휘파람을 불고, 기차 행렬이 떠나기 시작하죠…

우리는 이 느린 진화를 고려 요소에 넣어야 합니다. 본래적이고 단순한 일들이란, 초보 단계의 과학과 같고 그리고 모든 비밀을 단번에 드러내는데, 확실하면서도 특별히 교육적입니다. 아이가 자신의 회반죽을 만들려고 석회를 제조했거나 막 제조하는 것을 보았다면, 그 아이가 냇가의 모래를 담아오려고 집 밖으로 나선다면, 집짓기는 그들에게 더는 신비로운 일이 아닐 겁니다. 집짓기는 (아동) 장인들의 재간과 활동의 당연한 결과일 것입니다.

그러나 우리가 아이들의 분석으로는 거의 이해하기 힘든, 과학적으로 복잡한 현대식의 일을 두려워해서 이런 단순한 일들을 철저하게 고수한다면, 그것은 너무나 신중한 교육자들같이 행동하는 셈이라 하겠죠. 그들은 자신의 학생들이 간혹 비도덕적이고 기만적인 일상생활의 광경을 겪게 하지 않도록, 사회적 문제들이 축소된, 겉으로만 모든 유해성이 없어 보이는 외진 곳에 학생들을 수용합니다. 이렇게 습관이 든 학생들은 마치 생생한 자연환경에서 멀리 떨어진 채 격리된 분위기 속에, 온실 환경에 애지중지 틀어박혀 지내는 갓난아기와 같습니다. 학생들은 그러한 인공적인 환경의 리듬과 규모에 맞춰 자신들의 활동을 조직하는 것으로 대응합니다. 그 결과 그들은 자연환경의 혹독한 요구사항rudes exigences에 적응할 수 없게 되죠. 거듭 말씀드리는데요, 위험한 괴리乖離가 이루어지는 것이죠. 어느 날 삶 속에 던져진 아이들은 그때 우리의 노력이 그들을 위해 준비해 놓지 않았던 긴급하면서도 때로는 고된 직업훈련을 준비도 안내도 없이 스스로 해내야만 합니다.

우리가 원하든 원하지 않든, 아이는 20세기의 환경 안에서 살고 행동하고 반응합니다. '학교'l'École와 '교육'l'Éducation은 아이가 현실 사회에서 위험과 손상을 최소한으로 겪게 하면서, 가능한 가장 열심히, 가장 힘차게, 가장 지혜롭게 살아가도록 아이를 준비시켜야 합니다.

그 난관을 감추거나 회피하는 것으로 충분하지 않습니다. 오늘날 일-놀이와 놀이-일은 현대의 기계화된 기술을 닮아야 합니다. 그렇지만 아주 신중하게 말이죠. 그렇다고 마법 열쇠처럼 완전무결한 재료matériel를 아이들에게 제공하는 것에 그쳐서도 안 됩니다. 그것은 아이에게 간접 경험의 수고를 피하게 하고, 그들의 실행력을 단숨에 굉장히 향상하겠지만, 일의 논리적이고 인간적인 개념을 아마도 되돌이킬 수 없을 정도로 모호하게 할 것입니다.

좀 더 앞서 숙고하는 대신에, 우리가 손으로 톱질하기 힘든 나무를 기계톱 단추를 누르기만 하면 자르고, 지치지 않게 우리를 인근 마을까지 데려다주고, 황소의 더딘 노동력을 트랙터가 훨씬 더 잘 대신해 줘 족하다고 생각한다면, 거기에 다시 괴리가 생길 것이기 때문입니다. 기계화되지 않은 단순한 일은 아이들에게 덜 중요하고 부차적이고 덜 고상하다고 간주될 것입니다. 엔진을 생산하려고, 석유를 채굴하려고, 기계 작동에 필요한 전기를 얻으려고, 현재와 과거에 그러한 1차적primaires이며, 힘들고pénible, 지저분한 일들에 사람들이 전념해야만 했었다는 사실을, 아이들은 도움 없이는 깨닫지 못하겠죠. 핵심 부품을 조립하고 공들여 마무리하는 데에 솜씨 좋고 감각이 뛰어난 손들des mains habiles et sensibles이 필요했었다는 점도 깨닫지 못할 테고요.

현재의 기계들은 너무나 완벽하고, 너무나 눈부시게 아름다워 여왕이 걸친 다소 휘황찬란한 드레스와 같아서, 사람들은 그것들이 보잘것없는 인간의 손을 진득하니 영리하게 움직여가며 만든 작품일 수 있다는 생각을 잘하지 못합니다. 우리의 뜻과 달리, 우리는 그 완벽함에 홀려, 그 작품을 만들어낸 인간이 한 일의 과정을 상상해 내지도 못합니다. 우리는 그저 밤늦도록 걸작의 조각들을 한 땀 한 땀 꿰매고 있는 저임금 노동자들의 긴 철야 작업을 떠올리는 데 이를 뿐입니다. 어쭙잖은 지적인 노력을 통해서 말이죠. 그 궁핍, 그 고통, 그 눈물은 부식토 같아서 그 위에 그 꽃이 피어난 것입니다. 아이들에게 이같이 추상적으로 생각하는 노력을 하라고, 그리고 그들이 감탄하는 완벽한 대상 이면에서 그 대상의 성과를 이루게 한 인간의 긴 고통을 보라고 어떻게 요구할 수 있을까요?

그리고 이 문제에 대비하기 위해, 원초적인 일과 현대 기계의 완벽함 사이의 이 긴밀한 의존감을, 그 냉혹한 관계를 지적인 방식으로, 스콜라식으로 가꾸면 충분하다고 생각하지 않았으면 합니다. '인간의 수고'를 노래하는 많은 것들이 있다고 제가 알고 있을지라도, 아름다운 문학 작품의 일부나 감동적인 시구詩句면 충분할 수 있다고 생각하지 않았으면 합니다. 그 모든 것은 우리가 경험하지 못해서 느낄 수 없는 것들에 대해 감정적인 이해를 부추기려고 하는 말뿐이자 인위적인 방식입니다. 그것은 자신에게 부과된 행동을 세련되게 보이게 하면서 우리들의 행동을 겉으로만 인간 냄새가 나게 만드는 일종의 피상적인 예의 따위와 같은 거죠. 그것으로부터는 우리가 기계의 진정한 생명(력)을 느끼지도 못하고, 기계가 처한 운명의 일부가 되지도 못하고, 더 정확히 말하자면 기계가 우리 자신의 운명의 일부가 되지도 못한다는 거죠.

그러나 우리가 그 아름다운 드레스의 일부를 고안했다면, 그리고 우리가 드레스를 입고 연속극에 출연해 연기한 배우였다면, 그때 그 드레스는 우리와 허물없이 지내는 아이와 같습니다. 왜냐하면 우리와 함께 살고 아픔을 나누고, 우리와 완전히 교감하면서 함께 욕망과 기쁨과 고통을 저절로 실감하기 때문입니다.

당신의 자동차도 마찬가지죠: 당신은, 자동차를 생산하는 조립 라인에서의 반복적인 일에서 오는 단조로움, 강판의 내구성과 우아함을 확고히 하기 위해 제련하고 합성하는 주조 공정에서 나오는 비인간적인 유해성, 그리고 자동차에 광택을 입히기 위해 칠하는 페인트에서 풍기는 유독성 있는 냄새의 위험에 관한 감동적인 이야기들을 읽지요. 그 이야기들은 문학작품에 남아있고, 당신은 그것을 읽자마자 어쩌면 감동받고 동요될 수 있겠지만, 당신의 행동에 결정적이고 실효성 있는 방식으로 깊은 인상을 남길 순 없습니다. 공장을 나서는, 녹초가 되고 찌든 노동자의 실루엣 – 당신에게 영향을 미칠 영혼도 없는 가혹한 모습 – 이겠지만, 그 이미지는 당신의 개인적인 삶의 많은 요구와 이익들 앞에서는 금방 사라지죠.

그 사태의 양상들은, 당신이 조립 라인에서 일했고, 여러 작업조 중 한 조에서 노동자들과 함께 애쓰고 견뎌왔다면, 다소 달라질 것입니다. 당신이 엔진 청소한 후 재조립하려고 그것을 막 분해했다면 – 당신은 손과 일을 통해서PAR LES MAINS ET PAR LE TRAVAIL 그에 익숙해졌지요– , 당신이 어느 날 끈적거리는 페인트의 점착과 고통스러운 냄새가 주는 고통을 견뎠다면, 당신이 타이어를 갈아 끼우려고 땀을 뻘뻘 흘리며 애썼더라면, 그때 그 자동차는 당신에게 일종의 사회적 의미를 가지게 되죠: 당신이 이것을 활용할 때, 당신은 그것이 가져오는 결실인 지성과 일의 총합을 구체적이고 종합적으로 이해하게 될 것입니다.

이러한 조건에서–그러나 오직 이러한 조건들 –에서만 그 완벽해진 기계의 사용은 더는 불가사의한 마법이지 않게 됩니다. 기계는 다시 인간이 하는 일(인간 노동)의 정상적인 결실이 되는 것이죠. 그렇다면 기계는 그 자체로 한 편의 시이자 하나의 봉헌이요 하나의 가르침이 됩니다.

우리는 이제 어떤 조건들로 일-놀이TRAVAUX-JEUX와 놀이-일JEUX-

TRAVAUX의 순환 속에서 이제 어떤 조건들로 완벽한 기계를 교육적인 목적으로 도입할 수 있게 될지 보게 됩니다. 우리의 일을 통해서 기계의 출현과 실행과 조정에 **우리는 실제로 참여해야만 하고**IL FAUDRA QUE NOUS AYONS PARTICIPÉ EFFECTIVEMENT 우리는 우리의 힘을 열 배로 증가시키는 기계가 어떻게 그리고 왜 아무런 신비로움도 갖지 못하는지를 느껴야 하고, 톱니바퀴가 작동하는 방법을 알아야 하고, 기계를 움직이게 하는 여러 다른 부품들 사이의 관계에 익숙해져야 한다는 점을 이해해야 합니다. 그러나 그 이해로는 충분하지 않을 수 있다는 점, 특히 아이들의 경우, 그 이해가 늘 불완전하고 부분적일 수 있기 때문에 충분하지 않을 수 있다는 점은 조심해야 합니다. 그러면 우리의 손가락을 통해서, 삶과 진보의 유일한 생산자인 일의 과정, 즉 자연에 대한 인간의 느린 정복의 윤곽이 드러납니다. 우리는 내밀하게 그 힘의 고양에 참여하고, 그 힘의 구성요소들은 우리의 인격에 통합되고, 인격에 활기를 불어넣고, 일에 바탕을 둔 새로운 철학을 불러일으키는 데에까지 이르도록 그 행동과 그 사고에 동기를 부여합니다. 그 구성요소들은 차츰차츰 우리의 잠재의식에 스며들며 느리지만 결정적으로 본능의 본질적인 행동들을 고치는 데에 이르기까지 깊은 자국을 남기게 됩니다.

바로 그 순간에 당신의 교육은 진정으로 개인들과 세대들의 인내심을 요하는 진보에 강력한 영향력을 가지게 될 것입니다. 그리고 당신은 당신의 역사적 과업을 이룰 것입니다. 개인의 보잘것없는 운명을 넘어서서 빛(큰 깨달음)과 완벽을 향하는 인간의 끊임없는 오름montée에 이르고 영향을 주기에 이르는 그 과업을 말이죠.

– 그러니까 당신은 우리가 종합기술교육polytechnisme이라고 부르는 것을 '학교'l'École에서 실천하시려는 것이죠. 그 경로(종합기술교육)에서 늘어나는 사회생활의 복잡성에 아이들을 입문시키고, 아이들이 선호하는 직업을 다소 진지하게 선택하게 한 후 취향에 맞게 그것을 훈련하도록 준비시키는 것은 분명 이점이 있겠죠. 그러나 그 과정에는 모두가 흥

미진진해하는 여러 가지 기술들로 아이들을 유인해 그들의 주의를 분산시키는 불리한 점 – 당신이 주의를 기울이지 않았던 심각한 위험 – 도 있고, 당신이 중대한 필요성을 너무나 시적詩的으로 제시했던 그 빛나는 길의 단순함과 화려함을 감추면서, 수많은 샛길을 – 나란히 가든 그렇지 않든 – 아이들에게 제공할 위험도 있습니다.

– 우리가 긴장완화 놀이들에 만족해한다면 정말이지 그렇게 될 듯합니다. 그러한 놀이들은 내적인 질서 없이 일시적인 보상 활동들의 내용으로 행해지죠. 아이가 (장난감) 레일 위에서 기차를 돌립니다. 그러다 기차놀이에 지치면 바로 건축 놀이un jeu de construction를 하죠. 그리고 야외로 나가고 싶은 마음이 들면 아이는 땅파기 놀이를 하러 나갈 테죠. 틀림없이 그렇습니다. 제가 유행하는 몬테소리 교육체제에서 읽고 보았던 것에 따르면요. 아이는 자신의 활동을 선택합니다. 그것은 명확한 사실이죠. 그러나 아이가 그러한 활동에서 오는 유익함을 느끼고, 변덕la fantaisie과 망상l'illusion에 좌우되도록 내버려두는 대신에 아이에게 동기를 부여하고 질서를 바로잡게 할 그런 일의 개념을 자신도 모르게 습득하게 할 필요가 있지 않을까요?

만일 당신이 꼭 사야 할 것을 미리 굳게 작정하지 않은 채 백화점에 간다면, 당신은 다채로운 판매대와 풍부한 상품에, 그리고 영롱하게 빛나는 옷감이 불러일으키는 욕망이나 선망에 매 걸음마다 유혹받을 테죠. 그래서 당신은 출구를 나서는 순간, 사야 할 제일 중요한 물건이 무엇인지를 잊어버리고, 그 물건을 살 시간과 돈이 부족하게 되었다는 점을 깨닫게 됩니다. 이차적이고 부차적인 것에 마음을 빼앗겼기 때문이지요.

그러나 만약 당신의 삶을, 언제나, 아니면 일시적으로, 그 삶에 통합된 일이 지배한다면 그리고 없어서는 안 될 물품 하나만 사서 오기로 굳게 작정한 채 상점에 간다면, 당신은 아마 무의식적으로 원하는 그 판매대로 곧바로 가서, 사려던 물건부터 먼저 살 테죠. 만약 일이 당신의 정신을 마음속 깊이 장악한다면, 당신은 다른 판매대들에 눈길 한 번 주지 않고 그 사이를 태연히 지나칠 것입니다.

그 차이를 당신이 이해했으면 좋겠네요!

학교에 다소 복잡한 도구들과 기계들을 설치하고, 작업장들을 열고, 들판과 정원(텃밭)들을 마련하여 경작하게 하고, 아이들에게 일에 대한 관심과 욕망에 맞는 주된 질서와 내밀한 이유 없이 제공되는 여러 유혹에 아이들을 내버려두는 것으로는 충분하지 않습니다. 그것은 학교에서 우리가 해롭다고 이야기했던 변덕fantaisie을 기르는 것이 될 것이고, 기분 전환용 오락과 무질서를 편드는 것이 되겠죠. 일에 입문하기 위해선 빈약한 조건일 뿐이죠!

제가 실현되는 걸 보고 싶은 그 프로젝트 안에는 까다로운 점들이 분명히 없지는 않습니다. 그러나 만약 우리가 도달할 목표를 강하게 느끼고, 우리가 충족시켜야 하는 개인과 사회가 크게 필요로 하는 것들에 대한 엄밀한 개념이 있다면, 우리는 점진적으로 모든 어려움을 이겨낼 것입니다.

만약 농부가 자기 주변의 자연이 변화하고 순환하는 이치를 관례와 경험에 따라 잇따라 해야 할 일들을 정할 수밖에 없게 하는 자연 질서의 필연성을 모른다면 농부는 아침에 자신에게 주어진 많은 활동 가운데 할 일을 무턱대고 선택하게 될 것입니다. 농부는 그럴 마음이 내킬 때 땅을 갈고 씨를 뿌리고, 심어놓은 작물이 목말라 물을 대라고 요청할 때 사냥하러 나서겠죠. 어쩌면 인간은 자신의 선택에 끊임없이 당황해할 것입니다. 왜냐하면 그 선택이 너무나 다양하면서도 다 중요하다는 주장으로 부추겨질 것이기 때문이죠. 어떤 행동이나 활동이 더 우선시되어야 하는지에 대한 규칙을 사용하지도 않고, 본능적으로 강하고 더 절박한 필요성을 따르고, 가장 높고 긴급한 필요성에 복종한다는 틀 안에서 이러저러한 일들이 우선시된다는 이해도 없이 말이죠.

그러나 바로 거기서 자연은 우리에게 명령하고 우리의 변덕을 제한하고 정돈합니다. 이 지역에서 파종해야 할 날은 바로 오늘이죠. 태양이 더는 이곳에 닿지 않을 테니, 다음 주가 아니라… 만약 우리가 당장 강낭콩 덩굴에 섶을 꽂아주지 않으면 너무 늦어지게 될 것입니다. 만약 제가 오늘 아침 포도나무에 유황 가루를 뿌리지 않으면, 포도 농사는 아마도 돌이킬 수 없는 질병으로 망가지겠고, 제가 당장 수확하지 않으면 폭풍우가 몰아쳐 다 여문 이삭을 휩쓸어 가 저는 오늘 밤 후회하게 되겠죠.

기계공도 작업장에서 자신의 변덕스러운 생각fantaisie에 좌우될 위험은 없죠. 하나의 기계를 분해하고 재조립하는 데에도 훨씬 더 필수불가결한 순서(질서)가 있습니다. 어디에서나 우리의 자유로운 선택은 유일하게 생산성이 있는, 자연적이고 사회적인 질서에 의해 상당히 제한됩니다. 그 질서를 우리는 따라야만 하죠. 그것이 힘과 생명의 유일한 창조자이기 때문이죠. 당신도 알다시피, 우리가 내적인 의무와 생산성이라는 이중의 측면에서 인간 활동의 그러한 기능적인 개념으로 우리를 끌어올리는 것은 바로 진정한 일의 과정을 통해서입니다.

어떤 사람들은 자유liberté라는 단어를 앞세우죠. 당신은 우리가 논의를 시작한 이래로 이 단어가 처음으로 등장했다는 걸 알아차렸을 듯합니다. 자유란 삶과 일의 바깥에 실재할 수 있는 어떤 실체가 전혀 아니고, 우리가 논의했던 심리학의 또 다른 실체인 기억도 더더욱 아니죠. 자유는 단연코 상대적인 것에 불과하죠. 지나치게 형식적인 교육 때문에 타락한 정신의 소유자들만이 자유를 개인적이고 사회적인 필요성의 반열로 끌어올릴 수 있었던 것입니다.

어떤 상황에서나 중요한 것은 자유 그 자체가 아니라 우리가 우리의 본질적인 욕구를 충족시키고, 우리의 힘을 증가시키고, 우리를 향상시키고, 자연과 환경 요소들, 적(방해물)과의 싸움에서 승리하게 하는 일 말의 중요한 가능성입니다. 그것에 도달하기 위해 우리는 자유와 관련해 가장 큰 희생을 감수할 수 있습니다. 우리를 짓누르고, 우리의 의지를 꺾는 것은, 그러한 욕구들의 충족을 누군가 방해하고, (더 높이) 오르려는 것을 누군가 가로막는 것입니다. 그리고 우리의 역동적인 갈망조차 부정하는 삶과 임무를 누군가 우리에게 강요하는 것이죠. 자유롭다는 것은 삶(인생)의 길에서 위풍당당하게 나아가는 것입니다. 여러 가지 의무들이 그 길의 경계를 엄격히 설정하고 그 길을 둘러싸고 극복해야 할 장애물들이 그 길을 고되고 힘들게 하더라도 말이죠. 자유의 박탈은 의식하든 그렇지 않든 우리가 매력을 느끼는 빛(참된 깨달음, 앎)을 향해 우리가 나아갈 수 없게 합니다. 그것은 목적 없이 오솔길들에서 길을 잃어버리는 것이고, 거기서 우리의 적(방해물)들은 우리가 하는 모든 인간적인 의미의 노력을 앗아가 버리면서 끊임없이 우리를 지배합니다.

저는 더는 주장하지는 않겠습니다. 다만 내면적 질서의 – 말하자면 우리가 몰두할 일-놀이와 놀이-일에서 절대적이고 긴급한 질서의 – 필요성을 더 엄밀히 하려고 말했을 뿐이죠. 별것도 아닌데 길어졌네요. 제가 말하려는 것이요? 그게 전부네요. 이러한 질서 없이, 개인적이고 사회적인 장래 변화에 포함된 이러한 본질적인 동기부여 없이, 우리는 어쩌면 제자들에게 이어 부과하게 될 일거리들(職務)occupations을 그들에게 단지 제공하게 될 뿐입니다. 학생들이 나름의 목적 없이 참여하는 그러한 일거리들은 보상적 긴장 완화 놀이와 기분 전환용 놀이를 강요할 것입니다. 다시 한번 우리는 장엄한 건설(과정)의 꽃을 꺾어버린 셈이고요…

– 골칫거리를 없애는 비결은, 당신이 교육자들의 이해와 창의적인 재능과 우직함과 인간성에 여전히 호소하는 것이죠. 당신 건축물의 대미를 장식하려면 말이죠… 언제나 그렇죠… 발명가들은 그들 도구들(발명품들)의 세부 사항을 떠올리고imaginer, 사용 방법의 개발을 미리 계획하고, 상세한 사용 설명서를 그림 설명을 붙여 준비합니다. 하지만 유별난 것은, 우리가 완벽에 이르도록 잘 알고 이해하는 것을 명확

히 설명하는 게 언제나 편리한 게 아니라는 사실에서 분명 비롯되는데, 그러한 사용 설명서 그 자체만으로는 충분하지 않다는 것입니다. 사용 설명서를 설명하고 해석할 누군가의 도움이 언제나 필요합니다. 우리는 상당히 자주 그러한 역할을 부여받아 왔죠. 우리는 그 역할을 매우 불완전하게만 다해왔을 뿐이고, 저도 그 점을 인정해야 합니다. 그 까닭은 우리에게 배정된 설명문들을 이해할 수 있다손 치더라도, 때로는 우리가 깊고 근본적인 아이디어를 풀어내는 데에는 덜 전문가이기 때문이죠. 중요한 단 한 가지 점이 그것인데도 말입니다. 그 기계를 작동시키기 위해서는 보잘것없는 작은 손재주면 충분합니다만, 그것을 말로 설명하기는 때로 너무 까다롭죠… 이해하려면 몇 분만 지켜보는 것으로 충분하죠… 우리는 그래서 실패에 부분적으로 책임이 있죠.

저는 당신의 프로젝트도 똑같이 그럴까 봐 매우 걱정이 됩니다. 당신은, 몰론 당신이야 확실히 알고, 기계를 작동시키려면 무엇을 해야 하는지 스스로 느끼고 있고, 당신이야 잘못을 찾아내고 바로잡을 수 있을 테지만, 다른 사람들은요?… 길고 인내심을 요하는 토론 도중에 제안된 혁신이 주는 진정한 의미를 제가 이해시키는 게 얼마나 힘들었을 것 같은지 아셨으면 합니다. 그리고 제가 당신의 논리와 당신의 힘(행동 원리)이 되는 구상의 그 단순함에 확실히 도달했는지 자신이 없네요! 교사들이 자신이 읽고 적용할 사용 설명서에만 단지 의존해야 한다면 어떤 일이 벌어질까요? 선입견을 가지고서, 그리고 당신이 가르치는 것과 정반대에 선 삶, 학교의 노력, 학교의 리듬, 기억, 지성에 대한 생각解을 가지고서 말이죠. 그들은 여전히 당신의 시설, 당신의 교수방법, 당신의 구상(견해들)을, 스콜라식 형식주의 교육의 목적에 다시 한번 끼워 맞추려 애쓸 것입니다. 그들은 온통 그 목적에 젖어있고 그들에게는 그 목적이 제2의 본성처럼 남아있죠. 그래서 실패로 끝나게 되겠죠… 어쩌면 몽땅 다 실패는 아닐지도 모르겠네요. 우리가 그토록 어렵게 앞서가며 길을 내는 자리를 영원히 표시하는 안내판이 세워지도록 여기저기서 희미한 빛이 생겨나는 것만으로 충분하기 때문에 그렇습니다. 그러나 당신은 부당하게도 쓴 뒷맛을 볼 수 있겠고, 당신의 생각을 추종하는 사람들조차도 때로는 당신의 아이디어의 미덕을 의심할 테고, 그들은 망설일 것입니다. 당신이 그들의 길을 잃게 한 것은 아닌지 자문하면서 말입니다. 어쩌면 당신이 우리 교육의 근본적인 쇄신을 기다리는 사람들에게 너무나 많은 것을 요구했기에 그럴는지 모르겠네요.

  – 저는 당신의 입장을 충분히 잘 이해합니다! 그래서 저는 사용 설명서 없이, 모든 아이들의 원초적인 욕구들과 자연적 성향들에 관여하는 절체절명의 요청들이라는 유일한 미덕을 통해서, 그 자체로 충분할 만큼 아주 완벽한 총체 – 시설과 기술(테크닉) – 를 제시하고 싶습니다. 부차적일 뿐인 도구들이 있고, 그것들에서 우리는 생의 과정에서 논리적인(당연한) 위치를 바로 보지 못합니다. 그래서 설명들이 필요하고, 그리고 별 효력은 없죠. 당신이 이것을 아주 잘 보여준 것처럼요. 그것은 우리가 그것을 앞에 두고 주저하거나 난감해하는 물약이나 술과 같습니다. 사람들이 우리에게 확언한 것처럼 그것들은 우리의 건강에 좋을까요? 그러나 누가 우리에게 그것을 증명하죠? 그리고 얼마나 마셔야 하죠? 하루 중 어느 때에?

  반면에 미리 정당화할 필요 없이 우리 몸에 즉시 적응하는 다른 것들이 있습니다. 그 자체로 충분한 자발적인 매력의 결과로 말이죠. 그것은 우리가 산에서 우연히 마주쳐 그 탁월함을 지레짐작하는 맑은 샘源泉과도 같은 것입니다. 우리는 망설이지 않고 샘물을 실컷 맛볼 수 있고, 우리의 충족된 욕구는 유일하고도 진정한 안내자가 됩니다.

  저는 맑고 소박하지만 뛰어나게 생기를 주는 이러한 샘을 다시 찾아 내려고 하며, 그 샘에서 각자는 자신의 성향에 따라, 자신의 취향대로 자발적으로 마실 수 있습니다. 자신이 본래 지닌 본성과 가능성에 그것을 맞춰가면서 말입니다.

  일-놀이TRAVAIL-JEU에 대한 저의 생각 속에서, 저는 적어도 이런 탁월함, 이런 깨끗함, 이런 투명함의 한 요소에 도달했다고 믿습니다.

만약 제가 아이들로 하여금 이러한 일을 할 수 있도록 이끌 수 있다면, 교사들은 밀어붙이고, 부추기고, 설명하는 일을 훨씬 덜 하게 될 것입니다. 교사들은, 사람들이 아직까지 지적인 행동을 요구할 수 없었던 비밀을 그들만이 쥐고 있기 때문에, 오늘날 모든 것의 근원에 있습니다. 당신의 임무는 오늘날 너무 심할 정도로 신통치 않거나 불쾌감을 주는데, 이상하리만큼 제대로 작동하지 않는 자동차 위에 당신이 타고 있기 때문이죠. 기름칠을 과하게 하고, 휘발유를 과도하게 주입해 연료를 낭비하고, 배터리 내부저항의 손상을 입혀가면서까지 점화장치를 고조시키고, 때로는 차에서 내려야만 언덕 끝까지 자동차를 밀고 가는 그런 고장난 자동차를 말이죠. 역시 결함이 있는 당신의 그런 운전기술을 자축할 계제가 아니죠.

만약 당신의 자동차가 강력하고 힘차게 맥박이 뛰고, '장애물을 견디고', 맹렬히 밀고 나가면서 부리나케 언덕을 올라간다면, 당신에게 상당한 위안이 되겠네요! 물론, 정반대의 위험도 도사리고 있겠죠. 과속과 운전 미숙으로 인한 사고, 균형을 잡아주는 방향 조정 장치의 잘못 때문에 말이죠. 당신은 차를 고장 내지 않고, 동력과 (방향) 결정에 영향을 미치지 않게 주의하면서만 오직 위험에 쉽게 대비할 것입니다.

이는 과연 유토피아일까요?

어떤 기적적인 일에 의해서, 끊임없이 되풀이되는 어떤 잘못들에 의해서, 인간 본성에 대한 어떤 침해에 의해서, 우리는 낡아빠진 자동차의 신세로 전락해 버렸나요? 우리가 언제나 감탄하는 훌륭한 기량으로 생명력과 행동, 넘치는 노력을 발산하던 젊은 신참 직원이 기운도 활력도 없는 그런 자동차의 신세로 전락해 버리는 식으로 말이죠. 그러한 잘못이 아무리 케케묵은 것이고, 우리의 습관에 아무리 틀어박혀 있는 것처럼 보여도, 우리는 아직 그것을 바로잡을 수 있습니다.

우리는 일을 통해서 그 잘못을 바로잡게 됩니다!

39
일이 만들어내는 동료애

진정한 동료애, 그것은 일하는 가운데 싹트는 동료애이다.
어느 가족, 어느 집단, 어느 마을, 어느 국가의 구성원들 사이의
가장 견고한 연결끈, 그것은 여전히 일이다.

— "어떠한 뛰어난 힘을, 그날 사람들이 빼앗겼는지 사람들은 더는
헤아릴 수 없습니다."라고 짧은 휴식 뒤에 마티유가 말을 이어갔다.

— 사람들이 일-놀이TRAVAIL-JEU에 완전히 등을 돌리고, 용케 피하
고 싶고, 필요하다면 옳지 못한 짓으로라도 빨리 피하고 싶은, 당신을
노예로 만든 그런 의무적인 수고스러운 일besogne, 그리고 사회생활에
필수적인 최소한의 균형과 보상적 긴장 완화 활동들 – 현재의 문명에
서는, 예전에 (정신) 집중과 교육(교양)이 차지했던 지위를 점하고 있는
활동들 – 을 유지하기 위해 그 보완물로 강요된 그 임무로 향해 나아가
던 그날 말이죠.

우리 시대의 사람들에게 여전히 남아있는 이상형을 찾아봅시다. 그
들은 자신과 타인의 안녕과 행복을 위해 단결하고 협력하고 실행하는
데 있어 어떤 합리적 근거와 어떤 실천 방법들을 가지고 있을까요? 당
신 삶의 여정에서 여전히 당신은 쇠퇴의 본질적인 공허함을 현학적인
말들로 숨기는 몇몇 종교적·철학적·사회적 실체들과 마주칠 것입니다.
사람들은 그러한 말들과 함께 사라진 이상형의 최소한의 형태를 되살
리려고 마지막으로 시도하죠. 하지만 헛수고죠. 왜냐하면 지성, 이성,
자비, 동료애, 선량함, 정의, 관용, 이런 것들은 오직 일 안에서 그리고
일을 통해서만 정말로 완전하고 효과적이기 때문입니다. 그렇죠. 일-놀

이의 의미를 간직할 수 있었던 사람만이 진정으로 지적이고, 이성적이고, 자비롭고, 동료애가 있고, 선량하고, 정의롭고도 관용적이라는 점을 개략적으로 입증하는 모든 증거를 가지고 있습니다. 그 사람만이 우리 안에 있는 최고의 것이 펼쳐지는 높은 수준의 즐거움에 오르게 됩니다. 그 사람만이 자연과 함께 적극적으로 교감하며 살아가고, 인간으로서 자신들의 운명을 최고도로 실현하게 됩니다. 저는 단지 이러한 현실들을 곧바로 가리킬 뿐이죠. 이 사실들의 성실한 검토로 다른 사람들이 타당한지 통제할 수 있을 테죠. 저는 단지 일-놀이의 주된 미덕들 가운데 몇 가지만을 강조하고 싶습니다.

개개인들의 삶과 사회의 영속성을 위해 아마도 가장 크고 본질적인 미덕, 그것은 일-놀이가 인간들 사이를 연결하는 실질적이고 효과적인 유일한 끈이라는 것입니다. 그리고 그것은 다음과 같은 것을 뜻하죠.: 일-놀이가 개인의 원초적인 욕구들의 정상적인 충족이기 때문에, 그 점에서 그것이 가장 강력한 인간 행동의 요소라고 말이죠.

— 당신은 이 대목에서 수많은 현대 심리학자와 의견을 전적으로 달리하네요. 그들은 인간을 움직이는 동력의 역할을 오히려 생식(종족 재생산 본능)에 돌리고 있고, 사랑의 역할은 지성과 감성 차원에서 볼 때는 자리바꿈(轉位)transposition에 불과하지요.

— 사랑은 사실 개인의 절박한 욕구들 중 하나를, 직접 또는 간접적으로, 만족시킵니다. 사람들은 사랑의 중요성을 다른 욕구들과 어긋나게 하고 또 왜곡시킬 정도로 높여 찬양해 왔습니다. 또한 분별력 없게도 생식(종족 재생산) 본능이 생명에서 최고의 위치를 차지한다고 보편적으로 가정하는 것은, 인간이 재생산(생식)se repoduire에 앞서 생존하고exister, 견뎌내고durer, 커야grandir 한다는 점을 잊게 합니다. 생식(종족 재생산)을 위한 욕구는 서서히 커지는데, 절정에 도달하고는 이내 생명력과 함께 쇠퇴하고 말죠. 반면 '생존하고'd'être, 올라가고s'élever, 커지고grandir, 자신의 운명을 실현하고 싶은 욕구는 탄생에서 죽음에 이

르기까지 계속되는 영속적인 욕구입니다. 그리고 그러한 욕구는 정말로 (있어야 할) 행동의 조건이 됩니다. 생식(종족 재생산) 욕구는 단지 우발적 것에 불과합니다.

생식(종족 재생산)을 위한 욕구가 인간의 생활 습성(생리현상)에 아직 나타나지 않았더라도, 그것이 일련의 사고와 질병에 의해서나 노화에 따른 쇠약의 결과로 인해서 자연스럽게 사라진다고 하더라도, '생존'의 욕구는 한시도 멈추지 않고 나타납니다.

일이란 그래서 그 '생존'의 욕구를 표현하고 고양하는 유일한 수단 같은 것이자 사회 구성원들 사이를 연결하는 유일한 공동의 끈 같은 것으로 여겨집니다.

제가 의미하는 표현은, 말과 쓰기를 통해 우리의 마음을 동요시키는 생각들을 드러내고자 하는 비교적 현대적인 능력이 결코 아닙니다. 왜냐하면 우리가 생각만 하는 건 아니기 때문이죠. 생각은 우리 인격의 한 요소일 뿐이고, 우리 존재의 한 분비물 같은 거죠. 그 자신이 살아가는 사회 한복판에서 변화하고 있는 가운데 말이죠. 그러한 생각을 별개의 형태로 표현하기 위해 그 생각의 일부를 따로 떼어놓는 어떤 능력이 있는 개인들은 상대적으로 드뭅니다. 또한 우리가 보아 온 것처럼, 그 개인들이 전혀 위험하지 않은 것도 아니죠. 우리가 그러한 인간 운명에서 분리된 생각을 가볍게 여길 수 있기 때문입니다. 아이들이 오슬레 놀이(양의 발목뼈로 만든 것을 던지고, 잡고, 흐트러뜨리는 놀이-역주)를 하는 것처럼 말이죠.

게다가 자신의 생각을 표현할 능력이 없다는 것은 사람들이 아무런 생각이 없다든지, 심지어 사람들이 저급한 생각만을 한다든지 하는, 그런 뜻이 전혀 아닙니다. 이것은 단지 우리의 지각 활동에 대한 두 가지 다른 차원이 있다는 것입니다. 사람들은 언어를 통해서 우리 존재의 어떤 측면들에 대한 어떤 떠오르는 생각을 내놓습니다. 우리 존재가 완전히 자신을 자유로이 표현하고, 효과적으로 자신을 실현하는 것은 오직 일하는 가운데서만 그렇습니다.

제가 말하는 고양exaltation이라는 것으로 어떤 인위적인 흥분제刺劑에 의해 생기는 아주 지나가는 도취감을 뜻하는 것은 전혀 아니고, 사랑이라는 일시적인 흥분에 의해 초래되는 도취감도 더더욱 아닙니다. 그것은 일을 통해서 언제나 올라가고(향상되고), 더 커지고, 더 개방적이고, 더 자유롭고, 더 이해심이 있게 되고, 심오한 우리의 운명을 언제나 한층 더 실현하려는, 우리가 가진 그런 가능성을 의미합니다.

사회 구성원들 사이를 연결하는 효과적인 유일한 끈! 오늘날에는 그 어느 때보다도 더, 일이 지닌 이 첫째가는 미덕을 강조해야 합니다.

사람들은 놀이 친구나 오락 모임들을 우연히 종종 회상하며 일-놀이에 함께 몰두했던 사람들을 – 아이들이든 어른이든 – 절대 잊지 못합니다. 왜냐하면 일하는 동안 서로 교감을 나누면서 기능적이면서도 때로는 의례적인 똑같은 행동을 함께했기 때문이죠. 사람들은 똑같은 감정과 똑같은 기쁨을 함께 나눕니다. 사람들은 진정 함께 맡은 일을 했죠 fonctioner fonctionment. 그리고 오래 작동한 기계 부품이 흔적을 남기는 것과 마찬가지로 공동 활동의 흔적을 우리의 잠재의식 속에 길이 길이 새겨 넣습니다.

진정한 동료애는 일하는 가운데 생기는 동료애입니다. 그리고 저는 심지어 가족 같다는 감정들 가운데 얼마만큼 큰 부분이, 공동의 일에서 요구되는 같은 몸짓들, 같은 태도들, 같은 마음상태들, 같은 '기능들'fontions에서만 생기는 것인지는 잘 모르겠습니다. 종족 보존의 본능에서 부모들은 자기 아이들을 양육합니다. 그 아이들이 자기들과 비슷한 나이가 될 때까지 그리고 그들 자신이 필요로 하는 것을 스스로 마련할 수 있을 때까지 말이죠. 인간에게 그 나이는 사춘기입니다. 바로 그 시기에 아이는 어른이 됩니다. 그때까지 가족 간의 결속을 존속하게 하고 연장해 온 모든 끈liens은 정확히 일하면서 하는 협력으로부터 나오는 것입니다. 사람들은 자식 사랑l'amour filial과 마찬가지로 같은 가족 구성원들 사이를 연결하는 본질적인 끈을 만들어내는 것이 바로 일이라고 주장할 수도 있겠습니다. 그리고 가족 구성원들의 삶을 내밀한 만족과 화합을 - 이것이 가족의 매력이기도 하지요 - 가져오는 일이 지배한다면, 가족은 그만큼 더욱 결속되고 더욱 굳건해질 것입니다.

무엇이 같은 마을 주민들을 하나로 묶는 감정일까요? 만약, 마찬가지로 일이 모든 주민들에게 유사한 몸짓과 동작을, 같은 시기에, 신체적인 협력뿐 아니라 정신적인 협력을 통해 연결되는 개인들의 행동에 자신들의 리듬과 의미를 새겨 넣는 몸짓과 동작을 요구하는 것이 아니라면요. 그러한 일에 대해서가 아니라면, 저녁에 문간에서나 일요일에 보리수나무 그늘 아래서 사실 사람들은 무엇을 이야기할 수 있을까요? 일에 대해서 이야기를 나누는 것이 아니라면, 당신은 그 농부나 다른 모든 일하는 사람들과 어떻게 공감할 수 있을까요? 일에 대한 관심이 아니라면, 어떤 본질적인 끈이 자신에게 말을 건네는 모든 사람-사제, 초등학교 교사, 외판원, 정치가 등-의 심금을 울리도록 애쓸 수 있을까요?

일은 농부들뿐 아니라 모든 일하는 사람들을 하나로 묶고, 일이 기능적인 일-놀이의 특성을 더 많이 나타내면 낼수록 그 일은 더욱더 많이 그들을 하나로 묶습니다. 공장이나 건설 현장 인부들의 오로지 육체적이고 기계적인 수고로운 일은 - 그것은 일이 아니죠 - 약하디약한 우연히 그어진 선線에 불과합니다. 우연히 서로 만난 인부들은, 그들의 직업에 대해 이야기할 만한 대단한 것이 없지요. 서로의 일을 체험하지도 느끼지도 못했고, 따라서 그들의 생각에 전혀 영향을 미치지도 않았고 인간 존재의 존엄에까지 스스로 끌어올려지지도 못했기 때문이죠. 반대로 어떤 최소한의 관심으로부터 끌어낸 일이자, 적어도 어느 정도 이미 기능적인 활동에 몰두하는 사람들을 살펴봅시다. 우리는 하나의 (같은) 직업에 종사하는 사람들에게서 그 일의 지속적인 필요성으로부터 싹트는 어떤 신체적이고 지적인 동료애, 몸짓들·습관들·관심거리들·생각들·사고방식들에서의 일체감을 즉시 느낄 수 있지는 않을까요? 우리는 심지어 개인들과 집단들이 자신들의 일의 기술과 관심거리들이 가깝기에 서로 더 잘 이해하고, 그들의 하는 일들이 비슷하지 않으면 그만큼 서로서로 더 낯설고 관심이 없다고까지 말할 수도 있을 것 같습니다. 이렇게 전국 각지에는, 어떤 일종의 들일 하는 사람들 사이의 동료애나 일체감, 산과 계곡 사람들 사이의 어떤 동료애, 포도밭과 과수원에서 일하는 사람들 사이의 어떤 동료애가 존재합니다. 그러한 결합 때문에, 주민들의 구성이 실제 뒤섞인다 해도 아직까지는 그러한 동료애가 완전히 약화되지 않았던 것이죠.

기능적인 일-놀이les pédagogues가 더는 존재하지 않는 이상, 일을 실현해 주는 그 공감에 도달할 가능성은 더는 없습니다. 그래서 삶은 신경이 없는 것처럼 활력도 없고, 조화로운 반응도 없습니다. 그리고 실제로 일이 주는 깊은맛을 모르는 불행한 사람들이 뿌리 뽑힌 가련한 사람들처럼 도처에 존재합니다.

이 모든 것을 교육학자들les pédagogues은 완전히 망각했습니다. 그들은 본질적인 것보다 부차적인 것을 더 우선시했고, 지금은 한탄합니다. 그들은 자신의 학생들에게서 원기왕성함이나 개인적인 표현, 아이들 안에 깃들어 있는 모든 잠재력의 풍성한 고양, 그리고 일 공동체 한복판에서 개개인들을 하나로 묶는 자연스러운 감정을 느끼는 아이들을 더는 찾아낼 수 없다는 사실에 놀랍니다. 교사들은 기만적인 말들을 생명력 있는 사고로 받아들여 왔습니다. 그들은 건설적인 몸짓을 과소평가했고, 그 위에 알아듣지 못하는 다른 몸짓을 덮어씌우기를 원했죠… 여기저기서 모두 다 실패!… 그래서 그들은 놀이에 도취되고, 마약에 바보가 되는 것을 시험 삼아 해보았습니다.

그리고 당신들 자신이 다음을 스스로 알아차렸다는 것을 저는 의심하지 않으니: 당신이 학생들을 열중하게 만드는 일을 통해 그들을 감동시키기에 이르렀을 때, 어떤 자연스러운 질서가 당신의 교실에 즉각서리라는 것을 말이죠. 당신은 학생들 각자가 이웃해 있는 친구나 일하는 그룹 전체를 방해하지 않으면서 자신의 역할을 다할 수 있게 하는 데 신경을 쓰는 것만으로 충분합니다.

마을에서 가장 맹렬한 논쟁은 늘 일요일과 축제일에, 아니면 다른 날에 일하지 않는 사람들 사이에서 벌어집니다. 불시에 일어나는 것이기는 하지만 들판에서 격한 말다툼이 벌어지기도 합니다. 여름에 정해진 시간을 넘어서까지 틀어막고 있는 봇물을 트려 하거나, 아니면 밀밭을 짓밟아 놓거나 뜯어먹는 암양들 때문에 말이죠. 그러나 말하자면 그것은 효율적으로 더 잘 조직했더라면 피할 수 있었던, 기술적인 측면의 사소한 사건들에 불과합니다.

일반적으로, 일하고 있는 사람들은 본질적으로 평온합니다. 이것은 아마도 농부들이 아직도 기능적인 일-놀이에 몰두하는 데에 만족해하는 흔치 않은 사람들 사이에 존재하고, 농촌이 어디서나 사회적 안정의 가장 주된 터전의 하나로 간주되기 때문일 것입니다. 항의, 불화, 파업과 각종 투쟁은 우선 기업에서 일이 일 되기를 포기하고 오로지 강박적인 수고로운 일besogne obsédante이 되려는 데서 돌발합니다. 일을 균형과 조화의 요소로 만드는 것과 똑같은 이유에서 보면, 그러한 수고로운 일은 무질서이기 때문입니다.

40

아이들은 먹고 싶어 하는 것처럼
일하고 싶어 한다

거기에 이르려고[132], 아이는 자신의 수고를 아끼지 않는다.
실험, 창조, 자료조사 활동, 이런 활동들은 아이에게는 자연스러운 것이다.
단, 우리가 메커니즘을 가로막으면서 거들먹거리지 않고,
그와는 반대로 아이에게 양식과 윤활제를 가져다주기만 하는 한 그렇다.

롱 씨는 납득하지 못했고, 그래서 다음과 같이 말했다.:

 – 아이들은 톱질하고, 자르고, 못질하고, 대패질하고, 정원(텃밭) 가
꾸기를 좋아하지요. 그들이 이러한 익숙한 활동에 전념할 수 있을 때
온순해지고 평안해진다는 것을 모르는 사람은 없을 겁니다. '학교'가 당
신이 생각하는 것처럼, 더 고귀한 과업-영속적으로 고귀한 정신적 삶
으로 학생들을 점차 끌어올리기 위해 그러한 본원적 활동들의 손쉬운
영향력에서 학생들을 당연히 벗어나게 하는 과업 –과 결합해야 한다고
확신하지만 않았다면 이 같은 이로운 성향을 활용하는 데에 소홀하진
않았을 겁니다.

 – 우리가 너무나 인간적인 그러한 걱정들에 모두 지배되어서는 안
되겠죠! 거기에 도달하기 위해 가장 확실한 길이 어떤 것인지만 알아보
면 되겠습니다. 당신들의 길 – 거기로 이끄는 자연스러운 걸음걸이를 무
시하면서 정신을 성급히 따로 분리해서 길러질 수 있는 실체처럼 여기
고, 사람들이 그것을 특히 지적인 수단을 통해 활기를 띠게 하고, 발달
시키고, 고양시킬 수 있다고 생각하는 그 길 – 일지, 아니면 저의 길 –
자연스러운 활동으로부터 독창적이고 풍성한 결실의 생각이 나오기를

---

132. 29장 마지막 셋째 문단의 "학생들을 열중시키는 일을 통해 학생들이 감동시키는
데에 이름"을 뜻한다.

인내심을 갖고 기다리는 그 길 - 일지 말입니다.

당신들은 철학과 스콜라식 형식주의의 엄청 위험한 잘못에 사로잡혀 여전히 거기에 머물러 있습니다. 그 잘못은 한편으로는 종교적 전통에서 비롯되는데, 불순한 육체와 육체의 세속적인 기능을 지적이고, 섬세하고, 순수해 보이는 정신으로부터 자의적으로 분리하는 것입니다. 사람들이 일travail과 사유la pensée 사이의 이런 분리 - 아주 중대한 결과를 낳는 분리 - 를 자행하는 것은, 지성의 형식화와 삶의 과정에 대한 추상화라는 명목 때문입니다. 그들은 이 명목으로 일과 사유 사이의 등급을 구분했으며 그에 따라 노동은 고통과 괴로움이라는 폐쇄된 영역에 던져졌습니다. 그러한 조건에 처한 노동자는 자연의 섭리를 실현할 때까지 절대로 인간적인 토대도, 존엄도, 고양될 희망도 되찾지 못할 우려가 있습니다.

제 생각은, 그와 반대로 상승작용이 신체 활동에서 시작해서 지적이고 논리적인 사유la pensée의 증대로 서서히 움직여간다는 것입니다. 사유를 집약시키는 것은 바로 일이고, 그에 대한 반응으로 사유는 일의 조건에 영향을 미치죠. (신체 활동과 정신활동 사이의) 상호연관성을 잘못 이해한 측면에서 인간의 진보를 연구하는 데 호기심을 가질 순 있겠습니다. 그러한 연구는 지적이고 도덕적인 순수 사색들spéculations 역시 얼마나 많은 잘못을 범해 왔는지를 우리에게 보여줄 것입니다. 그 사색들spéculations이 간혹 비정상적으로 왜곡된 사유를 하는 일부 사람들을 만족시켜 왔다고 해도 말이죠. 노동자들의 소박한 양식bon sens이 다행히도 일부분 그러한 잘못을 거부하거나 바로잡아오긴 했습니다.

티끌 만한 학식science을 갖춘 사람은 아주 오만했었던 거죠! 막대기를 손에 쥐는 법을 배우자마자, 높은 가지에서 흔들리는 사과를 향해 막대기를 휘두르거나 지나가는 새를 위협하려고 막대기를 휘두르는 아이처럼 말이죠.

자신들의 지적인 지배력을 확신하는 과학자들이, 우리 존재의 저급한 기능들을 억누르면서 고급 미덕들은 끌어올린다는 합성 알약들로 우리 몸을 함양할 수 있다고 자신하는 모습을 우리는 봐왔습니다. 그들은 스콜라식 형식주의의 차원에서, 우리에게 중요한 모든 것에 양분을 비밀리에 공급하는 뿌리를 별 탈 없이 잘라낼 수 있다고 믿었던 거죠. 자의적인 수준에서 생명의 과정을 고려함으로써 이익을 얻을 수 있다고 믿었던 거죠. 우리들의 세속적이고, 주관적이고, 물질적인 선입관들과는 거리를 둔, 일종의 인위적이고 고등한 영역 안에서 풍부해지고 완전해지면서 정교한 생각들이 본능적으로 떠오르는 그런 자의적 수준에서 말이죠. 그런 자만이 오늘날 우리를 잡아먹는 괴물들을 만들어낸 것입니다.

우리는 온전한 순환을 회복하려는 것을 과업으로 삼습니다. '지식인들'intellectuels이 우리 정신생활에 즉각 쓸모가 있는 자양분을 공급한다고 주장하는 그런 합성 알약들에 우리는 절대 도움을 청하지 않을 것입니다. (그 즉각 쓸모가 있다는) 자양분은 인공적이고 불완전한 합성물이라는 느낌을 주고, 소화하기 어렵고 흡수되지 않아 우리 인체에 해로움을 끼치죠. 저는 일부 개개인들이 거기에 익숙해져 있고 적응해 있다는 것을 알고, 그리고 그들이 자기 두뇌(지능)의 유일한 노력을 통해서 객관적이고 추상적인 생각을 만들어내고 있다는 나름대로의 착각에 빠져 있다는 것도 알고 있죠. 그러나 여기서도 예외가 법칙을 증명할 뿐입니다.

우리는 느리고 대체로 은밀히 진행되는 일을 통해, 기본이 되는 필수적인 기능들을, 지적이고 사회적인 분화로 인도하는 자연스러운 길을, 끈기 있고 고집스럽게 되찾을 겁니다. 우리는 그 일이 주는 즉각적인 효과도, 능가하는 영향력도, 단번에 가려내지는 못합니다만, 그 일은 적잖이 이상적인 본질들l'essence idéale을 공들여 만들어내죠. 형식적인 교육이 대용품들des ersatz만을 제공하고 있을 뿐인데 말입니다.

이러한 필연적인 삶의 여정을 오해했기 때문에, '지식인들'은 바닥으로부터 더는 오를 수 없는 것을 꼭대기(頂上)로부터 억지로 강요해야 한다고 생각했습니다. 그들이 하는 말을 듣자면, 개인은 어쩔 수 없이 저주받은 육체 활동의 악순환을 거듭하도록 저주받을 것만 같습니다. 인간 조건을 뛰어넘는 상위의 힘 -은총, 신앙, 지성, 이성 -에 의해 그 개인이 호명되지 않는다면 말이죠. 그러나 우리가 우리 안에 가지고 있는 그러한 힘은 영속적이고 생명력이 강합니다. 그 힘은 거친 음식을 신경 유동체[133]와 생명의 구성요소로 변형시키고, 육체적 노력에 생명력을 불어넣고, 작동시키고, 이상화하여, 그 노력을 존엄이라는 정신으로 옮겨줍니다. 이러한 자연스러운 고행을 방해하지 않고, 오히려 메커니즘의 정상적인 기능을 촉진하는 것만으로 충분하죠. 우리는 그러한 기능이 그 자체에 담고 있는 놀라운 잠재력 모두가 발휘되도록 하는 것만으로 충분합니다.

그것이 실행해야 할 혁명이고 물길을 원상태로 되돌리는 것이죠. 충적토의 퇴적과 이미 다시 뿌리를 내린 강한 생명력을 지닌 그루터기에 막혀 버림받은 강 물길을요. 저는 그 과업이 갖는 어려움들에 대해 착각하지 않습니다.

우리는 생명의 균형 감각마저 상실할 정도로 조직이 파괴된, 그리고 생명을 유지하고 고양시키는 활력의 원동력을 스스로 섭취하여 얻을 수 없어, 남에게 의존해서(수동적으로) 음식물을 입으로 넣을 만큼 조직이 파괴된 몸뚱이 같습니다. 본질적 기능들 -그 기능들의 충족은 (지극히) 당연한 행복을 얻게 하는 것이어야 하죠 - 이 우리 존재의 마지막 생기生氣까지 써버리는 힘든 고역이 되어버린 병약한 몸뚱이죠. 우리는 본능을 되찾아야 하고, (신체)조직의 다양한 부분들을 재훈련시켜야 하며, 폐색되거나 막힌 통로를 다시 열어야 하며, 부드럽고 가혹하지 않은 놀이를 통해서 우리의 인격이 건설적으로 빛을 발하도록 원초

---

133. 신경 유동체(influx nerveux)는 신경계를 따라 전도되는 전기적, 화학적 변화를 말한다.

적(본원적) 기능들이 이상적인 발현에 도달하기까지 그 순환을 회복해야만 합니다. 그렇게 해서 한편으로는 속되고 저열한 기능들(의 구분)이 더는 있지 않게 되고, 다른 한편으로는 고귀하고 고등한 기능들(의 구분)도 더는 있지 않게 되고, 우리 존재를 최대한으로 고양하도록 인도하는 유일한 기능만이 있게 될 뿐이죠. 우리가 일TRAVAIL이라고 부르는 것이 바로 이 기능입니다.

 ─ 저 역시 그 생명의 순환이 갖는 단순성과 필요성을 파악하기 시작했습니다. 그러나 당신이 잘 말씀해 주신 것처럼, 그건 모두 다 유기체를 재훈련시키는 일입니다. 우리는 수백 년 동안 이어져 내려온 습관에 거슬러 가야 하고, 노동자들이 비인간적인 조건에서 단지 좀 벗어났다는 이유로 진보했다고 생각하는 주지주의에 찌든 특권 계급의 폭정과도 맞서 싸워야 하죠. 완강하고 단호한 반대 세력도 평정해야 합니다. 무질서와 잘못으로부터 늘 이득을 얻고, 자신의 불공정한 특권을 대체로 악착같이 수호하려는 사람들을 상대해야 하기 때문이죠. 사람들은 우리를 저속한 물질만능주의와 비굴한 육체노동으로 되돌아간다고, 정신이 지닌 탁월성의 당위와 우리 영혼의 신성한 요구사항들을 등한히 한다고 더욱 격렬하게 비난할 겁니다.

 ─ 우리로서는 우리의 적들을 무장 해제시켜야 합니다. 우리들의 학교 조직 안에서 생리적·신체적 자기-발현, 예술적·도덕적 자기-발현, 지적 자기-발현을 병행하면서 말입니다. 더 정확히 말하면, 우리는 스콜라식 형식주의에 의해 임의로 구분되어 있는 교과들 모두를, 올라가고(향상되고), 강해지고, 무럭무럭 잘 자라기를 바라는 존재에 봉사하는 일을 통해 활기를 띠는 하나의 통합된 블록으로 융합해야 하죠.

 한편 '다행스럽게도' 위험을 무릅쓰고 이러한 길을 개척한 것이 우리가 처음은 아닙니다. 과학만능주의들의 맞바람에도 불구하고 새로운 방향은 엄청난 경험을 통해서만 힘겹게 모습을 드러냅니다. 사람들은 마치 밤에 더듬더듬 걸어가는 모습과 약간 흡사하여 다소 불안한 마음으로 그 앞에 나타나는 모든 출입문으로 들어가보는 사람처럼 행동하죠. 그럼에도 그 출입문들은 큰 어려움 없이 우리를 통로로 안내합니다. 만약 그가 멀리서 비치는 희미한 빛을 어렴풋이 본다면, 그는 더 과감하게 나아가고, 암중모색暗中摸索과 오리무중五里霧中을 경험한 뒤에 건물의 도면을 그려보려고 시도할 것입니다. 이른 새벽이 오면, 그는 그때서야, 그가 모든 방을 꼼꼼히 살펴보고, 그 자신의 추론을 바탕으로 능숙하고 논리적으로 따져보았음에도 불구하고 스스로 범했던 오류들을 깨닫게 됩니다.

이런 식으로 사람들은 관찰의 복도를 거쳐서, 그리고는 표현의 방 안으로, 실험, 관심(흥미), 자유, 놀이, 손일手工活動의 방 안으로 들어가게 됩니다. 그리고 매번 사람들은 그 작고 희미한 빛을 어렴풋이 보기 때문에 건물 전체의 비밀을 알아냈다고 생각하죠. 사람들은 단편적인 조각 지식에 기초해서 사람들이 방법이라고 부르는 체계를 구축하고, 그것으로부터 놀라운 일들이 일어나기를 기대합니다. 그리고는 우리의 행동을 견인하는 요소, 우리가 하는 노력과 욕망의 본질적인 근거 전체를 환히 비추는 자연의 빛에 도달할 수 없었기 때문에, 필연적으로 그 (조각 지식의) 용도에 실망하게 됩니다.

저는 그 건물구조를 명확히 밝히는 데 얼마간 기여했다고 생각합니다. 우리는 그래서 더 침착하게 자신감을 가지고 나아갈 수 있습니다. 일에 탁월한 모든 교육적 가치를 다시 부여하면서 말이죠.

저는, 아닌 게 아니라 틀림없이 '일'이라는 낱말에 부여해야 하는 넓고 깊은 뜻을 강조하고, 우리 존재의 꽃피움으로 이끄는 이 유일하면서도 다양한 기능을 강조하고 있습니다. 그 기능이란 반드시 손일手工활동은 아니죠. 마치 섭취한 음식의 물질 작용이 우리 사유하는 존재에 자양분이 되는 것처럼, 손일手工活動이 그 기능의 근원인데도 말이죠. 우리의 소화 체계가 우리의 고등활동activité supérieure의 요소들을 생산하는 것처럼, 그 기능은 여러 분화된 활동들을 생산합니다. 우리는 필수적인 원초적(본원적) 활동들의 치밀한 실행에 신경을 쓰고, 조화롭게 발현되는 더욱 고등활동activité supérieure들을 허용하고 촉진해야 합니다.

오직, 몸이 그런 것처럼, 우리가 제공하는 음식도 지역, 기후, 계절, 아이들의 나이에 맞춰 조정될 것입니다. 이러한 일 기능의 진화과정에서, 지배적인(우성) 조건인 생리적 특성, 개인의 체질, 형성되거나 전수된 습관을 우리는 간과하지 않을 겁니다. 이전의 잘못erreurs prealable의 결과든 앞선 세대의 오류를 전수하는 유전의 결과든 결함이 있다는 점 또한 간과하지 않을 것입니다.

생리적 영양 섭취 분야에서, 먹는 것이 지배적인 기능인 개개인들이 있습니다. 그 지배적인 기능은 아주 편협하게 생명력을 독점하고 그 결과 그 개인들은 고결한 이상과 지고의 경지에 도달하는 데에 어려움을 겪습니다.

마찬가지로 교육의 차원에서도 아이들은 그런 손일手工活動과 단순한 일을 하면서 오랜 시간을 보낼 필요가 있습니다. 이런 일의 의미가 (인간)유기체의 행동에 오랫동안 스며드는 게 필요한 것처럼, 우리가 사유라고 부르는 것이 – 우리는 이런 추상抽象을 남용하지 말아야죠 – 일의 기능에서 천천히 발달하는 것처럼 말입니다. 어쩌면 유감스럽겠지만, 우리는 그것에 대해 변명할 필요가 없습니다. 사유가 자연스러운 신체 활동에서 힘겹게 발달한다면, 인위적이고 본성에 거슬리는 과정을 통해 그러한 사유가 탄생하기를 바라는 것, 그러한 사유를 발달시키기를 주장하는 것은 정말 공상을 꿈꾸는 것chimérique입니다. 마치 이성적 추론, 기억, 지성이 그 특유의 미덕만으로 어떤 놀라운 기적을 이루려 한다는 것처럼 말입니다.

게다가 (앎의) 빛을 향해 천천히 올라가는 이 같은 아이들 무리 때문에, 당신이 학교 교육에서 하는 모든 노력은 너무나 비참하게도 실패로 돌아갔죠. 사유의 희미한 빛을 제공하려는 당신을 낙담시키는 것은 바로 그 아이들입니다. 아이들은 당신이 하는 설명에 귀를 닫고 있는 것 같고, 아이들은 당신이 이해하는 지적인 기능을 완전히 낯설어하죠. 아이들의 관심에 도달하게 할 수 있고, 그들을 행동하게 할 수 있는 단 하나의 활동이 있다면 그것은 바로 실천적인 일le travail pratique입니다. 당신은 인정하고 싶지 않겠지만, 아이들에게 학교는 오직 환멸과 불균형을 가져오는 존재에 불과하죠. 다행히도 아이들은 학교 밖에서 자신들의 신체적 능력과 손일手工 활동 능력을 훈련하고, 당신이 그들에게는 마땅치 않다고 여기는, 간혹 당신의 뜻과 달리 당신을 놀라게 할 만한 독창성에 자주 이르는, 그러한 일에서 출발하면서 자신들이 지닌 양식良識과 호기심을 조금씩 써보고 발전시켜 나갑니다.

저는 당신이 한 말을 알고 있습니다. 우리 아이들이 못질하고, 대패질하고, 톱질하고, 조립하면서 시간을 보낼 거라는 말을요. 그리고 당신이 아이들에게 최고의 성취가 될 지적인 노력을 권하지 않으면, 그들이 그러한 신체적 임무를 넘어서려고 시도조차 하지 않을 거라는 말을요. 그것은 마치 위장을 통과한 절반만 소화된 걸쭉한 죽처럼 되어버린 음식물이 (영양)흡수를 촉진하는 외부 자극이 없으면 생명의 원리가 될 수 없다고 주장하는 것과 같습니다. 확실히 이러한 소화와 흡수는 결함이 있는 인간 유기체 안에서 느리게 진행됩니다. 그것은 최소한 영양 기능의 자연적이고 필연적인 단계입니다.

아이에게는 원초적(본원적)인 일travail primitif에서 분화된 활동으로 자연스럽게 올라가려는(향상하려는) 경향이 있습니다. 지적인 앎과 철학적 교양, 그리고 도덕적인 삶에 대한 이해에 도달하기 위해서 말이죠. 아이는 그러한 향상을 한층 더 일찍, 더 잘 하는 만큼, 아이는 더 훌륭하게 형성될mieux constitué 것입니다. 자신의 능력으로 스스로 더 앞으로 나아길 수 없게 된다면, 아마도 아이는 도중에라도 멈춰 설 것입니다. 그러나 그 도정의 일부는 최소한 발달된 능력들로 넘을 것입니다. 그런 '학교'는, 심지어 장애가 있는 아이들에게도, 그 탁월한 흔적을 남길 겁니다.

다른 아이들은 걱정할 필요가 없죠. 당신이 – 또는 – 그 아이들의 힘겨운 등정(향상) 가운데 그들을 무분별하게 멈춰 세우지만 않는다면요. 쉽게 빠져나갈 수 있는 길을 알지 못한 인간이란 그리 만들어져 있거든요. 그게 인간의 고상함이기도 하고 위대함이기도 하죠. 삶의 투쟁을 지레 비참하게 포기한 경우에는 쉬운 길을 택하지요. 인간은 언제나 어려움을 추구하고, 그 본성은 끊임없이 평소 이상의 실력을 발휘하고, 사태의 원인을 알고, 문제를 제기하고 그 해결책을 탐색하는 것이죠. 그러한 성향은 자연스러운 것이고, 오직 '죽음의 교육학'pédagogie de mort만이 아이의 타고난 가능성 모두를 그리 전멸시킬 수 있었던 것입니다.

조무래기 아이가 실 같은 물줄기 위를 서툴게 뛰어넘죠. 그리고 길가의 도랑을 뛰어넘으려고 시도합니다. 그 아이는 아직 성이 차지 않았고, 그 아이는 더 어려운 장애물을 찾아 나섭니다. 자신의 실험을 오늘은 이 정도 선에서 멈춰야겠다고 납득할 만큼 강력한 어려움에 봉착할때까지 말이죠. 게다가 놀이 한 판이 연기된 것일 뿐, 내일 아이는 다른 (놀이)시도에 나설 겁니다.

그리고 당신은 어린아이가 왜 그렇게 삶을 힘겹게 만드는지 때로는 의아해합니다. 당신이 그러한 성취욕을 서서히 포기하는 (인생의) 안정기나 하강기에 있기 때문입니다. 당신이 충분히 높이 올랐다고(향상되었다고) 생각해서 그 아이처럼 하는 것이 헛되게 여겨지기 때문이기도 하죠. 그래서 당신의 뒤를 쫓아 영원한 등정을 다시 시작하는 사람들을 제정신이 아니고 주제 넘는다고 판단합니다. 그러면서 당신은 한가하게 길가에 앉아 있겠죠.

여기에, 아닌 게 아니라, 당신을 안심시키는 확실함이 있지요. 유기체(신체기관)의 불가능이 아니라면, 아이가 일의 원초적인(본원적인) 단순성에 절대 미적대지 않을 거라는 확실함 말이죠. 늘어나는 분화와 복잡성에 맞닥뜨린 아이는 자신의 모든 능력을 발휘해야 할 필요가 있으

니: 늘 더 많이 고려해야 할 상관관계들, 실험을 통해 발견해야 할 법칙들, 알아야 할 특성들, 살펴보아야 할 이론들이 있습니다. 그 수고스러운 일에는 부족함이 없고 게다가 흥미진진하기까지 합니다. 사람들은 언제나 더 빨리 가고, 언제나 더 높이 오르고 싶어 하는 것처럼, 그런 이유에서 우리보다 앞서갔던 사람들이 다소 거칠게 거쳐 갔고 닦았던 길들을 빌어 쓰고픈 욕망을 시험해 보죠. 사람들은 그 전진에서, 앞선 세대들의 경험과 노력을 통해 전수 받은, 일의 방법, 손재주, 기술, 난관에 대해 사유하고 해결하는 방식에 기꺼이 기대려고 합니다.

아이에게도, 제가 말씀드렸듯이, 이 새로운 오솔길들에서 아주 손쉽게 가려는 똑같은 성향이 있습니다. 아이는 본능적으로 보잘것없는 칼보다는 - 안전하면서도 인간의 수고를 덜어주는 - 구멍을 뚫고, 절단하고, 나사송곳으로 뚫고, 나사못을 박는 공구를 훨씬 더 많이 좋아하죠. 또 거친 돌原石보다는 오차 없이 임무를 서둘러 완수할 수 있게 하는 기하학적으로 각진 모양의 반드러운 벽돌을 더 좋아하죠. 아이들은 가능한 한 빨리 (동네) 공간을 마음껏 돌아다니게 해주는 자전거에 올라탈 겁니다. 그것이 자연스러운 성향입니다. 제가 이미 지적했던 위험을 피하는 것만으로 충분하니: 언제나 더 빨리, 더 높이, 더 멀리 가고 싶은 타고난 욕망 속에서, 아이는 어른들이 고안한 시설, 도구, 기계를 마치 물, 불, 바람 같은 자연적인 현실이기라도 한 것처럼 여기면서, 사용하는 데 만족해하는 그런 위험을 피하는 것만으로 충분합니다. 그리고 아이가 그러한 것들이 수반하는 일과 희생에 대해 생각하기를 잊고, 그 결과 세계에 대한 자신의 이해와 사회적 활동에 대한 자신의 개념을 처음부터 왜곡시키는 그런 위험을 피하는 것만으로 충분합니다.

이 모든 고려 뒤에, "아이는 일하기를 원한다."라는 문제는 제기된 채 남아있습니다. 아이에게 자신이 열망하는 일-놀이를 할 수 있게 해주는 것만으로도 충분합니다. 이것을 위해 우리는 아이가 들판, 정원, 축사, 작업장, 도구와 기본적인 공구들, 또한 어려움들을 극복하는 데 도움이 되는 안내서를 마음껏 사용하도록 하죠. 아시다시피 우리가 해결해야 하는 것은 지적인 방법의 문제라기보다는 정밀 기술의 문제입니다. 그것은 당신에게 익숙해진 수다 떠는 것을 허용하지 않는 것입니다.

— 저는 그 실험이 시도되었다는 것을, 특히 푸리에[134]가 시도했었다는 것을 어디선가 읽은 적이 있습니다. 그것은 당시에는 커다란 반향을 일으키지 못했고, 저는 그 실험이 그 시대의 교육학에 영향을 미쳤었는지 여부를 도무지 알지 못합니다.

— 왜냐하면 푸리에 자신이 사회적인 일의 복잡하고 역동적인 활동보다는 손일(手工活動)에 대해서 더 많이 생각했기 때문에, 또 우리가 겪고 있는 그리고 인간 변화와의 관계 속에서 일의 모든 문제를 재검토해야 하는 그런 고통스러운 실험을 아직 하지 않았기 때문에 그러겠죠. 제가 다른 곳에서 말씀드린 것처럼, 백 년 전에는 하나의 대단한 몽상으로 여겨졌던 것이 오늘날에는 하나의 필요한 것으로 아주 잘 받아들여질 수 있게 되었습니다. 과거는 우리를 구속하지 않고, 그와 반대로 현재는 학생들에게 반응들과 통합을 요구하게 될 임박한 미래와 관련하여 우리에게 명령하죠.

왜냐면, 제가 보기에, 이것은 이러한 일을 통한 교육이 인간의 노력을 오직 공리적으로 이해하는 것을 월등히 뛰어넘기 때문입니다. 일을 통한 교육은 삶의 위대하고 다양한 기획을 위한 동력이자 활력소이며 목적입니다. 일을 통한 교육은 단지 사회적 부를 생산하도록 우리를 준비시키는 수단이 아닙니다. 일을 통한 교육에는 또한 따로 떼어내어 다뤄질 수 없는 개별적인 측면이 있습니다. 우리는 설명의 필요에 따라서 그것을 구별하겠습니다.

일-놀이를 통해서, 아이 그리고 어른도 의식적으로든 그렇지 않든 알고 실험하고 창조하기를 목표로 삼습니다. 자연을 제어하고(숙달하고),

---

134. Charles Fourier(1772~1837): 프랑스 철학자로, 프랑스사회학교(l'École sociétaire)의 창시자이자 프랑스의 공상적 사회주의의 주창자이다.

자신의 운명을 지배하기 위해서 말이죠.

알기, 실험하기, 창조하기CONNAITRE, EXPÉRIMENTER, CRÉER: 이 세 가지 기능 안에 지적이며 도덕적인 – 또한 사회적인 – 모든 활동이 포함될 수 있습니다.

알기CONNAITRE: 그것은 자기 주변에 있는 대상, 우리의 감각에 들어오는 대상뿐 아니라 먼 과거나 공간적으로 멀리 떨어져 있는 대상을 제대로 그리고 가능한 빨리 알려는 것입니다. 그 알려는 욕망이 너무 강해서, 아이들은 상상(력)을 이용합니다. 앎에 도달하는 능력이 상대적으로 부족하기 때문이겠죠. 그래서 아이들은 상상을 해서 얻는 해답을 몹시 좋아합니다. 그것은 직접 경험한 사실들을 설명할 수 없는 경우에 설명을 제공해서 마음을 달래줍니다.

이러한 앎의 욕구에는 사실상 한계가 없습니다. 그것을 충족시키는 것은 역사, 지리, 과학, 수학, 기계학, 철학과 도덕으로 – 스콜라식 형식주의의 지배 아래서 각각의 노력을 자의적으로 분류할 필요 없이 – 차례차례 이어질 것입니다.

그러나 주의할 점은, 손일(手工活動)에서 지적인 활동으로의 이행 안에서, 더 정확히 말하자면 우리를 그 경향으로 이행하도록 학교를 이용하는 데 있어서, 우리가 여전히 비정상적으로 움직인다는 점입니다. 즉, 우리가 움직이며, 일TRAVAIL의 – 모든 후속 활동을 결정짓는 것으로 우리가 잘 인정하고 있는 요인인 일 – 의 기능으로부터 인위적으로 분리된 교과들을 가르치는 것으로 너무 서둘러 뛰어넘어갈 위험에 상당히 노출되어 있다는 것입니다. 우리에게는 얼핏 미묘한 차이가 있는 문제인 것 같지만, 아이들에게는 이 미묘한 차이가 가장 중요하고 근본적이라는 것, 이 점을 우리는 잘 이해해야 합니다.

본질적인 것은, 더는 아이들에게 역사, 지리, 과학이나 수학의 기초요소들을 가르치는 대신 그들의 알고 싶어 하는 욕구를 실제로 충족시키는 것입니다. 그래서 아이들의 본성을 풍부하게 하고, 그들이 자신의 힘을 성공적으로 고양하기 위해 벌이는 끊임없는 분투에서 자신이 하는 노력의 효율성을 높이게 되죠. 여기에 본질적인 교수방법의 문제가 있습니다. 앞의 것(前者)은 역사가 입증했죠. 그것은 아이가 공부하는 것을 싫증 나게 하고, 앎에 대한 아이의 욕망을 억누르고, 아이의 건전한 호기심을 소멸시키고 되레 우리가 몇 가지 이유에서 아주 큰 의혹의 눈길을 보내는 불건전하고 비뚤어진 측면을 부추깁니다. 당신들이 이들 교과를 계속 '가르치겠다는 **의지**voloir 《enseigner》'를 고집한다면 강압이라는 도움을 청할 수밖에 없게 되겠죠. 식욕이 없는 한 아이에게 강제로라도 많이 먹이려고 할 때처럼, 다양한 형태의 강압수단들(처벌, 보상, 혜택, 놀이 등) 가운데 최소한 어느 하나를 사용하면서 말이죠… 당신들은 아이들에게 그러한 강압 수단을 제거하는 것부터 시작했습니다.

우리 학자로서의 자존심에 상처를 입더라도, 우리는 이 교과들의 중요성이 부차적이라는 점을 깊이 새겨야겠습니다. 핵심은, 우리 아이들의, 신체적·지적·정신적 건강과 그들의 강력한 욕구들 – 아이들의 실존과 풍부해지고 올라가고monter 싶은 욕망에 활력을 불어넣는 유동체와 같은 욕구들 – 을 지속시키는 것입니다.

그것은 대포에서 발사되는 포탄과도 같습니다. 사람들은 폭발력을 증가시키는 과도한 작약炸藥량을 강조하거나, 목표지점에 정확히 도달하게 하는 포격의 정확성을 강조할 수 있습니다. 물론 두 가지 중요성 모두를 부정할 수 없다는 점을 고려합시다. 그렇지만 이 같은 관심은 포탄을 쏘아 올리는 힘인 발사력이 없고, 그 추진력을 연구 개발하고 준비하는 세밀한 구성이 없으면 소용이 없습니다. 그 병기 기술자는 모든 것이 달려 있는 추진력에 따라 포탄의 작약량과 위력을 측정할 수 있고요, 그건 기본이죠. 포탄의 성능이 덜 강력하다는 건 중요하지 않습니다. 그 포탄에 부여된 임무 – 아! 너무나 비인간적이네요. – 의 일부를 완수하기 위해 목표지점에 도달하려는 약진과 힘을 갖는 게 핵심이자 필수사항이 아닐까요? 포탄이 도중에 멈춰서 우리 행렬의 후미에 타격을 가하거나, 심지어 아군의 머리 위에서 터지는 것이 포탄에 부여된 임무는 아니겠죠?

건설적 기능들 사이의 상관관계를 아주 탁월하게 이해시켜 드리려고 눈면(맹목적인) 파괴를 사례로 든 것에 양해를 구합니다. 그러나 최소한 이와 관련된 사례에서 제기되는 문제들은 무자비한 잔인성을 동반합니다. 실패는 즉각 눈에 띄어 단죄되고, 반면에 성공은 큰 소리로 그 효율(성)을 외치죠. 여기서는 교육에서처럼 계산의 잘못들을 은폐하려고 현학적으로 논의하는 것은 더는 들어맞지 않죠. 거기서는 스스로 어떤 것도 할 수 없는 포탄이나 눈면 대포를 비난하는 것도 들어맞지 않겠죠.

보시다시피 제일 먼저 고려할 것은 추진력이고, 힘을 향한, 창조를 향한, 행동을 향하려는 존재의 성향이죠. 우리는 그 성향을 최대한 고양해야 하고, 그 효율성과 그 지속성을 더하도록(增加) 어떤 것도 소홀히 하지 않아야 합니다. 왜냐하면 그러한 성향이 없다면 (정해진) 운명 앞에서 서서히 죽음을 맞이하거나 숙명적인 실패 같은 퇴화를 겪는 것 외에는 달리 그 어떤 것도 없을 것이기 때문이죠.

당신은 저에게 학교란 인공적인 실험실이 아니고, 화학 작용과 반응들을 조제調劑하는 화학자와 똑같은 행동의 자유를 가지고 있지 않다고 말씀하십니다. 그건 맞습니다만, 그렇다고 계속해서 스스로를 속이거나 당신에게 권한을 위임한 – 당신의 무능력을 목격하고는 당신에게서 멀어져갈 – 학부모들과 (교육)행정가들administrateurs을 속이지 않아야 합니다. 또 당신은 그 어떤 것도 더 효율적으로 시도할 수 있는 게 없다고 하거나, 세상 사람들이 양식과 진리와 빛에 너무도 결정적으로 닫혀있다고 하거나, 그도 아니면 단지 진정한 사회적 이익을 논리적으로 이해하는 데 아주 무관심하다고도 하지 않아야 합니다.

저는 알죠: 오직 (공동의) 목표만을 중시하는 것처럼 보이는 사람들

이 있지만, 그들에게 그런 목표란 이데올로기적인 고려들에 둘러싸인 채 무엇보다 자신들의 탐욕스러운 욕구나 이해타산에만 봉사하는 그런 것이라는 점을 말이죠. 그리고 그러한 방향이 덧없고 위험하다고 느끼는 개개인은 다른 사람들에게 이끌려 가기를 꺼리죠. 따라서 권력을 손에 쥔 사람들은 포신의 내벽을 과도하게 보강하기 위해 자신들에게 도움이 되는 모든 세력 – 교회, 언론, 학교, 영화 – 에 도움을 청하죠. 규칙, 전통, 규율, 의무 같은, 개인들의 반발 가능성을 점진적으로나 단번에 누그러뜨리는 지배력에도요.

그 결과 어느 날, 포신 내면의 마찰력이 너무 강해서 모든 추진력을 소멸시킵니다. 그러면 포탄은 잘못 조정된 포신 안에 꽉 끼어서 옴짝달싹 못 하겠죠. 잠시 억제된 폭발력은 방출하려던 힘을 다른 방향으로 방출하려고 시도하다 보니, 대포의 포신을 심하게 비틀어버리거나, 아니면 터져버려 산산조각을 냅니다. 신중하게 다뤄야만 통솔할 수 있는 힘을 난폭하게 지배하려고 생각했던 사람들을 죽음에 이르게 하면서 말이죠.

교육자들les éducateurs, 유감스럽게도, 포砲 제작자와 경솔한 포수砲手처럼 처신해 왔습니다. 그들은 복잡한 그들의 산법을 규칙들에 잘못 적용해서 학교에 있는 그들의 피해자들이 자신들 안에 가지고 있는 역동적인 힘을 어떤 유용한 방향으로 더는 폭발시키지 못하게 했죠. 저절로 그렇게 되어버린 것은 아닙니다. 비틀어진 대포(포신)들과 위험한 폭발들도 있었지만, 교육자들은 강력한 제재를 통해 그럭저럭 스스로를 보호했습니다. 그것은, 행동하고, 창조하고, 자신을 실현하고 싶은 욕구가 있는 아이와 자신들만의 방법과 규율을 강요하는 것을 빼면 더 좋은 어떤 것도 할 줄 모르는 어른 사이에서 벌어지는, 공공연한 적대행위이자 끊임없는 전쟁이었던 거죠. 가장 유리한 환경에서는 이 직접적이고 격한 대립은 남의 눈을 속이는 힘의 일탈로 바뀌죠. 아이는 놀이, 학대, 조롱, 학교 빼먹기를 억눌린 힘의 일시적인 분출구로 찾아내곤 하죠. 어쨌든 간에 그것은 더 작은 악이거나 때로는 더 나쁜 악일 뿐이죠!

교육자들les éducateurs은 결국 그 위험의 심각성에 동요됩니다. 그들은 포신을 늘리고, 압력을 줄이고, 적대행위를 완화하는 데에, 추진력의 약진을 완전히 멈추게 하지 않습니다. 그게 아니라면 놀이, 수공 일, 상상 같은 다른 부차적인 방향으로 그 힘을 우회시키는 것이 더 적합하고, 더 효과적이고, 압력을 더 잘 풀게 한다는 점을 깨닫게 됩니다. 그것은 그러한 새로운 이해를 향해 한 걸음 내딛는 확실한 진전progrès이었던 것이고, 우리가 권하던 것이었습니다.

추진력의 약진에 다소 반反하는 제한들 전체를 우리가 원하는 대로 조정하는 것이 우리에게 늘 주어지는 것은 아닐테죠. 최소한 우리는 추진력의 약진을 지배하거나 그 추진력을 한 방향으로 유도하는 권력 당국과 격렬하게 맞서기까지 절대 물러서지 않게 주의할 것입니다.

그리고 우리는 우리 학생들이 갖는 부담에도 주의할 겁니다. 그러한 부담은 추진력, 생명의 활력, 학생과 환경의 역동적인 가능성에 따라 정해집니다. 교육에 대한 압력을 조정하는 놀라운 압력계壓力計의 역할을 하는 그러한 추진력의 약진을 주시하는 것만으로 충분합니다. 그 약진이 낮아진다면, 긴급히 바로잡아야 할 잘못이 있다는 것입니다. 그러한 오류는, 제가 당신께 말씀드렸습니다만, 강제력이 지나치게 엄하게 적용된 결과일 수 있겠고, 또 부담이 과도하게 누적되는 데서 비롯될 수 있습니다. 아니면, 지식(앎)이 개인에 의해서 타고난 잠재력에 활력을 더하는 쪽으로 변형되지 않고 오히려 그 잠재력을 가로막는 데에서도 비롯될 수도 있죠. 그 힘(추진력)을 쇠약하게 하는 무거운 하중un poids mort처럼 말입니다.

여기에 반드시 재검토해야 하는 과제가 있으니, 어른들 – 학부모들, 교사들, 입법자들 – 로 하여금 생기 없는 죽은 개념들을 수동적으로 기억하게 하는 것을 더는 목표로 삼지 않게 해야 합니다. 그 대신 생명을 고양하고, 노력에 동기를 부여하고, 진정한 인간 형성의 중심축인 그 약진을 고무하고 강화하는 것을 목표로 삼는 교육을 실현하는 데에 관심을 쏟게 하는 것입니다.

저는 다시 한번 정확히 하고자 합니다만, 우리는 지식(앎)les connaissances을 소홀히 다루지 않아야 합니다. 이것들은 필요하고 개인은 지식을 자발적으로 탐구합니다. 그것으로 우리의 형성에 있어 어설프게 짐을 지우지 않고, 전진하고, 창조하고, 능가하기를 원하는 개인들에게 지식이 봉사하게 하는 것만으로 충분합니다.

우리는 그러한 지식을 어떻게 조직하나요organiser? 우리가 이미 보았듯이, 지식 그 자체에 미덕이 있지 않고, 할 수 있는 한 적절하고 생생한 활용을 통해 지식이 사용될 때만 긍정적이고 바람직하다는 것입니다. 따라서 그 지식들을 설명하고 축적하는 것보다는 그것들을 자신의 것으로 만들고 그것들을 통합하는 과정에 더 신경을 써야 합니다.

만약 아이가 원하는 것이 무엇인지를, 우리가 고려하고 있는 그 순간 - 자신의 개인적인 삶을 조건 짓는 특정 상황 -에서 아이가 무엇을 소화하고 흡수할 수 있는지를 우리가 정확히 과학적으로 안다면, 그러면 우리는 아이가 찾거나 기대하는 이상적인 영양분(음식)을 아이에게 상세하고 간결하게 설명된 책(교과서)들로 제공할 수 있게 되겠죠. 그러나 누가, 현재의 심리학과 교육학science psychologigue et pedagogique이 처한 상황에서, 그 묘기妙技에 가까운 어려운 일을 실현한다고 주장할 수 있을까요? 우리는 지식들의 상대적 가치에 대한 우리 자신의 생각을 갖고 있습니다만, 그러한 가치는 개인의 나이에 따라, 교육학자들pédagogues이 개인의 지적 수준이라고 부르고 오히려 제가 개인의 생명적 분화 단계라고 명명한 것에 따라, 또한 개인이 순간순간 하는 걱정거리들, 그의 기분, 환경의 미묘한 영향에 따라 달라지지 않을까요? 그건 어른들도 마찬가지죠. 어떤 사람을 매혹할 수 있는 사실이나 지식이 있겠지만, 그것에 대해 다른 사람들은 완전히 무관심하거나 어떤 간청에도 귀를 닫고 있을 수 있습니다. 어른들 사이에서 공통의 관심과 욕구를 만들어내려면 유행이나 개인적 취향 - 그건 불행하게도 너무도 자주 그 특성이 애매모호하죠 - 밖에는 다른 어떤 것도 필요하지 않습니다.

더구나 우리는 기질들과 욕구들 그리고 성향들에 존재하는 다양성에 놀라지도 불평하지도 말아야 합니다. 왜냐하면 그러한 상이성과 다양성은 인류 문명에 있어 노력의 조건이자 결과이기 때문이죠. 그러한 성향들을 인위적으로 통일하는 것은 부화뇌동하는 행동, 개미 떼 같은 환경을 부추기는 데에 기여합니다. 그런 환경(분위기)에서는 서서히 진행되는 분화의 결실인 더 고귀한 성향들을 희생시키면서 일차원적 욕구들을 충족시키죠. 인간 변화(되기)의 복잡성을 두려워하는 사람들은 그 누구든, 그러한 성향들을 자신들을 제약하는, 망상fantaisies이나 기벽manies이라 규정지으며 무시하며 억눌러 왔던 것입니다. 자신의 힘에 담긴 잠재력의 진수眞髓인 인격과 생명력들을 희생시키면서, 사회적 문제와 학교의 문제를 명목상 단순화시키는 형식적 통일에 최면이 걸려서 말이죠.

- 분화, 다양성, 망상, 독창성은 사실 우리가 늘 의심하는 성향들이죠. 왜냐하면 그러한 성향들은 거의 언제나 우리 교육이 사회적으로 필요로 하는 것들과 대립하고, 우리가 맹세코 지키고 싶어 하는 도덕적 통일성 - 필수불가결한 기반이 되는 행동과 사유의 그런 일치 - 과 대립하기 때문이죠. 그리고 사회적 관계에서의 자기중심주의에 문을 연, 개인의 변덕에 맞추어 위태롭게 희생하지 않으면 당신이 억누를 수 없는, 최소한의 형식적인 규칙들과도 대립하기 때문입니다.

- 당신들의 옛 조상들은, 현대 세계의 눈부신 분화에 비해 경제 조직이 아직 놀랄 만큼 단순했던 그때에는, 그렇게 말대꾸할 수 있었을 테죠. 미래가 당신을 불안하게 하기 때문에, 당신은 이미 오래전에 한물간 그런 삶의 태도 안에 그것이 좋든 싫든 머무르려고 고집하시겠지요. 당신을 헷갈리게 하는 다기多岐한 길들로 나아갈 - 심지어 이미 가고 있는 - 개개인들에게 똑같은 개념들을 가르치고, 똑같은 습관들을 가르치

려는 것은 오늘날 너무도 순진한 어리석은 시대착오죠.

당신의 학생들은 당신이 보장했다고 생각했던 허상들illusions과 거짓스러운 착각들mensonges의 망토를 교문에서 벗어내면서 학교를 떠납니다. 학생들은 자신의 환상이나 사회적 조건들의 우연을 따르는 대신 각자 자신의 성향들에 따라 삶으로 나아갑니다. 당신이 회복할 수 없을 정도로 그것을 억누르지만 않았다면 말이죠. 이십 년 후에 그 학생들을 다시 불러 모을 수 있다면, 당신은 그들이 따라갔던 (삶의) 길들의 다양성에 깜짝 놀랄 겁니다. 그들이 자아실현에 애쓰면서 유익하게 활용했던 성향들, 가능성들, 기회들에도 깜짝 놀라겠죠. 그래서 어쩌면 당신들은 사회적 활동의 미궁 속에서 최대한의 자원resources과 기회를 이용해 자신의 방향으로 나아가도록 학교에서부터 학생들을 돕는 대신에, 학생들의 운명을 인위적으로 통일한다는 터무니없는 꿈을 추구했다는 것을 후회할지도 모르겠습니다.

그러나 우리가 각 부품의 작용은 물론이고 전체의 종합적인 운동을 연구하고 이해하기 위해서 그 기계장치를 아직도 분석할 수 없는 마당에, 그러한 다양성을 어떻게 돕고, 그러한 복잡성을 어떻게 충족시킬까요?

개개인은, 다행히도, 기계장치의 죽어있는 일개 부품이 아닙니다. 개개인은 그들 자신에게 완전히 준비된 형태로 제공되지 못하는 음식을 찾으려고 애쓰고, 그것을 공들여 만들고, 반죽하고, 맛있고 쉽게 소화되도록 조리할 수 있습니다. 이것은 교육학자들les pédagogues이 아직까지도 엄청 잘못 알고 있는 개념이자, 우리 일의 기술이 잘 작동되게 하는 비결들 중 하나와 개념이 같을 겁니다.

이 근처에서, 아시다시피, 사람들은 망아지를 기릅니다. 싱싱한 풀과 이슬에 젖은 풀꽃들 사이를 분주히 날아다니는 나비와 똑같은 망상으로 목초지를 깡충깡충 뛰어다니는 아주 체격이 늠름하고, 아주 감수성이 예민하고, 아주 생기 넘치는 망아지 – 어린아이를 제외하면 – 보다

귀여운 건 없을 테죠.

자신감에 차 있고 천진난만하면서도 의심 많은 시선을 내보이는 망아지들이 현명하게 제 기능을 다하게끔 하고, 그들에게 신경계 전체가 풍부히 발달하고 조화롭게 길러지는 데에 필요한 다양한 요소들을 제공할 수만 있다면, 우리는 물론 망아지들을 오로지 마구간에서만 키우려 할 겁니다. 망아지들에게는 목초지에서 누리는 것처럼 시들지 않은 양질의 목초가 필요합니다. 시든 목초는 즉시 풍미와 신비로운 효능을 상실하기 때문이죠. 더구나 하루 중 시간대에 따라, 목초를 적시는 이슬의 양과 이슬을 말리는 햇볕의 강도에 따라, 목초를 구성하는 풀들의 가늘기에 따라 입맛과 영양의 질이 달라지는 목초가 필요합니다. 그러한 것은 인간의 과학이 엄밀히 밝히는 데에 결코 도달할 수 없는, 예측할 수 없는 것이라고 당신은 말씀하시겠죠. 왜냐하면 생명의 진행 방향 그 자체가, 그것을 서서히 걸러내는 미묘한 요소들이 그런 것처럼 예측할 수 없기 때문이죠. 그러나 그럼에도 이런 예측할 수 없는 것들이 우리의 운명들을 결정합니다.

향긋한 건초나 망아지를 위해 특별히 베어낸 풀로 여물통을 가득 채워 보세요. 망아지에게 밀기울을 넣어 섞은 맛있는 마실 물을 가져와 보세요… 그래도 망아지는 쇠약해지고, 아마 언뜻 보면 아닐 것 같아도, 망아지의 털은 윤기와 생기를 잃고 시선은 흐리멍덩해질 겁니다. 여기에 우리가 아이들에게서 간과하는 증상들이 있지만, 목자는 모두 때맞춰 그러한 증상을 다룰 수 있을 만큼 충분히 잘 알고 있습니다.

망아지를 풀밭에 풀어놔 보세요. 단, 그 목초지草地가 풍성하고 망아지에게 이롭다면요. 망아지는 자신이 본능적으로 필요한 것들에 가장 잘 부응하는 먹이를 스스로 선택할 수 있을 겁니다. 망아지는 그 분량을 정하고 잘 알아서 마련할 것입니다. 망아지가 입술 끝으로 신중하게 맛보는 것을 보면, 당신은 망아지가 단지 영양 장애로 인해 순순히 어떤 망상une fantaisie에 빠진 것이 아닐까 하고 생각하시겠죠. 그렇지만 사실은 그와는 정반대입니다. 망아지는 가장 본질적인 자기 생명의 성향들을 충족시키고 있는 것이죠.

우리는 과학적으로 제작된 여물통, 새 건초더미와 교묘하게 배합한 혼합사료를 포기할 것이고… 우리는 비옥하고, 촉촉하면서도 양지바른 목초지를 겸손하면서도 지혜롭게 아이들에게 갖춰놓으려고 시도할 겁니다. 맛있는 목초와 가장 은은한 향기를 풍기는 꽃들로 먹을 것이 풍부한 그러한 목초지를 말이죠.

그러나 이러한 먹을 것이 늘 준비되지는 않을 테고, 그저 주어지는 것 같지도 않습니다. 망아지는 혀로 핥을 때마다 입안에 가득 차는 지나치게 무성한 목초지에는 물립니다. 망아지는 수로 반대쪽으로 - 그 장면을 보면 놀라게 되죠 - 그늘진 개울둑까지 깡충거리며 뛰어가는데, 방치된 구석진 곳에서 아마도 자신이 풍족하게 먹었던 것을 찾고 선택하고 음미하려고 그러는 듯하네요. 마찬가지로 아이도 탐구와 노력, 창조와 일을 통해서 자신의 먹을 것(자양분)을 자주 획득하고, 향유하고, 그 목표에 도달해야 합니다.

그리고 이렇게 확인된 사실로부터 우리는 기본이 되는 우리의 활동들을 보충하는 시설에 대한 구상과 조직화로 나아갈 것입니다.

일-놀이에 실제로 몰두하는 아이는, 우리의 기술(테크닉)이 이것을 가능하게 하는데요, 자신의 알고자 하는 욕구에 의해, 실험하고 비교하고 검증하려는 욕구에 의해, 또한 창조와 행동을 통해 차례로 생산하고자 하는 자신의 성향에 의해 끊임없이 자극 받습니다. 우리의 기술(테크닉)이 이것을 가능하게 하죠. 그것이 단순한 의향과도 상관없고, 얼버무리면서 최종적으로 "왜냐하면 ～때문이다"로 응답하게 하는 '왜'라는 강박과도 상관없다는 점에 잘 유의해야 합니다. 말로 하는 설명 그 이상을 요구하고, 우리의 독창적인 실현을 위한 건설적인 노력이 필요한 훨씬 더 심오한 과정이 있습니다.

그래서 우리는 우리의 개혁을 세 단계로 구상해 봅니다. 그 단계는 우리가 설명의 편의를 위해 구분한 것일 뿐, 실제로는 상호침투하고 상호 보완하는 관계여야 합니다.

1. **실험**L'EXPÉRIMENTATION: 가능할 때마다 행하는 실험은 마음속에서 발생하는 문제들과 우리가 추정하거나 가정하는 법칙들을 학교 시설을 통해서, 관찰하고, 비교하고, 검증하고, 실험하는 것입니다.

2. **창조**LA CRÉATION: 창조는 현실에서, 의도적이거나 무의도적인 실험에서 생긴 직관적이거나 명확한 앎(지식)에서 출발하여, 상상력의 도움을 받아 그것이 기여하는 인간 변화(되기)의 이상적인 개념 수준까지 우리를 끌어올립니다.

3. **자료조사 활동**la DOCUMENTATION: 마지막으로, 자료조사 활동은 실험과 창조를 보완하고, 그것들을 뒷받침하고, 그것들을 자극하면서 시·공간적으로 다른 사람과 다른 인종들, 다른 세대들이 수행했던 경험을 인식하는 방법과 같습니다.

실험l'EXPÉRIMENTATION과 **창조**LA CRÉATION는 뭐라 해도 보편적입니다. 예로부터 사람들은 언제나 어느 정도 타고난 재능과 어느 정도 좋은 성과를 보이면서 그 두 활동에 전념해 왔죠. 실험과 창조가 학교 특유의 활동은 아닙니다. 우리가 내세우는 혁신은 바로 이 **자료조사 활동**_la documentation_입니다. 자료조사 활동은 실험과 창조가 더 과감하고 확실하게 앎(지식)을 보충하게 하고, 언제나 더 적극적으로 두 활동에 나설 수 있게 합니다. 그리고 인간 진보의 복잡한 과정에서 그 두 활동을 통합합니다. 주변 환경의 사례, 책, 학습 카드, 그림 카드, 신문, 편지 교환, 학교 간 (통신)교류, 녹음기, 사진, 영화, 라디오를 이용해서 하는 자료조사 활동으로 말이죠.

이제 당신은 우리가 실험과 창조라는 너무나 인간적인 필요에 자료조사 활동이라는 이 보완 활동을 제공하면서 푸리에의 프로젝트를 넘어선 이유와 경위를 이해할 수 있을 겁니다. 자료조사 활동은 그 두 활동을 자극하고, 그것을 강화하고, 그것에 생기를 불어넣죠. 우리가 오늘날 우리의 학교에서 활용하기에 걸맞은 이러한 풍부한 자료조사 활동은 그 자체로 기술 발달이 가져온 성과입니다. 그리고 바로 그 점이 오늘날 효과적으로 실행하고 있는 것이, 왜 풍부하고 융통성 있는 정신적 양식 거리(자료)가 부족했던 과거에는 반향을 불러일으키지 못했었는지를 설명해 줍니다. 그러한 정신적 양식거리가 없다면 학교의 존재 이유인 지적인 분화를 실현하기가 어려울 것 같기 때문입니다.

─ 우리에게는, 역시, 실험과 자료조사 활동, 책, 영화와 라디오가 있습니다. 창조의 범위가 여전히 아주 빈약하다는 것을 제가 인정하더라도, 거기에는 요컨대 동일한 요소들이 있습니다. 그건 단지 기계장치가 거꾸로 조립된 것과 같을 뿐입니다. 우리는 지식과 자료조사 활동으로부터 시작해야만 하고, 실험에 도달하고, 법칙과 가르침을 이해하고, 마침내 창조의 신비로운 영역에 들어선다고 생각해 왔습니다. 당신은 실험과 창조로부터 시작해서 지식에 도달해야 한다고 주장합니다. 그것이 탐구와 앎(지식)을 불러일으키죠… 당신의 그러한 주장이 확실히 더 논리적인 듯합니다. 당신은 그러한 방향에서 학교 조직이 실제로 기능할 것인지 여부를 두고 보아야 할 것입니다.

─ 사실 그렇게 순서를 뒤바꾸는 것이 전부죠. 그것만이, 일에서 비롯된 새 피로 교과들에 활력과 생기를 제공할 수 있기 때문입니다. 그 순서를 뒤바꾸지 않으면 교과들은 부과된 과업에 불과할 뿐이고 따라서 언제나 다소 따분해질 것입니다.

초등학생에게 '역사' 교과에 담긴 매력이 계속 가닿지 못하는 이유는 그러한 활력과 생기의 유입이 없기 때문이고, 반면에 (유입되는) 정상적인 조건에서는 모든 것이 그 아이를 매혹합니다. 어느 영웅적인 과거를 소환하면서 그 아이는 열광하는데, 영웅적인 과거에서 그 아이는 자신이 한 행동이 차지하는 결정적인 영향력의 무게를 본능적으로 느끼게 됩니다. 초등학생이 비록 너무 느리게 그리고 너무 불완전하게 읽기와 쓰기, 셈하기의 기초를 배우는 데에는 눈물이나 고난이 없을 수 없습니다. 반면 그 아이가 읽고 쓰고 싶은 욕구를 느낄 때, 아주 많은 노력과 효과적인 노력이 필요하다는 것을 인정할 수 있습니다. 그리고 셈하고, 측정하고, 계산하고, 문제를 해결하고 싶은 욕구를 충족시키기 위해 문제를 제기하는 것은 그 아이에게 굉장히 자연스러운 일이죠! 당신은 이러한 체제에 따라서 우리 자료조사 활동의 탐구 목록에 지리 교과를 추가할 수 있겠다는 생각이 들지 않나요? 아이가 성장하면서 점차 자신의 집과 거리, 자신의 마을과 지역, 자신의 대륙과 세계(영역)의 경계로부터 점차 의식이 확장됨에 따라, 그는 무엇이 일어나고 있고, 무엇이 발전하는지, 무엇이 발견되고, 거기에 무엇이 살고 있는지, 그리고 어째서 항상 더 멀리, 항상 더 높이 있는지를 알고 싶어 합니다. 과학자들이 우주를 더 잘 탐색하기 위해서 자기 천체 망원경의 기능을 끊임없이 향상하려 하는 것과 동일한 충동 아래서 말이죠.

과학des sciences은 물론이고, 제 관찰은 다른 교과들보다 더 중요합니다. 여느 과업처럼 간주되고, 인간 변화(되기)와는 동떨어진 수업이나 의무처럼 간주되는 과학은 따분하고 무미건조할 수밖에 없겠죠. 그에 반해 아이는 자연의 삶에 아주 훌륭하게 참여하죠. 아이는 식물과 꽃과 함께 크고, 꽃피고, 고통을 느끼고, 또한 비교하고, 계산하고, 실험하고, 가장 정상적이고 가장 유익한 입문을 자발적으로 실행하는 것을 멈추지 않습니다. 더구나 사람들은 그것이 예술적인 창조와 아주 똑같이 사람들이 교육학의 영역domaine de la pédagogie에 있다고 믿지 않으니: 아이들이 노래하고, 춤추고, 그림 그리게 하는 일을 사람들은 잊었던 거죠. 그것이 아동의 삶에 직접 참여하는 것으로 누구나 인정하는 자발적인 활동들임에도 불구하고 말이죠.

정말로 그렇죠! 기계장치를 거꾸로 작동시키려고 고집부리는 건 바로 당신들입니다.

자명종이 더는 작동하지 않으면, 당신은 잘 알고 있는 것처럼 비밀리에 그것을 (뜯어) 엽니다. 마치 "잠깐만! 시계공은 필요 없어. 내가 바로 고칠게!…"라고 말하는 듯이 말이죠. 그러나 시계 뚜껑은 간신히 열리고, 당신은 톱니바퀴와 태엽, 나사와 시계추의 복잡다단한 배선을 마주하게 될 겁니다. 당신은 그 부품들이 하는 특수한 역할을 막연히 추측할 따름이죠. 시계 케이스 안에는 그 부품들(의 기능)이 정지된 채 움직이지 않습니다. 당신은 칼끝으로 시계추를 건드려보죠… 톱니바퀴가 머뭇거리기라도 하듯 몇 번 흔들거리더니 돌아갑니다. 초침秒針이 움직이다가 당신이 시계추를 건드린 자극이 멈추자마자 이내 움직이지 않게 됩니다. 당신은 알아낸 듯합니다. 당신이 큰 톱니바퀴를 집요하게 누를 때, 자명종이 마치 되살아나기라도 한 것처럼 울리기 시작한다는 것을요. 그러나 당신이 누르기를 멈추면 이내 더는 생명은 없을테죠!… 이렇게, 여기서는 건드리는 자극을 통해, 저기서는 누르는 압력을 통해, 당신의 자명종이 어쨌든 울리기는 하겠지만, 규칙성도 없고, 조화도 없고, 지속적인 약동도 없고요. 그 약동이 있다면 당신이 끊임없이 개입할 필요가 없게 되겠죠.

이제 시계 장인이 나타납니다. 그는 자명종이 곧 스스로 움직이는 데 필수적인 추진력의 시발점을 찾으려 듭니다. 그는 태엽을 다시 갈아 끼우고 태엽 감는 장치를 가동해 그것을 팽팽하게 합니다. 시계추, 톱니바퀴, 시곗바늘 모두가 움직이기 시작합니다. 그리고 그것은 분화된 리듬에 맞춰 움직이는데, 이는 자명종 특유의 규범la norme spécifique입니다.

제가 촉발하고 싶은 것은 바로 이런 재건(재구성)과 재생입니다. 당신들은 아마추어로서, 본질적인 생명력을 잘 알지도 못하면서, 속임수, 자극, 심지어 주술까지 쓰며 자명종을 움직이게 하려고 애쓰는 꼴입니다. 그러나 교사가 개입하지 않고, 지속적으로 관여하지 않으면, 그리고 쉼 없이 지켜보지 않으면, 이 분야에서는 어떤 일도 일어나지 않습니다. 게다가 아무런 이득도 없습니다. 자명종은 한층 더 고장이 날 따름이죠.

장차 당신은 마술사가 되어 그 자명종을 작동시키는 역동적인 힘에 시동을 걸고, 그 힘을 풀어주고, 보강하고, 드러낼 겁니다. 그렇게 당신의 신중한 지도나 혹은 당신의 매우 관대한 도움을 받아 그 자명종은 최대한의 효율과 조화로 제 역할을 다하게 될 겁니다.

그러면 당신은 인간이 진화하는 과정의 정상적인 진행을 의식하거나, 또는 최소한 그것을 느끼게 될 겁니다. 진행 방향과 거꾸로 움직인다고 해서 - 더 말할 필요도 없이 - 당신은 더는 짜증 내지 않을 것이고, 이어서 당신이 개입하는 것이 성과를 거의 내지 못한다고 해도 놀라지 않으실 것입니다.

자명종과 관련해서, 당신은 기계장치를 탓할 수 없습니다. 그렇지 않고 홧김에 원망을 한다면, 당신의 주변 사람들은 당신의 반응이 일관성이 없다고 비웃을 겁니다. 그러면 당신은 좋든 싫든 간에 당신이 명백히 자격이 없고 결정적으로 무능하다고 충분히 인정할 수밖에 없습니다. 아이들을 그와 똑같이 잘못 다루는 것은 그 자체로는 결코 그 본연의 실패를 입증하지 않습니다. 아이들의 우둔함, 그들의 산만함, 그들의 기억력과 의욕 결여, 일에 몰두할 수 없다든지 마음을 사로잡는 놀이가 부족하다든지 하는 핑계 대기는 언제나 쉽겠죠. 그래서 세상에서 가장 진지하게, 교육학자들은 아동의 이런 결점들을 주의 깊게 조사하는데, 그것들은 당신이 범한 잘못에 필수로 따라오는 반응들에 불과하죠: 그들은 결국 자신들이 전적으로 효험이 없다는 것에서 재빨리 벗어나려고 일시적으로 남의 눈을 속이는 처방(치료제)을 제안합니다. 하지만 너무 늦기 전에, 그 위대한 추진력을 드러내는 마술사면 충분하겠습니다.

 - 그 프로젝트는 제게 이상적으로 보이네요. 그런데 저 또한 당신 본연의 가르침에 따라, 저로서는 본질적인 단 한 가지를 집요하게 요청하는데요, "당신은 그 프로젝트에 어떻게 생명력을 불어넣으실 건가요?" "당신은 그 프로젝트를 현실에서 어떻게 이행하실 건가요?"라는 것입니다. 모든 것을 건설하고, 모든 것을 다시 세워야만 한다면, 당신

을 뒤따르고 싶어 하는 사람은 아무도 없을 듯한데요…

— 그러나 시계공은 그 고장 난 자명종 내부의 부품들 모두를 망가뜨리지 않게 참 조심스레 일합니다. 사람들은 시계공이 단연코 오히려 재건자임을 수긍할 수 있을 것입니다. 시계공이 일하는 것을 지켜보시면요. 그는 그 부품들을 분해하는 족족 작업대 위에다 그 소중한 부품들을 펼쳐놓습니다. 그는 부품들을 청소하고, 약간의 기름칠을 하고, 마찰이 일어나는 부분들, 나사못들이 헐거운 부분들이나 빽빽한 부분들, 전열선들을 확인하면서 전기가 잘 전도되는지를 점검합니다.

우리도 그 시계공과 똑같이 할 겁니다. 우리는 학교 현 상태의 거의 모든 것을 보존할 겁니다. 우리는 단지 청소하고, (쓸데없는 부분들을) 곁가지치고, 불충분한 부분들을 보강하고, 결정적으로 낡아빠졌거나 유행에 뒤진 것들을 교체할 것이고, 구성된(설계된) 방향에 맞게 시계(학교)가 기능을 할 수 있도록 어떤 잘못도 범하지 않으면서 다시 조립(조직)할 겁니다.

교사l'éducateur는 따라서 톱니바퀴 장치를 방해하면서 거들먹거리며 자신을 자리매김하는 것을 조심해야 합니다. 교사가 그렇게 하는 것은 자신이 스스로 창조한다고 믿게 만들고, 생명(삶)과 운동을 최고의 권위를 가지고 지도한다고 믿게 만들기 위해서죠. 그 교사의 임무는, 개인들이 자기 생명(삶)의 법칙에 따라 스스로를 발견하고, 스스로를 되찾고, 스스로를 실현하고, 성장하고 올라갈(향상될) 수 있도록 하는 한, 충분히 귀하고 소중할 것입니다. 교사는 자신도 어디인지 모르는 곳으로 개인들을 인도하려고 정신을 틀에 끼워 맞추고, 자신의 허상에 따라 그들을 복종시키려고 싸구려 우상처럼 끼어들지 않는 게 좋겠습니다. 왜냐하면 모든 인간이 성장하고 분투하는 데 충분한 이유가 되는 그러한 신비로운 추진력을 제외하면, 삶의 또 다른 목적을 우리에게 확실히 가르쳐 준 사람은 아직까지 아무도 없었기 때문입니다.

41
실행하기

교육을 새로 조직하는 것은, 우선 학교 공간의 새로운 배치와 다른 활용을 전제로 한다. 그것이 우리 프로젝트와 계획이다. 그것은 게다가 점진적으로 실현될 수 있는 것들이다. 핵심은, 교육의 진행과정에 대한 우리의 새로운 개념이 학교에 배어들게 하는 것이다.

– "당신의 인내심에 막되게 구는 게 아니라면 – 마티유가 양해를 구하기를 – 저는 제 설명을 도중에 남겨두지 않고 오늘 저녁 안에 끝마치고 싶습니다. 게다가 제게는 다른 날 설명을 다시 이어갈 여유가 충분치 않습니다."

– 요정 이야기를 듣는 아이는 결말을 다 알기 전까지는 무슨 일이 있어도 잠자리에 들고 싶어 하지 않죠. 이 아이처럼 우리도 당신 앞에 좀 더 머물러 있으니, 더할 나위가 없지요.

– 그러시다니 매우 고맙고요, 저는 마법적이거나 기적적인 해법도 단정적인 해법도 내놓으려는 건 아닙니다. 저는 제 견해를, 양식良識에 바탕을 둔 의견을 말씀드릴 따름입니다. 그것이 유용하다고 판단하시는 분들이 따르게 되는 충고처럼 말입니다. 그게 전부입니다.

그래서 저는 '일을 통한 학교'의 시설과 교육적 실천을 조직하는 것 l'organisation matérielle et pédagogique에 대한 개요를 당신께 용기를 내어 내놓으려고 합니다.

저는 제가 어렴풋이 본 빛(깨달음)들로 많은 학교들이 조만간 환해질 수 있다고 주장하지는 않겠습니다. 어느 정부도 저의 비판과 건설적인 조언을 과감히 본받아 그것을 실행하려고 하지는 않죠. 그러나 점차 사람들이 제 이성적 사유의 가치와 거기에서 비롯된 첫 번째 실행이 주는 효력을 믿어 의심치 않을 거라고 확신합니다. 사람들은 그것을 서서히 본받아 학교와 사회 환경에 자신들의 가르침을 지속적으로 적응시킬 것입니다. 저자들과 교육 평론가들, 잡지 편집자들 – 교사 집단의 사유와 활동의 일부를 지배하는 사람들 – 은 제가 정지 작업에 몰두해 온 새로운 노선들의 힘과 풍부한 생산성을 감지할 것입니다. 아이 곁으로 다가가고 아이를 더 잘 알고 싶은 욕구를 – 그것이 아이에게 더 잘 봉사하려는 것이든 아니면 더 잘 지배하려는 것이든 – 느끼는 사람들 모두는, 어른의 권력이 중심이 된, 답보 상태에 놓인 잘못을 점차 거부할 겁니다. 그리고 인간의 환상적인 모험에 가담할 것입니다. 오늘날 우리가 그 특성을 알고 그 강렬함을 간파하지만, 그 목표들을 분명히 정해놓지 않은 그러한 모험에 말이죠. 모험의 목표들은 가장 대담한 생각을 가지고도 상상조차 할 수 없을 만큼 늘 더 멀리 있지요: 그 목표들은 우리의 소박한 운명의 범위에 있을 뿐 아니라, 우리가 아주 작은_{極小} 부분으로 참여하고 있는 세계의 운명에도 걸맞습니다.

저는 단지 (밤의) 어둠 속에 약간의 빛을, 혼돈 속에 약간의 질서를, 사회 조직의 소산이자 형상(이미지)인 학교 조직에 조금 더 많은 인간미를 불러올 것이고, 교육자들에게 더 많은 이해와 더 인간적인 겸손함으로 나 자신의 과업을 확신하고, 바라고, 계속해야 하는 이유들을 제안하겠습니다. 저는 아이들 자신을 위해서도 더 많은 즐거움이 아니라, 뭐라고 정의할 수 없는 만족감 – 과업을 완료하고, 소박한 운명을 실현한, 존재를 충만하게 하는 데에서 나오는 만족감 – 을 더욱 북돋워 주는 그런 부분을 준비하겠습니다. 아마도 저는 모든 사람이 그 필요성을 느끼지만, 그 기초를 쌓는 것의 엄격함으로 인해 사람들이 거의 생각해 낼 수 없었던 그런 재구성에 조금이나마 기여할 듯합니다.

벽이 무너져 가고, 그걸 사람들이 보죠… 위험하죠. 사람들은 경사면으로 다시 굴러떨어지려는 벽돌들을 다시 쌓아 올리려고 다소간 힘을 합하는데, 끈기 있게 토대를 파는 토목공들, 신축 건물의 견고함과 균형 잡힌 외관을 보장할 줄 아는 토목 인부들이 부족하기 때문이죠…
저는 제 방식대로 토목공, 측량기사, 석공들이 해야 할 일을 해왔습니다. 단지 저보다 더 전문가인 기술자들이 작업을 완성하고 실현할 수 있기를, 그리고 벽을 다시 세우려고 유능한 일꾼들이 모두 연대하기를 희망할 뿐입니다.

– 저는 그 작업에 제 나름대로 애쓰고자 하며, 그건 믿으셔도 됩니다. 당신의 프로젝트는 실현되어야 합니다. 어른을 위한 어른의 학교만 있어 왔고, 그곳에서 아이들은 "스승"maître의 독단적이고 추상적인 가르침enseignement을 잘 수용하는 부품 같은 것으로만 여겨져 왔습니다.

– 역사적 전환점: 사람들은 **아이를 위한 학교**l'école POUR L'ENFANT의 필요성을 인정했습니다. 적확的確하고 유익한 방향 전환이지만, 그 개념과 구체성은 여전히 불충분하죠. 간혹 어른을 위한 학교에 대한 적대적인 반발도 실질적이고 효과적인 수많은 의무는 등한시 되었습니다. 그 반발로 너무도 이상적인 이상형은 가치가 없는 것처럼 보이곤 했죠.

벨기에의 한 타고난 우직한 교육학자[135]는 **삶을 통한, 삶을 위한, 일을 통한 학교**L'ÉCOLE PAR LA VIE, POUR LA VIE, PAR LE TRVAIL를 권장하면서 균형을 맞췄는데, 이것은 사실 제가 품고 있는 본질적인 관심을 요약하고 있고, 제가 명확히 전개하고자 하는 가르침에서 – 반복해서 죄송합니다 – 표어의 구실을 하게 합니다.

저는 제가 첫 시도라고 믿는 것에서부터 시작하죠, 그것은 어쩌면 당신을 놀라게 할지도 모르겠습니다.

우리의 학교는 오늘날 학교의 모습과는 필연적으로 다를 겁니다. 당신은 마을을 재조직화한다고 주장하면서 주민들을 연령에 따라 분리하는 데 만족해하고, 각 (연령) 범주에 별도의 공간을 할당하는 개혁자처럼 달리 행동했습니다. 마치 나이가 활동 과정을 결정지을 수 있다는

---

135. 드크롤리(O. Decroly, 1871~1932)를 말한다.

것처럼 말이죠. 이와는 반대로, 사회적 일의 관점에서 집단들의 구성을 불러일으키는 그러한 할당이 있으니, 장인, 예술가, 행정가 등 다양한 특수 분야에서 하는 일이 바로 그것입니다.

우리의 학교는 작은 마을과 좀 같아질 겁니다. 학생들이 가능한 가장 자주 모일 수 있는 공용실[136]이 있거나, 아니면 최소한 작업장, 자료 조사 활동실, 실험실이 방사형으로 배치된, 다목적으로 사용할 수 있는 공용 공간이 중앙에 있습니다. 거기에 더해 건물 주변으로 외부 활동 구역을 조성하여, 가축을 기르는 축사, 텃밭과 과수원, 양봉장, 스포츠와 놀이를 위한 운동장, 그리고 가능하다면 시원한 개울이 있습니다.

이러한 물리적 시설organisation matérielle은, 제가 충분히 강조했다고 생각하는데요, 결정적으로 중요합니다. 그것이 없다면, 학교를 완전히 그리고 근본적으로 재조직할 수 없습니다. 이러한 구조가 우리의 교육적 필요에 부응하는 만큼, 잘 이해된 학교의 노력은 효과를 더 잘 발휘할 수 있을 겁니다.

– 제가 그럼에도 잘 볼 수 없는 것은, 산업과 상업 그리고 농업에서조차 극도로 다양해진 우리 시대에, 당신들의 학교가 전 방향에서 영향을 끼치고 있는지입니다.

– 우리는, 사실, 처음부터 그러한 놀라운 다양성을 신봉하는 것을 추구하지는 않습니다. 그러나 어른들 모두와 아이들도 모두 열광시키는, 어디서나 유익한 어떤 기저 활동들이 존재합니다. 그리고 이것들은 기층을 이루는 활동들이 존재하는데, 그 기층을 둘러싸고(주변에서) 기계적 진보에서 생겨난 다양한 활동들이 장소와 상황에 따라 접붙여지게 되면서 기층을 이룹니다.

그 토대의 이런 최소한을 정의하는 것이 중요하며, 우리의 필요에 맞춘 (교육)공간, 아이들이 그들의 기호와 그들의 성향에 상응하는 일-놀

---

136. des salles communes: 일종의 거실 역할을 하는 장소다.

이에 몰두할 수 있게 해주는 시설들과 도구들을 세심히 준비해 놓는 것이 중요합니다. 이를테면 첫 단계의 이러한 조직화는 우리의 학교 활동들이 끊임없이 적응해야 할 지역과 문화 그리고 주요 산업에 따라 계속 완전해질 것입니다.

우선, **교육공간**le LOCAL의 배치입니다.

겨울철, 한가할 때農閑期에, 저는 가끔 저 자신을 위해서 또는 최소한 제 아이들을 위해서 꿈꾸는 학교에 대한 구상을 머릿속으로 즐겨 그려 보곤 합니다. 자, 그러니 집으로 오세요. 당신께 그걸 보여주겠습니다.

그러나 그에 앞서 제 생각을 좀 더 밝혀야겠습니다.

저는 당신께 공용 공간salle commune에 대해 말했었습니다. 공간들과 작업장들ateliers 그리고 기본이 되는 설비들이 모든 수준에서 일률적으로 닮아야 한다고 말하려는 것은 아닙니다. 우리에게 활동의 형식을 강요하는 것은 아니고요. 아이가 거기에서 훨씬 더 잘해낼 것이고 우리는 아이의 본능과 욕망을 신뢰해야 합니다.

저는 될 수 있는 한 우리가 공동의 일을 미리 마련해 두어야 한다는 것을 알고 있죠. 왜냐하면 그것이 모든 학생이 오직 하나의 교실에 모여 있는 소규모 밀집 집단에서 종종 꼭 필요하기 때문이죠. 게다가 우리가 아이들을 사회적 일에 익숙하게 하는 것은 훌륭한 과제이고, 사회적 일은 가정에서는 전형적인 일이며, 학교는 그런 가정의 연장延長이 되어야 한다고 생각합니다.

다만, 놀 때조차도 아이들을, 그저 아무렇게나 협업하는 것은 아닙니다. 거기에는 나이와 능력 그리고 명민함에 대한 고려보다는, 정신, 세계관, 사회관, 열린 마음의 문제가 있다고 말할 수 있겠습니다.

개개인은 기능적인 – 원초적이고, 분화되지 않은, 그래서 요구하는 것이 까다롭고 편협한 – 욕망들을 충족시키고 싶은 욕구besoin가 많이 있습니다. 아기는 배가 고픕니다. 아기는 웁니다. 해석하려 들지 마세요: 배가 고프면 눈에 보이는 게 없죠. 아기는 먹고 싶어 합니다. 또는 아기는 산책을 갈망하죠… 한 시간 지나서가 아니라… 지금 당장에요! 아기의 온몸이 절박한 욕구를 경험합니다. 마치 부엌의 폐쇄적인 분위기에 싫증이 나, 풀밭으로 나가 넓은 곳의 자유로운 공기를 쫓고 싶은 욕망을 느끼고, 그것을 만족시킬 때까지 문턱에서 고집스럽게 야옹야옹 울어대는 고양이처럼 말이죠.

어린아이는 숨바꼭질도 하며 잘 놀지만, 술래 잡는 데 시간이 오래 걸리는 건 참지 못합니다. 술래를 뒤쫓으려는 아이의 욕구는 즉시 충족되어야 합니다.

본능의 요구사항들 앞에서 개개인이 보이는 반응에 대한 일종의 테스트는 봄철에 호두나무 가지로 피리를 만들려는 안달복달일 수 있겠습니다.

어리디 어린아이는 나뭇가지를 자르고는 바로 자신의 피리를 작동시키고 싶어 합니다. 그 아이는 여유를 가지고 자른 가지를 공들여 손질할 줄도, 그 가지를 참을성 있게 다듬는 형들을 모방할 줄도 모릅니다. 아이는 너무 세게 두드리고는 찢긴 나무껍질을 너무 빨리 잡아당기죠… 울면서 형아에게 반쯤 말라버린 낡은 피리를 좀 큰 선심을 바라며 동냥으로 달라고 애원하는 게 최상의 방책일 것만 같습니다.

아이가 자신의 본능을 이미 좀 더 잘 억제하고 제어할 수 있다면, 그 아이는 더 서두르지 않고 예비 작업들에 착수할 겁니다. 아이는 꽤나 납작한 돌 두 개를 찾아 그 돌 사이에 피리가 될 것을 끼워놓고 부드럽게 두드릴 겁니다. 아이는 자기 입에 그것을 넣으면서 침으로 몇 번 반복해 적시는데, 입안에는 새 나뭇가지와 갓 나온 호두열매의 떫은맛이 남아있습니다. 그리고 또 이어서, 그 아이는 또 싫증이 납니다. 아이는 더 세게 두드리고, 침은 덜 자주 바르고, 아이는 자기 목표에 한시바삐 도달하고 싶어 합니다. 그래서 성공을 서두르고 효능을 보장한다는 마술의 공식des formules magiques에 호소합니다. 하지만 그것은 언제나 충분치 않습니다.

상급 학년의(한 급級 위의) 아이는 자신의 충동과 본능을 침착하게 억제합니다. 그렇긴 해도 그 아이는 충족하고자 하는 절박한 욕구를 똑같이 느낍니다. 그러나 그 아이는 호각을 만들 최적의 장소로 여겨지는 호두나무가 있는 그 들판에서 양을 지키고 있어야 하는 어느 날을 기다릴 수 있을 것입니다. 아이는 그 (피리 만드는) 일을 하기 가장 좋은 나뭇가지들을 잘 판단하여 자릅니다. 아이는 무게감 있게 주술적 방법의 단계를 넘어섰습니다. 그 아이는 아주 반들반들한 두 개의 돌 사이에 나뭇가지를 놓고 지체없이 침을 바르면서 부드럽고 오랫동안 두드리는 것으로 껍질이 매끄럽고 완벽하게 떨어져 나가게 하기에 충분하다는 것을 알죠. 아이는 그 모든 것에 공을 들입니다. 기술과 지식이 이미 본능과 조화를 이루었습니다. 그리고 아주 어린 그 참을성이 없는 아이는 그의 형아 뻘이 되는 아이가 자신이 만든 피리의 첫 소리를 들으려고 더는 서두르지 않는다는 것에 놀랄 따름이죠!

낚시! … 그건 또 다른 테스트죠…

어린아이는 낚시를 좋아하지 않습니다. 그 아이는 물고기를 잘 낚아내고 싶지만, 기다리지 않고 당장 물고기를 잡아야만 합니다. 본능에 따른 행동, 지배, 성공의 요구가 너무 강하고 절박해서 그렇습니다.

한두 단계 위 수준의 아이는 이미 참고 기다리는 것을 압니다. 그러나 그렇긴 해도 그 아이를 위해 물고기는 기대감이 다소 고조되도록 입질을 해야 합니다. 그렇지 않으면 그 아이는 자리를 옮기거나 절망하고는 가버리겠죠. 종종 자기에게 좋은 결과를 불러왔던 의례적인 몸짓이나 주술의 공식formules incantatoires을 시험 삼아 써보는 것이 없지는 않겠지만 말이죠.

그러나 자신의 본능을 충족시키면서도 본능을 지배할 수 있게 된 아이들만이 참을성 있게 기다릴 줄 압니다. 그리고 기대에 어긋나는 현실에 대한 구조 요청 차원에서 그 현실 세계를 장식하고 도래할 기쁨을 미리 느껴보는 상상을 해볼 줄 압니다.

당신은 학교에 이러한 본능의 요구들을 고려에 넣어야 하는데요, 그 본능은 아이가 여전히 자신의 충동에 의해 즉각 움직이는 것만큼이나 더 절박합니다. 이러한 요구들은 개개인이 분화됨에 따라 즉각적인 절박함이 덜해지죠. 본능들과 그에 따라오는 만족이 기본적 성향에 더해지고, 사회적 필요의 틀 안에서 개인의 경험이 늘어나기 때문이죠.

몇 살까지 아이는 본능의 절박한 요구들에 이처럼 지배될까요? 저는 우리가 어렴풋하고 우연한 기억만을 유지하고 있는 인생의 한 부분에 완벽하게 상응하는 그 시기라고 생각하는데요. (이 시기 전에는) 마치 아직 현실 세계에 완전히 태어나지 않은 것 같습니다. 그 시기는 여덟 살께까지 일 듯합니다. 물론 정신연령으로 말이죠.

우리는, 이러한 발달의 첫 단계를 위한 시설과 기술을 준비하는 데 이러한 구분을 훨씬 더 많이 고려해야 합니다. 시설과 기술은, 놀이-일이나 일-놀이가 드러내는 것처럼 본능의 노선을 당연히 따를 것입니다! 그것들(시설과 기술)은, 본능을 충족시키는 손으로 만질 수 있듯 확실한 목적에 거의 즉각 도달할 수 있게 해야 합니다. 아이가 지체없이 자기 활동의 결과를 보고 느껴야 하고, 그것은 아이에게 일종의 생리적인 필요와 같은 것입니다.

그래서 얼핏 기본이 되는 일-놀이 같아 보이는 어떤 활동들 – 정원 가꾸기와 동물 기르기 같은 것들 – 은 너무 느리게 그 결과를 낳기 때문에 아이에게 조금도 끌리지 않을 것입니다. 아이는 흙의 점도와 모양이 자신의 노력 아래 바로 바뀌는 땅 파기를 좋아할 것입니다. 아이는 벽 쌓기를 즐기고, 물을 뿌리고 물이 흘러가거나 물이 땅에 신비롭게도 흡수되어 사라지는 것을 보기를 즐거워할 것입니다.

그 아이에게 씨앗을 뿌리라고 해보세요. 아이는 장난감 놀이에서처럼 다음 날 새싹이 돋아나는 것을 보고 싶어 하죠. 그리고 당신이 그 아이가 하는 행동을 중지시키지만 않으면, 그 아이는 (뿌린 씨앗들이) 알곡들로 변화하는 것을 보려고 땅을 파 갈아엎는 것을 지체하지 않을 겁니다. 아이에게는 그의 정원 한구석을, 아이의 노력을 즉석에서 확인시켜 주고 보답하는 그런 잔가지들과 이미 활발히 자라고 있는 식물들로 채우는 것이 더 흥미를 끌 것입니다.

똑같은 논리로, 가축 기르기도 아이를 열광시키지 않습니다. 물론 아이는 아기 염소 쓰다듬기를 좋아합니다. 그러나 매일 아기염소를 돌보라거나 규칙적으로 아기염소에게 풀이나 잔가지들을 가져다주라고 강요하지는 마세요. 그런 것들은 장기적으로 효과가 나는 일거리들로 아이 나이에 적합하지 않습니다.

저는 어린이집과 유치원 나이에 해당하는 시기에 놀이가 부족하지 않다는 것을 압니다. 거기선 놀이가 왕이죠. 그렇다고 언제나 일-놀이는 아닙니다. 거의 절대 아니죠. 사람들이 그 나이 정도에 일의 기능을 고려한다는 것은 너무도 드물죠. 사람들은 반대로 놀이의 입맛(口味)을 자극했고, 그것을 교육적이거나 상업적 목적에 따라 아이들의 진정한 성향을 종종 고려하지 않으면서 충족시켰습니다. 아동 놀이가 믿기 어려울 만큼 많이 만들어지는 가운데 정성 들여 가지치기(選別) 해야 할 것들이 있습니다. 장래 발달에 진정한 토대가 될 성향과 습관 그리고 학습에 활력과 생명력을 회복시켜 주기 위해서죠.

세월이 흘러 이어서 오는 시기인 8~13살에, 아이는 순수한 본능의 요구들을 제어하기 시작하여, 모든 형태에서 경험의 결과를 따르게 됩니다. 그리고 나이를 먹어가면서 늘 더 많이 부과되는 사회적으로 필요한 것들을 스스로 따르게 됩니다. 의식 있는 삶이 정말로 시작되죠. 우리가 본능적인 시기에서 멀어짐에 따라, 달성해야 할 목표는 시·공간적으로 점점 확장될 수 있고, 실행해야 할 일은 점점 복잡하고 분화될 수 있습니다. 그러나 그 목표는 그래도 감지할 만큼 인접해 있고 용기를 북돋는 존재로 남아있어야 하죠. 그리고 아이들을 감동하게 할 수 없는, 너무나 진부한, 다음 같은 의견을 자극제로 그 아이들에게 제공하는 것은 잘못이죠.: "그건 나중에 네게 도움이 될 거야!… 네가 살아가면서 더 잘 살아갈 수 있도록 하고… 먹고 사는 데 또 가정을 이루는 데 그게 너한테 필요할 거야!… 너는 돈도 벌 수 있고 자리를 잘 잡을 수 있을 거야!…"

아이는, 너무 즉각적인 것에만 매달리는 자신의 틀에서 빠져나왔음에도 불구하고, 아이는 아직 그렇게까지 멀리 내다볼 수 없습니다. 다음과 같이 말하는 건 아예 소용이 없으니: "그런데 여전히 지나치게 이기적인 아이를 지배하는 그러한 목표들보다 다른 목표의 필요성을 아이가 깨닫게 하도록 애써야 합니다… 아이의 행동을 이상적인 상태가 되게 하고, 아이를 사회화해야 합니다!…" 그것은 마치 사람들이 갓난 강아지가 태어난 후 여드레에서 열흘도 되기 전에 억지로 눈을 뜨라고 하는 것과 같습니다. 자연이 이렇게 진화의 과정을 예정했다면, 그건 어린 존재(생명)의 감각이 외부의 난폭하고 거친 인상들에 맞서 여전히 보호받는 게 필요했기 때문이죠. 그리고 어쩌면 또한 그 새로운 성장은 그 본성 자체의 균형을 위해, 여전히 그 근본을 얼마간 지켜보고, 내부의 반응에 따라 삶을 영위할 필요가 있기 때문입니다. 마치 사람들이 종種과 주변 환경에 따라, 봉오리가 배시시 반쯤 열리고, 이어서 그것을 터뜨릴 때까지의 시간을 다소 길게 과장해서 잡는 것처럼 말입니다.

아이가 이렇게, 우선은 그 존재에 사로잡히는 것, 곧이어 자신을 직접 둘러싼 인접 환경에 사로잡히는 것 ─ 초기에는 본능의 보호 아래, 이어서는 다양한 욕구들의 절박한 필요에 따라서 ─ 은 결국 아이 발달의 필연적인 단계이자, 자기 균형과 힘의 조건이자, 주변 환경과 관련되거나 그렇지 않은 잘못들에 대해 방어하고 예방하는 일종의 보험(보장)이 아닐까요?

따라서 우리가 생명의 잠재력을 풍부하게 하는 데 만족해야 하는 이 성장기의 리듬을 존중하는 것은, 뒤떨어진 교육학에 가담하는 것도 아니고, "앞으로 나아가지 못하고" 있는 것도 아닙니다. 게다가 최초의 단계가 완전히 이루어진 후에만 다음 단계가, 원하던 순간에 최대한의 풍요와 잠재력들로 모습을 드러낼 겁니다.

13살께 마침내, 아이는 자신의 운명과 변화에 대해 적극적으로 생각하기 시작합니다. 바로 사춘기죠. 아이는 떠나거나, 아니면 적어도 부모의 간섭에서 벗어나기 위해 둥지를 떠나 제 날개로 날 것으로 여겨지죠. 그래서 이것은 아동 활동의 완전히 새로운 방향을 전제로 합니다. 그리고 사춘기는 사회생활에 적응하는 문제에 대한 걱정이 늘어나는 것으로 분명해지고, 인생의 모험을 향해 나뭇가지에서 날아오르는 새의 과감한 몸짓으로 상징되는 교육의 전환점을 전제로 합니다.

일-놀이는 그래서 예비 직업교육préapprentissage이 되기 위해 새로운 형태를 띱니다. 우리의 기술로, 현행 학교 안에서 지나치게 갑작스러운 이러한 단절이 점진적으로 일어나야 합니다. 일-놀이는 이해당사자들에게, 즉 교사들에게 그리고 부모들에게, 그 방향으로의 전환에 동기를 부여할 수 있는 그런 성향들을 드러내 왔을 겁니다. 아이는 때때로 흔히 거의 다르지 않은 형태로 직면해야 하는 그 기술들에 실제로 익숙해졌을 겁니다. 이러한 예비 직업교육은 따라서 일에 기반을 두고, 일을 통해 고안된 우리 학교의 꽃피움(성숙)처럼 될 수 있고 또 되어야 합니다.

그렇지만 저는 그 문제 자체에 더 다가가진 않고 그치겠습니다. 새가 날아오르기 전, 말하자면 사춘기 이전 아동기의 교육에 관해 논의하는 것으로 만족하면서 말이죠.

우리는 그래서 단지 두 시기 – 8세 이전, 8세에서 13~14세까지, 그리고 초등학교 졸업 시점에 사회적으로 드러나는 사춘기 나이의 시기 – 만의 검토에 머물겠습니다. 어느 한 시기에서 다른 한 시기로의 이행이 갑작스러울 수는 없습니다. 본능으로부터 서서히 탈피하는 점진적 분화, 삶의 경험과 사회적 필요성에 대한 자각이 계속해서 증대합니다. 가정에서 성실한 어머니가 나이와 능력에 따라 각자의 일을 조정하는 것과 꼭 마찬가지로, 우리는 우리 아이들의 욕구들에 따라 우리가 조직하는 일-놀이와 놀이-일을 꾸준히 적합하게 맞출 것입니다.

할 일들課業의 이러한 배분을 제멋대로 하지는 않았으면 합니다. 활동을 가능하게 하는 것들(장소, 도구들, 시설과 기술들)을 제공하는 데에, 우리 학생들을 일할 수 있는 환경에 두는 데에 만족해하셨으면 합니다. 그리고 현 사회의 발전 과정과 또 한편 그것과 밀접한 관계 속에서 우리 사회의 맹아 - 규칙, 관습, 법률, 리듬(속도), 의례 - 를 학교에서부터 조직화하는 데에 만족해하셨으면 합니다.

그리고 저는 다음을 좀 강조하고 싶습니다: 우리의 학교 조직이 '웃음거리' 사회의 풍자화가 되어서는 안 된다는 것을요. 마찬가지로 일은 '웃음거리' 일이 아니고, 개인적·학문적·사회적 토대를 둔, 진정한 활동이어야 하는 것입니다.

실현하기가 너무 까다로운 연결이겠고, 저는 헛된 기대를 품지는 않습니다. 더구나 완전한 성공이 우리의 시도를 정당화하는 데에 꼭 필요한 것도 아니죠. 우리가 이러한 결합을 잘 해내는 만큼, 그만큼 우리의 교육은 그 의미와 실효성 그리고 위력을 발휘할 것입니다.

그런데 우리는 지금 집에 다다랐습니다. 저는 당신에게 학교 공간 계획의 개요를 보여준다고 약속했었죠. 저는 이어서 당신께 제가 성찰한 것들과 독서한 것들에 기초하여 서투르게 그린 그림을 보여드리겠습니다. 그리고 그것은 우리 초등학교의 여러 연령대에서 일의 조직을 고안하는 실행 방식에 대한 아이디어를 제공할 것입니다.

제가 설명할 때를 기다려주세요.

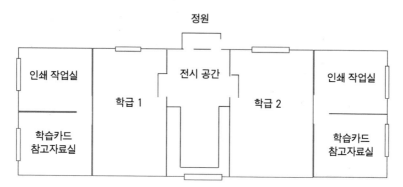

정원

| 인쇄 작업실 | 학급 1 | 전시 공간 | 학급 2 | 인쇄 작업실 |
| 학습카드 참고자료실 | | | | 학습카드 참고자료실 |

두 학급으로 된 학교École à une classe

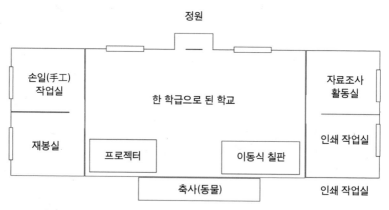

정원

손일(手工) 작업실		자료조사 활동실
재봉실	한 학급으로 된 학교	인쇄 작업실
	프로젝터 · 이동식 칠판	
	축사(동물)	인쇄 작업실

작업-학교를 위한 공간 계획PLAN DE LOCAUX POUR ÉCOLE-TRAVAIL

42
일에 바탕을 둔 학교 공간조성 계획

여기에 우선, 여덟 살 아래의 아이들을 위해 계획된 공간 배치가 있는데, 거기서는 아이들을 개별적으로 분리해서 따로 교육할 수 있습니다. 저는 이번(今) 세기 초에 그토록 많이 보급되었던 건물의 환기, 용적, 채광에 관해서는 새롭게 말할 게 전혀 없습니다. 새로운 것은, 바로 공용 공간la salle commune인데요, 우리 마을의 (공공) 광장과 같죠. 이동식 또는 고정식 칸막이로 분리할 수 있고, 동시에 공간들은 창문을 통해 채광이 충분히 좋은 여러 개의 작업장과 연결되어 있습니다. 커튼 하나로 각 작업장에서 일하는 아이들을 분리할 수 있습니다. 저는 이러한 작업장들ateliers이 각각 쓰이는 특별한 용도를 곧바로 당신께 말씀드리겠습니다.

건물 앞쪽으로는, 대형 유리창 문이 가능하다면 안뜰의 정원 쪽으로 나 있는데요, 물고기가 노니는 분수와 모래더미가 있고, 또 가능하다면 실개천이 조성됩니다. 건물 뒤쪽으로는, 현대식 축사가 있는데, 암염소 한 마리, 멧비둘기 두 마리, 토끼와 기니피그 같은 여러 동물들이 있습니다. 지역에서 구할 수 있고 흔히 볼 수 있는 동물들이죠. 건물을 빙 둘러서는 개인과 집단이 관리하는 텃밭(작은 정원)이 있습니다.

당신의 것처럼 두 학급으로 된 학교에 있어서도, 저는 교실에 동일한 원리를 적용할 겁니다. 교실은 다양한 방식으로 이동하고 모둠별로 배치할 수 있는 이동식 책상, 칠판, 영화 시설, 전축과 라디오를 갖춘, 모두가 동시에 공동 작업salle de travail commun이 될 것입니다. 작업장들은 우리의 이전 건물 공간 계획에서와 마찬가지로 양 측면에 배치될 것입니다.

서로 마주 보게 배치된 두 학급은, 하나 또는 두 개의 공동 공간으로 분리될 것입니다. 이 공동 공간에는 학교 공동체 구성원 전체를 대상으로 한 기자재나 도구들을, 아니면 너무 쉽게 깨지고, 아주 희귀하거나 너무 비싸서 아이들이 제멋대로 사용하도록 내버려둘 수 없는 것들, 즉 참고자료, 워크북, 읽기 총서, 실험 도구와 기구, 진귀품, 행정문서 등을 보관할 것입니다.

사람들은 같은 방식으로 층층이 포개져 있는 여러 교실로 구성된 구조 - 1, 2, 3, 4층에 나누어 배치되어 있는 2, 4, 6, 8개의 교실들 - 가 있고 지하실이나 꼭대기 층에는 보건, 예술, 전시, 전체회의 등을 할 수 있는 부대 시설이 있는 학교를 계획할 수 있겠습니다.

건물 앞에는 화단과 안뜰이, 좀 더 떨어진 곳에는 농사지을 땅과 별채(축사)가 있어서 학교의 동물들을 돌볼 수 있습니다. 동물을 기르는 일은, 농사일(경작)에서와 마찬가지로, 각 학급에 속한 몫(역할)이 있을 것이고, 그와 똑같이 각 학급에는 편성된 조에 할당된 몫(역할)이 있을 겁니다. 그리고 광범위한 공동 영역domaine commun에서는, 필연적으로 발생하는 집단의 욕심을 넘어서서, 일의 사회적이고 공동체적인 개념과 그 필요성을 가르치게 됩니다.

비용은, 보시다시피, 일반 학교une école ordinaire를 건립하는 데 드는 비용보다 훨씬 더 많이 들지는 않을 것입니다. (학교) 건물 주변에 텃밭(정원), 축사를 조성할 충분한 땅을 찾는 것은, 정말 그렇습니다만, 흔히 어려울 것입니다. 그러나 매출액이 증가하고 사업이 다행히도 번창하는 데 비해 작업장이나 가게가 너무 작다면, 사람들은 때로는 큰 비용을 들여서라도 확장하는 것이 절대 필요하고 그렇게 하지 않으면 고객의 진정한 요구에 부응할 수 없는 것 아닐까요? 아이들의 형성을 위해, 우리가 이러한 공간과 환경, 일할 수 있는 작업장과 풍부한 여러 시설이 필요하다고 느낄 때, 우리 역시 사활이 걸린 대부분의 회사가 필요로 하는 그런 희생을 똑같이 치를 수 있지 않을까요?

이러한 새로운 길로 나아가기 위해 우리의 건설 프로젝트가 백 퍼센트 실현될 때까지 기다릴 필요가 절대 없다는 점에 또한 주목하셨으면 합니다. 일련의 모든 중간 단계가 모두 가능하고, 의심할 바 없이 필요합니다. 테일러Taylor[137]식 현대 상점인 백화점들은 합리화된 조직이 어떻게 구성될 수 있는지를 보여주는 증인과도 같습니다만, 현대 시설에 비해 몇 세기 뒤진 다소 비좁은 작은 가게들이 상황에 따라, 지역과 거리와 가게boutiques들의 필요에 적응하며, 여전히 생겨나고 남아있는 것을 백화점들이 막지는 못하겠죠. 그러나 이 작은 가게들 그 자체는 백화점이 상징적으로 보여주는 시설의 향상을 어쨌든 어쩔 수 없이 따라할 수밖에 없습니다. 사람들은 조명을 완벽하게 하고, 백화점식 판매대를 설치하고, 유리 진열대를 열고, 가격표를 붙이고, 가능한 한 테일러식으로 커지기를 기대합니다.

이것은 학교도 마찬가지겠죠. 하나의 사례, 강력하고 효과적이며 유익한 예를 제공하는 것만으로 충분합니다. 그것은 적응과 진보의 성과이기도 합니다. 부모와 사회와 교사들은 교육이 그렇게 새롭게 조직될 필요가 있다고 느낍니다. 따라서 학교들 가운데 가장 작은 학교, 가장 혜택을 받지 못한 학교가 점진적으로 건물, 시설, 방법들을 적응시킬 것입니다.

그런 학교는 교실이 거의 없을 정도로 너무나 작아서, 작업장atelier과 아주 작은 작업대, 도서관을 갖출 수 없습니다. 하지만 작은 정원을 계획할 수 없을 정도로 그렇게 불충분하게 지어진 학교는 거의 없겠죠…

---

137. 미국 고급 백화점 체인인 Lord & Taylor를 지칭하는 것으로 추측된다.

단지 아이들이 자신의 관심사에 흥미를 갖고, 학교에서의 활동이 자신의 일이 되도록 내버려두셨으면 합니다. 그리고 당신은 아이들이 없어서는 안 될 설비를 즉흥적으로 급히 만들기 위해 애를 쓰는지 그렇지 않은지를 보시기만 하면 될 것입니다… 아이들이 놀이할 때처럼 말이죠… 우리는 조직 구조mécanisme의 의미를 변화시키고, 종종 어른들의 몰이해에도 불구하고 중대한 인간적이고 사회적인 교육학의 과업을 실현할 열정을 회복시켜 주는 것만으로 충분합니다.

당신이 이 점을 이해하고 바라는 누군가라면, 당신은 당신의 행동으로 학교의 모습과 형태를 변화시킬 것입니다. 그리고 그때 그것은 시대를 변화시키거나 최소한 세상의 모습을 변화시키는 데 기여할 것입니다.

43

첫 번째 교육단계

> 적절한 도구들과 기술 덕분에 효율적으로 일하고,
> 배우고, 내일을 기하고, 스스로를 완성하고,
> 더 높이 올라가고(향상되고), 성장하기 위해서.

　- 이제 제 논증이 막바지에 다다랐네요. 짧게 쉰 후 마티유가 말을 이어갔다. 저는 이제 본질적으로 실제적인 영역을 다루는데요, 그것만으로도 책 한 권이 될 것 같고요. 그리고 무엇보다 상업 단체나 협동조합coopértive이 필요할 것 같습니다. 교사들의 지속적인 원조와 함께 그들의 지도 아래서, 그리고 일체의 영리적인 고려와 관계없이, (일의 새로운 도구들을) 실정에 맞게 조정하고, 일의 새로운 도구들을 기술적 측면에서 실현하고, 교사들 모두가 정말로 자유롭게 사용하도록 하려고 말입니다.

　저는, 이러한 (도구들의) 탐색, 개조, 창조의 수고스러운 일(任務)이 여러 다양한 노동조합과 협동조합의 교육팀들에 의해 진지하게 착수되었다는 것을 알고 있습니다. 단지 이러한 노력들을 더 잘 조직하고, 타당성을 더 잘 증명하고, 받아들이게 하면 될 것입니다. 그러면 당신은 그 변모하는 모습들을 보게 될 것입니다! 당분간 저는 조언하는 데에 만족하려고 합니다.

　도구들과 시설le matériel을 준비하고 선택하는 일은 몹시 어렵습니다. 왜냐하면 교사들les éducateurs이 그것에 대해 전혀 신경 쓰지 않았기 때문이죠. 그리고 장사(물건 팔기)commerce란 아이들이 하는 일에 대한 어른들의 개념에 먹칠을 하는 형편없는 장난감들을 제공해 왔을 뿐이

지요: 첫 시도에 바로 휘어지는 함석 삽, 해변에서 모래를 쓸데없이 옮기는 데나 겨우 쓸모가 있는 나무 부삽, 어린 작업자의 손가락을 다치게 할 위험이 없는 양철 톱 같은 것들이죠… 당신은 시장에서 무거운 어른용 손수레를 신중하게 축소한 아동용 외바퀴 손수레, 잘 드는 가위, 잘 다듬어지는 대패, 아이들 일하는 방office을 가득 채울 수 있는 집게들을 본 적이 있나요? 없는 것 같죠. 기술적인 측면에서 모든 것은 이제부터입니다. 그러니만큼 우리가 경솔하게 착수하지 않고, 다양한 연령대에서 가장 긴급하고 가장 필수적으로 실현할 수 있도록 주의 깊게 계획하는 것은 더더욱 당연합니다.

저는 프루동[138]의 책에서 도구들을 분류하는 방법을 찾아냈습니다. 사회적·기술적 성취에 따라서 도구들이 출현하고 활용되었던 순서를 따르는 것이었죠. 제가 당신께 시인해야겠는데요. 제 생각에, 프루동은 이것을 너무나 체계화하고 싶어 했습니다. 알파벳 순서에 따라 이러한 도구들을 분류하고자 하는 강박 때문에 말이죠. 공구工具의 초기 구성품들로 완성했던 그 목록을 저는 중간에 약간 수정했고 길을 트듯 완성해 보았습니다. 제가 완벽하다고 주장하진 않겠습니다. 반면에 더 유능한 그룹이 언젠가 제가 프루동의 분류법을 따라 했던 것과 동일한 방식으로 제 프로젝트를 행하는 것도 나쁘지 않다고 생각합니다. 그러나 제 (분류)시도는 최소한 차후 연구의 방향을 이끄는 지침이 될 것이라는 점에서 장점이 있어 보이고, 우리가 권장하는 작업장에 대한 상세한 계획을 엄밀하게 해준다는 점에서도 그렇습니다.

그러나 학교에 이러한 도구들을 갖추는 것만으로는 충분하지 않습니다. 자신을 고무하는 본질적으로 실천적인 목적에 학생들이 그 도구들

---

138. Pierre-Joseph Proudhon(1809~1865): 스스로를 '아나키스트(anarchiste)'라고 칭한 최초의 인물로 '무정부주의자의 아버지(father of anarchism)'로 여겨지는 프랑스 사회주의자, 정치인, 철학자, 경제학자이다. 점유(占有) 재산과 실제 사용 재산으로 소유권을 나누는 반(反)자본주의적 시장경제를 옹호하는 '상호주의(mutualism)' 철학의 창시자이기도 하다.

을 여전히 사용하고 싶어 해야 하죠. 왜냐하면 도구들은 사유와 마찬가지로 사람들이 행하는 개인적·사회적 사용의 기능에 따라, 그것들의 역동성 안에서 고려될 때 모든 인간적 가치를 가지기 때문입니다.

이러한 활용을 위해 우리가 옛적 마을에서 하던 기본적인 직무들(생업들)에 대해 생각해 봅시다.

저는 우리의 교실에서 다음과 같은 직무(생업)를 반영한 일들을 아주 자주 봅니다.

1. 들판에서의 일
2. 가축 기르기(牧畜)
3. 소목小木일
4. 대장간: 철, 금속판, 알루미늄을 다루는 일, 전기설비
5. 실잣기, 베짜기
6. 재봉
7. 요리
8. 짓기(建築)
9. 상거래(商業)

이러한 작업장들ateliers은 어린이집과 유치원에서부터 존재해야 합니다. 그곳에서 당신은 거기서 실천되는 어느 정도 형성에 기여하는 그런 일들이 다수의 기분 전환용 놀이보다 더 높게 평가된다는 것을 보게 될 겁니다. 이 모든 것은 물론 적응의 문제이며, 저는 바로 거기에 몰두해 왔습니다.

또한 이러한 도구들의 사용법을 소개하고 작업장들이 운영되는 방식을 고려해야 합니다. 저는 얼마나 많은 교사들이, 무엇보다도 여교사들이 가장 초보적인 도구조차도 사용하는 데에 서투르다는 사실을 모르지 않습니다. 지적인 차원 위주로만 너무 편중된 교육으로 인해 왜곡되

어 왔기 때문이죠. 이 유감스러운 결함이 바로잡힐 때까지, 우리에게는 최소한 다음의 두 가지 방책이 남아있으니: 하나는, 우리보다 훨씬 덜 망설이고, 우리가 설명하고 증명하고 싶은 곳에서 암중모색하고 실험하면서 잘해내는 아이들을 신뢰하는 것이죠. 또 다른 하나는, 학부모들 중에서 농부, 가정주부, 장인匠人인 분께 때때로 요청하고, 그분들이 짧은 실습수업을 하려고 학교에 오시는 것입니다.

이러한 작업장들ateliers은 아이들의 나이가 높아짐에 따라 확실히 차별화될 겁니다. 또한 깨지기 쉽고, 희귀하고, 값이 비싸거나 다루기에 위험한 특별한 도구들이 있을 수 있겠고, 그것들은 잘 보관하거나 어린 일꾼들의 손에 바로 닿지 않는 곳에 두거나 잠가 두어야 합니다. 게다가 우리는 그 작업을 '움츠려들게 하는' 가벼운 사고 – 망치에 손가락을 찧거나, 바늘에 찔리는 일 등 – 에 지나치게 겁내지는 않을 겁니다. 그런 가벼운 사고가 아이들이 자신이 경험한 것들을 다시 시작하고 계속하는 것을 결코 막지는 못할 겁니다. 교사들의 민사책임을 면하게 해주는 간결한 규정이면 그 일을 조정하는 데 충분할 것입니다.

제가 오랫동안 심사숙고해서 구축한 그리고 제 생각을 실현하기 위해 구축한 적절한 시설 덕분에 – 제가 여기서 상세히 말할 필요는 없겠죠 – 어느 날 우리가 여학생 교실에서 바느질하고, 베를 짜고, 요리하고, 사고파는 모습을, 남학생 교실에서 짓고(건축하고), 톱질하고, 쇠를 벼르고, 못질하고, 나사를 죄고, 모터, 레일, 벨트, 편심기로 동력을 일으키고, 조정하고, 전달하고, 또 운반하고, 끌고 가고, 만들어내는(창조하는)… 모습을 볼 수 있다면, 우리는 우리의 첫 번째 목표에 도달한 셈입니다.

'학교'l'Ecole란 이러한 창조적 행동의 필요성을 절대 고려하지 않았죠. 그렇다고 학교가 그러한 힘 모두를 모르는 건 아닙니다. 학교는 그 위엄이, 이론적인 관념의 영역에 집착하는 데 있다고 생각했고, 과부하되어 있지만 결국 감퇴하는 기억력, 교묘하고 기만적인 추론, 헛된 공

어른들 공구(工具)의 분류CLASSIFICATION DES OUTILS DE L'HOMME

가. 지렛대(레버, Levier): (석탄·목재)운반차 (네 바퀴)짐수레 (외바퀴)손수레	나. 갈고리: 끌 바늘 낚시 바늘 작살
다. 집게(펜치, Pinces): 집게(못뽑이) 바이스(étau) 끌(정) 집게	라. 끈(Liens): (다양한 소재의) 실 밧줄 매듭 사슬 직물끈 가죽끈
마. 망치: 망치 큰 망치 모루	바. 쐐기: 나무쐐기 쇠쐐기
사. 톱-줄	아. 삽, 곡괭이, 괭이, 갈퀴, 쟁기, 쇠스랑
자. 빗면(Plan incliné)	차. 롤러, 바퀴, 도르래
카. 파이프: 노천(露天)용 고랑 관(管, 튜브) 흡수관(사이펀)	타. 노와 키: 배, 비행기
파. 활 용수철	하. 자
거. 수평기	너. 직각자
더. 콤파스	러. 진자(振子)와 연추(鉛錘)
머. 저울	버. 원, 공, 원반
서. 사가교(사다리)	어. 동력전달기: 톱니바퀴와 벨트
저. 편심(偏心: 중심이탈)기	처. 궤도, 케이블카
커. 실린더, 피스톤, 밸브	

상, 극도로 흥분하고 무절제한 감정을 지닌 괴물들을 만들어내는 데에 기여했죠. 그러나 흙에서 살아있는 싹을 결코 틔워본 적도 없고, 가축을 결코 돌본 적도 없고, 나무토막을 벨 줄도 모르는 그들은, 못을 박지도, 조립하지도, 나사를 조이지도 못하고, 실을 잣지도, 바느질도, 요리도, 짓는 것建築도 못합니다. 이러한 활동들은 모두 개인의 변화(되기)에 본능적으로 바탕을 두며, 우리 문명들의 토대이자 계속해서 그 토대로

마을에서 하는 일	들판에서 하는 일
• 소목(小木) 장인 • 수레나 그 바퀴를 만드는 목수 • 직조공 • 대장장이 • 실 잣는 사람 • 재봉 • 요리	• 가래질하기 • 밭고랑 일구기 • 씨 뿌리기 • 운반하기 • 심기 • 건설(건축) • 거래 • 운송

남아있을 겁니다.

위와 같은 악습을 바로잡고, 언제나 완전한 매력을 느끼게 하는 일들을 아이들에게 처음부터 제공하고, 주변 환경에 대한 적응, 삶 속에서의 본질적인 토대, 자연스러운 질서의 요소, 최초의 동력원, 대담함과 자신감과 용기와 행복한 기분과 기쁨을 제공하는 그 힘에의 감정을 고양하는 결과를 낳는 그런 활동들을 준비해야 할 때입니다. 그것이 바로 개인의 장엄한 등정에 – 인간과 사회 환경의 복잡성 속에서 물질적인 것과의 세속적인 대결로부터, 과학의 시작점인 관찰과 실험, 비교의 노력을 통해 사유의 발단이 되는 분화를 향하는 등정 – 에 필수적인 첫 번째 단계입니다.

당신들은 이렇게 말씀하시겠죠: 효율적으로 일할 수 있도록 배우라고 말이죠. 저는 그 문제에 대해 거꾸로 말하고 싶습니다: 효과적으로 일하라. 배우고, 충실하게 되고, 스스로를 완성하고, 더 높이 올라가고(향상되고), 성장하기 위해서TRAVAILLER EFFICACEMENT POUR S'INSTRUIRE, S'ENRICHER, SE PERFCTIONNER, MONTER ET CROITRE라고 말이죠.

44
자료조사 활동 DOCUMENTATION

앎에 대한 갈증은, 자료조사 활동이라는 깨끗하고 순수한 샘물에
만족하고 싶은 욕구를 요구하고 또 전제로 한다.

— 한편으로 그것은 정말로 첫 번째 단계에 불과합니다. 그리고 극도
로 예외적인 경우가 아니라면, 아이들이 손일手工 활동을 통한 육체노동
에 이렇게 만족해한다고 가정하려고 그들을 자세히 조사할 필요는 없
습니다. 끊임없이 자신의 일을 완성하려고, 그렇게 강렬해진 욕구를 충
족시키려고, 언제나 더 빨리, 더 높이, 더 멀리 가려고, 아이는 앎에 대
한 강렬한 욕구를 느끼죠.

아이는 자신의 주변과 멀리 떨어진 자연에 대해 알고 싶어 합니다.
눈에 들어오는 그대로의 자연과 우연이나 인공적으로 치장된 것들과
함께 눈앞에 펼쳐지는 다음의 것들을 말이죠. 평야, 산, 계곡, 샘(源泉),
물의 흐름(河川), 하늘, 해, 달, 별, 대기의 변화무쌍한 모습들, 자연이 옷
을 갈아입는 눈雪과 서리, 잎새들, 꽃과 열매들, 야생 동물과 가축들, 자
연을 변모시켜 인간이 구현한 촘촘한 망網[139]에 대해 알고 싶어 합니다.

이것은 학교의 교육과정으로 개설되는 광대한 영역 같은 것입니다.
당신은 이러한 욕망에, 알고자 하는 욕구에 응답하고, 탐구와 앎에 가
장 실제적인 수단들 – 많은 그림과 사진 그리고 설명해 주는 텍스트가
있는 학습카드, 책, 사전, 경이로운 돋보기, 현미경, 사진, 영화 같은 수

---

139. 교통이나 통신망을 뜻한다.

단 - 은 당신의 교실에서 자유롭게 사용하게 하는 것으로 충분합니다.

체계적인 방법은 없다, 그런 말씀인가요?

없죠, 어쨌든, 당신이 기대하는 의미에서의 엄밀한 방식이나 통일된 절차는 없습니다. 사전에 헤아려본, 숙고된, 범위를 정한, 게다가 가끔 잘못된 것으로 증명된 지식들의 일부를 움켜쥐기 위한 일종의 따분한 대기 줄 같은 방식이나 절차 말이죠. 우리에게 본질적인 것은, 과로로 인한 관절통, 비정상적이고 불쾌한 피로감 없이, 더 잘 알고 싶고, 더욱 더 탐색하고 싶은, 언제나 한결같은 갈망으로 전진하는 것입니다. 이것이 당신들의 매우 잘 준비된 수업의 가장 잘 정돈된 구성 - 이론상으로 - 보다도 더 멀리 데리고 갈 수 있다는 것을 아셔야죠… 반면에 우리에게 필요한 것은, 가능한 한 가장 신속히, 그리고 그 발표présentation에 최대한 흥미를 가지고, 요청되는 자료와 원하는 참고자료를 찾을 수 있게 하는 '정교한 검색 기술'une technique précise de rechercher입니다.

아이는 목이 마릅니다. 아이에게 물을 마시게 하는 건 전혀 문제가 아닙니다. 문제는 아이를 만족시킬 수 없다는 것입니다. 갈증의 생체적 본성이나 갈증을 해소시켜 줄 음료의 질에 대한 이론을 아이에게 제공하는 문제는 더욱 아닙니다. 아니면 아이의 마시고 싶은 절박한 욕구를 잊어버리도록 그의 관심을 딴 데로 돌리고, 주의를 흩뜨리고, 다른 데에 마음을 끌게 하는 문제도 아닙니다. 아이가 기대하는 대로, 아이가 할 수 있는 바대로 자신의 갈증을 해소하는 데에 아이들 스스로가 관심을 갖도록 하는 것이죠… 왜냐하면 당신의 역할이 여기에서 제한되어 있기 때문입니다. 당신은 음료를 골라주거나 마련해주기 위해 여기에 있는 것은 아니죠… 결국 아이들은 때를 미루는 당신에 의해 낙심하고, 충족되지 못한 욕구가 은밀하고도 강하게 작용해 균형을 잃고 다소 오염된 도랑에서 급히 자신의 갈증을 해소하거나, 아마도 과학적으로 합성되고 심지어 인공적으로 합성해서 마련한… 이물질이 섞인 약간의 혼합음료로 자신들의 입맛을 왜곡하거나, 위험천만하게도 식욕을 과하게 자극합니다.

우리는 본능과 욕구에 직면했을 때, 과감하게 있는 그대로 마주대하고, 맑고 순수한 물을 찾고, 그것을 마음에 드는 잔 안에 담아 제공하거나 튼튼한 도관導管을 통해 끌어오는 것이 훨씬 더 현명하다고 생각합니다. 그 결과 아이는 과도하게 흥분하거나 집착하지 않고 자신의 자연스러운 욕구에 따라 양껏 마실 수 있습니다. 그 결과 소멸되지 않는 강도와 동일한, 앎(지식)을 위해 맑은 샘물에서 물을 마시고 싶은 욕구가 언제나 계속해서 나타날 겁니다.

45
실험하기EXPÉRIMENTER

더듬어보기, 못질하기, 맛보고, 실험하기는
자연스러운 성향이고, 이것은 과학적 연구의 토대가 된다.
우리는 이러한 욕구를 가꾸고 개발하고culiver 충족시켜야 한다.

- 산에서 조금씩 흘러나오는 물을 발견한 염소는 목동이 설치해 놓은 물통에 게걸스럽게 달려들지 않습니다. 염소는 목이 몹시 마르지만, 먼저 코를 쿵쿵거리며 냄새를 맡고, 물에 입술을 살짝 적신 다음 가볍게 재채기하며 주둥이 부분을 흔듭니다. 물맛을 보는 거죠. 자신의 탐색이 괜찮으면, 그때서야 염소는 천천히 양껏 물을 마십니다.

먼저 도착한 다른 염소들이 그 염소보다 먼저 이런 필요한 검증 절차를 밟은 경우라면, 그 염소는 다른 염소들이 걱정 없이 물 마시는 모습을 보고는 주저하지도 사전 검증도 하지 않고 물통을 향해 돌진합니다.

이런 것이 아이의 본성입니다. 더구나 아이는 우리의 정당화와 자의적인 설명, 자신이 원하는 것을 그럴듯하게 속일 수 있는 측면에 대해 당연히 불신한다고 생각됩니다. 아이는 만지고, 망가뜨리고, 반죽하고, 무게를 달고, 재보고, 맛보고, 느끼고, 뒤섞고, 구워보고 해야 합니다… '실 험 해 보 는 것'ex-pé-ri-men-te이죠. 이러한 성향은 우리로 하여금 자주 반감을 품게 만들죠. 왜냐하면 우리의 과학에 대한 본능적인 불신 같은 것으로 우리가 과학을 받아들이기 때문입니다. 그러나 그것은 우리가 계발하고(가꾸고) 발달시킬 수는 있겠지만, 또한 너무나 쉽게 변질되는 자연스러운 성향입니다!

염소 떼보다 앞서 서둘러 물을 마시러 가는 염소처럼, 그리고 또 마실 물의 본질이나 순도에 대해 별다른 걱정이 없는 동료 염소들처럼, 아이는 우리가 그에게 제시하는 기초 정보에 너무도 쉽게 만족해하죠. 다만, 갈증을 일시적으로 해소하기만 한다면, 거기에 있을 법한 유해성을 생각하지도 않고 말이죠. 아이가 자발적으로 손을 대고, 만지고, 느끼고, 음미해 왔던 것을 이렇게 영화 속 영상을 보거나 책에 서술된 내용을 보는 것으로 만족하게 해야 할 듯합니다. 아이는 이제 딴생각 없이 다른 사람들의 실험을 신뢰하죠. 그리고 아이의 본연의 실험은 종말을 고하게 됩니다. 집단정신을 만들어내고 모든 독창적인 개성을 말살하는 개탄할 습성입니다. 우리가 반드시 피해야만 하는 건 바로 이 나쁜 버릇입니다.

당신들은 학생들이 과학 분야sciences에 관심이 없다는 것에, 더군다나 지리나 수학보다 더 관심이 없다는 것에 자주 불평한다는 것을 저는 알고 있습니다. 우리가 실수를 범했고, 그러한 자연스러운 욕망을 개탄스럽게 죽이기 위해, 아이들에게 제공하는 자양분(교육)을 아이들이 수동적으로 받아들이게 하는 데에 익숙해지게 하려고, 우리가 위험하게도 부화뇌동하는 흉내 내기를 부추겼다고밖에 생각할 수 없죠! 더 잘 알려고 검사하고, 자세히 살피고, 더 잘 배우려고 실험하고 싶은 긴급한 욕구가 불쑥(거역할 수 없게) 솟아오르게 하지 않으면서 말이죠.

실험할 수 있는 시설과 기술을 아이들이 자유롭게 사용하게 하셨으면 합니다. 당신의 확신과 과학적 권위에 집착하는 것을 보여주는 대신, 아이들이 의심하고, 경계하고, 스스로 받아들이는 데에 익숙해지도록 하셨으면 합니다. 신앙고백professions de foi같이 아이들에게 존재하는 확신에 의해서가 아니고요. 아이들이 지닌 감각의 도움과 연장성을 지닌 도구들의 도움을 받아, 아이들이 스스로 행하는 실험으로 그렇게 하도록 말이죠. 그러면 당신은 세상의 비밀을 더 잘 파고들려고 애쓰는 아이들의 과학적 욕구와 체계적인 노력이 강화되는 것을 보게 될 것입니다.

　그러한 (아이들의) 욕구는 결코 무뎌지지도 변질되지도 않을 것입니다. 그것은 새롭고 강력한 것으로 남아있을 것입니다. 애처롭게 끌고 가야 하고, 우리가 짜증을 내며 부추겨 몰고 가는 기진맥진한 한 쌍의 황소 중 한 마리를 당신은 더는 상대하지 않게 됩니다. 대신 우리 앞에서 생기 있게 종종걸음으로 걷고, 당신이 인생의 드넓은 평원 위에서 서서히 안내하는 것으로 충분한 활기찬 (황소의) 행렬을 상대하게 될 것입니다.

46
주변 환경과 관계 맺기

주변 환경과 관계 맺기. 그것을 위해 우리가 자유롭게 사용할 수 있게
과학이 계속해서 개량하고 완성시켜 온 기술을 활용하고자 하는,
자연스러운 욕구에 감각과 활력을 북돋아 줄 필요가 있다.

— 첫 어린 시절에, 아이는 자신의 취약한 성장에 대해 너무 걱정하
는 갓난아기에 불과하며, 그 아이는 자신의 허약한 줄기 – 적대적인 힘
에 대처하기 위해 집중해야만 욕구를 가진 줄기 – 를 튼튼하게 하려고
모든 것을 땅 안에서 퍼내 올려야 합니다.

그러나 여덟 살게가 되면, 아이는 이미 뿌리를 충분히 내려서, 그 뿌
리가 아이를 스스로 먹여 살립니다. 그 아이는 이미 전통과 관습, 경험
의 토대 위에서 살죠. 이 전통과 관습, 경험들로 아이는 더 멀리 더 넓
게 볼 수 있고, 그의 일상적인 지평 저 건너로 위험을 무릅쓰고 도전하
기도 합니다. 그렇다고 아이가 자기 자신에 덜 몰두해 있지는 않죠. 저
는 심리학자들이 아동의 자기중심성이라고 명명했던 것에 대한 제 견해
를 이미 당신께 제시했고, 이것은 어른이 자기 본연의 개성(인격)에 훨
씬 덜 몰두한다는 뜻을 함축하죠.

경험은 이것이 사실이 아니라는 점과, 모든 것을 잘 검토해 보면 자기
중심성은 모든 연령층에서 자연스러운 성향이라는 점을 우리에게 보여
주죠. 그 경향을 아이는 엄청난 이타성의 폭발로 보완하고 이상적인 상
태로 만드는 반면, 중독에서 벗어난 어른은 세련된 겉모습과 위선적인
행동으로 그 자기중심성에 가면을 씌울 뿐입니다. 아니, 이 주제에 관해
쓸 숱한 새로운 이야기가 있겠죠! 말이 나온 김에, 저는 제가 이해하는

범위 안에서 모든 걸 말하려고 합니다.

그래서 여덟 살께에, 아이가 자기 자신의 삶에 대한 방식을, 그 존재 형태나 기술을, 가리지 않고 바꾸려 한다는 건 확실합니다.

그러기까지, 아이가 자연과 자연의 아름다운 매력들과 자연의 변화무쌍한 모습들에 무감각했다는 건 물론 아니고요, 아이는 고립을 두려워하기까지 하며 관심을 가져주는 어른들이나 친구들과 끊임없이 함께하려 합니다. 그러나 이러한 자연과 어른들과 친구들과의 관계는 아이 개인의 성장과 관련이 있을 뿐입니다. 아이는 사심 없이 물, 풀밭, 꽃을 즐기곤 하죠. 아이는 온종일 질문을 던지곤 하는데, 답을 기다릴 겨를도 없이 하죠. 아이는 말하고 이야기하곤 하는데 의심한 것들과 느낀 것들을 표출하고 싶은 욕구 때문이죠. 그러나 다른 사람들이 이야기하는 것을, 자신이 표출하는 것에만 전념했던 것과 똑같이 집착하면서도 결코 듣지는 않죠. 이 점에 있어서 어린아이들의 대화보다 더 전형적인 것은 없습니다. 아이들은 종종 서로 전적으로 다른 그들 각자의 역할을 하면서 지내고, 한편으로 아이들은 우선적으로 그들 개인의 내면적 성장에 몰두해 있어, 이렇게 서로가 다르다는 것에는 조금도 마음이 동요하지 않습니다.

여덟 살께에 아이는 집의 내부 시설을 거의 마무리합니다. 아이는 출입구 쪽을 향하고, 외부 세계와 자신이 접촉하는 것에서 끌어낼 게 여전히 아주 많이 있다는 것을 깨닫습니다. 사람들은 아이가 "사회화된다"se socialiser고 말하죠. 이제 아이는 알고 실험하는 데에만 더는 만족해하지 않고, 환경에 영향을 미치고 싶어 합니다.

이러한 관계는 소통의 수단들을 필요조건으로 합니다. 이것들은 처음에는 말과 기호들이지만, 한층 더 높아진 연령에서는 쓰기와 읽기가 이러한 관계를 시·공간적으로 멀리 떨어진 사람들로 확장할 수 있게 해줍니다. 인쇄와 그것에 부속된 방법들은 하나의 실용적이고 전문적인 체계화 같은 것이라고 할 수 있겠습니다. 영화와 음반, 라디오는 이미지, 몸짓, 말투가 마법을 부려 확장됨으로써 우리가 멀리 떨어진 개인들과 직접 소통할 수 있게 해줍니다. 기록된 것이나 인쇄된 기호라는 매개물 없이도요.

그리고 실제로 일고여덟 살 – 그리고 막 그 나이 – 부터 아이는 읽고, 쓰고, 인쇄하고 싶은 욕구를 느낍니다. 인쇄된 책에 붙박여 있는 생각을 이해하고, 멀리 떨어진 아이들과 편지를 주고받고, 또한 사람들이 달리 실현하고 있거나 과거에 이뤄냈던 것을 알고 싶은 욕구를 느낍니다. 학교는 이러한 그래픽 기호들의 가치와 의미를 아이들에게 가르치려고 무척 애를 씁니다. 그리고 헛되이 애를 쓰는데, 늘 똑같은 이유로 그렇죠.: 사람들은 아이 안에 있는 이러한 알고 싶어하는 욕구를 등한히 했고, 사람들은 애초에 이러한 여러 가지의 다양한 소통의 수단들을 이용하고자 하는 아이들의 욕구를 꺾어왔습니다. 그러니 새롭고 아직 알지 못하는 것에 대해 더는 매력을 느끼지 않죠. 변화와 접촉(부딪침)과 교제하는 것을 두려워하는 아이에게 여행의 즐거움에 대해 말해보세요. 여행은 최후의 방편으로나 의무로만 남게 될 겁니다. 마법이 일어나기를 바라는 기괴한 해결책이 아닌가요!

다시 방향을 틀어봅시다! 우리는 무엇보다도 다른 사람들과 특히 다른 아이들과 소통하고 싶어 하고, 자기 생각과 감정, 꿈과 희망을 자기 주변에 알리고 싶어 하는, 아이들의 타고난 욕망을 키워줍시다. 그러니 읽기와 쓰기를 배우는 것, 즉 우리가 교육(교양)이라고 부르는 것의 본질적인 것에 익숙해지는 것은, 아이에게는 걷는 것을 배우는 것과 마찬가지로 역시 자연스러운 일이 될 것입니다. 사람들이 이해하는 것처럼 그것은 쉬운 일이 아니겠죠. 그렇지만 그 안에서 모든 아이들은 사람들이 과소평가하는 어려움들을 이겨냅니다. 그리고 추론하고 설명하기에 너무나 까다로운 (기초) 개념들을 실제로 심도 있게 논의합니다.

저는, 초등학교와 관련해서, 대규모로 실험이 시행되었다는 것과 그것이 합리적으로 학습하고 형성하는 과정의 실효성을 입증했다는 점을 알고 있습니다. 우리는 이런 관계들이 필요하다는 것과 그것을 가능하게 하는 기술들에 입문하는 것CETTE NÉCESSITÉ DE RELATIONS ET D'INITIATION AUX TECHNIQUES QUI LES QUI LES PERMETTENT이 필요하다는 것을 관심의 중심에 두면서 계속하기만 하면 됩니다.

47

예술적 표현과 소통

> 우리가 극도로 풍성한 결실을 가져오는, 상호 교제를 뜻하는,
> 예술적 표현과 소통의 수단을 소홀히 할 수 없는 이유가 있다.
> 진보란, 한편으로는, 우리가 예술적 창조로 진화시켜야 하는
> 직관 능력을 고양시키는 방향으로 진행된다.

　– 쓰기와 인쇄란 원래 기계적인 개량에 불과한 것인데, 확실히 소통의 수단이자, 우리 문명의 세속적 진화에 심대한 영향을 미쳐왔을 만큼 매우 강력한 소통의 수단입니다. 그러나 학교는, 과거에 너무도 자주, 쓰기와 인쇄만이 유일한 것이고, 가장 표현력이 있고, 가장 분명하고, 가장 완성도가 높고, 가르치고 권장할 만한 유일한 것으로 적잖이 여겼습니다. 오늘날 쓰기 문화나 인쇄 문화의 가치를 약간 떨어뜨릴 이유 있는 반발이 개시되었습니다. 모든 반발이 다 그런 것처럼 말이죠.

　쓰기, 인쇄, 읽기는 실로 상호교류의 부차적인 방법에 불과합니다. 왜냐하면 그것들은 활자화되고 물질적인 중개물로 남아있어서 쉽게 가공하기가 어렵고, 유연성과 미묘함이 너무 자주 결여되어 있기 때문이죠. 또 매한가지로 말과 읽기는 그것만으로는 종종 어떤 미묘한 차이들 nuances을 표현할 수 없는 무능력이 있기 때문입니다. 그것은 (말과 읽기에서는) 억양과 몸짓, 글과 인쇄에서는 삽화나 도안을 필요로 하죠.

　부차적일 뿐 아니라 비정상적이며 자연스럽지 않은 방법들은, 형식에 질투하듯 집착하고, 모든 비물질적인 것에 점진적으로 폐쇄적인 형세를 취하는 문명의 결함을 이미 내포하고 있습니다. 그 비물질적인 것은 사실 인간성을 갖춘 인간을 고양하는 유일한 것이죠.

　완성도가 더 높고, 더 미묘하고, 더 보편적이고, 더 표현력이 풍부한,

제가 예술적이라고 부르는 소통의 수단들Les MOYENS DE COMMUNICATION QUE
J'APPELLERAIS ARTISTIQUES이 있습니다.

아직도 신비로운 경로에 의해, 우리의 생각이 우리 주변 사람들에게
직접, 그리고 즉각 도달하려고 자유롭게 비상하는 순간들이 있습니다.
그것은 비밀스러운 언어(暗號)와 같은 것으로, 그것에는 관례적인 중개
기호들이 필요 없고, 따라서 직관적이고 감수성이 예민한 인격에 특별
히 아주 잘 들어맞습니다.

하나의 몸짓(제스처), 하나의 표정이, 어떤 상황에서는 백 마디 말보다
더 많은 것을 말할 수 있다는 개념이 일상적인 것이 되고 있습니다. 우리
는 조형예술과 극예술의 기본인 몸짓(제스처)으로 이러한 표현을 발전시
키죠.: 여러 태도와 동작, 제스처의 단 한 번의 기적을 통해 여러 느낌들
을 표현하고, 감정(기분)을 소통하는 것, 그것은 발전시키고 강화시켜야
할 아주 귀한 선물이 아닐까요? 연극, 인형극, 꼭두각시라는 표현 수단
을 통해, 아이들은 직접적인 소통이자 우리 인격의 열정적인 고양을 위
한 놀라운 수단인, 그런 하나의 표현에 본능적으로 도달할 수 있습니다.

아니면 당신은 연필을 쥐고 말로 표현할 수 없는 것을 표현합니다.
당신의 손을 이끄는 잠재의식은, 그것을 지켜보고 이해하는 사람들의
잠재의식에 직접 닿게 될 것입니다. 아이들 내면의 색상을 붓과 물감으
로 무언가 암시해 주는 신비로운 그림에 배합하게 된다면, 당신은 훨씬
더 미묘하고 깊은 느낌을 주는 언어, 표현, 감정에 도달할 수 있습니다.

우리는 표현 수단이자 소통의 수단인 그림을 발전시킬 것입니다. 우
리는 등사, 판화, 사진 복제 같은 부차적인 기술과 기예技藝로 이로운 점
과 잘된 점을 확장할 것입니다.

마지막으로 우리는 음악la MUSIQUE과 노래le CHANT를 구성하는 그
훌륭한 예술적 언어를 소홀히 하지 않아야 합니다. 몸짓(제스처)과 그
림처럼, 음악과 노래는 말로 표현할 수 없는 것을 자유롭게 표현합니다.
그것은 우리 존재를 자연스럽게 저절로 외부로 투사하는 것이자, 곤충

과 새들이 겉보기에 너무도 완벽한 방식으로 그들끼리 서로를 무의식적으로 이해하게 하는, 불가사의한 소통에 완전히 필적할 수 있는, 조화로운 울림이자 일종의 숭고한 언어입니다.

이러한 다양하고도 미묘한 형태들 아래 예술적 표현에는 그것이 필연적으로 입문도 학습도 전제하지 않는다는 또 다른 특징이 있습니다. 예술적 표현은 보편적이고, 국경을 초월하며, 언어가 다르다는 사실에 의해 제한되지 않습니다. 쓰기와 인쇄 같은 소통의 기술적 방법들에는 미세한 무능력을 피부로 느낄 수 있게 하는 확실한 결함이 있습니다.

당신은 어느 정도까지 입문과 연습이 예술적 표현 수단들의 실효성을 증대시킬 수 있을지 틀림없이 궁금해하실 수 있을 것입니다. 이 분야에서는 매우 신중함을 유지하고, 스콜라식 형식주의 교육의 지속적인 악습인 틀에 박힌 사고를 경계할 필요가 있습니다. 그것은 영감을 체계화하고, 정당화하고, 억제한다는 구실 아래 예술적 표현을 심하게 무력화하고 파괴할 위험이 있습니다.

표현과 예술적 소통 - 이것들은 교감이 되죠 - 은 새의 지저귐처럼, 곤충 날개의 윙윙거림처럼, 본능의 미묘한 어떤 충동 같은 것입니다. 사람들은 그것을 방해하고 조금씩 없앨 수도 있고, 아니면 그 반대로 완전히 실현되도록 허용할 수도 있습니다. 그러나 교육은 그것을 불러일으킬 줄도, 만들어낼 줄도 모르고, 그래서 그것을 가르칠 줄도 모릅니다. 예술적 표현과 소통은 우리가 마음대로 사용할 수 있는 놀라운 수단(도구)과 같고, 그것은 어른들의 개입과 학교의 전능함보다 먼저 존재하는 것입니다. 사람들은 그것이 쓸모없거나 위험하거나 역효과를 불러올 것이라고 우리들을 설득할 수도 있고, 우리로 하여금 서서히 그러한 습관을 버리게 할 수도 있죠. 우리가 때때로 그 점을 더는 지각할 수 없을 정도로 말이죠. 아니면 그 반대로 자기 힘의 미덕에 호소하고, 인격의 형성과 개화開花를 최대한 끌어낼 수도 있습니다.

스콜라식 형식주의la scolastique 교육은 이러한 방식들 중 어느 것도 택하지 않았습니다. 그것은 이러한 수단을 깡그리 무시했고, 그것을 더욱 과학적으로 만들어진 다른 도구들로 대체할 수 있다고 매우 거만하게 믿었습니다. 그러나 그 도구들은 확실히 예술적입니다. 마치 로봇이 인간스러운 기계장치의 완성에 와 있는 것처럼 말이죠. 사람들은 단지 그러한 생각의 기괴함을 따져보기 시작하고 있습니다.

우리는 따라서 아이들에게 조형예술적 표현, 음악이나 미술을 교조적dogmatiquement으로 가르치려 들지 말아야겠습니다. 왜냐하면 우리가 잘못된 방법에 정신이 팔린 나머지, 정반대 효과를 낳을 위험을 무릅써야 하기 때문이죠. 그러나 우리는 아이들이 예술적으로 자유로이 자신을 표현하도록 내버려둡시다. 우리는 아이들이 그렇게 하도록 격려할 것이고, 우리가 모든 교육의 과정에 통합할 수 있는 그러한 노력을 그들에게 촉진할 것입니다. 체계적인 수업이 거의 필연적으로 실패했던 바로 그 지점에서 역동적이며, 종합적으로, 또한 전면적으로 확산하는 침투를 통해서, 우리는 좋은 결과를 내게 될 것입니다.

이와 같은 주장들은, 겨우 4반세기(25년) 전만 해도 불경한 것처럼 보였지만, 이제는 많은 곳에서 좋은 반응을 얻고 있습니다. 시간이 흘렀기 때문이겠죠. 현 문화는 논리적 사유가 줄 수 있었던 모든 것을 그 논리적 사유로부터 끌어냈다고 여겨지고, 과학 그 자체는 지금 사유와 감정의 신비로운 흐름과 견주어 맞서고 있습니다. 그리고 축음기와 라디오 같은 최근의 발명품들은 날개가 달린 환상의 소리를 차례로 끌어옵니다. 인간 발달의 탁월한 위엄과 연결된 글쓰기나 인쇄 기술의 지나치게 경직된 형식을 뛰어넘어서 말이죠. 더욱 직관적인 다른 방식들에 의해 하루하루 보충되는 그러한 글쓰기와 인쇄 기술 같은 것이 상대적으로 효과가 없다는 점을, 사람들이 이해하기 시작하는 듯합니다. 그림, 사진, 흑백 인쇄와 컬러 인쇄는 오늘날 일간지들(新聞)과 책들이 군더더기 없어 보이게 하는 데에, 즉 관념의 세계le monde de l'idéal 위로 하나의 창문을 여는 그런 보완물로 기여합니다. 우물우물 중얼거림 같은, 게다가 매우 서투른 말소리로, 전통적인 표현의 수단을 철저히 포기하고, 그 결과 자신을 끌어올려 어느 날 가장 완벽한 소통의 수단이자 인간 구성에 봉사하는 가장 심원한 교감이 되어버린 영화는 말할 것도 없지요.

저는 이러한 구별들에 시간을 많이 끌었습니다. 해가 가면서 변하는 위계질서인 교육학적인 가치들의 위계질서une hiérachie des valeurs pédagogiques를 확립하기 위해 그렇게 해야만 했습니다. 그리고 그 결과에 따라 세상의 리듬에 이 위계질서를 다시 적응시키기 위해 주기적인 재검토가 필요합니다. 한때 인간이 여태껏 이루어냈던 가장 고귀한 성취로 말馬이 빠르고 기품 있는 이상적 교통수단이었던 때가 있었습니다. 그러다가 철도(기차)와 자전거가 곧 말을 대신했죠. 이것들도 차례가 되어 자동차로 대체되기 전에 말입니다. 자동차도 미래에 비행기로 대체될 것입니다. 우리는 우리의 학교에서 책을 통한 교육이 우월하다는 전통적인 개념에 사로잡혀 있는데, 이것은 시대에 맞지 않게 수레에 타라고 고집을 부리는 것이요, 개선된 교통수단의 매력적인 점들과 좋은 점들을 모른 척하라고 고집을 부리는 격이 될 것입니다.

따라서 우리는, 이러한 고려 사항들을 모두 감안하면서, 우리 교육의 체계를 다시 건축했습니다. 그 토대가 되는 일에서부터 그 꼭대기(정점)인 자기-발현culture, 이상화idéalisation, 인간다움humanisme에 이르기까지 말이죠.

저는 이것이 일정하게 늘어선 책걸상, 쓰기를 위한 연필, 읽고 외우기 위한 교과서로 학교를 조직하는 것보다 분명히 더 까다롭다는 것을 알고 있습니다. 우리가 원하는 학교란, 복잡하고 다양한 – 꼭 복잡하게 얽혀있다고 말하려는 건 아니지만 – 삶의 형상을 본뜬 곳일 겁니다.

그러나 만약 그 결과로 학교가 최대한의 효율성을 획득한다면, 만약 학교가 어린 세대들의 조화롭고 효력이 있는 형성의 역할을 전적으로 완수하는 데 가치를 발휘한다면, 우리는 언제까지 우리의 개념과 관습을 깨뜨리는 데 망설여야 할까요?

48
특성화 작업장ATELEIRS SPÉCIALISES

그리고 여기에 우리의 교육 체계를 완성하기 위한
여덟 개 특성화 작업장들에 대한 기술적인 세부사항이 있다.
그리고 이 작업장들은 아이들이 자신의 개인적·사회적·인간적 형성의
토대가 되는 일–놀이에 몰두할 수 있는 시설과 도구를 갖추고 있다.

― 그런데 마티유 씨, 어디서 당신은 당신의 기술을 모두 가르칠 수 있는 이상적인 교사를 구하실 건가요? 마티유 씨 당신이 인정하시는 것처럼, 일부 기술들의 경우 (어깨 너머로) 배우기에는 매우 힘든 어떤 숙련도를 요구합니다.

― 그래서 제가 삶을 살도록 하는 것, 일을 조직하는 것보다는, 가르치는 것에 대해 덜 말했다는 점을 당신이 주목했으면 합니다. 상승하고 표출하는 생명의 폭발을 방해하는 것에 대해서가 아니라, 반대로 그러한 약동을 강화하고, 그것에 자양분을 제공하고, 실현과 고양의 수단을 제공하는 것에 관해서 이야기했다는 점을 말이죠.

그리고 그런 이유에서 우리는 교사의 말과 박식함보다는, 적절한 환경을 창조하고, 일을 통해 아이들이 자신을 스스로 실현하도록 돕기 위해 그들이 최적으로 시설을 자유롭게 이용하도록 하는 새로운 능력을 훨씬 더 감안해야 합니다.

결국 혁신하려는 우리의 노력은 다음 두 가지 필수사항을 지향할 것입니다.

- 하나는 학교와 사회적 환경
- 다른 하나는 사용할 시설과 기술

따라서 우리 새로운 학교의 본래 모습이 결국 어떤 것일까 하는 것이 바로 여기에 있습니다. 그것은 다음과 같은 모습을 띨 것입니다:

- 시연試演, démonstrations, 전체회의, 자유(연구)발표회, 전시, (영화)상영 등에 쓰일 다목적용 공용실une salle commune
- 특성화된 내부 작업장들ateliers specialisés
- (농사와 가축사육을 위한) 외부 작업장들specialisés

저는 여덟 개의 특성화 작업장들을 계획해 봅니다.

가. 기본적인 일을 위한 네 개의 작업장D'ABORD QUARTE ATELIERS POUR LE TRAVAIL DE BASE

- 작업장 1: 들판 일, 동물 기르기(飼育)
- 작업장 2: 대장간 일과 소목小木 일
- 작업장 3: 실잣기, 베 짜기, 바느질, 부엌일(料理), 가사家事
- 작업장 4: 짓기(建築), 기계 다루기, 상거래 하기

이들 작업장 각각은 효과적인 일에 필수적인 토대인 도구와 시설을 당연히 갖출 것입니다. 이들 도구의 선택은 학교 활동의 새로운 방향을 이해하는 교사들 자신의 과업이 되어야 합니다. 이들 도구 가운데 일부, 가게에서 구할 수 없는 것들은 우리 목적들에 맞도록 계획에 따라 제작되어야 합니다. 완벽한 물건과 유리한 거래를 절충하는 일이 어렵다는 것을 제가 알기 때문에 (도구들의) 수량을 정하는 것은 까다롭습니다. 그러나 아주 제한된 면적을 차지하고 가격도 저렴한, 핵심 도구들을 충분히 완벽하게 갖출 수 있을 겁니다.

몇몇 짧은 연수들로 교사들éducateurs은 일의 새로운 기술과 원형을 익히게 될 것입니다. 기술 그 자체의 세부사항과 관련하여, 교사들이

장인artisans, 직공ouvriers, 가정주부들ménagères에게 정기적으로 도움을 청하도록 권유할 것이고, 그들은 실례나 그들이 보이는 (경험에 의한) 실제적인 조언과 지침 그 이상으로 학교와 환경 사이에 일종의 유기적인 연계 구조를 확립하게 될 겁니다. 그리고 우리 교육(교양)의 한가운데에서 일의 탁월한 위치를 되찾기 위해 필요한 사회적 일에 진지함과 위엄을 북돋아 줄 수 있는 자연스러운 의존관계를 확립하게 될 것입니다.

모든 아이들은, 원칙적으로, 최소한의 입문을 하는 데 기본이 되는 그러한 일들에 참여해야 합니다. 이것은 이 단계에서 아직 자신이 좋아하는 것(嗜好)을 드러낼 수 없고, 자신의 재능을 내세울 수 없고, 나이가 들어감에 따라 뚜렷해지는 분화가 시작될 수 없다는 뜻은 아닙니다.

일들의 일정 순서뿐만 아니라 시간표un horaire도 필요할 겁니다. 거기에 간단한 조직화의 문제가 있죠: 아이들은 그것을 이해하고 언제나 기꺼이 따를 것입니다. 그렇지만 그러한 작업장atelier에서의 일이 낡은 권위적인 이론에 찌든 임시 고용인들의 추진력 아래, 신스콜라식 형식주의une nouvelle scolastique의 세로운 형색을 보이는 것은 피해야만 합니다. 의무는 원칙상으로 있어야 할 뿐입니다. 우리는 직업학교를 실천하지 않기에 우리는 계획된 과업을 어느 정도 정기적으로 실행하는 것보다는, 일에 대한 아이들의 관심에, 결국 목표와 실현 가능성을 찾아내는 기능적인 활동에, 그리고 삶(생명)의 지속적인 고양에, 더 많은 신경을 써야 할 것입니다. 한 학생이 자신의 마음을 빼앗는 임무에 사로잡혀 있을 때면, 어떤 예외를 허용하고, 그 까닭을 이해하고, 우리의 모든 학교 조직을 더할 나위 없이 유연하게 그것에 적응시켜야 합니다.

새로운 미묘한 차이와 솜씨에 대해 다시 이야기해 보겠습니다. 그러나 마음을 놓으세요. 우리는 이전의 방법들이 과도하게 그랬었던 것처럼, 더는 교사들에게 예측 불가능한 것을 해결하라고 요구하지 않습니다. 그러나 단지 잘못된 형식적인 권위를 되살리지 말라고, 실제로 참기 어려운 것을 자주 강요하는 과도한 이기심amour-propre을 따르지 말라고 요구합니다.

"일을 통한 새로운 교육은 시설과 조직을 만드는 일일 것입니다." *L'éducation nouvelle par le travail sera ce que la feron le matériel et L'organisation* 그러한 것들이 우리 학교 활동의 단초가 될 일-놀이에 더 적합하게 되는 한, 우리는 조언하고 돕기 위한 것을 제외하고는 점점 덜 개입할 것입니다. 우리가 또한 소규모 공동체의 협동하는 생활을 다소나마 조직한다면, 우리는 이러한 자발적인 질서를 우리의 새로운 학교에 마련해 놓을 겁니다. 어른들이 간여하는 역할은 없지만, 규칙과 규율이 있는 놀이-일을 주재하는 그러한 질서를 말이죠. 우리는 오직 기능적인 일의 필요성에 근거한, 보다 상급 학년에 해당하는 영역에 우리 자신을 또한 다다르게 할 것입니다.

우리는 뒤이어 이것들을 갖게 될 것입니다:

나. 상급에 해당하는, 사회화된 지적인 활동을 위한 네 개의 작업장.QUARTE ATELIERS D'ACTIVITE EVOLUÉE SOCIALISÉE, INTELLECTUALISÉE

제가 당신에게 방금 말씀드린 작업장들에서 가능한 일이, 만약 아동기 활동의 자연스러운 기반이 되는 것이라면, 우리는 우리 교육체제에서 명예로운 자리上席를 차지하게 했던 그러한 기능적인 일의 제1차 단계를 구성했을 뿐입니다.

그러한 기능적인 일이 취학 초기에 삶의 핵심이죠. 우리는 취학 초기에 그 토대를 되찾아야 하고, 그 삶의 핵심은 곧이어 분화될 사고에 기여하는 손(手工活動)의 노력을 통해 스스로 구축됩니다. 따라서 우리는 우리의 어린 작업자들이 그러한 진전을 가능하게 하고, 견고히 하고, 실효성 있게 만드는 작업장들과 시설들, 자원들과 기술들을 자유롭게 이용하도록 합시다.

작업장 5: 앞에서 설명했던 전개 순서에 따라 **'탐구와 앎, 자료조사**

활동'_Prospection, connaissances, documentaion_

우리는 거기서 다음과 같은 것을 발견하게 되죠:

- 학교용(학급용) 학습카드un fichier scolaire: 이것은 아이들 자신이 열광하는 작업(활동)인, 새로운 참고자료를 가져오고, 가공하고, 분류하는 것을 통해 상시적으로 풍부해지고 갱신되는, 가장 풍부하고 가장 알찬 학습도구입니다. 저는 이 학습카드에 대한 아이디어가 이미 구현되어 있었다는 것을 알고 있습니다. 더하여 할 일이 있다면 학습카드를 학급 자료조사 활동의 핵심적이고 탁월한 도구로 만드는, 단순하고도 편리한 목록을 계획하는 것입니다.

- 아이들을 위해 제작된, 여러 권의 사전과 백과사전에서 아이들의 나이에 맞지 않는 설명과 개념 그리고 추론을 다루는 페이지는 빠지게 될 것입니다. 풍부하고 암시적인 삽화들이 특별히 필요하겠지요.

불행히도 당장은 말이죠, 우리를 만족시킬 수 있을 만한 것은 거의 없습니다. 학교용(학급용) 학습카드의 풍부한 보완물이 될 그러한 책들의 준비와 출판을 기다리면서, 교사들은 몇몇 기존의 좋은 출판물들을 활용할 수 있겠는데, 그것들은 종종 아이들에게 반감을 불러일으킵니다. 아이들의 주의를 흩뜨리고, 그들을 피상적인 데로 끌고 갈 위험도 있습니다. 그러나 거기에서 아이들은 교사의 도움을 받아서이긴 하지만, 자신들이 필요로 하는 정보들을 뽑아낼 수는 있습니다.

- 작업(학습활동) 총서bibliothèque de travail: 관심을 끄는 참고자료를 제공하는 특별한 목적을 위해 구현된 풍부한 시리즈의 책들입니다. 그것은 학습카드 안에 다 담을 수 없는 참고자료들을 더 세밀하고, 더 알찬 형태로 제시합니다.

마찬가지로, 저는 착수된 기획, 탁월한 협동 모둠에 의해 개척된 그 방식을 알고 있습니다. 학습카드와 함께, 굉장히 독창적이고 아주 유용한 새로운 참고자료가 될 그러한 책들을 교육학을 위해 준비하고 출판하는 것으로 시급히 이어지게 해야 합니다. 그러는 동안 우리는 슬프게도, 너무 분절화되고 너무 제한된 내용의 학교 교과서든, 다소 교훈적이고 형성적인 몇몇 오락용 책들이든, 기존의 책들에서 뽑아내야 할 것이 별로 없습니다. 매우 긴급히 그 내용을 충실하게 할 분야가 바로 이것입니다. 교사들의 현재 역량과 흠잡을 데 없는 출판의 기술적 수단이 신속하고 완전한 성과를 거둘 수 있게 해야 할 것입니다.

- 여러 지도들, 지구본, 기타 등등
- 음반들des disques과 영화 필름

  그리고 이러한 풍부한 자원들教補材 전체를 정돈하여 실용적이고 체계적으로 활용할 수 있게 하면서, 우리는 색인을 마련해야 합니다.

- 총괄 색인Index généralisé: 이것은 철저하게 개정되고(아주 잘 손질하여 즉각 볼 수 있게 하고), 작업장 책임자인 학생, 특히 능숙한 학생들의 지도 아래서, 아이들이 그들 자신의 일에 최근의 사회·문화적인 모습을 참고할 자료가 필요할 때, 축적된 자료들 중에서 그것을 즉각 찾아낼 수 있게 합니다.

작업장 6: 실험 Expérimentations

당신은 작업장들의 용도에서 우리 학교 활동의 진행 체계, 즉 기본이 되는 손일(手工活動)에서 지식 습득을 위한 자료조사 활동, 실험, 그래픽 표현과 소통, 예술적 표현과 소통으로 이어지는 체계를 기억해 낼 수 있습니다.

우리는 이제 실험 단계에 와 있습니다.

그것은 더는 실연démonstratives, 책livresques에 기초해 있지 않습니다. 그것은 아이들이 끈질기게 실험한 결과물인 물리학과 자연과학의 전 영역입니다. 아이들은 자신의 주변을 둘러싸고 있는 생물이나 무생물로 구성된 자연 전체를 스스로 검증하는 데에 착수하고, 세심히 관찰하고,

측정하고, 탐색하고, 실험하고, 재구성하고, 결정적으로는 과학을 재창조할 수 있게 하는 기본이 되는 시설과 기술의 지도와 방법으로 끈질기게 시도합니다.

오직 거의 교과서로만 가르치는 것 - 우리가 그 희생자이죠 - 보다 우월한, 그러한 활동들의 필요성이, 최소한 이론상으론 다양한 가르침의 환경들 가운데에서 일부 지지를 얻었다는 것을 저는 압니다. 그러나 이번 경우에 과거를 비난하는 것만으로는 충분치 않죠. 아니 미래를 건설해야 합니다. 지금 이 분야에서 모든 것이 할 일로 남아있습니다. 사람들은 교사들에게 조언을 잘하죠. "아이들이 스스로 관찰하고, 행동하고, 실험하게 해야 한다."라고 말입니다. 그런 괜한 조언은 우리에게는 부질없는 행동과 시행착오와 환멸만을 불러옵니다. 우리에게는 그러한 과학교육(실험)을 실현할 수 있는 충분한 시설, 간단하고 명확한 지침이 필요합니다. 그래야만 사람들은 오늘날까지 유달리 창의력이 풍부하고 유능한 일부 교사들 - 어쩌면 그 길을 일러줬겠지만, 우리에게는 그 길을 뒤따라가는 데에 전혀 도움이 되지 않았던 분들 - 의 전유물로 남아있는 그러한 과학교육을 모든 학교에서 실현할 수 있습니다.

우리는 분명, 이 프로젝트를 실현하고자 하는, 충분하고도 열렬한 역량을 갖추게 될 것입니다. '실험 활동 작업'l'atelier de travail expérimental을 개발하고 기술을 마련하는 것과 같은, 완전하게 하는 데 초점을 둔 수고스러운 일(任務) 이상으로 할 건 거의 없을 겁니다.

우리는 다음을 미리 마련해야 합니다.

- 자연을 전반적으로 관찰하게 하고, 농사(경작) 체험들과 여러 계절에 하는 일들을 위한 시설과 명확한 지침들
- 동물과 곤충들을 관찰하고, 키우고 보호하기 위한 시설과 지침들
- 각종 사진첩, 그 일부는 서고에 보관
- 지방과 지역의 토착 식물군과 동물군(이 영역에서 할 게 많이 있겠죠.)

- 지방, 지역, 외국의 특산품들과 광물들을 수집해 놓은 박물관
- 현미경
- 매우 중요하고 기초적인 화학 실험을 할 수 있는 기구와 제품
- 가능한 작은 모터가 있는 전기장치와 기계장치. 이것은 아이들이 놀랄 만큼 관심을 가지게 하는 분야이자, 주의를 가장 잘 끌기 좋은 분야입니다. 왜냐하면 이 장치는 예비직업교육 차원에서 학교 활동과 현대 산업 사이에 다리를 놓을 것이기 때문입니다.

사람들은 현대교육에서 이러한 작업장이 지닌 중요성을 느끼고 이해합니다. 그것은 아이들의 실험하고 싶은 욕구들, 그들의 모방 욕구, 우리 과학의 시대에서의 사회적 필요성 모두에 한꺼번에 부응합니다. 이 작업장은 아이들의 나이가 들어가는 만큼 중요성을 띠고, 풍부해지고, 분화될 것입니다. 우리가 또한 형성적이고 필수적인 다른 모든 활동들을 희생해 가면서까지 그것이 과도하게 커지지 않도록 주의해야 한다고 저는 생각합니다.

작업장 7: 그래픽적인 창조와 표현 그리고 소통*de création, d'expression et de communications graphiques*

이 작업장은 아이들이 자기 자신의 느낌들과 생각들을 표현하고 고정(정착)시킬 수 있게 하고, 자신의 감정을 드러내고, 멀리 떨어진 사람들-시골에 사는 부모님들, 프랑스 국내외의 수많은 마을에 사는 다른 아이들, 우리에게 답장을 보내는 일부 사람들이나 그룹들과 교류할 수 있게 해줍니다. 그것은 우리가 교과서와 교실의 인위적인 장벽에 제한된, 그 자체로 망가진 우리 학교 안에서 그 파급효과를 상상하기 어려운, 활력을 주는 지속적인 관심과 동기 그리고 미덕의 순환을 야기하는 것입니다.

여기에는 다음의 것들이 필요합니다:

- 여러 쓰기와 읽기 자료
- 등사 시설
- 학교 인쇄출판 시설, 구멍을 뚫어 제본할 수 있는 시설
  (이들 기술은 보완적인 기술의 도움이 필요합니다. 이 작업장 7에서 그림, 색칠하기, 리놀륨 인각과 나무 인각, 오려 붙이기, 제판, 모든 형태의 삽화 작업을 할 수 있는 작업장 8로 때때로 이동하기도 합니다.)
- 도서(읽기) 총서

따라서 그것들의 의미와 가치가 교류와 소통 안에서 고려된다면, 우리는 옛 학교에서 너무나 큰 자리를 차지했던 쓰기와 읽기가 현대적 기술들의 도움으로 새로운 정당화와 아주 유용한 동기부여를 끌어낼 수 있을 것입니다. 특히 등사la POLYGRAPHIE와 인쇄 기술l'IMPRIMERIE이 그렇습니다. 그것은 아이들에게 영속적인 매력이자, 지속적인 마력입니다. 또한 모든 표현의 가능성을 고양하고, 학교의 노력을 현대의 복잡한 삶의 과정 속으로 완전히 통합하는 새로운 소통의 효력을 열 배로 증가시킵니다.

저는 한 학교에서, 모든 연령대의 아이들이, 심지어 아주 어린 아이들도 자신들이 자발적으로 쓴 생생한 텍스트를 실제 인쇄 활자들로 조판하고, 자신들이 아주 특별하고, 간단하고, 실용적이고, 값싸고, 그들이 다루기 편한 – 우리 학교를 위해 여전히 창조해야 할 일로 남아있는 실험 시설의 시제품과 같은 – 인쇄기를 가지고서 정확히 삶의 책이라 이름 붙인 것의 몇 페이지를 인쇄하는 것을 보았습니다. 그리고 아이들은 자신이 실제 학급신문을 제작하기 위해 모아놓은 페이지들에 삽화를 넣고 색칠합니다. 그리고, 이 학급신문은 단지 가장 암시적인 초보 수준의 작품이 아니라, 프랑스 국내외의 여러 다른 학교에 있는 수천 명의 아이들에게 도달하는, 우편으로 전달되는 진짜 신문이었습니다. 동일한 기술에 입문한 그 수천 명의 아이들은 학교와 지역, 사회에서 자

신들이 하는 모든 활동들의 반영이자 핵심이며 동력인 신문을 동일하게 편집하고, 인쇄하고, 발송합니다. 당신은 아이들이 그러한 일의 기술을 택하고자 하는 관심을 확신할 수 있기만 하면 됩니다. 그리고 다른 학교 과업들이 거기서 얼마나 활기를 띠게 되는지도 확신할 수 있으면 됩니다.

이러한 예는, 아이들 삶의 고양을 위해 우리의 낡아빠진 교육으로 하여금 놀라울 정도의 가능성에 재적응하도록 하는, 제게는 새로운 발견이었습니다. 과학이 우리에게 제공하고 또한 오늘날 슬기롭게 방향이 정해진 기술적 진보가 가능케 하는 것에 재적응할 수 있게 말이죠.

작업장 8: 예술적 창조와 표현, 소통 de création, d'expression et de communication artistiques

이곳은 다음과 같은 기술적인 시설과 참고자료를 갖추고 있어야 합니다.

- 사용 가능한 악기와 함께하는 노래와 음악: 피아노(우리가 아직 요구할 수 없는 사치품인), 풍금, 피리 그리고 특히 필수적으로 전축, 음반, 녹음기

  당신에게는 그 개발에 착수했던 교사들의 지침에 따라 진정한 교육용 음반을 만들어 내거나 적어도 완성하는 일이 남아있게 되는데요, 유감스럽게도 상업적인 제품을 축적해 놓은 엄청나게 많은 음반에서 우리가 주워 모을 게 거의 없을 것이기 때문입니다.
- 춤과 리듬체조(음반의 도움으로 하는)
- 데생
- 그림 그리기
- 인각 印刻, la gravure
- 모형 제작 le modelage
- 연극, 인형극, 꼭두각시

당신은 이렇게 준비된 학교가 모든 면에서 좀 더 효율적이고, 완전하고, 사회적이고, 인간적인 교육을 가능하게 할 수 없을 거라고 생각하나요?

49
규율 LA DISCIPLINE

규율에 대한 관심(걱정)은 완벽하게 일을 조직하는 것과
학생들의 역동적이고 적극적인 관심에 반비례한다.

    — 사람들이 당신의 말을 들으면, 마티유 씨, 실제로 사람들은 신뢰감을 가지게 될 것입니다. 어려운 것들이 쉽게 극복되고 강력한 삶이 성공을 거둘 것만 같아 보이고, 일과 삶 위에, 창조적 노력 위에, 우리 안에서 더 나은 모든 것을 고양하는 것 위에 토대를 둔, 잘 이해된 '인간주의 교육'une éducation humaine이 정상적으로 가고 있는 것 같고, 이 점에는 어떤 의문의 여지도 없습니다. 그러나 다른 사람들이 이미 당신께 말씀드렸던 것처럼 당신은 보편적인 프로젝트들을 실행했고, 그리고 시설을 조직하는 문제를 상세히 잘 다루었습니다. 하지만 저는 사라지지 않고 집요하게 따라붙는 의구심을 떨쳐버릴 수 없습니다.

    현 세계는 일의 존엄과 미덕들la dignité et des vertus du travail에 대한 이러한 개념에 아주 고의로 등을 돌렸습니다. 제 의견으로는, 교육적인 노력으로 인간에게 삶의 보편적인 방향과 상반된 방향으로의 재구성을 기대하는 것은 실망을 초래할 뿐입니다.

    — 20년 전에, 아니 불과 3년 전에 부분적으로 옳았던 것이, 우리의 근본적인 잘못에 대한 준엄한 제재와 같은 비극적인 경험 후에는 더는 그렇지 않을 수 있습니다. 미래의 교육학이 오늘날 유죄선고를 받은 것은 아니지만 시대에 뒤진 그런 전통을 고집한다면, 진부한 상태로 퇴보하게 될 것 같습니다. 교육학 문제들이 제기될 때, 그 제기된 문제들을

대담하고 새로운 눈으로 바라볼 수 있다면, 그래서 교육학이 독단의 편견과 잘못된 지적 자만심에 빠지지 않고 그 문제들을 해결하려고 애쓴다면, 교육학은 단지 그 자체이어야만 하는 탁월한 기능에 도달할 겁니다. 저는 가능할 수 있는 유일한 길을 제시했다고 확신하는데요, 모든 인간 활동의 이유이자 목표와 기술로서 일을 고양하는 것이 그것입니다.

오늘날 그런 방향을 잡을 때가 온 것 같습니다. 눈이 트입니다. 곧이어 더 나은 건설을 위해 우리는 그 눈이 한층 더 잘 보이도록 돕는 것으로 아마 충분하겠습니다.

– 저도 그러고 싶습니다. 그러나 새로운 학교에 대한 우리의 개념에서 하나의 문제가 여전히 저를 잠시 멈춰 세웁니다.

당신은 통일성과 단순함simplicité에 대해 말씀하시기를 좋아합니다. 그리고 저는 현대생활의 다양하고 복잡한 힘들을 활성화하고 연결하는 핵심 사상과 같은 토대로 그 둘을 생각할 필요가 있다고 이해합니다. 그러나 이런 시설과 기술의 과다함에 의해, 또 신체적·지적 차원에서 새로 하게 될 일의 극도의 과중함 때문에 사실상 교사들les éducateurs의 반감을 사게 될 거라는 걱정은 안 하시나요?

– 그 다양성을 만들어내는 건 우리가 아니라 바로 삶과 사람들이 '진보'le progrès라고 부르는 것입니다. 그건 우리와는 상관이 없죠, 허구이자 환영에 불과한 형식적인 소박함을 대체하는 것이 협잡꾼의 핑계에 의한 게 아니라면요. 학교는 공통되고, 통일적이고, 의무적인 음식 제공을 고집합니다. 그 음식이 그것을 목에 밀어 넣으려고 애쓰는 아이들을 언제나 싫증 나게 하고 심한 소화불량에 걸리게 하는 것은 아닌지 걱정하지 않으면서 말이죠.

저는 다양성을 고려하고, 다양성 속에서 활동을 조직합니다.

장인들이, 마을에서, 독특한 형태의 그들의 특제품에 저마다 매달릴 당시에, 상거래는 별다른 문제없이 최소한의 조직으로도 잘 돌아갈 수 있었죠. 그 후에 생산자에 의해서든 소비자에 의해서든 증가하는 다양성은 상거래를 복잡하게 만들었습니다. 그것에 순응하기를 원하지 않던 장인, 그것에 적응할 수 없던 상인은 죽을 지경으로 정체되었죠. 이와 같이 학교도 오늘날 똑같은 맹목적인 고집의 희생물입니다. 단지 학교는 극도의 침체 상태에 만족해하는 듯하고, 학교는 그 나름의 철학으로 그 무기력한 상태를 정당화하려고 시도하죠. 그리고 학교가 뿌리박고 있는 것에서 진보le progrès를 향해 경로를 변경하는 것이 정말로 불가능하다고 곧잘 원망하죠.

저는 제 자신이 적응되는 걸 우선하죠. 그리고 제가 사용할 수 있는 수단들을 써서 그렇게 합니다.

만일 신식 백화점의 관리자가 모든 잠재 고객들의 정확한 필요와 욕망에 대해서 안다면, 그 관리자는 필요한 물품들로만 매장을 채울 수 있겠고, (물품) 목록은 확실히 줄게 되겠죠. 그 관리자는 그러한 범위를 정할 수 없다는 것을 알기에, 그럼에도 불구하고 어떤 일이 있어도 구매자들을 꼭 만족시키려고, 고객의 입맛(口味)을 돋울 만한 모든 상품을 내놓습니다. 상품 그 자체를 선택하는 것은 점원이 아니라 바로 고객이죠.

이런 식으로 일이 진행되는 것, 거기에는 위험한 점도 있긴 하지만 효과가 있습니다. 그러한 다양한 상품들과 관련된 효용의 가치를 파악할 수 없는 상당수의 고객들은 자신들의 충동에 따라 무분별하게 구매합니다. 그 충동은 변질되고 왜곡된 것이죠. 반짝이는 보석과 영롱하게 빛나는 인공조명에 의해, 원색 빛의 자극에 의해, 음악과 향기에 의해 부추겨진 것이죠. 그들은 열기에 들떠 부차적이고 쓸데없는 상품들로 가득 채우고 급기야 그들은 더는 필수품을 구매할 여력도 충분한 돈도 없게 됩니다.

제가 말했던 것처럼, 고객의 삶이 먼저 방향을 정하고, 동기부여가 되고, 정돈되고, 균형을 이룬다면, 고객이 자신이 필요로 하는 것을 정확히 그리고 결단성 있게 알고서 작업장이나 상점에 들어온다면, 그 고객은 백화점에서처럼 학교에서도 낭비를 모면하게 될 것입니다. 물론 그가 자신의 성장과 삶의 노선에 도움이 되는 것을 본능적으로 느낀다면요.

따라서 당신에게는, 애초에, 특히 아이들이 앞서 다른 학교들에 의해서 왜곡되었었다면, 모든 게 너무 매력적인 당신 학교의 새로운 가능성에 마치 최면에 걸린 듯 정신을 빼앗길 만한 아이들이 많을 것입니다. 그 아이들은 지나치게 흥분하고 결정하지 못한 채, 기대 이상의 그 풍부함에 사로잡혀 모든 도구들을 시험해 보면서, 진지하게 아무 것도 하지 않고, 한 작업장에서 다른 작업장으로 나비가 옮겨 다니듯 할 것입니다.

고통스러운 단계는 성공적으로 극복되어야 합니다. 아이가 일의 의미와 힘에 젖어감에 따라, 자신의 입맛에 따라, 자신의 성격과 욕구들이 차차 정해질 것입니다. 우리는 초보적인 교육과학이 분간해 내지도 범위를 설정할 수도 없었던 목표에 도달할 것입니다.

우리는 단지 다양성으로 조직을 정비해야 합니다. 백화점 안에서의 일은 전통적인 작은 가게에서 장인匠人이 하는 걱정의 성격과는 완전히 다릅니다. 당신은 이날까지 작은 가게에서 일하고 있습니다. 당신은 복잡한 매장과 아주 다양한 활동이 있는 백화점 안에서 당신의 행동과 당신의 역할을 조직해야만 할 것입니다.

저는 현대 학교의 복잡한 기술로 교사를 조직화하는 과제를 여기서 상세히 다루진 않겠습니다. 우리가 건물을 마련하고, 매장들에 필요한 상품을 갖추고, 작업대를 훤하게 밝히고, (조직의) 모든 메커니즘에 활기를 불어넣을 때, 그 학교는 생기 있는 일을 직접 실행하면서 분명해질 것입니다.

그렇지만 - 위안이 되는 예상 같지만 기껏해야 예상에 불과하나 - 여기에 결국 우리의 일을 통한 학교의 삶으로, 그 삶에 배어들게 하거나 그 삶이 퍼뜨리는 환경으로, 그리고 교사들에게 일어날 법한 행동으로 드러날 것이 있습니다.

우선 당신의 학생들 모두는 동시에 똑같은 활동에 전념해야 한다고 여기는 습관을 버려야 합니다. 그것은 바로 권위주의적이고 본성에 거슬리는 개념이죠. 그것은 부득이한 해결책일 뿐이며, 당신은 그 모든 결함을 느끼기 시작할 것입니다.

개인적인 일이나 공통의 관심을 지닌 그룹에서 하는 일은 나날이 당신의 학교 활동에 있어 토대가 될 겁니다. 아침에 당신의 학급은 회합을 가질 수 있는데, 상황과 환경에 따라 다소 길어지기도 하는, 잠깐 동안의 짧은 회의가 될 것입니다. 이것은 마치 마을의 농부들이 문 앞이나 교차로에 멈춰 서서 그날 할 일의 순서와 긴급성을 논의하거나, 집단으로 의견을 나누며, 당면한 주요 관심거리들을 명확히 하는 것과 같습니다. 이러한 종류의 정신적·도덕적 교감은 당신들의 삶의 책 – 인쇄되고, 배포되고, 다른 학교의 간행물들과 교환되는 학급신문 – 의 한 페이지를 장식할 것입니다. 사람들은 마찬가지로 전반적인 일 계획, 일간, 주간, 월간에 해당하는 개인적인 일 계획을 미리 세울 수 있을 겁니다. 이것은 바로 전통적인 학교가 당신에게 금지했던 새로운 관심사였고, 그것은 지금도 그렇습니다. 우리는 앞으로 거기에 몰두할 겁니다. 왜냐하면 시설을 설치한 후에, 일의 조직화가 가장 긴급하게 몰두할 일이기 때문입니다. 또 아이가 전반적인 일정 속에서, 자신을 지원하면서도 개별적인 일정을 그 자신에게 명하는 그러한 명확성을 몹시 좋아하기 때문입니다.

… 그리고는 저마다 자신의 일을 하러 나설 겁니다…

– 자신의 변덕fantaisie에 따라서요…?

– 결코 그렇지 않습니다! 학교와 공동체가 필요로 하는 것 – 그러한 일 계획들에 의해서 규정된 것 – 에 따르고, 팀이나 그룹의 준엄한 규칙 아래서 긴밀한 필요들에 따르기 때문입니다. 그래서 그건 변덕과는 상

관이 없습니다.

그 결과, 당신이 학생들이 등교한 후 한 시간쯤 지나 그러한 새로운 교실들 가운데 하나에 들어오신다면, 마치 당신은 해가 뜬 후 들판에서처럼 모두가 일하고 있는 모습을 발견하실 겁니다. 사람들이 향상과 진보를 보지 못하고 매 분마다 그것을 측정할 수 없다면, 당신은 자연스럽게 그 활동이 쓸모 있지도 바람직하지도 않다고 생각하는 그러한 스콜라식 형식주의적인 걱정 또한 없애 버려야 합니다. 여기서 각자는 자기 리듬에 따라, 다소 까다로운 임무를 자신의 가능성에 따라 행합니다. 본질적인 것, 그것은 모두가 일한다는 것이죠. 정오에도 저녁에도 행한 작업을 서둘러서 평가할 필요가 없습니다. 지성을 갖춘 작업자의 수중에서, 사안의 양상이 바뀌는 것은 때때로 일주일이 지나서야 알게 됩니다.

한 그룹의 학생들은 대장간에서 일하고, 다른 그룹의 학생들은 까다로운 건축물을 만들려 준비하고, 여학생들은 청소와 요리에 열중하고, 한 꼬마 상인은 계산을 하고, 다른 학생들은 인쇄를 하죠. 한 꼬마 예술가는 리놀륨 새기기(彫刻)를 하고, 다른 한 학생은 화판에다 그림을 그리고, 논리정연하고 주의력 있는 장래의 과학자들은 자료조사 활동실을 정리하면서 필요한 자료를 요청하는 사람들을 위해 자료를 찾고, 미래의 기계공들은 부품을 조립하고, 분해하고, 실험하죠…

잘 이해된 삶 안에서처럼, 각 학생들은 온통 자신의 일에 몰두합니다. 다양성 안에서 이러한 질서에 도달하는 날, 당신은 마침내 승리를 거두게 됩니다. 당신이 지향해야 하는 건 바로 이러한 목표죠. 오직 힘겨운 단계들을 통해서만 거기에 당신이 도달할 수 있더라도 말이죠. 언젠가 학교가 균형과 기쁨 속에서 그곳의 형성하는 역할을 다하기 위해서 말입니다.

미리 확정된 시간에, 공용 공간에서의 새 회합(전체회의)은 교사가 일 계획의 검토를 통해 일들의 진전을 미리 점검할 수 있게 하고, 학생들에게는 자신이 실행한 것을 보여주고 상세히 설명할 수 있게 해 줍니다. 그래서 학급 인원 전체가 자신이 하는 개별적인 연구 활동에 도움을 받을 수 있게 해줍니다. 바로 거기에 삶이 자연스럽게 순환하는 흐름이 있죠. 그 흐름은 명시되고, 분류되고, 정돈된 그룹 차원의 필요들에서부터 시작하여, 정성을 들여서 하는 특성화 조직에서의 일을 통해 넘치도록 풍부하게 돌아와, 자신들이 노력한 것들의 산물을 그룹에 내어놓습니다.

이것이 일반적인 진행 상황입니다. 당신은 사전에 시설 설치를 마무리한 뒤 당신의 모든 활동을 더 상세히 조직하는 것으로 충분할 것입니다. 학생들의 새로운 욕구들과 함께 의무 프로그램, 교과 시간표, 사회적 서비스의 의무들 모두를 동시에 고려하면서 말이죠. 그러한 것들이 당신의 행동에 대한 자유를 필연적으로 제한하겠지만, 그것이 언제나 나쁜 건 아닙니다.

— 저는 판단이 잘 되지 않습니다. 저는 초등학교 교사가 그렇게 왔다 갔다 하는 가운데 길을 잃을 거라고 확신합니다. 그리고 저는 교사가 최소한의 규율을 유지하는 데에 어떻게 이를지가 궁금합니다.

— 당신은 활기 없고, 고요하고, 죽은 것 같은 그러한 정적靜的인 질서에 익숙해져 있기에, 모든 역동적인 규율의 효능을 전혀 알아보지 못하는 것입니다. 역동적인 규율은 활동에서의 균형, 행동에서의 조화, 일안에서의 일체감(交感)을 뜻합니다.

질서와 규율의 개념이 바뀔 것이고 그 의미와 형태 또한 바뀔 것이라는 건 분명합니다.

우리는 교회에서 신실한 자들의 회중會衆을 지배하는 그러한 고요한 질서를 더는 가지지 않을 것입니다. 의자에 다리가 부딪치는 것, 새로온 사람들이 수선스럽게 들어오는 것이나 단순한 재채기는 (그 질서에는) 무척 당황스러운 것이죠. 우리는 일하는 공장의 질서를 가질 것입니다. 당신이 너른 (작업) 홀에 들어서면 당신은 우선 작업자들이 왔다

갔다 하는 것에, 기계들이 겉으로 보기에 아주 무질서하게 움직이는 것에 얼떨떨해질 것입니다. 그렇지만 모든 게 전체적으로 아주 잘, 때로는 너무나 잘, 질서가 바로잡혀 있어서, 작업자가 더는 담배를 말려거나 옆 동료와 수다를 떨려고 짬을 낼 여유조차 없습니다. 기계조차도 – 전반적인 균형을 즉시 깨뜨리지만 않는다면 – 멈출 권리가 더는 없습니다.

우리가 일을 조직하는 만큼 – 하지만 기계적인 공정工程에 복종시키지 않고서 – 우리는 질서와 규율의 주요 문제들을 동시에 해결할 수 있을 것입니다. 제재 시스템에 의해 유지될 뿐인 형식적이고 피상적인 질서나 규율이 아니죠. 그러한 제재 시스템은 그것을 부과하는 교사만큼이나 그 옷을 입는 사람들을 괴롭히는 속박의 옷과 같을 것이라 예측됩니다.

질서는 우리에게 계속 남아있겠지만, 규율은 사라지게 될 겁니다. 공동의 일과 생활의 조직으로 대체되고, 고양하는 일-놀이에 몰두하는 (인간) 존재들의 정신적일 뿐 아니라, 손으로 하는, 육체적이기도 한 그러한 일체감(교감)으로 대체될 것입니다. 더는 일의 기능과 분리해서 이해되는 질서와 규율 개념이 아니라, 일하는 가운데서의 질서와 규율만이 있을 것입니다.

당신의 학생이 자신들의 일-놀이에 몰두해 있을 때도, 당신의 학교가 어느 여름날 아침의 꿀벌통처럼 부산할 때도, 당신에게는 물론 아직 해결해야 할 조직화의 문제가 있을 겁니다. 당신은 매우 예외적으로만 규율에 골몰할 수밖에 없을 것이고, 그것이 실수로 그리되었든 시설을 갖출 수 없어 그리되었든 간에 우리의 일-놀이의 요구를 당신이 충족시킬 수 없을 때만 규율에 골몰해야 할 것입니다. 마치 정전이 공장을 즉각 혼란에 빠뜨리고 소란스럽게 만드는 것처럼 말입니다.

저는 이러한 정의를 (실패를 무릅쓰고) 감히 할 수 있겠습니다. 즉, 규율에 대한 걱정은 완벽하게 일을 조직하는 것과 학생들의 역동적이고 적극적인 관심에 반비례합니다. 당신의 학교에서는 일-놀이를 가능한 한 가장 세심하게 조직하셨으면 합니다. 당신은 규율의 문제도 단번에 해결할 것입니다. 당신이 처벌하거나 제재하려고 개입할 수밖에 없다면, 이것은 조직화에 잘못이나 불충분함이, 조직의 구성요소에 고장이나 적어도 결함이 있기 때문이죠. 그래서 당신은 당신이 해야 할 일로 남아있는 것이 무엇인지 알 수 있을 겁니다.

이렇게 해서 초등학교 교사는 학교에서 오직 명령하고, 지시하고, 잘 못들을 제재하는 데 집착하는 엄한 교사l'instituteur가 더는 아닐 것입니다. 새로운 역할의 품격이 교사들에게 장려될 것이며, 다음이 그 역할이니:

- 개별적이고 협동적으로, 또한 학생들과의 협력으로, 시설의 조직화와 자기 학교의 공동체 생활을 끊임없이 완성한다.
- 학생들 각자가 자신의 성향과 삶(생명)의 욕구에 최대한 부응하는 일-놀이에 전념할 수 있게 한다.
- 곤경에 처한 어린 작업자에게 화내거나 그 작업자를 쓸데없이 질책하지 않고, 경우에 따라 지도하고, 효과적으로 돕는다.
- 결국 자신의 학교에서 가장 효력 있고 조화로운 일의 절대적인 영향력을 확고하게 한다.

*   *   *

- 그리고 만약에, 경험에 비추어, 교사들les éducateuers이 그러한 일을 통한 교육의 기술을 시도하는 데 열광하고, 학부모들이 그 효용을 이해하며, 그 결과로 (교육)당국이 그러한 혁신에 호의와 인정(관용)을 보이고, 어쩌면 장려하는 경향이 있다손 치더라도, 당신은 여전히 더 극복할 수 없는 난관 - 과도한 지출 비용, 증가하는 학교 운영비, 당신의 기술을 전제로 하는 부유함과 자원들 - 이 틀림없이 있을 거라고 생각하시나요?

- 그러한 걱정들에 대해 저는 다음의 두 가지 대답을 하겠습니다. 먼저 모든 점을 고려해 볼 때, 일을 통한 학교의 운영이 현재의 학교보다 훨씬 더 많은 지출을 필요로 한다고 생각하지는 않습니다. 재고해야 할 것은 오히려 지출의 방식일 것입니다.

당신은 책을 통한 학교가 학생의 가족들에게 부담 지우는 모든 비용을 더해본 적이 있으신가요? 취학 비용, 헤지고 더러워지고 (시대의) 유행에 뒤떨어지기 때문에 해마다 혹은 한 해 걸러, 아니면 적어도 시시때때로 바뀌는 교과서 전체에 들어가는 비용의 총계를 내보려고 말이죠. 그리고 현재의 교육방법은 최소한의 획일성을 전제로 하지요… 당신은 개별 교과서 - 문법, 읽기, 과학, 지리, 역사 등 유사한 교재 30권 - 의 사용이 의미하는, 비논리적이고 비효율적인 지출비용의 증가에 대해 깊이 숙고해본 적이 있으신가요? 마치 노동자 개개인마다 자신에게 유용할 법한 일련의 연장들을 공장에 가져오는 것처럼 말이죠!

바로 그 돈으로, 제 말을 믿어주세요, 교실을 위한 설비, 책들, 학습카드, 도구들을 마련할 이유가 있겠지요. 그리고 완벽하게 연구된 이러한 기본이 되는 설비는 다양한 기술에 최대한 적응하면서 수년에 걸쳐 사용될 수 있을 겁니다. 훌륭히 작동하는 인쇄 설비는 10년이나 20년은 사용할 수 있을 것이고, 마찬가지로 학습카드는 해마다 충실해지고 현대식으로 갱신 될 것입니다. 지혜롭게 경작된 들판이 매년 비옥해지고, 가치가 높아지는 것처럼 말이죠. 박물관과 실험실 같은 곳은 학교가 지속되는 만큼 지속될 수 있는 결정적인 건축물과 같습니다.

마을에 정착하는 세대의 가정 살림과 마찬가지로 초기 기초 투자가 있을 것입니다. 우리는 관계자들이 한 해 한 해 일의 시설을 개선하고, 가축을 키우고, 한가한 시간에 일부 작업의 도구들을 스스로 제작하게 해서라도, 엄밀한 최소한의 것을 미리 마련해 둘 것입니다.

이렇게 모든 것을 따져보면, 일을 통한 학교의 설치와 운용 비용은 책을 통한 학교의 비용보다 더 많이 들지 않을 수 있습니다.

이것은 우리가 현재의 가난에 만족해하고 우리 민중의 학교école du peuple를 위한 더 원대한 꿈을 가지고 있지 않다는 말은 아닙니다. 제 확신입니다만, 만약 처음에 매우 절감된 수단들을 가지고도 이러한 일을 통한 학교가 그 확실한 탁월함을 드러내 보여준다면, 또한 아이로 하여금 좀 더 직접적이고 좀 더 현명하게 작업자의 의무 사항들을 준비하도록 하고 학교가 현 사회에 더 잘 적응하도록 하여 (교육)당국과 학부모들을 더 많이 충족시킨다면, 그리하여 사람들이 그것이 수익을 가져다준다고 느낀다면, 그들은 다른 희생도 치를 수 있을 겁니다.

가장 가난한 농가는 일을 더 잘하는 황소와 개량된 쟁기나 바라던 공작기계를 사는 데에 오랫동안 망설입니다. 사람들은 농부가 모색하고, 조사하고, 이웃 농가에서 사용 중인 새로운 도구를 찾아가 보고, 자신의 유동 자산을 헤아리는 것을 봅니다. 그러나 모든 것을 따져본 후 그 비용이 자신에게 확실한 이익을 가져올 것이라 확신한다면 그 농부는 그 희생에 동의할 것입니다.

그리고 이 상인은 왜 전에 너무 잘 운영되던 상점을 확장하고 개선하려는 그런 중요한 일을 감행할까요? 이것은 상인이 현대식 상점으로부터의 경험에 비추어서, 합리적 설비가 가져오는 논란의 여지가 없는 이점들을 이해했기 때문이겠죠. 상인은 또한 여러 계획을 오래 검토하고, 제시된 가격 앞에서 망설이고, 자신의 유동 자산을 따져본 후, 거래가 결국은 헛되지 않을 것이라 기대하며 출혈을 승인하는 것이죠.

행정가, 입법자, 학부모들도 이와 똑같이 관련 사안에 신중합니다. 우리는 그들을 비난할 수 없을 것입니다. 그들은 교과서나 학교 시설에 필요한 물품을 사기에 앞서 망설이죠, 그것들이 없어서는 안 되는지 확신이 없다면 그렇죠. 그러나 그것이 주는 이점들을 따져볼 수 있게 되고, 사람들이 그들에게 권했던 진보가 소중한 이익을 가져다줄 가치가 있다고 확신하게 되면, 그들도 역시 필요한 비용을 승인할 것입니다.

학교가 처한 현시점의 빈곤과, 학부모들과 정부에 그 책임의 몫이 있는 인색함에서 학교는 희생자입니다. 이것은 유감스럽지만 실로 당연한 귀결일 뿐입니다. 그것은 교사들이, 그들이 요청하여 사용한 지출 비용들에 비해 '수익성 있는' 결과를 만들어 낼 수 없었기 때문이고, 가정에서 아버지는, 학교란 결국 자기 인생의 길을 만드는 데에도 자신의 아이들을 기르는 데에도 큰 도움을 주지 못했다고 회의적으로 학교를 회상하기 때문이죠. 그 결과로 아버지는, 적어도 쓸데없어 보이는 열정에 빠져있기보다는 자신의 소중한 돈으로 다른 할 일이 있다고 생각합니다. 그리고 사실 아버지가 완전히 틀린 것은 아닙니다.

우리의 일을 통한 학교가 복잡한 삶의 과정에서 자신의 필요성을 입증하게 될 그날에, 학교는 그 자체로 각별한 위상을 차지할 거라 확신합니다. 그러나 이러한 위엄은, 과감하고 신중하게 당신의 기술들을 필요한 시간에 적합하게 맞춤으로써 또한 얻어지는 것으로, 당신은 그렇게 그 위엄을 쟁취하셔야 합니다.

50

선량함과 사랑 LA BONTÉ ET L'AMOUR

> 선량함과 사랑은 마음대로 될 수 없다.
> 그것들은 이루어지는 것이고, 삶 속에 스며드는 것이다.
> 새로운 조직으로부터 싹트는 고양高揚은 교사들이 찾으려 애쓰고,
> 일하고, 분투하게 하는 풍부한 근거를 제공할 것이다.

－ 그리고, 제가 두려워하는 것은, 저는 당신의 뜻과 달리, 당신이 기계적인 군집 활동의 야만 － 최고 권한을 가진 사회적 일의 순환 속에서 인간을 하나의 번호로 만들고, 매우 힘든 벌집 같은 곳에서 전망조차 없는 노동자가 되게 하는 야만 －으로 나아가는 것은 아닌가 입니다. 그리고 당신이 선량함과 사랑의 미묘한 미덕들을 더는 기대하지 않게끔 많은 길을 잃는 것이 아닌지 두렵습니다.

－ 아마 해소해야 할 마지막 오해일 듯합니다.

당신이 모든 것을 무릅쓰고 하시는 비판의 화살을 바로 당신에게 우선 되돌려드리겠습니다. 아이들에게 기계적인 복종l'asservisement mécanique의 야만스러운 실행을 준비시키는 것은 바로 당신들이죠. 당신들은 일찍부터 아이들에게 자신과 무관한 규율에 복종하도록 길들였고, 몰인정한 공동의 법규범을 감내하도록 그들의 성향을 억누르게 길들였으며, 또한 일의 기쁨을 잊어버리고 전망조차도 없는 수고스러운 일들의 지겨움을 따르도록 길들였기 때문입니다. 그 수고스러운 일들은, 제가 당신에게 악영향에 대해 말씀드렸던 놀이와 자극의 모든 왜곡을 보상 차원에서 요구합니다.

우리들은 자기 자신이 되라고 아이들을 가르칩니다. 사회적 과정에 확실히 통합되지만 삶의 본질적인 활동을 이해하고, 느끼고, 이끌어갈

수 있는 사람의 뛰어난 품위가 지배하는 그런 존재로 말이죠. 그리고 지적인 일을 통해서 현시대의 노예적인 복종과 정반대인 위엄 있는 자기-발현으로 자신을 끌어올리도록 가르칩니다. 쇄신된 일을 통해, 우리는 사회 한복판에 있는 개인에게 진보의 피할 수 없는 재적응을 향한 첫 단계인 모든 인간적인 미덕을 회복시켜 줍니다.

그리고 저는 실로 그렇습니다만, 선량함에 대해서도 사랑에 대해서도 말하고 있지 않습니다. 선량함la bonté이란 이루어지는 것이고, 행동으로 표현되지 않는 감정에 불과한 사랑l'amour이란 위선적인 사랑의 풍자화에 불과합니다. 아이들을 위한 당신들의 선량함과 사랑에 대해 제가 생각하는 바를 말씀드려 볼까요? 그것은 바로 당신 같은 교사들이 무능을 은폐하려고 사용했던 말입니다. 그리고 학급의 일상생활에서 인간 존재들을 감동시키고 고양하는 유일한 것인 적극적인 선량함, 깊은 사랑을 이루는 데에 당신이 무능하다는 것을 은폐하도록 부추겼던 그런 말입니다.

우리는 그래서 예속적인 노동으로 충분한 거처도 마음을 달래는 음식조차도 보장받지 못했던, 그러한 불행한 사람들의 가족을 이런 방식으로 다룹니다. 그래서 그들의 아이들이 한창 시끄럽게 울어대는 그들의 누추한 집에서, 너무나 공통적으로 비열하고 신경질적이고 이해심 없고 폭력적인 그러한 환경에서, 슬프게도 사람들은 또 그들에게 말합니다. "착하게 사세요! 사랑하세요!"라고요… 마치 선량함과 사랑이 그렇게 마음대로 되는 것처럼 말이죠. 자식들을 위한 어머니의 동물적(원초적)이고 본능적인 사랑은 당연히 남아있습니다. 사랑을 찬양하는 것만으로는 충분하지 않죠. 그것이 표현되고 이루어지도록 해야 합니다. 설교에도 불구하고 사랑이 묘하게 약해지고 심지어 사라지는 것을 사람들이 그 위험을 무릅쓰고 보기를 원하지 않는다면요.

최소한의 안락을 보장하는 가정의 평화와 금전적인 보장(안도감), 가장 기본적인 욕구 충족에서 나오는 조화를 그 가정에 제공하셨으면 합니다. 그러면 당신은 그러한 말의 도움 없이도 건강한 사회적 균형으로부터 자연스레 흘러나오는 그런 사랑의 고조와 선량함의 꽃핌을 보시게 될 것입니다.

이것은 학교에서도 마찬가지죠. 당신에게 선량함과 사랑을 권고하는 체제들과 단체 조직들과 당국을 조심하세요. 외형상 그러한 너그러운 감정들에 토대를 둔 모든 교육 체제를 조심하세요. 선량함과 사랑이 피어날 수 있는 인간적 조건들을 위험을 무릅쓰고 실현하려는 것을, 나약함에 의해서든 이해타산에 의해서든 두려워하는 사람들의 의식적이거나 무의식적인 그런 위선이 있습니다.

저는 사랑의 교육학pédagogie de l'amour이 아니라, 최고의 미덕인 일 la vertu souveraine du travail을 통한 개인적·사회적 조화調和의 교육학 une pédagogie de l'harmonie individuelle et sociale을 준비합니다. 저는 당신께 "당신의 아이들을 사랑하세요. 그들에게 선량함을 베푸세요. 그러면 당신은 인간다움une humanité을 내뿜고, 그 인간성이 그들에게 젖어들고 그들을 고양할 거예요."라고 말하지 않습니다. 그렇다고 제가 특출나게 풍부하고 강인한 몇몇 인격자들의 그러한 유익한 파급력을 확신하지 않는다고 말하는 건 아닙니다. 제가 말씀드리는 건 그 인격자들이 아닙니다. 그러나 저는 당신과 당신을 닮은 헌신적이고 선량한 교사들 모두가 실로, 아니면 최소한 처음에는, 아이들에 대해서 너그럽고 친절한 감정을 가지고 있었다는 것을 압니다. 단지 사람들이 당신들을 공간도 없고, 생명도 없고, 때때로 빛과 햇빛도 없는 비참한 학교에서, 무질서와 시대착오적인 규정으로 결박된 무능함들에 너무 일찍 처하도록 했기 때문에, 당신은 그러한 너그러운 본성이 차츰 무뎌지는 것을 느끼시는 것입니다. 선량함과 사랑은 일의 비정상적인 의무들에서 떨어져 따로 노는 빈말이 되었죠. 당신에게도 말입니다. 지겨움이 당신을 장악하고, 그 결과 틀에 박힌 일상이 지속됩니다. 당신은 길을 잃은 것이죠.

우리 시설의 고무적인 미덕을 통해서, 완벽한 우리 기술(테크닉)의 조직화를 통해서, 일을 통해 쇄신된 환경에서 우리 공동생활의 인간화를 통해서, 일부분일 수는 있겠지만, 정반대로, 우리는 이 조화와 균형에 도달하는 데 이릅니다. 그 조화와 균형은 나쁜 성향들을 억제하고 개인에게서 가장 중요하고 훌륭한 것을 고양합니다. 노력의 기쁨, 앎이 주는 영감, 우리 힘의 상승이 적어도 섬광éclairs에 의해서라도 성공적으로 드러난다면, 우리의 감각적 본성, 우리의 행동은 완전히 변화될 겁니다. 즉, 난폭한 권위, 몰이해, 판에 박힌 일, 지겨움은 자연스러운 질서와 노력 속에서의 하나됨(일체감), 선량함과 사랑이 구체화된 것인 그 다정다감한 협력의 상태로 대체될 겁니다.

제가 교사의 미덕이나 가능성에 과도하게 의존하는 것과는 거리가 멀게, 사회 공동체의 기본 단위인 학교 공동체 한복판에서, 생기 있는 일이 더 잘 조직될 수 있도록 본질적인 변화를 기대한다는 것을, 당신은 이제 이해하시나요? 당신은 우선 이러한 조직화에 전념해야 하고, 일의 위엄과 절대적 힘을 다시 세우는 데에 노력을 기울여야 합니다. 나머지 전부는 그 위에 주어질 것입니다.

이러한 일의 조직화라는 방향에서 이뤄진 모든 진보는 그것이 미미하다 해도 실질적인 성취가 될 것입니다. 제가 여전히 당신에게 권유하는 것은 바로 이러한 전선의 변화입니다. 당신이 교육적인 관심을 기울여야 하는 것은, 가르치는 교과도, 책(교과서)의 내용도, 형식적인 직업 교육의 기술도, 당신의 의무와 당신의 행동에 대한 이론적인 탁상공론의 명령도 아닙니다. 그것은 새로운 일에 걸맞은 (교육)공간의 준비, 작업장들의 체계적인 조직화, 없어서는 안 될 도구들의 개발과 필요하다면 그것의 제작, 세세한 협력의 조건 연구, 그렇게 갖춰진 조직을 최소한의 갈등으로 운영하는 것입니다. 우리는 일의 절대적 위엄 속에서 피할 수 없는 그 기반들을 다시 찾아낼 새로운 문화의 여명l'aube d'une nouvelle culture이 비치는 것을 볼 것입니다.

— 단지 중요한 것은, 우리를 위한 일종의 직업적 재교육이 더는 아니

라, 진정한 정신의 재교육, 일과 삶의 의미에 대한 새로운 개념인 것이죠.

  ─ 이것을 위해서 우리는, 아마도 아무리 조촐하더라도, 아이에게서 부글부글 끓어오르는 생명의 엄청난 힘을 신뢰하면서 초기의 약동을 실현하게 하는 것으로 충분합니다. 그리고 당신들은 하루 몇 번에 불과할지라도, 맛있는 어린 밀이 자라는 부드러운 초록빛 들판의 암양들처럼 학생들이 서둘러 달려들게 하는 먹거리를 제공하려 할 것입니다. 당신들의 학생들 자신이 당신들에게 참되고 확실한 교육학의 길을 보여줄 겁니다. 저를 믿어주세요. 당신은 그들의 정서적 충동과 여전히 지배적인 그들 본능의 안전성을 신뢰하실 수 있을 것입니다. 당신을 새로운 길로 이끌고 격려하는 것은, 이러한 성향들이 결집한 결과인 새로운 충동입니다.

  저는 당신의 주적, 더구나 그것은 우리 공동의 적인데요, 그것이 당신이 해야 할 과제를 단조롭게 하는 동시에 그토록 헌신적인 당신의 노력을 저버리고 배신한다는 점을 잘 알고 있습니다.

  오늘날 당신들은 땅을 갈고, 비료를 주고, 낫질을 하고, 물을 주곤 하지만, 자신의 들판에서 작물이 잘 자라고 열매를 맺는 것을 결코 보지 못하는 농부와 같습니다. 농부가 일해야 할 어떤 이유가 있을까요? 그렇다면, 사람들은 낙담하고, 비관적이고, 신경질적이 되고, 수고스러운 일은 갈수록 부담이 되고, 그렇게 해서 사람들은 스스로 불균형의 위험 요인이 되죠.

  만약에, 반대로, 제가 당신에게 권하는 실천의 실현 덕분에, 그것이 정말 사소하더라도, 당신의 노력이 마침내 제대로 작동한다는 것을 느끼신다면, 당신은 청소를 한 다음 자신의 엔진을 재조립하고, 초조하게, 약간 흥분해서 이제 자신의 첫 작동을 개시하는 기계공과 같을 겁니다. 불꽃이 튀었습니다. "그 불꽃이 말했어요…" 그것만으로 충분하죠. 기계공은 이러한 생명의 표시가 활기를 띠고, 그것을 자극하고, 운행할 수 있게 만들 겁니다. 그 기계공은 자신이 재창조했던 작업의 지칠 줄 모르는 힘으로 성공을 거둘 겁니다.

당신도 똑같이 합니다. 당신은 생명이 끓어오르는 것을 감지하자마자 발생하려는 신비로운 폭발에 귀를 기울일 것이고, 당신의 입장에서 당신 과업의 활력에 사로잡힐 겁니다. 마치 자신의 작품에 만족해하는 장인이나, 그 자체가 삶을 살아가는 이유인 장래성 있는 수확과 증산을 숙고하기 위해 실험하는 농부처럼 말이죠.

그러면 더는 수고를 아끼지 않게 되는 것을 당신은 알아차릴 것입니다. 모든 공동체에서 피할 수 없는 작은 흠집들이 당신에게 나타날 것입니다. 여러 사고들은 조직의 결함이나, 방향 설정의 잘못을 드러내긴 하지만, 당신들 학교의 거침없이 기운찬 행진을 조금도 위태롭게 하지는 않습니다. 그리고 당신 자신은, 이러한 일의 환경 속에서, 자연에 더 가깝고, 더 겸손하고, 더 이해심 있고, 더 너그럽고, 불필요한 군소리 없이 덜 과장된 새로운 철학을 공들여 만들어 내게 될 것입니다. 그것은 풍부하고 생산성 있는 수액의 미는 힘 아래서 일어나는 신비로운 꽃피움(開花)과 같을 겁니다.

교사로서 당신의 삶이 오직 그렇게 고양된다는 관점은, 당신이 많은 곤경과 걱정, 근심과 절망 사이에서 헛되고 헛된 결과들 이상을 절대 가져오지 않았던 방법은 지체하지 말고 포기하라고 당신에게 권유하지 않을까요?

사람들은 우리의 퇴화를 막을 수 없었다고 당신을 원망합니다. 예, 여기에는 몇 가지 이유가 있죠. 당신은 바로잡아야 하고 여전히 삶의 길을 찾아낼 수 있다는 것을 제시해야 합니다.

*   *   *

그러나 저는 충분히 많이 이야기했습니다. 그렇죠…? 모든 것을 말씀드렸다는 건 아니고요, 다른 사람들에게도 발견이 주는 기쁨의 여지를 남겨놓아야 하지 않을까요? 제가 제 양식으로 제 나름의 추론에 기초해, 교사들을 삶(생명)의 방법 쪽으로 방향을 바꾸게 하는 데 이르게 되었다면, 그리고 어느 날 우리 시대의 비극적 상황에서 그들에게 책임이 있는 악습의 반대편에서, 우리 아이들과 우리 후손들이 다음과 같은 학교에서 자신의 운명을 더 잘 실현하게 준비할 수 있다면, 저는 그래도 만족할 것입니다.

삶을 통한,
　　삶을 위한,
　　　　일을 통한 학교!

발루즈(알프스, Vallouise, H.-A.)에서, 1942~1943년

엮은이 후기

1. 해설

1) 저본底本에 관하여

현대 서양의 개혁교육운동과 대안교육운동의 대표자 중 한 사람인 셀레스탱 프레네의 대표작 중 하나인 『L'Éducation du Travail』일을 통한 교육. 1947을 우리말로 펴내게 되었다. 1947년 초판본을 프레네 자신이 1960년에 직접 수정해 1967년 재판으로 낸 프랑스어 4판 『L'Éducation du Travail (Quatrième édition), Paris: Delachaux et Niestlé』을 저본으로 하였다. 번역 과정에서 그의 딸인 마들렌Madeleine Freinet이 1994년 쇠이유Seuil 출판사에서 펴낸 선집 1권(ŒUVRES PÉDAGOIQUES I)에 포함된 『L'Éducation du Travail』와 1993년 존 시벨John Sivell이 영어로 옮겨 펴낸 『Education through work: a model for child-centered learning (The Edwin Mellen Press)』도 참고하였다.

우리말 제목은 원서의 '일을 통한 교육'을 그대로 옮기기보다는, 그 주된 논지가 우리말에서 잘 살아나도록 "프레네, 인간의 일하는 본성과 교육"으로 풀어서 달았다. '인간의 일하는 본성'이란 이 책의 고갱이는 '일'에 있으며, 그것이 바로 인간의 '본성'이라는 뜻을 나타내기 위한 표현이다.

2) 책의 구성과 쟁점에 관하여

이 책은 프레네의 대표작 중 하나로, 정치적 색채가 두드러졌던 1920년대에서 1930년대에 쓴 글들처럼 당면한 현실이나 정치적 상황을 염두에 두기보다는, 그가 생각하는바 교육이란 무엇인지 그 기본적 성격을 철학적 시각에서 탐색하여 표현해낸 이론서다.

구상과 집필은 프레네가 제2차 세계대전 중 수감생활을 할 때 시작되었으며 종전 후 2년이 지난 시점인 1947년에 출간되었다.

내용으로 볼 때 분명 철학서라 할 수 있으나 학술적 기술 방식을 따르지 않고 대화체로 전개되어 있어 양식상으로는 문학적 색채가 두드러진다. 이러한 표현 방식을 택한 까닭이 있을 것이다. 독자들은 책의 첫 쪽을 펼치자마자 전원적 풍경을 배경으로 몇몇 등장인물의 입을 통해 전개되는 일상적인 이야기 자리에 초대된 다음, 호기심을 자극하는 대화의 국면들을 따라가보도록 이끌린다.

주의 깊은 독자들은 읽어갈수록 이 대화가 처음부터 끝까지 전체적으로 치밀하게 구조화되어 있음을 간파하게 될 것이다. 그 여러 갈래의 흐름을 따라가는 동안 독자들은 부지불식간에 교육에 관한 철학적 사유에 참여하게 된다. 그런 점에서 이 책은 일상에서 편하고 쉽게 접근할 수 있도록 지어낸 독특한 형태의 교육철학서, 이를테면 '이야기 교육학'의 한 형태라 할 수 있다. 루소Jean-Jacques Rousseau의 『에밀』이나 페스탈로치Johann H. Pestalozzi의 『게르트루트의 자녀교육법』의 맥락에서 보면 흥미로운 비교점들을 찾아낼 수 있을 것이다.

이 책의 등장인물들은 서로 생각이 다르거나 대립적 위치에 서 있다. 대화를 나누는 사람들은 주로 마티유와 롱 부부이지만 그 흐름을 끌고 가는 인물은 마티유이다. 마티유는 자연을 그 삶의 터전으로 삼고 농사와 목축 일에 잔뼈가 굵은 사람으로, 농촌과 산간 지역의 오래된 전통과 습속에 담겨있는 소중한 지혜와 기술에 정통해 있으면서도 이른바 현대 문명사회의 허구와 잘못을 높은 식견으로 평가할 수 있는 보기 드문 현자로 그려져 있다.

대화의 들머리는 교육 문제가 아니라 조상 대대로 내려온 접골술과 현대 의료술 사이의 논쟁으로 이루어져 있다. 그리고 다음 대화는 농업으로, 또 그다음에는 과학 전반으로 넘어간다. 농업의 '기술적 진보'에 대한 의구심은 기본적으로 문명 비판적 시각을 바탕 삼고 있으며, 이는 결국 현대 산업자본주의와 기술 문명 전체를 어떻게 바라봐야 할지에 대한 물음으로 확대되어 전개된다.

그러다가 이 맥락을 타고 교육 문제가 본격적으로 등장한다. 처음 물음은 언어적 도구로 지식을 주입하는 지루하고 고통스럽기 짝이 없는 학교 수업 형태로부터 발화發話하여 결국 인간 교육에 실패하고야 마는 학교 교육의 실태와 지배계층을 위한 엘리트 교육에 대한 예리한 비판으로 이어진다.

그런 다음 마티유는 그것과는 전혀 다른 형태의 교육에 관해 집요하게 파고들기 시작한다. 그 전형과 핵심을 마티유는 자연 속에서 자연의 섭리를 따라 공동체적으로 함께 살아가며 배우고 익히는 농부의 삶 속에서 찾아내고자 한다.

대화가 깊어짐에 따라 좀 더 흥미로운 쟁점이 등장하는데, 어떤 방향을 잡아야 할 것인지에 관해서뿐 아니라 그 구체적 실천 방안은 무엇인가에 관한 물음이 바로 그것이다. 여기서 이 책의 핵심 주제가 제시된다. 그것은 '일'이라는 것이다. 일이라 하면 정신적 일도 있고 신체적 일도 있으나 여기서는 뒤에 방점이 찍힌 일(물론 앞의 것도 포함하지만)이다. 이 일이라는 것이 인간의 삶에서 그리고 아동의 성장과 형성 과정에서 얼마나 근본적 의미와 가치를 지닌 것인지 밝히기 위해 마티유는 열정적으로 파고 들어간다. 마티유는 책의 후반부에서 신체적인 활동에서 출발한 일이 서서히 분화하는 사유의 첫 단계일 뿐이므로, 반드시 지적이고 도덕적이며 사회적인 고등한 성격의 일로 옮겨가야 함을 이야기한다.

여기서 흥미로운 문제 하나가 새로 등장하는 데 그것은 바로 '놀이'다. 이 대목에 이르러 독자들은 쉬이 납득하기 어려운 마티유의 논지를 접하게 된다. 놀이에 대해서 그때까지 널리 받아들여졌던 이론과는 다른 식으로 말하고 있기 때문이다. 이 논점을 자세히 들여다보면 프레네가 얼마나 아이들의 일상을 주도면밀하게 관찰하며 기록했는지 또 놀이에 관한 기존의 문헌들을 얼마나 세세히 찾아보았는지 잘 알 수 있다. 이렇게 하여 일의 의미는 놀이와의 비교 맥락에서 독특하게 해명된다. 이미 프레네는 노작학교론의 대가인 게오르크 케르쉔슈타이너Georg Kerschensteiner, 1854~1932, 독일나 고리키 공동체를 운영한 안톤 마카렌코Anton S. Makarenko, 1888~1939, 소련의 논리와 시도를 탐사한 적이 있었다. 이 논의 맥락에서 그는 자신이 생각하는 '일' 또는 노작勞作활동의 기본 원리를 전개하고자 한다.

이 맥락에서 이후 오늘날에 이르기까지 개혁학교들에서 폭넓은 영향력을 가지고 확산된 '학교인쇄술'에 관한 상세한 논의가 펼쳐진다.

이어서 나오는 또 하나의 흥미로운 주제는 학교 공간 문제이다. 이는 당시 새로운 교육을 시도하는 교육자들에게 공통으로 중시되었던 주제였던 것으로, 프레네 역시 선구적 관점을 가지고 이 주제에 참여하고 있다. 학교 공간 조성을 둘러싼 논의는 최근 들어 우리에게서도 뜨겁게 달아오르고 있는 문제이기도 하여 그의 시도를 새삼 눈여겨보게 된다.

주요 대목 여기저기에서 싱싱한 생명력의 분출에 관한 시각이 나타나는데, 이는 일정 부분 베르그손Bergson의 생철학적 사유와 궤를 같이하는 것으로 보인다. 아울러 특정한 점에서 진화론적 사유 방식도 읽히는바, 이런 사유 틀에 내포된 의미와 중요성은 곱씹어 볼 만하다.

3) 프레네의 정신적 지향성을 이루는 두 개의 축-교육과 정치에 관하여

프레네는 일찍이 청년 시절부터 자기가 속해 있던 프랑스와 서유럽의 문명 세계 전반에 대해 깊은 의문을 품고 있었다. 이 문제의식은 당시 사회의 구조와 방향, 교육의 체제와 관련하여, 특히 제1차 세계대전을 거치며 목도하게 된 처참한 상황의 맥락에 서 있는 것이라 할 수 있다. 그는 전쟁의 잔혹함, 고통, 비참함을 목도한 후, 자본주의 문명의 종말과 새로운 사회에 대한 이상을 가슴에 품고서 정의롭고 인간적인 사회를 구현하기 위한 또한 민중을 위한 교육이란 대관절 어떤 것이어야 하는지 대해 고심을 거듭했다.

그는 철저한 변화를 요구했다. 그리고 그것을 사회의 개혁과 뗄 수 없는 하나의 문제로 엮어서 다루어야 할 문제로 보았는데, 이를테면 한편으로 교육이 바뀌려면 그 사회적 조건인 정치 체제의 개혁이 필요하며, 다른 한편 사회는 교육을 통해서 개혁되어야 한다는 것이었다. 이는 양자 간에는 긴밀한 연관성이 있으며, 따라서 이 연관성에 의거 문제를 풀어내지 않으면 그 어떤 길도 유효하지 않을 것이라는 관점을 나타내 준다.

이렇게 하여 학교와 정치는 그의 삶을 결정짓는 두 개의 주요한 과제로 설정된다. 교육에 있어서는, 스콜라주의적 형식주의 교육, 이론적 지식 획득 일변도의 수업, 엘리트 계층 중심의 교육체제, 경쟁교육 등을 문제 삼았으며, 사회비판에 있어서는, 이윤추구와 세계 지배에 골똘한 자본주의적 문명, 현대 기술 과학의 맹목적 신봉, 대도시 중심의 문명, 제1차 세계대전과 제2차 세계대전을 관통하는 제국주의적 야망과 파시즘의 발호 등이 그 골자를 이룬다.

프레네에게 이 양 차원에 존재하는 병리적 현상과 그 한계는 철저히 적시되고 혁파되어야 할 문제였다. 이를 위해 프레네는 당시 서유럽권과 동유럽권에서 이루어지고 있던 선구적 시도들을 열정적으로 탐사하며 자신의 관점을 발전시켜 학교 현장에 도입하고 실험하고 사유하여 그 결과를 다른 학교들에 전파하거나 자신의 학교를 설립하는 등으로 독자적인 세계를 구축해 나갔으며 또한 국내외에 걸쳐 교사운동단체들을 결성하여 자신의 의도와 사상을 확산시켜 나갔다.

다른 한편 그는 자본주의 문명을 극복하기 위한 대안으로 사회주의적 유토피아를 꿈꾸며 그 이상을 실현하고자 애썼다. 그는 1917년 러시아 혁명이 일어났을 때 마르크스와 레닌의 저서를 탐독하는 동시에, 이즈음 프랑스 공산당에 가입하여 활동하다가 급기야는 당 대표로 나서기도 했다. 동료 교사들과 함께 소련의 교육 현장을 탐방하면서 공산주의 교육자인 안톤 마카렌코의 사상과 활동을 추적하기도 하고, 제2차 세계대전기에는 프랑스의 나치 괴뢰정부에 의해 투옥될 정도로 선명하고 철저하게 그 방향에서 자신의 관점과 입장을 설정해 나갔다.

하지만 그의 정치적 노선과 교육적 노선에 대해서는 다음과 같은 점에서 주의 깊은 평가를 요한다. 무엇보다도 프레네는 자신의 논리와 행동을 폄에 있어서 어떤 교조주의적 노선도 거부하는 대신 독자적으로 사고하고 행동하고자 했다는 점이다. 이를테면 기존 사회가 정치적, 경제적 차원에서 근본적으로 또한 지속적으로 변혁되어야 한다면 학교교육의 혁명이 필수적으로 요청되지만, 학교를 첫 번째 군대로 보는 공산주의 이념에는 반대했으며, 소련의 혁명에는 깊이 관심을 보이면서도 이와는 노선을 달리하여 - 특히 스탈린주의식 공산주의 체제와는 공통점을 찾기 어렵다 - 프랑스 고유의 혁명적 생디칼리즘(국가 통제와 의회주의를 부정하고 노동조합을 주체로 산업을 관리하도록 하는 사상)에 서고자 했던 것이다. 또 교육학에 있어서는 소련 공산주의의 블론스키식 집단주의 교육학보다는 서유럽권의 선구적 시도들(서유럽의 개혁 교육자들이나 북미의 진보주의 교육사상가들)이 그에게 좀 더 친화적이었으며, 대도시보다는 농촌에서 주어지는 삶과 문명의 형태와 교육의 대치불가능한 의미와 가치를 찾고자 했다. 현대 기술 과학에도 불구하고 이것에 의해 폐기 처분될 수 없는 전통적 기술, 도구, 풍속, 그리고 전원적 삶과 문명의 형태, 또 그것이 가능케 하는 교육 방식에 대한 깊이 있는 통찰이 도처에서 번득인다. 이렇게 곳곳에서 루소와 페스탈로치의 숨결이 느껴지는 것은 결코 그냥 쉽게 넘겨버릴 수 없는 점이기도 하다.

이 특징들은 그를 부르주아적이라고 공격했던 프랑스 공산당원들의 시각에서 잘 확인할 수 있다. 그는 자본주의 교육체제의 맹점을 간파하고 그 한계를 넘어서고자 하면서 서유럽 개혁교육자들과는 상당 부분 보조를 같이하고자 했으며 이 점에서 기본적으로 당시 프랑스 공산당이 동의할 수 없는 입장을 견지하고 있었던 것이다.

그런 맥락에서 프레네와 프랑스 공산당 간에는 갈등의 골이 줄곧 깊어 갈 수밖에 없었다. 결국 이 갈등은 1950년에 들어서 심각하게 표출되기 시작했다. 그 상황을 주도한 것은 스니데르Georges Snyders, 가로디Garaudy, 코뉘오Georges Cogniot 등으로 『누벨 크리티크La Nouvelle Critique』와 『학교와 국가L'École et la nation』 같은 저널들이 그 매체로 사용되었다. 그들이 제기한 비판의 요지는 프레네가 농촌의 이상에 기초한 학교 개념을 조장하고, 내용보다는 과정을 중시하면서 교사의 역할보다는 아동의 자발성을 전면에 내세워 부르주아적 개인주의 원리를 강화했다는 데에 있었다. 그러한 성격은 이 책을 읽어나가다 보면 자연스레 확인할 수 있다. 따라서 스탈린의 영향력이 유럽에서 위세를 가지고 있었을 때, 프레네는 '현대학교협회' 교사들과 함께 독자적 노선에 서서 프랑스 공산당과 논쟁을 벌였지만 소득이 없었고, 1953년에는 마침내 그들과 결별하게 되었다.

이렇게 보았을 때 프레네의 교육학을 전형적인 공산주의식 교육학 범주에 넣어서 보기는 어렵다. 그의 정치적, 교육학적 노선은 어쩌면 러시아의 톨스토이Lev. N. Tolstoy, 1828-1910나 스페인의 피카소Pablo Picasso, 1881-1973와 견주어 평가해 볼 만하다. 톨스토이는 일찍이 서유럽에서 개혁교육운동이 발흥하기 시작하기 전인 19세기 중엽을 기점으로 자유교육사상에 입각하여 민중의 자녀들을 위한 새로운 학교를 시도하고 민중의 해방을 위해 진력하여 커다란 성공을 거두었다. 그 때문에 러시아 혁명 후 들어선 공산당 정부는 그의 교육사상을 정책적으로 도입했으나, 1930년대 들어서는 이 사상을 폐기하고 그 자리를 마카렌코식의 공산주의 교육학으로 대치해 버렸던 것이다.

그런가 하면 19세기 말부터 20세기 초 사이, 유럽은 급격한 산업화로 인한 사회 환경의 변화와 마르크스Karl Marx의 점증하는 영향을 경험하고 있었는데, 피카소 역시 그러한 맥락에서 과거를 탈피하여 큐비즘(입체파)으로 불리게 된 새로운 화풍을 개척해 나갔으며, 제2차 세계대전이 끝날 무렵에는 프랑스 공산당에 가입했다. 그가 얼마나 정치적 차원을 중시했는지는 그가 자신의 정치 활동을 예술 활동과 같은 맥락에 위치시킨 데서 잘 찾아볼 수 있다고 한다. 하지만 공산당원들과는 소통상 문제가 있어 자주 갈등을 빚었다. 피카소는 공산당이 요구하는 선전용 그림 같은 것에는 무관심했고, 스탈린도 싫어했으며, 그의 초상화도 끄적거리는 식으로 그려주어 공산당원들과 심하게 충돌했던 것으로 알려져 있다. 그의 그림에는 군국주의나 제국주의 그리고 좀 모호하기는 하지만 제2차 세계대전 후 냉전체제에 의해 자행된 생명 세계의 파괴와 약자와 양민의 학살 등의 문제가 대대적으로 묘사되어 있다. 이러한 맥락은 사려 깊은 감상자가 놓칠 수 없는 부분이다.

이런 사례들과 견주어 보았을 때 프레네의 정신적 지향성은 오늘날의 어법으로 평가해 보자면 전형적인 사회주의 사상의 틀에서보다는 생태학적 범주에서 평가하는 것이 더 적절해 보인다. 이 점은 이 책의 중요한 대목들에서 자주 나타나는바, 베르그손Henri-Louis Bergson의 '생의 도약élan vital'이라는 개념과 비견될 수 있는 생철학적 어조語調가 그 좋은 단초라 할 것이다.

2. 번역의 까닭과 내력

이 책은 보통 학자들의 관심사와 그들의 직접적인 번역 활동에서 이루어지곤 하는 역서들과는 다른 까닭과 내력을 거친 결과물로 그에 대해 간략히 밝히고자 한다.

이 작업의 첫 단서가 된 것은 교사들의 대안교육연구모임인 〈교육사랑방〉의 공부 모임이었다. 그 모임을 이끈 것은 이 책의 엮은이로, 우리는 서유럽의 현대 대안교육지형에서 전개된 여러 시도를 탐사하던 중 그중에서도 독특한 위상을 차지하는 프레네에 이르게 되었고 그때 택한 문헌이 바로 이 책『일을 통한 교육』이었다. 하지만 프랑스어 원전은 언감생심, 영어 번역서로나마 몇 사람이 맡아서 번역을 해서 읽어보면 좋겠다는 의견이 나왔고, 그렇게 큰 부담을 갖지 않는 선에서 시작되었다. 2010년을 즈음한 그때, 영역 작업이라도 영어 전공자가 아닌 이상에야 결코 쉽게 덤벼들 수 있는 일이 아님에도 그러하였다. 그때 영역본을 소개한 이는 대학원에 재학 중 프레네 연구에 몰두하기 시작했고 추후 이 책의 옮긴이 가운데 한 사람이 된 정훈 교수였다. 처음에는 같은 문제의식에서 이 책의 영역본을 우리말로 옮기며 공부를 시작했던 〈성장학교 별〉의 번역본이 – 비록 10장까지로 그친 것이기는 했지만 – 우리의 발걸음을 뗄 수 있도록 도움을 주었다.

2년 반가량 지나도록 진행된 이 공부는 여러 교사들의 적극적인 참여로 차곡차곡 진행되었는데, 그때 함께했던 선생님들의 이름을 떠올려보면, 김기오, 김석규, 김선경, 김성오, 김영숙, 김현주, 남궁영미, 신현화, 심경희, 심은하, 유승준, 이광연, 이윤미, 이재훈, 이태규, 위재호, 정재영, 조미숙 선생님 같은 분들이다. 김영숙, 유승준, 이재훈 선생님께서는 모임이 꾸준히 지속되도록 성심으로 함께 힘을 모았다.

원서도 아닌 영어 번역서로 그것도 실력이 들쭉날쭉한 상태에서 읽어내려 했으니 그 수고는 참 막심하였다. 힘도 부쳤고 수준은 턱없이 모자랐다. 많은 부분을 건너뛰기도 했다. 상황도 받쳐주지 않았다. 그러던 중 결국 어떻게든 이 책 전체를 훑어보려 했던 노력은 좌초의 위기에 처했고, 안타깝게도 우리는 상당 부분을 남겨둔 채 작업을 중단할 수밖에 없었다.

그리고 얼마간 시간이 흘렀다. 우리는 그 미완의 상태에서도 그동안 밟아왔던 과정과 내용의 소중함을 때때로 상기하게 되었고, 그러던 와중에 최소한 그동안의 성과를 자료집으로나마 혹은 내부에서 회람하며 읽을 수 있는 번역서 등의 형태로 남겨보고자 했다. 이때에는 영역본뿐 아니라 영역본을 기초로 하되 프랑스어 원전을 읽을 수 있는 분들과 함께 새로 시작하기로 했다.

처음 영역본의 역자로 수고했던 분들은 이재훈[25장], 이성우[26-27장], 최영란[28-32장], 이태규[33-34장], 김석규[40-42장], 신현화[43-48장], 이재훈[49-50장] 등이며, 추후에는 그중 일부를[35-36장, 37-39장] 정훈과 황성원이 각각 참여해 주었다. 그다음 단계에서는 영역본을 참조하되 프랑스어 원전에 기초한 번역을 위해서 모두 세 분이 참여하였다: 1-10장은 황성원 교수가, 16-24장은 김세희 박사가 맡아 했으며, 11-15장, 35-50장은 정훈 교수가 맡아 하였다. 당시 25-34장은 아쉽게 누락되었다.

이런 시도가 가능할 수 있었던 것은 우리들 사이에 이 책 전체를 읽어보고자 하는 열망과 이 사상을 폭넓게 확산시켰으면 하는 간절한 바람이 있었기 때문이었다.

하지만 이 과정을 거치면서 우리의 계획은 또 다른 단계로 나아갔다. 내친걸음에 기왕이면 좀 더 완성도 있는 번역서를 내 보자는 쪽으로 말이다. 그러려면 이제 작업은 전혀 다른 양상을 띠게 된다. 즉 다수의 역자에 의한 다양한 번역에서는 어차피 일관성이나 통일성을 기대하기 어려울 것이기 때문에, 초기의 계획은 폐기할 수밖에 없게 된다. 누락된 부분(25-34장)도 새로 번역할 필요가 있었다.

그렇게 해서 다시 고심이 시작되었고 결국 영어 번역이나 프랑스어 번역을 막론하고 한 사람의 역자가 이들 자료를 가지고 프랑스어 원전에 기초하여 통일성 있게 작업해볼 필요가 대두되었다. 하지만 이 어렵고 까다로운 최종 작업을 맡아 할 수 있는 분을 어디서 찾을 수 있을까 하는 것이 문제였다. 다시금 시간은 흘러갔고 안개는 짙어져 갔다.

그러던 중 마치 한 줄기의 빛처럼 우리에게 도움의 손길이 와닿았다. 외교관이자 서양사학자로서 교육학에도 깊은 관심을 가진 김병호 박사가 함께하기로 한 것이다.

이 작업은 처음부터 프랑스어 원전을 가지고 옮기는 데에 드는 수고를 두세 배 뛰어넘는 엄청난 노력을 뜻했다. 왜냐하면 기존 역자들이 한 작업의 성과는 되도록 살리면서도 프랑스어 원전에 부합하도록 글을 완성도 있게 만들어내야 했기 때문이었다. 아주 까다롭고 난해한 작업이 아닐 수 없었다. 그런 작업을 그가 흔쾌히 떠맡기로 한 것이다. 김병호 박사는 원고 전체를 읽으며 수정하는 것은 물론, 그동안 누락되었던 25-34장까지의 번역도 맡아 하였고, 또 독자들의 이해를 돕기 위해 첫 장부터 마지막 장까지 역자 주를 작성하는 데 드는 까다로운 수고도 마다하지 않았다. 김병호 박사는 이 어려움을 감수하면서도 여기서 한 걸음 더 나아가 자신의 속마음을 호의와 애정을 담아 편하게 털어놓았다. "선생님들이 학교 일도 바쁘실 터인데 이런 모임을 만들어 함께 공부하고 작업해 온 것은 참 이례적인 일로 적극 격려하고 지지할 만한 일이며 그런 뜻에서 이런 일은 여러모로 계속 촉진할 필요가 있을 것"이라는 생각이었다. 나아가서 자신이 프랑스어 원전을 가지고 씨름할 수 있었던 것은 이러한 선행적 번역 작업에 자극을 받았기 때문이라는 마음도 솔직하게 표하였다.

다만 이 단계에서 작업은 원전에 충실한 직역체 형태로 이루어졌다는 한계를 남겨두긴 했다. 좌우간 이 과정이 끝난 후 프랑스어 역자들이 함께 원고를 검토하면서 각자 의견을 개진하는 시간을 가졌다. 이 자리에서 번역어 선택 문제와 아울러 원문에 충실한 직역체로 된 문체를 어떻게 읽기 쉽게 만들어낼 수 있을지에 대한 가독성 문제가 집중적으로 거론되었고, 이 마지막 단계에서 제기된 역할은 편집자에게 주어졌다. 편집자는 이제까지의 논의와 토론에 의거, 여러 견해를 조율하면서 번역어를 선택함과 동시에 적절한 문체를 찾아 윤문 작업을 시작하게 되었다. 이 작업 역시 또 다른 시각과 노력을 요하는 것이었기에 과제를 마치기까지 적지 않은 시간이 소요되었다.

아울러 이 책 말미에는 연표를 제시했으며 내용은 생애와 활동, 주요 저작을 중심으로 비교적 상세히 다루었다. 이 글은 편집자가 초고를 쓰고 황성원 교수가 수정 보완한 후 협의를 거쳐 마무리했다.

엮은이 후기 외에 따로 옮긴이 후기를 위한 자리는 마련하지 않았다. 다만 최종 단계에서 원고의 검토와 번역 작업에 참여한 김병호 박사의 견해가 뜻하는 바 있어 그에 한 해 별도로 옮긴이 후기 난을 두었음을 밝혀둔다.

이상이 대충 이번 작품에 얽힌 까닭과 내력이다. 독자들이나 학계에서는 "번역물 하나 가지고 뭐 그리 장황한 이야기가 필요할까"라 하실지 모르겠으나, 그동안 우리의 작업이 굽이굽이 거쳐 온 난해했던 사연과 곡절들을 돌이켜 보며 이렇게나마 한 번 짚고 넘어갈 필요가 없지 않아 그리하였다. 독자 여러분의 애정 어린 꾸짖음叱正의 말씀을 기다린다.

옮긴이 후기

우연히 알게 된 송순재 교수로부터 프레네의 이 책을 영역본으로 읽은 교사 동아리의 초역抄譯을 손보아달라는 제의를 받았다. 영역본을 기본으로 하되 프랑스어 원문도 함께 보면서 작업을 시작했다. 하지만 영역본과 초역을 읽어나갈수록 영 뜻이 통하지 않는 곳이 많이 눈에 띠었고 그래서 프랑스어 본으로 그 뜻을 바로잡아 고치는 일로 들어서게 되었다. 그렇다고 몽땅 새로 번역에 나서기 보다는 프랑스어로 쭉 읽고 번역된 것을 읽으면서 뜻이 제대로 통하지 않거나, 어색하거나, 미심쩍은 곳을 뜯어 고치는 식으로 하는데, 어느덧 '가봉'작업이 아니라 '재단'작업이 되기도 했다. 점점 통째로 번역해야 할 곳이 많아졌다.

소걸음으로 꼼꼼히 읽고 명상하는 아침에 읽는 프레네의 글 전체에 흐르는 맑은 샘물 같은 이야기가 마음에 와닿았고, 프레네의 필치가 살아 숨 쉬는 프랑스어 원서가, 한 다리 건너 뜻만 전해주는 영어본을 제치고, 새벽 아침 시간에 나의 하루하루의 양식food for thought이 된 것은 한참 뒤의 일이었다. 책은 우직한 시골 노인村老 같은 마티유 씨와 지성인을 대표하는 교사 롱 부부가 대화를 나누는 얼개로 이루어져 있는데, 어쩌면 소크라테스와 제자, 공자와 제자, 붓다와 제자들의 이야기처럼 들리기도 하였다. 쉬운 이야기면서도 깊은 뜻이 숨겨져 있다는 생각이 절로 들었다. 아주 흔하고 쉬운 프랑스어 표현들을 우리말로 어떻게 옮기는 것이 좋을까, 그 낱말들을 찾아 프랑스어 사전과 우리말 사전을 부지런히 넘기면서 읽어나갔다. "딱 이거다!"라는 느낌이 들기보다는, 우리말로 찾기가 어렵고 우리가 우리말을 너무 가꾸지 않아 잘 표현하기 어렵다는 생각이 많이 들었다.

예를 들자면 besoin이다. 욕구로 옮기자니 désire와 겹치는 느낌이고 필요로 새기자니 necessité와 겹쳐서 이 두 낱말을 이런 때는 욕구로 저런 때는 필요로 옮기자니 내 스스로 본래 프랑스어 단어가 어떤 것이었는지 헷갈리곤 했다. 그러다가 우리말 "~하고과 ~하고픔"에서 실마리를 찾았다. "먹고파, 먹고픔", "놀고파, 놀고픔"처럼 동사와 명사가 썩 잘 어울린다는 생각이 들었고 그런 우리말 표현이 신선한 느낌을 줄 수 있겠다는 생각도 들었지만, 학계에서는 오히려 생경生硬하다는 의견도 나왔다. 그래서 이 책 번역에서는 채택되지 않았다.

또 다른 예가 culture다. 원래 그 말의 뿌리가 갈고 키운다耕作에서 나온 말이기에 우리말로는 "논밭 갈이" "몸과 마음 갈이"처럼 사람의 본바탕, 마음 바탕心性을 가는 "바탕갈이"로 – 한자로 굳이 쓴다면 "심신경작心身耕作" – 하면 어떨까 하는 생각이 들었다. 하지만 일반 독자들에게 익숙한 표현이면서도, 학습자 자신의 내적 잠재성과 그 본바탕(타고난 천성, 개성)을 주체적으로 실현해 나가도록 돕는 그런 조력 행위에 초점을 맞춘 "교육(교양)"이라고 새기자는 의견에 따랐다.

여러 사람들이 해 놓은 것을 고치다 보니 눈에 띄지 않은 부분은 제대로 고쳐지지 않고 넘어간 곳도 있으리라 생각된다. 언젠가 누군가 프랑스 원문으로만 처음부터 끝까지 번역하는 때까지 『프레네, 일하는 인간의 본성과 교육』이 이런 식으로 쓴 글이구나 라는 느낌을 독자들에게 주는 것으로 이번 작업은 만족하고자 한다.

수정에 수정을 거쳤는데도 교정을 보면서 앞서 해놓은 것을 다시 들여다보니 만족과 거리가 멀다. '교정'이 다시 '검토작업'으로 바뀌기도 했다. 아마도 눈에 띄지 않은 여러 부분이 제대로 고쳐지지 않고 넘어간 곳이 적지 않아 무슨 번역이 이래? 무슨 뜻이야? 하는 질문이 적지 않을 것이라는 우려가 남는다. 내친걸음이라 그동안 애쓴 것을 매듭짓고 프레네가 "일을 통한 교육"을 통해 말하려고 했던 뜻이랄까, 아 프레네의 주장이 이런 것이라는 느낌이 일반 독자들에게 전해지면 되지 않을까 하는 마음에서 교정작업을 서둘러 마치고 출판에까지 나서게 되었지만, 언젠가는 누군가가 새로 번역에 나서는 날이 있기를 기대해보는 마음이 굴뚝 같다. 그 작업이 이루어질 때 참고가 되도록 원문의 문장구조나 구두점을 가능한 그대로 남겨두었다. 옮기면서 우리말로는 다소 생소하더라도 프랑스어 원문에 충실하려고 애썼으며 어쩔 수 없는 경우에만 의역을 하였음을 밝혀둔다.

다른 한편, 우리 학계에서는 우리말로 쉽게 풀어내는 데에 공을 들일 필요가 있다는 생각이 든다. 그래야만 읽기도 쉽고 우리말의 넋이 살아 숨 쉬게 된다. 그런 애를 쓰지 않고 일본어 표현, 중국어 표현을 무턱대고 쓰는 것, 아예 원어를 발음 나는 대로 옮기는 것은 바람직하지 않다. 헬라어나 히브리어의 신약·구약을 게르만어로 옮긴 루터와, 라틴어 철학 용어를 게르만어로 옮긴 칸트의 노력 같은 것이 우리에게 타산지석이 되어야 한다. 그런 애씀이 언젠가는 우리에게 필요하다는 생각이 마음속에 숙제처럼 남는다.

김병호

감사의 말씀

처음 이 공부를 시작했을 때 함께 참여해 주시고 또 영역본으로 초역을 맡아주신 선생님들을 일일이 떠올려 본다. 그분들의 열심과 정성이 아니었다면 오늘의 성과도 기대할 수 없었을 것이다.

첫 단계를 넘어서 그다음 단계에서 프랑스어 원전 번역 일을 기획했을 때 바쁘신 중에도 기꺼이 함께해주시고 진행 과정에서 여러 모양으로 힘을 모아주신 김세희, 정훈, 황성원 선생님께, 또한 추후 누락 부분의 번역과 전체 원고를 영역본과 프랑스어 원전에 따라 수정하는, 이 번거롭고 난해한 과정에 힘을 아끼지 않으신 김병호 박사님께 깊은 감사의 말씀을 드린다.

아울러 김병호 박사님의 번역 원고를 집중적으로 검토하여 생산적 토의가 이루어지도록 노고를 기울여 주신 김세희 박사님께, 또한 세밀하고 철저한 안목을 요하는 연표 작성에 많은 정성으로 함께해주신 황성원 교수님께 우정 어린 감사의 말씀을 드린다.

전체 작업을 마무리하면서 특별히 정훈 교수님의 헌신적 역할을 기억하고 싶다. 정 교수님은 프랑스어 원전 번역 단계에서 상당량의 원문을 소화해 내었을 뿐 아니라 위에서 밝힌 과정 전체를 자세한 부분에 이르기까지 일일이 동반해 가면서 우리의 작업이 마침내 결실을 맺도록 끝까지 성심으로 함께해 주셨다. 뜨거운 감사의 뜻을 나누고 싶다.

모든 작업이 끝난 후 당연히 원고 전체를 독자의 시각에서 읽고 검토할 필요가 있었다. 이 일은 한때 〈전국도덕교사모임〉을 이끌었고 그곳에서 발간하는 『교과회보』 일 등도 맡아보았던 이광연 선생님이 도와주셨다. 바쁘신 중에도 수고를 아끼지 않고 여러모로 요긴한 도움을 주신 선생님께 지면을 빌어 따뜻한 감사의 말씀을 드린다.

마지막으로 요즈음 어려운 세태에도 불구하고 특별한 관심과 애정을 가지고 이 책을 펴내 주신 정광일 사장님과 편집부 여러분께 심심深深한 감사의 말씀을 드린다.

셀레스탱 프레네 (Célestin Freinet) 생애 연표

1896년(10월 15일)

프랑스 남부 니스Nice와 이탈리아 국경에 인접한 알프스의 작은 시골마을 가르Gars, Alpes-Maritimes에서 농부인 조셉 델팽 프레네와 마리 토르카의 네 아이 중 막내로 출생.

어린 시절 마을의 다른 아이들처럼 농부들 틈에서 자라났고, 양치기를 취미로 하며 자연 속에서 살아가는 삶을 즐겨 했다. 거기서 배우고 익힌 것은 교육자로의 그의 삶 전반에 걸쳐 근본 축을 이루었다. 농부들의 삶의 양식, 그들의 실제적 지식과 지혜, 일勞動의 가치, 공동체성, 자연 그 자체가 주는 생명력 등이 그런 것이었다. 이에 비해 초등학교 학창 시절은 그리 유쾌하거나 만족스럽지 않았다. 이 불만족스러운 경험은 그로 하여금 인생 초년기부터 초등학교 교육에 관한 문제의식을 지니도록 했다. 프레네는 학교는 지루하고 고통을 주는 곳이 아니라 행복과 즐거움을 안겨 주는 곳이어야 한다는 생각에 골똘하였다.

프레네는 네 살부터 학교에 보내져 바로 학교생활에서 성공을 거두는 모습을 보여줘야 했다. 프레네의 당시 학교 선생님들은 학생을 수련생(훈련생)으로 인식하여 읽기讀書 능력을 키우는 데에만 주력하였다. 어린 프레네는 음절 교본을 순차적 단계를 거치지 않고 빠르게 학습해야 했다고 한다. 이 경험을 통해서 일찍이 프레네는 지식을 형성하기 위한 새로운 방식과 학생이 교사와 맺어가는 정서적 관계에 관해 깊은 문제의식을 지니게 되었다. 또한 성장 과정에서 자본주의 문명의 폐해를 직시하고 사회주의 사상에 경도하게 되었다

1909년

가르Gars에서 초등학교 졸업 후 그라스Grasse, 가르를 포괄하는 행정구역의 중등학교에서 기숙사 생활.

1912년

초등학교 교사를 꿈꾸며 니스 소재 교육대학École normale에 입학.

1914년

19세가 되던 해 제1차 세계대전 발발. 참전한 교사를 대신하여 알프-마리팀Alpes-Maritime 지역 그라스Grasse 서쪽에 위치한 생-세제르St-Cézaire 초등학교에서 석 달간 가르침.

1915년(4월)

교육대학 졸업 자격을 취득한 직후 자원입대, 제1차 세계대전에 참전.

1917년(10월)

4월, 슈맹 데 담Chemin des Dames 전투에서 오른쪽 어깨와 폐에 심한 부상을 입고 긴 회복기를 가짐. 이로 인해 평생 호흡기 질환에 시달리게 됨.

이 전쟁의 경험은 그를 두 가지 새로운 길로 이끌었다. 하나는 평화주의적 태도이다. 전쟁터에서 겪게 된 잔혹함과 고통, 비참함을 목도한 후, 자본주의 산업사회의 종말과 새로운 사회에 대한 이상을 품고서 정의롭고 인간적인 사회를 염원하였다. 이를 통해 그는 교육에 있어 매우 중요한 하나의 상像을 얻게 되는바, 청년들은 시민으로서 다시 전쟁터에 내몰리지 않을 권리가 있다는 것이다. 다른 하나는 호흡기 질환 때문에 장시간 말을 할 수 없게 된 것이다. 교사로서 치명적이라 할 수 있는 이 장애는 극복되어야 했다. 프레네에게 긴 회복 기간은, 글쓰기뿐 아니라 독서와 사회주의 고전을 탐독할 수 있는 기회였다. 민중교육 특히 자유주의libertaire 계열의 서적에 관심을 가졌다.

1919년

초등교사로서 다시 활동을 시작했지만 호흡기 부상은 완치되지 못했고 따라서 교사직을 수행하기에 취약한 상황에 내몰렸다.

1920년(1월)

알프-마리팀 그라스Grasse, Alpes-Maritime 인접 소도시 바르-쉬르-루Bar-sur-Loup 마을 초등학교에 24세의 나이로 교직생활을 시작.

이 초임지에서 자신이 생각하는 교수법의 기본 개념을 발전시키기 시작했다. 폐 질환은 분명 그를 어려움으로 이끌었으나, 다른 한편 학교 교육과 교실의 상황을 자신의 교육 개혁적 이상에 들어맞도록 만들어내기 위한 계기로 작용했던 것이다.

프레네가 지닌 신체적 약점은 당시 20세기 초 교육의 모순을 드러내는 기폭제 역할을 하였다.

1921년~

교육과 정치 사이의 상호 밀접한 관계에 대한 인식을 기초로 자유주의적 libertaire 정치사상의 관점에서 사회와 학교의 변혁을 위해 일하기 시작. 아나코-생디칼리스트Anarcho-Syndicalisme 교원조합에 가입. 농민 문화에 깊이 관심을 가지는 동시에, 1917년 일어난 러시아 혁명의 영향 속에서 마르크스와 레닌의 저서를 탐독. 이즈음부터 1950년대 초까지 프랑스 공산당원으로 활동하기 시작.

교육 문제에서 해답을 찾는 '문화 혁명'을 제안하면서 학교 안에서 혁명을 하지 않으면 정치적·경제적 혁명은 일시적일 뿐이라는 관점을 친명함. 하지만 '민중교육pédagogie populaire'을 발전시키는 데 있어, 학교를 첫 번째 군대로 보는 공산주의적 이념에는 반대했고, 소련 등의 외부적 영향에 대해서도 거리를 두고 프랑스 고유의 혁명적 생디칼리즘에 기초하려고 함.

1921년(5월)

『개방학교』école émancipée 저널에 "어떻게 하면 학교와 (학교 밖의) 삶을 연결할 수 있을까?"라는 제목의 글을 기고함. 이 시기, 교실에서 이루어지는 다양한 실천과 교원의 조합활동, 독서와 여행을 통한 교육 문화 문제와 씨름.

1920년대 무정부주의 교육실천 사례(폴 로뱅Paul Robin, 와즈Oise에 설립된 캉퓌Campuis 보육원)로부터 영향을 받음. 이곳에서는 전인교육, 남녀합반, 통합교육, 일상생활과 자연학교, 농장, 출판인쇄 아틀리에 등을 주요 특징으로 하며 13세부터 직업교육을 실시했다.

아울러 에콜 드 라 뤼시École de la Ruche, 1904년 개교, 1917년 전쟁으로 폐교의 영향도 받음: 이곳의 교육은 취약계층 자녀를 위해 20여 명의 성인 자원봉사자들이 함께했으며 지적 활동과 손일 활동(텃밭 일, 석재 작업, 손작업 아틀리에, 캉퓌 보육원에서 가져온 인쇄기기 등을 활용)을 병행한 자유주의적 전인교육을 특징으로 함.

1921년(8월)

신新교육을 위한 국제연맹Ligue Internationale pour l'Education Nouvelle이 창립됨. 이 방향에서는 일찍이 1899년 아돌프 페리에르Adolphe Ferrière, '능동적 학교' Activity School의 대표자의 주도로 '국제 신新학교위원회'가 스위스 제네바에 설립된 사례가 있음.

1922년

위에서 언급한 일련의 자유주의적 교육 유토피아는 당시 프랑스, 스페인을 포함하여 유럽 전역에 확산되어 있었음. 이 방향에서 널리 알려진 독일 함부르크 인근의 알토나 슐레Altona School, 자유 그림 그리기를 통한 미술교육, 산책과 나들이를 통한 학교 밖의 경험교육, 풍부하고 세분화된 학습 자료를 통한 교육을 특징으로 함를 방문.

1922년~1925년

저널 『개방 학교』école émancipée에 교육 관련 글을 기고. 이 저널에는 상당수 신교육운동으로부터 영감을 받은 글들이 실림. 아돌프 페리에르Adolphe Ferrière의 '능동적 학교Activity School', 마리아 몬테소리Maria Montessori의 '어린이의 집Casa dei bambini', 얀 리그하르트Jan Lighart의 가난한 아이들을 위한 교육활동, 존 듀이John Dewey의 역사교육, 오비드 드크롤리Ovid Decroly의 흥미 중심 방법-삶을 통한, 삶을 위한, 일을 위한 학교, 클라파레드Claparède, 장-자크 루소 연구소가 서문을 쓴 장 피아제Jean Piaget의 『어린이의 언어와 사고』, 페스탈로치의 '빈민교육' 등을 주제로 함.

헬렌 파커스트Helen Parkhurst, 미국, 헤르만 리이츠Hermann Lietz, 독일 전원학사의 개척자 중 한 사람 등도 프레네에게 알려져 있었음.

1923년

장학사와 문학교수직을 준비하고자 신교육 관련 문헌을 공부하고 시험의 일부를 치렀으나 초등교사 일에 전념코자 이 방면으로는 더 이상 나가지 않음. 하지만 이때의 독서와 공부는 그가 '민중에 기초한 신교육'을 정당하게 주창하기 위한 이론적 토대가 됨.

스위스 몽트뢰Montreux에서 열린 제2회 '국제신교육연맹' 학술회의에 참가. 거기서 아돌프 페리에르, 에두아르 클라파레드, 피에르 보베Pierre Bovet, 스위스의 샤를르 보두앵Charles Baudouin, 자기암시와 정신분석학의 권위자, 벨기에의 오비드 드크롤리Ovid Decroly, 심리학자, 관찰-연합-표현 중심의 삶 기반 총체적 교육 주장), 프랑스의 로제 쿠지네Roger Cousinet, 장학사, 소집단 자유학습법 실천, 파리 소르본 대학교 교육학 교수 등을 만남. 특히 페리에르에게 강한 인상을 받아 이후 친밀한 교류를 이어감. 그렇지만 이들의 시도가 상당 부분 특정한 조건에서만 가능하여, 일반화시키기 어렵고 또 이론적 수준을 크게 벗어나지 못하며, 이상적인 학교를 주장하여 추상적이고 사회 참여적 성격을 갖지 못하는 한계(예컨대 스위스의 보두앵은 사상가였고, 듀이는 철학자라는 점)를 지적함. 또 개혁을 위해서는 재정적 요인을 비롯하여 많은 조건을 충족해야 하는데 그것은 엘리트 학교 중에서도 어려운 일로 보았다. 대다수의 서민 가정(농촌지역 또는 작은 마을에 거주하는) 아이들이 다니는 공립초등학교에서 개혁이 이루어져야 함을 강조함. 학교를 둘러싼 사회정치적 조건에 무관심한 점도 한계로 지적함.

이상의 여러 이유로, 프레네는 자신의 시도를 신교육운동과 구별했으며, 학교를 지역사회의 기관으로 발전시키고자 했다. 학교를 개방하여 지역사회와 긴밀한 연계 구조를 만들고, 마을의 수공업자들을 대상으로 학생들이 설문조사나 인터뷰도 실시하도록 하여 다교과적 경험을 제공하였다. 이 당시 프레네는 바르-쉬르-루Bar-sur-Loup에 안착하여 지역 생산물을 판매하기 위한 마을협동조합의 설립과 운영을 도왔다. 이런 일련의 활동을 통해 프레네는 교사와 사회활동가로서의 면모를 갖추기 시작하였다.

사회주의 작가인 바르뷔스H. Barbusse와 친분을 가지게 됨. 바르뷔스는 소설 『불』Le feu에서 제1차 세계대전에 관한 상투적 묘사보다는 전쟁터에 있는 군인의 일상을 인상 깊게 묘사하여 수상함. 그는 프레네가 1923년-1925년에 학교, 교육, 교육학에 관해 쓴 9가지 기사를 『클라르테』Clarté('빛' 또는 '광명'의 뜻)라는 저널에 게재하도록 도움을 줌. 이 글들에서 프레네는 듀이, 페스탈로치, 케르쉔슈타이너Georg Keschensteiner, 독일의 저명한 교육개혁자, 노작학교 개념을 정립하고 이를 전 세계에 널리 전파, 블론스키Pavel P. Blonskij, 구소련의 교육학자 등의 저서와 독일 함부르크 학교 방문 경험 및 자본주의 경제체제에 의한 학교의 종언終焉 등에 관해 논함.

프랑스 교육부는 초등교육에서 신교육운동의 원리를 받아들여 학교 산책이나 학교 밖 나들이 활동 등을 공식으로 인정했는데, 실상 이것은 프레네가 교육 방법 개혁 과정에서 첫 번째 도입한 것으로, 그는 정부의 조치가 아직 초보적 수준에 머물러 있음을 지적함.

1924년

교실 밖 산책 후 자유글쓰기 활동을 통해 함께 읽고 수정하고 다시 쓰는 과정에서 학생들이 더 흥미를 보인다는 점을 발견했으며, 간단하고 실용적이며 가격 부담이 없는 인쇄기를 교실에 도입하여 쓰기 활동의 혁신을 시도함.

인쇄기를 활용한 학교인쇄출판 작업이 교실의 분위기를 새롭게 전환하는 데 결정적인 영향을 줌. 특히 작문, 글씨체, 인쇄 과정의 쓰기 활동과 인쇄된 텍스트의 읽기 활동의 연계가 활발해짐.

교실 수업에서 프레네가 시도한 핵심은 '자발성의 교수법'에 있었다. 그는 수업 테크닉을 통해 학생들의 자발적 활동을 최대치로 끌어올리면서 학생들에게 즐거우면서도 효율적인 경험이 가능한 방안을 고안해 내고자 했다. 자유글쓰기와 학급신문 그리고 인쇄와 출판이 그 주요 방법이었다. 자유글쓰기는 교과서 없이 하는 수업으로, 학생들이 전통과 규범적 내용이나 지침에 구애받지 않고 자유롭게 자신의 생각을 글로 펼쳐 낼 수 있도록 하기 위한 것이었다. 이 작업은 개개인의 차원에서 또한 협력 활동을 통해 진행되었다. 아이들은 자기가 쓴 글을 토의와 편집 작업을 통해 하나의 작품으로 완성했다. 그다음 단계는 인쇄와 출판 작업이었다. 이를 위해 프레네는 1924년, 인쇄기를 구입하여 교실에 설치했고 아이들로 하여금 스스로 활판 작업과 인쇄 작업을 통해 자신들의 작품을 찍어내도록 했다. 이렇게 나온 작품들은 학급에서 전시되었다.

이를 계기로 프레네는 세 가지 교육방법, 즉 '자연스러운 읽기 학습', '자유 표현', '협력 작업을 통한 공유' 방법을 도입함.

활동의 순서는 다음과 같았다:
- 학생의 생각을 존중하여 학급 시간에 자기 글을 쓰거나 말로 표현하도록 함.
- 글과 말로 표현한 이야기 중 학급의 학생들이 가장 관심을 끄는 것을 선택.
- 글이나 이야기 중 학생 스스로 활판을 찍어 인쇄 작업을 진행.
- 인쇄된 텍스트 읽기 활동을 통해 읽기의 즐거움을 배우고 경험하도록 함.
- 인쇄된 텍스트를 기반으로 교실에서 다양한 연계 활동이 가능하도록 함.
- 다른 지역 학교 학생들과 통신을 통한 작품의 교류를 시도.
- 생활책Livre de vie에 모아 놓고 학교 도서관의 자료 일부로 기록.

1925년

러시아 혁명의 영향 속에서 마카렌코Anton S. Makarenko, 블론스키Pavel, P. Blonskij, 크루프스카야Nadežda K. Krupskaja 등의 사상에 접함. 소비에트연방공화국의 교원노동조합이 서유럽 교원노동조합위원회를 초청한 것을 계기로 동료 교사들과 함께 소련의 초등학교를 방문하고 교사들과도 회동. 이 여정에서, 마카렌코의 "교육적 시"에 나타난 실제 자취를 발견하고자 했으나 찾지 못했다. 하지만 그로부터 수업기술을 개발하는 데 유익한 자극을 받았는데, 예컨대 '벽보 신문journal mural'도 그중 하나였다. 당시 소련에서, 현대 앵글로 색슨 문화권에서 시도되고 있던 동아리 클럽, 자율통제Self-government, 달톤 플랜Dalton Plan 등이 시행되고 있었음을 보고 놀라움을 갖게 되었다. 이 교육 기행을 통해서 프랑스 교사 방문단은 '사회주의 혁명에 기초한 유토피아 건설'과 '일을 통한 학교 교육'이 가능할 것이라는 교훈을 얻고 돌아옴. 1925년-1926년 『소련 교사에 대한 나의 인식』이라는 제목으로 12편의 글을 씀.

소집단 자유학습법méthode de travail libre par groupes을 도입한 장학사 로제 쿠지네가 신교육협회La Nouvelle Éducation를 창설하자 1925년 이 협회에 가입함.

빌뢰르반의 교사 뒤랑Durand이 인쇄기를 도입하여 정기적으로 프레네의 학급과 통신 교류를 실행.

이해 여름, 평생의 반려자요 동역자인 엘리즈 라지에-브루노Elise Lagier-Bruno와 만남. 엘리즈는 초등학교 교사이자 예술가로서 정의에 입각하여 몸을 바치고자 한 '혁명적 정신'의 소유자였다.

1925년~1926년

1925년 저널 『클라르테』Clarté에, 1926년 『개방 학교』école emacipée 7월호에 교사들이 교육개혁에 동참할 것을 자신의 실천 사례를 소개하면서 제안했고, 처음 5~6명이 모임.

트레겅 생 필리베르Trégunc-St-Philibert, Brittany의 교사 르네 다니엘Réne Daniel은 학교 인쇄기를 도입하여 프레네와의 교류에 참여함. 처음에는 개인 편지로 시작하여 차츰 정기적인 학급 통신 교류로 발전되었고, 이를 통해 학교 교육이 학교 밖으로 대폭 확장될 수 있는 발판이 마련됨. 이 통신 교류를 통해 프레네는 지리·문화적으로 상이한 학교들 사이의 교류에서 나타나는 차이와, 이 차이를 서로 이해하고 존중해야 할 필요성을 인지. 이 인식은 후에 프레네 교육의 국제화 운동에 밑거름이 됨.

1926년~1927년

1926년 3월 6일 엘리즈와 결혼. 엘리즈는 1927년 귀스타브 도레 상Prix Gutave Doré, 프랑스 화가, 삽화가, 판화가을 받음.

교사들 간의 협력체coopérative를 만드는 작업에 몰두. 1927년 『학교 인쇄출판 활동』이라는 이름의 책 출간. 1927년 8월 프랑스 중부 지방 투르Tours에서 인쇄출판 활동을 하는 교사들 간에 회동을 가짐.

1927년 학교 인쇄출판 활동을 하는 학교에서 만들어진 다양한 텍스트를 모아 '라 제르브La Gerbe, "꽃다발 같은 글모음" 뜻'라는 이름의 월간 저널을 발간.

교육을 정치와 연계시켜 다루는 과정에서 정치에 깊이 개입, 프랑스 공산당의 공동대표가 됨.

프레네는 교육을 정치와 불가분리한 문제로 보았다. 실제적 변화가 오기 위해서는 정치적 참여가 불가피하다는 인식에서였으며, 이는 그의 사회주의적 개혁 사상 때문이기도 했다. 그는 적극적으로 교사 운동 단체를 조직하고, 농촌협동조합을 결성하는 데 참여했으며, 사회주의적 정치 활동에도 참여했다. 하지만 그는 어떤 교조주의적 노선도 거부했다. 그는 독자적으로 사고하고 행동했다. 이러한 입장은 이후 그를 부르주아적이라고 공격했던 프랑스 공산당원들과의 논쟁에서 잘 드러나 있다. 그는 자본주의 사회의 맹점을 간파하고 그 한계를 넘어서고자 했지만 동시에 당시 프랑스 공산당에 동의할 수 없는 입장도 견지하고 있었다.

1928년
알프-마리팀 지역 생폴 드 방스Saint-Paul de Vence 소재 초등학교에 부임하여 자신의 방법을 구현하고자 함. – 생폴 드 방스는 사회계층의 구분이 뚜렷하여, 아이들 사이에 잦은 갈등은 사회계층 간의 갈등을 반영하는 것이기도 했음. 학급의 운영도 보수적이었고 권위적인 훈육이 이루어지고 학교 시설도 열악했음.

『교과서를 더는 사용하지 말자』라는 제목의 책 출간. 이 제목은 교과서에 의존하는 전통교육과의 연결고리를 완전히 끊어버리고자 한 강력한 슬로건이기도 했음. 교과서 대신에 어린이에게 알맞은 얇고 작은 책 또는 읽기 자료로 활용할 수 있는 인쇄 글을 활용하고자 함.

'비종교적 교육을 위한 학교협동체La Co-opeérative de l'enseignement laïque, Secular Education Co-operative'를 설립.

1929년
학교인쇄출판활동의 결과, 교과서 대신 다른 교육 도구들인 '협동학습자료 파일fichier scolaire coopératif'을 개발하여 사용하기 시작.

1932년
'아동용 학습활동 총서Bibliothéèque du travail-BT'(학습자료 겸 독서자료) 창간.

방스의 생폴 공립초등학교에서 『프롤레타리아 교육자』L'éducateur prolétarien 창간호를 발간. 이 저널의 제명은 이후 『학교 인쇄출판 활동』Imprimerie à l'école 으로 바뀌었으나 후에 『새로운 교육자』Le Nouvel éducateur라는 이름으로 다시 개명됨. 2023년 현재 『Éduc' Freinet』로 출판되고 있음.

교과서 없이 하는 자발적 학습 방법이 한 학생의 학부모를 중심으로 한 반대에 부딪힘. 여기에 사회 중산층, 교회, 국가교육위원회 등이 합세하면서 프랑스 전체가 관심을 가질 만큼 문제가 크게 비화됨. 프랑스 전역에서 2년여간 격렬한 논쟁이 지속되었고, 아돌프 페리에르Adolphe Ferrière와 로맹 롤랑Romain Roland 같은 당대의 지식인들이 프레네를 지지하는 세력에 합류.

아울러 정치 이념적 갈등도 발생. 이른바 '생폴Saint-Paul' 사건으로, 공립학교 교사협동조합이 반자본주의적 성격의 단편 영화 「가격과 이윤Prix et Profit」의 상영을 지원한 후 생폴의 보수주의자들이 프레네를 공격했고, 이 갈등이 크게 불거지게 됨.

물리학자, 폴 랑주뱅Paul Langevin이 주재하는 국제신교육연맹Ligue interationale pour l'éducation nouvelle 세계회의가 니스에서 개최됨에 따라, 100여 명의 회원들이 생폴을 방문.

1933년
보수주의자들과의 갈등 끝에 6월 바르 쉬르 루Bar-sur-Loup로 다시 돌아감. 전쟁 부상을 이유로 3개월의 휴직 기간을 가짐. 이 기간 동안, 생산활동, 판매활동, 생산품 소포 발송, 조합원 활동, 정치 활동 등에 힘을 쏟음.

사실 1933년 3월 셀레스탱 프레네와 엘리즈 프레네는 자신들만의 학교설립 계획을 세웠으나 일부 지지자들 사이에 이견이 있어 18개월 동안 학교설립에 대한 언급을 하지 않았다고 함.

1934년~1935년
논쟁의 결과, 1934년 생폴의 공립학교를 사임. 그 결과 부득이 1935년에 알프-마리팀 지역의 방스Vence에 자신의 이름을 딴 사립학교인 '프레네 학교 L'École Freinet'를 개교함. 프레네 학교설립의 과정은 쉽지 않았으며, 학교 폐쇄의 위험까지 있었으나 인민전선Front populaire당은 프레네 부부의 학교설립을 합법화하는 데 기여함.

방스 초등학교는 15명을 그룹으로 하여 6명의 성인이 지도함. 당시 학급 신문의 이름은 '개척자Pionniers'였다. 여기서 주간학습활동계획, 공동생활을 위한 학생들의 주체적인 회의, 벽보신문, 자가수정카드, 자연스러운 읽기 방법 같은 것들이 창안·실행되었다. 학교 공간의 의미와 중요성을 강조. 공간 전체를 재구성하고, 교실도 널찍하게 만들었고 대부분 녹색과 백색으로 칠함. 프레네는 자기 딸과 이웃의 아이들은 물론, 파리 변두리 지역 아이들과 독일에서 내쫓긴 유대인 아이들(고아들)과 스페인 내전의 와중에서 거리에 내몰린 고아들까지 받아들여 가르쳤다. 아이들은 전체적으로 기득권 계층과는 거리가 멀었다.

프레네 자신의 교육 이상과 실천을 충분히 실현할 수 있는 터전이었지만 재정 부담이 컸으며, 그럼에도 교육활동과 수작업 중심의 아틀리에를 통합한 교육을 일궈내고자 노력함.

1936년
프레네 교사 운동은 1,500여 명의 교사들이 협회에 가입한 정도로 큰 규모로 확장됨. 국내뿐 아니라 벨기에, 스페인, 폴란드, 튀니지, 아르헨티나 등 여러 나라로 빠르게 확산되어감.

1937년

자신의 교육활동에 대한 고민과 교육운동가로서의 다양한 활동을 담은 『프레네 테크닉』이라는 저서를 출간.

1939~1940년

1939년 제2차 세계대전 발발. 프랑스에 비시 지역을 근거지로 설립된 독일 부역정권Régime de Vichy, 1940. 7. 10-1944. 8. 9의 수장, 페탱 원수Maréchal Pétain의 권위주의적 통치 체제하에서 저명한 공산주의자로 낙인찍혀 1940년 3월에 체포된 뒤 쉬브롱 노동수용소에 수감됨. 수감생활 중 자신의 사상을 펼쳐 보일 책의 구상과 집필활동에 착수.

수감 기간 중, 악화된 건강 상태에서도 문맹자들에게 자유글쓰기 외 다양한 활동을 통해 읽고 쓰는 법을 가르침.

1930년대에는 유럽과 프랑스에 등장한 극우 정권과 파시즘으로 프레네 교육 운동이 난관에 봉착.

1941년

10월, 건강 악화로 출소, 가택에 연금됨.

1942년~1943년

이 해부터 그 이듬해인 1943년까지 집필활동에 몰두.

『부모에게 주는 교훈』Conseil des Parents이라는 글이 1942년 벨기에 저널에 실렸고 1948년 다시 출판됨. 1962년 '아동건강'이라는 엘리즈의 글이 첨가되어 『아이가 있어요』라는 제목으로 증판됨.

『일을 통한 교육』L'Éducation du travail(1947), 『감각심리학 개론』Essai de psychologie sensible(1950-1940년대 초에 구상한 책), 『프랑스의 현대학교』L'école moderne française(1944), 『현대학교의 프레네 테크닉』Les techniques Freinet de L'école moderne(1964), 『모색하는 경험』L'Expérience tâtonnée(1948) 등 여러 책과 저널, 소책자를 집필하기 시작.

1944년

5월부터 가택연금 상태에도 불구하고 한 지역의 레지스탕스에서 지도적 역할을 맡으며, 독일, 스페인, 이탈리아 파시즘 정권 저항운동에 가담. 전쟁 기간

중 프레네 학교는 폐쇄되었고 침해와 약탈 상태에 처함.

1946년 말

제2차 세계대전 종전 후 프레네와 그의 아내 엘리즈는 프로젝트를 지속해 나감. 프레네 학교가 다시 문을 열었고, 그의 교육활동에서 정치적 성격은 줄어듦.

프랑스 신교육 그룹GFEN: Groupe Française d'Éducation Nouvelle에 참여.

1947년

물리학자, 폴 랑주뱅P. Langevin과 심리학자, 앙리 발롱H. Wallon 주도로 1947년 6월 당시 교육부 장관에게 랑주뱅-발롱 플랜Plan Langevin-Wallon이라는 이름의 국가교육개혁안을 제출하였으나, 랑주뱅의 사망(1946년)과 이후 프랑스 국내외 정치사회의 변화로 인해 반영되지 못함. 하지만 이후 이 문서는 프랑스 교육개혁안의 참고 자료로 매우 중요한 의미를 지니게 됨. 프레네도 랑주뱅-발롱의 교육개혁안에 관심을 갖고 동참할 생각이었으나 무산됨.

이와는 별도로 프레네 교육을 지지하는 현장 교사들이 프랑스 중부지방 도시, 디종Dijon에서 '비종교적 교육을 위한 학교협동체'를 결성. 이후 '비종교적 교육을 위한 학교협동체'는 '현대학교협동체ICEM: Institut Coopératif de l'École Moderne(the Cooperative Institute of the Modern School)로 개명, 본부를 칸Cannes에 두고 활동을 개시. 이때 '현대학교운동Mouvement de l'École Moderne'이라는 슬로건을 내걸고 신교육운동과 차별성을 드러내고자 함. '현대학교협동체'는 교수 매체 또는 수업 자료 및 도구의 개발과 보급의 중심지가 됨(엘리즈 프레네의 아동 예술 교육법도 도입됨). 프레네는 이 조직을 생애 마지막까지 운영했으며, 그의 사후 이 협동체의 성격은 프레네 사상에 매이지 않고 새로운 방향에서 전개됨.

1949년

프레네의 학교혁신 활동을 담은 영화 「야외 학교L' École Buissonnière」가 부인 엘리즈의 대본으로 제작됨.

1952년~1954년

1927년부터 공산당과 인연을 맺고 활동해 왔으나 프레네 교육에 대한 공산당 내부로부터의 반대로 양자 간에 갈등이 줄곧 심화해 오던 중, 1950년부터 격한 논쟁이 시작됨. 『누벨 크리티크』La Nouvelle critique와 『학교와 국가』L' École et la nation에서 신랄한 비판이 제기됨. 스니데르Georges Snyders, 가로디Garaudy,

코뉘오Georges Cogniot가 그러한 비판을 주도. 냉전기 강력한 공산당 체제 속에서 '현대학교협회'는 교사들의 연대에도 불구하고 이 비판을 이겨내지 못함.

비판의 요지는 농촌의 이상에 기초한 학교 개념을 조장하고, 내용보다는 과정을 중시하면서 교사의 역할보다는 아동의 자발성을 전면에 내세움으로써 부르주아적 개인주의 원리를 강화했다는 데에 있었다. 프레네의 접근 방식은 집단주의적 성격이 강하게 드러난 블론스키의 교육학과 의미심장한 차이를 보였다.

양자 간의 격렬한 갈등 끝에, 1953년 프레네는 마침내 공산당과 결별함. 프레네 교사들은 독자적 노선의 사회주의자들로서 프랑스 공산당을 비판하는 입장을 취하기 시작함. 공적 영역에서 이들은 환경운동가, 여성운동가, 좌파적 성향, 사회주의자 등으로 자신의 입장을 나타냈다. 이는 후에 1968년 학생운동으로 1970년대 초엽에는 정치 참여의 움직임으로 나타났다.

이후 ICEM은 점차 국제적 영향력을 갖게 되어 유럽, 프랑스어권 아프리카, 라틴 아메리카 등지로 지부를 확장하게 됨.

1957년

국제적 차원의 공동체를 조직하기 위해 1957년 프랑스 서부지방 낭트Nantes에서 ICEM 회의를 개최함. '국제현대학교연맹FIMEM: Fédération Internationale des Mouvements de l'École Moderne(The International Federation of Modern School Movements)'을 설립. 이를 통해 프레네는 프랑스 전역의 교육운동을 연합하는 동시에 2년 주기로 국제회의를 개최.

프레네 교사들이 함께 만나서 자신의 교육이념과 실천을 나누고 협력하는 기회를 제공. 국제적 지형에서 프레네 교육이 프랑스로부터의 단순한 이식이 아니라 각 지역의 상황에 맞게 운영되도록 조율함.

1950년~1960년대 초

여러 종류의 저널 간행: 1950년『아동의 예술Art enfantin』(1950),『삶의 기술 Technique de vie』(1959),『중등학교 교육자L'Éducateur second degré』(1963) 등.

1946년 설립된 '현대학교협의회 파리지부'와 프레네 및 프레네 정신을 계승한 교사들 사이에 갈등이 발생. 파리지부가 1957년 '국가교육위원회'와 우호적 관계를 맺기 시작함. 교사 간 세대 차이, 농촌의 소규모 학교와 대도시 학교 간 대조적 근무 여건, 파리 지역의 젊은 교사들과 지방 학교 교사들 간의 갈등, 현대 과학적 심리학 즉 심리치료학, 사회심리학, 정신분석학 등의 영향을 받은 파리의 교사들과의 의견 불일치 등이 그 주된 원인으로 작용.

퐁비에유R. Fonvieille와 우리F. Oury는 1961년 자체적으로 GTEGroupe

Techniques Éducatives 교사 모임을 결성하여 프레네 교육이 테크닉 중심으로 수업 기술의 변화에만 집중하는 것을 비판하고 인문학적, 심리학적 접근을 통해 교육의 지평을 넓히고자 시도함. 그들은 자신들의 입장을 제도적 교육학 pédagogie institutionnelle이라는 이름으로 표명함. 프레네 교육의 실천을 거부하는 것이 아니라 프레네 교육활동에 내재된 개인 간, 개인과 집단 간에 내포된 무의식과 심리 상태를 심층적으로 분석하고자 함. 프레네는 이런 모임에 긍정적인 반응을 보이지 않음.

그 결과 1961년 파리지부의 주요 인물들이 협회를 탈퇴하는 것으로 갈등 상황이 종료됨. 이들은 1960년대 이후 사회심리학적 맥락에서 학교 문제를 조명하는 등 프랑스 학교 교육의 실천적 상황을 다양한 접근 방법으로 풍요롭게 하였으나 보편화시키지는 못함.

자주 교육또는 자율행동 교육, autogestion pédagogique을 시도. 이는 학교와 학급을 교사와 학생들이 스스로 또한 함께 의논하여 학급 운영과 생활 규칙을 제정하고, 자율적으로 운영하는 교육을 뜻함. 학생에게 많은 책임과 권한이 주어짐.

1964년

방스의 프레네 학교가 프랑스 정부의 실험학교로 지정됨. 정부로부터 교사 인건비를 지원받음. 인지도 때문에 전 세계에서 수많은 실습생과 방문자들이 내방했고 매년 여름, 교육 전문가들과 함께 교사 연수를 진행.

1966년

10월 8일, 방스에서 70세로 생을 마감하고 가르Gars에 묻힘. 프레네 학교는 프레네 사후, 1981년까지 그의 부인 엘리즈가 운영했고, 1991년까지는 딸 마들렌느와 사위 미쉘 바레M. Barré가 운영하였으나, 1991년에 공립학교로 전환됨.

1945년부터 1966년까지 활발한 저술활동을 펼침. 총 11권의 저서와 42권의 소책자, 저널에 실린 1,289개의 기고문 등을 출판.

1968년부터 국제현대학교연맹FIMEM의 교육 관련 활동을 '현대학교헌장 Charter of Modern School'으로 지칭하기 시작함.

삶의 행복을 꿈꾸는 교육은 어디에서 오는가?

● **교육혁명을 앞당기는 배움책 이야기** 혁신교육의 철학과 잉걸진 미래를 만나다!

● **비고츠키 선집** 발달과 협력의 교육학 어떻게 읽을 것인가?

참된 삶과 교육에 관한
생각 줍기